놀이치료 ②

· 임상적 적용편 ·

PLAY THERAPY

A Comprehensive
Guide to
Theory and Practice

David A. Crenshaw · Anne L. Stewart 편저
윤진영 · 최해훈 · 이순행 · 박혜근 · 최은실 · 이은지 · 김지연 공역

학지사

Play Therapy: A Comprehensive Guide to Theory and Practice
by David A. Crenshaw and Anne L. Stewart

역자 서문

놀이치료를 한다는 것은 어떤 것일까? 나는 지금 놀이치료를 잘 하고 있는 걸까? 아동은 왜 저런 행동을 하는 것일까? 지금의 상황을 어떻게 설명할 수 있을까? 앞으로 이런 상황이 또 나타난다면 놀이치료사로서 어떻게 대처해야 할까?

놀이치료사로서, 그리고 놀이치료를 가르치는 교육자로서 우리는 스스로 이러한 질문을 한다. 때로는 후배들에게서, 때로는 놀이치료를 준비하는 학생들에게서 이러한 질문을 받곤 한다. 그럴 때마다 수많은 놀이치료 서적을 찾아보고 함께 고민하면서 '이러한 질문들을 종합적으로 다루는 놀이치료 핸드북이 있으면 좋겠다.'라고 바라곤 하였다.

그때 마침 만나게 된 서적이 바로 『Play Therapy: A Comprehensive Guide to Theory and Practice』라는 책이다. 이 책은 최근의 놀이치료의 흐름을 세 부분, 즉 '놀이치료 이론과 접근' '놀이치료의 임상적 적용' '놀이치료 연구와 실제적 안내'로 세분화하여 종합적으로 다루고 있다. 번역서를 출간하면서, 이 책의 광범위한 분량으로 인해 『놀이치료 1: 이론과 기법편』과 『놀이치료 2: 임상적 적용편』으로 분권하여 출간하게 되었다. 『놀이치료 1: 이론과 기법편』은 '놀이치료 이론과 접근' 내용을 포함하고 있고, 『놀이치료 2: 임상적 적용편』은 '놀이치료의 임상적 적용'과 '놀이치료 연구와 실제적 안내' 내용을 포함하고 있다.

『놀이치료 2: 임상적 적용편』은 20여 년의 놀이치료 경력을 가진 전문가들에 의해 번역되었다. 제1장, 제2장, 제22장은 이은지 선생님, 제3장, 제20장, 제21장은 박혜근 선생님, 제4장, 제7장, 제9장은 이순행 선생님, 제5장, 제6장, 제19장은 최은실 선생님, 제8장, 제12장, 제13장은 윤진영 선생님, 제10장, 제11장, 제14장은 김지연 선생님, 제15장, 제16장, 제17장, 제18장은 최해훈 선생님이 담당하였다. 바쁜 일정을 쪼개 가며 만났지만, 번역 작업을 함께할 수 있었음에 늘 감사할 따름이다.

이 책을 번역하면서 우리 역시 놀이치료에 대해 새롭게 이해하게 되었고, 우리의 전문성 향상에 큰 도움을 받았다. 놀이치료 현장에서 내담자를 더 잘 이해하고 싶어 하는 분들과 다양한 놀이치료 접근을 이해하고자 하는 놀이치료사 및 예비 놀이치료사에게 이 책이 큰 도움이 되리라 믿어 의심치 않는다.

끝으로 이화여자대학교에 발달 및 발달임상심리 전공의 길을 여시고, 이화여자대학교 발달장애아동센터, 사단법인 인간발달복지연구소, 아이코리아 치료교육연구소, 서울형 소아청소년 주간치료센터인 아이존 등을 개원하셔서 제자들의 진로를 이끌어 주신 김태련 교수님과 방희정 교수님께 깊은 감사의 말씀을 드린다. 또한 놀이치료와 관련하여 이론 및 임상사례를 함께 공부하고 나눌 수 있었던 한국발달지원학회에도 진심으로 감사를 드린다. 그리고 이 책이 출판되도록 도움을 주신 학지사의 김진환 사장님과 편집부에 감사를 드린다.

2019년 7월
역자 일동

서문

『Play Therapy: A Comprehensive Guide to Theory and Practice』는 그 내용이 매우 풍부해서 독자 및 수련생으로 하여금 놀이 그 자체가 가진 변형력에 깊이 빠져들게 할 것이다. 각 장은 놀이를 '자연의 힘'으로 인정하여 그 본질을 포착하고, 포괄적 기술, 폭넓은 연구, 그리고 뛰어난 작가와 편집자의 다양한 관점을 통해 내용을 정교화하고 있다. 이러한 몰입을 통해 전문가는 영감뿐 아니라 심화된 직업적 정체성을 획득하여 적용할 수 있고, 이에 내담자는 더욱 안전하고 즐거운 사람이 되도록 치유받을 수 있다. 독자들은 다양하고 신선한 관점들을 통해서 이론적 · 철학적 기초를 세움과 동시에 견고한 임상적 안내를 통해 더 큰 전문성을 갖추게 될 것이다.

'놀이치료 이론과 접근'에서는 놀이치료사로서의 개인적 진술과 전문적 정체성을 제공할 것이고, 이는 난무하는 이론의 바다에서 닻을 내리는 데 도움을 줄 것이다. 치료를 통해 다양한 접근과 수많은 이론적 근거—아동 중심, Jung학파, 정신분석적, Adler학파, 인지 행동, 애착기반—가 각각 놀이라는 요소를 통해 하나로 묶일 수 있었다. 놀이는 경험 그 자체만으로도 변형적 마술이 될 수 있지만 치료사 입장에서는 단단한 기초 작업을 필요로 한다.

각 장에서 치유의 공유 요소에 대해 좀 더 자세히 들여다볼 것이다. 우리를 우리 자신과 바깥세상으로 가장 심오하게 연결시키는 놀이란 무엇인가?

놀이.

이는 시간과 상관없이 타인으로부터 분리된 상태로 내가 존재하도록 해 준다. 그리고 이러한 상황은 내적 동기로부터 발생하며 무수히 많은 형식을 가진 자기조직적 현상이지만 그 자체로 존재와 행위가 되는 과정이다. 그리고 이러한 풍요로움을 발견 혹은 재발견하기 위한 전제 조건은 깊이 있는 전문가의 지혜와 진단적 · 임상적 기술이 될 것이다. 내담자가 좀 더 풍부하게 이러한 과정을 경험할 수 있도록 전문가가 안내한다면, 그 과정은 즉각적인 경험 그 자체를 뛰어넘어 진심 어린 안내로 유도된 성공이라는 지속적이며 크나큰 선물을 보장받게 될 것이다.

건강하고 진정한 놀이가 없는 세상이란 어떤 것일까? 더 적절하게 질문한다면, 건강한 놀이는 무엇을 주는가? 그래서 건강한 놀이를 하지 못한다면 무엇을 놓치게 되는가? 즐거움을 느끼는 능력, 자유로운 탐색, 개인 특유의 재능을 탐지하고 실현하는 것, 친밀감을 통한 안전감, 그리고 인생과 미래에 대한 긍정적이고 낙관적인 시각 등이 바로 놀이로부터 얻는 축복과 이점일 것이다. 놀이치료를 통해 이러한 이점을 어떻게 가져올 것인가에 대해서는 '놀이치료의 임상적 적용'에서 기술하고 있으며 이를 통해 내담자들은 온전히 기능하는 인간(fully human)이 되는 길을 안내받을 수 있을 것이다. 놀이에 접근하지 않고서 이러한 인간의 생득권을 즐긴다는 것은 사실 불가능하다. 이러한 결손을 채워 감으로써 전문가들의 정체성이 살아나고 치료사와 내담자 모두의 균형 잡힌 인생을 도울 수 있는 정서적 보상을 획득하게 된다. 그리고 이것은 전문가의 진심 어린 안내로부터 얻어지는 큰 성공 중 또 다른 한 가지이다.

유능하게 놀이한다는 것은 복잡한 운동장에서처럼 인생 중에 있을 모든 도전을 경험하는 것과 같다. 놀이가 없다면 삶은 전쟁터가 되어 버린다. 이러한 인도주의적인 지원을 제공하는 데 있어 완전한 토대가 되는 것에 일조한다는 것은 치료사로서의 직업적 삶에 더 큰 의미와 목적을 부여한다. 그리고 아마도 놀이치료사에게 가장 특별한 점은 이 작업이 즐겁다는 것이다. 그래서 이 작업은 내담자와 전문가 모두에게 매우 큰 이득이 된다.

동물과 인간 모두에게 놀이 행위는 진화론적 궤도를 가지고 있으며 최근에는 수많은 신경과학 연구를 통해 생존적 동기와 연관되어 있음이 밝혀지고 있다. 피질하부 회로에 저장되어 있으면서, 놀이 행동을 발생시키는 생물학적 뿌리는 이 원초적인 욕구를 작동하고 유지하기 위해 환경적으로 적절한 신호를 필요로 한다. 몸과 마음의 정교화 및 지속적인 조작이 아동기에 가장 긴급한 요소이지만 사실, 이것은 아동기 외에 인생의 다른 시기에도 계속 요구된다.

전문가가 역할모델과 멘토로 기능하기 위해서는 자신의 삶 안에서 진실되어야만 한다. 그래서 기술을 습득하고 복잡한 인생을 살아 나감으로써 놀이신호가 정교해지고, 자기 자신에게 좀 더 자유롭게 접근하며, 비언어적 놀이언어를 사용할 수 있게 되는데, 이를 통해 선형적 인지의 한계를 초월하는 진실성과 정서적 기초를 획득하게 된다. 그렇다. 개인의 인생이라는 예술적 측면이 놀이치료라는 과학 안으로 들어오는 것이다. 이러한 과정은 놀이치료실이라는 임상장면을 넘어 인생 안에서 연마되어야 한다.

'놀이치료 연구와 실제적 안내'에서는 놀이치료가 즐겁게 수행되고 조율된 형태로 제공되도록 하기 위해서 실제적으로 필요한 것들에 초점을 맞출 것이다. 이 교재만의 독특한 기여는 과학과 예술로서의 놀이 인식과 발생학적인 부분에 대해 함께 설명하고 있다는 점일 것이다. 환경적 즐거움이 우반구 신호를 기다리는 전두엽 피질 유전자에 큰 영향을 미친다는 것을 보여 주는 연구에서, 동물놀이 연구자들은 즐거운 실험실 동물들을 통해 임상가들이 추측하는 것들이 효과적이고 변형적인 놀이치료 환경에서 일어난다는 것을 보여 주고 있다. 다시 말해, 사회적 뇌를 구성할 새로운 대뇌피질 연결은, 특히 활동적 놀이 경험을 필요로 한다는 것이다. 임상가들은 놀이가 실행되면 부가적 이득으로 정서조절과 함께 새로운 두뇌 지도를 형성하게 된다는 개념을 이해하고 있다. 새로운 동물기반 지식이 점점 더 깊이를 더하고 있으며 개인의 적응과 융통성을 다루는 데 필수적인 요소로서의 놀이를 다시 한 번 강조하고 있다.

이 책은 놀이치료기법의 성경과 같은 서적으로 자리매김하기 위해 놀이치료기법을 신선하고도 발견적인 방식으로 소개하며, 치료사들에게 개인적 · 직업적 보충 설명을 풍부하게 제공하고 있다.

Stuart Brown, MD

차례

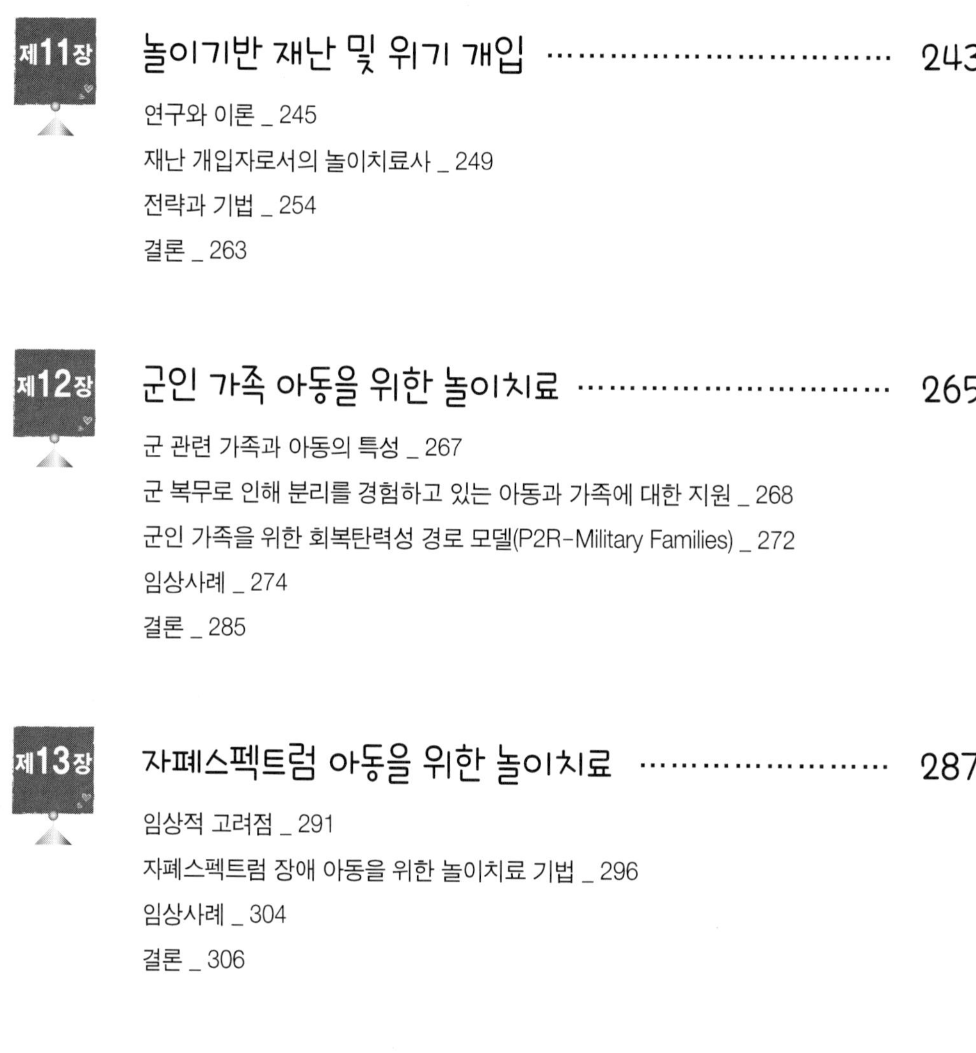

제2부 놀이치료 연구와 실제적 안내

놀이치료 1: 이론과 기법편 차례

제1부
놀이치료의 임상적 적용

제1장 격분한 아동을 위한 놀이치료: 배신감 외상 다루기
제2장 또래 괴롭힘과 놀이치료
제3장 학교장면에서의 아동중심놀이치료
제4장 위탁 가정 아동을 위한 트라우마 내러티브: 개인 및 집단 놀이치료
제5장 노숙 아동을 위한 놀이치료
제6장 이혼 가정 아동을 위한 놀이치료
제7장 상실 및 애도를 경험하는 아동을 위한 놀이치료
제8장 성학대 아동을 위한 Jung학파 분석적 놀이치료
제9장 아동학대: 놀이치료사를 위한 안전기반 임상 전략들
제10장 위태로운 분리 이후 가족 재결합
제11장 놀이기반 재난 및 위기 개입
제12장 군인 가족 아동을 위한 놀이치료
제13장 자폐스펙트럼 아동을 위한 놀이치료
제14장 ADHD 아동을 위한 놀이치료
제15장 불안장애 아동을 위한 필리얼치료
제16장 청소년을 위한 놀이치료
제17장 성인을 위한 놀이치료

놀이치료사들은 상당히 다양한 임상 및 교육적 환경에서 일한다. 그러나 그들은 모두 치료에 도움을 주는 명확한 이론적 틀과 접근의 발달이 반드시 필요하며, 과학이 치료적 개입에 영향을 주고, 아동발달에서 강력하고 기본적인 지식을 얻는다는 데 동의한다. 하지만 놀이치료사들은 다양한 환경에서 일하기 때문에, 이러한 이론들은 임상적으로 적절하게 적용될 때 비로소 '최적의 순간'이 된다.

이 책은 이 분야의 선두적인 전문가들이 저술한 다양한 영역의 임상적 적용들로 풍부하게 구성되어 있다. 총 17장으로 이루어진 제1부는 제1장 David A. Crenshaw의 격분한 아동을 위한 놀이치료로 시작한다. 그다음 제2장에서는 Steven Baron이 내면의 가해자를 포함한 다양한 범주의 또래 괴롭힘에 초점을 맞추어서 기술하였다. 많은 놀이치료사가 학교에서 일하고 있으며, Angela I. Sheely-Moore와 Peggy L. Ceballos는 제3장에서 학교 관련 문제에 관한 놀이치료를 소개하고 있다. 제4장에서 David A. Crenshaw와 Kathleen S. Tillman은 개인 및 집단 놀이치료에서 트라우마 내러티브를 촉진하는 데 초점을 맞추고 있다. 제5장, Debbie C. Strum과 Christopher Hill은 노숙 아동을 위한 놀이치료라는 흥미로운 주제에 대해 저술하였다.

아마도 놀이치료사에게 이혼과 관련된 것보다 더 자주 발견되는 임상적 문제는 없을 것이다. 이에 제6장에서 Sueann Kenney-Noziska와 Liana Lowenstein은 이 주제를 유능하게 다루고 있다. William Steele의 제7장은 슬픔과 외상적 상실을 경험하는 아동을 위한 놀이치료를 기술하고 있으며, 제8장에서 J. P. Lilly는 성적 학대를 당한 아동을 위한 Jung 학파의 분석적 놀이치료라는 어려운 주제에 대해 논의한다. Janine Shelby와 Lauren E. Maltby는 제9장에서 아동 학대의 주요 이슈들을 설명하는데, 특히 놀이치료사를 위한 안전기반 임상적 전략에 대해 기술한다. 높은 찬사를 받고 있는 Eliana Gil은 제10장에서 놀이치료 연구에서 관심받지 못한 주제를 다루고 있는데, 그것은 가족의 재결합에서 놀이치료사의 역할에 관한 것이다.

가장 흥미로운 제11장은 Anne L. Stewart, Lennie G. Echterling과 Claudio Mochi의 놀이기반 재난 개입에 관한 것이다. 현시점과 밀접한 관련성을 갖고 있는 제12장은 Jessica Anne Umhoefer, Mary Anne Peabody와 Anne L. Stewart가 군인 가족 아동을 위한 놀이치료에 대해 논의한다. Kevin Boyd Hull은 제13장에서 자폐아동을 위한 놀이치료의 실제에 대해 탐색한다. 학교, 병원, 그리고 개인 치료실에서 가장 흔하게 마주치는 또 다른 집단은 주의력결핍 및 과잉행동 장애(attention deficit hyperactivity disorder: ADHD)로 진단된 아동들일 것이다. Heidi Gerard Kaduson은 제14장에서 이 아동들을 위한 주제를 다룬다. 이 분야에서 가장 존경받는 전문가 중 한 명인 Louise F. Guerney는 제15장에서 불안장애 아동을 위한 필리얼치료에 대해 논의하는데, 이 또한 놀이치료사가 가장 흔히 만날 수 있는 문제이기도 하다. 그 다음 Brijin Johnson Gardner의 제16장은 청소년을 위한 놀이치료에 관한 창의적이고 흥미로운 장이다. 마지막으로, 제17장에서 Diana Frey는 성인을 위한 놀이치료의 적용에 대해 설명한다.

우리는 제1부를 집필한 저자들 가운데 Louise F. Guerney, Diana Frey, Eliana Gil, 이 세 분이 미국놀이치료학회(APT)의 공로상을 수상한 것을 기쁘게 생각한다. 특히나 『놀이치료 1: 이론과 기법편』의 제1장 아동중심놀이치료를 공동 저술한 Garry Landreth는 APT 공로상의 최초 수상자이다. 놀이치료 분야의 뛰어난 실력자들이 다른 선두적인 임상가들과 함께 이 책을 저술하고, 혁신적인 작업을 하였으며, 놀이치료의 장을 향상시키는 데 참여하였다.

제 1 장

격분한 아동을 위한 놀이치료: 배신감 외상 다루기

David A. Crenshaw

임상적 적용에 대한 설명

핵심개념과 전략

이론과 연구

개입의 근거를 알려 주는 은유

임상사례

결론

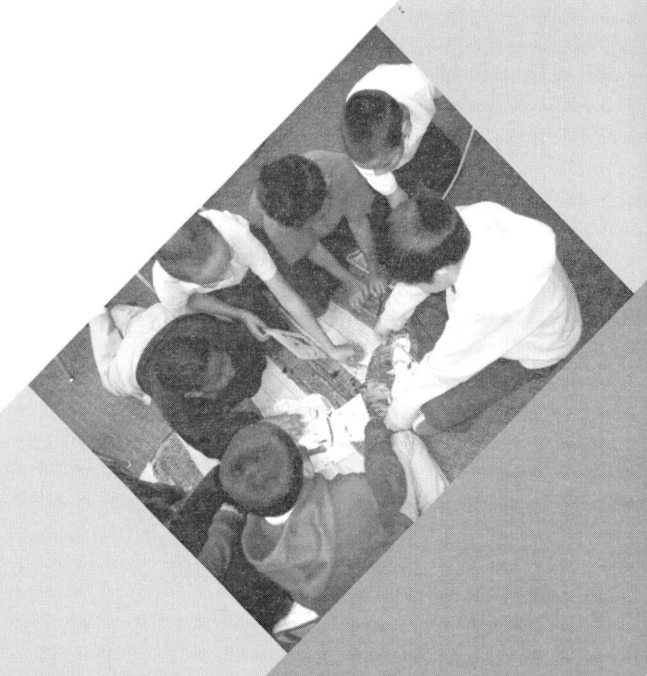

분노에 휩싸인 아이

오, 분노에 휩싸인 아이야, 누군가가 너의 마음을 어루만져 준 게 언제니?
말로는 할 수 없어도 어쩌면 너의 아픔을 놀이나 미술로 표현할 수 있을지 모르겠구나.
네 안에 있는 셀 수 없는 눈물과 짊어지기엔 너무 무거운 짐들,
　마지막으로 눈물을 흘린 게 언제니?
　너무 오래전이야. 너무 오래전이구나! 이제는 눈물을 흘리렴.
너의 마음이 포옹과 부드러운 손길, 다정한 말로 물들었던 것이 언제였을까?
오, 분노에 휩싸인 아이야, 이제 마음껏 네 마음을 그려 보렴, 찢겨 나간 너의 마음을.

- David A. Crenshaw

대부분의 격분한 아동은 자신이 경험한 각양의 수많은 배신에서 비롯된 분노를 말로 표현하지 못한다. 그러한 분노는 말로는 다 할 수 없기 때문이다. 하지만, 말로는 할 수 없을지라도 그림을 그리거나 색칠을 하거나, 모래상자를 만들거나, 찰흙과 손인형을 사용해서 그 격분을 표현할 수는 있을 것이다. **격분한 아동**(children of fury)이라는 용어는 자신의 분노를 언제나 행동으로 표현하는 아이들을 지칭하기 위한 것은 아니다. 오히려 이 용어는 보이지 않는 감정적인 상처때문에 분노와 격분을 마음속에 품고 있는 아이들을 설명하기 위한 것이다. 이러한 아이들은 특정한 조건에서 어떤 내적 · 외적 사건이 촉발될 때에 자신의 격분을 행동으로 표현한다.

놀이치료사가 다루어야 하는 여러 문제 중에서 (놀이치료실에서의 성적 행동을 제외하면) 물리적 공격성이 가장 큰 불안과 스트레스를 야기하는 경향이 있다. 놀이치료실에서 아동과 치료사의 안전을 유지해야 하는 불안감 외에도 부모, 학교, 그리고 다른 의뢰기관으로부터 문제를 빨리 해결하라는 압력이 커지는 것이 보통이다. 공격적인 행동은 부모와 교직원을 불안하게 하고, 다른 아이들의 안전을 위협하기도 한다. 나는, 아동기의 공격성에 대해 이야기할 때 언어의 선택에 주의해야 한다는 Jerome Kagan(1998)의 충고를 마음 깊이 새기고 있다. 나는 임상가로서 **공격적인 아동**(aggressive children)이라는 어구를 절대 사용해서는 안 된다는 그의 강력한 주장에 아주 조심스럽게 동의한다. Kagan은 가장 공격적인 아동이라 할지라도 항상 공격적인 것은 아니라고 설명하였다. 어떤 아동은 집에서는 공격적이지만 학교에서는 그렇지 않거나 혹은 그 반대인 경우도 있다. 집에서 공격성을 보이는 아동의 경우에도 평소에는 공격성을 보이지 않다가 형들에게 놀림을 당할 때면 공격적이 될 가능성이 매우 높다. 아동의 공격적인 행동에 대해 이야기할 때는 반드시 그 맥

락이 제시되어야 한다.

아동의 공격성은 여러 요인이 조합된 결과이다. 1998년 Psychotherapy Networker Symposium의 「우리는 어떻게 지금의 우리가 되는가(How We Become Who We Are)」라는 제목의 강연에서 Kagan은 많은 실타래가 서로 복잡하게 엮여 하나의 태피스트리가 된다는 비유를 사용하였다. 이 실타래에는 생물학적 요소(유전학적 · 신경생물학적), 가족 및 가정에서 배운 가치를 포함하는 사회적 영향, 문화, 심지어는 성장 과정에서 발생한 역사적 사건들이 포함된다. 요즘 자라나는 아이들은 내가 경험했던 것과는 전혀 다른 세상과 맞닥뜨리고 있다. 빈곤, 한부모 혹은 양부모의 정신질환, 부모의 약물중독, 아동 학대(신체적 · 성적 혹은 모두), 부모의 투옥, 방임 등의 위험 요인(ACES Study; Anda et al., 2006)뿐만 아니라 방정식의 반대편도 고려되어야 한다. 상상하기 힘든 잔학 행위에 노출되거나 이를 경험한 우간다의 어린 병사들에 대한 연구가 보여 주듯이 아이들은 놀랍도록 회복탄력성이 빠르고 강하다(Crenshaw, 2013). 이러한 위험 요인과 긍정 요인들을 모두 고려해 볼 때, 그리고 그들의 상호작용을 고려해 볼 때 복잡한 태피스트리가 만들어지는 것은 당연하다.

임상적 적용에 대한 설명

통합적 접근

격분한 아동에 대한 통합적 접근은 특정 조건에서 극단적 공격성을 보이는 거주 치료 아동들, 그리고 36년간의 외래 개인 상담 중 특정 맥락에서 다양한 공격적 행동을 보이는 아동들과 함께 했던 나의 놀이치료에 가이드가 되어 주었다.

아동중심놀이치료

아동중심놀이치료(child-centered play therapy: CCPT)는 강한 치료적 관계를 구축하기 위해 선택하는 치료법이다. 아동중심놀이치료에서 강조하는 조율, 호기심 있는 관심, 공감, 진실성, 따뜻함 등은 다양한 문제를 보이는 아동들을 신뢰와 성장, 그리고 치유로 이끈다. 아동중심놀이치료는 특히 공격성이 주호소 문제일 때 효과적인데, 이는 대부분의 공격적인 아이들이 치료사를 쉽게 믿지 않기 때문이다. 아동중심놀이치료는 초등

학생 집단에서 긍정적인 결과를 보여 주었다(Ray, 이 책의 제18장; Ray, Blanco, Sullivan, & Holliman, 2009). 이 연구에서 통제집단 아동들의 공격성이 유의미한 변화를 보이지 않은 것과 달리, 14번의 아동중심놀이치료 회기에 참가한 아동들의 공격성은 유의미한 감소를 보였다. 또한, 미국의 헤드스타트 프로그램에 참여하고 있는 아동들 중 파괴적 행동을 보이는 아동들에 대한 탐색적 연구에서, 아동중심놀이치료에 참가한 아동들은 공격성뿐 아니라 집중력 문제에서도 통계적으로 유의미한 감소를 보였다(Bratton et al., 2013).

어린 시절의 붕괴된 애착은 공격성의 기여 요인이 될 수 있다. 아동중심놀이치료는 아동이 부모에 대해 불안정 애착을 유지하는 상태에서도 치료사와의 애착 안정성을 증가시켜 주는 것으로 나타났다(Anderson & Gedo, 2013). Anderson과 Gedo(2013)의 사례 연구에서 아동의 모친은 언어 장벽 때문에 치료에 참여할 수 없었지만 아동중심놀이치료 결과 아동의 공격성 수준은 감소하였다. 매우 공격적인 청소년에 대한 변형된 아동중심놀이치료 접근 역시 좋은 결과를 보여 주었다(Cochran, Fauth, Cochran, Spurgeon, & Pierce, 2010). Cochran과 동료들(2010)은 따뜻함, 진실함, 공감을 강조하는 인간중심 접근이 특히 언어로 표현해야 하는 치료를 꺼리는 청소년에게 적합하다고 보았다.

감각운동치료

감각운동치료는 신경과학의 발견에 기초를 두고 있으며, 공격적 행동을 보이는 어린 아동들과의 작업에 새로운 기회를 제공해 주고 있다. 과각성에 주의를 기울이고 뇌간을 진정시키지 않은 상태에서 전통적인 치료적 접근으로 초기 외상을 경험한 아동과 작업하는 것은 어려울 수 있다(Gaskill & Perry, 2014). 고위험군 학령전기 아동 대상 치료 프로그램을 위한 탐색적 연구(Barfield, Dobson, Gaskill, & Perry, 2012)는 필리얼치료 맥락에서 제공되는 치료 활동의 시기, 특성, 그리고 '양'을 결정하기 위하여 치료의 신경순차 모델(nerosequential model of therapeutics: NMT; Gaskill & Perry, 2014)을 사용하였다. 그 결과 정서조절과 충동조절에 유의미한 개선이 있었다. 신경순차 모델은 치료에서 무엇을 하느냐보다 언제 하느냐가 중요하다는 것을 강조한다. 신경순차 모델은 놀이치료에 통합하여 사용할 수 있는 좋은 틀이며, 놀이치료사는 신경순차 모델을 통해 뇌 연구에 기반하여 개입의 시기와 순서를 정하는 데 도움을 받을 수 있다.

게슈탈트 놀이치료

Oaklander(2006)는 게슈탈트 놀이치료 접근을 사용하여 놀이치료에서 분노를 다루는 세 가지 단계를 설명하였다. 첫 번째 단계는 화난 감정에 대하여 말하기(talking about)이다. 이 초기 작업에는 감정을 나타내는 어휘를 말하는 것뿐 아니라 다양한 분노 감정을 묘사하기 위해 그림을 그리거나 색칠을 하는 것이 포함된다. 또한 다양한 강도의 분노를 표현하기 위해 북소리와 같은 음악도 활용한다. 두 번째 단계에서 Oaklander는 분노를 표현할 수 있는 새롭고 더 만족스러운 방법에 집중하였다. 그녀는 이 단계에서 가족을 모두 불러 모으는 것이 중요하다는 것을 발견하였는데, 그 이유는 가족의 분노 표현 방식이 아동이 분노 경험(단순한 짜증에서 통제할 수 없는 분노에 이르기까지)을 다루는 방식에 매우 깊숙이 영향을 미치기 때문이다. 세 번째 단계에서는 해결되지 않은 외상이나 슬픔과 관련된 차단되거나 묻혀 버린 분노가 있는지를 치료적 관계의 안전감 안에서 탐색하였다. 이러한 분노는 아동의 의식 바깥에 완전히 묻혀 있을 수도 있다. 이러한 유형의 분노는 아동을 겁먹게 하거나 압도하지 않도록 조금씩 노출시켜야 한다. Oaklander가 가장 잘 설명해 놓았듯이, 게슈탈트 접근은 공격성의 문제를 다루는 놀이치료사들에게 많은 도움을 줄 수 있으며 다른 접근들과도 통합될 수 있다.

정신역동적 놀이치료

무의식적 동기, 감정, 충동 등과 같은 역동적 힘에 강조점을 두면서, 정신역동적 놀이치료는 아동의 상징적 놀이와 창의적인 산물들(모래상자나 그리기 활동의 산물이든 아니면 찰흙이나 다른 물질을 사용한 것이든)에 대한 깊은 이해를 제공한다(Crenshaw & Mordock, 2005a, 2005c; Mordock,『놀이치료 1: 이론과 기법편』의 제5장 참고). 정신역동적 이론은 또한 상징화된 놀이나 창의적 표현에 반응하는 다양한 수준의 공감적 진술(statement)과 해석을 가이드해 줄 수 있다.

핵심개념과 전략

공격자와의 동일시

공격성 문제를 가지고 놀이치료에 오는 아동들은 종종 공격적인 놀이 안에서 자신을 공격자와 동일시한다. 이러한 동일시는 정신역동의 틀에서 쉽게 이해될 수 있다. 이전에 폭력의 목격자 혹은 피해자였던 아동들은 무력감을 느끼고 겁에 질리며 입을 다문다. 상상놀이에서 그들은 강한 편의 역할을 하거나 피해자 대신 가해자 역할을 할 수 있으며 이것은 아동을 만족스럽게 한다. 문제는 아동이 공격자 역할에 빠져 버릴 때 일어난다. 만약 이러한 행동이 끝없이 지속된다면 아동은 공격자와 유사한 자아정체성을 확고히 하게 된다. 이러한 역동은 또래 괴롭힘 사례에서 많이 볼 수 있다(Baron, 이 책의 제2장). 아동이 공격자 역할에 고착되면 놀이치료사는 아동이 다른 건설적인 방법으로 힘을 경험할 수 있도록 전환해주어야 한다. 몇몇 사례에서, 그들은 놀이극 중에 경찰서장이 되거나 시장, 판사 혹은 건설적이고 도움이 되는 방식으로 힘을 사용하는 다른 역할을 할 수 있었다. 놀이치료사는 아동이 공격자와 동일시하는 것으로 돌아가지 않도록 적극적이고 지시적일 필요가 있다. 건설적으로 권력을 사용하는 역할을 짧게 해 보는 것이 유용할 수 있으며, 아동이 이러한 역할로 전환한 것에 대해 바로 칭찬을 해 주도록 한다(이것은 1995년에 참석했던 워크숍에서 Kevin O'Connor가 제안했던 개입방법이다).

공감기반 개입

특정한 이론적 접근과 상관없이 공감기반 개입은 매우 중요하다. 많은 연구는 공감의 결여가 심각한 공격과 폭력의 지표가 됨을 보여 주고 있다. 공감기반 개입을 포함하지 않는 사회적 스킬 훈련과 분노 조절 전략은 목표에서 벗어나기 쉽다. 개인과 집단 치료에서 공감기반 전략의 구체적인 예는 공감을 증진시키기 위해 개발된 프로그램들에 대해 설명한 이전의 내용과 동일하다(Crenshaw & Mordock, 2005a, 2005c 참고).

이론과 연구

아동기 공격성에 기여하는 요인은 다양하다. 가난한 가정에서 태어나 자라는 것, 위험하고 범죄로 가득한 동네에서 자라나는 것, 그리고/또는 학교에서 괴롭힘을 당하는 것은 심각한 상실감과 분노로 이어질 수 있다. 슬픔이 묻혀 버리면, 즉 표현되지 않고 해결되지 않은 채로 남아 있으면 슬픔은 화가 되고 궁극적으로는 분노로 변할 수 있다. 개인의 존엄성과 인간성을 침해받은 경험이 있는 아이들은 적절한 공감능력을 발달시키지 못할 수도 있다.

자신이 속한 성별, 인종, 계급, 민족, 지역 또는 단체 때문에 가혹하고 편협하게 평가받는 것은 비인간적인 경험이다. 비록 사회적 독소(Garbariono, 1999)가 많은 아동에게 영향을 미치기는 하지만, 이 중 아주 소수만이 어른이 되어서 폭력적인 범죄자가 된다(Kolla et al., 2013). 교육적 · 직업적 기회가 제한되어 있고 매일 폭력의 위협에 직면하고 있는 아동들은 소속감과 보호의 필요성 때문에 갱단에 의지할 수도 있다. 성인이 되어서 폭력적인 범죄자가 되는 소수의 사람에게서 발견되는 중요한 요인 중에는 정신병질적 증상과 관련된 냉담한/감정이 없는 성격 특질이 있다(Kalloa et al., 2013).

정신 질환을 가진 사람은 타인의 고통이나 슬픔의 신호를 실제로 읽지 못하는 경향이 있다. 성인 범죄자의 정신 질환적 성격 패턴은 다른 범죄자와 비교할 때 범죄 행위를 더 일찍 시작하는 것과 관련이 있으며, 이들은 좀 더 폭력적인 범죄를 저지르고 투옥되어 있는 동안 더 많은 폭력과 연루된다(Andershed et al., 2002; Decety, Chen, Harenski, & Kiehl, 2013). 이런 관점을 기억하는 것이 중요한데, 왜냐하면 임상 현장에서 공격성이나 문제 행동으로 만나게 되는 아동의 대부분은 (부모나 임상가들이 매우 걱정스러워함에도 불구하고) 폭력적인 범죄자로 발전하지 않기 때문이다. 임상 장면에서 가장 자주 만나게 되는 것은 주도적 공격성보다는 반응적 공격성이다.

반응적 공격성(reactive aggression)은 지각된 위협이나 좌절에 대한 반응으로 적대적 · 충동적 행동을 하는 것으로 정의된다. 반면, **주도적 공격성**[proactive aggression; 때로는 도구적 공격성(instrumental aggression)이라고 말하기도 함; Dodge & Coie, 1987]은 종종 정당한 이유 없이 다른 사람을 소유하거나 지배하기 위해 공격적인 행동을 수반하는 것을 말한다. 반응적 공격성은 아동기 학대와 관련이 있는 것으로 밝혀졌다(Kolla et al., 2013). 정신질환은 주도적 공격성의 발현에 중요한 기여 요인으로 보인다(Kolla et al., 2013). 다시 말하지만,

이러한 발견들은 놀이치료사뿐만 아니라 분노에 찬 자신의 아이가 폭력적 범죄의 삶을 향해 가고 있다고 지나치게 걱정하는 부모에게도 중요하다.

3세 이전의 공격성 및 파괴적 행동은 사춘기 이전의 문제들을 예측하며 조기 확인 및 개입을 필요로 한다(Pihlakoski et al., 2006). 아동기 공격성은 12개월이면 나타날 수 있지만 비임상 표본에서는 흔히 24~36개월에 나타난다(Alink et al., 2006). 신체적 공격 행동의 비율은 생후 2년 동안 증가하고 만 3세 이후에는 감소한다(Alink et al.. 2006).

관례적으로, 여자아이에 비해 남자아이가 더 공격적이라고 여겨지는 이유는 남자아이와 여자아이가 우리 문화에서 사회화되는 방식의 차이에 따른 결과라고 생각되었다. 캐나다 연구자들에 의하면(Zoccolillo et al., 2007) 신체적 공격성에서 유의미한 성차가 나타나기 시작하는 17개월에 남아의 5%, 여아의 1%가 잦은 빈도의 신체적 공격 행동을 보였으며 이러한 차이는 29개월까지 변화가 없었다. Zocccolillo와 동료들(2007)은 이토록 어린 연령에서 이렇게 눈에 띄는 차이가 나타나는 것은 성별 사회화의 차이로 보이지 않는다고 주장했다. 하지만 이러한 견해는 성별에 따라 아동과 상호작용하는 방식뿐만 아니라 아동들이 자신을 나타내는 방식에도 차이가 있다는 것을 발견한 애착 연구자들에게 도전을 받을 수도 있을 것이다(Weignberg, Tronick, Cohm, & Olson, 1999).

애착 안정성 또한 아동기 공격성에 중요한 역할을 한다. 비조직화 애착(disorganized attachment)을 보이는 남아와 양가 애착을 보이는 남아는 안정 애착 아동에 비해 높은 수준의 외현화 문제가 있는 것으로 보고되었다(Moss et al.. 2006). 또한 낮은 모-자 상호관계와 함께 지속적인 과잉행동성을 보이는 학령전기 아동은, 비교 집단에 비해 낮은 수준의 또래 수용성뿐 아니라 높은 수준의 공격성과 불복종적/비사회적 행동과 연합되어 있었다(Keown & Woodward, 2006). 누적된 가족 위험 요소(예: 부모의 알코올 중독, 부모의 우울증, 반사회적 행동, 부부 갈등)에 노출된 학령전기 아동과 까다로운 기질의 아동은 18개월 때 저위험군 가정의 아이보다 더 높은 공격성을 보여 주었다(Edwards, Eiden, Colder, & Leonard, 2006). 고위험 혹은 저위험군의 남아는 모든 연령에서 여아보다 높은 수준의 공격 행동을 보였다. 미디어 노출 또한 여전히 또 다른 요소이다. 2년간의 종단 연구에 의하면 미디어 노출이 학령기 여아의 관계적 공격성 및 남아의 신체적 공격성을 예측하였다(Ostrov, Gentile, & Crick, 2006).

어린 아동기의 공격성과 관련된 다른 요소로는 성과 임신기 코카인 노출의 결합 및 환경적 위험 요인이 있다(Bendersky, Bennett, & Lewis, 2006). 남성과 자궁 내 코카인 노출의 결합 및 고위험 환경은 모두 5세 때의 공격성을 예측하였다.

개입의 근거를 알려 주는 은유

놀이치료사들이 분노한 아이들에 대해 적절한 치료를 시작하기 위해서는 치료계획과 개입방법을 안내할 수 있는 이론과 연구를 바탕으로 한 합리적인 근거가 필요하다. 아동의 공격성 문제를 개념화하는 유용한 방법이 아래에 설명되어 있다.

"고릴라 옷을 입은 아기 사슴"

은유적 어구인 **고릴라 옷을 입은 아기 사슴**은 특히 입양 가족 아동과 거주치료 프로그램에 있는 아동에게 적용된다. 이러한 아동은 종종 어린 시절부터 관계적 외상을 경험하며(Schore, 2012), 이후에는 가난, 학대, 무시, 차별, 그리고 성, 계층, 국적, 인종, 성적 편견으로 인한 가치 폄하 등 다양한 사회적 독소들(Hardy & Crenshaw, 2008; Hardy & Laszloffy, 2005)에 노출된다. 나는 아동 복지 시설에 있는 많은 아동을 묘사하기 위해 이 은유법을 사용해 왔다. 왜냐하면 그것이 복합 외상 혹은 발달적 외상(van der Kolk, 2005)으로 고통받는 아동의 본질적인 역동을 포착하기 때문이다.

사회문화적 외상(Hardy & Laszloffy, 2005) 외에도, 거주치료 센터에 있는 아동은 아동기 역경(adverse childhood experiences: ACES)—신체적/성적 학대, 무시, 가족/공동체의 폭력, 한부모 혹은 양부모의 정신 병리, 한부모 혹은 양부모의 수감, 한 부모 혹은 양부모의 약물남용, 그리고 부모의 이혼으로 인한 분리를 포함—을 경험한 비율이 높았다(Anda et al., 2006). 미발간된 연구(Crenshaw & Alstadt, 2011)에 의하면, 한 거주치료 센터에 최근 입주한 100명의 아동 중 87%가 ACES 중 적어도 네 가지를 경험한 것으로 나타났다(Anda et al., 2006). ACES에 대한 Anda 등(2006)의 연구에서, ACES 중 4개 이상을 경험한 사람들은 일련의 해로운 행동과 신체적인 건강에 있어서 고위험군에 속하였다.

방어 전략: 고릴라 옷

고릴라 옷을 입은 아기 사슴은 전형적으로 복합 외상 혹은 발달적 외상으로 고통받는다. 이들이 경험하는 외상은 세 가지 원천 즉, ① 관계 외상, ② 사회문화적 외상, ③ ACES에 지속적인 노출에 기인한다. 고릴라 옷을 입은 아기 사슴은 공통적으로 존엄성에 대한 침해를 반복적으로 경험한다(Crenshaw & Hardy, 2005; Hardy & Crenshaw, 2008; Hardy &

Laszloffy, 2005). 고릴라 옷 은유는 방어 전략을 설명하기 위한 것이다. 여기에서 고릴라 옷은 공격자와의 동일시를 나타낸다. 공격성은 사람들로부터 거리를 유지하게 하며, 아기 사슴으로 대표되는 취약하고 종종 외상을 입은 핵심 자아를 보호하는 것을 목표로 한다. 화, 분노, 그리고 공격성은 앞서 밝힌 다양한 원인과 무수한 기여 요인에 뿌리를 둔 누적된 외상에 대한 반응이다.

방어 전략: 분리의 벽돌 담

모든 청소년들이 외상을 입고난 후 취약한 자아(즉, 아기 사슴)를 보호하기 위해 공격성을 사용하는 것은 아니라는 점을 기억해야 한다. **분리의 벽돌 담** 뒤로 자신을 숨기는 아동 또한 흔히 만날 수 있다. 이 전략을 사용하는 아동에게 정서적으로 접촉하는 것은 거의 불가능하다. 그들은 고립되어 있고, 냉정하며, 그들과 의미 있는 관계를 구축하려는 치료사들의 노력은 통하지 않는다. 분리의 벽돌 담 뒤에 스스로를 숨기는 아동들은 그들을 포기하지 않고 끊임없는 방해와 낙담에 직면하면서도 끝까지 견뎌 내는 치료사들과 어른들에게만 반응하는 경향이 있다.

"격분한 아동"

고릴라 옷을 입은 아기 사슴이 위탁 가정의 아이들, 특히 거주치료와 입원 프로그램에 있는 아이들에서 흔히 나타나긴 하지만 그들이 놀이치료사가 마주치게 될 격분한 아이 모두를 설명해 주는 것은 아니다. 놀이치료사는 입원 프로그램, 주간 치료 센터, 외래 임상가, 학교, 헤드스타트 센터, 예방 프로그램, 개인 치료를 포함해 다양한 장면에서 일하고 있다. 나에게 의뢰되는 격분한 아동은 어디서든 만날 수 있으며, 이러한 아동들에게 핵심적인 정신역동적 이슈는 친밀한 관계에서의 배신이다. 인생에서 만날 수 있는 모든 경험 중에 (실제적이든 지각된 것이든) 배신은 가장 강력한 분노를 격발시킨다. 이러한 경험은 때로 **배신외상**(betrayal trauma; Gobin & Freyd, 2013)이라는 이름으로 불리기도 한다. 배신외상이론에 따르면, 어린 시기에 가까운 사람으로부터 폭력과 배신을 경험한 아동들은 특정한 사회적 능력을 발달시키지 못하는데, 여기에는 누구를 신뢰해야 할지에 대한 건강한 결정을 내리는 것이 포함된다. 결과적으로 이러한 아동들은 반복적인 배신에 취약해지고 분노는 쌓여 간다.

수많은 형태의 배신

다음에 나오는 친밀한 형태의 배신에 대한 설명은 충분하지 않다. 그 이유는 이러한 상처와 그에 수반되는 분노가 명백한 행동뿐만 아니라 미묘한 행동으로도 촉발될 수 있기 때문이다. 배신은 의도적일 수도 의도적이지 않을 수도 있다. 배신의 분노를 이해하는 데 있어서 문제가 되는 것은 논쟁의 여지가 없는 사실이 아니라 주관적 경험이다. 예를 들면, 술이나 마약을 남용하는 부모를 둔 아동의 경우 술 취해 있지 않은/마약을 하지 않는 부모를 만나면 기뻐하지만 중독 상태의 부모가 나타날 때면 배신감을 느끼고 화를 낼지도 모른다. 반대로 **배신외상이론**(Freyd, 2008; Freyd & Birrell, 2013)은 양육자에 집중한다. 배신당한 사람 입장에서 양육자는 생존을 위해 의존해야 하는 사람이지만 나중에는 그들을 학대하고, 무시하거나 어떤 식으로든 신뢰를 해치는 사람이다. 따라서 이 경우 배신당한 사람은 배신에 대해 무감각해지는 것 같다. 생존을 위해 양육자에게 의존해야 한다는 것은 배신을 '눈 감아주게' 만드는 이유가 될 수 있으며(Freyd & Birrell, 2013) 배신의 피해자(즉, 아동)가 침묵하도록 무서운 힘을 가할 수 있다. 나는 Freyd(2008)가 묘사한 배신외상의 기준에 부합하는 내담자(특히, 양육자에 의해 성적 학대를 당했고 아동이 위협에 의해 침묵했던 경우)를 치료한 적이 있었다. 하지만, 대부분의 경우 나의 임상적 경험은 배신이 소리 없는 상처가 아니라는 것을 보여 주었다. 나는 가족 중에 만성질환자가 있어 극심한 스트레스와 어려움을 겪고 있는 가족들과 함께 작업해 왔는데, 이러한 임상적 경험은 가족 내에 얼마나 많은 사랑이 있든, 만성질환의 파괴성은 다른 가족들을 분노하게 한다는 것을 보여 주었다. 가족의 자원은 아픈 가족 구성원에게 불균형적으로 할당되고, 나머지 가족들을 위한 자원(시간, 에너지, 돈 그리고 활동)은 더 적게 남게 된다. 가족생활에 있어서 이러한 극적인 변화는 배신으로 느껴질 수 있고 이러한 배신감을 경험하는 가족 구성원들에게 분노를 일으킬 수 있다. 이러한 느낌을 갖고 있는 아동들은 죄책감이나 수치심을 느낄 수도 있기 때문에 그것에 대해서 이야기 하고 해결책을 찾는 것을 더 어렵게 한다. 동일한 역동이 가족 구성원의 죽음에 적용된다. 비록 그런 감정들이 죄책감과 수치심으로 인한 큰 고통을 야기할지라도 정서적으로 그것은 유기와 배신으로 느껴질 수 있다. 분노는 종종 마음속 비밀의 방으로 밀려나며 가장 예상치 못한 때에 분출된다.

자신을 사랑하고 보호해 줄 것으로 기대한 바로 그 성인에게 학대나 무시를 당한 아동들은 거의 확실히 배신감을 경험한다. 전에는 친한 친구였지만 초등학교 입학 후에는 다른 또래집단에 속해서 자신을 놀리고 괴롭히는 친구에게 느낀 배신감이 분노를 초래할지도 모른다. 중학교와 고등학교에서는, 새로운 이성친구를 사귀는 이전 이성친구에 대해 배신감을 느끼는 것이 이상한 일이 아닐 것이다. 때로 분노는 이전 남자친구 혹은 여자친구를 향하며 때로는 자신의 자리를 차지한 새로운 이성친구를 향한다.

배신은 약속을 어기는 것의 형태를 취할 수도 있는데 특히 이것이 패턴이라면 그렇다. 나는 종종 아이와 약속한 방문을 하지 않는 부모를 가진 위탁 가정 아이들의 분노를 목격해 왔다. 이혼한 부모가 정기적인 전화 통화나 방문을 약속하고 반복적으로 이를 어겼을 경우의 아동에게도 동일하게 적용될 수 있다. 전에는 믿을 만하다고 생각했던 친구가 비밀을 지키지 않았을 때, 자신을 무시하는 애인을 향하는 것과 동일한 분노가 촉발될 수 있다. 전체 학급 앞에서 아동에게 창피를 준 교사는 아동의 암묵적 신뢰를 배신한 것으로 여겨진다.

학대, 무시, 배신은 모든 사회와 모든 사회경제적 집단에 만연해 있다. 나는 부유한 집안의 격분한 아동들을 만났었다. 그들의 부모는 사회에서 권위 있는 직업을 갖고 있거나 사회적 지위를 누리고 있고 지역사회를 위한 관대한 기부자들이었다. 하지만 격분한 아이들은 배신감을 느꼈다. 화가 났을 때 그들은 종종 자신의 부모를 '사기꾼들'이라고 묘사했다. 그들의 부모가 더 큰 공동체의 인정을 받기 위해 끈질기게 성공을 추구할 때 아이들은 버려진 느낌, 부모의 시간과 관심을 빼앗긴 느낌을 받는다고 설명했다. 이러한 젊은이들의 분노는 종종 깜짝 놀랄 만큼 강렬하다. 가족 회기 중에 이러한 분노에 대해 알려 주면 아이들의 필요와 감정을 오랫동안 잊고 있던 부모들은 종종 충격을 받는다.

내 경험으로 볼 때, 모든 배신 중에서 아동에게 가장 파괴적이고, 끔찍하며, 치유하기 어려운 것은 부모에 의한 궁극적인 배신이다. 한 예는, 대부분의 사람은 상상하기도 힘들겠지만, 애인이 자신의 아이를 학대했을 때 부모가 애인을 선택하는 것이다. 궁극적인 배신으로 고통받는 아이들은 종종 아동보호서비스에 의해 개입된 후 위탁 가정으로 보내진다(Webb, 2007). 이러한 경우의 격분은 말로 설명할 수 없다. 그 분노는 (적어도 복수에 대한 환상에서라도) 살인에 비례한다. 슬프게도, 이러한 아동 중 일부는 분노를 내부로 향하며 자살 시도 혹은 자살 의도가 없는 자해를 시도한다. 그들은 부모가 그랬던 것과 똑같이 자기 자신을 경멸하며, 자신이 누구에게든 사랑받을 가치가 없다고 느낀다.

놀이치료사에 의한 배신

놀이치료사들은 아동의 분노를 유발하고 그들이 배신감을 느끼며 떠나게 하는 실수를 저지를 수 있다. 놀이치료에 오는 아이들은 종종 치료사들이 신뢰할 수 있고, 의지할 만하며, 진정성이 있는지 알아보기 위해 다양한 방법으로 그들을 시험한다. 놀이치료에서 안전하고 믿을 만한 구조와 틀을 유지하는 것은 필수적이며, 과거에 파괴적인 배신을 경험한 아이들에게는 더욱 중요하다. 예를 들면, 아동은 다음과 같은 치료사의 세부적인 부분들에 집중한다. 그것은 약속 시간에 늦지 않는지, 병이나 휴가, 혹은 학회 참석 등으로 인해 치료를 쉬었을 때 세심하게 아동을 다루고 준비시키는지, 아동이 약속에 오지 않았을 때 관심을 갖고 확인하는지 등이다. 아동은 회기의 세부 사항들이 정말 비밀로 유지되는지 지켜보고 있을 것이다. 또한 부모님, 학교 선생님들 또는 다른 의뢰인들과 무엇을 공유하는지에 대해 예민하게 반응할 것이다.

다른 인간과 마찬가지로 치료사 또한 완벽하지 않기 때문에 실수를 저지를 수밖에 없다. 중요한 것은 실수를 저질렀을 때 아동에게 솔직하게 잘못을 인정하고 파괴된 치료적 관계를 회복시키기 위해 작업해야 한다는 것이다. 놀이치료사는 반복적인 배신의 역사를 가지고 있는 아동과 회복하는 데에는 상당한 시간이 걸릴 수 있다는 것—혹은 불가능할 수도 있다는 것—을 인식해야 한다.

'격분한 아동'에 대한 치료적 초점: 상처받은 신뢰감의 회복

상처받은 신뢰감은 배신에서 비롯된 것이기 때문에 치료 관계에서 신뢰가 점진적으로 발전하는 것은 강력한 회복 경험으로 작용할 수 있다(Gobin & Freyd, 2009). 놀이치료 영역에 있는 치료사들이 서로 다른 이론으로 훈련받고 접근한다 할지라도 치료 작업에서 공통적인 요소는 치료사-아동 동맹에서 안전한 애착 관계를 제공하는 것이다. 증거기반 치료를 이용하려는 시도에서도 치료 관계의 질만큼 경험적으로 뒷받침되는 것은 없다(Stewart & Echterling, 2014). 치료적 변화를 위한 '획기적인 기술'을 찾는 데 있어서 가장 강력한 요소 중 하나는 치료 관계의 질이라는 것을 잊어서는 안 된다. 아이들이 놀이치료사와의 관계에서 안전감을 느끼고 신뢰를 경험한다면 손상된 신뢰감은 치유될 것이다. 그것은 중요한 정서적 교정 경험이다(Alexander, 1961). 격분한 아이가 놀이치료사와 충분한 신뢰와 안전에 도달하면 놀이치료사와 놀기 시작할 것이고 나중에는 이전의 배신에 대해 조금이나마 이야기할 것이다. 그들이 분노의 근원을 밝히고 털어놓기 시작할 때 그것은 '적극적인 신뢰의 선언'(Bonime, 1989)을 나타내는데, 이는 친밀한 관계에서의 배신으로 받은 상처 때문에 고통받아 온 사람들의 치유에 필수적인 요소이다.

"격분을 견뎌 내기"

나의 소중한 동료인 Heather Butt는 Winnicott의 작업에서 영감을 받은 '격분을 견뎌 내기(surviving the rage)' 개념을 나에게 소개해 주었다. 격분한 아동과 청소년을 돕기 위해 놀이치료사로서 우리는 그들의 격분을 견뎌 낼 수 있어야 한다. 우리는 아동과 치료사 모두가 두려워할 수 있는 격분 안에서 함께 있어야 하고 어떻게든 그 과정을 지나는 동안 관계를 유지할 수 있어야 한다. 격분에서 견뎌 내는 것은 엄청난 도전이다. 전형적으로, 아동에게 중요한 많은 사람이 아동의 격분을 견뎌 내지 못했기 때문에 그 아동이 치료를 받고 있는 것이다. 만약 치료 안에서 그 격분을 표현하고 처리할 수 없다면 그 아이는 누구를 의지할 수 있을까? 만약에 격분을 표현하는 중에 아동이 치료실 안에 있는 장난감을 부숴 버렸다면 그것은 매우 불편한 일일 것이다. 아동은 화가 나서 창문을 깨려고 하거나 블록을 던져서 방 안에 있는 전등을 부수려고 할지도 모른다. 분명히 이 행동은 아동과 치료사 모두의 안전을 위해 효과적인 제한 설정과 예방 조치를 요구한다. 그러나 격분 견뎌 내기의 필수 요소는 치료적 관계가 온전하게 유지되는 것이다. 이를 통해 아동은 자신의 격분이 치료사를 다치게 하거나, 자기를 완전히 삼켜 버리거나 휩쓸어 버리지 않는다는 것을 배울 수 있다.

아동이 의도적으로 놀이방의 장난감이나 가구를 부수지는 않는다 하더라도 인형의 머리가 날아갈 정도로 테이블에 내리치고 있는 것을 지켜보는 것은 매우 고통스러울 수 있다. 가학적인 분노를 지켜보는 것은 충격적일 것이다. 하지만 분노가 상징적 재연(reenactment)의 영역에서 유지된다면 그것은 자신이나 다른 사람들에게 해를 끼칠 수 있는 일상생활에서의 행동적 재연보다 훨씬 나은 것이다. 이런 종류의 분노는 진공상태에서 생기는 것이 아니라는 점을 치료사는 기억해야 한다. 배신, 특히 반복되는 배신에서 비롯되는 격분함 같은 분노는 어디에도 없다. 한때는 신뢰했던 사람이 고통의 근원이 되는 것은 상처에 모욕감을 더하게 된다.

격분에서 견뎌 내는 것은 치료적 관계의 질과 신뢰성에서 기인한 감정적으로 교정된 경험의 또 다른 예이다. 놀이치료에서 안전감은 안전하지 않은 행동에 대해 지속적으로 제한하는 것뿐 아니라 진정시키는 기술을 가르침으로써 확립된다. 마음챙김 훈련, 호흡법 같은 기술들은 아동이 통제할 수 없을 정도로 튕겨 나가려 할 때, 그리고 분노를 조절할 수 없을 때 사용될 수 있다. 또한 이러한 기술들은 아동으로 하여금 자신의 정서 상태에 대한 자각을 발달시킬 수 있도록 돕는다. 아마도 가장 중요한 것은 놀이치료에서 안전감은 아동과 강하고 신뢰할 수 있는 관계를 구축함으로써 확립된다는 것이다. 치료적 관계 안에서의 심리적 안전감은 아동의 불안감을 잠재우고 보이지 않는 상처에 맞서는 힘든 과정을 시작할 수 있게 한다.

'투지'를 존중하다

놀이치료사는 격분한 아동의 회복탄력성과 불굴의 투지(irrepressible spirit)를 간과해서는 안 된다. 이 아이들은 포기하지 않은 아이들이다. 그 소녀는 자신의 존엄성을 위해 싸우고 있다. 그 소년은 싸우고 방어할 만한 가치가 있는 무언가가 있다고 믿는다. 그 소녀는 타는 듯 고통스러운 상처에 대한 보상을 찾고 있다. 격분과 폭력의 형태를 한 이 인상적인 강인함은 조절될 수 있고 건설적이고 도움이 되는 방식으로 존엄성을 회복하기 위한 효과적인 결정을 내림으로써 방향을 바꿀 수 있다. 분노의 방향을 바꾸는 것은 보이지 않는 상처와 그에 상응하는 분노를 확인하고 아동이 이해받는다고 느낄 때에만 일어난다. 분노에 상응하는 정동이 표현되고 공감받아야 하기 때문에 엄격한 인지적 개입은 부족할 수 있다.

존중과 존엄성

격분한 아동과의 치료적 관계에 의해 매개되는 이 필수적인 교정적 정서 경험은 치료 과정 내내 존중과 존엄성을 가지고 이 아동들을 대하는 것을 기반으로 한다. 격분한 아동들은 자신의 존엄성에 대한 (실제적 혹은 지각된) 어떠한 침해에도 지나치게 민감하다. 회기 중에 전화를 받는 것, 진심 어린 사과 없이 아동을 기다리게 하는 것, 혹은 치료회기 중에 완전히 현존하지 못하는 것, 아동에게 적절히 조율하지 못하는 것은 치료적 관계를 방해한다. 왜냐하면, 격분한 아동의 눈으로 볼 때 이러한 예시들은 치료사와의 애착을 심각하게 파괴하는 것이기 때문이다.

임상사례

배경

내가 Manny(가명)를 처음 만났을 때 그 아이는 8세였고 매우 화가 나 있었다. 히스패닉

계인 Manny는 교사 부부에게 입양되었다. Manny의 관점에서 볼 때, 첫 번째 배신은 어리고 가난했던 생모가 그를 입양 보냈을 때 일어났다. 그녀는 그에게 안정된 삶을 줄 수 없다고 느꼈고, 역시 어렸던 친부는 그들을 도울 수 없었거나 도움을 주려고 하지 않았다. 친부는 생모와의 관계를 끊었다.

Manny의 양부모는 이미 세 자녀가 있었지만 막내아들이 고등학교 3학년이 되자 또 다른 아이를 키우고 싶어한 좋은 의도를 가진 분들이었다. Manny가 나와 치료를 시작했을 때는 세 명의 생물학적 자녀들이 모두 대학을 마치고 독립한 상태였다. 첫째 아들은 고등학교 코치였고, 딸은 법률보조원으로 일했으며, 막내아들은 엔지니어였다. 첫째와 둘째는 40대에 접어든 그들의 부모가 입양 계획에 대해 이야기했을 때 우려를 나타냈지만, 곧 세 명의 자녀 모두 Manny와 부모를 지지해 주었다. 그들은 부모들이 새로운 아이—특히 특별한 도움이 필요하거나 행동문제가 있는 아이라면—를 다룰 힘이 없을까 봐 걱정했다. 장성한 자녀들의 지지에도 불구하고 Manny는 그들이 자신을 가족으로 인정하지 않는다고 확신했을 뿐 아니라(지각된 배신 2번), 그들이 자신을 받아 주지 않을 것이라고 믿었다. Manny는 큰아들과 딸이 부모님을 방문했을 때 그들의 어린 자녀들에게 공격적으로 대함으로써 앙갚음을 했다. 이것은 어린아이들의 부모와 조부모가 경계심을 갖게 했고 실망하게 만들었다. 그 가족이 자신을 환영하지도 원하지도 않는다는 Manny의 믿음은 더 강화되었다. Manny가 인식하기에 아이들의 부모뿐 아니라 조부모(Manny의 양부모)도 어린 손자녀들을 자기보다 더 좋아하는 것 같았다(주관적 배신 3번).

Manny는 자신의 양부모가 교사로 일하고 있는 학교에서 문제를 일으켜 양부모를 당황하게 만들었다. 그는 운동장이나 식당에서 공격적이고 거친 놀이를 하여 교장실에 자주 불려 갔다. 만약에 그가 어떤 친구 옆자리에 앉기를 원한다면 그는 거기 앉아 있던 아이를 밖으로 밀어내고 그 자리에 앉았다. Manny는 또한 종종 운동장에서 다른 아이들에게 전속력으로 달려가 일부러 부딪혀 쓰러뜨리거나 간혹 작은 부상을 입혔기 때문에 아이들에게 위험이 되었다. 같은 반 아이들의 부모들이 교장에게 알리거나 불만을 표시하기 시작했고 뭔가 조치를 취해야 한다고 요구했다.

어떤 때는 그는 꽤 매력적이었다. 그는 좋은 미소를 가졌고 기분이 좋을 때면 예의 바르고 열정적일 수 있었다. 하지만 대부분은 생각에 잠겨 있거나 뾰로통해 있고 쉽게 화를 내는 아이였다. 교사와 부모 모두에게 가장 걱정스러운 것은 그의 분노였는데, 이것은 다른 아이들을 겁먹게 했고 어른들을 불안하게 했다. 그런 분노는 한 달에 두 번 정도만 일어났지만 화는 걷잡을 수가 없었고 강도와 지속시간 모두 심각했다. 어떤 때는 Manny를 신체적으로 저지하기 위해 교사와 교장선생님, 행동 전문가, 학교 심리학자가 필요했고 가끔은 교직원뿐 아니라 다른 학생들의 도움도 필요했다. 그러한 제지는 언제나 그의 분노를 증가시켰고 그럴 때면 의심할 여지없이 분노의 지속 시간은 길어졌다. 때로는 그의 격분이 한 시간 이상 지속되기도 했다. 신체적 제지는 Manny와 교직원, 다른 아이들을 모두 화나게 만들었다. Manny가 나와 치료를 시작했을 때는 상황이 매우 긴박했다. Manny가 인식하기에 교사들은 자기보다 다른 아이들을 훨씬 더 좋아했다. 이러한 믿음에 따라 그는 교사와 다른 학생들로부터 멀어지는 방식으로 행동했다(지각된 배신 4).

통합적 놀이치료 접근

Manny와의 작업은 통합적 놀이치료 접근법으로 설명될 것이다. 강력한 관계 형성을 위해 아동중심놀이치료로 치료를 시작하였다. 안전을 유지하기 위해 필요한 제한과 경계 외에도 나는 초기 회기 동안 Manny가 손인형극, 모래상자 만들기, 그리고 인형의 집으로 수많은 전투 놀이를 하며 회기를 이끌어 나가도록 하였다.

게슈탈트 놀이치료와 Violet Oaklander(2006)의 연구는 사례에 설명된 지시적 개입에 적용하였다. 정신역동적 놀이치료는 Manny의 놀이에 기초가 되는 감정적 과정을 이해하도록 도와주었다(Crenshaw & Mordock, 2005a). 감각기반 놀이 활동(Gaskill & Perry, 2014)은 Manny가 뇌간을 진정시키고, 상위 피질 영역을 이용하여 치료 경험을 처리하고, 안전감의 적절한 감정적 조절을 유지할 수 있도록 치료 내내 이용되었다.

놀이치료에서 분노를 다루는 작업들은 나로 하여금 놀이를 통한 공격성 표현의 3단계 발달적 과정, 즉 ① 분노의 재연, ② 공격적 행동을 놀이에서 상징화하여 대체하기, ③ 상징 놀이를 통한 분노의 숙달을 제안하도록 이끌어 주었다. 다음에서 Manny와의 작업을 통해 3단계를 설명할 것이다.

1단계: 분노의 재연

Manny의 모래상자 세상은 종종 극도의 분노를 표현했고 때때로 가학적인 부분이 있었다. 손인형을 사용한 지시적 개입을 위해 나는 악어 손인형을 끼우고 Manny에게 그것이 너를 화나게 하는 어떤 것이라고 생각하고, 그것이 왜 너를 화나게 만드는지 이야기해 보라고 요청했다. 그는 즉시 플라스틱으로 된 방망이를 쥐고 악어 손인형을 있는 힘껏 두드리기 시작했다. 나는 손을 다치지 않기 위해서 손인형을 벗겨야만 했다. 손인형을 바닥에 내려놓은 후에 나는 그에게 말로 해 보라고 했다. 그는 자기가 할 수 있는 온 힘을 다해 계속해서 방망이로 악어 손인형을 두드리며 소리 지르기 시작했다. "이 나쁜 놈, 난 네가 정말 싫어!" 나는 Manny에게 악어 손인형이 어떤 사람이나 상황을 생각나게 하는지 물었다. 그는 대답하지 않고 계속해서 인형 위로 방망이를 내리치며 크게 소리 질렀다. "지옥에서 썩어 버려라, 이 나쁜 놈!" 공격자와의 동일시에는 명백한 정동이 담겨 있었다.

모래상자에서 Manny의 세상은 항상 압도적인 힘이 승리하는 폭력적인 장면들로 구성되어 있었다. 파괴와 공포의 시대에 탱크와 제트 전투기가 마을과 도시를 완전히 파괴하였다. Manny는 이러한 파괴를 '충격과 경외'(2003년 미국의 이라크 침공 시 전쟁 슬로건)라고 불렀다. 모든 건물들은 파괴되었고, 모든 사람이 죽은 후에도 한참 동안 폭격과 탱크 발사는 계속되었다.

이러한 강렬한 분노는 고릴라 옷을 입은 아기 사슴에서 자주 볼 수 있고 때로는 격분한 아동에게서 볼 수 있는 것이다. 그 둘 사이에서 내가 관찰한 차이점은 직접적으로 표현되는 정동 대 상징화된 정동이다. 고릴라 옷을 입은 아기 사슴은 비록 그 상징은 매우 생생하더라도 정동은 최소한으로 나타낸다. 격분한 아동은 놀이의 공격성, 때로는 폭력성을 유지하면서 거의 항상 강렬하고 겉으로 드러나는 정동을 표현한다. 그것은 매우 생생하고 소란한 경향이 있어서 종종 격분한 아동과의 회기는 우리가 괜찮은지 확인하려고 동료가 문을 두드리는 것에 의해 중단되곤 했다. Manny의 경우에는 그 치열한 전투에서 우리가 살아남았는지 확인하기 위해 여러 번의 노크, 때로는 한 회기 중에 여러 번의 노크가 있었다. 이렇게 정서적으로 강렬한 회기는 세 달 이상 지속되었다. Manny가 손인형 놀이에서 배신의 상징으로 사용한 것은 악어였다. 반면, 모래상자에서는 뱀이나 용을 사용하였다. 이러한 배신의 상징들은 1단계 작업에서 등장할 때면 맹렬히 공격당했다.

고릴라 옷을 입은 아기 사슴도 놀이에서 공격적인 행동을 지향하기는 하지만 격분한 아동이 보여 주는 정도의 명백한 분노를 지속적으로 나타내지는 않는다. 부분적으로 이러한 차이는 격분한 아동이 갖고 있는 배신이라는 핵심 역동과 이에 동반하는 분노와 관련이 있다. 반면, 고릴라 옷을 입은 아기 사슴은 외상 상황 전체를 경험하는데, 이것은 복합 외상의 특징이다. 분노는 그들이 '아기 사슴'으로 있을 때면 더 이상 나타나지 않는다.

2단계: 공격적 행동을 놀이에서 상징화하여 대체하기

2단계가 되면 분노의 강렬함은 사라진다. Manny의 놀이에서 배신의 상징은 덜 자주 나타났고, 나타날 때면 전형적으로 공격을 당하기는 하지만 이전에 관찰되었던 것과 동일한 정도의 매서움은 아니었다. 이 단계들이 선형적이지 않다는 것은 명심해야 한다. 상징화가 증가하면서 수반되는 정서의 강도가 감소되지만, 배신을 강렬하게 떠올리게 하는 기억이나 사건에 의해 촉발되면 갑자기 1단계로 되돌아갈 수 있다.

또한 이 단계에서 Manny는 공격자 역할과 자신을 덜 동일시하였다. 더 나아가, 상징화를 더 많이 하고 있다는 것은 '전쟁 재연하기' 형식을 갖추기 위해 예술적이고 창의적인 방식으로 준비에 공을 들이는 것으로 확인할 수 있었다. 만약 전쟁이 일어난다면 그것은 회기의 끝에 일어나는 경향이 있었고, 1단계에 비해 재연의 강도는 훨씬 약했다. 나의 임상 경험으로 볼 때 2단계로 가는 또 다른 보편적인 변화는 나의 참여나 제안에 아동이 훨씬 더 유연하게 대처한다는 것이다. 예를 들면, 어느 시점에서 나는 평화 협정의 가능성에 대해 제안한다. 그러한 제안은 1단계에서는 강렬하게 거부되지만 2단계의 작업에서 Manny는 그러한 시도에 개방적이었다(비록 평화 회담은 실패했지만).

3단계: 상징 놀이를 통한 분노의 숙달

Manny의 치료 3단계에서는 손인형과 모래상자를 사용한 배신의 상징 드라마가 모두 점진적으로 사라졌다. 공격성은 사라졌고, 전쟁터를 만들고 전쟁 전략을 수립하면서 창조적이고 상징적인 담아내기(containment)에 더 많은 관심을 갖게 되었다. 그가 군대를 배치하는 것은 매우 창의적이고 인상적이었고, 그는 나에게 다양한 색으로 구성된 전쟁터 사진을 출력해 달라고 요청했다. 또한 집과 학교 모두에서 공격적 행동은 감소되었다.

Manny는 한 번도 은유에서 벗어나 다양한 배신으로 인해 자신의 신뢰감이 상처 입은 것에 대해 직접적으로 이야기하지 않았다. 또래의 다른 아이들과 마찬가지로, Manny는 안전기지가 필요했고, 상징적 놀이가 제공하는 체면을 살려 주는 가면이 필요했고, 그의 보이지 않는 상처를 해결하기 위한 상징과 그림을 통한 묘사 작업이 필요했다. 그가 **상징 놀이를 통한 숙달** 단계에 도달했을 때, 그는 이전에는 매 회기마다 그를 자석처럼 끌어당겼던 손인형 극장, 인형의 집, 모래상자에 점점 더 흥미를 잃어 갔다. Manny는 그의 작업이 끝났다는 것을 알았고 그의 가족도 그랬다. 왜냐하면 Manny는 놀이 회기를 기다리기보다 집에 가고 싶어 했기 때문이다. 보이지 않는 상처에 대한 숙달과 공격성에 대한 상징적 표현의 숙달에 더해서, 그의 입양 가족들과의 관계뿐 아니라 치료사와의 관계도 그의 애착 안전을 증가시켜 왔다. 이러한 관계적 안전감의 증가는 그로 하여금 그의 관계적 세상에 믿을 만한 사람, 그리고 더 이상 그를 배신하지 않을 것이라고 가정되는 사람이 조금은 있다는 새로운 사회적 지도를 만들게 했다. 치료적 관계를 통한 교정적 정서 경험의 중요한 부분은 '격분을 견뎌 내기'였다.

결론

이 장에서 분노한 아동의 하위 그룹 중 하나로 격분한 아동을 소개하였고, 이를 또 다른 하위 카테고리이며 내가 전에 사용했던 은유적 설명인 **고릴라 옷을 입은 아기 사슴**과 대비하였다. 격분한 아동은 놀이치료사가 작업하는 모든 장면에서 만날 수 있다. 그들은 분노의 강렬함뿐 아니라 지각된 배신이라는 핵심 역동에 의해서 특징지을 수 있다. 반면, 고릴라 옷을 입은 아기 사슴은 주로 거주치료 센터나 입원 장면에서 만날 수 있고, 대부분은 반복적인 외상(지금은 **복합 외상**이라고 부르는)으로 고통받은 경험이 있다. 또한 이 장에서 격분한 아동과의 놀이치료를 ① 분노의 재연, ② 행동을 놀이 안에서 상징화로 대체하기, ③ 상징화 놀이를 통한 분노 숙달의 3단계로 설명하였다. 또한 통합적 놀이치료 접근이 '격분한 아동'과의 사례 연구를 통해 예시되었다.

제2장

또래 괴롭힘과 놀이치료

Steven Baron

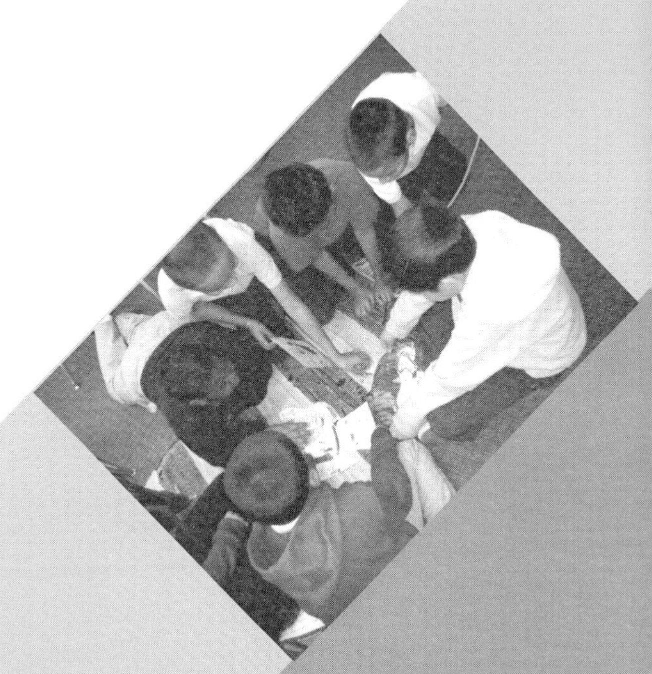

또래 괴롭힘(bullying)은 자신의 힘이나 지위를 이용하여 예고 없이 다른 사람을 다치게 하거나, 위협하거나, 모욕하는 것으로 정의된다. 또래 괴롭힘은 신체적 · 언어적 공격 또는 간접적 · 관계적 공격으로 나타날 수 있으며(Carlson & Cornell, 2008), 반복적으로 발생한다. 이는 또래 괴롭힘 가해자와 피해자의 관계에 힘의 불균형이 있다는 것을 암시하며, 가해자가 반복적으로 피해자를 통제하려 한다는 것을 의미한다. 또래 괴롭힘에는 협박, 때리기, 절도 또는 언어폭력과 같은 직접적인 행동뿐만 아니라, 소문을 퍼뜨리고 의도적으로 또래를 고립시키는 간접적인 방법도 포함된다. 가장 최근의 통계에 따르면 약 16만 명의 아동이 또래 괴롭힘의 공포 때문에 학교에 결석하고 있다고 한다(Bullying Statistics, 2010). 유치원부터 12학년까지의 학생 7명 중 1명은 또래 괴롭힘의 가해자이거나 괴롭힘을 당한 적이 있었다. 학생들의 71%는 또래 괴롭힘이 진행 중이라고 말했고, 10%는 반복적인 피해로 인해 전학을 가거나 학교를 그만두었다(Bullying Statistics, 2010). 평균적으로, 20명 중 1명의 학생이 학교에 총을 가지고 온 학생을 본 적이 있다. 추가 조사에 따르면 4학년부터 8학년 학생의 90%가 또래 괴롭힘의 피해자이며, 미국에서는 약 28만 2천 명의 학생들이 한 달에 한 번꼴로 고등학교에서 폭행을 당하고 있다고 한다(Bullying Statistics, 2010). 또한 전체 학생의 56%가 학교에 있는 동안 또래 괴롭힘을 목격한 적이 있다고 한다.

이러한 통계는 단지 학교 내에서 발생한 또래 괴롭힘만을 반영하는 것이다. 소셜 미디어의 출현은 사이버 괴롭힘을 현실로 만들었다. 최근 통계에 따르면 2백 70만 명의 학생들이 사이버 괴롭힘의 피해자라고 한다(Bullying Statistices, 2010). 사이버 괴롭힘을 당했거나 현재 당하고 있는 청소년 열 명 중 단 한 명만이 부모에게 이야기한다. 열 명 중 한 명의 청소년은 본인의 허락 없이 난처한 핸드폰 사진을 찍힌 적이 있다(Bullying Statistices, 2010). 문헌 고찰은 또래 괴롭힘이 문화에 관계없이 전 세계적으로 일어나는 현상이라는 것을 보여 준다(Beaty & Alexeyev, 2008; Forero, McClellan, Rissel, & Bauman, 1999; Harris & Petrie, 2001; Wolke, Woods, Standford, & Schulz, 2001).

이러한 현상을 감안할 때, 정신건강전문가에게 피해자 지원뿐 아니라 가해자 치료에 대한 요구가 계속될 가능성이 매우 높다. 다음에는 이러한 흐름에 기여하는 심리적 · 사회문화적 요인들에 대해 살펴보도록 하겠다.

사회심리학적 요소

Bandura는 사회학습 관점에서 볼 때 전투적인 환경에 노출되는 것이 공격적 행동 습득에 기여한다고 주장했다(Espelage, Bosworth, & Simon, 2000에서 인용됨). 양육방식은 아동의 공격성 발달과 관련이 있다(Espelage et al., 2000; Stelios, 2008). 또래를 괴롭히는 남아의 가족은 다정함이 부족하고 신체적 폭력을 사용하는 경향이 있으며, 가혹한 권위주의적 양육방식을 사용하고, 학교 밖에서 자녀가 무엇을 하는지 알지 못한다는 특징이 있다. 이러한 부모들은 자녀에게 보복의 기술을 가르치거나, 가혹하고 일관성 없는 방법으로 자녀를 벌줄지도 모른다. 반대로 비폭력적인 방법으로 갈등을 해결하려는 부모의 자녀들은 또래 괴롭힘 행동에 덜 관여하는 경향이 있었다(Centers for Disease Control and Prevention, 2011; Espelage et al., 2000).

부모가 자녀의 독립성을 존중해 주는 가정의 아이도 또래 괴롭힘 행동에 덜 관여하는 경향이 있었다(Stelios, 2008). 가족 간에 따뜻하고 수용적인 관계를 공유하며 아동의 어려움에 대해 함께 의논하고 돕는 가정의 자녀는 괴롭힘 행동에 덜 관여할 가능성이 높다. 반면, 또래 집단으로부터 부정적인 영향을 받고, 총기에 접근할 수 있으며, 이웃으로부터 자신의 안전을 지키기 위해 걱정하는 아이는 또래 괴롭힘 행동에 더 많이 연루되었다(Van Hoof, Raajmakers, Van Beck, Hale, & Aleva, 2008).

또래 괴롭힘 관련 설문조사에 의하면 어머니의 낮은 지원 수준과 괴롭힘 행동 사이에 분명한 상관관계가 있었다(Holt & Espelage, 2007; Stelios, 2008). 부모가 가까이에서 아동을 지켜보는 것은 아동이 가해자가 될 가능성을 줄이는 데 도움이 된다. 하지만 그 반대 또한 성립하는데, 즉 아동의 또래 괴롭힘 행동이 증가할수록 부모의 관여와 감시는 시간에 따라 감소하였다(Georgiou & Fanti, 2010). 문제 행동이 증가할수록 부모의 감시가 줄어드는 것은 아마도 부모의 무기력감이 증가하여 아동으로부터 멀어지는 것을 반영하는 것일 수 있다. 연구에 따르면 한부모인 경우 아동이 또래 괴롭힘 행동에 관여할 위험이 증가한다고 한다(Yang, Stewart, Kim, Kim, & Shin, 2013). 또한 아버지의 심리적 혹은 물리적 부재와 어머니의 우울감 등의 요소가 남아의 공격적인 행동과 연관되어 있었다(Stelios, 2008). 가해자는 자신의 가족을 응집력이 부족하고, 갈등이 많으며, 구조화되어 있지 않다고 생각하는 것으로 나타났다(Stelios, 2008). 가해자의 부모는 그들의 자녀가 자신을 귀찮게 하고, 돌보기 어려우며, 화를 돋운다고 느끼는 경향이 있었다(Shetgiri, Lin, Avila, & Flores, 2012).

또래 괴롭힘 행동의 가장 좋은 예측인은 아동에게 긍정적인 역할 모델이 있는지 여부임을 강하게 제시하는 연구가 있는데, 이는 Jules Segal 박사가 소개한 카리스마적인 성인—아동이 지지를 얻을 수 있는 누군가—이라는 아이디어와 일치한다(Brooks & Goldstein, 2001). 또래 괴롭힘 행동을 촉진하는 데 있어서 아동과 성인의 관계는 또래의 영향을 받지 않는다(Espelage et al., 2000). 그러나 아동이 부정적 행동(예: 기물 파손, 범법 행위 가담, 싸움)에 참여하는 정도는 또래 괴롭힘 행동을 예측해 주었다. 학교에서의 소외감은 또래 괴롭힘과 관련이 있는 반면, 교사로부터의 지지는 그러한 행동의 감소와 관련이 있었다(Natvig, Albrektsen, & Qvarnstrom, 2001). 괴롭힘 행동의 핵심 예측인은 학생의 학업적 수행에 대한 교사의 낮은 기대였다(Barboza et al., 2009).

많은 연구결과가 또래 괴롭힘의 가해자는 남자이고, 공격적이고, 거칠고, 충동적이며, 공감이 결여되어 있을 것이라는 가설을 지지하고 있다(Christie-Mizell, 2003; Flescher Peskin, Tortolero, & Markham, 2006; Wolke et al., 2001). 남아가 스스로를 전통적인 남성상에 가깝다고 생각하는 정도와 또래 괴롭힘 행동에 관여하는 정도가 서로 관련되어 있음이 확인되었다(Gini & Pozzoli 2006; Klein, 2012). 남아는 여아에 비해 보복적인 태도를 갖는 경향이 있고, 갈등 해결을 위해 물리적 폭력을 활용하는 경향이 있었다(Bradshaw, Sawyer, & O'Brennan, 2009).

낮은 자기개념은 높은 수준의 또래 괴롭힘 행동을 예측해 준다(Christie-Mizell, 2003). 공격적인 친구와 어울리는 것은 괴롭힘 행동과 정적인 상관이 있었다(Mouttapa, Valente, Gallaher, Rohrbach, & Unger, 2004). 가해자는 규모가 큰 또래 집단에 소속되어 있는 경우가 많았고 이른 나이에 이성교제를 시작하였다(Mouttapa et al., 2004). 이른 나이에 이성교제를 시작하는 가해자의 경우 또래 괴롭힘 행동에 관여하지 않는 아동에 비해 스스로를 덜 지지적이고 덜 공정하다고 평가하였다. 더욱이 또래 괴롭힘 행동을 하지 않는 샘플집단과 비교했을 때, 이러한 젊은이들은 부모에게 사회적 혹은 신체적 공격 행동을 더 많이 하는 경향이 있었다(Dake, Price, & Telljohann, 2003).

괴롭힘 행동과 학년 간의 관계를 연결한 연구에 따르면, 또래 괴롭힘 행동 관여 위험성은 초등학교 시기 동안 계속 증가하여 중학교 때 정점에 이르고, 그 이후에는 감소하는 것으로 나타났다(Bradshaw et al., 2009; Flescher Peskin et al., 2006). 더 나아가, 초등학교에서 중학교로, 중학교에서 고등학교로 이동하는 과도기 시기와 또래 괴롭힘 행동에 관여하는 것 사이에는 관련성이 있는 것으로 생각된다. 가해자들은 자신과 같은 나이, 학년일 뿐 아니라 함께 시간을 보내고 잘 아는 아동을 피해자로 만드는 경향이 있었다(Beaty &

Alexeyev, 2008). 가해자는 학업에 어려움이 있을 뿐 아니라 학업적 성취를 이루고자 하는 동기가 낮았다(Carlson & Cornell, 2008; Dake et al., 2003; Shetgiri et al., 2012).

또래 괴롭힘과 양극성 장애, 약물남용, 품행 장애, 편집증적 · 히스테리적 성격 장애와 같은 정신건강 상태 사이에 유의미한 관계가 있다는 것은 분명하다(Vaughn et al., 2010). 또래 괴롭힘의 가해자가 되는 것은 반사회적 행동, 범죄, 높은 수감률을 포함한 장기적인 사회적 결과를 낳는다(Menesini, Modena, & Tani, 2009). 실제로, 중학생 또래 괴롭힘 가해자의 70%가 24세 이전에 유죄판결을 받았다(Vaughn et al., 2010). 남녀 모두에서 우울증과 또래 괴롭힘 행동 사이에 관련이 있다는 점은 주목할 만하다(Beaty & Alexeyev, 2008; Holt & Espelage, 2008; Yang et al., 2013). 가해자는 폭력에 대해 긍정적인 태도를 가지고 있을 뿐 아니라 공감능력이 상당히 제한되어 있다(Pontzer, 2010). 가해자가 외현화 장애의 증상뿐 아니라 내현화 문제 또한 경험한다는 증거들이 있다. 이것은 특히 청소년기에 두드러지며 내현화 문제에는 우울증, 불안 및 섭식 장애뿐 아니라 정신증적 장애도 포함된다(Forero et al., 2000; Mensini et al., 2009). 가해자는 알콜 남용 및 흡연의 위험 역시 더 높았다(Bazelon, 2013; Nansel et al., 2001).

많은 가해자는 자신이 쉽게 친구를 사귈수 있다고 말한다. 이것은 비록 가해자의 친구들 중 많은 수가 대인 관계의 어려움을 해결하기 위해 공격적인 전략을 사용하기는 하지만 그들이 사회적으로 고립되어 있지는 않는다는 것을 의미한다(Holt & Espelage, 2008; Nansel et al., 2001). 사회적 정체성 이론(Holt & Espelage, 2007)에 따르면, 개인들은 자신이 소속된 그룹으로부터 사회적 정체성을 끌어낸다. 그룹 구성원은 단체의 규범과 일치하는 행동을 선호하며, 자신의 그룹과 다른 그룹의 차이를 강조함으로써 그룹의 정체성을 유지하려고 노력한다. 또래 괴롭힘 행동에 참여하는 것은 그룹 정체성을 유지하기 위한 수단일 수 있다. 지역에 상관없이 가해자는 다음과 같은 보편적 특징을 갖는다. 그것은 타인의 의도가 적대적이라고 잘못 인식하는 것, 쉽게 화내고 쉽게 무력을 사용하는 것, 강박적으로 엄격한 신념을 고수하는 것, 자신의 이미지를 유지하기 위해 공격적으로 행동하는 것(Hazler, Carney, & Granger, 2006) 등이다. 왜 다른 친구들을 괴롭히는지 물었을 때 가장 많은 대답은 권력을 갖기 위해서였고, 그 다음은 관심을 얻기 위해서라고 말했다(Beaty & Alexeyev, 2008).

인구통계학적 요인 중에서 아동의 인종/민족이 또래 괴롭힘 가해자가 되는 것과 관련이 있었는데(Shetgiri et al., 2012), 아프리카계 미국인 청소년과 히스패닉 청소년의 또래 괴롭힘 행동 관여 비율이 가장 높았다(Carlyle & Steinman, 2007; Fitzpatrick, Dulin, & Piko,

2007; Flescher Peskin et al., 2006). 유럽계 미국인 아동과 아시아계/이슬람 아동이 또래 괴롭힘 가해자가 되는 비율은 현저하게 낮았다(Shetgiri et al., 2012).

가해-피해자

가해-피해자는 다른 아동을 괴롭히는 동시에 스스로도 괴롭힘을 당하는 아동이다. 최근 연구에서 또래 괴롭힘 가해자의 3분의 1이 가해-피해자로 밝혀졌다(Schwartz, Proctor, & Chein, 2001). 이러한 아이들은 괴롭힘이나 위협 또는 신체적인 행동에 과잉 반응하며, 반복적으로 괴롭힘을 당하는 경향이 있다. 그들은 분노를 조절하는 데 어려움을 겪을 수 있고, 좌절을 참지 못하기 때문에 종종 타인에 대한 복수로 이어질 수 있다. 이것은 가해-피해자 사이클을 반복하게 만든다. 순수한 가해자나 피해자와는 달리, 가해-피해자는 광범위한 감정적 고통을 나타낸다는 증거가 있다(Espelage & Holt, 2007; Forero et al., 1999; Isolan, Salum, Osowksi, Hartmann, & Manfro, 2013; Menesini et al., 2009; Mouttapa et al., 2004; Schwartz et al., 2001). 이들은 피해자에게서 볼 수 있는 높은 수준의 불안, 우울, 또래 거부, 친밀한 관계의 부족뿐 아니라 가해자의 특징인 규칙위반에 대한 높은 수용성, 과잉 행동, 반응적 공격성 경향 또한 나타난다. 이러한 특성들은 가해-피해자를 더 큰 감정적 혼란에 빠뜨리고, 약물남용 또는 반사회적 인격 장애의 위험에 처하게 한다. 가해-피해자는 외톨이인 경우가 흔하며, 이러한 고립이 그들의 무기력감, 분노, 적대감의 표현에도 영향을 미친다(Gordon, 2013; Holt & Espelage, 2007). 또한 순수한 가해자나 피해자에 비해 덜 협조적이고 덜 사회적이며, 사회적 신호를 읽는 것을 더 어려워한다. 또한 교실에서 규칙을 따르는 것을 어려워하며 학업에 관심을 갖지 않는데, 이것은 그들이 경험하는 정서적 고통을 반영한다. 더 나아가, 가해-피해자들은 또래 괴롭힘 상황에서 피해자를 돕기 위해 개입하는 방관자 그룹이 될 가능성이 가장 낮다.

가정폭력에 노출되는 것뿐 아니라 가정폭력의 희생자가 되는 것은 가해자나 피해자에 비해 가해-피해자 사이에서 더 흔하다(Centers for Disease Control and Prevention, 2011; Espelage & Holt, 1997). 또한 이 그룹은 자해뿐 아니라 자살을 생각하는 위험이 더 높다. 전반적으로 이 하위 그룹의 광범위한 증상은 이들을 가해자나 피해자보다 더 큰 고통으로 이끈다.

내면의 가해자

많은 아이에게 있어서 타인에게 모욕감을 주고 다른 사람들을 통제하려는 욕구뿐만 아니라, 자기 자신에게 매우 가혹하고, 자기 자신을 지나치게 비판하게 되는 것은 부모나 또래와의 관계 손상과 같은 삶의 공격적인 요소들을 내면화하는 것에서 비롯된다. **내면의 가해자**(bully within)라고 불리는 이 내면화된 결과는 이러한 아이들에게 다른 사람에 대한 힘과 지배 능력뿐 아니라 그들이 누구인지를 수용하는 능력을 제한하는 지속적인 메시지로 작용한다. 억압받는 사람들은 그들의 환경과 그들 자신 모두를 억압한다. 그들은 가해자이면서 동시에 피해자가 된다. 이러한 역동은 말할 것도 없이 아동의 공감 능력, 사회적 단서를 정확히 해석하는 능력뿐 아니라 긍정적인 자기개념을 발달시키는 능력에 심각한 영향을 미칠 수 있다. 이러한 아동들은 자신이 속한 세상 혹은 자기 자신이 행복하지 않다고 생각하며, 자신을 가혹하게 대하는 환경을 공격할 준비가 되어 있다. 그들은 이러한 패턴을 또래에게뿐만 아니라 자기 자신에게도 반복한다. 그들은 매우 가혹한 수준의 자기비판을 보여 준다. 그들은 자신이 속한 세상이나 자기 자신에 대해 거의 만족하지 않는데, 그 이유는 내재화된 억압자가 그들의 뒤에서 지대한 영향력을 행사하고 있기 때문이다.

내면의 가해자는 아동뿐 아니라 청소년, 그리고 성인에게도 영향을 미칠 수 있다. 비록 이러한 역동과 싸우는 모든 사람들이 신체적으로 공격적이지는 않더라도 내면의 가해자는 교묘하지만 강력한 영향력을 미칠 수 있다. 예를 들어, 완벽주의적인 성인이나 아동을 생각해 보자. 그들은 실수를 경험할 때면 자기 자신을 심하게 비난할 것이다. 비록 그들의 행동이 신체적으로 공격적이지 않더라도, 이러한 사람들은 연령에 상관없이 타인과의 상호작용에 있어서 필요 이상으로 강압적일 수 있다. 내면의 가해자는 자신 혹은 타인이 어떤 일을 잘 해냈을 때 칭찬을 수용하기보다는 사소한 결점에 집중할 수 있다. 이러한 사고방식은 아동으로 하여금 자신은 성공할 수 없다고 믿게 만들기 때문에 위험을 감수하지 않게 할 수 있다. 내면의 가해자는 내재화된 부정적 자기개념을 촉진하며, 이는 후속 행동에 영향을 미친다. 이러한 관점에서 또래를 괴롭히는 것은 내면에서 일어나는 것을 행동으로 표현하는 것으로 볼 수 있다. 이들의 자신을 향한 가혹함은 세상에 투사된다.

방관자

또래 괴롭힘은 직접적으로 가해자와 피해자에게 영향을 미치는 현상이다. 한편, 또래 괴롭힘을 목격하는 것은 목격자에게 어떤 영향을 미치는지, 그리고 목격자의 존재는 또래 괴롭힘에 어떤 영향을 미치는지에 대한 연구도 이루어지고 있다. 하나의 또래 괴롭힘 사건에서 가해자나 피해자의 수보다 방관자의 수가 훨씬 많다는 사실은 이 집단의 역할과 영향을 조사하는 것이 중요하다는 것을 나타내 준다. 통계 자료에 따르면 또래 괴롭힘의 85%가 집단의 맥락에서 발생한다(Oh, 2007). 연구에 따르면 방관자의 11%만이 또래 괴롭힘 사건에 개입하며, 피해자를 도왔어야 한다고 답한 방관자는 33%, 그리고 나머지 24%의 방관자는 또래 괴롭힘이 자신과는 상관없는 일이라고 생각하는 것으로 나타났다(Banks, 1997).

방관자의 역할은 다음 4가지로 세분화할 수 있다(Salmivalli, 1999).

- 조력자: 이 집단의 학생들은 가해자의 조수나 한패로 활동한다. 이들은 희생자를 잡아 오기, 붙잡고 있기, 싸움에 참여하기와 같이 가해자와 비슷한 행동에 참여하지만 가해자보다 약한 권력을 갖는다. 방관자의 약 8%가 이 유형에 속한다.
- 강화자: 이 집단은 낄낄거리거나 웃기, 소리지르며 가해자를 격려하기와 같은 행동을 통해 또래 괴롭힘을 촉진시킨다. 이 집단에 속하는 아이들은 또래 괴롭힘 행동을 주도하거나 시작하지는 않지만 긍정적인 피드백을 제공함으로써 그것을 강화시킨다. 이들은 괴롭힘 행동에 간접적으로 참여하는 스릴과 재미를 즐기는 것 같다. 방관자의 약 15~19%가 이 유형에 속한다.
- 아웃사이더: 이 집단은 또래 괴롭힘 사건에 관여하지 않는다. 하지만 그들의 무관심, 무행동, 그리고 비밀유지는 또래 괴롭힘 문화를 유지하는 데 기여한다. 사실상 이 집단이 방관자 중 가장 많은 비율을 차지한다(23~32%).
- 방어자: 이 학생들은 다양한 행동을 통해 또래 괴롭힘 상황에 개입한다. 이들은 피해자를 돕거나 위로하고, 피해자 곁에 있어 주거나 성인을 찾는다. 심지어 이들은 가해자에게 도전하고 복수를 하기도 한다. 17~19%의 방관자가 방어자에 속한다.

이와 같은 통계들을 보면 방관자의 대다수가 또래 괴롭힘 상황에서 소극적인 입장을 취하고 있음을 알 수 있다.

또래 괴롭힘이 발생할 때 피해자를 돕기 위해 개입하는 것이 자동적인 대응 방법이라고 생각되겠지만 사실 그것은 다소 복잡한 행동이다. 아이들은 피해자가 곤경을 겪는 것에 동정심을 느끼거나 피해 아동에 대해 긍정적인 태도를 가지고 있을 수 있다. 하지만 개입을 하기 위해서는 도덕적 책임감이 필요하다. 개입하지 않는 목격자들 앞에서 또래 괴롭힘 행동에 관여하는 것은 가해자에게 계속 피해자를 모욕해도 괜찮다는 메시지를 전달한다. 방관자들이 수동적 역할에 머무르는 이유에는 몇 가지 가능성이 있다.

① 또래 괴롭힘 사건이 자신과는 상관없는 일이라고 느낄지도 모른다.
② 개입할 경우 자신도 또래 괴롭힘의 목표가 될 것을 두려워할지도 모른다.
③ 도움을 요청할 경우 고자질쟁이라고 낙인찍힐 것을 두려워할지도 모른다.
④ 피해자에 대한 부정적 태도가 또래 괴롭힘을 멈추기 위해 개입하려는 반응을 억제하는 것일 수 있다.
⑤ 어떻게 해야 할지를 모르고 상황을 더 악화시킬까 봐 두려워하는 것일 수 있다.

한편 다른 요인들도 또래 괴롭힘 상황에 대한 방관자의 반응에 영향을 미칠 수 있다. 예를 들면, 여학생은 남학생보다 더 개입하는 경향이 있는데, 이는 성적 요인이 있음을 암시한다(Oh, 2007). 방관자는 직접적인 신체적 혹은 언어적 공격을 목격하였을 때보다 관계적 혹은 간접적인 언어적 괴롭힘을 목격하였을 때 더 개입하고 피해자를 돕는 경향이 있다(Oh, 2007). 연령 또한 중요한 변인으로 확인되어 왔다. 유치원에서 2학년까지 또래 괴롭힘 행동은 증가하지만, 2학년에서 6학년까지 방관자 상황에서 돕는 행동은 감소하는 경향을 보였다. 학생들은 초등학교에서 중학교로 가면서 피해자를 돕고자 하는 의욕을 상실하는 경향이 있었다(Oh, 2007). 가해자 혹은 가해-피해자였던 방관자는 단순히 또래 괴롭힘을 목격만 했던 아동들에 비해 피해자를 덜 돕는 경향이 있다(Oh, 2007).

방관자가 되는 것으로 또래 괴롭힘의 영향이 끝나는 것은 아니다. 방관자들은 약물 사용 증가를 보고하였고, 우울과 불안 발생 가능성이 더 크다. 또한 자신이 또래 괴롭힘의 피해자가 될 수도 있다는 두려움은 학교 출석에 영향을 줄 수 있다. 사실 많은 연구가 반복적으로 또래 괴롭힘을 목격하는 것이 신체적으로는 물론 심리적인 고통감을 초래할 수 있으며, 그것은 피해자의 고통과 동일하다는 것을 강력하게 주장하고 있다(Mouttapa et al., 2004).

적극적인 방관자로서 괴롭힘 상황에 직접적으로 개입하는 아동은 그렇지 않은 아동보다 더 공감적인 것으로 생각된다(Oh, 2007). 또래 괴롭힘 사건에서 높은 수준의 상태 불안(영구적인 특질 불안과 대비되는)을 경험하는 방관자는 피해자를 돕는 행동을 더 많이 보이는 경향이 있다. 또한 외상화 이력이 있는 방관자는 또래 괴롭힘에 개입할 가능성이 낮았다(Oh, 2007).

많은 연구가 방관자 지위와 관련하여 차별화 변인을 밝히는 데에 초점을 두어 왔다. 예를 들면, 사회적 지위가 방관자의 또래 괴롭힘 상황에서의 반응에 영향을 미치는 것으로 확인되었다. 그룹 내에서 높은 사회적 지위 혹은 주도적 역할을 즐기는 학생은 피해자를 돕기 위해 더 개입하는 경향이 있었다(Oh, 2007). 아마도 또래 집단에서 높게 평가되는 아동은 가해자의 주도권을 유지하게 만드는 또래 집단의 압력에 영향을 덜 받기 때문으로 생각된다. 이것은 개입에 함의점을 지닌다. 즉, 방관자에게 그들의 사회적 지위 내에서 권한을 부여하는 것은 또래 괴롭힘 발생을 줄이기 위한 현실적인 전략이 될 수 있다. 또한, 또래 괴롭힘의 특성이 방관자의 반응에 영향을 미칠 수 있다. 잠재적 위험이 낮은 상황에서는 타인이 있을 때 방관자의 돕는 행동이 감소하였지만, 잠재적 위험이 높은 상황에서는 타인의 존재 여부와 상관없이 돕는 행동이 감소하지 않았다(Fisher, Grietmeyer, Pollezek, & Frey, 2006).

임상사례

다음은 내가 치료했던 실제 아동의 사례이다. 모든 개인 정보는 비밀 유지를 위해 가상으로 작성하였다.

Green 씨 부부는 여덟 살이 된 아들 James에 대해 염려하며 나를 찾아왔다. James의 부모는 부부 간 갈등 문제로 현재 부부치료 중이었고, 회기 중에 아들에 대해 이야기하다 언성을 높였다고 한다. 그들의 초기 불만은 아들이 학교 수업을 따라가기 어려워한다는 것이었다. 집중을 잘 하지 못한다는 이유로 James는 약물치료를 받았다. 하지만 가장 큰 문제는 사회-정서적 영역에 있다는 것이 분명했다. 특별히 우려되는 점은 그가 학교에서 친구들에게 점점 더 자주 공격적인 행동을 한다는 것이었다. James는 자신의 방식이 받아들여지지 않으면 분노했고, 또래들이 자신에게 동의하지 않을 때는 물리적인 공격을 가했다. 또한 James는 끊임없이 학교에 가기를 거부했다. 그는 의학적으로 확인된 어떠한 신경학적 근거도 없이 몇 년 동안을 침대에 누워 지냈다. 부모들은 James가 두려움으로 가득 차 있다고 말했다. 그는 종종 치명적인 사고를 당할까 봐 두려워했고, 혼자 자는 것을 무시워해시 동생과 같이 자겠다고 고집을 피우곤 했다. 또한 많은 경우에 James는 자신이 통제력을 잃고 다른 사람들에게 해를 끼칠까 봐 두려워했다. James는 특히 혼자 있는 것을 두려워했고 종종 그의 부모가 집 주변을 둘러보아야 했다.

James는 생후 2개월까지는 밤새 푹 자는 '행복한 아기'였다고 한다. 전업주부였던 어머니는 James가 발달 이정표에 따라 정상적으로 성장하였고 건강 병력에도 문제가 없었다고 말했다. James는 다양한 영유아기 프로그램에 등록하였고 적응에 어려움을 보이지 않았다. 그는 유치원부터 1학년까지 매우 성공적인 학령기를 보냈고 어떤 행동적 어려움도 보이지 않았다. 이 시기동안 James는 학교에서 요구하는 것들에 잘 순응했고 또래와도 잘 어울렸다. 2학년이 되자 그는 점차 집과 학교에서 반항적이 되어 갔고 학교 숙제를 하지 않으려고 했다. 또한 처음으로 학업의 어려움을 경험했다. James의 부모는 이 당시 교사가 매우 엄격했으며 그로 인해 James의 행동에 문제가 나타나기 시작했다고 믿고 있었다.

James의 부모는 극도로 불안한 자신들의 관계를 다루기 위해 부부치료를 받고 있었다. James의 아버지는 오랜 시간 동안 일했고 육아의 책임은 아내에게 떠맡겼다. 그는 점점 육아에서 멀어졌고 집에 있을 때는 잠을 자거나 TV보는 것을 더 좋아했다. 이러한 행동은 배우자와의 관계에서 엄청난 긴장을 유발시켰고, 그들이 위태롭게 싸울 때면 James는 비밀장소로 숨었다. 부모 모두 우울과 불안으로 인해 약물을 복용하였다. 부부의 가족 치료사는 경제적인 이유만 아니었다면 그들이 몇 년 전에 헤어졌을 것이라고 말해 주었다. 불화의 주요 이유는 그들의 양육 방식 때문이었다. James의 아버지는 화가 나면 바로 아들에게 욕설을 퍼부었고, James가 가장 좋아하는 오락거리인 비디오 게임을 빼앗음으로써 그를 처벌했다. 반면, James의 어머니는 처음에는 아들에게 인내심을 갖고 대하지만 결국에는 화가 나서 이성을 잃게 된다고 말했다. James의 강점에 대해 물었을 때, 글쓰기와 그림 그리기를 좋아하고 운동도 좋아한다고 대답하기까지 부모 모두 상당한 시간을 고민해야 했다.

부모의 부부치료사는 놀이치료를 시작하기 전에 James가 심리평가를 받는 것이 좋겠다고 제안했다. 평가 결과 James는 평균 지능을 가졌으며 언어적 추론 능력보다 비언어적 추론 능력이 더 잘 발달되어 있는 것으로 나타났다. 학업적으로는 모든 영역에서 연령 평균 혹은 평균 이상으로 평가되었다. James는 주의력결핍 및 과잉행동 장애(ADHD) 진단 기준에 미치지 못하였고 학습 장애도 의심되지 않았다. 학급 교사는 James가 또래에 대한 공격성 수준이 높다고 평정하였지만 Green 씨 부부가 언급한 정도는 아니었다. 부모들은 James의 공격적이고 충동적인 행동과 사회적 기술의 부족을 지적했다. 평가 결과 부모들이 언급한 문제들을 다루기 위해 James에게 치료가 권고되었다.

초기 평가

초기 부모면접 회기에서 Green 씨 부부의 불화는 매우 명백했다. 그들은 거리낌 없이 상대방의 양육 방식과 아들의 문제에 대해 서로를 비난했다. 아들을 향한 그들의 분노는 상당히 노골적이었다. 부모 모두 자신들이 James에 대해 인내심이 없다는 것을 인정하면서도 James가 버릇이 없고 고의로 반항한다고 여겼다.

James는 밝은 머리 색을 가진 덩치 좋은 아이였다. 첫 만남에서 James는 거의 눈에 띄지 않았다. 놀이치료를 시작하기 위해 내 사무실로 들어오자마자 James는 의자에 털썩 앉았다. 질문에는 짧고 간단하게 대답했다. James는 놀잇감을 탐색하거나 관심을 보이지 않았다. 대신 조용히 자리에 앉아서 거의 말을 하지 않았다. 유일한 예외는 내가 좋아하는 것과 잘하는 것에 대해 질문했을 때였다. James는 그림 그리기와 글쓰기를 좋아한다는 부모의 말을 확인해 주었다. 또한 그는 레고 만들기를 '매우 좋아한다'고 덧붙였다. 나는 James에게 사무실에 레고 바구니가 있고 네가 원한다면 사용할 수 있다고 말했지만 그는 거절했다. 나는 다시 한 번 "네가 원한다면 언제라도 여기서 그것들을 갖고 놀아도 돼."라고 말했고 James는 반응하지 않았다. 첫 회기 동안 그는 의자를 떠나지 않았고, 거의 말을 하지 않았으며, 눈맞춤도 거의 하지 않았다.

다음 회기에도 James는 놀잇감을 가지고 노는 데에 관심을 보이지 않았고 말도 하지 않았다. 나는 새로 작업을 시작하는 아이들에게 투사적 검사를 실시하기 때문에 James에게 그림 그리기나 스토리텔링 게임에 참여하고 싶은지 물었고, 그는 선뜻 동의했다. James는 대부분 짧고 간단한 반응을 보였지만 어떤 경우에는 좀 더 적극적이었다. 그는 특히 주제통각검사(Thematic Appereption Test: TAT)에 관심을 보였고 가족 주제가 강조된 자극 카드에 반응하여 이야기를 만들어 냈다. 그가 만든 이야기에는 아버지가 가족의 생활에 무관심한 것 때문에 싸우는 부모의 이야기가 포함되어 있었다. 모든 이야기에서 James는 공격적이고 혼란스러운 가족생활과 그것으로부터 벗어나고 싶어 하는 아동을 묘사했다. 그가 자신의 세계를 지지적이고 양육적인 곳으로 느끼고 있다는 증거는 없었다. 가장 많은 것을 보여 준 것은 James의 동적가족화(Kinetic Family Drawing: KFD)였다. 가족들이 무엇인가 하고 있는 그림을 그려보라고 하자, James는 아버지로 보이는 사람이 다트를 던지고 있고 네 개의 막대 모양이 서로 멀리 떨어져 있는 그림을 그렸다. 자기 자신을 구석에 그릴 때 그는 주변에 상자를 그려 넣어 나머지 가족과 분리시켰다. James가 자기 자신을 그려 넣은 위치와 아버지가 다트를 던지고 있다는 은유는 특히 충격적이었다. 이러한 통찰을 가지고 James를 바라보았을 때 그는 말했다. "그림 속에서 우리는 아버지가 챔피언이 된 것을 축하하고 있어요. 아버지는 다트 던지기에 있어서는 최고예요."

James는 투사적 평가를 마치는 데 협력적이었고 그의 반응을 통해 나는 그의 인식과 두려움을 엿볼 수 있었다. 공격성과의 연합은 매우 불안정하고 그를 겁먹게 하는 가족생활에 대처하기 위한 일종의 방어적인 반응인 것 같았다. James는 부모에게 경험한 공격적이고 위협적인 태도를 통합하고 있는 것처럼 보였다. 나는 이러한 역동이 치료적 관계에 미치는 영향을 마음에 새겼다.

치료 과정

치료의 초기 단계는 쉽지 않았다. James는 나와 함께 작업하는 것을 거부했고, 학교와 가정에서의 문제 행동은 더 나빠졌다. 회기 동안 James는 말이 없었고 어떠한 활동에도 참여하기를 거부했다. 긴 침묵의 시간이 계속되었다. 나는 James에게 어떠한 압박도 가하지 않았다. 대신에 나는 그가 준비되었을 때 놀잇감을 만지거나 그림을 그리거나 다른 활동에 참여할 수 있다고 반복해서 말해 주었다. 몇몇 회기에서 James는 말없이 앉아 있었고, 졸린 듯 보이더니 정말로 잠이 들었다. 이러한 행동이 있고 몇 회기 후에 James의 부모는 그가 회기에 참석하기를 거부한다고 알려 왔고, Green 씨가 업무 시간을 조정하여 James를 데리고 왔다. 아버지의 개입이 James의 출석에 도움이 되었지만 치료에 대한 거부가 줄어들지는 않았다.

치료 시작 두 달 후, James와 그의 어머니(이때 아버지는 시간이 되지 않아 어머니가 그를 약속에 데리고 왔다.)에게 인사하기 위해 대기실로 가 보니 James는 차에 앉아서 안으로 들어오기를 거부하고 있었다. 내가 밖으로 나가 차로 갔지만 James는 창문을 내리지도, 나를 쳐다보지도 않았다. 사실 그는 내가 말하는 것을 듣지 않으려고 라디오를 크게 틀어 놓고 있었다. 몇 분이 지나고 James가 차 바닥으로 몸을 숨기자 나는 더 이상의 노력을 중단하기로 하였다. 저녁 때 Green 부인이 전화하여 아버지가 James의 특권들을 박탈해 버렸음을 알렸다. Green 부인은 또한 James가 학교에서 또래를 공격하는 것이 증가하였고 소지품을 훔치기도 하였다고 말해 주었다. 덧붙여, 그의 성적이 곤두박질치고 있었다고 전해 주었다.

이 시점에서 나는 가족회기를 제안했고 부모는 동의했다. 회기 동안, James는 최악을 예상하는 듯 의자에 몸을 웅크리고 앉았다. Green 씨 부인이 James가 자살하고 싶고 자기의 삶이 가치 없다는 얘기를 했다고 말할 때까지 가족은 몇 분 동안 말없이 앉아 있었다. Green 씨는 이 말이 속임수라고 여겼다. 나는 가족 모두가 상처받았다고 생각되었다. James는 자신이 행복하지 않다고 말하며 아버지의 말을 끊었다. 그는 아버지가 사사건건 자신을 벌주며 자신은 더 이상 보살핌을 받고 있지 않다고 말했다. 부모는 그들의 처벌이 James에게 어떤 영향도 주지 못한다고 말했다. 나는 부모에게 단순히 처벌에 의존하지 말고 James와 다르게 관계 맺는 것을 시도해 보자고 말했다. 이 주제는 전에도 언급되었지만 부모들이 받아들이지 않았었다. 하지만 이번에는 좀 더 수용적인 것 같았다. 또한 James의 행동 문제가 증가된 점을 고려했을 때 소아정신과 의사가 그의 약물에 대해 재평가를 해 볼 것을 제안하였다. 치료에 관해서, James는 회기에 참석하는 것에 대해 복잡한 감정을 느낀다고 인정했다. 나는 그것이 흔한 감정이며 편안하게 느껴지기까지는 시간이 필요하다고 대답해 주었다. 가족치료를 지속할지에 대해 물었을 때 Green 씨는 장담할 수 없다고 말했다. 흥미롭게도, James는 가족회기에 참석하고 싶지만 개별적으로 만나는 것이 더 좋다고 말했다.

이어진 회기에 James는 자발적으로 참석했다. 그는 회기로의 전환을 돕기 위해 집에서 소품들을 가져왔다. 그가 가장 좋아하는 것은 포켓몬 카드였다. James는 그가 수집한 카드들을 매우 자랑스럽게 늘어놓았고 캐릭터에 대해 자세하게 설명했다. 이것이 긍정적 의사소통의 첫 번째 시도였다. James는 이 주제에 대해 매우 잘 알고 있었고 각 캐릭터들이 어떻게 힘을 얻고 적들을 물리치는지 설명하느라 신이 나 있었다. 각 캐릭터가 적을 물리치는 주제는 James의 것과 닮아 있었다. 그러고 나서 그는 나에게 포켓몬 카드를 가지고 함께 놀자고 청했다. 나에게 놀이 방법을 알려 주는 동안 James에게 명백한 변화가 일어났다. 그는 공격적인 분투와 지배 욕구를 표현할 장을 찾는 동시에, 치료사와의 연결을 시도하기 위해 경계를 늦추기 시작했다. 몇 회기 동안 James와 나는 포켓몬 카드를 가지고 놀았다. 이렇게 몇 주가 흐른 후 나는 그의 장점을 활용하기로 했다. 나는 James에게, 네가 이 캐릭터들에 대해 잘 알고 있으니 그것들을 그려 보는 게 어떻겠냐고 제안했다. James는 이 생각을 매우 마음에 들어 했고, 몇 주 동안 그림을 그렸다.

나는 회기 동안의 긍정적 변화들에 고무되었다. 하지만 이러한 긍정적인 변화는 Green 부인이 전화하여 James의 행동이 위험한 수준에 이르렀다고 알려 주었을 때 끝나 버렸다.

James는 이제 부모와 선생님에게 숙제를 마쳤다고 거리낌 없이 거짓말 하였고, 또래들은 그가 친구들을 때리는 것은 물론 계속해서 물건을 훔친다고 고발하였다. 더욱이, 이전에 언급한 긍정적 접근에 Green 씨는 참여하지 않았다. 나는 몇 주 동안 Green 씨와 연락하려 했지만 거절당했다. Green 부인은 James가 일부러 화장실 변기를 막히게 해서 물이 넘쳤으며, James가 처음에는 부정하다가 나중에는 결국 인정했다고 말해 주었다. Green 부인은 치료가 아들에게 도움이 되는지 의심스럽다는 말로 전화를 끊었다. 명백히 Green 씨는 이미 단념했다.

전화 통화 이후의 회기에 James는 포켓몬 카드를 가지고 오지 않았고 포켓몬 캐릭터를 그리는 것에도 관심이 없었다. 그는 들어와 조용히 앉아 있었다. 나는 Green 부인이 나와 통화한 것과 관련해 James를 야단쳤는지 혼자 조용히 궁금해 하고 있었다. James는 몇 분간 조용히 있었다. 마침내 그는 종이와 마커를 끌어당겨 그림을 그리기 시작했다. 그는 몸집이 큰 남자가 어린아이에게 고함치는 그림을 그렸다. 그러고 나서 그는 각 인물 위에 말풍선을 그려 넣었다. 남자는 "꺼져! 너는 모든 게 엉망이야."라고 말하고 있었고 아이는 "당신이 미워요."라고 대답하고 있었다. 그는 조용히 앉아서 자신이 그린 그림을 들여다보았다. 나는 그 그림이 아버지(실제로 매우 뚱뚱한)와 James 사이의 논쟁을 반영하는 것이라고 짐작할 수 있었다. 몇 분간의 침묵이 흐른 후, 나는 James에게 그림을 설명해 달라고 요청했다. 그는 "보이는 대로예요."라고 대답했다. 그림의 은유를 간직한 채, 나는 James에게 그림 속 사람들에게 무슨 일이 있었는지 물었다. James는 대답하지 않고 다른 종이를 가져다가 두 개의 형상을 그렸다. 하나는 다른 것보다 키가 더 컸다. 큰 형상은 "죽어." 라고 말하고 있었고, 작은 형상은 "왜?"라고 말하고 있었다. 나는 이 그림이 James에게 무엇을 의미하는지 알아내려고 애썼다. 그는 공격자일까 희생자일까? 양쪽 모두 일까? 최근에 있었던 아버지와의 논쟁에 대한 자신의 인식을 나타내는 것일까? 대답할 수 없는 질문이 너무 많았다. 이 회기에 주목해야 하는 이유는, James가 회기를 건설적으로 사용했기 때문이다. 비록 격앙된 감정이 그를 불안하게 하는 것은 분명했지만, 그는 자신의 정서를 안전한 방법으로 표현하고 있었다.

다음 몇 회기 동안 James는 낙서를 하거나 다양한 캐릭터를 그렸지만 그것에 대해서 이야기하지는 않았다. Green 부인은 남편과 James가 점점 더 싸우고 있다고 보고했다. Green 씨는 만나자는 요청을 계속 거절했다. 이 시기 동안의 한 회기에서 James는 자신의 배낭을 가져와 종이 한 장을 꺼냈다. 거기에는 '우수상'이라고 프린트 되어 있었고 James의 이름이 적혀 있었다. 상장에는 James가 '모든 면에서 우수함'으로 이를 증명한다고 쓰여 있었다. 그는 그것을 내게 보여 주었고 나는 축하해 주었다. 내가 상을 받게 된 경위에 대해 물으려고 할 때 그는 마커를 꺼내서 '우수함'이라는 문구에 ×표를 긋고 '멍청함'이라고 덮어 썼다. 그러고 나서 '바보'와 '멍청한'이라는 단어를 종이위에 빼곡히 썼다. 내가 생각할 수 있는 것은 James가 내면에 가지고 있는 분노와 절망, 그리고 그것이 어떻게 그의 공격적인 행동을 부채질해 왔는지에 대한 것뿐이었다. 그가 휘갈겨 쓴 단어에서 약함과 무력감이 느껴졌다. 나는 그가 상을 받았는데도 괴로워하는 것이 슬프다고 말했고, 무슨 일이 일었는지 궁금하다고 했다. James는 아무 말도 하지 않았다. 대신 그는 종이를 가져다가 다채로운 색의 몽타주를 그렸다. James는 그의 분노와 절망, 그리고 무력감을 나와 공유해 주었다. 이것은 이전 회기와의 큰 차이였다.

이후 몇 번의 회기 동안 James는 자기가 좋아하는 하키팀의 로고를 그렸다. 하지만 많은 말을 하지는 않았다. 그의 어머니는 James가 힘든 날들 가운데 종종 좋은 날도 있었다고 전해 왔다. 어느 날은 James가 Mad Libs 라는 게임(문장의 일부가 비어 있는 것을 채워 넣는 게임)을 하자고 했다. 나는 동의했고, James는 정말로 웃었다(그는 회기 동안 한 번도 웃은 적이 없었다). 그는 나에게 이야기를 들려주었고 나중에 채워 넣을 빈 칸이 어디인지 알려 주었다. 그가 만들어 낸 이야기는 권력이 없는 왕에 대한 것이었다. 왕은 여왕과 황제를 만나서 자신은 왕같이 느껴지지가 않는다고 말했고, 자신이 매우 슬프며 도움이 필요하다고 설명했다. 여왕과 황제는 왕을 도와주지 않았다. 왕은 자신이 처한 상황에 대해 고민했고 온 국민에게 연설을 하기로 결정했다. 연설을 한 후에(연설 내용이 무엇이었는지는 구체화하지 않았다) "국민들은 나의 말을 좀 더 경청하기 시작했다."라고 덧붙였다.

이 진술은 James가 만든 상상의 시나리오에서 나온 첫 번째 긍정적인 결과의 예시 중 하나였다. 그것은 희망과 낙관주의를 불러일으켰고, 치료에 대한 긍정적인 신호로 해석될 수 있었다. 아마도 James는 자신이 말하는 것이 진지하게 받아들여지길 바라는 희망을 표현하고 있었을 것이다. 이런 종류의 놀이는 그의 상상력을 사로잡은 것 같았다. 그는 은유적으로 등장인물에 대해 이야기를 만들어갔고, 결국에는 왕이 얼마나 행복했는지를 강조했다. 이어진 회기에서 James는 재시험을 치러야 해서 걱정하는 아이에 대한 이야기를 만들었다. 그는 주인공이 느끼는 불안을 자세하게 묘사하는 데에 빠져들었다. 이야기의 끝에서, 아이는 집으로 가서 엄마에게 그가 거의 만점을 받았고 선생님이 축하해 주었다고 이야기했다. 이것은 또한 그가 그의 부모와 함께 하고 싶은 상호작용에 대한 소망을 드러내는 것이었다. 이것은 그가 만들어 낸 두 번째 긍정적인 이야기였고, 이전 것들과는 완전히 상반되는 것이었다. 그가 긍정적인 피드백을 수용하는 관계를 경험했다는 점에서 그것은 치료에 대한 논평이었을 수도 있다.

세 번째이자 마지막으로 이 형식을 사용한 것은 같은 회기에서였다. James는 유명한 가수를 직접 만나러 가는 이야기를 만들었다. 하지만 그는 "소리 질렀다." 대신에 "입을 다물었다."라고 말했다. 나는 자제력을 발휘하고 입을 열지 않으려는 주인공의 결정에 놀랐다. 이것은 정말 James가 그의 충동을 조절하려는 놀라운 출발이었다. 흥미롭게도 이러한 이야기의 등장은 Jaems의 행동적 폭발이 줄어들었다는 Green 부인의 보고와도 일치했다.

James는 회기에서 점점 더 생산적으로 변해갔다. 그는 학교에서 있었던 일은 물론 친구와의 일이나 집에서의 일들에 대해 이야기하기 시작했다. James의 치료는 새로운 단계에 접어든 것 같았다. 그는 잠을 자거나 아무 말도 하지 않던 치료의 초기 단계로부터 시작하여 정말로 먼 길을 지나왔다. 그는 내 사무실에 있는 휴대용 타자기에 매료되었다(나는 아이들이 자기를 표현하는 또 다른 방법으로 활용할 수 있도록 이 기계를 샀다). James는 몇 회기에 걸쳐 이야기를 쓰기 시작했다. 그는 직접 타이핑하거나 내가 타이핑할 수 있도록 불러주었다. 그는 다양한 과일이 학교에서 펼치는 모험에 대한 이야기를 만들었다. 이야기는 과일들 간의, 과일들과 선생님 간의, 부모님들 간의 다양한 갈등에 초점을 두고 있었다. James는 각 인물의 세부적인 사항과 그들의 동기에 몰입하였다. 그의 이야기는 생생했고, 위트가 있었으며, 통찰을 담고 있었다. 나는 이러한 인상들을 James와 공유하였고 그는 더 많은 이야기를 계속 만들어 냈다.

치료가 지속될수록 James는 그의 생각과 감정들을 표현하는 데에 회기를 사용하였다. 그의 공격적 행동이 줄어들었을 뿐 아니라(비록 완전히 없어지지는 않았지만), 두려움과 우울한 생각도 줄어들었다. 이러한 결과에도 불구하고 James의 친구 관계는 매우 제한적이었고 비일관적인 공감을 보였다. 또한 가정의 불안정한 상황은 계속되었다. Green 씨 부부는 갑자기 부부치료를 중단했고 서로에게서 더 멀어졌다. 불행히도, James가 치료실 밖에서도 성장을 보이자 부부는 갑자기 치료를 종결했다. 이러한 결정을 철회하도록 만들기 위한 나의 노력은 단호한 거절로 끝났다. 최근에 남편과 James 사이에 '큰 다툼'이 있었고, 남편은 James의 치료가 더 이상 도움이 안되며 치료를 지속하지 않기로 결론 냈다고 Green 부인이 전해 왔다. 이 상황에서 Green 부인은 자신의 남편에게 맞설 수 없다고 느꼈고, 부부가 함께 나와 만나는 것 또한 거절했다. James와 종결회기를 가지려던 나의 요청 또한 거절되었다. 나는 갑작스러운 방식으로 James와의 회기를 끝내게 된 것이 매우 실망스러웠다. James가 그것을 어떻게 받아들였을지는 추측만 할 뿐이다.

치료가 종결된 방식은 아쉬움이 있지만, James는 회기 동안 중요한 변화를 보여 주었다. 그는 머뭇거리며 치료사에게 다가왔고, 시간이 흐를수록 점점 덜 방어적이고 덜 놀라게 되었다. James가 보여 준 진보는 놀이치료가 또래 괴롭힘 가해자에게 효과적인 도구임을 보여 준다. James가 자신의 속도에 맞게 적응하도록 내버려 둔 것은 그가 치료적 관계를 중요한 협동의 과정으로서 경험하게 해 주었다.

가해자 치료하기: 몇 가지 고찰

25년간 학교와 개인 사무실에서 또래 괴롭힘 가해자를 치료해 오면서 나는 몇가지 중요한 교훈을 얻을 수 있었다. 가장 어려운 것 중 하나는 아이들의 신뢰를 얻는 것이다. 이것은 극복하기 가장 어려운 장애물이지만 가장 중요한 것이다. 많은 가해자와 공격적 아동은 신뢰를 구축하는 것을 힘들어한다. 신뢰를 구축하는 것은 나뿐 아니라 아이에게도 지속적인 투쟁이다. 나를 만나러 올 때쯤이면 아이들은 스스로가 문제에 처했다는 것을 알고 있으며, 종종 자신의 운명이 이미 결정되었기 때문에 더 이상 손 뻗을 곳이 없다고 느낀다. 나는 그들에게 규율을 가르치려는 것이 아니라는 것을 어떻게 전달할 수 있을까? 나는 그들이 당면한 상황뿐 아니라 전반적인 삶을 어떻게 다루고 있는지에 진정으로 관심이 있다는 것을 그들의 가슴으로 느끼기를 바란다. 나는 이 아이들 중 상당수가 자신이 느끼는 약함을 감추기 위해 공격성이라는 옷을 무기 삼는 것을 보아 왔다. James를 치료하는 동안 나는 이 보호 기제를 여러 번 떠올렸다. 그의 그림은 누군가와 연결되어 있는 것에 대한 두려움을 생생하게 전달했지만 동시에 그것을 원하고 있었다. 일단 자신이 충분히 안전하다고 느끼자 James는 자신의 감정을 능숙하게 표현했다. 이러한 능력은 다른 아이들에게서 흔히 볼 수 있는 것은 아니다.

또래 괴롭힘 가해자와의 첫 번째 만남에서, 나는 그들이 겪어 왔던 어른들과는 다른 어른의 경험을 주려고 노력한다. 교사, 부모, 그리고 학교 관계자들은 또래 괴롭힘 상황에서 정확히 어떤 일이 일어났는지를 알아내고자 한다. 이것이 그들의 우선 과제이다. 이것이 필요한 일이긴 하지만, 치료사는 이 목표에만 제한을 두지 않는다(또한 그래서도 안 된다). 나는 아이들이 나를 이미 겪어 본 다른 어른들의 복사판으로 보기를 원치 않는다. 그렇다면 어떻게 해야 할까? 어떻게 나를 다른 중요한 어른들과 차별화할 것인가?

내 경험상, 이 아이들 중 다수는 나와의 만남에서 철통 같은 방어를 유지하려고 한다. 예를 들어, James는 치료 초기에 회기 중에 잠이 들었다. 저항은 수많은 형태로 나타날 수 있으며 나는 거의 모든 형태의 저항 행동을 만나 봤다. 방에 들어오기를 거부하는 아이부터, 방에 있는 물건을 거칠게 다루고 망가뜨리는 아이, 나에게 욕을 퍼붓는 아이까지 다양하다. 이러한 행동들이 매우 당황스럽긴 하지만 나는 스스로에게 이것이 아이로부터의 살아 있는 의사소통이라는 점을 계속해서 상기시킨다. 나는 시험받고 있는 것이다. 이 초기 만남에서 내가 어떻게 반응하는가는 치료가 어떻게 전개될 것인지를 좌우한다. James가 내 사무실로 들어오기를 거부하고 부모님의 차에 숨어 버렸을 때, 나는 그가 느꼈을 무력감을 똑같이 느꼈다. 그가 자신의 세계에 긍정적인 방향으로 영향을 미칠 수 없다고 느꼈던 것처럼 나도 그 상황에서 똑같은 방식으로 느꼈다. 나는 또한, 그 상황을 해결하지 못하는 나를 바라보고 있는 James의 엄마 앞에서 매우 창피함을 느꼈다. 나는 이 창피함이 아들의 부적절한 행동 때문에 수많은 상황에서 아마도 그녀 자신이 느꼈을 창피함이라는 것을 깨달았다. 나는 James의 삶을 통제해 보고자 노력했지만 번번히 실패했던 모친의 마음을 경험할 수 있었다. 내가 James와 그 부모들을 만났을 때, 나의 직감은 여러 번 확인되었다. 나는 또한 James가 무엇을 하든지 공감적 입장을 유지하는 것이 얼마나 중요한지를 알고 있었다. 내가 처음부터 내내 느꼈던 것은 그가 나를 매우 필요로 한다는 것이었다.

가해자들과 만날 때 나는 종종 예상치 못한 방식으로 행동하기 위해 '상황을 바꾸기'로 결심한다. 또래 괴롭힘 사건에 대해 질문하는 대신, 나는 그들의 관심사와 성과에 대해 묻는다. 이렇게 하는 것은 그들의 긴장을 풀게 만들 뿐 아니라 내가 그들을 가해자나 문제아로 보고 있지 않다는 것을 전달한다. 나는 그들이 자신의 유능감을 깨닫고 공유할 수 있도록 그들의 문제 이상을 보고자 한다. 이러한 아이들 중 다수는 그들 자신의 긍정적 측면에 대해 생각해 본 적이 없다. 그들의 행동은 그들 자신과 타인들을 멀어지게 할 뿐이었다. 그들의 자존심은 반복적으로 무시되어 왔다. James와 작업하면서 나는 그가 나와 동맹을 맺기 위해 노력하는 동안 그의 타고난 능력이 전면에 표현되도록 노력하였다. 포켓몬 카드게임과 Mad Libs 게임을 통해서 그는 자신이 정말로 잘 할 수 있는 일이 있다는 것을 보여 주고 있었다. 그의 삶 속에 있는 다른 성인들은 그와 이런 식으로 작업하는 시간을 갖지 않았던 것 같다. 또래를 주도하고 통제하려고 하는 것은 분명히 다루어야 할 일이지만, 또래 괴롭힘 가해자들을 다룰 때 나는 우리의 작업을 함께 확장해 나가는 것에 초점을 두려고 애쓴다. 이 아이들은 자신들이 뭔가 가치 있는 것을 제공하고 있다는 것을 목격함으로써 다른 사람들과 연결하는 방법을 경험할 기회가 필요하다. 놀이치료사는 가해자들이 자신 안에 내재된 가치를 발견하고 인정하도록 도와줄 수 있다.

학교장면에서 또래 괴롭힘 행동의 발생은 조직적인 맥락에서 다루어져야 할 필요가 있다. 종종 관리자들과 교사들은 빠른 결과와 가해자가 교훈을 얻었으며 다시는 이러한 행동을 하지 않을 것이라는 확신을 요구한다. 또래 괴롭힘이나 다른 학교 부적응 행동들을 전혀 용납하지 않는 환경에서 또래 괴롭힘으로 기소된 학생은 유죄로 간주될 경우 정학 처리 될 가능성이 높다. 정학은 그가 학교상담사들에게 협력하는 수준에 확실히 영향을 미칠 것이다. 이러한 경우에는 학교로 돌아오는 대로 도와주겠다고 확신시키는 것 외에 내가 할 수 있는 것은 거의 없다. 또래 괴롭힘 때문에 정학당하는 경우, 나는 집에 있는 학생에게 전화를 걸어 나의 관심과 가용성을 상기시켜 준다. 이것은 이들을 매우 놀라게 하는 동시에 학생이 학교로 돌아왔을 때 후속조치에 대한 기반이 되는 작업이다.

학교로 돌아온 이후에 그들이 학교 환경에 적응하도록 돕는 것은 우리가 다루어야 할 또 다른 영역이다. 나는 또래 괴롭힘 가해자에게 영향을 받은 다른 학생들과도 자주 만나서 그들이 염려하고 있는 것에 대해 귀 기울이고 어떻게 이것들이 현실적으로 다루어질 수 있는지 확인하면서 그들을 준비시킨다. 학교심리학자로서 나는 종종 서로에게 실행 가능한 합의를 내릴 수 있도록 도와주기 위해 가해자와 피해자 사이를 중재해 왔다. 그 결과는 또래 괴롭힘 행동이 계속될 가능성을 줄이는 데 건설적이었다. 그리고 그 접근법은 관련된 모든 사람에게 그들 간의 차이점을 해결하는 대안이 있다는 것을 가르친다. 아동이 도움을 구하기 위해 손을 뻗을 수 있고, 안전하고 수용받는다고 느낄 수 있는 경험이 거부되거나 최소화되었을 때, 그것을 깨닫도록 돕는 것은 어려운 과제이다. 그렇게 하는 데에 항상 성공하지는 못하더라도, 우리는 이 아이들에게는 너무나 생소한 수용을 경험하도록 도와주고, 그들이 놀이치료사뿐만 아니라 세상을 신뢰하는 법을 배우도록 도와줄 의무가 있다.

제3장

학교장면에서의 아동중심놀이치료

Angela I. Sheely-Moore, Peggy L. Ceballos

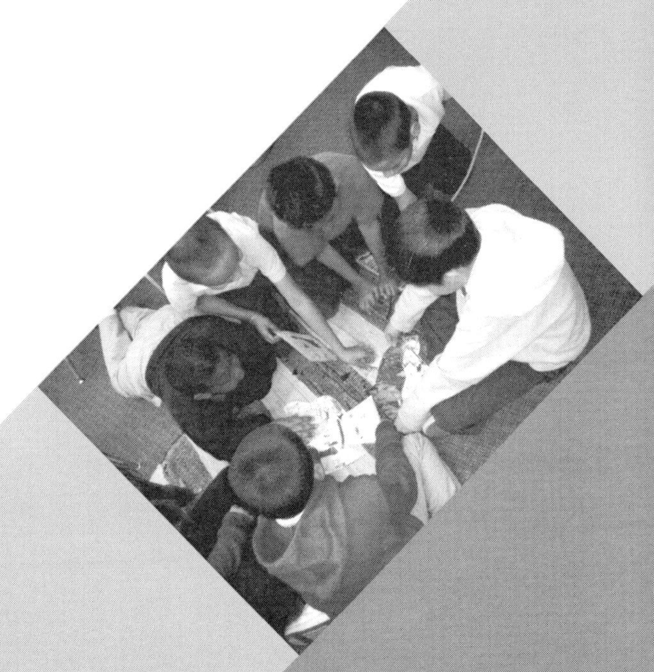

아동기에 보이는 정신건강 문제는 이후 삶에 나타날 정신건강 문제의 강력한 지표가 된다(Richard & Abbott, 2009). 매년 13~20%의 아동이 정신건강 문제를 경험한다는 통계에 비추어 볼 때(National Research Council and Institute of Medicine, 2009), 앞의 진술은 걱정스럽다. Langley와 Santiago, Rodríguez, Zelaya(2013)는 대략 20~50%의 아동이 외상 사건의 피해자라고 보고하였다. 더욱이 정신건강 문제에 대한 관심 부족 때문에 자주 발생하는 자살은 미국의 경우 10~14세 아동의 세 번째 주요 사망 원인이다(Centre for Disease Control and Prevention, 2011).

연구자들은 아동과 청소년의 정신건강 문제의 발생빈도가 이민 청소년과 빈곤한 도시 지역사회에 거주하는 사람들에서 증가한다는 사실을 강조하였다(Alicea, Pardo, Conover, Gopalan, & McKay, 2012; Langley et al., 2013). Eisenberg와 Golberstein, Hunt(2009)는 정신건강 문제를 다루기 위한 즉각적인 개입이 부족하여 학교에서 아동의 학업성취가 매우 나빠졌다고 보고하였다. 더욱이 Eisenberg와 동료들은 성인기 고용과 수입에서도 생산성이 줄어드는 해로운 효과를 지적하였다. 이러한 통계에도 불구하고, 정신건강 문제를 경험하는 아동들의 약 20%만이 필요한 도움을 받는다(Kataoka, Zhang, & Wells, 2002). 이에 연구자들과 전문적인 단체들은 높은 수준의 정신건강 개입을 제공하여 문제에 사전에 대응하도록 학교 관계자들을을 촉구하였다(American Academy of Pediatrics, 2004; Galassi & Akos, 2007; National Association of School Nurses, 2008; National Organization of School Psychologists, 2012).

미국학교상담협회(American School Counseling Association: ASCA, 2012)의 전국 모델 같은 포괄적인 학교기반 정신건강서비스에서는 학업 성취를 증진시키기 위해 학교에서 정신건강 문제를 다루어야 한다는 중요한 필요성을 자각하였다. 이 모델은 종합적인 학교상담 프로그램의 시행을 통해 모든 학생들의 필요에 사전에 대응하기 위해서 전문적인 학교상담사에게 개입을 위한 틀을 제공한다. 미국학교상담협회 전국 모델은 모든 학생들의 직업적 · 학업적 · 사회정서적 요구를 다루기 위한 제도적이고 체계적인 접근을 기술한다. 모든 아동의 학업적 성공을 촉진하기 위해 이러한 서로 연관된 발달적 측면이 학생과 관계자(예: 교사, 행정가, 부모)를 대상으로 하는 전달 체계를 통해 다루어진다(American School Counseling Association, 2012). 놀이치료와 표현예술 같이 발달적으로 적합한 서비스가 학생의 전반적인 발달에 결정적으로 필요할 것으로 보인다.

Vernon(2004)은 학교에서 발달적으로 적합한 방법으로 비언어적 의사소통 수단을 사용하는 치료적 개입을 권장하였다. 아동중심놀이치료(Child-Centered Play Therapy: CCPT)는 어린 아동들을 위한 발달적으로 적합하고 효과적인 치료 양식으로 널리 인정받고 있다(Bratton, Ray, & Landreth, 2008). 문화적으로 다양한 집단이 있는 학교에서 아동의 행동 문제를 치료하는 데에 아동중심놀이치료가 효과적이라는 것이 많은 연구에서 나타났다(예: Blanco & Ray, 2011; Bratton et al., 2013; Cochran, Cochran, Nordling, McAdam, & Miller, 2010; Garza & Bratton, 2005; Ray, Blanco, Sullivan, & Holliman, 2009; Schumann, 2005). 더욱이 아동중심놀이치료를 훈련받은 부모는 아동의 삶에 효과적인 치료적 조력자가 될 수 있다(Ceballos & Bratton, 2010; Garza, Kinsworthy, & Watts, 2009; Sheely-Moore & Bratton, 2010). 또한 학자들은 학교를 포함하여 다양한 정신건강 현장에서 청소년의 발달적 요구를 충족시키고 다루기 위해서, 아동중심놀이치료의 원리와 원칙에 근거하여 표현예술의 사용을 권장하였다(Bratton, Ceballos, & Ferebee, 2009). 표현예술을 사용하여 청소년을 대상으로 수행된 연구가 많지는 않지만, 이 방법은 분명히 효과적인 결과를 내놓고 있다(Flahive & Ray, 2007; Packman & Bratton, 2003; Paone, Packman, Maddux, & Rothman, 2008; Shen & Armstrong, 2008).

아동중심놀이치료와 연구

면허와 자격 인정 기준때문에, 학교에서 일하는 정신건강전문가들은(예: 학교상담사, 학교심리학자, 사회복지사) 학생에게 경험적으로 증명된 개입을 시행할 책임이 있다(Bratton, 2010). 실제로, 전문적인 학교상담사는 경험적으로 증명된 서비스를 시행해야 할 뿐만 아니라, 그들의 서비스와 프로그램의 효과를 평가하는 데 경험적인 기반을 제공하여 책임감을 보여 주어야 한다(American School Counseling Association, 2012). 그러므로 학교 정신건강전문가들은 학생의 성공 증진을 입증하기 위해 발달적으로 적합하고 반응적인 치료 양식이라고 경험적으로 증명된 것이 무엇인지 확인해야 한다.

Landreth와 Ray, Bratton(2009)은 1940년대 초반부터 수행된 총 84개의 학교기반 놀이치료 결과 연구를 제시하면서 아동중심놀이치료가 "가장 오랜 사용 역사를 가지며 연구성과를 통해 가장 강력한 지지를 받고 있다."(p. 282)라고 하였다(Bratton, 2010). 앞서 언급했듯이, 표현예술을 사용한 중등학교에서 시행된 최근 연구뿐만 아니라 초등학교의 여러 집단에서 다양한 이슈를 다루는 데 있어 아동중심놀이치료의 효과를 증명하는 많은 연구가 학교에서 수행되었다. 변화의 주된 원동력으로서 치료적 관계에 중점을 두고, 긍정적인 성장과 발달을 향한 인간의 타고난 성향에 기반을 두면서(Landreth, 2012), 아동중심놀이치료와 표현예술 양식은 학령기 아동과 청소년의 고유한 발달적 고려사항을 충족시킬 수 있다.

Hess와 Magnuson, Beeler(2012)는 아동과 청소년의 인지발달은 "성인과 매우 구별된다."(p. 52)라고 기술하였다. 특히, 12세 이하의 아동은 추상적 사고(Piaget, 1962)를 통해서가 아니라 구체적인 방식으로 정보를 구성하는 경향이 있다. 대략 13세에 시작하는 형식적 조작기에도, 중학생이 논리적 사고와 연역적 추론을 사용하는 능력은 십대 중에 최고조에 이를 것으로 추정되지 않는다(Piaget, 1962). 그러므로 놀이와 놀이 재료의 사용은 추상적 사고의 필요 없이 아동과 청소년이 자신을 온전히 표현할 수 있는 가교 역할을 한다(Landreth, 2012). 치료에서 놀이와 표현예술을 사용하는 것은 아동과 청소년을 위한 문화적으로 적절하고 반응적인 의사소통의 매개체가 되며, 더불어 이러한 인본주의적 접근은 인간 경험의 잠재력을 정서적 · 사회적 · 인성적 · 인지적으로 향상시킨다(Berk, 2003; Landreth, 2012; Schaefer & DiGeronimo, 2000).

Rogers(1961)의 인간중심상담의 인본주의적 틀에 근거하여 Virginia Axline(1969)의 초기 작업으로 아동을 위한 아동중심놀이치료의 발달이 이루어졌고, Landreth(2012)를 포함하여 이 접근에 공헌한 현대의 연구자들이 있었다. 넓은 범위의 자기표현을 촉진하기 위해 장난감과 놀이 재료를 사용하는 것이 중요하지만, 장난감과 놀이실 그 자체는 임상가와 아동 사이의 치료적 동맹을 발달시키는 데에 보조적인 역할을 한다(Landreth, 2012). 오히려, 임상가의 공감적 의사소통과 무조건적인 긍정적 보상 그리고 진실성이 성장과 성숙을 위한 내재적인 경향성을 강화시킨다(Fall, Holden, & Marquis, 2010). Axline(1969)은 아동과의 작업에서 임상가를 안내하는 여덟 가지 기본 원칙을 기술하였다. 특히, 치료사들은 다음과 같이 해야 한다. ① 아동과 좋은 라포를 발달시키고, ② 아동이 지금 이 순간 있는 곳을 수용하고, ③ 아동이 자신을 완전히 표현할 수 있는 자유로운 감각을 갖도록 의사소통하고, ④ 아동의 정서적 상태를 인식하고 인정하며, ⑤ 문제를 해결하기 위한 아동의 타고난 능력을 믿고, ⑥ 아동이 회기를 이끌도록 허용하고, ⑦ 아동의 치료적 진전의 속도에 인내심을 갖고, ⑧ 필요할 때에만 제한을 설정해야 한다(pp. 73-74). 이러한 원리는 청소년과의 작업에도 쉽게 적용될 수 있다.

표현예술의 사용

Slavson과 Redl(1944)은 치료적 개입에서 청소년과 작업할 때 발달적으로 적합한 재료와 활동이 필요하다고 처음으로 권고한 학자이다. 그 이후로 몇몇 저자가 정신건강 문제를 겪고 있는 청소년의 요구를 충족시키기 위해 놀이치료에 표현예술 활동을 적용하도록 제안하였다(Draper, Ritter & Willingham, 2003; Finn, 2003; Flahive & Ray, 2007; Ginott , 1994; Packman & Bratton, 2003; Paone et al., 2008; Shen, 2007; Veach & Gladding, 2007). 청소년을 위한 의사소통 매개체로 표현예술 재료를 사용하면 자기자각이 증가되어 궁극적으로 긍정적인 변화를 이끌 수 있다(Knill, Levine, & Levine, 2005; Shen & Armstrong, 2008). 아동중심놀이치료 원리에 동조하는 많은 이론에서 표현예술 재료가 사용될 수 있지만, 인본주의적 관점 내에서 표현예술을 사용할 것을 제안한다.

Corey(2005)에 따르면, 인본주의적 관점은 "내담자의 주관적인 경험에 대한 존중과 긍정적이고 건설적인 의식적 선택을 할 수 있는 내담자의 능력에 대한 신뢰"(p.166)에 기반을 둔다. 그러므로 치료에서 변화의 수단은 표현예술 재료나 활동이 아니라 치료적 관계에 대한 Rogers(1961)의 핵심적 조건이다. 또한 자신이 주도하는 활동을 제공하는 것은 청소년기의 자율성과 통제력에 대한 발달적 요구를 충족시킨다(Bratton, Ceballos, et al., 2009). Gil(1994)은 치료 과정에서 비구조화된 시간과 구조화된 시간을 결합하는 것이 유익하다고 제안하였다. 이에 대해, 청소년을 위한 아동중심놀이치료 적용은 다음의 내용이 중심이 된다. 이는 ① 의사소통의 매개체를 표현예술 재료로 조정하기, ② 청소년 스스로 주도하는 기회를 주는 동시에, 치료 과정에서 청소년의 불안을 줄이기 위해 구조화된 활동을 융통성 있게 포함시키도록 임상가를 장려하기(Bratton, Ceballos, et al., 2009)이다. 청소년이 사용할 수 있는 예술적 매개체에는 모래상자, 찰흙, 콜라주, 이야기 만들기, 음악, 악기 연주가 포함된다(Bratton, Ceballos, et al., 2009; Gladding, 2005; Malchiodi, 2002; Oaklander, 1988).

아동중심놀이치료와 표현예술: 전략과 기법

치료에 놀이와 표현예술의 매개체를 사용하는 것은 아동과 청소년에게 언어화의 필요

없이 자신을 온전히 표현하는 기회를 제공한다. 언어화를 강조하거나 장려하지 않음에도 불구하고, 아동중심놀이치료에 언어적 · 비언어적 기술이 둘 다 필요하고 이 두 가지 기술은 표현예술을 사용할 때에 특히 권장된다. 인지 발달 수준에서 구체적 이해를 강조하기 때문에(Piaget, 1962), 12세 이하의 아동과 작업할 때 아마도 더욱 결정적으로 비언어적 기술을 사용할 필요가 있다. 그러므로 치료사는 열린 자세로 앉아서 학생의 행동에 주의를 기울이고 있음을 보여 주고, 그들이 놀이 영역에서 움직일 때 '코와 발가락'으로 쫓아가면서 학생과 계속 연결되어 있는 것이 중요하다(Landreth, 2012, p. 190). 목소리의 높이, 얼굴 표정, 몸의 자세, 언어적 촉진(예: "흠!")을 학생과 맞추는 것을 통해 공감적 이해가 비언어적으로 전달된다(Landreth, 2012). Landreth(2012)에 의하면, 치료사의 이러한 '존재하는 방식'(p. 190)은 "나는 너의 눈을 통해 세상을 보고 이해하려고 최선을 다하고 있다."(p. 190)라는 메시지를 전달한다. 이러한 메시지는 또한 아동중심놀이치료와 표현예술에서 언어적 반응을 위한 토대가 된다. 아동중심놀이치료의 중대한 작업에서 논의된 핵심적인 기술에 근거해서(Bratton, Ray, Edwards, & Landreth, 2009; Landreth, 2012; Landreth et al., 2009), 아동 및 청소년과 작업할 때 중요한 기술을 포함하는 네 가지 넓은 범주를 제시하면 다음과 같다. 그것은 ① 비언어적 행동에 반응하기, ② 반응을 인정하기, ③ 반응에 권한을 주기, ④ 관계에 기반한 반응을 제공하기이다.

비언어적 행동에 반응하기(추적하기)

이 기본적 기술은 판단이나 지도, 혹은 해석을 하지 않고 학생의 놀이 행동을 인식하고 소통하는 것과 관련된다. 오히려 추적하기의 목적은 임상가가 학생의 행동에 주의를 기울이고 있으며, 진실된 관심이 있다는 것을 전달하는 것이다(Landreth, 2012). 예를 들어, 처음으로 놀이실에 들어오면서, 2학년인 Maria는 주변을 둘러보고 즉시 아기 인형을 움켜잡았다. 임상가는 "너는 그것을 골랐구나." 혹은 "너는 그것을 잡았네."라고 말할 수 있다. 콜라주 만들기를 시작하기 어려워하는 청소년에게, 임상가는 "너는 어디서부터 시작해야 할지 결정하는 게 힘들구나."라고 말할 수 있다. 청소년기 발달 단계에서는 자기를 의식하는 본성이 전형적으로 나타나기 때문에, 추적하기는 청소년과 작업할 때에는 덜 자주 사용해야 한다(Sprenger, 2008).

반응을 인정하기

내용과 감정 반영 같이 성인에게 사용하는 몇 가지 치료적 기술은 아동과 청소년에게도 적용할 수 있다. 이러한 반응은 자신의 경험에 대한 아동의 의사소통을 인식하고 인정해 주며, 결과적으로 자기이해와 자기수용을 촉진한다(Landreth, 2012). 예를 들어, Mike가 그날 완수해야 하는 학교 및 가정의 여러 과제에 대해 이야기한 후에, 임상가는 "너는 오늘 해야 할 일이 많구나."라고 말할 것이다.

청소년은 언어적인 상태와 비언어적인 상태가 수시로 바뀌기 때문에(Bratton, Ceballos, et al., 2009), 정신건강 임상가는 추적하기 없이 반응 인정하기를 사용할 수 있다. 예를 들어, 찰흙으로 하트를 만들고 "부모님이 상황을 고칠 수 있으면 좋겠다."라고 말하면서 부모의 이혼에 대해 자세히 이야기하는 청소년을 생각해 보자. 임상가는 "너는 상황을 예전과 같이 되돌릴 수 없기 때문에 무기력하게 느끼는구나."라고 말하여 청소년의 정서적 경험을 인정할 수 있다. 청소년의 무기력감에 대한 비언어적인 이해는 임상가의 말투와 얼굴 표정으로도 나타날 수 있다는 점에 주의하라.

반응에 책임감을 갖게 하기

긍정적으로 앞을 향해 나아가며 성장하는 타고난 능력에 대한 Rogers학파의 원리에 동조하여(Rogers, 1961), 많은 아동중심놀이치료 기술은 연령에 상관없이 개인에게 이미 내재되어 있는 것을 촉진시키는 역할을 한다. 아동중심놀이치료에서 반응에 책임감을 갖게 하기(책임감을 되찾기, 창의성을 증진시키기, 자존감 세우기)는 자기주도, 창의성, 자존감을 촉진시킨다(Landreth, 2012). 아동이 다음에 어떤 장난감을 가지고 놀지 물을 때, "여기에서는 네가 결정한단다." 혹은 "네가 고를 수 있어."라고 말하면서 책임감 되찾기와 자기주도 촉진하기를 전달할 수 있다. 또 다른 예로 종이타월이 없어서 아동이 공작용 판지로 손가락에 묻은 수채화 물감을 지울 때, 이러한 창의적인 해결에 대해 임상가는 "너는 그걸 지우는 방법을 알아냈구나." 혹은 "오! 너는 그 물감을 지우는 방법을 찾았네."라고 반응할 수 있다. 자존감을 세우는 반응은 아동의 지식을 강조하며 "너는 그 성을 짓는 데 무엇이 필요한지 정확히 아는구나." 혹은 "너는 공룡에 대해 많이 알고 있네."와 같은 진술이 포함된다.

독립성의 발달적 요구(Erikson, 1982)를 고려하면, 특히 비구조화된 활동 시간에 청소년이 어떤 활동을 선택할지 결정하는 권한을 갖도록 하는 것이 중요하다. 청소년에게 책임감 되찾기는 “오늘 회기에 남은 15분 동안 네가 무엇을 하고 싶은지 네가 선택할 수 있어.”와 같은 진술로 언어화될 수 있다. 자존감 반응은 청소년의 자기가치감을 증진시키는 데 치료적으로 유익하다. 예를 들어, 임상가는 자신의 콜라주 내용에 대해 자랑하는 청소년에게 “너는 그걸 자랑스럽게 느끼는구나.”라고 말할 수 있다.

관계기반 반응

Axline(1969)이 성장과 발달을 이루기 위해 ‘가장 선호하는 조건’(p. 16)으로 보았던 세 가지 요소 중에서, 치료적 관계가 무엇보다 중요하다. 학생내담자와 임상가 사이의 관계는 아동의 세계에서 더 큰 체계의 축소판이기 때문에, 이 역동을 촉진하고 향상시키기 위해서는 중요한 기술이 필요하다. ① 관계의 촉진, ② 제한 설정이라는 두 가지의 아동중심놀이치료 기술이 이러한 목표를 달성할 수 있다. 학생이 임상가에게 먼저 시작하는 언어적 · 비언어적 상호작용에 대한 임상가의 반응은 효과적인 의사소통의 모델이 된다(Landreth et al., 2009). 관계를 촉진하는 예로 아동이 그림을 그리고 같은 종이에 집을 그려 보라고 임상가를 초대할 때, 임상가는 “너는 이것을 우리 둘이 같이 하고 싶구나.”라고 반응할 수 있다. 모래상자를 만드는 데 참여하도록 학생에게 초대받은 후에, 임상가는 청소년에게 “너는 이 작업을 위해 함께 노력하고 싶구나.”라고 말할 수 있다.

아동 자신이 주도하여 친사회적인 행동에 참여할 기회를 갖도록 하는 것이 제한 설정 기술의 주된 목적 중 하나이다. 제한 설정은 놀이 재료를 보호할 뿐만 아니라 아동의 신체적 · 심리적 안전을 보장하기 위해 필요하다(Landreth et al., 2009). 제한 설정의 ACT 기법은 다음의 3단계로 구성된다. 즉, ① 아동의 욕구와 정서 상태를 인정한다(**A**cknowledging), ② 단호하지만 차분한 어조로 제한을 전달한다(**C**ommunicating), ③ 사회적으로 적절한 대안을 목표로 정한다(**T**argeting)이다(Landreth, 2012). 예를 들어, 만약 아동이 벽에 그림을 그리려고 하면, 임상가는 ACT 기법의 각 요소를 사용하여 반응해야 한다.

- 1단계: “너는 저 벽에 그림을 그리고 싶구나.”
- 2단계: “하지만 벽에는 그림을 그릴 수 없어.”
- 3단계: “너는 이젤에 있는 종이나 스케치북에 그림을 그릴 수 있어.”

청소년의 사고 능력은 더 어린 아동보다 추상적이기 때문에(Piaget, 1977), ACT 기법의

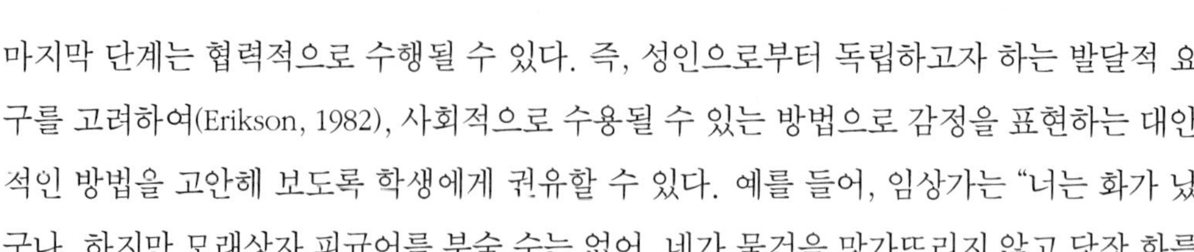

마지막 단계는 협력적으로 수행될 수 있다. 즉, 성인으로부터 독립하고자 하는 발달적 요구를 고려하여(Erikson, 1982), 사회적으로 수용될 수 있는 방법으로 감정을 표현하는 대안적인 방법을 고안해 보도록 학생에게 권유할 수 있다. 예를 들어, 임상가는 "너는 화가 났구나. 하지만 모래상자 피규어를 부술 수는 없어. 네가 물건을 망가뜨리지 않고 당장 화를 표현할 수 있는 다른 방법이 무엇이 있을까?"와 같이 말할 수 있다.

표현예술을 사용할 때의 특별한 고려사항

아동중심놀이치료와 같은 인본주의적 틀을 기반으로 구조화된 활동을 사용할 때 다음의 지침이 권고된다. ① 구조화된 활동을 단지 제안으로만 소개하고 학생이 최종 결정을 내리도록 허용한다. ② 구조화된 활동을 회기의 시작 시점에 사용하고, 학생이 자기주도 활동에 참여하도록 회기의 끝 시점에는 학생에게 비구조화된 시간을 허락한다. ③ 언어적 및 비언어적 방법으로 청소년과 의사소통할 때 융통성을 유지한다. 학교 정신건강전문가는 구조화된 시간과 비구조화된 시간 간의 균형뿐만 아니라 구조화된 활동의 선택도 학생의 필요에 대한 임상적 평가에 근거해야 한다(Bratton, Ceballos, et al., 2009). 예를 들어, 임상가는 표현예술의 사용에 대해 높은 불안을 경험하는 학생에게 자기표현을 촉진하기 위해 구조화된 활동을 권장할 수 있다(예: "너의 세계를 표현하기 위해 모래상자를 사용하는 새로운 활동을 시도하고 싶다면 나에게 알려 줘").

Landgarten(1987)에 따르면, 자신의 창작물에 대한 내담자의 통제 수준과 미술 양식 간에는 관계가 있어서, 어떤 매개체는 보다 무의식적인 느낌을 의식 표면으로 가져온다. Landgarten는 선택된 미술 매개체가 내담자의 자기표현 수준, 방어, 감정 상태에 미치는 영향을 설명하였다. Landgarten의 분석에 주의를 기울여, 학교 정신건강 임상가는 특정한 미술 재료를 사용하는 데 대한 학생의 정서적 준비상태와 더불어 치료적 동맹 안에서 안전감의 정도를 평가하여, 청소년에게 미술 매개체를 소개할 때 조심해야 한다. Bratton과 Ceballos 및 동료들(2009)은 선택된 매개체에 대한 통제의 정도에 근거하여, 연속성 형식을 사용해서 청소년과의 작업에서 가용한 다양한 미술 재료들의 개관을 제공하였다. 이 차트에 소개된 매개체의 예에는 색연필, 손인형, 모래놀이 피규어가 포함된다(Bratton, Ceballos, et al., 2009).

임상가는 회기에서 자기주도적인 활동 중에 사용되는 기술 유형의 타이밍에 주의를 기울이고, 임상가가 학생에게 권한 활동 때문에 치료 과정의 흐름이 끊기지 않도록 해야 한다. 표현예술 회기에서 자기주도적인 시간 동안에 학생이 창작물을 작업할 때 학교 정신건강 임상가는 추적하기의 기술을 사용해야 한다. 반대로, 임상가가 권한 활동을 할 때에는 활동을 마치는 동안 학생에게 자신을 돌아보는 시간을 주는 것이 중요하다(Bratton, Ceballos, et al., 2009). 학생의 창작을 지켜본 사람으로서 임상가는 활동을 하는 동안 조용히 창작이 끝나는 과정을 기다린다. 예를 들어, 임상가는 "너의 세계를 만들기 위해 모래상자를 사용할 수 있어. 네가 하는 동안 나는 조용히 여기에 앉아 있을게. 네가 마치고 나면, 우리는 같이 네가 한 것을 살펴볼 수 있어."라고 말한다. 이러한 창작 시간 동안에는 추적하기 사용을 피하여, 자신의 내면을 표현하는 매개체를 사용하여 학생이 자기자각에 참여하는 기회를 제공할 뿐만 아니라 당면한 작업에 자기 자신을 완전히 몰두하게 한다.

Bratton과 Ceballos, Sheely(2008)에 따르면 내담자가 완성한 창작물을 탐색하는 데 사용할 수 있는 과정이 네 수준으로 구분되고, 연속된 각 수준에서 다음 수준으로 가려면 높은 정서적/심리적 안전감과 더 높은 추상적 사고력이 필요하다. 각 탐색 과정의 수준을 예와 함께 간략히 소개한다.

- 수준 1: 자신의 창작물을 공유하도록 학생을 초대한다(예: "네가 만든 콜라주에 대해 나에게 말해 주겠니?").
- 수준 2: 학생의 창작물에 대한 임상가의 인상을 공유한다(예: "콜라주의 중앙에 놓을 것을 찾는 데에는 시간이 좀 걸렸지만, 자동차가 있는 고속도로 사진을 오른쪽 구석에 놓는 데에는 네가 자신 있어 보였어").
- 수준 3: 학생이 은유를 해 보도록 한다(예: "만약 네가 사진에 있는 자동차 중에 하나를 운전한다고 상상할 수 있다면 너는 어디에 갈지 궁금해").
- 수준 4: 학생과 창작물을 관련짓도록 요청한다(예: "이 고속도로 사진은 너에게 매우 중요해 보여. 너랑 어떻게 관련이 있을지 궁금하구나").

학교에서 아동중심놀이치료와 표현예술의 적용

정신건강전문가가 학교에서 일하는 것은 학생을 성공적으로 이끌어주기 위해 행정가, 교사, 직원 및 부모와 협력하여 일하는 독특한 기회가 된다. Bronfenbrenner(1979)의 사회생태계 틀은 아동의 세계에 미치는 상호 연결된 영향력에 대한 명확한 청사진을 제공한다. 정신건강전문가가 학교 전체의 모든 요구를 다루는 것은 불가능하다. 그러므로 아동중심놀이치료 기반 서비스의 이행을 포함하여, 예방, 개입, 사후 상담 전략의 성공을 위해서는 학교, 가정, 지역사회에서 핵심적인 이해당사자 간에 책임을 공유할 필요가 있다.

239명의 초등 및 중등 학교상담사를 대상으로 한 설문 조사에서 Shen(2008)은 놀이치료를 이행하는 것에 대한 세 가지 장벽을 확인하였는데, 그것은 훈련의 부족, 시간 및 예산의 제약이었다. 359명의 초등학교 학교상담사를 대상으로 한 Ebrahim과 Steen, Paradise(2012)의 연구도 Shen의 결과와 같았다. 미국학교상담협회의 전국 모델(American School Counseling Association, 2012)과 같이, 학생을 위해 학교에서 포괄적인 정신건강서비스를 제공하는 틀은 이러한 장벽을 극복하는 데에 잠재적인 도움을 줄 수 있다. 특히, 학교 정신건강전문가는 아동중심놀이치료 기반 서비스의 결실을 맺기 위해 다음의 행동 참여를 계획할 수 있다. 그것은 ① 아동중심놀이치료와 표현예술의 지식기반 증가, ② 대학-학교 협력 관계 구축, ③ 자금 옵션 탐색이다.

아동중심놀이치료와 표현예술의 지식기반을 증가하고 전파하기

학교에서 일하는 정신건강전문가에게 제공되는 제한된(만약 있다면) 자금을 가지고, 임상가는 감당할 수 있는 비용의 아동중심놀이치료와 표현예술 훈련 및 슈퍼비전 경험을 할 수 있는 방법을 찾으려 한다. 비용이 들긴 하지만, 아동중심놀이치료와 표현예술치료를 수행하기 위해서는 작업장면에 상관없이 특수한 기술과 경험이 필요하다. 학교에서 일하는 임상가는 인본주의적인 양식에 대한 지식기반을 넓히고자 할 때 몇 가지 선택을 고려할 수 있다. 우선, 대학원 수준의 놀이치료나 표현예술 과정에 입학하는 것이 가능하지 않다면, 청강이 가능한지 알아본다. 전통적으로 청강은 강의의 의무 사항을 완료하지 않고 수업을 들을 수 있는 기회를 준다. 더욱 단기간의 훈련 기회를 얻고자 할 때는, 다양한 범위의 비용 예산에 맞추어 학회부터 웹상의 세미나에 이르기까지 지역, 주, 전국 수준의 훈련 기회에 대한 정보를 놀이치료협회(APT; www.a4pt.org) 홈페이지에서 제공하고 있다.

아동과 청소년의 일상생활과 관련된 다양한 체계 내에서 일할 때, 이러한 지식기반을 얻는 것이 첫 번째 단계이다. 배운 정보를 학생뿐만 아니라 행정가, 교사, 학교 직원 및 부모에게 전파하는 것이 중요하다. 아동의 성공에 대한 인본주의적 방식의 영향을 강조할 뿐만 아니라 아동중심놀이치료의 원리를 소개하면, 핵심적인 이해당사자들이 학교에서 놀이치료 기반 서비스를 지원하도록 승인을 얻어내기에 더 용이하다.

대학-학교 협력관계 구축

초보 수준에서 수행된 놀이치료 연구들의 리뷰에서, Ebrahim과 동료들(2012)은 대부분의 서비스를 제공한 사람은 놀이치료를 하기 위해 학교에 온 외부인이었다고 지적하였다. 지역사회 구성원과 책임감을 공유하는 것이 학교 정신건강전문가에게 맡겨진 다양한 과제를 완화시킬 수 있다. 특히, 지역 정신건강 기관에서 나온 놀이치료사는 학교나 자신들의 각 기관에서 교사와 부모에게 무료 부모-자녀 관계치료(Child-Parent Relationship Therapy: CPRT)와 아동 교사 관계 훈련(Child Teacher Relationship Training: CTRT)에 대한 훈련을 제공할 수 있다. 또한 학교기반 임상가는 놀이치료와 표현예술을 전공하는 대학 교육자와 논의하여 놀이기반 서비스를 제공하는 정신건강 분야(예: 상담, 학교심리, 사회복지)의 석사와 박사 과정 학생들을 위한 임상 현장 실습의 가능성을 탐색할 수 있다. 이러한 가능성에 관심을 가지는 학교 임상가는 슈퍼바이저 역할을 하기 위한 대학원 훈련 프로그램의 기준을 반드시 충족해야 한다. 그러므로 임상가가 훈련과 슈퍼비전을 받는 것이 무엇보다 중요하다.

자금 조달 원천 탐색

놀이 재료를 얻기 위해 비용 지원을 찾는 것은 부담스러운 일이고, 결국 많은 학교 임상가가 놀이 영역을 꾸미기 위해 자신의 돈을 사용하게 된다. 실제로, 초등학교 학교상담사로 구성된 설문지 응답자의 대다수가 놀이치료 용품을 구입하기 위해 자신의 돈을 사용하였다고 보고하였다(Ebrahim et al., 2012). 학교 직원, 부모, 지역사회 조직으로부터 장난감과 재료의 기부를 요청하는 것도 비용을 줄이기 위해 가능한 다른 옵션이다. 또한 보조금을 확인하고 신청하기 위해 학교 및 지역사회 지도자들과 협력하여 일하면 학교 임상가들이 부담을 덜 수 있다(Sheely-Moore & Ceballos, 2011).

필요한 도구 및 실행 계획

학교에서 놀이치료와 표현예술을 도입하기 위해 필요한 다음 단계는 실제 회기를 수행하기 위해 필요한 용품을 확보하는 것이다. Landreth(2012)는 학교처럼 가용한 공간이 제한적인 환경에 있는 사람들을 위해 이동 가능한 놀이세트에 포함되는 전통적인 놀잇감의 목록을 추천하였다. Bratton와 Ceballos 및 동료들(2008)은 청소년에게 사용할 수 있는 발달적으로 적절한 놀이기반 물건들의 종합적인 목록을 제공하였다. 학교 정신건강전문가는 전체 학생의 세계를 반영하는 장난감과 재료를 포함하는 것이 중요하다. 다양한 인종, 출신 국가, 사회경제적 지위, 지역적 위치, 능력 상태 등을 나타내는 장난감과 물건을 포함하여 놀이 영역을 꾸밀 때 문화적 고려사항을 계속 염두에 둔다.

Landreth(2012)는 전통적인 놀이 영역에 포함되는 장난감의 세 가지 범주를 확인하였다. 그것은 실제 생활 장난감, 공격성 표출 장난감 그리고 창의성과 정서 표출 장난감이다. 이러한 범주는 청소년에게도 마찬가지로 적용되며, 여기에 찰흙, 모래상자, 콜라주와 같은 표현예술 매개체가 포함된다. 많은 학교에서 학교 폭력에 대한 무관용(zero-tolerance)을 시행하고 있어서, 학교 행정가가 놀이 영역에서 특정한 장난감(예: 다트총, 고무칼)을 허락하지 않는 경향이 증가하고 있다. 이러한 이슈와 직면할 때, 치료적 관계의 안전감 내에서 감정을 어떻게 건설적이고 긍정적인 방식으로 바꾸는지 학생이 배우는 능력이 필요하다고 설득하기 위한 합리적인 근거를 제공해야 한다. 그러나 이러한 설명으로 문제를 해결할 수 없다면, 특정한 장난감과 재료가 없어도 아동들은 자신의 요구를 충족하기 위해 노력할 때 창의적인 전략을 찾아낸다는 것을 아는 것이 중요하다.

임상사례

아동이 놀이를 주도하고 청소년이 활동을 이끄는 것을 강조하면서, 임상가가 주어진 상황에 대해 특정한 반응을 미리 '계획하기'는 불가능하다. 오히려 그 학생의 세계에 온전히 마음을 조율하면, 학생의 행동과 말에 근거하여 지금-여기에서 치료적 반응의 타이밍을 찾을 수 있다. 다음의 사례 두 가지는 치료 초기, 중기, 후기의 상이한 세 시점 동안에 아동중심놀이치료와 표현예술을 사용한 기술을 보여 준다. 첫 번째는 5세 유치원 학생의 사례이며, 그 다음은 10학년인 14세 학생에게 표현예술을 사용한 사례이다. 사례들은 실제 내담자에 대한 내용이 아니다.

사례 1

최근에 학교로 전학한 5세의 Tomer는 새 학교의 첫날을 힘들게 시작하였다. 학교에 도착한 그 순간부터 Tomer는 그곳에 있고 싶지 않다는 것을 분명히 보여 주었다. 그가 걸으려고 하지 않아서 아버지가 그를 안고 교실로 데려와야 했다. 아버지(Khan)는 직장 일정 때문에 교실에 10분 이상 있을 수 없었고, Tomer는 아버지가 떠나자 화를 내며 소리를 지르고 물건을 던졌다. Khan 씨와 Tomer의 교사인 Sayo 씨는 새 학교에 대한 Tomer의 적응을 돕기 위해 무언가 할 필요가 있다고 동의하였다. 그리하여 그들은 도움을 받기 위해 학교심리학자를 만나러 갔다. 상담 결과, Tomer를 돕기 위해 놀이치료 회기를 시작하는 데에 모두 동의하였다.

초기 단계

학교심리학자는 Tomer에게 자신을 소개하고 그를 놀이실로 데려가기 위해서 Tomer가 아침에 도착하기 전에 교실로 왔다. 전날 밤에 Khan 씨는 학교심리학자의 요청에 따라 첫 번째 놀이 회기에 가는 것에 대해 그의 아들에게 발달적으로 적절한 이야기를 읽어 주었다. 그래서 Tomer가 보통 아침에 분출하던 행동은 놀이실에 대한 호기심 때문에 조금 약해졌다. 학교심리학자는 Tomer의 키에 맞추어 무릎을 구부리고 나서 자신을 소개하였고, 놀이실에 갈 시간이라고 알려 주었다. Khan 씨는 학교 건물을 나가기 전에 아들과 학교심리학자가 놀이실에 가는 길의 반 정도까지 따라갔고, Tomer는 놀이실에 어떤 장난감이 있는지 매우 궁금해 하는 것처럼 보였다.

놀이실에 도착해서 학교심리학자는 Tomer에게 "Tomer, 여기가 우리의 놀이실이고 여기에서 너는 모든 장난감을 가지고 네가 좋아하는 여러가지 방법으로 놀 수 있어."라고 말했다. 그 시점부터 학교심리학자는 의자에 앉아서 Tomer의 행동을 관찰하기 시작하였다. Tomer은 눈을 크게 뜨고 즉시 블록을 향해 뛰어갔다. 그러더니 갑자기 멈춰 서서 학교심리학자를 뒤돌아보고 "내가 정말 이것을 가지고 놀아도 돼요?"라고 물었다. 심리학자는 "여기서는 네가 결정할 수 있어."라고 반응하였다. 첫 회기에 Tomer는 장난감을 가지고 놀아도 되는지 계속 '허락'을 구했고, 학교심리학자는 책임감을 돌려주는 기술을 사용하였다. 초기 회기의 어느 시점에 Tomer는 무지개 색깔들을 말하기 시작하였고, 학교심리학자는 "너는 무지개에 어떤 색깔이 있는지 정확히 알고 있구나."라고 반응하였다.

중기 단계

심리학자는 아동중심놀이치료 기술과 더불어 수용과 보살핌, 진실성(Rogers, 1961)을 토대로 라포를 확립하였다. 이에 대응하여 Tomer는 자기주도적인 놀이를 보이며 놀이실에서 자신감 수준이 높아졌는데, 더는 심리학자에게 허락을 구하지 않았다. 더욱이 Tomer는 다양한 장난감 대상(예: 펀치백, 공룡, 장난감 군인)을 향하여 한바탕 공격성을 표출하는 것을 포함하여 자신의 감정 범위를 확장하기 시작하였다. 심리학자는 "너는 그것에게 화가 났구나."라고 말하여 그가 표현한 정서를 인정하였다. 때로 심리학자는 장난감뿐만 아니라 Tomer와 자신의 안전을 보장하기 위해서 ACT 기법을 사용하였다. 예를 들어, Tomer는 심리학자를 향하여 블록을 던지면서 나쁜 폭풍을 일으키려 하였다. 심리학자 자신의 안전을 보호할 뿐만 아니라 아동이 죄책감을 느낄 가능성을 막기 위해(Landreth, 2012), ACT 기법을 사용하였다. 조용하지만 단호한 어조로 "Tomer, 네가 나를 향해 블록을 던지고 싶어 한다는 것을 알아. 그러나 나를 향해 블록을 던질 수는 없어. 너는 블록을 바닥에 던질지 빈 백 의자(bean bag chair)에 던질지 선택할 수 있어."라고 말했다. 제한을 시험하려는 Tomer의 행동은 치료 회기 중반에도 계속되었는데, 이를 통해 그는 자신을 통제하는 것을 연습하였고, 자신의 욕구와 정서를 분출하기 위해 사회적으로 적절한 대안을 선택하는 것을 연습할 기회를 가졌다. 이러한 결과는 교실에서 나타나서, 교사와 Khan 씨 모두 오전에 Tomer의 '폭발'이 줄었다고 보고하였다. 더욱이 Tomer의 교사 Sayo 씨는 Tomer가 교실에서 열심히 다른 사람을 돕는 역할을 한다고 보고하였다.

후기 단계

Tomer가 오전에 교실에 안겨서 들어오는 대신 걸어서 들어오는 진전을 보여서, 학교심리학자는 Khan 씨와 Sayo 씨뿐만 아니라 Tomer와도 상의하여 종결 계획을 하였다. 치료 회기가 곧 종결된다는 것을 상기할 수 있도록 학교심리학자는 Tomer를 위해 달력을 만들었고, Tomer는 놀이 회기가 얼마나 남았는지 계속 확인할 수 있었다. 마지막 회기에서 Tomer는 일관된 방식으로 자신의 놀이에 심리학자를 초대하였다. Tomer는 저녁을 만들고, 아기를 돌보고, 악기를 함께 연주하는 데에 심리학자의 도움을 요청하였다. 이러한 행동에 대해 학교심리학자는 관계수립 기술을 사용하여 "너는 이 수프를 만드는 데 내가 도와줬으면 하는구나." 혹은 "우리는 같이 아기를 돌보고 있어."와 같이 말하였다. 마지막 회기 동안 Tomer는 자신과 심리학자가 손을 잡고 놀이실로 걸어오는 그림을 그렸고, 심리학자는 "너는 나를 위해 이 그림을 그렸구나."라고 반응하였다.

사례 2

10학년 영어교사인 Sanders 씨는 14세의 Jennifer를 행동 및 학업 문제로 학교상담사에게 의뢰하였다. Jennifer는 학급 및 많은 과외 활동에 참여하는 매우 사교적이고 줄곧 A학점을 받는 학생으로 알려져 있었다. 그러나 지난 2개월 동안 Jennifer의 교사는 행동의 변화를 눈치챘다. 그녀는 슬프고 위축되고 학급에서 참여가 줄었다. Sanders 씨는 Jennifer의 부모가 최근 이혼 서류를 접수했다고 학교상담사에게 알려 주었다. 또한 Sanders 씨는 Jennifer의 학업 수행이 상당히 저하된 것을 발견하였고, 이번 학기에 대부분의 수업에서 낙제를 할까 봐 걱정하고 있었다. Jennifer의 부모도 교사의 걱정을 공유하면서 Jennifer가 학교상담서비스를 받는 것에 동의하였다. Sanders 씨가 Jennifer에게 자신의 걱정을 말하자, Jennifer도 이러한 인생의 변화 동안 스스로를 돕기 위해 학교상담사를 만나는 데에 동의하였다.

초기 단계

상담의 초기 단계에서는 콜라주가 사용되었는데, 이 방법은 Jennifer가 언어화할 필요 없이 위협적이지 않은 방식으로 자신을 묘사하는 기회를 준다. 학교상담사는 Jennifer에게 자신을 표현하기 위해 탁자에 있는 재료들(예: 잡지, 마커, 색연필)을 사용하라고 말하면서 활동을 소개하였다. 이 활동은 세 번의 회기 동안 지속되었는데, Jennifer도 자신의 사진을 집에서 가져와서 콜라주에 넣도록 권유받았다. 콜라주를 만드는 동안 학교상담사는 Jennifer의 자기자각을 촉진시키고 치료적 관계를 발달시키기 위해 그녀의 언어화 및 비언어적 행동을 반영하는 아동중심놀이치료 기반 기술을 사용하였다. 가령, Jennifer가 부모의 사진을 두 개로 분리하여 찢었을 때, 학교상담사는 "네가 지금 그들을 어떻게 보는지 나타내기 위해 사진을 고쳤구나."라고 말하였다. Jennifer는 "네, 나는 이것에 대해 아무것도 할 수 없어요."라고 반응하였고, 학교상담사는 "너는 지금 무기력하게 느끼겠구나."라고 대답하였다.

이 활동을 완료하면서, 학교상담사는 Jennifer에게 창작물을 공유하도록 요청하여 첫 번째 수준의 탐색 과정 기술을 사용하였다. Jennifer는 콜라주가 어떻게 반으로 나뉘어 있는지 설명하면서, 각 부분은 그녀의 부모 한 명씩을 보여 주며 자신은 중간에 갇혀 있는 느낌이라고 하였다. Jennifer는 부모의 이혼에 대한 수치심과 자신의 인생을 망가뜨린 데 대한 분노감을 계속 표현하였다.

중기 단계

이 단계에서 학교상담사는 다음과 같이 촉구하면서 Jennifer에게 표현예술 매개체를 선택할 기회를 주었다. 학교상담사는 "Jennifer, 너 자신에 대해 나에게 더 말해 주기 위해 탁자(혹은 다른 지정된 영역) 위에 보이는 어떤 재료를 사용할지 네가 고를 수 있어."라고 말했다. 이때 Jennifer는 모래상자를 선택하였다. 모래상자를 사용할 때, 학생은 자신의 삶에 대한 지각과 느낌을 나타내기 위해 다양한 모형 피규어를 선택할 수 있다. Jennifer는 모래상자 중앙에 선을 만들면서 시작했는데, 이는 그녀가 완성했던 콜라주와 비슷하였다. 첫 번째로 완성한 모래상자에는 어머니, 아버지, 자신을 표상하는 공격적인 동물들이 포함되었다. 여기에는 또한 모래상자를 분리된 부분으로 나누기 위해 사용되는 물건들(예: 덤불, 담장, 자동차, 건물)이 있었다. Jennifer는 이후 세 번의 회기에서 모래상자를 계속 사용하였다.

Jennifer는 자신의 다양한 모래상자에서 무엇을 창조하였는지에 대해 원하는 만큼 논의할 수 있는 선택권을 가졌다. 학교상담사가 인정을 기반으로 하는 반응을 사용하면서, Jennifer는 자신의 최근 행동에 대해 더 많이 이야기하기 시작하였다. 이후에 이어진 모래상자에서 Jennifer의 초점은 이혼 자체로부터 이혼에 대한 최근의 행동적 · 정서적 반응을 표현하는 것으로 바뀌었다. Jennifer가 다양한 모래상자 창작을 작업할 때 다른 수준의 탐색 과정 기술이 사용되었다. 예를 들어, 첫 번째 모래상자에서 학교상담사가 Jennifer와 자신의 관찰을 공유할 때, 두 번째 수준의 탐색 과정 기술을 사용하여 "너는 모래상자에 많은 경계를 만들었구나. 서로 다른 모든 부분이 함께 합쳐지기는 어려워 보이네."라고 말하였다. 이후의 모래상자에서 학교상담사는 탐색 과정 기술의 더 높은 수준을 사용하여 "너의 모래상자는 이제 장벽이 더 적어져서 더 통합되었구나. 이러한 변화가 너의 느낌을 보여 주는지 궁금하다."라고 말하였다.

모래상자의 탐색을 통해 Jennifer는 자신이 친구에게 거리를 둔 이유에 대한 자기자각을 얻었다(예: 수치심 때문에). Jennifer는 또한 자신이 부모 사이의 일을 얼마나 '고치고' 싶어 하는지 깨달았다. 이러한 통찰을 통해 Jennifer는 자신의 초점을 다시 바꿀 수 있었다. 그녀는 부모의 이혼에 대한 것보다, 학교에서 자신이 어떻게 보이기를 원하는지 강조하는 모래상자를 만들기 시작하였다. 이러한 전환은 모래상자에서 장벽의 수가 감소하면서 분명해졌다. 이와 더불어 Jennifer는 공격적인 동물을 대신해서 자신의 가족 구성원을 나타내는 사람모형으로 바꿔 놓기 시작하였는데, 이는 분노감을 더 건강한 방법으로 다루는 그녀의 능력을 보여 주는 것이다.

학교상담사는 Jennifer의 행동과 성적을 다시 알아보기 위해 Sanders 씨와 상담하였다. Jennifer가 "이전의 자기 자신으로 돌아갔다."라는 긍정적인 피드백을 얻고 나서, 학교상담사는 Jennifer가 학교에서 이루어지는 이혼 가정 집단 상담에 참여할 것을 제안하면서 개별 상담의 종결을 준비하기 시작하였다.

후기 단계

Jennifer는 마지막 표현예술 활동으로 자신의 삶에 대한 이야기책을 만드는 데 동의하였다. 학교상담사는 이야기 만들기 활동을 소개하면서 Jennifer에게 "나는 네가 시작, 중간, 끝이 있는 이야기를 만들면 좋겠다."라고 간단한 지시를 주었다. 콜라주와 비슷하게, Jennifer는 이야기의 내용을 만들기 위해 잡지에서 잘라 낸 사진과 단어들, 가족 사진, 그리고 마커를 사용하였다.

이야기는 Jennifer의 현재 상황에 대한 기술로 시작하였고, 중간 부분은 부모의 이혼 동안에 또래에게 지지를 받았던 일에 초점을 두고 있었다. 이야기는 Jennifer의 미래 소망으로 끝났는데, 여기에는 그녀가 꿈꾸는 대학에 입학하기 위해 학점을 올릴 수 있게 일하는 것뿐만 아니라 부모와 각각 행복하게 지내는 것도 포함되었다. 그녀의 이야기에는 슬픔과 외로움의 주제도 나타났지만, 이러한 느낌은 이전 회기보다 더 다룰 수 있고 덜 지배적이었다. 이 시점에서 학교상담사는 "너는 대학에 가려는 너의 계획이 자랑스럽구나." 그리고 "너는 이야기를 마무리한 방식이 마음에 드는구나."라고 말하며 자기존중감 반응을 사용하였다. 이러한 반응은 상담을 통해 Jennifer의 자기확신과 진전된 느낌을 촉진하였다. 이후의 개별 상담에서 Jennifer는 지속적인 지지를 위해 이혼 가정 집단 상담에 참여하기로 결정하였다.

결론

놀이치료와 표현예술을 통해 아동과 청소년의 발달적 요구를 충족시키는 것은 최적의 기능과 행복을 촉진시키는 역할을 한다(Landreth, 2012). 충분한 서비스를 받지 못한 엄청나게 많은 수의 아동이 정신건강 문제를 경험하고 있으므로(Kataoka et al., 2002), 치료를 받지 못하면 발생할 수 있는 장기적인 해로운 효과를 개선하기 위해 학교에서 일하는 임상가들은 사전 대책을 강구해야 한다(Eisenberg et al., 2009). 학교에서 일하는 정신건강전문가는 학생의 성공을 촉진하기 위해 다양한 이해당사자들과 협력하는 고유한 기회를 갖는다. 발달적으로 적절한 놀이기반 재료를 사용하여, 문제를 겪고 있는 각 아동은 공감적이고 진실한 임상가와 무조건적인 긍정적 보상을 계속 의사소통하면서 치유하는 여정을 시작할 수 있다(Rogers, 1961). 놀이치료와 표현예술의 사용은 학령기 아동과 청소년을 위해 자신의 용어와 자신의 언어로 건강한 기능과 발달을 최적화하기 위한 강력한 방법이 될 수 있다.

제 4 장

위탁 가정 아동을 위한 트라우마 내러티브: 개인 및 집단 놀이치료

David A. Crenshaw, Kathleen S. Tillman

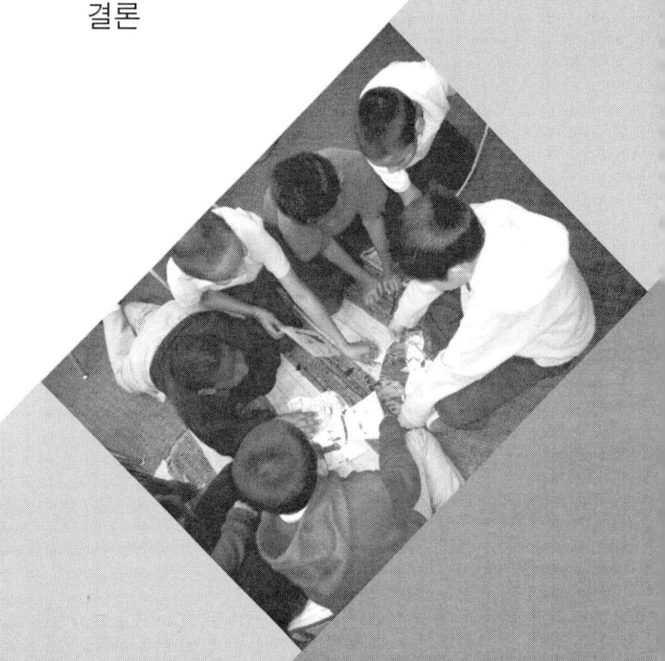

주양육자에게서 학대를 당하거나 방임된 아동들은 일반적으로 위탁 가정 시스템으로 보내진다(위탁 보호 아동들에 관한 Pew 위원회, 2003). 미국 아동보호서비스에서 조사된 사례 중 75% 이상의 아동들이 방임을 경험하였으며, 15% 이상의 아동들이 신체적으로 학대를 당하였으며, 10% 미만의 아동들이 성적으로 학대를 당하였다. 2011년 현재 미국의 위탁 가정 시스템에 있는 아동의 수는 약 400,500명으로, 미국 내 상당수의 아동이 이 시스템 내에 들어가 있다[Child welfare information gateway(아동복지정보원), 2011].

이 아동들은 양육자에 의해 외상 사건을 경험했을 뿐 아니라 가정에서 다른 곳으로 격리 보호되면서 빈번한 환경 변화를 경험하였기에, 추가 외상에 특별히 더 취약하다(Jones Harden, 2004; Leslie et mov al., 2005; Vig, Chinitz, & Schulman, 2005). 학대와 방임, 그리고 양육자로부터의 격리 보호가 축적되면서, 위탁 보호 아동의 정신건강에 부정적인 영향을 미치게 된다(Dozier, Albus, Fisher, & Sepulveda, 2002; Schneider & Phares, 2005). 예를 들어, 위탁 보호 아동의 80%가 적어도 한 가지 이상의 정신장애를 가지고 있다(Stahmer et al., 2005). 위탁 보호 아동은 두려움과 혼란을 경험하며, 특히 외상후 스트레스 장애(posttraumatic stress disorder: PTSD; Racusin, Maerlender, Sengupta, Isquith, & Straus, 2005) 발병에 취약한 상태에 있다. 이 시스템에 있는 상당수의 아동이 외상후 스트레스 장애를 경험하는데, 성적으로 학대받은 아동의 60%가 외상후 스트레스 장애로 진단받았으며, 신체적으로 학대받은 아동의 42%가 외상후 스트레스 장애로 진단받았고, 신체학대나 성적 학대를 경험한 적은 없지만 위탁 가정 시스템에 있는 아동의 18%가 외상후 스트레스 장애로 진단받았다(Dubner & Motta, 1999).

위탁 가정 아동들은 정신적 외상까지는 아니더라도 상당한 스트레스를 경험하면서 가정을 떠난다. 가정폭력이나 방임, 부모의 약물남용이 밝혀진 가정의 아동들은 아동보호서비스(child protective services: CPS)의 지침에 따라 신속하게 가정에서 격리되어 진다.

최근에 아동보호서비스에서 조사한 긴급 집단위탁보호(Group Emergency Foster Care: GEFC) 프로그램 배치 현황에 따르면, 가장 최근에 입소한 20명의 아동 모두 부모의 약물남용으로 인해 긴급하게 격리 보호된 것으로 밝혀졌다. [GEFC는 1847년에 설립된 비영리 보육기관인 CHP(Children's Home of Poughkeepsie)에서 운영하는 위탁 가정프로그램 중 하나이다.] 아동보호서비스가 긴급하게 아동을 격리 보호하는 또 다른 사유로는 부모 중 한 명이 감옥에 투옥되거나, 정신 질환으로 입원하거나, 만성질환이 있거나 사망하는 경우이다. 아동이 폭력에 노출되는 형태도 다양한데, 예를 들어 언어, 신체, 성적 폭력에 직접적으로 노출되기도 하고 그러한 상황을 증언하며 노출되기도 하며, 때때로 이 둘이 혼합되어 나타나기도 한다.

이 아동들은 지역사회기반 사회복지사, 정신건강치료사, 정신과 의사, 학교기반지원팀 등을 포함하는 다양한 서비스 제공자들을 만난다. 불행히도, 위탁 가정 아동들을 위해 일하는 단체들은 과중한 업무에 시달리고 있다. 이들은 서비스에 대한 일차적인 책임을 다하기 위해 노력하고 있지만, 과중한 업무량으로 인해 너무 바빠서 위탁 가정 시스템 아동들의 돌봄을 조정할 시간이 없거나 돌봄 조정을 자신들의 업무로 보지 못한다. 그래서 정신건강전문가와 학교 관계자들이 서로 소통하면서 아동의 강점 및 장애 유발 요인에 대해 아는 것이 매우 중요하다. 아동에 대한 정보가 더 많을수록, 이들을 위한 개입은 더 광범위해지고 통합될 수 있다. 팀을 이루어 정기적으로 자주 만나 아동의 여러 생활 영역에 대한 치료 목표를 세우는 것이 중요하다. 예를 들어, 지역사회 정신건강치료사는 아동의 장애 유발 요인을 파악하여 건강한 대처 능력을 키울 수 있도록 도울 수 있다. 만약 치료사가 이러한 부분을 사회복지사, 아동의 위탁가족, 학교 관계자들과 소통한다면, 아동은 새롭게 배운 기술을 다양한 환경에서 적용하면서 긍정적으로 강화받을 수 있고, 더 큰 성공을 촉진시킬 수 있을 것이다.

또한 위탁 가정시스템에서 아동과 상호작용하는 사람과 정신건강 제공자는 서로 관리감독 및 자문을 구하는 것이 매우 중요하다. 이렇게 팀을 이루어 협력하여 함께 일하는 것이 아동에게 도움이 될 뿐 아니라 서비스 제공자들에게도 도움이 된다. 서비스 제공자들이 아동이나 특정 상황으로 인해 스트레스를 받거나 압도되더라도, 그 상황에 대해 동료들과 이야기하면서 부정적인 생각에 빠지지 않고, 새로운 관점에서 바라보며 새로운 아이디어를 시도할 수 있다. 또한 팀원들과 함께 일할 때, 아동을 위해 침착하고 일관된 자세를 유지할 수 있으며, 동시에 서로를 지지할 수 있다. 이러한 모든 노력은 임상가의 자기보호 및 안정성을 증진시키고, 위탁가정 아동을 위한 최상의 보살핌을 촉진할 수 있다.

이론과 연구

치료사가 이 아동들을 가장 잘 지원할 수 있는 한 가지 방법은 아동에게 일어난 외상경험을 민감하고 조율된 형태의 내러티브로 만들어 처리할 수 있도록 돕는 것이다(Amir, Strafford, Freshman, & Foa, 1998; Cohen, Mannarino, Deblinger, 2012; Cohen, Mannrino,

Kleithermes, & Murray, 2012; Cohen, Mannarino & Murray, 2011; Gidron 외, 2002; Pennebaker & Susman, 1988; 이 책의 제22장에 있는 Badenoch와 Kestly의 저술 참조). 정신적 외상에 관한 내러티브는 근본적으로 아동이 경험한 외상 사건에 대한 이야기이다(예: 학대, 방임, 그리고/또는 가정에서 격리하기). 어떤 일이 일어났었는지에 대한 이러한 진술은 아동으로 하여금 생각과 감정을 표현할 수 있도록 하며, 정신적 외상으로 인해 생겼을지도 모를 아동의 해로운 생각을 치료사로 하여금 부드럽게 도전할 수 있도록 한다. 내러티브를 만드는 목적은 아동이 덜 해롭고, 보다 통합되고, 건강한 방식으로 경험담을 만들 수 있도록 도와주는 것이다(Cohen, Mannarino, & Deblinger, 2006). 외상 내러티브는 아동의 불안감을 줄이면서 학대와 관련된 공포를 감소시키는 데 도움을 주는 것으로 밝혀졌다(Deblinger, Mannarino, Cohen, Runyon, & Steer, 2011).

외상 내러티브는 아동이 자신의 이야기를 말이나, 글로, 또는 예술적 형태로 전달할 수 있도록 돕는다(National Child Traumatic Stress Network, 2007). "아동이 정신적으로 충격이었던 사건을 이야기할 수 있는 수준에 도달하는 것은 매우 어려운 과정이지만, 준비가 되어 말할 수 있게 된다면 그 사건으로 인한 고통스러운 감정을 극복할 수 있으며 그 사건이 자신의 생활에 미치는 영향을 해결할 수 있을 것이다"(p. 1). 아동이 정신적 외상 경험을 표현할 때, 임상가들은 아동이 좀 더 편안함을 느낄 수 있도록 돕기 위해 아동의 일차적 언어인 놀이를 사용하여 정신적 외상 내러티브를 만들 수 있도록 한다. 임상가들은 다양한 놀이기반 접근들, 예를 들어 모래놀이, 인형극, 미술 활동, 노래 만들기 및 책 만들기 등을 사용하여 아동이 개별 및 집단 놀이치료에서 내러티브를 만들 수 있도록 돕는다. 이때 치료사는 아동이 자신의 이야기를 만들 수 있도록 촉진해 주는 역할을 해야 하는 것을 잊지 말아야 하지만, 동시에 이것은 치료사의 이야기가 아니라 아동의 이야기라는 것 또한 명심해야 한다. 정신적 외상에 대한 내러티브는 치료사와 함께 공동으로 만드는 것이 아니라 전적으로 아동의 이야기이다. 치료사의 역할은 아동이 자신의 외상 경험을 말할 수 있도록 발달적으로 적절한 언어를 발견할 수 있도록 돕고, 자신의 생생한 체험을 표현하며 의미를 발견하고 응집력 있는 이야기로 만들 수 있도록 돕는 것이다.

스트레스로 가득 찬 가정환경으로 인해 격리 보호되어졌음에도 불구하고, 이들은 종종 가정으로부터 격리되어진 경험 자체를 정신적 외상으로 경험한다. 격리 조치된 지 몇 년이 지났음에도 아동들이 그 상황의 내러티브를 생생하게 기억하였다. 시간이 상당히 지난 시점에서 이루어진 고백임에도 불구하고, 이들의 내러티브는 생생함이 느껴지고 감정적으로 끌어들이는 마력이 있었다. 아동들은 이런 가슴 아픈 내러티브를 마음속 깊이 몇 년

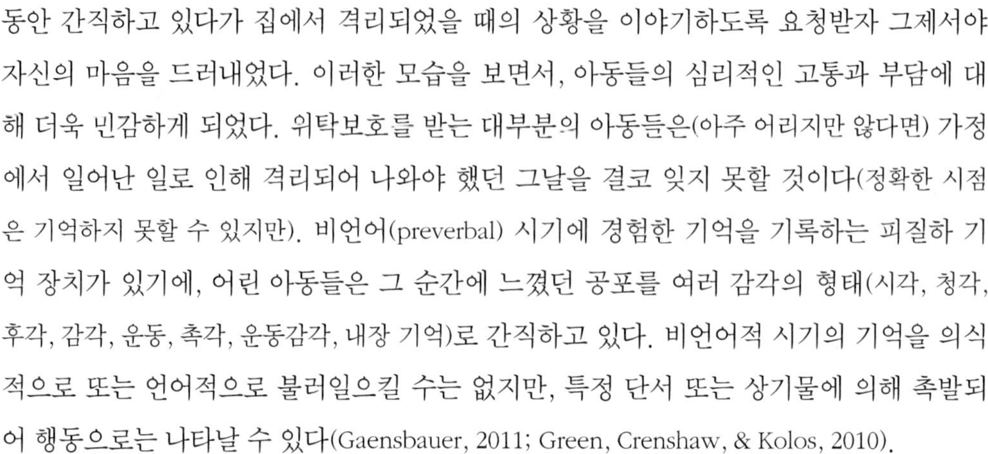

동안 간직하고 있다가 집에서 격리되었을 때의 상황을 이야기하도록 요청받자 그제서야 자신의 마음을 드러내었다. 이러한 모습을 보면서, 아동들의 심리적인 고통과 부담에 대해 더욱 민감하게 되었다. 위탁보호를 받는 대부분의 아동들은(아주 어리지만 않다면) 가정에서 일어난 일로 인해 격리되어 나와야 했던 그날을 결코 잊지 못할 것이다(정확한 시점은 기억하지 못할 수 있지만). 비언어(preverbal) 시기에 경험한 기억을 기록하는 피질하 기억 장치가 있기에, 어린 아동들은 그 순간에 느꼈던 공포를 여러 감각의 형태(시각, 청각, 후각, 감각, 운동, 촉각, 운동감각, 내장 기억)로 간직하고 있다. 비언어적 시기의 기억을 의식적으로 또는 언어적으로 불러일으킬 수는 없지만, 특정 단서 또는 상기물에 의해 촉발되어 행동으로는 나타날 수 있다(Gaensbauer, 2011; Green, Crenshaw, & Kolos, 2010).

위탁 보호 및 거주 치료에서 외상 내러티브의 촉진

보호격리 모델

원래의 기억은 두려움이나, 수치심, 혹은 양육자에 의해 그 중요성이 간과되면서 묻힐 수 있다. 이러한 사실을 알기에 CHP는 임상적으로 중요한 문제들을 다방면으로 다룬다. CHP의 모든 직원들은 Sandra Bloom(2000)에 의해 개발된 외상기반 치료 모델-보호 격리 모델(trauma-informed treatment model-sanctuary model)을 통해 광범위한 훈련을 받는다. 모든 직원(지원 직원 및 유지관리 직원 포함)이 훈련에 참가하기에 외상 과거력이 있는 아이들을 이해하고 소통하는 데 도움이 될 수 있는 기본 지식과 사고틀(framework), 언어를 공유한다.

훈련은 3일 동안 집중적으로 이루어지며 외상이 아이들에게 어떠한 영향을 미치는지에 초점을 두며, 이후 정기적으로 외상에 대한 추가 훈련을 한다.

개인 놀이치료: 발달에 민감한 접근법

놀이치료는 7세 이하 아동들에게 발달적으로 민감한 치료법으로, 2008년 이후로 CHP의 아동들에게도 제공되어 왔다(외상을 입은 아동들의 경우, 심지어 청소년의 경우에도 때때로 상징놀이에서 제공되는 안전감과 거리를 필요로 한다). CHP 아동들은 개인 놀이치료 접근을 필요로 한다. 많은 어린 아동은 언어적으로 자신의 외상을 이야기할 수 없지만 그것을 놀이하거나 그림이나 예술작품을 형태로 묘사할 수 있다. 2세 정도의 어린 아동도 모래놀이치료를 통해 외상 사건 장면을 만들 수 있다.

개인의 외상기억이 조직화되고 응집력이 생긴다면 외상후 스트레스 장애로 발병할 가능성이 낮아진다는 것이 경험 연구를 통해 밝혀졌다(Dorsey & Deblinger, 2012). 놀이치료는 외상 기억을 안전하게 작업할 수 있는 기회를 제공한다. 외상 기억은 뇌리에서 떠나지 않고 침입적으로 떠오르기에, 아동들은 이러한 기억들을 가지고 놀이치료실에 들어오기도 하고, 놀이치료실에서 놀이하면서 갑자기 이러한 외상 기억들이 떠오르기도 한다. 가정에서 최근에 격리 보호 조치된 학령전기 아동의 놀이 시나리오는 증거기반 외상 초점 인지행동치료(trauma-focused cognitive-behavioral therapy: TF-CBT) 모델의 핵심 요소들을 통합적으로 보여 준다(Cohen, Mannarino, & Deblinger, 2012). 이 아동은 가정에서 목격한 폭력적이고 무서운 장면을 놀이로 표현하면서 외상후 스트레스 장애의 전형적인 증상인 고통스러운 이미지와 생생한 기억을 안전하면서도 점진적으로 노출할 수 있었다. 아동은 놀이장면을 주도하면서, 기억에 접근하는 정도를 통제하는데, 이는 혼란스럽고 통제할 수 없는 삶을 살아온 아동들에게 매우 중요한 경험이다. 아동들은 그 사건을 놀이하면서 너무 불안해지면 놀이를 중단하거나 더 안전한 다른 것으로 빠르게 옮겨 간다. 이 과정에서 아동들은 자기조절하는 중요한 기술을 배운다. 복합 외상후 스트레스 장애를 지닌 거의 모든 아이들은 공통적으로 자신의 감정을 조절하는 능력이 부족하기 때문에 이 기술의 사용이 매우 중요하다.

집단 놀이치료 접근법

유아 놀이치료 집단

유아 놀이치료 집단은 GEFC 프로그램에 등록한 아동들을 위하여 2012년 여름부터 정기적으로 제공되어 왔다. 걸음마기와 학령전기 아동들(3~5세)은 언어 표현이 가능하지만 자신의 감정과 지각은 전적으로 놀이로 공유한다. 왜냐하면 이 연령대의 아동들에게 놀이는 더욱 자연스러운 표현 수단이기 때문이다. 놀이는 자연스러우면서도 불안감을 감소시키는 특성이 있기 때문에, 아동 세계의 위협적인 부분을 보다 안전하게 소통하는 수단이 된다.

CHP 프로그램를 실시하는 동안, 인턴들과 나는 매주 수요일 오전 10시 30분에 모여 GEFC 프로그램의 집단 놀이치료 회기를 계획한다. 우리는 각 아동의 공통된 놀이 주제를 논의하고, 아동이 자신의 외상 내러티브를 놀이와 예술작품으로 표현할 수 있도록 어떻게 도움을 줄 수 있을지에 대해 토론한다. 오전 11시가 되면 아동들이 도착한다. 프로그램을 시작할 때 우리는 아동들과 둥글게 모여 앉는다. 자유놀이가 시작되자 4세 아동인 Ben이 모래상자에 군인들과 탱크들을 놓았다. 전쟁이 시작되었지만, 지진이 나서 탱크와 군인들을 묻어 버렸다. 3세 아동인 Allen은 모래상자를 이어받아서 근육질의 남자 두 명이 서로 싸우는 놀이를 하였다. 그런 후에 그는 모래상자 중앙에 와인 병들을 놓았다. 이후 그는 모래상자를 떠나 극놀이 영역으로 갔다.

또 다른 아동인 Mike는 모래에 어떤 장면을 만들고 싶어 했다. 그는 레슬링 선수 두 명과 Elvis를 닮은 기타를 들고 있는 피겨를 골랐다. 그는 Elvis와 두 레슬링 선수가 서로 싸우는 장면을 연출했다. 그런데 그 싸움에서 레슬링 선수들이 졌을 뿐 아니라 심지어 죽기까지 했다. Mike는 그들을 모래에 묻었다. 그리고 Mike는 가족 집으로 이동했다. 그는 집 안에 있는 모든 것—사람들과 가구—을 꺼내고 가족이 이사 간다고 말하였다. 그는 "이사 간 집에는 장난감이 없다."라고 말하며 내러티브를 이어 갔다. Rita는 놀이감 장에서 상당히 많은 양의 피규어를 꺼내어 모래상자 안에 쏟아부어 무질서한 더미를 만들었다. 이는 지금까지 그녀가 경험했던 무질서한 삶을 반영하는 것 같았다. 각 아동은 자신만의 방식으로 자신의 이야기를 하였다. 아동들은 가장 신뢰할 수 있는 유일한 언어인 놀이를 통해 외상 내러티브를 만들면서 내면세계의 고통을 나누고 있었다.

우리는 2012년 여름부터 GEFC에서 유아 놀이치료 집단 모임을 매주 정기적으로 운영하고 있다. 집단 모임은 정기적으로 운영되었지만, 참여하는 유아들은 계속 바뀌었다. 이 프로그램은 거주 기간이 30일 이하로 제한되어 있는 유아들을 대상으로 하기에 단기간의 집중적인 중재 모델을 사용한다. 왜냐하면 많은 아동이 30일 이내에 위탁 가정으로 보내지기 때문이다. GEFC는 아동이 격리 보호되면서 일차적으로 보내지는 곳이기에, 이곳에 온 아동이 곧바로 함께 살던 이전 가족에게로 돌아가는 경우는 매우 드물다. 격리 보호된 가족이 친부모라도, 아동들이 집으로 돌아가는 데는 오랜 시간이 걸린다. 부모들은 먼저 여러 프로그램—치료, 양육 수업, 아동학대 예방 프로그램, 약물치료, 재활 등—을 성공적으로 이수해야 한다. 때에 따라서는 가족치료를 받아야 한다. 만약 아동이 안전하지 않거나 너무 파괴적이어서 위탁 가정에서조차 격리 보호되었다면, 그 아동은 가까운 시일 내에 그 가정으로 되돌아갈 가능성은 거의 없다. 이 집단의 어린 아동들(이 중 몇몇은 2세 미만의 아이들)은 모두 최근에 가정에서 갑자기 격리 보호된 배경을 공통으로 가지고 있다.

가정으로부터의 격리 보호는 어린 아동들에게 외상 경험이 될 수 있으며, 특히 이러한 격리가 예상치 못하고, 이해할 수 없을 때는 더욱 그러하다. CHP의 우리 임상팀은 3년 전에 나이 든 아동들에게서 격리 보호와 관련된 내러티브를 수집했다. 격리 보호된 이후 몇 년이 지났음에도 불구하고 그들의 이야기는 생생하고 감정적으로 끌어들이는 마력이 있었다. 우리는 가정에서 격리되어 위탁 보호를 받고 있는 아동들이 어떻게 이런 강력한 내러티브를 가지고 있는지, 그리고 이러한 내러티브를 이야기하도록 요청을 받은 적이 거의 없었다는 사실에 놀랐다. 매주 열리는 임상 세미나에서 이에 대해 토론을 한 적이 있다. Cohen과 Mannarino, Deblinger(2012)가 지적했듯이, 외상을 지속적으로 경험하는 복합 외상 아동들에게 **외상 내러티브(trauma narrative)**는 개별적인 외상 사건에 대한 이야기가 아니라 정말 **인생 내러티브(life narrative)**라는 개념이 적절한 듯 하였다. 위탁 보호를 받는 많은 아동, 특히 주거치료를 받는 아동들은 인생을 공포 이야기로 지속적으로 경험하며, 심지어 결코 끝나지 않는 악몽으로 경험한다. 이들의 인생 내러티브에서 중요한 부분 중 하나가 가정에서 격리 보호되는 정서적인 이야기이다. 다음은 5세 아동의 예이다. “엄마가 바닥에 누워 있었어요. 엄마가 죽었는지 살았는지 잘 모르겠어요. 이웃집 어른이 경찰을 불러 주었어요. 병원차가 엄마를 데려갔어요. 엄마가 아직도 거기에 있는지 잘 모르겠어요. 엄마가 죽었는지도 잘 모르겠어요. 나는 어떤 여자 분과 함께 흰색 차를 타고 여기(CHP)에 왔어요.” 위탁 돌봄을 받는 몇몇 아동은 스물두 곳이나 되는 가정에 배치되었고 격리 보호되었다. 이러한 극단적인 경우, 인생 내러티브라는 개념은 Cohen과 동료들에 의해 지적되었듯이 특별한 의미를 지닌다.

유아 놀이집단에 있는 아동들은 모래놀이를 하면서 작은 거북이가 엄마를 열심히 찾아다니는 장면을 만들기로 하고 손인형놀이를 하면서 엄마가 떠나는 장면을 만들기로 하였다. 엄마는 뉴욕시 안에 있지만 어느 누구도 확실히 아는 사람은 없다라고 말하였다. 가족인형집놀이를 하면서 집 안에서 가구가 날아다니고 사람들이 그 가구에 맞아서 쓰러지는 폭력적인 장면이 연출되기도 한다. 이 아동들은 인지적 왜곡을 흔하게 나타내기에, 우리는 이들이 연출하는 놀이 장면 중 일부에 직접적으로 중재하여 이들의 인지적 왜곡에 도전하는 대안적인 시나리오를 제시하기도 한다(Dorsey & Deblinger, 2012). 일례로 놀이치료사는 소방수 역할로 그 장면에 들어가서 “이 아동들은 안전하지 않아. 우리는 이 사람들을 위험으로부터 보호할 수 있는 곳으로 데려가야 해.”라고 공감적으로 말한 다음, 아동들을 '아이들을 위한 안전한 가정'으로 격리 보호하였다. 아동들이 안전한 가정에 도착하면, 소방수는 마음을 담아 다시 아동에게 "너희들은 아무것도 잘못한 것이 없어. 너희가 여기 온 것은 이곳이 너희들에게 안전한 곳이기 때문이야."라고 말한다.

한편, 공포에 떨며 당황해 하는 아동들을 위하여 공감하고 조율해 주며 다음과 같은 말을 해 주기도 한다. "가족에게서, 엄마(때로는 아빠도)에게서 떨어지는 것은 정말 힘든 일이야. 그렇지만 엄마 역시 도움을 필요로 해. 너희를 잘 키우고 안전하게 돌보기 위해서 엄마도 도움을 필요로 해."라고 말한다. "우리가 너희 가족이 아니고, 여기가 너의 집도 아니기에, 엄마와 너희 집을 보고 싶어 한다는 것을 알아. (너희) 엄마가 도움을 받아 술 마시는 것을 그만두고(약물을 그만두거나 폭력적으로 싸우는 것을 그만두고) 너희를 안전하게 잘 돌볼 수 있게 될 때까지 우리는 너희를 안전하게 돌보기 위해 최선을 다할 거야."라고 아동들에게 말한다. 이러한 인지적 작업은 증거기반 TF-CBT의 주요한 부분이다(Cohen, Mannarino, & Deblinger, 2012). 아동이 만든 놀이 시나리오와 함께 이러한 인지적 작업을 하는 것은 발달적으로 적절하고 민감한 방식으로 아동들과 치료적 소통을 가능하게 한다. 이러한 활동의 목표는 아동들이 응집력 있는 외상 내러티브를 만들고 외상에 대한 의미와 관점을 형성할 수 있도록 능력을 증진시키는 것이다.

'엄마와 나' 집단

2010년에 CHP는 YMP(Young Mothers' Program, 젊은 엄마들을 위한 프로그램)을 개설하였다. 젊은 고위험군 임산부들과 아기를 분만한 산모들은 자신과 아기를 분리하여 위탁 보호하는 것을 원하지 않는다고 강력하게 표현하였다. 그래서 젊은 엄마들에 의해 '엄마와 나'라고 명명된 집단 프로그램을 2012년 가을에 시작하였다. 이 집단은 편안하며 안전한 환경을 만들어, 엄마들이 아기와 놀이 상호작용을 하며, 유대감을 증진시키고 애착을 강화하는 것을 목표로 한다.

동료인 Stephanie Carnes(YMP 사회사업가)와 내가 공동으로 진행하는 '엄마와 나' 집단은 3단계의 과정을 거치며 발전하였다. CPS 개입으로 인해 아기들이 위탁 보호되었기에, 젊은 엄마들은 이 모임을 신뢰하지 않고 그곳의 집단리더가 자신들을 판단하거나 평가하기 위해 와 있다고 생각하며 두려움을 보였다. 이 시기가 불신과 걱정의 첫 단계로, 이 기간 동안 젊은 엄마들은 대부분 의자나 소파에 앉아 있었고, 그 일부만이 놀이실 담요에 아기를 내려놓고 집단 리더와 놀도록 하였다. 젊은 엄마들은 아기를 놀이 매트에 내려놓지 않을 뿐만 아니라, 자녀 및 다른 엄마들과 어울리는 것도 매우 망설였다. 두 번째 단계는 탐색의 시기로, 이 기간 동안 일부 엄마는 아기를 바닥에 내려놓고 참여하기 시작하였으며, 자녀 및 방에 있는 다른 아기들과 즐거운 상호작용을 시작하였다. 세 번째 단계는 적극적인 참여 시기로, 이 기간 동안 엄마들은 자녀 및 다른 아기들과 관계를 맺으며 놀이를 즐겼을 뿐만 아니라, 위탁 보호를 받고 있는 젊은 엄마라는 유대감을 느끼며 서로 걱정을 나누기 시작했다.

집단 토론에서 아동보호서비스에 의한 모니터링과 감시에 대한 염려를 주제로 자발적인 토론이 이루어졌다. 예를 들어, 젊은 엄마들은 자녀들이 자신에게서 격리되는 것에 대한 두려움과, 폭력적인 파트너로부터 현재뿐 아니라 미래에도 보호되길 원하는 것에 대한 이야기를 나누었다. 특히 후자는 현재 또는 과거에 친밀했던 파트너에 의한 폭력을 경험한 대다수의 젊은 엄마에게서 제기되는 문제였다. 세 번째 단계 초기에, 집단 외상 내러티브가 전개되기 시작했다. 물론 청소년 어머니들은 여전히 부정하거나 축소하려고 하였으며, 특히 그들이 학대적인 폭력 관계에 지속적으로 노출되어 있는 경우에는 더욱 그러하였다. 이는 공동 내러티브의 치료적 가치를 제한했다. 여기서 주목할 것은 그들이 집단을 시작할 때는 집단 리더 및 서로에 대한 심각한 불신을 가지고 있었지만 이제 이런 민감한 주제에 대해 논의할 수 있게 되었다는 것이다.

유명한 정신 분석가 Walter Bonime(1989)에 따르면 신뢰감이 크게 손상되었던 사람이 적극적으로 신뢰를 선언한다면 이는 획기적인 돌파구이자 치유의 중요한 단계가 된다. 세 번째 단계 동안 신뢰감은 더욱 커지면서, 집단 리더들은 애착과 유대 과정에 관한 심리교육을 프로그램에 통합할 수 있었다. 첫 번째 단계에서는 아기들과의 놀이 상호작용을 모델링하였고, 두 번째 단계에서는 자녀 및 다른 아기들과 놀이를 하도록 촉진하고 격려하였으며, 세 번째 단계에서는 신뢰감이 극적으로 증가되면서 자기노출과 나눔 작업을 촉진하였다.

형제놀이 집단

가정에서 격리 보호된 아동에게 형제 유대의 중요성을 잘 알기에, 우리는 형제 집단을 대상으로 한 놀이치료를 시행해 왔다. 형제놀이 집단은 형제간 유대를 강화할 뿐 아니라 형제 집단의 지지적인 환경에서 공유된 외상 내러티브를 만들 수 있도록 촉진하는 것을 목적으로 한다. 어떤 가정의 경우 전체 7명의 형제가 함께 치료를 받기도 하였다.

가족치료와 가족놀이치료

자녀가 가정으로 되돌아오기를 간절히 바라는 부모와 긴밀하게 작업하는 것이 얼마나 중요한지를 잘 알기에, 우리는 가족치료를 중요한 서비스의 한 부분으로 제안해 왔다. 7명 형제 사례의 경우, 아동과 어머니가 경험한 외상의 심각성 때문에 3년 6개월 동안 가족치료가 시행되었다. 유아가 있는 가정은 가족놀이치료의 형태로 작업이 이루어진다(Gil, 1994).

복합 외상 놀이치료의 임상적 고려점

비록 DSM-5에는 포함되지 않았지만 많은 임상가는 반복되는 아동기 학대 및 외상 사건으로 인한 영향을 강조하기 위해 '복합 외상'이라는 개념을 제안하였다(Courtois & Ford, 2009). 위탁 보호, 특히 거주시설에 있는 아동의 상당수가 복합 외상 기준에 해당한다. ACE(Adverse Childhood Experience; Filitti et al., 1998) 연구에 따르면, 다양한 역경에 노출된다는 것은 정신 건강뿐 아니라 신체 건강에도 좋지 않은 영향을 미칠 수 있다. 이 연구는 신체적 학대, 성적 학대, 방임, 약물남용, 부모의 정신과 질환, 별거나 이혼과 같은 아동기 역경 경험에 초점을 두었다. 이 연구에 따르면 아동기 역경 경험의 역치는 4개 이상이다. 4개 이상의 역경 사건에 노출된 아동들은 성인이 되었을 때 정신건강이나 신체건강(예: 수명이 평균 10년 이상 짧음)에서 유의미한 위험 수준에 있는 것으로 나타났다(Filitti et al., 1998). 최근에 CHP에 등록된 내담자를 대상으로 한 2010년 내부 보고(Crenshaw & Alstadt, 2011)에 따르면, 등록된 아동 및 청소년 87%가 7개의 위험 요인 중에서 4개 이상의 위험 요인에 노출되었으며, 몇몇 어린 아동은 7개 역경 모두에 노출되기도 하였다. 이러한 과거력을 지닌 아동들은 복합 외상으로 종종 괴로워한다. 왜냐하면 위험 요인의 비율이 증가할수록 아동 안의 대처 및 회복탄력성이 압도당하기 때문이다. 물론 예외는 있다. 인생 초기에 가혹한 환경에서 성장했음에도 불구하고 외상후 스트레스 장애 증상을 보이지 않는 아동들이 있다. 이러한 임상 집단의 회복탄력성은 주목할 만한다.

전략과 기법

복합 외상 및 진행형 외상을 위한 외상 초점 인지행동치료의 변형

위탁보호 아동들(Dorsey & Deblinger, 2012)—특히 주거치료 아동들(Cohen, Mannarino, Navarro), 복합 외상 아동들(Cohen, Mannarino, Kliethermes, et al., 2012), 진행형 외상 아동들(Cohen et al., 2011)—을 치료하기 위해서는 경험기반의 외상 초점 인지행동치료 프로토콜을 변형할 필요가 있다는 인식이 최근에 증가하고 있다. 프로토콜의 다양한 구성요소에 할애하는 시간율을 조정하고 치료 기간을 연장하는 방식으로 변형이 이루어진다. 예를 들어, 복합 외상 청소년들을 치료하려면 원래 모델(Cohen, ManClinicaNarino, Kliethermes, et al., 2012)에서 시행했던 것보다 대처기술 및 안전감 확립에 더 많은 시간을 할애해야 한다. 또한 복합 외상 청소년들에게는 외상 주제 및 자료에 점진적으로 노출시킬 것을 권장한다. 이를 위해 응고화와 종결 단계를 연장하여 외상으로 인한 슬픔을 해결하고 신뢰감을 적절히 일반화할 수 있도록 도울 것이 제안된다.

아동기 외상으로 인한 슬픔을 치료하기 위한 16회기 프로토콜을 처음 출판하던 날(Cohen & Mannarino, 2004), 나(Crenshaw)는 Judith Cohen과 했던 전화통화를 기억한다. 그들이 우리와 유사하게 아동기 외상을 위한 치료 연구를 진행하고 있음에 놀랐지만, 그들은 외상 내러티브를 위해 고작 두 회기만을 할애한 것을 듣고는 크게 실망하였다. 반복 외상을 경험한 아동들은 두 회기만으로는 결코 외상 내러티브 작업을 할 수 없다는 것을 Judith Cohen에게 말하였다. Cohen은 전적으로 동의하면서 임상적 판단을 대체할 만한 것은 없다고 강조했다. Lenore Terr(1991)가 제1종 외상이라고 부른 단일 사건 외상(single-event trauma)을 치료하는 것과 Terr가 제2종 외상이라고 부른 반복(혹은 복합) 외상을 치료하는 것은 디르다. 그 차이는 산불을 진화하기 위해 헬리콥터로 슬러리(물과 난연성 물질의 혼합물)를 뿌리는 것과 정원 호스를 사용하는 것 간의 차이와 유사하다. 제2종 외상, 혹은 복합 외상은 단일사건 외상을 위해 개발된 프로토콜보다 더 포괄적이고 복잡하며 심층적인 접근법을 필요로 한다.

진행형 외상 아동들을 대상으로 작업할 때, 임상가들은 안전을 강조하는 것이 가장 중요하다(Cohen et al., 2011). 현 상황에서 아동이 안전하지 않다면 그 어떤 치료도 효과에 대해서는 의문을 제기할 수밖에 없다. 이 경우 안전이 최우선순위가 되며, 가족, 학교 및 아동보호기관, 법원과 같이 광범위한 사회 및 지역 사회 네트워크와 소통하는 것이 필요하다(이 책의 제9장에 있는 Shelby와 Maltby의 저술 참조). 나는 외상 아동의 부모들이 자신들의 외상 경험을 직면하거나 해결하지 못할 때 종종 일어나는 일을 임상 경험을 통해 알게 되었다. 나는 위탁가정의 이러한 특징을 '부모 블라인더 증후군(parental blinders syndrome)'이라고 불렀다. 즉, 해결되지 못한 외상이 있는 부모는 지속되는 외상으로부터 자녀를 안전하게 보호할 수 없었다. 그들은 스스로 위험을 볼 수 없기 때문이다. 그들은 자녀들에게 닥친 위험이나 위협을 보지 못하였다. 왜냐하면 그들이 그 위험을 온전히 직면하게 되면 그들 자신의 해결되지 못한 상실이나 학대로 인한 외상 기억이 불러일으켜지기 때문이다.

한 청년이 칼을 들고 십대 딸의 목을 위협하는 상황에도 어머니는 방으로 들어가 버렸다. 폭력적인 배우자에게서 지속적으로 학대당하고 구타를 경험해 온 어머니는 딸의 남자 친구의 폭력적인 장면을 보고도 딸을 보호하는 어떠한 조치도 취하지 않았다. '부모 블라인더'로 인해 임박한 실제 위험을 인지하지 못하면서 어떻게 치료 과정을 생산적으로 진행할 수 있을까? 이런 상황에서 자신의 딸을 효과적으로 보호하기 위해서는 자신의 외상 작업이 선행되어야 한다. 그래야만 그녀는 딸에게 무슨 일이 일어났는지 정확히 파악할 수 있다.

진행형 외상 청소년을 위한 외상 내러티브와 치료를 진행할 때, Cohen과 동료들(2011)은 우선 부모들을 만나서 자녀들이 경험하고 있는 진행형 외상의 정도를 더 잘 인식할 수 있도록 돕는 작업을 먼저 할 것을 권면하였다. 또한 그들은 청소년들과 작업할 때는 진행형 외상과 관련된 부적응적인 인지를 수정하는 작업을 할 것을 권면하였다. 남자 친구에게서 잔인한 폭력을 당하던 사춘기 소녀는 어머니가 배우자에게서 폭력을 당하는 것을 반복적으로 목격해 왔다. 소녀는 이 폭력을 낭만적인 관계의 규범적인 행동으로 간주했다. 게다가 그녀는 어머니가 배우자를 화나게 하고, 그에게 사과하고, 궁극적으로 폭력적인 배우자 편을 들어 주며 자신이 한 행동에 대해 죄책감을 느끼는 것을 반복적으로 목격해 왔다. 그래서 소녀는 어머니처럼 그녀도 더 나은 대우를 받을 자격이 없다고 믿게 되었다. 이러한 부정적인 인지 신념을 시험하고, 도전하고, 논쟁하여, 궁극적으로 수정하는 것이 필요하다.

마지막으로 만성적 혹은 진행형 외상에 노출된 청소년들은 인지치료 작업에 참여하여 실제 위험 징후와 외상 잔여물에 의한 일반화된 경보 반응을 구별하는 법을 배울 필요가 있다. CHP에 있는 많은 아동은 폭력에 노출되어 급성 외상 상태로 입소했기에 밤에 잠을 이룰 수 없었다. 왜냐하면 그들은 밤이 되면 가정에서 이루어진 무서운 폭력 행위와 그전의 말다툼 소리가 떠올라 무서워지기 때문이다. 그들은 악몽의 무서운 이미지와 깨어 있는 상태에서 경험하는 실제 무서운 것을 구별하기 위한 도움을 필요로 했다. 큰소리가 나면 신체 폭력이 있을 것이라고 가정하지 않아도 된다는 것을 배우는 데 많은 도움을 필요로 한다. 만약 도움을 받지 않는다면 그들은 만성적으로 과잉각성된 상태로 남아 위험에 반응하는 방식으로 행동할 것이다.

위탁 보호 아동들, 특히 거주치료를 받는 아동들과 작업하다 보면 임상가들은 복합 외상을 지닌 아동들을 만나게 될 것이다. 외상 초점 인지행동치료가 복합 외상 및 진행형 외상 아동에 맞게 변형할 때, 각각의 외상 경험에 대한 외상 내러티브를 만드는 대신에 몇 가지 최악의 외상 경험에 집중하여 다루면서 외상을 총괄하는 주제를 찾아 외상 내러티브를 만들고 그 주제들을 해결할 것을 권장한다.

아동 관계자 참여의 중요성

외상 초점 인지행동치료의 가장 주목할 만한 특징 중 하나는 부모, 위탁 부모를 치료 과정에 따로 혹은 같이 참여시키는 것이다. 이들을 참여시키는 것이 가능하지 않다면, 주거치료 시설의 아동 보호자를 참여시킨다(Cohen, Mannarino, & Navarro, 2012; Dorsey & Deblinger, 2012). 부모나 보호자를 참여시키는 것이 가정 위탁과 거주 치료에서 특히 중요하다. 부모, 위탁 부모, 아동 보호자들은 가정 위탁 청소년들의 행동문제의 빈도와 심각성 때문에 종종 힘들어하며 좌절감을 느끼고 지치곤 한다. 치료 과정에서 동맹이 형성되면 중요한 양육 기술이 개발될 수밖에 없다. 이렇게 함으로써 아동들에게 중요한 지지를 제공해 줄 수 있으며 아동 자신이 나쁜 아동이며 걱정하는 문제에 대한 책임이 전적으로 아동에게만 있다는 비난을 상쇄시켜 줄 수 있다.

아동을 위한 관계지원시스템의 존재는 외상 초점 인지행동치료의 핵심 구성요소로 외상 내러티브를 만들 때도 중요하지만, 외상을 중점적으로 다루는 거의 모든 치료 접근에도 중요하다. 아동들은 이전에 공유할 수 없었던 사건들을 말로 표현하거나 놀이로 표현할 때 가족/양육자의 지원을 필요로 한다. 하지만 우리의 임상 경험에서 볼 때 한 가지 주의할 점이 있다. 그것은 청중이 준비되어, 기꺼이 경청할 것이라는 확신이 들지 않는다면, 아동들은 외상 내러티브를 치료사, 부모, 양부모, 아동 보호자와 공유하지 않을 것이라는 점이다.

창의적이고 독창적인 개입: CHP 반려견 프로그램

위탁 가정 배치에 지속적으로 실패하면, 아동은 결국 주거치료를 받게 된다. 이 시점에 이르면 아동은 지원시스템을 제공받지 못하며 방문장소를 제공하는 생물학적 가족이 더 이상 존재하지 않는다. 어떤 아동들은 아동 보호 담당자를 지속적으로 신뢰하지 못하여 아동 보호 담당자가 치료에 참여하는 것에 동의하지 않을 수 있다. 2010년에 CHP는 이 문제에 대한 혁신적인 해결책을 내기 시작했다. '인간의 가장 친한 친구'로 여겨지는 네 발 달린 동물을 이용하여 이 아동들을 위한 관계를 지원하였다. CHP 반려견 프로그램(CHP Facility Dog Program)은 서비스 훈련을 받은 개를 이용하였다. 왜냐하면 우리는 훈련이 잘된 반려견이 법정에서 증언해야 하는 아이들에게 서비스를 제공하기를 바랐기 때문이다. 지금은 사망한 골든리트리버 Rosie는 뉴욕 법원 역사상 처음으로 판사에게 승인을 받아 15세 소녀의 증인석에 동행했던 반려견이었다. 소녀는 그 자리에서 자신이 겪은 성적 학대에 대해 증언하였다.

그 이후로 우리는 법정에서 필요로 할 때마다 서비스 훈련을 받은 반려견을 계속 사용해 왔고, 또한 치료실에서도 정기적으로 이용하였다. 반려견들은 복합 외상 아동들의 외상 내러티브 과정을 촉진하는 데 상당히 중요한 역할을 했다. 애착이론의 관점에서 보면, 아동들이 인간 치료사들보다 평온하고 사랑스러운 반려견들과 더 빨리 유대를 맺는 것은 그리 놀랄 만한 일이 아니다. 왜냐하면 반복되는 외상으로 그들에게 상처를 준 것이 바로 사람이기 때문이다. 반려견은 상처를 주거나 판단하거나 자신의 비밀을 누설하지 않을 것이라는 것을 알기에 아동들은 반려견을 신뢰하였다. 또한 반려견과 함께 있을 때 아동들은 치료사에게 애착을 갖고 신뢰하는 법을 더 빨리 배웠다. 임상사례를 통해 살펴보면 다음과 같다.

내 임상사례 중에서 가장 만성적이고 심각한 학대 사례인 12세 소년 사례를 이야기하고자 한다. 그는 자신이 경험했던 가혹한 학대 경험을 놀이로 표현할 수 없었으며 말로도 표현할 수도 없었다. 그는 어둠과 절망을 표현하는 예술작품을 통해 그의 삶의 어두운 면에 접근할 수 있었을 뿐 실제 사건을 표현할 수는 없었다. 그는 거주 치료를 받았지만, 방화와 같이 폭력적이고 위험한 행동을 반복적으로 하여 6개월간 병원에서 입원치료를 받고 나서야 자신을 안정시키고 안전을 유지할 수 있었다. Roger(가명)는 우리의 서비스 반려견인 Ivy와 함께한 가족 놀이 치료 회기에서 마침내 자신의 외상 내러티브를 시작할 수 있었다. 그는 테이블 아래 바닥에 누워 옆에 있는 Ivy를 팔로 감싸고는 자신의 머리를 반려견 위에 대고 자신이 겪었던 사건에 대해 말하기 시작하였다. 그 이야기는 내가 들었던 그 어떤 것보다 잔인하고 가학적인 사건들이었다. Ivy와 함께 하는 동안 Roger는 공포로 가득한 학대 경험, 즉 몇 년 동안 반복되었던 학대 경험에 대해 말할 수 있었다. 만약 Roger가 Ivy 옆에 누워서 경험했던 편안함, 신뢰감, 안전감이 없었다면 이런 끔찍한 사건을 공유하는 일은 일어나지 않았을 것이라고 그와 그의 가족은 말하였다.

임상사례

나(Tillman)는 위탁 가정 보호를 받고 있는 남자 청소년인 Michael과 긴밀하게 작업을 하였다. 15세 되던 해에 Michael은 아버지가 어머니를 폭행한 혐의로 수감되었고 어머니는 약물남용으로 인해 더 이상 Michael을 돌볼 수 없어서 이모의 보호를 받게 되었다. 격리 보호되기 전, Michael은 가정폭력 사건을 자주 목격했고 아버지가 어머니를 학대하는 것을 막으려고 했다. 제지할 때마다, Michael은 학대의 대상이 되어 아버지에 의해 뼈가 부러지고 관절이 탈구되는 등 심각한 상해를 입었다.

Michael은 이전에 어떤 상담도 받은 적이 없었다. 대기실에 있는 Michael과 그의 이모를 맞이하러 갔을 때, 그의 큰 체구가 눈에 띄었다. Michael은 17세이고 키가 183cm나 되는 건장한 흑인 소년이었다. Michael은 '통제할 수 없는 분노'로 인해 이모에 의해 치료실에 오게 되었다. Michael은 화가 나면 기물을 파손하곤 하였다. 예를 들어, 주먹으로 집 벽을 쳐서 구멍을 내거나, 물건을 발로 차거나, 테이블을 부수고, 서랍에 있는 것들을 꺼내 던지는 행동을 하였다. Michael 이모는 자신의 안전 마저 염려된다고 하면서 그가 다른 곳에 배치되어야 하는지 궁금해 하고 있었다.

처음 몇 회기 동안 나는 Michael을 알기 위한 시간을 보냈다. 그는 조용하고 예의 바른 청년이었으며 치료실 내에서 어떠한 공격 신호도 보이지 않았다. 그는 자기조절과 자기연민 능력이 결여되어 있는 어린 나이에 가족 간의 불화가 극에 달한 장면을 목격하였기에 조절할 수 없는 공격성을 보였지만 나는 그러한 수준의 공격성을 관찰하지 못했다는 것을 알게 되었다. 나는 라포 형성을 위해 할 수 있는 모든 것을 했지만, 3회기가 끝난 후에도 Michael은 여전히 나의 질문에 한마디의 대답도 하지 않았으며 눈맞춤도 하지 않고, 무심한 것처럼 앉아있었다.

4회기에 Michael은 의자 바로 맞은편에 있는 인형집을 보고는 "이건 뭐 하는 건가요?"

라고 물었다. 나는 아이들이 때때로 말하기 어려울 때가 있는데 그때 인형집에 있는 사람과 가구를 이용해 무언가를 보여 준다고 말했다. Michael은 내 말에 대답하지 않고, 의자에서 내려와 바닥에 앉고는 인형집 앞으로 다가가 "다른 아이들이 선생님에게 보여 주는 것을 저도 보여 주겠습니다."라고 말하였다. 나는 "그래"라고 간단하게 대답했지만, 솔직히 그의 말에 솔깃하였다. 17세 소년이 바닥에 앉아서 인형집의 인형을 가지고 놀이를 하려 하였다. 그리고 그의 놀이가 시작되었다.

Michael은 어머니 인형, 아버지 인형, 그리고 아이 인형을 선택했다. 그리고 그는 아버지가 어머니를 계단에서 끌고 내려가고 어머니는 도움을 요청하며 소리 지르는 무서운 장면을 연출하였다. 소년은 계단 꼭대기에 서서 움직이지 못하고 지켜보고 있었다. 그러자 아버지는 바닥에 누워 있는 어머니를 여러 차례 발로 차며 어머니가 소리 지르는 것을 멈추게 하려 하였고 어머니는 그저 울기만 하였다. 그때 아버지가 집을 나갔고, Michael은 나를 쳐다보며, "소년은 알코올을 가지러 가요."라고 말하였다. 그런 다음 소년은 계단 아래로 천천히 내려가 어머니를 도왔다. 소년은 어머니를 소파에 눕히고 그녀에게 마실 것과 타이레놀을 주었다. 어머니는 괜찮다고 하며 그에게 혼자 있게 해 달라고 말했다. 그래서 소년은 자신의 방으로 들어갔다. 그는 구석에 숨어서 울었다. 그러고 나서 갑자기 Michael은 돌아서서 나를 쳐다보며 말했다. "다른 아이들이 선생님에게 보여 주는 것이 이런 거죠, 그렇죠?" 그때까지 나는 움직이지도 않았고, 언어적 반영이나 감정 반영도 하지 않았다. 나는 그를 놀라게 하는 것이 두려웠고, 그가 놀이를 하며 남의 시선을 의식하게 될까 봐 두려웠다. 나는 단지 그가 놀이하는 것을 지켜보기만 하였다. 나는 인형집에서 보여 준 그의 놀이에 여전히 충격을 받은 상태에서 가까스로 "그 집에 있던 아이는 정말 무서웠을 거야."라고만 하였다. Michael이 일어서서 의자에 앉으며 "네."라고 대답했다.

다음 회기에서도 Michael은 내가 무슨 말을 하기도 전에 바닥에 있는 인형집 앞에 앉았다. 그는 내게 아이들이 보여 주는 또 다른 것을 보여 주려 한다고 말하였다. 그는 부모님들이 싸우기 때문에 아이들이 선생님을 보러 오는지 물었다. 나는 아이들이 그런 일 때문에 내게 오며, 그런 사건에 대해 말하는 것은 어려운 일이라고 말했다. 이번에 그는 인물 피규어들에게 다가갔다. 이번에 나는 계획을 세웠다. 그가 놀이하는 동안 내가 쳐다보며 말을 해도 되는지 물어보았고, 그는 동의했다. 이번에도 그는 동일 인물 피규어 3개를 골랐다(어머니, 아버지, 아들). 그리고 곧바로 어머니와 아버지는 저녁 식사 준비가 되지 않은 문제로 말다툼을 하였다. 소년은 피자를 주문할 것을 제안했지만 그의 말은 무시되었다. 소년은 자기 방으로 들어갔다. 잠시 후 Michael은 무언가 크게 부딪히는 소리를 내었고,

소년은 계단을 뛰어 내려갔다. 나는 소년이 몹시 겁이 났으며 무슨 일이 일어났었는지 알 수 없었을 것이라고 반영해 주었다. 소년이 걸어 들어가 보니 엄마가 피를 흘리며 바닥에 쓰러져 있었다. 아버지는 소년 앞에서 프라이팬으로 어머니를 때리려고 하였다. 소년은 아버지에게 달려들어 아버지의 손에 있는 프라이팬을 잡으려고 했다. 두 사람의 몸싸움이 시작되었으나, 결국 소년이 바닥에 쓰러지고, 아버지는 그를 여러 번 발로 내리 찼다. 아버지는 밖으로 뛰쳐나갔고, 소년과 어머니는 바닥에 쓰러져 있었다. Michael은 엄마는 심하게 다쳤지만 이 아이는 괜찮았다고 설명했고, "심지어 울지도 않았다."라고 말했다. 나는 무섭고 겁이 났을 것이라고 감정을 반영해 주었고, Michael은 곧바로 "화나고 슬펐다."라고 말하였다.

몇 회기 이후에 Michael은 부모가 싸우는 자신의 놀이를 다른 아이들에게 보여 주고 싶다면서 녹화해도 되는지 물었다. 나는 그의 놀이를 녹화하는 것은 좋은 생각이지만 그가 비디오에 나오기 때문에 비밀보장의 문제로 인해 다른 아이들에게 보여 줄 수 없다고 말했다. 그는 이해한다고 말은 했지만, 나중에 자신의 놀이를 보고 싶다며 여전히 녹화를 희망하였다. 나는 카메라를 켰다. 그는 카메라를 똑바로 쳐다보며 이번에는 상황이 달라질 것 같다고 말했다. 이번에 그 소년은 119에 전화를 걸어 일어난 모든 일을 그들에게 말했다. 경찰이 왔고 그들은 엄마를 구급차로 데려갔다. 그러고 나서 그들은 소년의 이모에게 전화를 걸어 그를 데려가라고 했다. 나는 소년이 자신과 엄마 편에 서서 돕기 위해 최선을 다했고, 어쩌면 그는 두렵기는 했지만 자신의 행동으로 인해 더 자랑스러워할지도 모른다고 반영하였다. Michael은 미소를 지었다.

몇 회기 후에 그는 대인 간 폭력과 아버지에 맞서 싸우는 소년을 주제로 하는 놀이를 하였다. 그는 또한 소년이 뚜렷한 이유 없이 공격적인 행동을 보이는 주제의 놀이를 하였다. 회기가 끝날 때쯤 그는 의자에서 뒤돌아 앉으며, "내가 우리 아버지 같나요?"라고 물었다. 나는 무슨 의미인지 그에게 물었고 그는 아버지가 항상 자신과 어머니를 어떻게 겁을 주었는지를 말하며, 자신이 지금 이모와 이모부에게 겁을 준다고 말하였다. 그는 자신이 아버지와 같이 되기를 원치 않는다고 말하였다.

종결할 때쯤, Michael는 자신의 놀이를 이모에게 보여 주기 위해 녹화할 수 있는지 물었다. 나는 그가 분노발작을 보이지 않을까 약간 걱정되었지만, 녹화하는 것을 허락하였다. 이번 회기에서 그의 놀이는 전혀 달랐다. 두려움, 공포, 무력감에 사로잡혀 있는 것이 아니라 완전히 새로운 경험을 보여 주었다. Michael은 세 개의 인물 피겨를 골랐다(새로운 인물은 이모, 또 다른 새로운 인물은 이모부, 그리고 소년은 동일하였다). 이 장면에서 가족이 저녁을 먹기 위해 둘러앉았고 소년의 성적으로 인해 말다툼이 시작되었다. 물건을 던지거나 깨던 이전 회기와 달리, 소년은 테이블에 앉아 있었다. 그는 노력하고 있지만 잘 되지 않는다고 말했다. 이모는 그가 식탁에 앉아 있는 것에 감사했고 이모부는 그를 자랑스럽게 여긴다고 말했다. 그리고 그들은 그의 성적과 성적 향상법에 대해 이야기했다. 소년은 심지어 이모부가 숙제를 도와주는 것을 허락했다. 결국 이모는 그를 껴안으며 이마에 키스를 했다. Michael은 "끝났어요."라고 말하며 다시 의자 위로 올라가 앉으며 "이제 이모에게 보여 드려도 될까요?"라고 말했다. 나는 왜 이모에게 이 영상을 보여 드리고 싶은지 물었고, "이게 앞으로 되어질 일이니까요"라고 답했다. 그는 자신이 노력하고 있으며 더 건강해지기(비공격적)를 원하고 있으며 이모에게 이 사실을 분명하게 전하고 싶어 했다. 그래서 우리는 이모를 치료실로 들어오게 했다. 그녀는 짧은 동영상을 보고 울면서 조카를 껴안았다. 나는 Michael이 자랑스럽게 느끼며 사랑받고 있다고 느끼고 있음을 반영해 주었다. 그는 동의하며 미소를 지었다.

결론

놀이치료, 예술작품, 모래상자, 동물보조 놀이치료는 외상 사건이나 외상 관련 주제에 직면한 어린 아동이나 나이 든 아동들에게 자신이 안전하다고 느끼는 속도로 작업할 수 있는 기회를 제공한다. 어린 아동은 인지와 언어 자원이 부족하여 언어에 의존하는 치료법의 도움을 받기 어려울 뿐만 아니라, 외상 사건 자체가 언어적인 방법으로 접근하기 어려운 방식으로 뇌 속에 저장되어 있다. 위탁 가정 아동이 외상 내러티브를 만들거나, 복합외상이나 진행형 외상의 경우 주제 기반 외상 내러티브를 만드는 것은 특별히 어려운 일인데, 왜냐하면 이러한 아동은 외상에 노출되는 것 이외에도 상실 및 혼란 애착을 누적적으로 경험하기 때문이다. 이 장에서는 증거 기반 외상 초점 인지행동치료 프로토콜의 수정본을 사례 연구와 함께 논의하였다. 이 아동들과 작업하는 일은 낙담을 주기도 하지만 동시에 희망을 느끼게도 하며, 가슴 아프지만 동시에 가슴 따뜻하게 만들기도 하며, 좌절감을 주지만 동시에 기운을 북돋아 주기도 한다. 단 한 명의 아동이라도 역경을 뚫고 만족스러운 삶을 살아갈 수 있다면, 우리의 모든 것을 충분히 투자할 만하다.

제5장

노숙 아동을 위한 놀이치료

Debbie C.Sturm · Christopher Hill

신체적 및 심리적 도전

심리 평가 및 측정

임상적 접근

임상가를 위한 시사점

임상사례

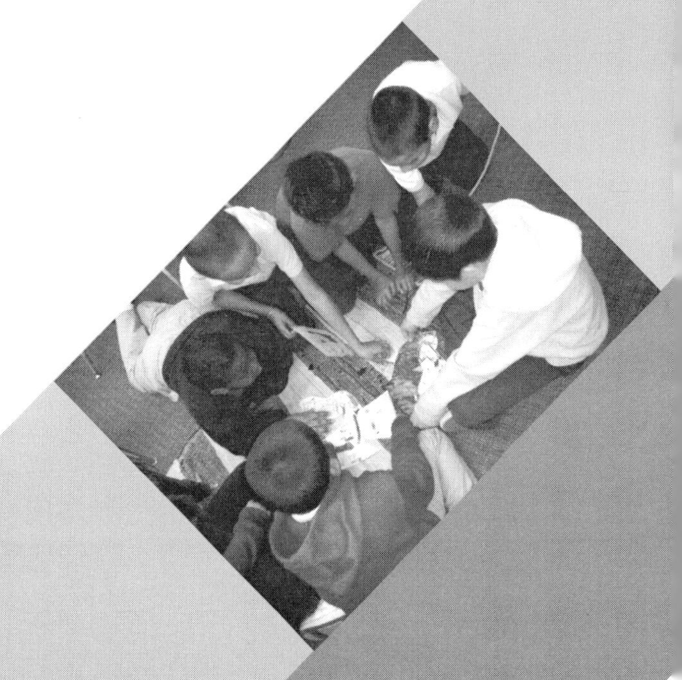

전미노숙인연합(National Coalition for the Homeless, 2009)에 따르면, 아동 35명 중 1명은 노숙을 경험하며 200만 명의 아동이 안정적인 또는 적절한 집이 없다고 한다. 노숙자의 형태는 매우 다양하다. 6세인 한 소녀는 두 달 전에 집에서 쫓겨나 친척집에서 부모와 남동생과 함께 살고 있다. 그녀는 부모가 일자리를 구하기 위해 노력하고, 인내심이 없어지는 친척의 압력을 감당하는 등의 스트레스를 경험하는 것을 지켜보았다. 9세인 한 소년은 어머니와 함께 부녀자를 위한 쉼터에 머무르는 동안, 아버지와 16세 형은 다른 쉼터에서 지낸다. 그리고 어머니가 우울증과 약물남용으로 고군분투하고 있는 4세 소녀도 있다.

오늘날 미국에서 노숙자가 된다는 것이 정확하게 어떤 의미일까? 비록 표준화된 정의는 아니지만, 미국 정부는 노숙자를 일정한 주소 없이 길거리 또는 쉼터에서 사는 사람이라고 여긴다. 덧붙여 노숙자는 경제적 어려움으로 고통받고 있으며 고정적인 거주지 없이 사는 사람으로 정의한다(Cackley, 2010). 다음은 고정적이고 적절한 야간 거주지가 부족한 노숙 아동 및 청소년에 대한 **「맥킨니-벤토 노숙자 지원법**(McKinney-Vento Homeless Assistance Act)」의 1987년 정의이다(2001).

- 집을 잃거나 경제적 어려움 또는 이와 비슷한 이유로 인해 다른 사람의 집에 거주하는 아동과 청소년
- 모텔, 호텔, 이동주택 주차장, 보호소, 또는 위탁 가정에 거주하는 아동
- 사람을 위한 고정적 숙박 시설로 설계되지 않았거나 정상적으로 사용되지 않는 공공의 또는 사적인 장소에서 야간에 거주하는 아동 및 청소년
- 자동차, 공원, 공공장소, 버려진 건물, 열악한 주거지, 버스 또는 기차역 또는 이와 유사한 시설에 거주하는 아동과 청소년
- 위에 나열된 것과 유사한 환경에서 살고 있어 노숙자라고 볼 수 있는 아동

이 범위를 더 확대해 보면, 미국 200만 노숙 아동의 일부분에 가출한 아동(현재의 상태가 알려져 있지 않고, 자진해서, 유기로 인해, 가족의 거부 또는 일부는 비자발적인 상황으로 인해 행방불명된 아동 집단)도 포함된다(Hammer, Finkelhor, & Sedlak, 2002; National Coalition for the Homeless, 2009).

노숙자에 이르는 길은 복잡하며 각 가족의 매우 다양하고 독특한 요인들이 존재한다. 실업, 불완전 고용, 주택문제, 약물남용, 부모의 정신건강 문제, 관계붕괴 등의 문제로 노

숙자가 되기도 하고(Tischler, Redemeyer, & Vostanis, 2007), 자발적인 선택으로 노숙자가 되기도 한다. 각 가족은 이러한 여러 요인과 독특한 가족사를 가지고 있다. 노숙경험은 자주 반복되기 때문에, 가족들은 잠재적으로 한 번 이상 노숙을 경험하게 된다(Thompson, Pollio, Eyrich, Bradbury, & North, 2004). 이러한 변수를 감안할 때, 노숙이 우리가 치료하고 있는 아동의 정신건강에 미치는 영향을 어떻게 이해할 수 있을까? Buckner(2012)는 지난 20년간 노숙 아동에 대한 저서에서 노숙 아동은 일반적으로 세 가지 유형의 위험요소에 노출되어 있다고 하였다. 세 가지 유형의 위험요소는 다음과 같다.

① 쉼터 또는 임시 보호소에서 경험하는 스트레스와 같은 노숙과 관련된 위험
② 지역사회의 폭력 노출과 안전/안정 문제와 같은 저소득층 또는 빈곤층 가정 아동이 경험하는 위험
③ 가족수입이나 생활환경에 관계없이 가족체계 문제와 같은 모든 아동이 직면하는 위험

노숙을 경험하는 아동 및 가족을 상담하는 임상가가 고려해야 할 중요한 점은 집단 내 특성이 매우 다양하다는 것이다(Cutuli, Wiik, Herbers, Gunnar, & Masten, 2010). 노숙 아동 집단이 공유하고 있는 공통점은 고정적인 집이 없다는 것이다. Buckner(2008)는 이러한 부분을 다음과 같이 설명하고 있다.

여러 가지 조사에 따르면, 노숙 가정은 특이하거나 정해져 있지 않다. 그들은 집에 살고 있는 저소득 가정부터 더 넓은 집단까지 포함된다. 왜냐하면 노숙은 빈곤층의 아동이 경험할 수 있는 많은 스트레스 요인들 중의 하나일 뿐이기 때문이다. 노숙 아동의 문제를 이해하기 위해서 빈곤의 넓은 맥락을 이해하는 것이 필요하다.

종합적 평가 및 과거력 평가는 아동, 가족 및 그들이 포함된 체계에 관련된 모든 단계에서 중요하다. 또한 Cutuli와 동료들(2010)은 노숙을 경험한 가정은 어려움 속에서도 강점과 보호요인이 존재할 것임을 지적하며, 위험과 적응유연성 체계 내에서 아동과 가족을 바라보는 것을 권고하였다.

신체적 및 심리적 도전

노숙 아동은 안정된 주거환경의 아동보다 건강이 좋지 않은 경우가 많다. 노숙 아동은

호흡기 질환, 천식, 만성기관지염, 복통, 식욕부진, 위장통증을 가질 가능성이 높으며, 정기적인 치과 검진 및 건강 검진과 같은 예방치료의 부족으로 인해 합병증을 비롯하여 만성적인 건강문제가 있을 가능성이 높다. 더구나 아이가 있는 노숙 가족은 적절한 치료, 보험, 의사, 병원, 다른 의료 서비스의 접근성이 낮기 때문에 치료 가능성은 훨씬 낮다. 기본적인 욕구가 충족되지 못하거나 충분한 치료가 제공되지 못해 합병증을 유발하거나 질병이 길어질 수 있다(Schwarz, Garrett, Hampsey, & Thompson, 2007).

더구나 식량불안정은 노숙 아동에게 문제가 된다. 미국 농무부는 식량불안정을 '충분한 영양 또는 안전한 음식의 제한이나 불확실한 이용가능성, 또는 사회적으로 인정되는 방법으로 적절한 음식을 얻는 것의 제한이나 불확실한 능력'이라고 정의한다(Coleman-Jensen, 2013). 비상식량 공급, 쓰레기더미 뒤지기, 도둑질 등 다른 기타 대처전략에 의지하지 않고 사회적으로 수용 가능한 방법으로 음식을 얻는 방법이 특히 노숙을 경험하는 아동에게 필요하다. 식량불안정은 이러한 아동들에게 영양실조 또는 기아로 이어질 수 있다. 유년기 비만율은 미국에서 문제가 되며, 특히 노숙 청소년에게 문제가 된다. 비만문제가 있는 노숙 청소년의 비율은 그들이 구할 수 있는 값싸고 영양가가 낮은 음식과 다시 식량난(기근)을 경험할지도 모른다는 실제적 두려움과 연결된다(Schwarz et al., 2007). 최적에 미치지 못하는 영양부족과 부족한 건강관리의 결합은 극심한 빈곤과 노숙을 경험하는 아동의 전반적 안녕과 발달에 복잡한 요인으로 작용한다. 전문가들은 노숙 아동 및 가족의 욕구를 평가할 때 항상 전체론적 · 발달적 및 과거력을 포괄하는 관점으로 살펴봐야 한다고 강조한다. 우리가 심리적 · 교육적 증상에 너무 집중한다면 기아, 고통, 탈수 및 기타 신체적 불편을 간과하기 쉽다. 우리도 이미 알다시피, 그것들은 모두 너무 밀접하게 얽혀 있다.

정신건강의 영향

예외가 분명히 존재하지만, 노숙자는 일반적으로 저소득 가정, 부모의 교육 또는 고용 문제, 지역사회 폭력에 대한 노출 및 열악한 주거 환경과 같은 잘 알려진 발달의 위험요소가 동반된다(Cutuli et al., 2010). 각각의 위험요소는 '아동학대, 부모 갈등, 가정폭력, 부모의 약물남용, 부모의 정신질환, 가족 불안정과 관련된 다른 위험요인'과 같은 부정적 생활사건(만성 또는 급성 외상)과 관련 있는 경향이 있다(Cutuli et al., 2010, p. 831). 아동을 대상으로 노숙의 정서적 및 심리적 영향에 관한 연구의 대부분은 극심한 빈곤 가정에서 자란 아동의 연구결과와 매우 유사해 보인다(Buckner, 2012; Schmitz, Wagner, & Menke, 2001;

Zeisemer, Marcoux, & Manvell, 1994). 유사점도 있지만, 놀이치료사는 빈곤 아동과 빈곤 노숙 아동의 차이를 명확히 하는 정보를 찾는 데 주의를 기울여야한다. Zeisemer와 동료들(1994)의 연구에 따르면 노숙 아동은 빈곤 상태에 있는 비노숙 아동보다 학업 기능의 어려움 및 문제행동의 위험은 더 낮았다. 그들의 결론은 가난한 아동과 가족이 경험하는 스트레스 요인들 중에 노숙이 반드시 더 큰 피해를 주는 것이 아니며 추가적인 생활사건으로 보아야 한다는 것이다.

주거환경이 불안정하거나 자주 바뀌는 삶에서 가장 중요하게 고려해야 할 점은 아동이 직접 경험하거나 부모의 스트레스를 통해 간접적으로 경험하는 스트레스의 강도와 지속기간이다. 연구자들은 노숙 아동의 높은 코르티솔(스트레스 호르몬 중 하나) 수준에 대해 연구하고 있다. 이 아동들에 대한 한 가지 흥미로운 발견은 경제적 어려움으로 인해 노숙을 경험하는 아동과 가족붕괴나 위협적인 사건과 같은 부정적 생활사건과 경제적 어려움을 함께 경험하는 노숙 아동 간에는 차이가 있다는 것이다. 부정적 생활사건을 겪은 아동의 코르티솔 수치는 일자리 상실이나 강제퇴거로 인한 일시적인 노숙과 같은 경제적인 고통을 받은 아동보다 유의미하게 높았다(Cutuli et al., 2010). 이것은 치료를 시작하기 전에 가족체계와 생활 전반의 스트레스 요인에 대한 충분한 평가가 중요하다는 것을 의미한다. 간단히 말해, 노숙이라는 경험은 노숙 아동집단의 공통된 경험이지만 노숙자가 되는 요인이 아마도 아동이 경험하는 심리적 및 정신건강 문제의 근원일 것이다.

추가적인 연구에서 임상가는 부모의 정신건강 상태도 고려해야 한다고 제안한다(연구의 대부분의 참가자는 어머니로 진행되었다). 어머니의 정신건강 상태, 투옥기록, 누적된 외상경험 및 아동의 외상노출은 아동의 정서적 및 정신건강 문제와 매우 강하게 관련되어 있었다(Bassuk et al., 1996; Gewirtz, DeGarmo, Plowman, August, & Realmuto, 2009; Harpaz-Rotem, Rosenheck, & Desai, 2006). 초기 연구(Tischler, Karim, Rustall, Gregory, & Vostanis, 2004; Vostanis, Cumella, Briscoe, & Oyebode, 1996)에서 어머니와 함께 쉼터에 들어간 아동의 가장 흔한 노숙 원인은 관계붕괴와 가정폭력이었다. 쉼터에 오기 전에 폭력이나 외상 생활사건에 노출된 아동은 우울과 불안의 수준이 높았다(Harpaz-Rotem et al., 2006).

아동의 심리적 안녕감과 부모의 정신건강 사이의 관계를 살펴보면, 지원 주택 및 임시 거주시설에 있는 어머니의 정신건강서비스 이용 비율이 높은 경향이 있었다(Park, Fertig, & Allison, 2011). 또한 관계붕괴와 가정폭력을 경험한 여성은 가족과 친구를 신뢰하는 데 어려움을 겪으며 지원체계가 일반적으로 부족하였다. 지원서비스를 제공하는 쉼터에서 어머니는 더 높은 유대감과 문제해결에 대한 효능감을 느낀다(Karim, Tischler, & Gregory, 2006).

노숙기간 동안 아동은 주양육자와 분리되는 경우가 많다는 것을 명심해야 한다. 폭력적이거나 위험한 관계, 약물중독이나 약물의존, 심각한 정신의학적 문제가 있는 여성은 아동보호전문기관의 조치로 인해 일시적으로 자녀를 돌볼 수 없다. 성별에 관계없이 부모는 자신의 문제를 치료하는 동안 자녀를 다른 가족이나 친지가 돌보는 것을 선택할 수 있다. 이 아동은 사적인 거주지에 있더라도 정부의 노숙자 정의에 해당된다. 혈연관계의 보살핌은 많은 가정에서 안정적인 선택이 될 수 있지만, 가족 간의 긴장 관계, 학대나 방임 같은 위험요소의 노출, 가족 구성원과 격리시키려는 친척들과 같이 분리의 어려움을 악화시키는 문제가 동반될 수 있다(Barrow & Lawinski, 2009). 이러한 문제들은 자녀의 정신건강 및 학업기능에 영향을 미칠 수 있는 추가적인 스트레스 요인이다.

그리고 임상가는 가족 내에서 발생할 수 있는 분리의 패턴을 고려해야 한다. 뉴욕 노숙자 쉼터에 있는 여성 중 25%는 미성년 자녀와 최소한 한 번 이상 분리되었으며(Cowal, Shinn, Weitzman, Stojanovic, & Labay, 2002), 쉼터에 들어가 있는 여성의 거의 3분의 1은 자녀 없이 들어온다(Dotson, 2011). 자녀와의 분리가 자발적 배치인지 비자발적 배치인지에 따라 그들의 경험은 달라진다. 자녀가 친척이나 친지와 함께 있는 자발적인 배치는 어머니에게 자녀의 안전과 안녕에 대한 더 많은 선택과 권한을 준다. 비자발적인 배치는 자녀의 안전 문제 때문에 몇 가지 제한을 둔다. Dotson(2011)에 따르면, 노숙기간 동안 어머니와 분리되는 아동이 될 가능성에 영향을 미치는 주요 요인에는 가정폭력, 약물남용 및 정신질환이 있다. 자녀와 함께 쉼터에 있었던 많은 여성은 가정폭력, 약물남용, 정신질환의 발생률이 낮았으며, 현재 상황에서의 문제에 대한 인식이 높고 대처기술도 뛰어났다. 이러한 연구결과들은 놀이치료사가 이러한 요소들의 역할, 이것이 가족의 분리 또는 함께함과 어떻게 관련이 있는지, 위험요인과 강점을 평가할 때 유의해야 함을 강조한다.

또한 쉼터로 가게 되는 가족은 가족 쉼터가 남자 성인 또는 남자 청소년은 받지 않는다는 것을 알게 된다. 형제가 분리되거나 남성 전용 쉼터에 있는 10대 청소년이 일을 하거나 입양을 가는 경우가 자주 발생한다. 노숙자 쉼터에서 가족 분리와 관련된 요인을 명확히 조사한 연구는 없었다. 그러나 임상가는 이러한 분리가 발생한다는 것을 알고 추가적인 분리와 모호한 상태가 아동에게 미치는 영향에 대해 관심을 가져야 한다(Barrow & Lawinski, 2009). 항상 "가족 중에 여기에 함께 있지 못한 사람이 있니?"라고 물어보아야 한다.

마지막으로, 노숙 아동에게만 특별히 심리적 · 교육적 기능에 영향을 미치는 요인으로 쉼터 또는 기타 임시거주 상황의 실제적 수준 및 상태이다(Buckner, 2008). 행동문제, 안전감(또는 안전감의 결여), 가족 상호작용 및 그 외 알려지지 않은 중요한 문제는 모두 쉼터나 주거환경에 영향을 받을 수 있다. 임상가는 아동의 심리적 안녕감에 영향을 미치는 요인을 적절히 평가하기 위해 쉼터 또는 조직의 문화를 이해하고 아동이 어떻게 인식하는지를 탐색해 보아야 한다.

실행기능

극도의 스트레스와 역경은 아동의 **실행기능**(executive functioning: EF)에 부정적인 영향을 미치며, 특히 자원이 적고 제한된 지원체계를 가진 가정의 아동에게는 더욱 그러하다. 아동이 세심하게 주의를 기울여야 하거나 세부 사항과 지시 사항을 기억하고, 하나의 과제에서 다른 과제로 옮겨 가고, 예상되는 반응을 전달하도록 요구되는 인지적 작업 수행이 느려지거나 손상될 수 있다(Masten et al., 2012).

헤드스타트 프로그램에서 학령전기 아동의 사회기술과 행동문제의 차이점을 비교한 연구를 보면, 6개월간 프로그램에 참여하여 사회기술을 배웠을 때 노숙 아동과 비노숙 아동 사이에 차이는 없었다(Koblinsky, Gordon, & Anderson, 2000). 이러한 결과는 이전 연구(DiBiase & Waddell, 1995)에서도 두 집단 간에 차이가 없다는 결과를 뒷받침하였다. 연구자들은 헤드스타트 프로그램에서 사회기술훈련을 실시한 아동과 일반적인 학령전기 아동이 차이는 있었지만, 이러한 차이는 노숙이 아닌 빈곤에 기인한 것으로 결론지었다. 그러나 행동문제를 연구하였을 때 중요한 차이가 나타났다. DiBiase와 Waddell(1995)의 연구결과와 유사하게, 연구자들은 노숙자가 경험하는 혼란스럽고 스트레스가 많은 상태가 높은 우울과 불안 행동뿐만 아니라 미성숙하고 고집스럽고 과잉행동을 하게 만든다는 것을 발견하였다.

연구자들은 학령전기 아동과 초등학생을 대상으로 노숙이 실행기능에 미치는 영향을 조사한 결과, 노숙을 유발하는 불리한 조건이 실행기능 기술의 예측변수이며 더 강력한 영향을 미칠 가능성이 훨씬 높다고 결론지었다(Masten et al., 2012). 또한 실행기능과 관련된 기술(예: 계획, 주의, 문제 해결, 언어 추론, 억제, 창의성)의 유연성은 학교 내에서 일관되고 시기적절하게 실시한 효과적인 개입으로 장기간의 실행기능 손상의 위험을 크게 감소시킬 수 있으며 보호요인을 강화시킬 수 있다.

마지막으로, 노숙하는 어머니나 노숙자가 될 위험에 처한 어머니가 돌보는 아동은 학교에 다닐 가능성이 적었으며 다니더라도 무단결석 및 지각의 발생률이 더 높았다(Harpaz-

Rotem et al., 2006). 이것은 「맥킨니-벤토 노숙자 지원법」을 준수함으로서 중재요인으로 이용가능하다. 이 법안은 노숙 아동을 보호하고 그들의 교육 환경에 일관적인 접근을 제공할 목적으로 일리노이 법령의 영향을 받아 노숙 아동의 정의를 확장하여 '고정적이고 적절한 야간거주지가 부족한 개인'으로 정의하였다. 정의를 확장하는 것 외에도 「맥킨니-벤토 노숙자 지원법」은 노숙 아동이 무료로 학교를 오갈 수 있는 교통수단을 제공해 주고, 가족이 거주하는 지역에 관계없이 아동의 출신학교(처음 노숙자가 되었을 때 그들이 다닌 학교)에 출석할 수 있게 한다. 이 법안은 예방접종 기록이나 거주증명과 같이 일반적으로 필요한 서류가 없더라도 노숙 아동이 학교를 등록할 수 있게 한다. 지역 학교 기관은 학교 직원이 이러한 권리를 알고 있는지 확인하고, 노숙 가족(쉼터와 학교에)에게 공고문을 제공하고, 학교와 교통서비스 이용이 용이하도록 지역 교육 연락관을 임명해야 한다. 노숙이 학업수행에 미치는 영향과 관련하여 이 법안이 의미하는 것은 학교기관은 위험에 처한 아동을 더 잘 확인할 수 있는 체계를 갖추어야 한다는 것이다. 조기발견 및 개입은 불안정한 삶의 상황이 학업성과와 인지발달에 미치는 부정적인 영향을 완화시키는 데 핵심적인 역할을 한다.

심리 평가 및 측정

이 장에서 제안하는 것처럼, 임상가는 전체론적, 내담자 중심적, 발달적이고, 과거력과 가족 환경을 포괄적으로 평가하는 것이 중요하다. 이상적으로 다중영역적 평가는 개인에게 필요한 적절한 서비스를 진단하고 확인하기 위해 접수면접으로 시작한다. 심리사회적 평가는 정신건강상태, 의학적 문제, 교육수준, 가족배경, 범죄기록, 과거 약물남용, 영적 또는 문화적 관심을 포함하여 다양한 영역으로 구성되어 있다. 각 영역에 대한 검토를 통해 개인을 전체적인 방식으로 평가가 가능해지고, 평가자는 즉각적인 피드백, 상담, 또는 필요한 서비스 연결을 제공할 수 있게 된다. 또한 평가는 임상 과정을 독점하는 임상 전문용어에서 벗어나 내담자의 목소리를 들을 수 있게 한다. 최고의 실제적 적용은 내담자의 강점, 대처기술, 또는 생존 방법이 포함된 것이다. 삶의 부정적인 측면은 재검토되고, 변화 가능성에 대한 긍정적이고 치유적인 측면에서 기술되며, 개인을 나무라거나 비난하는 데 사용되지 않는다(Johnson, 2010; McQuaid et al., 2012).

초기의 심리사회적 초점은 내담자의 요구를 평가하고 내담자의 변화과정을 모니터링하는 데 도움이 되며, 서비스를 받는 아동 및 가족의 요구를 더 큰 체계에 알리는 데에도 도움이 된다(Johnson, 2010). 놀이치료사는 아동행동평가체계(BASC-2) 및 벡 청소년 척도(Beck Youth Inventories for Children and Adolescents)와 같이 아동의 행동과 감정을 평가하기 위한 광범위한 평가척도를 사용할 수 있다. 이러한 도구는 외상, 행동 문제 그리고/또는 DSM-5 증상을 경험한 아동에게 적합한 도구로 알려져 있다.

임상적 접근

우리는 노숙 아동이 경험한다고 알려진 잠재적 문제를 고려하여, 놀이치료를 포함한 치료를 선택하여야 한다. Baggerly와 Jenkins(2009)는 학대, 방임, 가족붕괴, 약물남용, 가정폭력 및 빈곤과 관련된 급성 및 만성 외상의 영향을 받은 노숙 아동은 신경발달과 애착의 어려움을 겪는다고 주장한다. 우리는 이 아동이 조부모, 교사, 친구, 친척, 때로는 형제자매와 같은 중요한 관계에서 모호한 붕괴와 상실을 경험한다는 것을 알고 있다(National Coalition for the Homeless, 2007). 치료적 관계는 외상, 상실, 불안정성과 같은 독특한 경험을 한 아동을 이해하는 훌륭한 수단이 될 수 있으며, 새롭고 수정된 애착을 형성하고 치유하는 데 도움을 주기도 한다. 우리는 지금까지 설명한 집단을 위한 놀이치료의 몇 가지 접근법을 소개하고자 한다.

아동중심놀이치료

지난 10년간 여러 연구에서는 노숙을 경험하고 있는 학령기 아동에게 **아동중심놀이치료**(CCPT)의 사용을 지지한다(Baggerly, 2003, 2004; Baggerly & Borkowski, 2004). 구체적으로 아동중심놀이치료는 다음과 같이 정의된다.

> 최적의 성장과 발달을 위해 아동의 자연스런 의사전달 매체인 놀이를 이용해 아동이 자신(감정, 생각, 경험, 행동)을 탐색하고 충분히 표현하도록 안전한 관계의 발달을 촉진시키고 선택된 놀이매체를 제공하는 훈련된 놀이치료사와 아동 사이의 역동적 대인관계(Landreth, 2002, p.16)이다.

아동중심놀이의 핵심적인 가치체계는 아동이 자신의 경험에 대한 전문가일 뿐만 아니라 스스로 치료하는 안내자로 여긴다는 것이다. 치료사의 지시가 아닌, 아동의 방식으로 놀이가 안내되고, 만들어지고, 표현되는 것을 허용함으로써 아동중심놀이치료사들은 아동의 가장 진실한 표현과 치유가 가능하다는 믿음과 신뢰를 보여 준다. 이러한 요소들은 다양한 방식으로 노숙 아동이 직면한 여러 문제의 중심이 된다.

노숙 아동에게 아동중심놀이치료 개입을 실시한 연구에서 Baggerly와 Jenkins(2009)는 이 접근법이 아동의 발달적 부분과 진단적 프로파일에 영향을 미치는지를 확인하고자 하였다. 연구결과에 따르면 아동중심놀이치료를 받은 아동은 교실에서 자기통제가 증가하였으며, 통제를 내면화하고 감정적으로 안정감을 느끼고 제한에 더 긍정적으로 반응하며 다른 사람들에게 건설적으로 반응하는 능력이 전반적으로 상승하였다. 전체적으로 아동중심놀이치료에 참여한 아동은 교실 행동문제에 대한 보고가 줄었고, 애착의 회피 또는 거부도 감소하였고, 자신과 타인에 대한 부정성이 감소되며, 자아감이 더욱 발달하거나 안정감이 증가하는 긍정적인 변화가 나타났다. 표본크기가 제한적이고 권장되는 32회기가 아니라 14회기였다는 제한점을 가지고 있지만, 이 연구는 노숙 아동에게 아동중심놀이치료를 사용하는 임상가를 지지하고 있으며 학교환경에서 진행하는 것은 교실에서도 긍정적인 영향을 미칠 수 있음을 나타낸다.

형제놀이치료

고정적인 거주지가 없는 가족이 직면한 어려움을 고려해 볼 때, **형제놀이치료**는 중요한 도구로 지지될 수 있는 몇 가지 요인이 있다. 첫째, 아동은 연령 때문에 또는 임시 주거환경의 한계로 형제자매와 분리되었을 수 있고, 다른 생물학적 부모가 있을 가능성이 있다. 놀이치료 환경의 맥락에서 아동들이 함께 할 수 있는 기회를 주는 것은 그들의 관계를 탐색하고, 변화와 분리 사이에서 형제간의 유대 관계를 유지할 수 있는 안전한 장소를 제공한다. 함께 거주하는 아동들의 경우에 임상가는 협력적인 맥락을 만드는 것이 가능한데, 이것은 경제적 불안정성, 그들이 가족과 경험한 공유된 갈등과 그들의 관계에 대한 주제의 놀이하기, 감정을 언어화하기, 자기통제에 대해 서로에게 영향을 주는 것을 포함한다(Hunter, 1993). 그리고 형제간의 관계를 강화시킴으로써 부모는 가족의 갈등이 줄어들고 협조가 높아짐에 따라 더 적은 스트레스를 경험할 수 있다. Hunter(1993)는 "형제자매가 서로를 보살피고 수용하도록 강화하는 것은 고립을 해소하고 파괴적인 세대 간 순환을 중단시키는 데 도움이 된다."(p. 69)라고 주장하였다. 학교 환경, 병원, 또는 임시 주거 환경에 관계없이 형제놀이치료를 할 수 있는 기회는 가족 전체의 힘과 적응유연성에 기여한다.

필리얼치료

쉼터에 거주하는 가족의 전형적인 체류 기간은 정해져 있지 않으며, 상황, 이용가능한 자원, 특정 조직의 한계나 형편, 노숙에 영향을 주는 요소에 크게 좌우된다. 이와 관계없이, 쉼터에서 보낸 시간은 가족이 새로운 체계에 적응하고, 공유 공간을 탐색하고, 새로운 규칙과 관계 역동에 적응하도록 요구한다. 이러한 적응은 식사, 놀이와 여가시간과 같은 중요한 가족 일상에 영향을 미친다(Ray, 2006). 따라서 식사시간, 가족시간 또는 여가시간/놀이시간 동안의 전통적인 부모-자녀 역할은 기대에 미치지 못할 수 있다. 또한 부모-자녀 역동은 다른 부모, 자녀, 그리고 거주 시설의 전문가의 역할에 따라 복잡해질 수 있다.

노숙으로 이끄는 스트레스 사건과 새로운 임시생활 장소의 적응은 부모-자녀 관계에 큰 피해를 줄 수 있다. Wachs(1987), Vibbert와 Bornstein(1989)과 Ray(2006)의 연구에서 아동의 사회정서발달, 놀이 및 언어사용의 가장 강력한 예측변수로 어머니의 사회정서적 행동의 중요성을 강조하였다. 또한 아동은 중요한 어른과 함께 예측가능하고 신뢰로우며 지지적인 일상생활이나 활동을 통해 유능감이 증진된다(Ray, 2006; Rovee-Colier & Gulya, 2000). 상담가와 다른 종사자들은 부모가 자녀와 보다 효과적으로 연결되기 위해 시간과 공간이 필요하다고 주장할 수 있다. 이러한 개입은 자기 자신을 좋은 부모로 바라보는 것에 어려움을 느끼고 있는 부모의 유능감을 촉진시킨다. 치료사는 쉼터 생활공간 내에서 정서적인 상호작용과 일상생활과는 별도로 사회정서적 놀이시간을 수행할 물리적 공간과 도움이 되는 도구를 제공하는 것이 필요하다. 간단히 말해서, 필리얼치료는 예방과 치료목적으로 사용되며, 문제 상황에서 아동에게 안정감과 구조화를 제공하고, 의욕을 상실한 부모를 격려한다.

쉼터 환경에서 어머니와 유아 사이의 사회정서적 개입을 조사한 Ray(2006)의 연구에서 부모와 자녀를 위해 일관되고, 긍정적이며, 확고한 사회정서적 경험의 제공이 중요하다고 강조하였다. 놀이치료 용어로 이러한 점을 분명하게 하기 위해, 이 연구들은 필리얼치료의 사용을 강력하게 지지한다. **필리얼치료**는 아동중심놀이치료에서 부모-자녀로 파생되었으며 '효과적으로 자녀의 행동을 관리하는 기술을 습득하면서 자녀와 긍정적인 관계를 촉진시키기' 위해서 주양육자와 임상가가 함께 협력한다(Kolos, Green, & Crenshaw, 2009, p. 366). 이러한 향상은 주로 특정한 기술의 훈련을 통해서가 아니라 조율되고 강화된 관계를 통해 일어난다. Kolos와 동료들(2009)은 그들의 광범위한 문헌 검토를 통해서 비록 노숙 가정에서 필리얼치료라는 주제는 문헌에 대부분 빠져 있지만, 필리얼치료는 높은 스트레스 수준을 가지고 있는 소수민족 가정과 한부모 가정의 가족에게 큰 효과를 보였다는 것을 강조하였다. 우리가 이미 논한 바와 같이, 이러한 특징들은 노숙을 경험한 가족과 유사하다.

다시 말해, 강력한 부모-자녀 관계는 '노숙의 순환을 영속시키는 부정적이며 장기간의 결과로부터의 보호'(Kolos et al., 2009, p. 367)를 제공하고 부모가 스트레스를 받을 때도 자녀에게 온정과 안정성을 제공하는 능력을 촉진시킨다. 부모와 자녀 사이에 긍정적인 유대감이 증가하면 부모의 스트레스가 줄어들고 보다 효과적인 양육이 가능해진다. 결과적으로 효과적인 양육은 아동의 문제행동 감소, 고위험 환경에서 위험을 완화시키는 능력, 학업 및 사회기술과 성공의 증가와 관련이 있다(Kolos et al., 2009).

학교기반 상담

학교는 변화와 불확실성으로 가득 차 있을 수 있는 시기에 안정성, 일상 및 예측가능성의 공간을 만드는 독특한 기회를 제공한다(Moore & McArthur, 2011; Nabors & Weist, 2002). 전국의 많은 아동들이 결석, 지각, 학업수행의 어려움, 노숙과 관련된 사회적 어려움을 경험하지만, 「맥킨니-벤토 노숙자 지원법」은 사회적으로나 학문적으로 고통받고 전학을 가는 아동의 빈도와 필요성을 최소화시켰다. 학교상담사와 사회복지사는 아동이 학교체계 내에서 중요한 성인, 또래 및 자신의 형제자매와의 관계를 강화할 수 있는 훌륭한 기회를 제공한다. Moore와 McArthur(2011)는 학교 내에서 놀이 친구, 놀이파트너 또는 놀이집단을 활용할 것을 제안하였다.

- 안정적이고 긍정적인 관계 역할모델이 될 수 있고 문제해결 및 정서조절을 위한 공간을 만들 수 있는 아동과 1명 이상의 친구가 포함된 구조화된 놀이치료 또는 아동중심놀이치료 회기
- 주양육자와 학교환경이 공유된 연결을 발달시키도록 돕기 위해 같은 학교에 다니는

형제자매와 함께하는 구조화된 놀이치료 또는 아동중심놀이치료 회기

- 관계구축, 문제해결, 친밀감을 촉진하기 위한 구조화된 또는 반구조화된 놀이집단의 기회

이러한 또래 및 집단 놀이치료 시간은 같은 학교에 다니면서도 거주 혼란을 겪고 있는 학생에게 도움이 되며, 학교를 바꿔야 하는 학생에게도 도움이 된다. 학교기반 전문가들은 ① 자신의 집을 잃어버리거나, 이전 학교를 잃거나, 대가족이나 형제자매와 분리된 것에 대한 슬픔, ② 가정폭력, 경제적 스트레스 요인, 부모의 약물남용 또는 부모의 정신건강 문제와 같은 노숙의 원인요인을 다룰 수 있도록 도와주는 구조화된 및 비구조화된 놀이를 아동에게 제공할 수 있다. 특히 이러한 문제 중 일부를 성공적으로 다룬 또래들은 처음 경험한 아동에게 경험을 정상화시키고 의도하지 않은 '안내자' 역할을 할 수 있다. 한 사례 연구에서 Baggerly와 Borkowski(2004)는 한 명의 놀이친구와 집단 놀이치료를 하던 노숙 초등학생이 교실환경에서 점차적으로 협동놀이가 증가하고, 관심추구 행동이 줄어들고, 놀이친구와의 협동이 증가하였으며, 보다 사회적으로 적합한 관심추구 행동이 증가하게 되었다. 또한 아동은 낮은 의존적 행동과 높은 신뢰수준을 나타냈다. 이것은 단지 하나의 사례연구였지만, 노숙 아동을 위한 집단놀이치료의 의미는 흥미롭다. 일관성, 안정성 및 또래/성인 지지자를 제공하는 공간을 만드는 것은 가족이 생활환경의 변화에 적응하는 동안 아동이 새로운 학교에 적응할 수 있게 하였다. 언제나 그렇듯이 상담가나 다른 전문가들은 부모에게 연락을 취하여 이 과정에 부모를 포함시킬 수 있으며, 이것은 아동에게 도움이 된다. 부모-교사-상담가 협력은 항상 학교환경에서 이러한 아동을 돕는 가장 효과적인 수단이 될 것이다.

임상가를 위한 시사점

이 분야의 전문가를 위한 가장 중요한 전제 조건은 이러한 집단과 관련된 편견과 개인적 신념을 점검할 수 있는 자기성찰이다. 부모가 선택해서 또는 그들의 어려움으로 인해 아동을 노숙시설 또는 임시시설에서 지내게 하는 부모에 대해 임상가는 자주 좌절, 분노, 실망감을 느낀다. 그러한 신념은 임상가가 수행하기 위해 선택한 치료의 유형과 임상가가 부모와 추구하는 개입의 수준에 쉽게 그리고 꽤 미묘하게 영향을 미칠 수 있다.

또한 임상가가 노숙자를 '문제'로 간주하는 것이 쉬울 수 있다. 하지만 쉼터 또는 임시 거주지에서 보내는 기간 동안은 안전감 및 안정감을 느낄 수 있다. 대인폭력, 약물남용, 지역사회 폭력, 극심한 빈곤에 시달린 가족의 경우, 쉼터에서 보낸 시간은 처음으로 안전함을 느낄 수 있는 시간일지도 모른다. 그리고 현재 상황에 원인이 되는 요소들이 실제로 치료에 가장 중요할 수 있다. Ziesemer와 동료들(1994)이 제안한 것처럼, 노숙 아동 및 가족을 치료하는 임상가는 노숙이라는 단기적인 경험에 초점을 맞추어야 할 필요가 있지만 개인, 가족 및 체계 수준에 빈곤과 불안정성의 영향에 대해서도 고려해야 한다. 또한 Masten과 동료들(2012)은 부정적인 생활사건과 빈번한 이사를 경험하는 경제적으로 불우한 아동처럼 노숙 아동도 실행기능과 같은 학업관련 문제가 있을 수 있음을 강조하였다. 점점 더 많은 연구결과가 현재의 노숙 상태를 넘어서 아동과 가족의 경험에 대한 포괄적인 평가의 중요성을 계속해서 강조하고 있다.

우리는 상담가나 정신건강전문가의 노숙 아동이나 가족에 대한 견해를 조사한 연구를 찾을 수는 없었다. 그러나 Kim(2013)은 예비교사의 인식을 검토하면서 생각할 거리를 찾아내었다. 예비교사 대부분은 이러한 아동들이 비행을 저지르거나, 집중할 수 없고, 초라한 행색을 하며, 발달이 지연될 수 있다는 부정적인 시각을 가지고 있었다. 그들은 또한 쉼터 직원과 어떻게 상호작용하는지에 대한 걱정과 부모가 교사에 의해 평가받는다고 느끼게 될지 모른다는 두려움을 표명하였다. 그러나 현장경험의 맥락에서 쉼터에서 보낸 시간은 교사의 신념과 두려움에 상당한 변화를 가져왔다. 정신건강전문가가 이러한 변화를 갖게 한 방법은 쉼터를 방문하고, 직원과 이야기하고, 노숙 가정에 관한 이야기를 들으며, 광범위한 집단 내 차이에 대해 연구하면서 자신이 가진 편견을 내려놓는 것이다. 다시 말하지만, 가장 효과적인 방법은 노출과 자기성찰이다.

본질적으로 임상가는 노숙 경험 가정에 대한 자신의 가설을 명확하게 조사하여 내담자가 겪고 있는 경험을 완전히 이해하는 것을 방해하는 가설들을 제거해야 한다. 그렇게 함으로써 임상가는 가족의 강점을 찾아낼 수 있고 그들의 관계역동이 이 시점에 그들이 생존하는 데 도움이 되었는지 이해할 수 있다. 가장 중요한 것은 연구에서 제시한 바와 같이, 아동의 정신건강에 영향을 미치는 중요한 요소는 부모의 정신건강이다(Dotson, 2011; Gewirtz et al., 2009). 아동의 요구에 주목할 뿐만 아니라 동시에 부모의 심리적 안녕감에도 주의를 기울여야 할 필요가 있다. 부모를 포함시키고 그들의 강점을 촉진시키는 것은 궁극적으로 아동에게 도움이 될 것이다.

마지막으로, 빈곤 아동과 노숙 아동 사이의 유사점을 강조하는 거의 모든 연구에서 예방조치와 옹호의 중요성을 강조하였다. 미래에 노숙 위험이 큰 지역사회의 사람들에 대해 배우는 것은 임상가로서 그리고 사회정의 옹호가로서 중요하다. 그리고 노숙자가 되는 부모의 요인에 대해 아는 것은 위험에 처한 부모를 돕기 위해서도 중요하다. 특히 아동중심 놀이치료에서 파생된, 형제놀이치료, 부모-자녀 상호작용 또는 필리얼치료를 통해 위험한 환경에 있는 집단의 조기개입은 가족을 강화할 수 있으며 경제적 불안정과 주거 불안정을 다루는 중요한 보호요소를 구축할 수 있다.

임상사례

7세 Kenny의 초등학교 선생님은 Kenny가 수업시간에 주의집중, 적절한 과제완성, 일반적인 흥미에 변화가 생긴 것을 알게 되었다. 또한 Kenny는 기침이 심해지고 학년 초보다 지각이나 결석을 더 자주 하였다. 선생님은 Kenny의 어머니에게 확인한 결과, 가족이 최근에 쉼터로 들어가게 되었다는 것을 알게 되었다. Kenny의 어머니인 Mychelle은 노숙이 학대로 인해 시작되었다고 보고하였다. Mychelle은 26세이고, 결혼 상태이며, 자녀 3명의 어머니이다. 세 아이 중 맏이인 Kenny는 자주 신체적 학대를 목격했으며 싸우는 소리를 들으며 잠이 들었다. 6년 후, 학대는 너무 심해졌다. 그녀는 아이들의 안전이 걱정되어 가정폭력 쉼터로 달아나게 되었고, 이후에 친구의 작은 지하실로 옮겼다. 하지만 Mychelle과 친구 사이에 갈등이 심화되어 또다시 이사를 가게 되었다.

이번에 Mychelle과 가족들은 임시 가족쉼터에서 지내게 되었다. 도착하자마자 Kenny는 쉴 새 없이 기침을 했지만 건강보험이 없어 치료를 받지 못했다. 쉼터의 착한 사마리아인(곤경에 처한 사람에게 위로와 도움을 주는 사람)은 이 가족에게 무료 의료서비스를 연결했으며 Kenny는 천식으로 진단받았다. 이 가족이 가지고 있는 어려움을 안 의사는 Mychelle이 폭력적인 결혼생활로 인한 외상을 가지고 있으며 Mychelle과 Kenny가 우울과 불안을 보인다고 하였다. Mychelle은 Kenny의 선생님과 이 문제에 관해 이야기를 나누었으며 선생님은 Mychelle과 Kenny가 상담가를 만날 것을 제안하였다.

Kenny와 Mychelle이 초기면접을 하는 동안, 놀이치료사는 노숙경험이 Kenny의 육체적·정서적 건강에 큰 타격을 입혔다는 것을 알게 되었다. 천식 발병은 지하실과 지금의 쉼터 환경으로 인해 앓게 된 것이었다. 기침과 호흡곤란이 심해져 아동은 놀고, 말하고, 편안하게 잠잘 수 없었다. Mychelle은 노숙생활, 재정상태 및 어린 자녀들에 대한 걱정으로 Kenny의 건강을 원하는 수준까지 해결하는 데 필요한 서비스를 이용하는 것이 어려웠다. 또한 그녀는 자녀들을 망치고 있다고 생각했다.

수년간의 가정폭력의 영향은 Kenny에게 지속적인 영향을 미쳤다. 그는 쉼터에서 불안정함을 느꼈으며, 복잡한 건물에서 발생하는 일상적인 소음에도 종종 잠에서 깼고, 다른 부모와 쉼터 직원들을 신뢰하지 못했다. 그는 지금의 담임선생님과 한 학교에 다니고 있다는 것에 유일한 안정감을 느꼈다. 그는 선생님을 사랑했으나 그녀가 자신에 대해 실망하고 더 이상 그를 좋아하지 않을 것이라고 걱정하였다.

또한 심리사회적 면접에서 놀이치료사는 Kenny에게 벡 청소년 척도(The Beck Youth Inventory)를 실시하였다. 그 결과 우울과 불안의 점수가 높았다. 놀이치료사는 걱정이 되어 Mychelle에게 아동이 매주 놀이치료를 받을 것을 권하였다. 놀이치료를 받으러 가는 교통편은 복잡했고, 쉼터에서는 저녁 시간대에 식사시간 및 가족 활동과 같은 의무적인 스케줄이 많았다. 또한 Mychelle은 적응에 어려움을 겪는 다른 두 자녀를 위해 함께 많은 활동을 해야 한다고 설명했다.

놀이치료사는 그들을 도와줄 필요성을 느꼈고 이 가족이 직면한 다양한 문제를 이해할 수 있었다. 놀이치료사는 다른 대안이 있는지 살펴보기 위해 자신의 동료들과 쉼터 책임자와 상의하였다.

놀이치료사가 다른 동료들과 상의한 결과, 중요한 것은 노숙을 경험하는 가족이 어디에 있든 그들을 만나야 할 필요가 있다는 것이다. 시간, 교통, 금전, 안정적인 일정 및 일관된 생활환경에 대한 장벽이 너무 커서 상담가는 상황을 더 복잡하게 만들고 싶지 않았다. 또한 그들은 자녀들의 안전감과 안정감뿐만 아니라 부모와 자녀 사이의 강한 유대 관계를 촉진시키는 것의 중요성을 잘 알고 있었다. 그들은 필리얼치료와 형제놀이치료의 기회와 지지집단을 개발하기 위해 쉼터의 책임자에게 의논하였다.

가능한 한 언제든지 놀이치료사는 지역사회의 파트너와 협력할 기회를 포착해야 한다. 놀이치료사와 동료들이 생각했던 것처럼 서로 다른 관점의 결합은 아동과 가족을 위해 최고의 방법에 대한 많은 아이디어를 생각해 낼 수 있다.

그들은 다음의 질문들에 대한 답을 찾기 위해 노력하였다.

- 쉼터에서 머물 수 있는 기간은 얼마입니까?
- 쉼터에 남는 조건이 있습니까?
- 나이 때문에 아동이나 가족 구성원이 거기에 머물 수 없습니까?

- 규칙, 가사 및 기타 의무 사항은 어떻게 나누어집니까?
- 가족은 어느 정도의 사생활과 자율성을 가지고 있습니까?
- 성인과 아동이 조용한 가족시간, 식사준비, 같이 식사하기, 상담 또는 다른 지원서비스를 위해 이용가능한 시설이 있습니까?
- 고용, 대중교통, 일반적인 안전감 및 안정감, 이사와 관련된 문제는 어느 정도 해결됩니까?

결과적으로 Kenny와 Mychelle은 진심 어린 공유와 선생님의 사려 깊은 의뢰 덕분에, 놀이치료사와 동료들은 작은 예비 프로그램을 개발하기 위해 쉼터 직원과 회의를 시작하였다. 여기에는 부모와 아동이 함께하는 부모자녀놀이와 아동을 위한 구조화된 놀이가 포함되었다. 또한 정신건강 문제와 외상을 경험한 어머니의 요구를 충족시키기 위해 특별히 집단환경에서 일할 수 있는 치료사가 함께하였다. 집단 프로그램에는 양육기술, 대처기술, 마음챙김 연습 및 지지적 돌봄이 포함되었다. 끊임없이 변화하는 집단, 문제의 복잡성 및 다양한 가족역동, 여러 체계를 병합해야 하는 어려움은 현실적인 문제로 남아 있다. 그들의 장기목표는 현재의 파트너십을 유지하고, Mychelle의 경제사정에 맞는 Kenny의 초등학교와 무료 진료소의 의사 등의 추가적인 단체를 포함하는 것이다. 이 장에서 언급했듯이, 노숙경험을 가진 아동 및 가족과 함께하는 것은 복잡하고 힘든 일이다. 이것은 임상가에게 전체론적이고 대인전문적으로 각 가족의 복잡하고 독특한 이야기를 겸손하게 바라보고 함께 작업할 것을 요구한다.

제6장

이혼 가정 아동을 위한 놀이치료

Sueann Kenney-Noziska, Liana Lowenstein

이혼은 가족들에게 도미노 효과를 일으키는 혼란스러운 경험이며 정서적 고통과 변화를 동반한다. 이혼에 대한 새로운 관점은 이혼을 하나의 사건이라기보다 많은 가족 변화를 포함하는 과정으로 본다(Amato, 2010). 가족 구성원은 비통함, 슬픔, 상실, 분노를 포함한 다양한 정서와 문제들을 다루고, 새로운 관계를 수립하며, 가족체계 내에서 새로운 역할을 배우고, 새로운 의사소통 방식을 확립해야 한다. 이혼 과정에서 아동이 치료를 받는 것은 흔한 일이며, 놀이치료는 아동에게 발달적으로 가장 적합한 방식이다. 놀이는 아동을 치료에 참여하도록 하고, 안전하고 치료적인 환경을 조성하고, 치료사와 아동 간의 의사소통을 촉진하고, 아동과 가족의 치료 요구를 평가하며, 치료 목표를 확인하는 것을 돕는다.

이 장에서는 이혼 및 별거가정 아동을 위한 처방적 놀이치료에 대해 살펴보고자 한다. **처방적 놀이치료**의 이론적 모델은 아동이 호소하는 증상이나 문제에 효과적이라고 연구나 문헌에서 지지된 개입방법이나 놀이치료 접근 방법에 기반한 맞춤형 치료계획을 한다. 처방적 접근은 특히 이혼 가정 아동에게 효과적인데, 이혼의 영향이 아동별로 다양하기 때문이다.

이 장에서 설명하는 놀이치료 개입은 이혼 가정 아동에게 가장 일반적으로 사용하는 치료 방법이다. 일부 가정에서는 정신이상, 배우자 폭력, 아동 성학대 혐의와 같은 특수한 문제들도 다루어져야 할 필요가 있으며, 독자는 이러한 복잡한 문제를 치료하기 위해 추가적인 자원을 확보하는 것이 필요하다.

임상적 고려

종합적이고 지속적인 평가는 놀이치료사의 효과적인 치료계획 및 개입에 도움이 된다. 이러한 접근은 개별 요구에 대한 종합적인 평가를 바탕으로 하기 때문에 처방적 놀이치료를 사용할 때 특히 중요하다(Gil & Shaw, 2009). 이혼 가정의 많은 아동과 청소년은 불안, 우울, 낮은 자아존중감을 나타내기 때문에(Amato, 2001), 표준화된 평가 도구와 설문지를 사용함으로써 다양한 증상에 대한 이해를 촉진할 수 있다. 하지만 행복감척도는 이혼 가정 아동에게 나타나는 미묘한 문제를 간과하거나 최소화할 수 있다. 왜냐하면 이혼 가정의 아동은 어른의 책임을 떠맡게 되고, 외로움을 느끼고, 가족 행사나 휴일을 스트레스로 경험하고, 어머니와 아버지의 가정 사이에서 갈등을 겪는 등 다양한 고통을 경험하기 때문이다(Amato, 2010). 이러한 요인들은 일반적으로 표준화된 측정도구에 나타나지 않기 때문에, **부모 이혼에 대한 아동 인식 척도**(Perceptions of Children Towards Parental Divorce Scale; Kurdek & Berg, 1987) 또는 **이혼 적응 척도**(Divorce Adjustment Inventory-Revised: DAI-R; Portes, Smith, & Brown, 2000)와 같은 이혼관련 설문지가 더 적절할 수 있다.

이혼가족을 치료할 때는 평가와 치료 과정에서 여러 가지를 고려해야 하고 다른 전문가들과의 협력이 필요하다. 임상적 개입 외에도 부모의 협조나 조정과 같은 추가적인 지원이 있다면, 이혼 사례에서 놀이치료는 더욱 효과적일 것이다. 부모 갈등은 일반적으로 아동과 가족 체계의 주된 스트레스 요인이기 때문에 이혼한 부모 간의 갈등을 완화하는 것은 전반적인 스트레스 감소를 가져온다. 부모 간 갈등과 소송을 감소시킴으로써 부모 협조 또는 공동 양육이 가능해지고, 부모는 양육계획을 발전, 실행, 준수하는 것과 아동의 발달 및 심리적 요구와 일치하는 시기적절한 결정을 내리고 갈등의 수준을 낮출 수 있다.

양육권 권고도 중요하며 치료에 중대한 영향을 미칠 수 있다. 이러한 권고 사항은 매우 다양하며, 일반적으로 법원 명령이나 이혼 판결에서 명확하게 정의된다. 부모가 법적으로 이혼한 경우, 법적 관점에서 가장 좋은 방법(모범적인 관행)은 치료사가 치료를 시작하기 전에 최근의 이혼 판결 사본과 모든 수정본을 확인하는 것이다(Bernstein & Hartsell, 2004). 만약 치료사가 이러한 문서의 일부가 의심스럽거나 명확하지 않다면, 변호사에게 법원 명령에 대한 해석을 부탁해야 한다(Remley & Herlihy, 2010).

현재 양육권 추세는 위험하거나 안전하지 않은 상황이 아니라면 좀 더 평등한 양육권-분배 협의를 강조하고 있다. 왜냐하면 대부분의 아동은 양쪽 부모 모두와 긍정적인 관계를 유지하고 정기적으로 관계를 가지는 것이 도움이 되기 때문이다. 이러한 유형의 양육계획은 이혼 중에 어려움을 겪을 수 있다는 점을 감안할 때, 자발적인 분쟁 해결 과정인 협력적 방법은 가족에게 유익할 수 있다. 협력적 방법은 판사, 치안 판사 또는 법원 관계자 없이도 법적 분쟁을 해결하는 데 있어 부모를 지원하는 접근법을 제공한다. 변호사, 판사, 정신건강전문가 및 금융전문가로 구성된 **국제협력전문가학술원**(International Academy of Collaborative Professionals)은 이러한 유형의 관계를 통해 전반적인 갈등을 줄이고, 수용 가능한 해결방법으로 협상하며, 개방적인 의사소통을 촉진하게 된다.

이혼가족에서 발생할 수 있는 법적인 문제를 고려할 때, 치료 과정을 문서화하는 것이 중요하다(Bernstein & Hartsell, 2004). 부모가 서로 갈등을 빚고 있을 때, 치료사는 전문적인 역할을 유지해야 하고, 경계가 있어야 하며, 서비스의 역할과 범위를 명확하게 해야 한다. 아동 또는 청소년을 내담자로 받기 전에, 이혼에 있어 부모의 권리와 관련된 법률을 이해하는 것도 치료사가 해야 할 일이다. 사전 동의, 치료사의 역할과 모든 권리와 의무는 치료동의서에 명시되어야 하며, 이러한 것들은 양쪽 부모와 초기면담을 하는 동안 추가적으로 논의되어야 한다(Bernstein & Hartsell, 2004).

연구와 이론

이혼 관련 연구 검토

우리 사회의 높은 이혼율에도 불구하고, 이혼이 아동과 청소년에게 미치는 영향을 기술하는 연구는 거의 없다(Barczak et al., 2010). 이용가능한 연구결과들은 일관성이 결여되어 있다. 예를 들어, Wallerstein과 Lewis(2004)의 연구에 따르면 이혼은 아동의 부모와 관련된 문제 또는 결혼의 갈등과 관련된 문제보다 이혼 자체로 인한 상처로 지속적인 심리적 문제를 초래한다. 다른 연구결과에 따르면, 이혼으로 아동이 스트레스를 덜 받는 상황이 된다면 이혼 가정의 아동은 전형적으로 이혼하지 않은 가족의 아동과 유사한 적응을 나타낸다(Gordon, 2005). 또 다른 연구에서 이혼 가정의 아동은 이혼은 하지 않았지만 많은 갈등을 경험하는 가정의 아동에 비해 더 많은 증상을 보인다. 그러나 이혼 가정 아동도 새로운 이혼 환경에 적응하면서 그러한 차이는 바뀌는 것으로 나타났다(Barczak et al., 2010).

이혼이 아동과 청소년에게 미치는 영향은 상당히 다양하다. 이혼한 부모의 자녀는 결혼생활을 유지한 부모의 자녀에 비해, 정서, 행동, 사회, 건강 및 학업성취도 등 다양한 측면에서 점수가 낮다(Amato, 2010). 초기 아동기에 이혼을 경험한 아동은 내재화 및 외현화 행동(Barczak et al., 2010)을 나타낸다. 반면, 후기 아동기에 이혼을 경험한 아동은 낮은 학업성취도를 나타낸다(Barczak et al., 2010). 이러한 연구결과를 기반으로 아동 초기에는 내재화와 외현화 문제의 개선과 예방을 목표로 한 개입이, 아동 후기에는 학업 성취를 강조하는 개입이 적절하다. 그러나 치료사는 어떠한 연령대에서라도 낮은 학업수행이 이혼과 관련된 고통(예: 낮은 집중력, 불안)이 나타나는 방식이 될 수 있음을 명심해야 한다.

또한 이혼의 영향은 아동의 연령과 성별에 따라 차이가 있다. 청소년기에는 부모의 이혼이 내재화 장애, 외현화 장애, 비알코올 약물사용 그리고/또는 알코올 소비와 관련이 있다(Barczak et al., 2010). 남자 아동과 여자 아동은 종종 이혼에 다르게 반응하기 때문에 치료적 요구도 다르다. 품행 장애는 남자 청소년과 관련되어 있지만 우울증은 여자 청소년에게 더 흔하게 나타난다(DeLucia-Waack, 2011). Majzub와 Mansor(2012)의 최근 연구에 따르면, 청소년의 이혼에 대한 인식은 긍정적인 부분과 부정적인 부분 모두 있으며 성별에 따른 차이는 없다. 부모의 이혼 전후 관계의 질은 아동 및 청소년이 이혼의 **후속 지연 효과**(subsequent delayed effect)를 나타낼지 여부를 결정짓는 가장 중요한 요소 중 하나이다(Barczak et al., 2010).

이혼을 경험한 아동 및 청소년에게 특정한 결과를 초래하는 경로에 대해 확실치는 않지만, 위험요인뿐만 아니라 개인, 가족 그리고 가족 외적 보호요인에 의해 영향을 받는 것으로 알려져 있다(Pedro-Carroll & Jones, 2005). 개인의 보호요인에는 통제에 대한 현실적 평가와 정확한 귀인이 있다. 가족 내 보호요인에는 부모의 갈등으로부터의 보호와 부모의 전반적인 심리적 안녕이 있다. 가족 외 보호요인에는 긍정적인 성인 역할 모델과의 협력적 관계와 강력한 지지 네트워크가 포함된다.

이혼으로 인한 단기적 및 장기적인 부정적 영향은 문헌 및 연구에 잘 기록되어 있다. 하지만 이혼으로 인해 고통을 겪고 있는 아동의 대부분은 장기적인 적응 문제를 겪지 않는 것처럼 보인다(DeLucia-Waack, 2011). 또한 일부 연구에서는 이혼이 도움이 되는 경우도 있다고 제안한다. 이러한 연구에서는 비교 집단의 사용, 선택 편향의 통제, 부부 적응을 신중하게 평가하고 가정폭력도 고려하였다(Rutter, 2009). 다시 말해, 이혼의 영향은 비교 대상에 따라 다르다. 또한 모순된 결과와 정보는 있지만, 적응유연성이 일부 이혼 가정 아동의 특징이라는 점에 대해서는 의견이 일치한다(Rutter, 2009).

법원이 요구하는 치료를 위한 모범적 실제 지침

가정 법원에서 요구하는 치료를 받는 가족에게 정신건강서비스를 제공하는 치료사를 위한 모범적인 실제지침은 **가족 및 조정 법원 협회**(Association of Family and Conciliation Courts)에서 제정하였다(2010). 특히, 이러한 지침은 법률 체계가 치료에 미치는 영향에 대한 치료사의 이해를 돕고, 치료사의 역할과 책임에 대한 지침을 제공하기 위한 것이다. 관련 연구와 윤리적 기준에 근거한 이러한 지침은 법의 맥락에서 정신건강 치료를 이해하기 위한 간결한 자료를 제공한다. 가정 법원이 개입될 때 치료의 복잡성이 강조되기 때문에, 이러한 틀은 아동 치료의 존엄성을 보호하면서 경계, 역할, 비밀보장 및 전문성의 균형을 유지하는 데 도움이 된다.

통합적 놀이치료

다양한 놀이치료 이론과 기술을 결합한 **통합적 놀이치료**(Integrative play therapy)는 다양한 장애에 적용할 수 있으며 치료 요구에 가장 잘 부합할 수 있다(Drewes, 2011). 통합적 관점은 이론적 일관성보다 임상적 유용성이 강조된다(Seymour, 2011). 이혼 사례의 임상적 프로파일은 매우 다양하기 때문에 통합적 접근이 적절할 수 있다. 놀이치료 분야는 하나의 특정 모델에 집중해 오던 것에서 내담자의 개인적 요구에 맞춘 **내담자중심 이론적 접근**(client focused theoretical approach)으로 진화하였다(Kenney-Noziska, Schaefer, & Homeyer, 2012).

미국 약물남용 및 정신건강청의 근거기반 치료와 실제 담당 기관(Substance Abuse and Mental Health Services Administration's National Registry of Evidence-Based Programs and Practices; SAMHSA's NREPP)에 따르면, 이혼 가정을 상담할 때 부모기술 향상과 부모교육을 강조하면서 인지행동치료(Cognitive-Behavioral Therapy: CBT), 아동발달이론 및 가족체계이론을 통합시키는 것은 매우 중요하다. 처방적 놀이치료 관점에서, 이러한 접근은 맞춤형 치료계획을 수립하기 위한 현재의 연구와 함께 고려될 수 있다.

처방적 놀이치료

Norcross(2005)는 심리치료에 대한 4가지 형태의 통합적 접근법을 **기술적 절충주의**(technical eclecticism)라고 설명한다. 이러한 통합의 형태는 각 내담자에게 처방적으로 가장 적합한 치료법을 선택하기 위해 연구를 사용하는 것을 포함한다. 놀이치료 분야에서는 이를 **처방적 놀이치료**라고 하며 Schaefer(2001)에 의해 처음 정의되었다. 또한 Gil과 Shaw(2009)와 Schaefer(2011)의 현대 놀이치료 문헌에서 최근의 임상적 응용방법이 기술되었다. 이혼 사례에서, 이러한 연구에 기반한 방법은 놀이치료사가 특정 증상이나 문제에 대해 효과가 입증된 놀이치료법을 선택할 수 있게 해 준다(Gil & Shaw, 2009). 그 문헌과 연구는 놀이치료 과정을 설명하는 데 사용된다. 하지만 이 접근의 단점은 이혼의 영향에 대해 엄격히 통제된 연구가 부족하다는 것이다. 그럼에도 불구하고 처방적 접근은 임상적으로 그리고 경험적으로 근거를 둔 개별화된 치료개입을 제공한다.

전략과 기법

공감적으로 조율된 치료관계의 맥락에서 제시된 창의적인 놀이중심의 활동은 아동을 기꺼이 참여하게 하고 그들의 생각과 감정을 안전하게 표현할 수 있도록 도와준다. 지시적인 놀이치료 기법은 아동을 특정한 치료 이슈에 쉽게 접근할 수 있도록 하고 솔직하게 개방적으로 표현하는 것을 촉진하는 구체적인 접근법을 제공한다. 아동의 이혼관련 문제를 직접적이지만 참여적인 태도로 공개하는 것은 그들의 문제가 부끄러운 것이 아니며 논의될 수 있다는 것을 알게 해 준다. 다음은 이혼가족 아동을 위한 구조화된 놀이치료 기법의 몇 가지 예시이다.

아동이 이혼과 관련한 잘못된 생각을 바로잡고 이혼과 관련된 감정을 적절히 표현하는 것은 도움이 된다. **농구 게임**(Basketball game; Lowenstein, 2006)에서 구성원들은 슛을 놓칠 때마다 번갈아 가며 질문에 답을 해야 한다. 게임에서 다루는 주제는 이혼과 관련된 감정, 부모가 이혼한 이유, 이혼에 대한 자책, 건강한 대처전략 등이 있다. 이 게임은 치료사에게 치료 목표에 맞는 질문 카드를 처방적으로 수정하고 선택할 수 있다. 치료사는 즐거운 상호작용과 개방적 의사소통을 촉진하기 위해 아동과 함께 게임을 할 수 있다. 게임이 진행되는 동안, 치료사는 지지적인 피드백을 제공하고 아동이 생각과 감정을 표현할 때는 칭찬을 해 준다. 내담자에게 자신의 카드를 만들어 게임에 포함시킬 수 있도록 하는 것도 좋은 방법이다. 질문 카드를 만드는 이러한 과정은 본질적으로 투사적이며, 종종 치료사에게 내담자에 대한 통찰을 준다(Gil, 1994). Daring Dinosaurs(Pedro-Carroll & Jones, 2005)나 Upside Down Divorce(Childswork Childsplay, n.d)와 같이 놀이치료 회기에서 이혼관련 문제를 해결하는 데 도움이 될 수 있는 다양한 치료적 보드게임도 있다.

독서치료(bibliotherapy)에서는 치료적 목적이 있는 책을 사용하거나 스토리텔링 기법을 사용하며 이혼 가정 아동에게 특히 효과적이다. 책이나 이야기가 아동의 상황과 관련이 있다면, "아동은 책을 읽은 후에 주인공이나 이야기와 동일시할 것이고, 이해와 통찰이 높아질 수 있다."(Malchiodi & Ginns-Gruenberg, 2008, p. 168). 책은 이혼관련 문제에 대한 토론을 촉진시키고, 아동이 이혼에 대한 자신의 감정과 반응이 혼자만의 것이 아니라는 것을 깨닫도록 하며, 복잡한 문제와 관련된 질문에 대답할 수 있게 돕는다. 독서치료의 치료적 가치는 이야기를 발판으로 삼아 더 많은 토론을 함으로써 크게 향상될 수 있다. 이혼 사례에 사용할 수 있는 다양한 책이 있으며, 치료사는 내담자가 읽도록 아동의 이야기를 쓸 수도 있다.

이혼 가정의 아동은 충성심에 대한 갈등, 부모의 갈등 목격, 혹은 멀리 떨어져 있거나 부재한 부모 문제와 같은 복잡한 어려움을 겪을 수 있다. 아동이 고통스러운 문제에 대해 공개적으로 이야기하는 것을 어려워할 때, Lowenstein(2013)의 Upsetting Situations와 같이 **손인형(puppet) 기법**을 사용하는 것이 도움이 된다. 이 활동은 아동이 손인형으로 재연함으로써 다양한 시나리오와 대처 방법을 표현할 수 있다. 손인형놀이는 아동이 정서적인 문제를 다루는 데 도움이 되며 정신분석적 방법 중 하나인 **전치**(displacement) 기법으로 사용된다. 전치 기법의 목적은 상황에 대한 아동의 고통과 대안적인 대처 방법을 표현하게 하는 것이다(Kalter, 1990). 부모를 치료에 참여시킴으로써 치료의 효과성을 높일 수 있기 때문에, 이 활동은 유인물로 만들어서 부모와의 회기에서 사용할 수 있다.

인지행동놀이 기법은 특히 아동이 이혼을 자신의 탓이라고 생각할 때 도움이 된다. Getting Rid of Guilt(Lowenstein, 2006)는 자기비난에 대한 왜곡된 생각에 이의를 제기하고 바로잡기 위해 사용되는 개입이다. 아동은 몇 가지 시나리오의 만화를 본다. 각 시나리오에는 죄책감을 느끼는 말을 하는 아동과 죄책감에 적절한 이의를 제기하는 말을 하는 아동이 있다. 예를 들어, '죄책감을 느끼는' 아동은 "내가 나빠서 부모님이 이혼하셨어."라고 말한다. '도우미' 아동은 "네가 말하거나 행동한 것이 너의 부모님을 이혼하게 만든 것이 아니야."라고 응답한다. 다른 만화 시나리오에서 '죄책감을 느끼는' 아동은 "나는 부모님의 결혼 생활을 지켜 드렸어야 했어." 라고 말한다. '도우미' 아동은 "부모님의 결혼 생활은 아이들이 바로잡을 수 없어." 라고 말한다. 아이들이 읽을 수 있는 만화 시나리오가 많이 있으며, 다른 시나리오로 만들어 갈 수 있는 미완성 만화도 있다. 활동은 치료사가 아동이 생각과 감정을 효과적으로 처리하는 데 도움을 줄 수 있는 토론거리를 포함하고 있다. Thinking Caps(Goodyear-Brown, 2005)는 아동이 죄책감으로 고통스러워하는 생각을 도움이 되는 생각으로 바꿔 주는 놀이적 인지행동치료이다. 아동이 부모의 문제에 대해 정확한 귀인을 하도록 도와주며 아동의 적응에 도움이 된다(Pedro-Carroll & Alpert-Gillis, 1997; Stolberg & Mahler, 1994).

지시적 기법 자체는 치료가 아니라 치료 과정을 촉진시키는 도구이다. 따라서 겉으로는 잘 드러나지 않지만 기법 외의 어떠한 부분이 이혼의 영향을 받은 아동을 치료할 때 치료자의 효과성을 결정하는 핵심적인 기술이다. 이러한 핵심 기술을 설명하는 것은 이 장의 범위를 벗어나는 것이므로 독자는 이 주제에 대한 추가적인 자료를 검토하는 것이 필요하다. 지시적 개입은 단독으로 사용되어서는 안 되며, 아래의 사례에서 설명하는 것처럼 종합적인 치료 접근법으로 통합시켜 사용하여야 한다.

치료적 관계에서 조율을 위해, 치료사는 지시적 개입의 사용이 아동에게 압도적일 수 있음을 유념해야 한다. 이러한 이유로 놀이치료사는 전략을 적용하는 데 있어 유연해야 하고, 특정 내담자에게는 아동중심놀이치료와 같은 덜 지시적인 접근을 고려해야 한다. 공감, 따뜻함, 조화, 그리고 치료적 존재와 같은 관계적 요인들은 이혼에 직면한 아동에게 치유적인 요소가 되며 매우 중요한 의미를 가진다.

임상사례

의뢰 정보

7세 아동 Joey는 어머니 Lisa에 의해 놀이치료에 의뢰되었다. Joey의 부모님은 6개월 전에 이혼하였다. 이 사례는 공동 양육권과 면접 일정을 공유하도록 법원에서 임시 명령이 내려진 상태였다. Lisa는 아들이 분리에 대처하는 데 도움이 될 수 있는 치료가 필요하다고 하였다. Lisa는 남편 Dave가 Joey에게 그녀의 험담을 하고 이혼이 그녀의 탓이라고 비난하고 있어서 Joey가 이혼에 대해 어려움을 겪고 있다고 말했다. 그녀는 Joey가 자주 배가 아프다고 하고, 특히 아버지와의 만남 후에 그녀에게 집착한다고 덧붙였다.

Lisa는 Joey의 아버지가 치료에 관여하는 것을 원하지 않는다고 하였는데, 왜냐하면 그가 치료를 방해할 것이기 때문이라고 하였다. 치료사가 Joey의 치료에 부모가 모두 개입하는 것이 도움이 된다고 설명해 주자, Lisa는 Dave와 치료사가 전화 통화하는 것에 동의했다. 치료사는 Dave와의 통화에서 결혼생활의 파탄에 대한 Joey의 적응을 돕는 데 있어 그의 역할의 중요성을 강조했다. 또한 Joey의 이혼 후 적응에 대한 그의 생각을 물었다. Dave는 Joey가 이혼에 대처하는 것에 어려움을 겪고 있다고 하였고, 이러한 어려움을 Lisa의 '과잉 통제적' 성격 탓으로 돌리고 있었다.

각 부모와 몇 번의 통화를 통해, 부모가 치료에 개입하고, 초기 정보를 수집하고, 놀이치료와 평가과정을 설명하고, 비용 문제를 정리하고, 첫 회기에 치료사와 함께 만날 수 있도록 합당한 이유로 설득하였다. 그러고 나서 만날 시간을 정하였다.

개입과 평가

Lisa, Dave와의 첫 회기에서, 치료사가 두 사람과 긍정적인 라포를 형성하는 것은 매우 중요하였다. 이혼 가족을 상담할 때 각 부모와 관계를 맺는 동안 중립성을 유지하는 것은 어려울 수 있지만 이는 효과적인 임상실제의 필수요소이다. 치료사는 그들이 겪고 있는 스트레스에 대해 공감했고 가족을 위해 도움을 구하는 것을 칭찬하였다.

치료사는 Lisa와 Dave에게 놀이치료가 Joey에게 안전하고 중립적인 치료환경을 제공할 것이라고 설명하였다. 법원에 양육권/면접교섭권 문제에 대해 추천장을 쓰는 것은 아동치료사의 역할이 아니라는 것을 분명히 설명하였다. 부모는 모두 치료동의서에 서명하였다. 이 양식은 치료사가 양육권 분쟁에 휘말리지 않도록 보장하는 데 필수적이다.

치료사는 Lisa와 Dave에게 Joey의 현재 상태에 대한 그들의 생각을 설명해 달라고 하였다. 각 부모는 Joey의 문제로 서로를 비난했고, 상대방을 향한 분노는 급격히 상승하였다. 비록 치료사에게는 도전이지만, 불안정한 상호작용이 Joey에게 얼마나 힘든 상황인지를 입증해 주었다. 긴장을 줄이고 Lisa와 Dave를 아들의 필요에 맞게 바꾸기 위한 노력으로, 치료사는 그들에게 놀이방에서 '행복하고 정서적으로 안정된 아동'을 나타내는 물건이나 장난감을 선택해 달라고 요청하였다. Lisa는 모래상자의 피규어 중에서 스케이트보드를 타고 있는 소년을 고르고, "저는 Joey가 이혼으로 스트레스를 받지 않고 걱정 없이 행복했으면 좋겠어요."라고 말했다. Dave는 농구공을 들고 "나는 Joey가 나와 함께 있을 때 더 재미있게 놀았으면 좋겠어요."라고 말했다. 이러한 개입은 그들의 적대감을 낮춰 주었다. 그리고 그것은 그들이 놀이 공간을 탐색하고 그들이 선택한 장난감의 상징적인 의미를 설명하면서 놀이의 요소를 추가하였다. 그러고 나서 치료사는 Joey가 건강한 방법으로 이혼에 적응하는 것을 돕기 위해 그들이 할 수 있는 일을 물었다. 유익한 토론이 이어졌고 치료사는 그들이 Joey의 적응유연성을 기를 수 있는 방법을 찾아내는 모습을 보고 칭찬하였다. 치료사는 회기의 분위기가 좀 더 편안해졌다고 말하며, Joey도 어머니와 아버지의 관계가 원만할 때 기분이 더 좋아질 것이라고 설명하였다.

부모와 함께한 첫 회기에서 이후의 치료계획에 영향을 미치는 평가정보가 수집되었다. 특히 다음과 같은 중요한 정보가 수집되었다. Lisa와 Dave는 7개월간 사귀었고, Lisa가 Joey를 임신한 후에 결혼하였다. 부부는 결혼생활 내내 자주 말다툼을 하였고, Joey가 보는 앞에서 서로에게 폭언을 퍼부었다. 그들은 Joey에게 어떻게 말을 해야 할지 몰랐기 때문에 이혼에 대한 이유를 제대로 설명하지 못했다. Joey는 종종 아버지와의 만남을 거부하였고 아버지와의 만남 후 어머니에게 집착하였다. Joey는 자주 복통을 호소하였으며, 교사들은 아동을 우울하고 위축되어 있다고 언급하였다.

그들의 어린 시절 발달력을 탐색하면서, Lisa와 Dave 모두 이혼 가정에서 자랐다는 것을 알게 되었다. Lisa는 부모가 헤어진 후에도 두 부모와 긴밀한 관계를 유지했다. 반면 Dave는 태어나자마자 아버지가 가족을 버리고 떠났으며, 어머니에 의해 양육되었다.

치료 목표를 분명히 하기 위해 치료사는 각 부모에게 다음과 같이 질문하였다. "치료가 좋고 유익하다고 생각하게 하려면 어떻게 해야 할까요?" Lisa는 "Joey가 어떻게 느끼는지 우리가 이해할 수 있게 도와주세요. 그리고 Joey가 이 모든 것이 그의 잘못이 아니라는 것을 알 수 있게 도와주세요."라고 대답하였다. Dave는 "저와 Joey가 함께 있을 때 더 재미있게 지낼 수 있게 도와주세요. 왜냐하면 그는 저와 함께 있을 때 엄마를 찾으며 울곤 해요."라고 말했다. 부모는 그들이 치료 목표를 이해할 수 있도록 도움을 준 치료사에게 고마워하였다.

Joey와 함께 두 번의 평가회기가 진행되었다. 각각의 회기는 구조화된 놀이기반 개입과 평가 활동으로 시작되었으며, Joey의 비지시적 놀이에 대한 관찰이 이어졌다. Joey와의 첫 번째 회기에서는 라포 형성과 초기 평가 자료를 수집하는 것에 중점을 두었다. Joey는 처음에는 긴장했고 치료사와 눈을 마주치지 못했다. 그는 Rock, Paper, Scissors(Cavett, 2010)를 하면서 점점 긴장이 풀렸다. 치료사는 처음에 "좋아하는 영화는 무엇이니?"와 같은 중립적인 질문을 하면서 게임을 진행하였다. Joey는 게임에 열정적으로 참여했고, 적절한 때에 웃었으며, 경기에서 이겼을 때 환호했다. 일단 Joey와 관계가 형성되었고, 긴장이 풀렸다는 것이 확실해지자, 게임의 초점은 더 큰 정서적 어려움과 관련된 질문으로 바뀌었다.

치료사: 정말 너를 화나게 하는 것이 무엇이니?

Joey: (슬픈 목소리로) 어머니와 아버지가 싸우는 거요.

치료사: (Joey에게 가까이 다가가며) 어머니와 아버지가 싸울 때 네가 기분이 좋지 않구나. 어머니와 아버지가 싸우는 것에 대해 좀 더 말해 줄래?

Joey: 소리를 지르고 욕을 해요. 아버지는 더 심하게 욕하고 심지어 F로 시작하는 단어를 사용해요. (고개를 숙이고, 얼굴이 붉어진다.)

치료사: (중립을 지키고 한쪽 부모를 비난하는 말을 하지 않도록 주의하며) 어머니랑 아버지가 싸울 때, 너는 매우 화가 났겠구나. 여기 오는 많은 아이가 그런 화나는 감정을

가지고 있고, 그런 감정에 도움을 주는 것이 내가 하는 일이야. 우리는 그런 감정이 드는 너를 돕기 위해 이야기를 나누기도 하고 놀이도 할 거야.

특히 치료사는 Joey와의 첫 번째 회기에서 그의 감정을 확인하고 치료사의 역할을 명확히 하는 것이 중요하다고 생각하였다.

두 번째 회기에서 Joey는 즐겁게 놀이방에 와서 Rock, Paper, Scissors 게임을 하자고 했다. 그는 열정적으로 게임에 참여하고, 적절한 때에 웃었으며, 치료사와의 눈맞춤을 유지하고 더 개방적으로 핵심적인 감정을 이야기했다. 이 행동은 그가 치료사를 편하게 느낀다는 것을 보여 준다. 치료사는 Joey의 감정, 행동과 대처전략을 평가하기 위한 활동(How I Think, Feel, and Behave; Lowenstein, 2006)을 하였다. 이 활동에는 22개의 문항으로 구성된 설문이 포함되어 있으며, 아동은 자신에게 해당되는 문항에 체크를 하였다. 아동은 더 큰 걱정거리라고 생각되는 문항에 더 높은 점수를 체크하였다. Joey는 다음 문항에서 가장 높은 점수를 나타내었다.

- 나는 부모님이 이혼하신 이후로 더 많은 걱정거리를 가지고 있다. [3점]
- 나는 화가 났을 때 가끔 배가 아프다. [3점]
- 나는 부모님의 이혼이 내 잘못이라고 생각한다. [3점]
- 나의 부모님은 많이 다투신다. [5점]
- 나의 부모님은 나에게 서로의 험담을 하신다. [5점]
- 두 집 사이를 오가는 것은 힘들다. [5점]

Joey는 활동이 진행되면서 특히 부모님의 이혼 전과 후의 잦은 말다툼과 관련한 추가적인 정보를 제공하였다. 이 활동을 통해 Joey가 이혼과 관련된 많은 스트레스를 경험하고 있다는 것을 명확하게 보여 주었다.

평가과정에서 중요한 요소는 아동 자신이나 가족 역동에 대한 인식을 확인하는 것이다. **놀이가계도**(Play Geno-Gram; Goodyear-Brown, 2002)에서 Joey의 부모님에 대한 감정을 알 수 있게 되었다. 어머니를 나타낼 장난감을 고르라고 했을 때, 그는 공주 인형을 고르며 흥분해서 "그녀는 아름다워요!"라고 말했다. 그는 아버지를 나타낼 만한 물건을 고르는 것을 어려워했다. 그는 마침내 불을 뿜는 용을 가계도 위에 두었지만 이 장난감을 선택한 이유는 분명하게 설명하지 않았다. 그 자신을 나타내는 물건으로 차를 선택했고 슬픈 어조로 "나는 차를 타고 자주 아버지와 어머니의 집을 오가요."라고 했다. 그의 이야기에는 많은 평가정보가 있었다. "옛날에 아름다운 공주가 살았어요. 불을 뿜는 용이 그녀의 집을 불태우기 전까지 그녀는 행복했어요. 차는 불을 피하기 위해 멀리 도망갔지만, 공주는 차를 찾아냈고 다른 집으로 가서 둘은 잠이 들었어요." 그에게 다른 장난감으로 바꾸고 싶은 캐릭터가 있냐고 묻자, 그는 "불을 뿜는 용을 왕자로 바꾼다면, 공주가 그를 좋아하게 될 것 같아요."라고 대답했다. Joey가 놀이가계도에서 선택한 물건, 이야기, 질문에 대한 아동의 답변들은 치료계획 수립에 도움이 되는 여러 가지 중요한 문제를 나타내었다.

Joey의 비지시적 놀이에서 몇 가지 되풀이되는 주제를 관찰할 수 있었다. 그는 군인 피규어들로 모래상자에, 그리고 성인 남성과 여성 인형들로 인형 집에서 전투 장면을 만들었다. 상실과 유기의 주제도 명확히 드러났다.

이혼가족과 함께 작업할 때, 유능감, 응집력, 친밀감 및 통제 문제를 평가하기 위해 각각의 부모와 상호작용하는 아동을 관찰하는 것이 중요하다. 평가 활동은 치료사가 가족 간의 상호작용 과정과 내용을 관찰할 수 있게 한다(Gil & Sobol, 2000). Joey와 어머니의 관계를 평가하기 위해 **가족 손인형 인터뷰**(Family Puppet Interview; Gil, 1994)를 사용하였다. 치료사는 Joey와 Lisa에게 각각 손인형을 고르고 그것을 사용하여 시작, 중간, 끝이 있는 이야기를 들려 달라고 했다. Joey는 강아지 손인형을 선택했고 Lisa는 주머니에 'Joey' 인형이 들어 있는 캥거루 인형을 선택했다. 인형극 중 Joey는 'Joey' 인형을 어머니 캥거루의 주머니에서 꺼내고, 강아지 인형을 주머니 안에 넣으려 했다. 하지만 그것이 잘 되지 않자 매우 화가 났다. 그는 강아지 인형을 방 저편으로 던져두고, Joey 인형을 집어 들어 캥거루의 주머니에 다시 집어넣었다. 그리고 납치당하는 것이 두려운 아기 캥거루가 어머니의 주머니 속에 밤낮없이 머물렀다는 이야기를 계속해서 들려주었다. 비록 그녀는 Joey가 떨어지지 않게 캥거루가 조심스럽게 뛰어다녔다는 부분을 추가했지만, Lisa는 Joey로 하여금 대부분의 인형극을 지시하도록 허락했다.

Boat Storm Lighthouse Assessment(Post Sprunk, 2010)에서 Joey와 아버지의 관계에 관한 중요한 정보가 드러났다. 그들은 한 장의 종이를 보트, 폭풍, 그리고 등대 그림으로 채우라는 지시를 받았다. 그들은 상호작용이나 협동을 거의 하지 않고 독립적으로 그렸다. Joey는 물결치는 바다 위에 작은 배를 그렸고, 그의 아버지는 폭풍우 구름, 폭우, 그리고 천둥 번개를 동반한 어두운 하늘을 그렸다. 그다음에 Dave는 종이의 구석에 작은 등대를 하나 추가했다. 그림을 완성하자마자 그들은 폭풍이 오기 전, 치는 중 그리고 폭풍이 지나간 후에 일어났던 일에 대한 이야기를 할 것을 요청받았다. Dave의 이야기는 폭풍 중에 전복된 작은 배와 그 배의 모든 승객들이 익사했다는 것을 중심으로 전개되었다. Joey는 폭풍이 너무 심해서 배가 등대를 볼 수 없었기 때문에 길을 잃었다고 이야기했다. 이 두 이야기는 모두 위험에 직면했을 때 내적 자원을 동원하거나 외부 지원을 받을 수 있는 능력이 결여된 비관적인 주제와 등장인물을 포함하고 있었다. 회기의 두 번째 부분에서는 Joey와 아버지가 함께 놀거리를 선택할 기회가 있었는데, 그때 Dave는 의자에 앉아서 조용히 Joey를 지켜보았고 Joey는 군인 인형을 가지고 전투 장면을 만들었다.

부모와의 피드백 회기

치료사는 Lisa와 Dave를 만나서 평가에 대한 피드백을 제공하고, 지속적인 상담을 위한 계약을 하며, 종합적인 치료 계획을 수립하였다. 치료사는 부모와 논의한 정보가 그들의 양육권 분쟁에서 사용되지 않을 것이라는 점을 명확히 하기 위해 치료는 공개되지 않는다는 것을 재차 강조하였다. 가족 구성원이 가진 강점도 확인하였고, 도움을 구하고자 하는 그들의 바람도 강조되었다. 회기 중 Lisa와 Dave의 갈등이 고조되었을 때, 치료사는 **동기강화 상담전략**(motivational interviewing strategies; Rosengren, 2009)을 활용하여 변화를 이끌어 냈다. 예를 들면, "당신의 싸움이 Joey에게 어떤 식으로 상처를 입힌다고 생각합니까?" 그리고 "당신 각자가 바뀌면 상황이 어떻게 나아질까요?"와 같은 질문을 던졌다. 이러한 종류의 질문들은 그들의 분노를 표출시키고 토론을 치료 목표의 발전으로 이끌었다. Lisa와 Dave는 치료의 방향에 대한 분명한 인식과 변화에 대한 증가된 동기를 가지고 회기를 마쳤다.

치료 회기

치료 목표를 다루기 위해 다양한 모델, 양식 및 기법을 선택적으로 사용하는 처방적 접근이 사용되었다. 치료는 Joey와 놀이적 인지행동치료와 아동중심놀이치료를 통합한 개별 회기를 실시하고, 가족 놀이치료 및 Joey와 각 부모와의 필리얼치료를 실시하였다. 치료사는 Joey의 진전 상황에 대한 피드백을 주고, Joey의 정서적 욕구에 초점을 맞추는 능력을 촉진하며, 부모양육기술을 강화하기 위해 정기적으로 부모를 만났다. 개입은 Pedro-Carroll의 **정서지능 부모 훈련**(emotionally intelligent parenting practices, 2010)을 부모회기에 통합시켰으며, 특히 Lisa와 Dave가 새로운 가족의식과 전통을 만들고, 가족구조와 규칙을 유지하고, 긍정적인 부모-자녀의 시간을 갖고, 개방적인 의사소통을 촉진시키도록 진행되었다. Lisa와 Dave가 보다 긍정적인 공동 양육관계를 맺기 위해 양육 코디네이터에게 의뢰되었다. 그들은 또한 개인상담사의 지원을 요청하였다. 치료사는 치료팀의 구성원들과 긴밀하게 협력하였다.

Joey와의 치료 초기 단계의 우선적인 목표는 이혼과 관련된 오해를 해결하고, 건강한 대처기술을 강화하며, 이혼과 관련된 정서를 표현하는 것이다. 평가에서 Joey가 이혼과 관련된 심각한 고통을 겪고 있음이 나타났는데, 특히 부모의 갈등에 노출되었을 때와 두 집을 오갈 때 어려움이 컸다. 따라서 치료의 초기 단계에 그에게 건강한 대처기술을 가르치는 것이 중요하였다. Joey는 놀이를 활용하여 즐겁게 심호흡하기와 점진적인 근육 이완 기술을 연습하고 시행하였다. 그는 여러 가지 기술을 배웠고, 그가 가장 좋아하는 전략을 선택하고, 매일 밤 자기 전에 집에서 이 전략을 연습하였다. 부모에게는 Joey가 집에서 대처기술을 연습하고 활용하는 것을 가르치도록 하였다. 처음에 부모는 Joey가 대처기술을 연습하고 활용하는 것을 가르치지 않았지만, 그들이 치료에 더 참여하기 시작하면서, 그들에게 주어진 숙제를 하기 시작했다. Joey는 시간이 지남에 따라 Cookie Breathing(Lowenstein, 2013)을 익혔으며 필요할 때마다 이 기술을 활용하였다.

이혼과 관련된 스트레스는 아동이 이해하고, 확인하고, 표현하기 어려울 수 있는 다양한 감정을 초래한다. 따뜻함과 수용을 전달하고, Joey의 감정을 반영해 주고 당연히 생길 수 있는 감정이라는 것을 알려 주는 것은 안전하고 신뢰로운 분위기를 조성하는 데 도움이 되었다. 많은 치료적 게임이 Joey가 치료사와 정서적으로 소통하고 강렬한 생각과 감정을 표현할 수 있는 안전한 방법으로 활용되었다. Joey는 특히 Feelings Hide and Seek(Noziska, 2008)를 좋아하였다. 이 게임은 어린 시절에 자주 하던 숨바꼭질의 치료 버전으로, 사람이 숨는 것 대신 치료사가 아동이 찾아서 토론할 수 있는 다양한 감정 카드를 방 곳곳에 숨겨서 이루어지는 게임이다. 아래는 게임에서 발췌한 것이다.

Joey: (신나게 놀이방을 탐색하고 마침내 찻잔 아래에 숨겨진 '슬픔' 감정 카드를 찾는다.) 엄마와 아빠가 이혼해서 우리가 이사를 가야만 했을 때 나는 슬펐어요. 이제는 내 친구들을 볼 수 없어요.

치료사: 엄마, 아빠가 이혼했을 때, 너의 생활이 많이 바뀌었구나. 이사를 가야 했고, 지금 너는 네 친구들이 정말 그리워서 슬퍼하고 있구나.

Joey: 네, 저는 새 학교에 친구가 거의 없어요. (아래를 보며 잠시 동안 침묵) 언젠가 친구들을 만나러 갈 수 있을 거예요.

치료사: 이사하고 새로운 친구를 사귀는 것은 어려울 수 있어. 이혼이 너를 정말 힘들게 했구나.

Joey: (다른 감정 카드를 찾기 시작한다.)

치료사: [나는 Joey가 그 문제에 대해 더 이상 이야기하기를 원하지 않는다는 것을 존중하여 다음 주제로 넘어가기로 했다.]

게임이 진행되면서 Joey는 자신의 감정에 대해 치료사와 깊은 교류를 하였다. 치료사는 Joey의 사회적 고립을 이후의 회기에서 더 다루어야 할 문제라고 생각하였다.

Joey가 자신의 감정을 당연한 것이며 그것이 정상적이라고 인정할 수 있도록 이혼과 관련한 책을 여러 권 읽게 하였다. 그는 특히 『My Parents Are Divorced, My Elbows Have Nicknames, and Other Facts about Me』라는 책에 관심을 가지는 것 같았다. 이 책은 Joey가 이혼과 관련된 자신의 감정에 대해 더 많은 토론하게 되는 발판이 되었다.

중요한 치료 목표는 Joey가 양쪽 부모와 보다 균형 있고 긍정적인 관계를 맺도록 돕는 것이었다. Joey와 아버지 간의 부모-자녀 관계를 강화하기 위해 필리얼치료를 실시하였다. 초기에는 Dave가 Joey와의 관계가 멀어진 것에 대해 Lisa를 비난했기 때문에 진전이 느렸다. 하지만 치료가 진행될수록, Dave는 아들에게 좋은 양육환경을 제공하는 것이 아들과 더욱 친밀한 관계를 맺게 해 준다는 것을 깨닫게 되었다. Joey는 아버지의 방문에 대해 더욱 긍정적인 감정을 보고하였는데, 이것은 아버지-아들 관계가 진전되었음을 보여주는 것이다. Lisa가 일관적인 제한을 설정하는 것을 돕기 위해 Joey와 어머니도 필리얼치료를 진행하였다.

양육 코디네이터와의 회기에서는 가족과의 성공적인 임상 작업의 필수적인 요소인 Lisa와 Dave가 서로 부모역할을 더 잘 지원하는 데 도움을 주었다. 개인 상담을 통해서 Dave는 아버지와의 소원한 관계를 탐색하였고, Joey와 더 가까운 유대 관계를 맺기 위한 동기를 얻었다.

이 가족의 중요한 시점은 여름 방학 전에 왔다. Joey는 아버지와 일주일을 보내는 것에 대해 걱정을 했다. Lisa는 Joey가 그녀에게서 떨어져 많은 시간을 보낼 준비가 되어 있지 않았다고 생각했기 때문에 상담가가 이 만남을 중재해 주기를 원했다. 상담가는 이 문제를 논의하기 위해 양쪽 부모와 만났고, 아버지와 Joey의 만남 문제와 관련한 조언을 하는 것이 아동치료사의 역할이 아니라는 것을 강조했다. Lisa가 만남을 중단시켜 주지 않은 것에 대해 치료사에게 화를 냈을 때, 치료사는 Joey에 대한 그녀의 걱정을 확인하고, Joey가 긍정적이고 양질의 시간을 각 부모와 함께 보내는 것의 이점에 초점을 맞추었다. 치료사는 아버지와의 만남 전과 도중에 각 부모가 어떻게 Joey를 도울 수 있는지를 논의하도록 촉진하였다. 또한 Joey와의 회기에서는 이전 회기에서 배웠던 대처기술의 사용을 강화하여 불안감을 관리할 수 있도록 하였다. Joey와 아버지의 공동 회기는 추가적인 지원을 제공하였다. 아버지와 함께 휴가를 보내고 돌아와서 Joey는 치료사에게 즐거운 시간을 보냈으며, 휴가기간 동안 그의 불안감을 완화시키기 위해 Cookie Breathing을 여러 번 사용했다고 자랑스럽게 말했다.

아동이 이혼에 대해 자신을 탓하는 것은 흔한 일이다. Joey는 부모님이 종종 그에 대한 말다툼을 하곤 했기 때문에 평가와 뒤이은 회기에서 이혼이 그의 탓이라고 느꼈다고 이야기했다. 이혼에 대한 Joey의 자책감을 없애기 위해 여러 개입이 이루어졌다. 우리는『초콜릿 푸딩 때문에(Was It the Chocolate Pudding?)』(Levins & Langdo, 2005)라는 책을 읽고 토론하였다. Joey는 주인공과 동일시했고, 이 이야기는 이혼에 대한 자신의 자기비난을 확인하는 데 도움이 되었다. 치료사는 놀이적 인지행동기법인 **Getting Rid of Guilt**(Lowenstein, 2006)를 선택하였고 Joey는 손인형으로 시나리오를 재연했다. 죄책감을 느끼는 손인형에 도전하고 바로잡아주는 '도우미' 인형을 나타내는 자신만의 인형극을 만들었다. 인형극을 비디오테이프로 제작했고, 각 부모에게 보여 주었다. 치료사는 회기에서 적절하게 반응하도록 하기 위해 회기에 앞서 미리 부모를 만났다. Dave는 영화에 대한 Joey의 노력을 칭찬했고 그를 아카데미상 후보로 추천해야 한다고 농담을 했다. 그것은 재미있고도 가슴 아픈 순간이었으며 아버지와 아들이 얼마나 가까워졌는지에 대한 증거였다.

위에서 언급했듯이, 아동 앞에서 부모갈등, 특히 아동의 문제를 둘러싼 부모의 갈등은 아동의 많은 심리적 문제와 연관되어 있다. 이 가족의 주요 치료 목표는 Lisa와 Dave가 갈등해결 기술을 배우는 것이었고, 가장 중요한 것은 아들 앞에서 갈등을 줄이는 것이었다. Lisa와 Dave는 양육 코디네이터와 함께 이 목표를 달성하였다. 동시에 치료사는 Joey가 부모의 갈등과 관련된 그의 정서적인 고통을 표현할 수 있도록 도왔다. 그의 감정을 듣고 당연하다고 인정해 주는 것은 Joey가 치료적 환경의 안전함 속에서 고통스러운 감정을 표현하는 데 도움이 되었다. Joey가 전투 장면을 비지시적인 놀이로 재현할 때 치료사의 촉진적인 반응은 그의 내면의 고통을 표현하는 데 도움이 되었다.

사례의 결론

Joey, Lisa, 그리고 Dave가 보고한 내용과 부부의 임상적 관찰을 통해 Joey의 치료계획에 제시된 목표는 달성되었다는 것을 확인할 수 있었다. Lisa와 Dave가 함께한 회기에서, 그들은 서로를 더욱 존중했고 자신의 분노보다 Joey의 욕구에 더 가치를 두게 되었다. Joey의 비지시적 놀이치료에서도 상당한 진전이 이루어졌음을 보여 주었는데, 공격적인 전투 장면과 상실/유기의 주제가 줄어들었다.

이혼 가정 아동은 상실과 힘든 이별의 과거를 가지고 있다. 따라서 이러한 아동과의 종결은 놀이치료사가 내담아동에게 잘 준비되고 긍정적 메시지가 담겨 있는 새로운 이별의 경험을 주는 특별한 기회가 된다. Joey와의 놀이치료에서 마지막 단계의 목표는 치료 과정에서 배운 것을 복습하고, 치료의 종결에 대한 자신의 감정을 처리하고, 긍정적인 이별 경험을 제공하는 것이었다. Joey가 색 모래를 용기에 담아 치료의 진전을 확인하는 Sands from Our Time(Behzad, 2011) 활동에서 그는 "나는 부모님의 이혼이 내 잘못이 아니라는 것을 알았어요. 그리고 나는 내가 화가 난다고 느낄 때 Cookie Breathing을 할 수 있어요."라고 말했다. 치료사는 그의 치료적 성과에 대한 구체적인 예시를 제시하면서 Joey의 발전을 강화하였다.

마지막 회기에서 특별한 축하 행사가 진행되었는데, 여기에는 선물을 주는 활동인 What I Learned Layered Gift(Lowenstein, 2008)와 Joey의 치료 개선을 강조하는 치료사의 편지가 포함되었다. 이 선물과 편지는 Joey에게 전환대상이 되었으며, 그에게 회기에서의 경험과 치료에 대한 지속적인 연결감을 떠올리게 했다. 또한 편지에 담긴 치유적인 메시지는 그가 보살핌을 받고 있다는 것을 상기시켜 주었으며, 이는 그의 자기가치(self-worth)를 강화시켰다.

이혼 후 치료에는 정기적인 점검이 포함되어 있었다. Dave가 친밀한 관계를 이루는 것에 진지하게 참여할 때까지 Joey와 아버지, 어머니는 치료적 지원을 필요로 하였으며 상황은 순조롭게 진행되었다. 이러한 가이드라인을 통해 가족은 과도기를 적절하게 대처할 수 있었다.

결론

이혼에 대한 반응은 다양하지만 이혼이 가족을 변화시킨다는 것은 분명하다. 치료는 가족이 새로운 두 개의 가정을 이룰 수 있도록 도와준다. 그리고 치료의 초점은 항상 아동의 심리적 안정에 가장 큰 관심을 두어야 한다.

이혼을 경험하는 아동과 청소년은 매우 다양하다. 놀이치료사는 가벼운 고통을 경험하는 사람부터 심각한 증상을 가진 사람까지 모두 만날 수 있다. 이혼사례에서, 임상가는 처방적 접근을 활용하여 이 집단의 다양한 요구에 적합한 맞춤형 치료계획을 세울 수 있다. 놀이치료를 활용하면 아동은 더 적극적으로 참여하고 성공적인 치료결과도 얻을 수 있다. 어떤 종류의 개입과 접근법을 사용하든 간에, 중재, 협력적인 양육 또는 다른 임상적 서비스와 같은 추가적인 개입과 함께 놀이치료를 사용하는 것이 중요하다.

이혼의 영향과 위험요인 및 보호요인, 그리고 잘 확립된 치료(well-established treatment)나 아마도 효과적인 치료(probably efficacious treatment)에 대한 엄격한 과학적 연구에 관한 자료와 문헌의 차이가 분명히 존재한다. 이러한 격차를 좁히는 것은 전반적인 상담 제공을 개선하는 데 도움이 될 것이며, 연구에 기반한 놀이치료사가 이혼에 직면한 아동, 청소년, 그리고 가족을 위해 최선의 개입을 선택하도록 하는 데 도움이 될 것이다.

제 7 장

상실 및 애도를 경험하는 아동을 위한 놀이치료

William Steele

SITCAP에 대한 설명: 애도 및 외상의 주관적인 세계

경험이 행동을 이끈다

말하는 것은 제한적이다

외상 중점 증거기반 그림 그리기 과정

애도와 외상을 경험하는 아동들을 위한 외상 중점 접근

외상 중점 관계 발달시키기

SITCAP 과정: 전략과 기법들

임상사례

결론

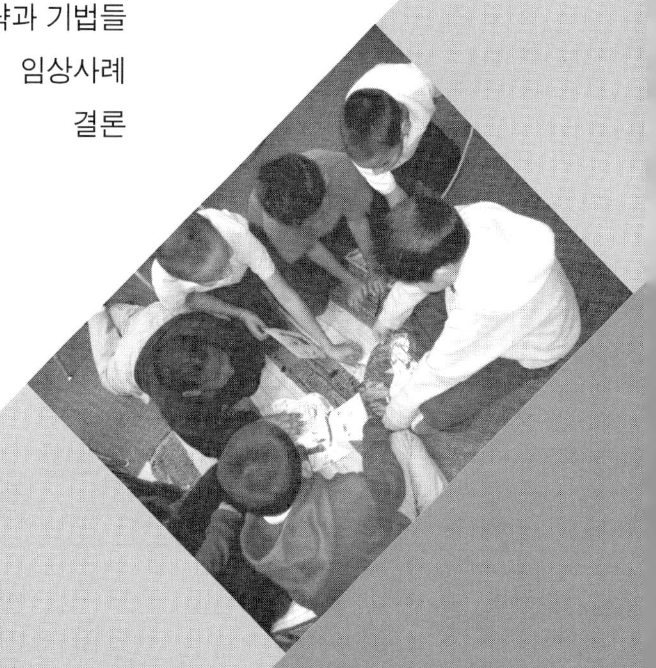

> 만약 여러분이 제가 생각하는 것을 생각하지 않고 제가 느끼고 것을 느끼지 않으며, 제가 경험한 것을 경험하지 않으며, 제가 보는 것을 보지 않는다면, 제게 가장 문제가 되는 것이 무엇인지 어떻게 알 수 있을까요?
>
> -애도 및 외상을 경험한 아동의 목소리(Steele & Kuban, 2013, p. 3에서)

본 장에 제시된 증거기반 감각개입모델인 SITCAP(Structured Sensory Interventions for Traumatized Children Adolescents and Adults, 외상을 입은 아동, 청소년, 성인을 위한 구조화된 감각 치료)는 1990년에 TLC 연구소(National institute for Trauma and Loss in Children, 미국 국립아동외상연구소)에서 개발되었다. TLC는 외상 및 상실을 경험한 아동들을 위한 국립 연구기관으로, Starr 글로벌학습네트워크(Starr Global Learning Network)라는 비영리 프로그램을 운영하고 있다. 외상은 일반적으로 다양한 상실로 인해 발생하며 상실에는 애도가 뒤따르기 때문에 외상을 다루는 개입 모델에서 애도를 다루는 것 역시 중요하다. SITCAP는 감각에 기반을 둔 구조화된 그리기 활동을 통해 각 사람이 주관적으로 경험하는 애도 및 외상에 접근하는 프로그램이다. 먼저 그림을 그리게 한 후에, 외상 주제에 초점을 둔 탐색 질문을 통해 아동의 암묵적인 영상 기억과 감각에 접근한다. 이는 애도 및 외상을 경험한 아동의 증상들이 암묵적인 영상 기억과 감각의 형태로 나타나기 때문이다.

이 장은 ① 애도 및 외상을 경험한 아동의 고통을 줄일 수 있도록 돕고, ② 주제 중심 그리기 활동에 대한 이론적 근거로 주관적인 경험 세계의 중요성을 강조하는 것으로 시작하고자 한다. 그런 후 놀이 기반 개입으로써 그리기 활동을 하는 것과 관련하여 SITCAP의 증거기반 현황 및 임상 실제 역사에 대해 간략히 기술할 것이다. 이후 구체적인 사례를 통해 그리기 활동 예시를 보여 주면서, 이 활동이 어떻게 아동의 주관적인 세계에 다가갈 수 있도록 돕고 아동의 생존과 성장에 가장 크게 문제가 되는 것을 발견할 수 있도록 돕는지를 기술하고자 한다.

또한 애도 및 외상 아동을 도울 때 고려해야 할 다음의 주요 사항 및 치료 의무 사항 등도 사례에서 함께 다룰 것이다.

- 상실의 공포 및 충격적인 외상 경험으로 인해 아동이 자신과 다른 사람들, 주변 세계를 어떻게 바라보는지 이해하기 위해 아동의 세계(이유, 논리, 언어가 없는 세계)에서 시간 보내기

- 외상 초점 돌봄의 1차적인 명령인 '해 끼치지 않기'를 실천하기 위해 먼저 아동이 외상을 어떻게 경험하고 있는지를 살피기
- 아동의 주관적 경험에 대해 궁금해 하는 목격자가 되어 새로운 감각 경험을 제시하고, 아동이 자신의 삶을 희망, 강점, 회복탄력성의 관점에서 인지적으로 이해할 수 있도록 돕기
- 애도 및 외상 아동에게 비언어적인 (감각 기반) 소통 방법을 제공하여 자신의 세상이 어떤 곳인지를 표현하고 소통할 수 있도록 돕고, 그렇게 함으로써 자신에게 가장 크게 문제가 되는 것이 무엇인지를 드러낼 수 있도록 하기
- 개인의 주관적 경험과 관련된 감각기반 활동에 적극적으로 참여할 수 있도록 도움으로써 그 경험이 감각 반응으로 활성화되는 것을 감소시키도록 돕고, 동시에 새로운 경험을 제시하여 회복탄력성 및 강점에 기반하여 자신과 다른 사람들, 주변 세계에 반응하고 바라볼 수 있도록 돕기
- 애도 및 외상을 경험한 아동의 행동을 변화시키기 위해서는 자신과 다른 사람, 매일 접하는 여러 환경을 경험하는 주관적인 방식을 변화시켜야 한다는 것을 인식시키기
- 우리의 상호작용은 안전하고, 구조화되어 있으며, 예측가능하고, 아동에 의해 주도되지만, 아동들이 자신의 반응을 조절하는 법을 배울 수 있도록 돕기

오늘날의 세상은 많은 아동에게 외상이 될 수 있으며, 외상을 경험한 아동들은 여러 유형의 상실과 그로 인한 애도를 경험한다. 이 때문에 나는 외상(아동들이 애도를 경험하든 정신적 외상을 경험하든 상관없이)에 중점을 둔 개입의 핵심 기준들을 살펴보면서, SITCAP 과정이 이러한 외상 중점 개입 기준에 어떻게 부합하는지를 살펴보았다. 이러한 증거기반 개입 과정의 핵심 개념들을 요약하면서 이 장을 끝맺고자 한다.

SITCAP에 대한 설명: 애도 및 외상의 주관적인 세계

나는 애도 및 외상 유발 상황(폭력적 상황일 수도 있고 비폭력적 상황일 수도 있음)에 노출되었던 아동들과 수년간 함께해 왔다. 이 생존자들이 내게 가르쳐 준 것은 애도와 외상은 종종 공존하며 별개로 나타나는 경우가 드물다는 것이며, 이들이 나타내는 증상은 종종 애도나 외상 때문일 수 있다는 것이다. 나는 그들의 세계에서 시간을 보내기 전까지는 그

차이를 바로 알아차리지 못했다. 그러한 경우에 임상적 적용은 어떤 개입을 하든 애도와 외상을 모두 다루도록 지시했다.

신경 과학의 발전으로 인해 애도 및 외상에 대한 우리의 이해가 확장되었고 우리가 시행하고 있는 개입에 대해 다시 생각해 보게 되었다. 예를 들어, 1960년대 말에 Kübler-Ross 박사에 의해 개발된 5단계의 애도 과정은 수년간 애도를 치료하는 데 사용되어 왔다. 오늘날에도 이 단계는 자명하지만, 이 단계는 애도가 어떻게 경험되고 처리되는지에 관한 주관적 현실을 반영하지 못한다는 것이다. 내가 발견한 바로는, 애도 및 외상을 경험한 사람들에게 가장 문제가 되는 것은 그들의 증상이 아니라 그 경험으로 인해 자신과 다른 사람들, 주변 세상을 경험하는 방식에 있다. 나는 이 경험을 그들의 '주관적인 세계' 또는 그들의 '주관적인 관점'이라고 부른다. 임상장면에서 임상가로서 우리가 초점을 두어야 하는 것은 그들의 증상이 아니라 그들의 주관적인 세상이며, 이 부분에 중점을 두고 개입해야 한다는 것이다.

애도 및 외상을 경험한 아동들의 주관적인 세계는 암묵적인 세계로, 잠재적으로 위험이 될 수 있는 것이 보이고 들리고 감지되며, 이로 인해 촉발된 감각에 의해 행동하고 반응한다는 것이다(Rothschild, 2000).

애도 및 외상을 경험한 아동들은 자신이 생각한 대로 행동하는 것이 아니라 자신에게 느껴진 대로 행동한다는 것이다(Ziegler, 2002). 즉, 그들의 세계에서는 인지적으로 처리한 정보보다 손짓, 얼굴 표정, 목소리 톤, 신체 특징, 신체 자세, 환경적 요인들이 생존에 훨씬 더 중요한 정보들이다(Steele, 2003a). 아동들은 그 세계에서 자신의 안전과 행복을 위협하는 것으로 감지된 것에 대한 반응을 조절하기 위해 고군분투하고 있다. 이것은 순전히 심리적인 현상이라기보다는 '생리적인 현상'(Levine & Klein, 2012)이며, 그 순간 신체는 높은 전하를 띠기에(각성되며), 증상이 반복될 가능성이 높아진다. 이를 임상적으로 적용하면, 아동들의 안전 감각을 회복하고 역량(empower)을 강화하여 각성된 생존 반응을 비활성화시킬 수 있도록 돕는 개입이 권장된다.

경험이 행동을 이끈다

초기 심리학 이론에서도 자기 자신, 다른 사람들, 세계에 대한 주관적인 견해가 개인의 사적 논리(private logic)를 형성하며(Adler, 1930), 이러한 주관적 견해가 개인의 행동을 이끈다는 것을 발견하였다. 예를 들어, 만약 당신이 나를 사랑한다고 말하고 나를 배신했다면, 그 경험으로 인해 나는 지금까지와는 다르게 당신을 생각하고, 당신을 불신하게 되고, 다시 상처받지 않기 위하여 당신을 회피하는 행동을 하게 될 것이다. 심각한 상실을 경험하거나 충격적인 외상 경험을 했다면, 우리는 즉각적으로 생존을 위한 행동을 하게 된다. 아직 해결되지 못한 애도와 외상은 싸우기-도망가기-얼어붙기(fight-flight-freeze)로 요약되는 생존 행동들을 이끌어 낸다. 이와 같이 애도 및 외상에 대한 주관적인 세계는 우리에게 다음과 같은 것을 알려 준다. 즉, 만약 우리가 아동의 행동을 변화시키기 원한다면 우리는 그 아동이 자신과 다른 사람들, 그리고 자신을 둘러싼 세계를 경험하는 방식을 변화시켜야 한다. "새로운 것을 학습시키거나 변화시키려 한다면 학습되어야 하는 것에 적극적으로 참여함으로써 새로운 신경 네트워크를 구축해야 한다."(Fischer, 2012).

이러한 근본적인 변화를 달성하기 위해서, 개입 과정(이 경우, 언급되는 특정주제와 관련된 주제 중심 그림 그리기 활동과 탐색 질문들)은 반드시 주관적 세계와 관련되어야 하며, 이러한 기억, 감각, 경험을 외현화하여 구체적인 형태로 경험할 수 있도록 촉진해야 한다. 이렇게 구체적인 형태가 나타나야지만, 아동들은 주관적인 세계와 관계성을 맺고 설명할 수 있으며, 필요하다면 재배열할 수 있으며, 궁극적으로 변화의 주체가 되어 강점기반 회복탄력성의 관점에서 자신과 다른 사람 및 세계를 바라볼 수 있게 된다. SITCAP의 구조화된 그리기 과정과 활동은 이러한 과정을 용이하게 한다.

말하는 것은 제한적이다

신경과학에서 밝혀진 것—아동심리치료는 말하는 것만을 기반으로 해서는 이루어질 수 없다—은 그동안 아동들이 우리에게 알려주었던 가르침이라는 것을 명심할 필요가 있다. Gil(2006)에 따르면, "외상사건은 뇌의 우반구(사고하지 않는 뇌)에서 경험되고 저장되므로 아동들이 우반구에 접근하고 자극할 수 있는 일정한 시간을 주는 것이 궁극적으로는 외상 경험으로 인해 닫힌 것처럼 보이는 좌반구(사고하는 뇌)의 필수적인 기능을 활성화시킬 수 있을 것이다."(p. 102)라고 언급하였다. 나는 이것이 애도를 경험하는 많은 아동에게도 해당된다는 것을 발견하였다. 명시적인 좌반구와 암묵적인 우반구, 즉 사고하는 뇌(thinking brain)와 느끼는 뇌(feeling brain) 간의 자연스런 균형을 이루도록 치유하고 회복하는 데 있어서 인지적 재구조화(cognitive reframing)가 매우 중요하다(Cohen, Mannarino,

& Delinger, 2006). 하지만 우리가 아동의 주관적인 세계에서 시간을 보내야만 아동에게 의미 있는 재구조화가 무엇인지 알 수 있다. 즉, 아동이 자기 자신과 환경을 경험하는 맥락에 맞는 재구조화가 무엇인지, 아동이 지금까지와는 다르게 생각하고 행동할 수 있게 해 주는 재구조화가 무엇이며, 강점 및 회복탄력성의 원천으로서 수용하고 내면화할 수 있는 재구조화가 무엇인지 알 수 있다.

Ogden과 Minton, Pain(2006)은 "주로 말로 하는 사고와 이야기에 초점을 둔 심리치료 환경은 치료를 표면 수준에 머무르게 하기 때문에 외상이 해결되지 않을 수 있다."(p. xiv)라고 기록하였다. 애도 및 외상 세계에서 우리의 인지적/명시적 사고는 암묵적이고 비논리적인 생존 뇌와 더 이상 균형을 이루지 못한다(Fosha, 2000). 우리는 합리적이거나 논리적인 것에 따라 반응하는 것이 아니라 우리가 행동할 필요가 있다고 느끼는 것에 따라 반응한다. 그러므로 애도 및 외상을 경험한 아동들을 위한 임상적 개입을 할 때는 그들이 살고 있는 주관적인 세계, 즉 이성이나 논리, 상위 뇌에 따라 반응하지 않는 세계(Schore, 2001; van der Kolk, McFarlane & Weisaeth, 1996), 그들이 고군분투하며 살고 있는 세계이지만 자신의 경험을 언어화할 수 없는 세계(Fosha, 2000)에 맞추어 적용할 필요가 있다. 주제 중심의 그리기 활동은 이 아동들로 하여금 자신의 경험을 파악하고 표현할 수 있도록 해 준다.

아동들의 주관적인 세계로 들어가야 하는 대표적인 상황은 우리가 애도 및 외상 아동들이 경험하는 걱정에 초점을 맞출 때이다. 애도나 외상 아동들은 "이제 누가 나를 돌보지? 또 어떤 안 좋은 일이 일어날지?"를 걱정할 수 있다. 우리는 애도 집단 아동과 외상 집단 아동들이 모두 비슷한 걱정을 하는 것으로 알고 있지만, 한 집단에서 임상적으로 매우 심각한 걱정거리가 다른 집단에서는 그렇게 심각하지 않을 수 있다. 아동이 자신이나 주변에서 일어난 일을 어떻게 경험했는지를 우리에게 말해 주거나 보여 주며 자신에게 가장 문제가 되는 것이 무엇인지를 알려 주어야지만, 우리는 아동들이 경험하는 걱정의 강도가 어느 정도이며, 어디까지 개입해야 하는지를 알 수 있다. 예를 들어, 같은 사건에 노출된 두 아동에게 가장 걱정되는 것이 무엇인지를 물었다. 한 아동은 또 다른 나쁜 일이 일어날까봐 걱정된다고 말한 반면, 또 다른 아동은 소풍이 취소되는 것에 대해 걱정하였다. 둘 다 동일한 상황에 노출되었지만 주관적인 수준에서 경험하는 상황은 상당히 달랐으며, 이는 각 사람에게 가장 문제가 되는 것이 서로 다를 수 있다는 것을 우리에게 알려 주었다.

애도 및 외상 아동들을 위해 적절한 개입을 하려면, 우리는 먼저 아동들이 자신의 세계를 어떻게 경험하고 있는지를 확인해야 한다. 아동들을 위험에 빠뜨리는 상황이나 재외상화(Hodas, 2006)를 예방하기 위하여 외상 중점 돌봄(trauma-informed care)을 제공해야 한다는 기본적인 지침을 준수하려면 우리는 행동이나 증상에 근거한 치료 가정보다는 아동들이 주관적으로 경험하는 세계를 이해할 필요가 있다. 다음 예제는 SITCAP과 그리기 요소가 어떻게 임상적으로 적절한 개입인지를 보여 준다.

8세인 Eric은 마른 아이이다. 그는 위탁 가정에서 2년간 폭행을 당했다. 종합평가를 통해 아동에게 외상 관련 증상들이 있으며, 감각 통합의 문제가 있다는 것이 발견되었다. 개입의 하나로 무거운 담요기법이 제안되었다. 무거운 담요기법은 흥분된 신경계를 진정시키고 불안을 줄이는 데 도움이 되는 기법이다. 이 기법은 여러 아동에게 도움이 된 기법이다. 하지만 그 개입이 모든 아동에게 적합한 것은 아니며, 어떤 아동에게는 도움이 되지만, 다른 아동에게는 해가 될 수도 있다. 아동의 주관적인 외상 세계를 아는 것은 재외상화를 방지하는 데 도움이 될 수 있다.

Eric은 자신보다 여섯 살이나 더 많은 72kg의 소년에게서 반복적으로 폭행을 당했다. 그 경험이 어떠했는지 그림으로 그리도록 요청했을 때, 그는 그 소년의 머리를 나타내는 작은 동그라미를 그리고 나서 자신을 자주 때리는 소년이라는 것을 표현하기 위해서 그의 몸 전체를 어둡게 칠했다. 그는 그 경험에서 가장 힘들었던 부분이 무엇이냐고 묻자 "그가 자신을 때릴 때마다, 때때로 자신을 깔고 누워서 거의 숨을 쉴 수 없을 정도였다."라고 대답하였다. 이런 경험이 있는 아동에게 무거운 담요기법을 사용하면 Eric의 외상 기억은 더욱 활성화될 위험이 있으며 추가 외상을 입힐 가능성이 있다. 따라서 아동들이 애도 및 외상을 경험하는 주관적인 방식을 아는 것은 그 아동에게 적절한 개입을 적용하는 데 필수적이다.

Worksheet 5.2  Group Session 5

나쁜 일이 일어나도록 한 사람/사물/사건

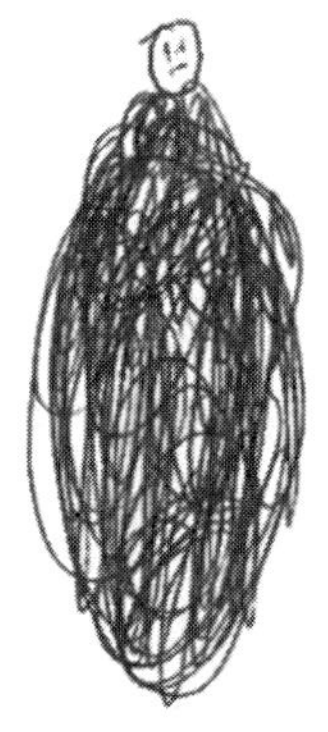

[그림 7-1] Eric의 그림

외상 중점 증거기반 그림 그리기 과정

> SITCAP 모델의 핵심 원리는 외상의 주관적 경험을 안전하게 기억하고 재작업할 수 있는 기회를 제공하는 것이다. 즉, 이 모델은 인지적 맥락이 아니라 감각적인 맥락에서 아동들의 경험과 기억을 다루기에 외상후 스트레스 장애 증상과 애도 및 외상 관련 반응들을 현저하게 감소시키며, 그 효과를 지속시킬 수 있을 뿐 아니라 성장을 지원하는 방식으로 회복탄력성을 발달시키고 강화시킬 수 있다.
>
> -STEELE AND KUBAN (2013, p. 7)

SITCAP의 그리기 과정은 아동들의 암묵적인 감각, 영상 기억, 주관적 경험을 구체적인 형태로 외현화하며 '궁극적으로 언어로 부호화하고 표현'(Steele, 2003b, p. 142)할 수 있도록 돕는다. 그림의 내용은 해석하거나 분석하지 않는다. SITCAP의 그리기 과정은 구조화되어 있어서, 각각의 주관적 경험과 관련한 특성화된 그리기 과제가 다루어 진다. 이러한 구조화된 주제 중심의 그리기 활동을 통해 임상가들은 아동들이 자기 자신, 다른 사람들, 주변 세계를 어떻게 바라보는지, 그리고 애도 및 외상에 노출됨으로 인해 아동이 자신의 세계에서 가장 걱정하는 것이 무엇인지를 알 수 있다. 더 나아가, 아동들은 이 과정을 통해 자신의 주관적 경험을 구체적이고 조작가능한 형태로 외현화할 수 있기에 불안이 경감되는 것을 발견한다. 이는 증거기반 연구와 임상 실제 기반 역사에 의해 증명되었다.

SITCAP 전략 및 프로그램을 위한 연구 및 증거기반의 임상 실제 역사

그림 그리기 사용을 위한 연구기반

SITCAP 프로그램의 일차적인 전략은 애도 및 외상의 주관적 경험과 관련된 주제 중심의 그림 그리기 활동을 하는 것이다. 그리기 활동은 평가의 목적으로 놀이치료에서 수년간 사용되어 왔다. 그리기는 말로 표현할 수 없는 것을 표현하고 자신의 반응을 조절하면서 표현할 수 있는 매체이다(Crenshaw & Mordock, 2005; Green, 2009). Byers(1996)에 따르면, 그림 그리기는 아동이 외상 기억에 접근할 수 있고, 노출할 수 있고, 치유할 수 있다는 것을 검증한 수많은 연구가 있다. Magwaza와 Killian, Peterson, Pillay(1993)의 연구도 지역사회 폭력에 노출되었던 남아프리카 아동들을 대상으로 유사한 결과에 도달했다. Saigh와 Bremner(1999)는 아동이 '스트레스 받는 경험을 그림으로 스케치 하고, 그 경험의 내용을 구두로 말하는 것'을 제안했다(p. 370). 2002년 3월 19일에 세계무역센터 어린이 문화 사업 개막식에서 9 · 11 사건을 추도하며 초상화 3,100여점이 전시되었다. 그 전시는 '이 비극의 복잡성을 인지적으로 이해하는 데 어려움을 겪은 아동들의 소외감과 무력감을 줄이기 위해' 제작되었다(Berberian, Bryant & Landsburg, 2003, p. 110)

1990년대 초반에 Pynoos와 Eth(1986)는 그림을 그리게 하고 나서 아동들과 인터뷰를 하면서 '외상의 심상을 확인하고, 개인적인 외상 경험에 대해 이야기하며, 체화된 외상의 지각적 측면을 평가'(p. 379)할 수 있었다. Gross와 Haynes(1998)의 연구에서도, 그림을 그리도록 요청받은 아동들은 더 많은 느낌과 감각을 표현할 수 있었기에 단순히 말로만 무슨 일이 일어났었는지 말하도록 요청받은 아이들보다 그 사건에 대해 더 잘 묘사할 수 있었다.

SITCAP에 대한 증거기반 임상 실제의 역사

SITCAP의 개입 프로그램과 6~18세 아동 및 청소년을 위한 구조화된 그리기 과정은 캘리포니아 아동복지 증거기반 정보센터(California Evidence-Based Clearinghouse for Child Welfare) 목록에 등재되어 있으며, 약물남용 및 정신건강청(Substance Abuse Mental Health Services Administration's: SAMSHA)의 증거기반 프로그램으로 등록되었다. SITCAP의 가치를 입증하는 연구결과들이 다양한 연구저널과 책에 발표되었다(Steel & Kuban, Kuban, 2009; Steele & Raider, 2008). 그러나 많은 사람들은 증거기반 연구가 반드시 서로 다른 상황에 노출되었던 다양한 사람과 환경에서 그 실질적 가치와 유용성이 입증된 것은 아니라고 주장한다. SITCAP는 증거기반 연구이기도 하지만 23년간의 임상 역사를 통해 증거기반 과정과 결과에 의문을 제기하는 사람들에게 답변을 해 왔다. Dietrich(2008)의 주장에 따르면, SITCAP와 같이 반복적으로 문서를 통해 바람직한 결과가 입증된 개입은 임상 실제에서도 그 가치가 증명된 것이다. SITCAP의 임상 실제의 가치를 지지하는 몇 가지 추가 기준은 다음과 같다(Steele & Kuban, 2013).

- 이 개입은 학교 및 임상 장면과 같은 다양한 장면에서 다양한 치료 집단(예: 폭력적인 사건에 노출된 아이들뿐 아니라 비폭력적이지만 애도를 유발하는 사건에 노출된 아이들)을 대상으로 시간 경과(최소 10년)에도 불구하고 일관되게 문서를 통해 결과가 입증되어 왔다.
- 이 개입은 실용적이다. 즉, 대부분의 임상가들이 집단이나 개인 치료 과정에서 사용

할 수 있으며, 배우기 쉽고, 매뉴얼화되어 있어서 올바르게 실시할 수 있으며 정확하게 평가하고 적절히 사용할 수 있다.

- 이 개입은 증거기반 연구 모델을 사용하여 최소한 하나의 통제된 경험 연구를 수행하여 증상의 유의미한 감소를 입증하였다.
- 이 개입은 잘 설계된 연구 기반 개입으로, 신경과학 연구, 회복성 연구, 강점기반 연구들이 유기적으로 연관된 연구결과들이 발표되었다.

애도와 외상을 경험하는 아동들을 위한 외상 중점 접근

미국 국립외상중점돌봄센터(National Trauma-Informed Care Center, 2011)는 아동기 외상의 발병률에 대한 인식을 높였을 뿐 아니라 치료받지 않았을 때의 장기적인 영향에 대한 인식을 높였다. 또한 미국 국립외상중점센터는 외상에 중점을 둔 아동돌봄시스템의 필요성을 강조하며, 외상을 겪고 있는 아동들을 위한 임상 실제 과정은 다음과 같은 핵심 기준에 따라 외상 중점 접근이 이루어져야 한다는 것을 강조하였다. 우리는 이러한 기준이 애도를 겪고 있는 아동들에게도 적용되어야 한다고 생각한다. 이러한 기준을 SITCAP에 통합시키는 방법에 대해 이 장 전체를 할애할 수 있지만, 여기서는 다음의 5가지 기준을 토대로 SITCAP 모델(Steele & Malchiodi, 2012년)과의 통합에 대해 간략히 설명하겠다.

① 안전, 역량 강화, 자기조절을 회복하기(Bath, 2008; LeVine & Klein, 2007)

② 암묵적(우뇌) 과정과 명시적(좌뇌) 과정을 통합하기(Gil, 2006;.Langmuir, Kirsh & Classen, 2012)

③ 신경발달적으로 적절한 개입을 적용하기(Perry, 2009)

④ 문화적 다양성을 존중하고 지지하는 개입하기(Boden, Horwood, & Fergusson, 2007).

⑤ 외상 중점 관계를 증진시키기(Bloom & Farragher, 2010)

안전과 역량 강화

SITCAP를 실시하기 위해 훈련된 임상가들은 모든 상황이나 모든 아동에게 적용할 수 있는 만능 개입은 없다는 것을 교육받는다. 게다가 외상 치료에는 저항 같은 것이 없다. 즉, 아동은 안전하다고 느끼거나 그렇지 않다고 느낀다. 아동에게 더 이상의 애도나 외상을 유발하지 않으면서 안전한 관계를 형성하고 개입 과정에서 아동이 발달해 갈 수 있도록 돕는 것이 우리의 책임이다. SITCAP 개입 회기는 안전한 영역에서 시작하고 종료하며, 안전한 영역에서 주관적인 경험에 초점을 맞추고, 조절하며, 완충해 간다. 아동들은 우리가 어떤 것을 요구하든 "좋아요." 혹은 "싫어요."라고 말할 수 있다는 것을 배운다. 모든 그리기 작업은 8″×11″(20cm×28cm) 규격의 워크시트에서 이루어지기에 아동의 감각 경험과 정서를 외현화하여 담을 수 있다. 이 과정은 아동들의 역량(empowerment)을 강화하여 아동이 가장 안전하다고 느끼는 속도와 영역에서 작업할 수 있도록 임상가들을 안전하게 이끌어 간다.

자기조절

위의 구조화된 과정은 예측가능한 순서로 이루어지고, 아동이 활동을 멈추거나 계속할 수 있는 역량을 주며, 감각 과정을 조작 가능한 형태로 담아 줌으로써 자기조절을 촉진시킨다. 우리의 몸(Rothschild, 2000)과 신경계(Levine&Klein, 2007)는 강렬한 애도 및 외상 경험에 의해 활성화되고 그 경험을 상기시키는 물건들에 의해 재활성화되기에, 아동들에게 자신의 반응을 조절하는 방법을 가르치는 것 역시 중요하다. Bessel van der Kolk(2006)는 Rothschild의 관찰에 동의하며, "효과적인 치료가 되기 위해서는 단순히 경험을 통해 얻은 의미에만 초점을 두기보다는 내담자의 신체적 자기 경험에 집중하여 자각을 증진시키는 것이 유용할 수 있다."(p. 13)라고 말하였다.

SITCAP는 신체 기억과 반응을 다룬다. 예를 들어, 아동 몸의 어느 부위가 가장 아프고 두려움을 느끼는지 확인하도록 요청받는다. 그들은 그 상처와 두려움이 어떤 모습인지 그려 달라는 요청을 받는다. 특정 주제에 대한 우리의 호기심 어린 탐색 질문들은 상처나 두려움과 관련된 것으로 그들의 경험이 어떠했는지, 그로 인해 그들이 무엇을 하게 되었고 하지 않게 되었는지, 만약 그 부위가 말할 수 있다면 그들에게 무엇을 말할 것인지, 만약 그 부위가 들을 수 있다면 그들에게 그 부위에 대해 무엇을 말할 것 같은지 등에 대해 정의하도록 돕는다. 이 과정 자체가 자기조절을 요구한다. 또한 이 과정에서 아동들은 상처가 되었던 부분을 행복하고 안전한 부분으로 전환하는 방법을 배운다. 이러한 전환은 아동의 자기조절 기술을 강화시킨다. 또한 모든 회기를 안전하게 시작하고 종료하며 안전한 공간에서 그들의 반응에 초점을 두고 조절하면서 아동의 자기조절 기술을 강화시킨다.

외상 중점 관계 발달시키기

조절 과정은 외상 중점 관계를 발달시킬 수 있도록 지원한다. SITCAP 임상가들은 분석하기보다는 호기심을 가지고 탐색하도록 교육을 받는다. 왜냐하면 호기심은 공감(Smith, 2012)과 조율(Perry, 2009)의 초석이 되기 때문이다. 안전하고 호기심 어린 관계를 조성하는 것은 아동들이 그들의 세계에서 덜 고독하다고 느끼도록 도울 수 있지만, 분석적 해석과 지침에 근거한 관계는 그렇지 못하다. 게다가 우리의 호기심 어린 탐색 질문들은 아동의 인생에서 일어난 사건의 사실적인 측면이 아닌 아동이 **어떻게 경험하고 있는지**에 초점을 두기에, 이렇게 "정서적인 측면과 반성적인 측면이 모두 전해지면, 아동은 자신의 인생 이야기를 치료사와 함께 상당히 깊숙한 부분까지 파고 들어가서, 그 사건을 탐색하면서 나타나는 정서를 공동조절하고 그 사건의 의미를 경험할 수 있게 될 것이다."(Hughes, 2009, p. 169) 이러한 치료적 입장은 상호적인 관계를 지지하기에, 우리의 호기심은 아동의 호기심을 불러일으킬 것이다.

발달적으로 적절하고 문화적으로 민감한

SITCAP 활동과 프로그램은 발달적으로 6세에서 18세 아동 및 청소년에게 적합하도록 기획되었다. 주관적 경험에 초점을 두는 것은 동일하지만, 발달 수준에 따라서 워크시트와 활동은 차별화되어 있다. 아동들의 주관적인 경험에 초점을 두기에 다양한 집단의 사람들을 도울 수 있다. 애도와 외상을 경험한 전 세계의 아동들은 두려움을 경험한다. 두려움은 어느 언어나 문화에서도 두려움이다. SITCAP 구조화된 그림 그리기 활동은 어느 문화에 있는 아이들이든 자신의 문화적 상징과 언어를 사용하여 자신이 경험한 두려움을 다양한 방식으로 안전하게 그리고 표현할 수 있도록 한다.

SITCAP 과정: 전략과 기법들

SITCAP 그리기 과정을 통해 아동들은 암묵적인 감각, 감각적인 기억, 주관적인 경험을 구체적인 형태로 외현화한 후 "언어로 부호화하고 표현"(Steele, 2003b, p. 142)할 수 있도록 돕는다. 그리기 과정은 구조화되어 있어서 각 과제는 개인의 주관적 경험에 특성화되어 있다. 1990년에 미국 국립 아동 외상 및 상실 연구소(National Institute for Trauma and Loss in Children)에서는 애도 및 외상을 경험한 아동들의 주관적인 경험 목록을 다음과 같이 제시하였다. 두려움, 극심한 공포, 걱정, 상처, 분노, 복수, 죄책감과 수치심, 안전하지 않고 무력하다는 느낌, 피해자 사고(victim thinking) 및 생존자 사고(survival/thriver thinking)와 행동(Steele & Raider, 2009) 등이다. 이러한 주관적인 경험들은 오늘날 구조화되고, 발달적으로 적절하며, 증거에 기반한 우리 개입의 핵심으로 남아있다.

그리기를 통해 아동들이 자신이나 다른 사람들, 그리고 자신을 둘러싼 세계를 어떻게 바라보는지를 알 수 있으며, 그들의 세계에서 가장 문제가 되는 것이 무엇인지를 알 수 있다. Gil(2010)은 "그리기 활동은 외상에 초점을 둔 놀이와 동일하다. 아동들은 놀이를 통해 자신의 고통스런 부분을 외현화하도록 격려받으며, 정서를 감내하며 방출하는 것을 배우며, 상처를 보상하며 숙달감을 형성하도록 격려받는다."(p. 57) 그들이 무엇을 그리고, 어떻게 그리는지는 그리 중요하지 않다. 우리는 그림을 평가하거나 분석하지 않는다. 단지 우리는 아동들이 자신의 경험을 구체적인 형태로 외현화 할 수 있도록 돕기 위하여 그리기를 수단으로 사용한다. 아동들은 그리기를 통해 자신의 경험이 어떠한지, 그 경험이 자신에게 어떠한 의미가 있는지, 자신이 속한 문화 규범과 관습 안에서 자신의 치유에 가장 문제가 되는 것이 무엇인지에 대해 상세하게 묘사하는 것을 배운다.

주제에 대한 탐색 질문

훈련 초기에 호기심을 갖는 것이 많은 전문가에게 쉬운 과정이 아니다. SITCAP 훈련 과정에서 우리는 참가자들에게 주제 탐색 질문을 제시하고 나서, 특정 주제와 관련하여 받을 수 있는 가능한 한 많은 질문을 자신이 속한 집단에서 함께 생각해 보라고 시간을 준다. 예를 들어, 우리는 "가장 힘든 부분(the worst part)이 무엇이지?"라는 질문을 제시한다. 그러면 우리는 곧바로 "무엇의 가장 힘든 부분?"이라는 참가자들의 질문을 받는다. 그때 우리의 반응은 "아이들이 그 사건의 가장 힘든 부분을 어떻게 경험했는지 소통하도록 도울 때 당신이 **무엇**에 대해서 알 필요는 없다."라고 말한다. 임상가들은 아동이 실제로 그 사건을 어떻게 경험했는지 보다 그 사건의 세부사항에 훨씬 더 집중하는 경향이 있다. 세부사항에 초점을 맞출 때, 또 그 아동에게 가장 문제가 되는 것이 무엇인지에 대한 가정을 할 때 여러 가지로 잘못된 가정을 하는 경우가 많다. TLC의 주제 탐색 질문은 개방형 질문으로, 각 개인의 주관적인 경험에 따라 달라진다. Olafson과 Kenniston(2008)은 법의학 인터뷰를 위한 최적의 정보 수집 환경을 조성하기 위해서는 "개방형 질문이 가장 생산적이며, 심지어 주저하거나 거부하는 아이들도 개방형 질문에는 충분히 대답한다."(p. 77)라고 설명하였다.

아동들이 우리를 자신이 경험한 사건의 가장 힘든 부분으로 이끌고 가도록 돕기 위해서 다음의 몇 가지 호기심 어린 탐색 질문들을 할 수 있다. 질문은 아동의 발달 수준에 따라 달라진다. 사춘기 청소년들과 함께 작업할 때, 우리는 "1에서 10점 척도에서 10점이 가장 힘든 것이라고 할 때, 너는 어디쯤에 있니?"라고 질문할 수도 있다. 더 어린 아이들과 함께 작업할 때, 우리는 종종 서로 다른 크기의 4가지 동물이 그려진 워크시트를 사용한다. 우리는 아동에게 가장 힘든 부분이 그들에게 얼마나 크게 혹은 작게 느껴졌는지를 나타내는 동물을 색칠하도록 요청한다. 추가적으로 다음과 같은 질문을 할 수 있다.

- "너의 신체에서 가장 안 좋게 느껴지는 부분은 어디니?"
- "가장 힘든 부분으로 인해 너는 어떻게 되었니?"
- "가장 힘든 부분으로 다시 되돌아가게 하는 사람이나 어떤 것이 있니?"
- "가장 힘든 부분을 없앨 수 있는 사람이나 어떤 것이 있니?"

아동들이 자신의 주관적인 경험을 어떻게 경험했는지 표현하는 것을 도울 수 있는 추가적인 질문들은 상당히 많이 있다. 하지만 우리가 호기심을 유지하며 아동들의 반응에 직접적으로 반응하여 질문을 할 때만 아동들은 자신의 주관적인 경험을 표현할 것이다. 신속하게 질문하지 않아도 되지만, 아동이 한 반응 맥락과 관련이 있어야 한다. 예를 들어, 만약 가장 힘든 부분으로 다시 되돌아가게 하는 사람이나 어떤 것이 있는지를 듣고 나서 호기심이 유지된다면 우리는 "가장 힘든 부분으로 다시 되돌아가게 하는 사람에 대해 말해 줄 수 있니?"와 같은 질문을 할 수 있다. 아동의 주관적인 세계에는 종종 그 한 가지 경험을 구성하는 수많은 줄거리, 등장인물, 사건들이 있을 것이다. 우리가 계속 호기심을 유지한다면, 아동들은 우리를 그 경험의 더욱 깊숙한 곳으로 데려갈 것이고, 자신의 행동을 유발하는 것이 무엇이고 가장 문제가 되는 것이 무엇인지에 대해 좀 더 의미 있는 통찰에 이르도록 종종 도움을 줄 것이다.

애도와 외상을 경험한 아동들은 모두 현실에서 악몽과 같은 엄청난 불안감을 경험할 수 있다. 다만 차이점은 어떻게 경험하는가이다. 애도를 경험하는 아동들의 악몽은 일반적으로 다른 누군가에게 무슨 일이 일어나거나 더 이상 그들과 함께 있지 않는 사람에 관한 악몽을 꾼다. 외상을 경험한 아동들은 자신이 상해를 입는 악몽을 꾼다. 예를 들어, '내 여동생이 어떤 차원으로 떨어져서 쫓기다가 총에 맞았다.'는 내용의 꿈을 꾼 아동은 깜짝 놀라 잠에서 깨지만, 이 꿈에서 아동은 사건의 관찰자이다. 비록 그 꿈의 내용이 무섭기는 하지만, 관찰자로서 아동은 안전한 곳에 있다. 반면, 외상에 의한 꿈은 '내가 어떤 차원으로 떨어져서 쫓기다가 총에 맞았다.'는 내용과 같이 좀 더 강렬하고 끔찍할 수 있다. 외상을 경험한 아동은 꿈에서조차 안전하지 않으며 무기력감을 느끼기 때문이다. 이들 사례에서 가장 중요한 것은 아동이 우리를 자신의 세계로 데려가서 그 경험에서 더 이상 혼자가 아니라는 것을 경험할 수 있도록 기회를 제공하는 것이다. 또 하나 중요한 점은 아동들에게 매체(이 경우, 주제 그리기 활동)를 제공하는 것이다. 즉, 아동들이 자신과 다른 사람들, 주변의 세상을 볼 때 어떻게 보는지, 그것이 자신에게 적용되는 의미가 무엇이며, 그리고 그들이 견뎌 왔거나 계속해서 경험하고 있는 애도와 외상 경험에 대해 우리가 볼 수 있도록 매체를 제공하는 것이다.

임상사례

집단 괴롭힘의 주관적인 경험을 소통하기

집단 괴롭힘이 피해자들에게 엄청난 슬픔과 외상을 유발할 수 있다는 것에 많은 사람이 동의한다. 15세의 Robert는 자살 충동으로 우울증을 겪고 있었다. 그는 동료들의 끊임없는 괴롭힘을 경험하면서 자신을 무력하고 쓸모없는 사람으로 여기고 있었다. 그 경험이 어떠했는지를 그림으로 그려 달라고 요청했을 때, 그는 집단 괴롭힘을 어떻게 경험하고 있는지, 자신을 괴롭히던 사람들에게 보복하는 것을 왜 멈출 수 없는지, 그리고 자신을 괴롭히는 사람들과 단절하려는 노력을 할 때 가장 문제가 되는 것이 무엇인지에 대한 통찰을 내게 주었다.

Robert는 그리기 용지 상단에 적혀 있는 '일어났던(happened)'이라는 단어의 철자를 일부 지우고 '일어나는(happens)'이라고 바꾸어 쓰며 이 사건이 여전히 진행 중임을 우리에게 알려 주었다. 그런 다음 Robert는 자신의 그림([그림 7-2])을 '두 세계'로 분리하였다. 오른쪽에는 Robert가 또래에게 둘러싸여 있는 그림을 그렸다. 그들이 그에게 하는 잔인한 표현 중 일부를 적어 놓았다. 그는 그들을 떠날 수도 있지만 항상 다시 그들에게 되돌아온다고 말하였다. 왼쪽에 그린 '또 다른 세계'를 보면, 자신은 희미하고 굉장히 작게 그린 반면, 다른 사람들은 용지 상단에 그렸다. 나는 그의 자화상 주변으로 원을 그려 이 사람이 Robert임을 나타내었다. 나는 호기심 어린 마음으로 두 그림의 차이점이 궁금해서 그에게 말해 달라고 부탁했다. '그는 또 다른 세계'를 가리키며 "저기에 사람들이 있지만, 그들은 나를 보지 못하는 것 같아요. 마치 내가 보이지 않는 사람인 사람인 것처럼."이라고 말하였다. 이 지점에 이르자, 나는 그가 자신을 괴롭히는 사람들에게 다시 되돌아가는 이유를 알 것 같았다. 자신을 괴롭히는 사람들에게 되돌아가는 자신을 그릴 때 어떤 생각이 들었느냐는 질문에, 그는 "적어도 그들은 나로 인해 재미있어 하고 가끔씩 나를 잠시 머물게 해 준다."라고 답했다.

이 활동을 통해 Robert는 이전에 자세히 설명하거나 논의된 적이 없었던 자신의 주관적인 세계를 나에게 보여 주었다. 말로 상담을 할 때는 항상 동료들과 함께 있을 때 느껴지는 실패자 감각에 초점을 맞추어 이야기하였기에, 집단 괴롭힘이라도 괴롭히는 사람들과 함께 있는 것이 그들과 함께 있지 않을 때보다 덜 고통스럽다는 사실을 인지하지 못하였다. 그의 그림은 또래 집단에서 멀어지려는 노력에서 가장 문제가 되는 것이 무엇인지를 생생하게 보여 준다. 그것은 인정받고 소속되고자 하는 욕구, 좀 더 심층적인 수준에서 자신과 다른 사람들에 대한 견해를 변화시켰던 경험에 대한 욕구이다. 그리기 활동으로 인해 그의 세계를 이해할 수 있는 적절한 개입에 초점맞추는 것이 훨씬 더 수월해졌다.

[그림 7-2] Robert의 그림

상처를 고백하기

12세의 Emily는 친척 집에 사는 동안 삼촌과 사촌에게서 성폭행을 당했다. 5세 때부터 시작된 학대는 11세에 그 집에서 격리될 때까지 계속되었다. 위탁 가정으로의 첫 번째 배치가 잘 성사되지 않았다. SITCAP가 시작되었을 때, Emily는 현재의 위탁 가정에서 6개월 정도 되었을 때였다. 위탁모는 그녀를 '시간 속에 얼어붙은 것' 같다고 묘사했다. 이는 Emily가 거의 말도 하지 않고, 친구를 사귀지도 않으며, 힘겹게 학교를 다니고 있음을 암시하는 말이었다. 그녀는 Emily를 '무기력하고 겁먹은 어린 소녀'라고 하였다. 그녀는 또한 Emily가 또래처럼 놀거나 뛰어다니는 것을 볼 수 없으며 '활력'이 없다고 말하였다.

SITCAP의 4회기에서 신체적 상처와 정서적 상처에 대해 다루었다. Emily는 과거에 일어났던 일들을 생각하면 몸 중에서 어느 부위가 가장 아픈지에 대한 질문을 받았다. 그리고 워크시트에 그려진 몸 그림([그림 7-3])을 사용하여, 아픈 곳을 표기하고 그것이 무엇처럼 보이는지를 알려 달라는 요청을 하였다. Emily는 배를 표기하며, 배가 비어 있기도 하지만, "파도 모양의 나비들이 가득 차 있어서 멈추지 않고 계속 날아다닌다."라고 말했다. 그녀는 얼굴 부분에 구름을 그려 넣었는데, 이는 제대로 된 것이 하나도 없으며, 생각할 수도 없으며, 머리가 '꽉 눌려 있기' 때문이라고 했다. 그녀의 '팔은 항상 늘어뜨려 있었기' 때문에, 두 팔을 아래로 쭉 늘어뜨려 그렸다. 그녀는 발을 어둡게 색칠했는데, 이는 발을 꼼짝 할 수 없으며 때때로 그것을 느낄 수 없기 때문이라고 표현하였다.

그녀의 온몸은 수년간 지속되었던 학대의 충격으로부터 아직 벗어나지 못하였으며 그녀의 그림은 "얼어붙어있고 무기력하다."라는 위탁모의 묘사와 일치했다. 여전히 공포로 가득 찬 세상에서 그녀는 자신을 보호하기 위한 생존기제로 얼어붙은 반응을 보였으며, 이성이나 논리는 통하지 않은 세상에 거하고 있었다. 그녀의 위탁모는 인내심이 많고, 지지적이며, 양육적이었지만, Emily의 몸은 여전히 과거 속에 살고 있었다. 그 후 몇 주 동안 Emily의 굳어진 몸을 녹일 수 있는 여러 가지 신체적 활동을 소개하였다. 이 활동을 통해 Emily의 몸은 에너지와 힘을 많이 가지게 되었고, 과거의 끔찍한 시간들을 상기시키는 것에 대한 생존 반응을 현재의 달라진 몸을 이용하여 어떻게 변화시킬 수 있는지에 대해 소개받았다.

[그림 7-3] Emily가 상처를 입었다고 느끼는 부위에 대한 그림

그때-지금: 나의 미래

Emily는 몸의 자원을 만들고 생존 자아(survival self)에 초점을 맞춘 그리기 활동을 하면서 놀라운 진전을 보였다. 이후 나는 '내 책 표지([그림 7-4])'라는 제목으로 이루어진 SITCAP 활동을 하면서, 아동들에게 자신의 책 제목을 지어주어 그들이 얼마만큼 변화되었으며 미래에 자신을 어디에서 볼 수 있는지를 다른 사람들에게 알려 주라고 요청하였다. 아동들은 자신이 원하는 표지를 자유롭게 그릴 수 있다. Emily는 자신의 책의 제목을 '끝나지 않음(Not Over)'이라고 지었고 놀랍게도 몇 장에 걸쳐 자신이 당한 학대와 SITCAP 하면서 변화된 점에 대하여 다루었다. 마지막 장 제목은 '멋진(Amazing)'이었다. 그녀의 주제는 "과거의 일은, 과거의 일이다. 인생은 아직 끝나지 않았다. 이제 막 시작되었고 앞으로 정말 멋진 일이 있을 것이다."라고 하였다.

[그림 7-4] Emily의 책 표지

의미 있는 재구조화

그리기를 통해 아동들의 주관적인 경험을 상징적인 형태로 외현화하도록 도울 때, 아동들은 종종 자신의 관점을 의미 있게 재구조화 한다. 12세 여아인 Alexa는 4세 때 해외의 한 고아원에서 입양되었다. 그동안 Alexa와 입양 어머니 사이에 갈등이 더욱 심화되었고 그녀는 비이성적인 상태로 어머니를 신체적으로 공격하기도 하였다. 아동의 공격적인 행동과 어머니의 방임으로 인해 Alexa는 12세가 되면서 바로 보호 위탁되었다.

화난 사람을 그려 달라고 요청했을 때, Alexa는 화가 난 얼굴을 크게 그렸다. 우리는 그녀가 자신의 그림에 대해 어떻게 말할지 호기심을 표현하자, 그녀는 다른 워크시트를 받아 자신에게 나쁜 일이 일어나게 한 사람을 그렸다. 그녀는 어머니를 그렸다([그림 7-5]). 그리고 두 그림을 비교하면서, Alexa는 "화가 난 내 모습은 어머니를 닮아 있다. 나는 그녀와 같이 되고 싶지 않다."라고 대답하였다.

이 활동은 Alexa의 삶에서 중요한 전환점이 되었다. Alexa는 어머니 그림과 화난 사람 그림을 비교하며 화난 사람이 자신이라고 말했다. 이러한 비교 이후 바로 재구조화가 이루어졌다. 그녀는 어머니와 같은 사람이 되지 않기를 바란다면서 분노를 조절하는 데 도움이 될 수 있는 선택을 해야 한다는 것을 깨닫게 되었고, 이는 긍정적이고, 강점에 기반한, 의미 있는 변화를 이루고자 하는 이유가 되었다. 그녀는 우리가 제시한 많은 활동을 선택하였고, 반복해서 연습하며, 분노조절의 현저한 향상을 보였다.

가장 문제가 되는 것이 무엇인지 우리에게 알려 주기

아동들은 안 좋은 경험에서 회복하고 치유하기 위한 노력에서 가장 문제가 되는 것이 무엇인지 제일 잘 아는 최고의 전문가이다. Amber가 8세 때, 어머니가 암으로 돌아가셨다. 1년 후 Amber는 애도 혹은 외상으로 인한 행동을 보이기 시작했다[그의 행동이 누구(아버지, 선생님, 두 분의 전문가)에 의해 묘사되느냐에 따라서 애도로 인한 행동으로 볼 수도 있고 외상으로 인한 행동으로 볼 수도 있었다]. 그녀는 가정과 학교에서 문제를 보였다. 우리는 그 행동이 잘못된 경로로 갈 수 있다는 것을 알고 있었다. 또한 우리는 그 행동이 애도나 외상을 경험하는 아동들의 주관적 경험 방식과 관련되어 있으며, 그 경험에서 충족되지 못한 욕구에 의해 촉발될 수 있음을 알고 있었으며, 그 행동을 통제하려고 시도

Worksheet 5.2 

Group Session 5

나쁜 일이 일어나도록 한 사람/사물/사건

[그림 7-5] Alexa가 그린 엄마 그림

하는 것이 오히려 아동을 더 활성화시키고 또 다른 어려움을 초래할 수 있다는 것을 알고 있었다. Amber의 행동이 애도에 의한 것이든 외상에 의한 것이든, 그보다 더욱 중요한 것은 Amber가 상실과 관련하여 어떠한 주관적인 경험을 했으며, 그 경험에서 충족되지 욕구를 충족시킬 수 있는 방법을 찾을 수 있도록 그녀의 역량을 강화시키는 것이었다.

이러한 역량 강화 과정을 수행하기 위해, 우리는 애도 및 외상과 관련된 주관적인 경험을 다루기 위해서 Amber에게 그리기를 요구하였다. Amber에게 어머니를 죽음에 이르게 한 사람이나 사물을 그려 달라고 요청하였다. 그녀는 나쁜 '암 세포'를 나타내는 선을 그렸다. 그리고 Amber는 그 나쁜 세포들에게 어떤 일이 일어나기를 바라는지 그려 달라는 부탁을 받았다. 그녀는 각각의 세포를 다시 그린 후([그림 7-6]), 각각의 세포를 폭탄으로 바꾸어 그것들이 다 없어질 때까지 하나하나 불빛을 내며 폭발하는 과정을 그렸다. 이때부터 Amber는 다른 아이가 되었다. 남은 SITCAP 회기들을 마친 후, Amber는 몇 달 동안 집과 학교에서 큰 호전을 나타내었다.

주제 중심 그리기를 통해 애도 및 외상과 관련된 공통된 주관적인 경험-두려움, 걱정, 상처, 후회, 죄책감, 수치심, 슬픔, 불안전감, 그리고 이 예에서는 그녀의 분노와 무력감-

[그림 7-6] Amber가 그린 암세포 그림

을 다룰 수 있는 기회를 얻게 되면서, 그녀는 자신의 주관적인 세계에서 기분이 더 나아지도록 하기 위하여 필요로 하는 것이 무엇인지를 알고 있음을 그리기 활동을 통해 보여 줄 수 있었다.

결론

SITCAP는 외상에 초점을 둔 개입으로서 임상 실제의 기준을 충족시킨다. SITCAP는 23년간의 임상 실제 역사를 바탕으로 한 증거 기반 개입으로, 단일 폭력 및 다중 폭력에 노출된 아동 및 청소년이나 폭력적이지는 않지만 애도와 외상을 경험한 아동 및 청소년들에게 그 가치가 입증되고 문서화되어 왔다. SITCAP는 구조화된 과정으로 아동들에게 안전하게 개입하도록 설계되었지만, 아동들은 주관적인 경험과 관련된 구체적인 그리기 활동과 호기심 가득한 주제-중심 탐색 질문을 통해 자신의 삶과 경험 중에서 치료사와 함께 경험하기를 바라는 영역으로 치료사를 이끌어 갈 수 있다. 이는 암묵적 과정과 명시적 과정 간의 균형을 이루고, 감각 과정과 인지 과정 간의 균형을 회복시키는 과정으로, 아동이 삶에서 지속적으로 경험해 온 스트레스뿐만 아니라 외상 후 감각 및 감각 이미지, 기억에서 오는 부작용을 조절할 수 있도록 도움을 준다.

SITCAP 그리기는 아동들이 외상 경험으로 인해 자신과 주변 세계를 어떻게 바라보고 있는지를 우리에게 보여 줄 수 있다. 이 과정에서 우리는 아동들을 가장 힘들게 하는 것으로부터 벗어나 강점에 기반한 회복성의 관점에서 자아 및 세상을 바라보도록 재구성하는 것을 도와줄 수 있다. SITCAP 구조화된 그리기 활동은 외상의 주관적인 경험, 호기심 가득한 주제-중심 탐색 질문을 강조한다. 이러한 외상 초점의 임상 실제 방법은 애도 및 외상 아동들에게 나타나는 독특한 문제들에 접근할 수 있도록 돕는 또 다른 접근 방법이 될 것이다. SITCAP에 대해 좀 더 자세한 설명은 『**애도 및 외상을 경험한 아동 및 청소년들과 작업하기: 증거기반 감각 개입을 통해 가장 문제가 되는 것을 발견하기(Working with Grieving and Traumatized Children and Adolescents: Discovering What matters Most Through Evidence-Based, Sensory Intervention)**』(Steele & Kuban, 2013)를 참고하라.

제8장 성학대 아동을 위한 Jung학파 분석적 놀이치료*

J. P. Lilly

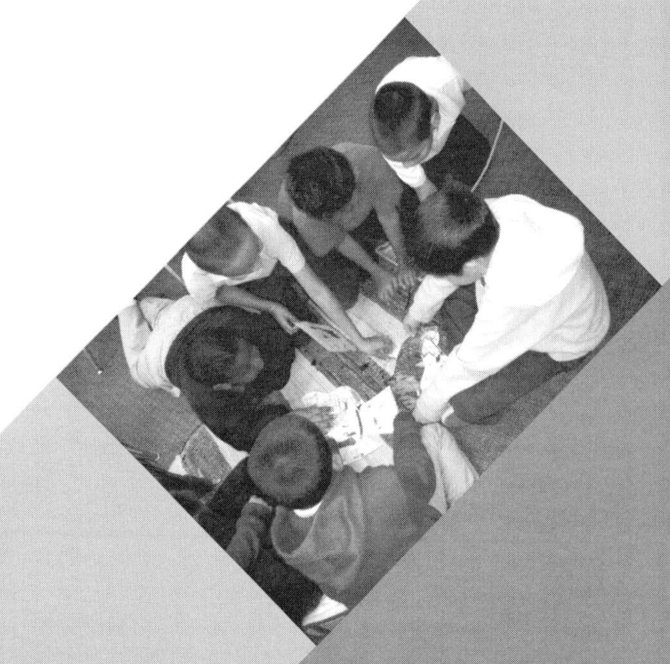

* Jung학파 분석심리학 용어에 대한 정의는 『놀이치료1: 이론과 기법편』 제4장을 참조한다.

이 장은 치료 과정에 Jung학파 분석적 놀이치료(Jungian Analytical Play Therapy: JAPT) 접근을 적용하고자 하는 치료사에게 도움을 주기 위한 목적으로 집필되었다. 나는 Jung학파 분석적 놀이치료의 '선도적 기술자[1]'로서 이 장을 '사용자 매뉴얼'로 규정하고자 한다. 이 목적을 위해 구조화된 양식인 '분석적 놀이치료 회기 기록지'([그림 8-1])를 사용하여 치료 회기를 설명하고자 한다. 이 양식은 Jung학파 놀이치료사가 치료 회기 중에 일어나는 것들을 이해하고 따라가는 데 유용하게 사용될 수 있다. Jung학파 분석적 놀이치료의 이론과 실제적 적용을 통합하는 데 있어 이 기록지가 도움이 되기를 희망한다.

임상적 접근

아동에 대한 치료를 시작하기에 앞서 나는 부모와 만남의 시간을 갖고 삼세대를 아우르는 가계도를 그린다. 일찍이 Jung은 가족 시스템 및 부모가 아동에게 미치는 영향력에 대한 이해의 중요성을 강조하였다. 1939년 Jung은 "만약 아이의 어떤 특성을 바꾸고자 한다면, 우리는 먼저 그 바꾸고자 하는 특성이 무엇인지 잘 살펴봐야 하고, 그다음에는 아이에게서 바꾸고자 하는 특성이 사실상 우리 자신 안에 있는 것은 아닌지 생각해 보아야 한다."(1971, p. 285)라고 말했다. 그리고 20년 후, "아동에게 가장 큰 영향력을 미치는 것은 부모의 의식 상태에서 오는 것이 아니라, 무의식적 배경에서 오는 것이다."(1954, para, 84)라고 설명했다. Jung학파 분석적 놀이치료사는 가족 시스템 안에서 미해결 상태로 세대를 걸쳐 전해져 내려오면서 아동에게 영향을 미치고 있는 유산이 어떤 것인지 면밀히 살펴야 한다.

가족체계 이론에서 **유산**(legacy)과 **회전판**(revolving slates)은 미해결 문제가 세대를 거쳐 역동적으로 전이되는 양상을 나타내는 용어로 사용된다(Boszormenyi-Nagy & Ulrich, 1981). 아동은 그보다 앞선 세대의 **무의식**으로부터 많은 영향을 받는다. 부모나 조부모의 해결되지 않은 문제가 아동에게로 이어져 아동이 이를 표출하는 경우는 매우 빈번하다. 보통 미해결 문제는 가족의 의식 안에 숨겨져 있는 '비밀'이지만, 이 비밀은 무의식적으로 아동에게 전수된다. Jung학파 분석적 놀이치료사는 가족체계의 역사에 대한 철저한 조사

1) 역자 주: 「놀이치료 1: 이론과 기법편」 제4장에서 저자는 자신을 Jung학파 분석적 놀이치료 분야의 '이론가'이기보다 실제 적용에 강점이 있는 '기술자'로 비유한 바 있다.

날짜 ________________ 회기 ________________ 아동 성명 ________________

단계
적응 시간 ______________________________
탐색 시간 ______________________________
작업 시간 ______________________________
해결 시간 ______________________________

놀이 유형	역동
단독놀이	보상적
병행놀이	확인적
연합놀이	중립적/유리된
협동놀이	
협력놀이	
경쟁놀이	
전투놀이	

외현적 특성
눈맞춤
신체 자세
신체적 거리
놀이에서의 공간 관계
언어화
놀이치료실에서 사용되는 영역
사용된 놀잇감의 상징적 가치

원형의 활성화/주요 놀이 주제:	잠정적 가설
참여/분열/재통합	

치료사의 상호작용 전략
정서 확인
인지 확인
행동 따라가기
초월적 기능
담아내기/제한 설정

잠정적 가설의 검증

비지시적 전략

무의식적 연결

치료사의 인식

놀이의 흐름 따라가기

활동	시간	단계/주제	잠정적 가설

[그림 8-1] 분석적 놀이치료 회기 기록지

과정을 통해 아동이 외현적으로 드러내는 증상 이면의 내용을 가족체계의 역동과 관련지어 이해해야 한다.

이제 분석적 놀이치료 회기 기록지를 사용하여 전형적인 놀이치료 회기 안에서 일어나는 일들을 Jung학파 분석적 놀이치료의 관점에서 바라보고 조직화하는 방식에 대해 살펴보고자 한다.

이 기록지는 회기를 실시하는 날짜, 회기 수, 아동의 성명을 기입하는 칸으로 시작한다. 임상가로서 그리고 한 인간으로서 발전을 거듭해 가는 과정에서 날짜는 중요한 의미를 갖는다. 날짜를 통해 자신이 정서적으로 그리고 심리적으로 어느 지점에 와 있는지 알 수 있다. 날짜와 관련지어 봄으로써, 임상가로서의 성장과 발전 과정에서 그 당시 자신이 어떤 지점에 있었는지 그리고 어떠한 문제를 다루고 있었는지 확인할 수 있다. 몇 회기인지를 기록하는 것 역시 중요한데, 회기의 진행에 따라 아동이 경험하고 있는 단계를 파악할 수 있기 때문이다. 예를 들어, 8~9회기 정도 진행된 상태에서 아동이 여전히 놀이실과 치료사에 적응해가는 단계에 머물러 있다면, 치료 과정에 방해 요인으로 작용하는 치료사 요인이 있는지 혹은 아동의 진전에 부정적인 영향을 미치는 가정 내 요인은 무엇인지 조사해야 한다. 아동의 성명을 기입하는 것은 당연한 절차의 일부이다.

단계

다음 부분에는 아동이 회기 중에 경험하는 놀이치료의 단계를 기록하는데, 이는 Jung학파 분석적 놀이치료사에게 상당히 유용한 정보를 제공한다. Jung학파 분석적 놀이치료사에게 단계는 선형적 과정이 아니다. 아동은 놀이치료 회기가 진행되는 동안 어느 시점에서든 각각의 단계에 이를 수 있다. 또한 '시간'을 기록하는 공간이 있는데, 여기에는 아동이 특정 단계로 진입하는 빈도를 적는다. 아동이 단계에서 단계로 이동하는 것의 이면에 있는 핵심은 자아 분열과 자아 통합 간의 역동이라고 할 수 있다. 다루기 어려운 주제에 직면하여 자아 분열을 경험하는 것은 전형적으로 작업 단계에서 발생한다. 이러한 직면에는 상당한 노력이 요구되기 때문에 이 단계 이후 아동은 재통합을 위해 다소 덜 힘겨운 단계로 퇴행하게 된다. 다음과 같은 사례를 경험한 적이 있다. 다소 강력한 주제와의 힘겨운 직면으로 인해 상당한 분열을 겪은 한 아동은 그다음 단계에서는 본능적으로 자신이 상대적으로 자신 있어 하는 과제에 몰입하는 것으로 퇴행했다. 이 활동은 바로 영어 알파벳을 단순 암기하는 것이었다. 이미 충분히 익숙하고 편안한 활동으로 되돌아감으로써 아동은 통합을 이룰 수 있었고 결과적으로 자신을 압도하는 주제에 두 차례 이상 직면할 수 있게 되었다. 아동이 어느 단계에 머무를지는 자아 통합과 자아 분열 간의 핵심 역동에 의해 결정된다.

설명을 보다 단순히 하기 위해 놀이치료 과정을 4단계로 파악하고자 한다. 모든 단계는 참여의 연속선으로 이해될 수 있다. 놀이의 **적응 단계**에서 아동은 치료실과 치료사에 대한 안전감 즉, **테메노스**(temenos)를 확립하고자 노력한다. 아동은 상징적 주제에 적극적으로 참여하지 않는다. 이 단계에서 아동에게 가장 우선시되는 것은 안전한 환경을 만들어내는 데 집중하는 것이며, 안전한 환경이 만들어졌을 때 아동은 치료에 참여하게 된 이유인 바로 그 주제에 몰입할 수 있게 된다. 치료사와의 눈맞춤 회피, 강박적 언어화, 떨리는 목소리, 치료실과 치료사에 대한 과도한 질문, 치료사와 일정 거리를 두는 것, 치료사로부터 등을 돌리고 있는 것, 제한된 신체적 움직임, 놀잇감을 가지고 노는 것에 대한 거부는 이 단계에서 아동이 보일 수 있는 전형적 행동들이다.

단독놀이와 병행놀이는 이 단계의 전형적 놀이 유형이다. **단독놀이**에서 아동은 치료사와 거리를 두고 혼자 놀이를 하며, 치료사가 자신의 놀이를 바라보거나 놀이의 일부로 참여하는 것을 허용하지 않는다. **병행놀이**는 아동과 치료사가 유사한 활동을 하지만 그 활동을 각각 하는 것을 지칭한다. 아동은 "이것은 내 블록이에요. 선생님은 저쪽에 가서 모래를 갖고 노세요. 나는 이쪽에 있을게요."라고 말할 수 있다. 여기에서 중요한 치료사의 전략은 아동을 위한 안전한 환경, 즉 **테메노스**를 만드는 것이다. 치료사는 지나친 언어적 반응을 하지 않도록 주의해야 한다. 과도한 언어화는 아동에게 자아 분열이 일어나고 있다는 것을 의미하며, 이때 치료사의 지나친 언어적 반응은 아동의 안전감 형성에 방해 요인으로 작용할 수 있기 때문이다. 또한 치료사는 치료 과정의 빠른 진전을 위해 속도를 내려는 시도를 해서도 안 된다.

다음은 **탐색단계**이다. 이 단계의 핵심 역동은 아동이 놀이치료실에서 특정 놀잇감(상징)에 '빠져들기' 시작한다는 것이다. 이 단계에서 아동이 보이는 전형적 행동들로는 특별한 놀이 주제를 드러내지 않은 채 놀잇감을 선택하고 접촉하는 것, 아동이 치료사와의 관계에서 자신의 안전에 몰입해 있던 것에서 벗어나 이완의 징후를 보이는 것, 놀잇감의 기능과 작동 방식, 명칭에 관심을 갖는 것(특정 놀잇감에 대해 질문을 할 수도 있다), 앞으로 맞이하게 될 작업의 전조가 되는 방식으로 행동하는 것 등이 포함된다. 이 단계에서는 단독놀이, 병행놀이, 연합놀이를 모두 보일 수 있다. **연합놀이**는 두 사람이 같은 놀잇감으로 병행놀이를 하는 것을 지칭한다. 아동은 치료사에게 자신이 가진 것과 동일한 블록을 건네주지만, 치료사와 분리된 채 혼자서 놀이를 한다.

탐색적 놀이 단계를 거쳐 작업 단계로 접어들기 시작하면 아동의 놀이에 뚜렷한 변화가 생긴다. 놀이치료실에서의 안전감과 **테메노스** 형성에 집중되어 있었던 탐색 단계의 후반부에 이르면 지금까지와는 다른 놀이 행동이 출현하기 시작한다. 탐색단계의 후반부에 아동이 보이는 전형적 행동들로는 보다 빈번해진 치료사와의 눈맞춤(문화에 따라 다를 수 있다), 치료사에 대한 개방적이고 협조적인 신체적 몸짓의 출현, 아동과 치료사 간의 물리적 거리감의 감소, 치료사가 아동의 놀이를 지켜보는 것에 대한 허용, 놀잇감 및 치료사와 관련된 대화의 증가, 놀이 주제의 등장과 동시에 특정 주제 및 목적과 관련된 놀잇감의 선택들이 있다.

탐색단계의 후반부에 이르면 작업 단계의 핵심 역동이 출현하기 시작한다. 치료사는 보상적 역동(콤플렉스의 대극에 해당하는 것을 표현하는 것으로, 예를 들면 약자가 강해지는 것이다.)과 확인적 역동(콤플렉스에 상응하는 방식으로 경험을 드러내는 것이다.)이 확연히 드러나는 것을 볼 수 있다. 치료사는 새로운 놀이 역동이 출현하고 있다는 것을 예리하게 인식하고 있어야 하지만, 아동이 이러한 유형의 놀이를 시작하도록 유도할 수 있는 특별한 전략은 없다. 놀이의 주제는 산발적이고 혼란스러워 보이며 일관된 선형적 경로를 따르지 않기 때문에 놀이의 흐름을 따라가는 것은 쉽지 않은 일이다. 이러한 놀이는 조직화되어 있지 않고 흩어져 있는 것처럼 보이지만, 놀이에 대한 면밀한 분석을 통해 앞으로 다가오게 될 작업의 일부를 예상할 수 있다. 이때 치료사는 우선 행동 따라가기 전략을 적용하고, 그다음에는 인지 과정을 확인하며, 마지막으로는 정서에 주목한다. 동시에 잠정적 가설을 설정하고 치료 과정에 신체적 · 심리적으로 집중해야 한다. 성급한 해석을 하지 않도록 주의해야 한다. 성급한 해석은 **테메노스**라는 치료적 용기(therapeutic container)에 심각한 손상을 가져올 수 있다. 치료사는 언제나 아동이 보여 주는 은유적 내용에 머물러 있어야 하지만, 아동이 참여하고 있는 모든 놀잇감에 대한 아동의 정서적 반응을 인식할 수 있어야 한다.

다음은 **작업단계**이다. 이 단계에서는 협동놀이, 협력놀이, 경쟁놀이, 전투놀이를 포함하여 [그림 8-1]에서 제시한 모든 유형의 놀이가 나타날 수 있다. 치료사 혹은 아동이 놀이실에서 놀잇감을 가지고 표현하는 주제는 모두 이 놀이 유형을 통해 드러난다. **협동놀이**는 아동과 치료사가 공동의 과제를 완수하게 될 때 시작된다고 볼 수 있다. 아동은 "좋아요, 선생님이 먼저 이것을 하고 난 다음 내가 그것을 할게요."라고 말할 수 있다. 이러한 형태의 놀이를 하기 위해서는 특정한 방식으로 놀이를 진행하는 것에 대한 두 사람의 동의가 선행되어야 한다. 이는 두 사람 간의 신뢰가 형성되었을 때만 가능하다. **경쟁놀이**는 치료사와 아동이 경쟁을 하거나, 혹은 아동이 두 개의 놀잇감으로 경쟁하는 상황을 만들어 낼 때 적용될 수 있는 놀이 형태이다(예: 두 개의 보트가 물에서 경주를 하는 놀이). **전투놀이**는 경쟁놀이와 마찬가지로, 치료사가 아동의 적수가 되거나 혹은 아동이 두 개의 놀잇감으로 서로 맞서는 놀이를 하는 형태를 말한다. 놀이에는 강렬한 긍정적 · 부정적 정서가 동반된다. 놀이실에서의 신체적 움직임 역시 자유로워진다. 전이는 강렬해지고 놀이실의 모든 것이 전이의 대상이 될 수 있다. 놀이 안에서 새로운 원형적 주제가 생성되고 창조되면서, 발견되고 극복되며 변화하는 무언가가 생겨난다. 아동이 영웅적 전투를 통해 투쟁을 거듭하면서 자아 분열은 분명해진다. 치료사는 아동 경험의 전체 스펙트럼, 즉 아동의 행동, 인지, 정서에 주의 깊게 참여해야 한다. 치료사는 그 과정을 따라가며 잠정적 가설을 검증하고 초월적 기능의 출현 여부를 확인한다. 이때 치료사의 주된 임무는 함께 참여하는 것이며, 해석자, 관찰자, 담아 주는 사람의 역할을 수행한다.

이 모델에서 놀이치료의 마지막 단계는 **해결**이다. 아동은 영웅의 여정을 끝마치고 콤플렉스 주제에 참여하며 새로운 스크립트와 도식을 창조해 내고 대극의 의미 있는 통합을 이루어 낸다. Joseph Campbell(1949)의 저서 『Hero with a Thousand Faces』[2]에 기술된 대로 영웅의 여행에서의 결정적 발걸음은 승리를 '축하하며' 귀환하는 것에 있다. 해결은 승리의 기쁨으로 가득 차 있다. 더 이상의 참여는 필요치 않고, 따라서 분열의 가능성은 거의 사라지게 된다. 모든 놀이 유형이 드러날 수 있지만, 더 이상 강렬한 정서는 발생하지 않고 놀이는 일반적인 아동의 놀이와 유사해진다. 보상적 혹은 확인적 역동 역시 일어나지 않는다. 아동의 움직임은 자유로우며, 이제 내적 힘에 얽매이지 않게 된다. 치료사

2) 역자 주: 국내에서는 『천의 얼굴을 가진 영웅』(2018)으로 출간되었다.

는 아동의 진전이나 치료적 여정을 재확인하려고 해서는 안 된다. 이러한 시도는 치유의 과정을 존중하지 않는 것이다. 나는 개인적으로 이 단계를 **사랑한다**. 이 순간만이 회복에 이른 아동과 진정한 기쁨으로 놀이할 수 있는 시간이기 때문이다.

놀이 유형과 역동

놀이 유형 옆에 놀이와 관련된 **역동**이 제시되어 있다. 놀이 유형과 관련된 역동은 **참여**를 결정하는 데 있어 가장 중요한 요인이다. 놀이가 보상적 특성을 갖는지 아니면 확인적 특성을 갖는지는 아동이 선택하는 놀잇감, 놀이 주제, 치료 중에 드러나는 콤플렉스와의 관련성에 의해 결정된다. 아동이 어떤 콤플렉스를 갖고 있는지를 이해하면, 이러한 역동은 쉽게 확인될 수 있다. 아동이 어떤 역동을 드러내는지를 확인하는 것은 다소 복잡한 문제일 수 있지만 잠정적 가설을 신중하게 사용함으로써 이러한 역동을 보다 심층적으로 그리고 충분히 이해할 수 있다.

심각한 학대를 경험한 후 '피해자' 콤플렉스를 보이는 여아의 사례를 중심으로 놀이 유형과 역동을 살펴보고자 한다. **테메노스**가 확립되고 아동은 치료실에 순조롭게 적응해 나갔다. 아동은 이제 자신의 무의식적 주제에 참여할 준비를 마쳤다. 아동은 선반에서 장난감 망치를 집어 들었다. 망치는 그 사용 용도에 따라 다양한 의미를 갖는다. 아동은 망치를 쥐고 선반의 포식 동물 중 하나를 세게 내리쳤다. 아동은 자신이 피해자가 되어 버렸다는 느낌을 **보상**하기 위한 놀이 주제에 참여하고 있으며, 이러한 놀이 주제에 근거하여 자신의 힘을 의미 있는 방식으로 통합하는 과정으로 나아가고 있다는 잠정적 가설을 세울 수 있다. 이 역동에 대한 잠정적 가설은 다음과 같다. '너는 너에게 나쁜 짓을 한 것을 망치로 박살 내고 있구나. 그렇게 하는 동안 너는 상당히 강해 보이는구나.' 이때 치료사는 아동의 행동을 지켜보며 따라가는 것뿐 아니라 아동의 콤플렉스를 확충하고 개인화함으로써 콤플렉스의 보상적 측면을 확인하고 아동에게 특별한 의미를 만들어 낸다.

반대로, 아동이 동일한 놀잇감을 사용하여 동일한 놀이 주제를 보이지만 앞에서와는 달리 자신의 경험을 공격받는 동물에 투사하는 것일 수도 있다. 이러한 놀이 행동의 역동은 아동의 경험을 확인하는 것이며, 이때는 다른 반응이 요구된다. '세상에, 그 동물이 엄청 맞고 있구나. 지금 너무나 슬픈 것 같구나.' 아동은 은유를 통해 정서를 표현하고, 치료사는 아동의 모든 정서적 반응에 주목해야 한다. Jung학파 분석적 놀이치료사는 아동이 드러내는 정서를 주의 깊게 지켜봐야 한다. 아동의 자아 분열 수준에 따라 **테메노스**를 유지하기 위한 치료사의 피드백은 달라질 수 있다.

어떤 경우에서든 아동은 치료사의 가설을 반박하거나 무시할 수 있으며, 혹은 치료사를 바로잡을 수 있는 능력을 갖는다. Jung학파 분석적 놀이치료사는 아동의 놀이 행동에 대해 적어도 세 가지 이상의 잠정적 가설을 갖고 있어야 한다. 이는 세 가설 중 하나만 옳을 수도 있고 혹은 세 가설이 모두 틀릴 수 있다는 것을 의미한다. 이러한 분석적 태도는 아동과 치료사 간의 무의식적 연결을 만들어 내고, **치유자 원형**의 출현을 촉진할 수 있다. 치료사의 무의식과 아동의 내적 치유자의 공명은 아동의 치료적 과정에 결정적 요인이 된다. 아동의 놀이에 대한 심층적 가설을 설정함으로써 내적 치유자는 놀이치료실의 치유적 힘과 원형적 자료, 보다 깊은 수준에서 아동을 이해하고자 하는 치료사의 의도를 '인식할 수 있게 된다.'

놀이는 그 자체로 보상적 혹은 확인적 특성을 가지며, 놀이는 본질적으로 '참여적'이다. 놀이의 이러한 역동은 특별한 방식으로 콤플렉스를 다루기 때문에 강렬한 정서를 불러일으키고, 따라서 아동이 이러한 놀이에 참여하고 있는지를 확인하는 것은 그다지 어렵지 않다. 처음 두 유형의 놀이, 즉 단독놀이와 병행놀이는 콤플렉스와 별다른 관련성을 갖지 않기 때문에 이러한 놀이에는 강렬한 정서가 수반되지 않는다. 이러한 종류의 '중립적 혹은 유리된' 놀이 역동은 아동이 콤플렉스와 특별한 관련성을 갖지 않는 활동에 참여하고 있다는 것을 나타낸다.

외현적 측면

분석적 놀이치료 기록지에는 아동에게서 보이는 외현적 측면과 관련된 내용 역시 기록한다. 앞에서 설명한 '단계' 영역에서 아동 놀이에서 드러나는 외적 측면에 대해 이미 구체적으로 제시한 바 있다. 치료사는 이러한 측면 역시 주의 깊게 살펴야 한다. 특정 놀이는 놀이치료실의 특정 영역에서 주로 일어난다는 것을 보여 주는 이론도 있다. Jung학파 분석적 놀이치료사는 아동에게 **테메노스**가 유지되는 한 치료실에서 자유롭게 움직일 수 있다. 혹은 아동에게 가까이 다가갈 때는 아동에게 허락을 구할 수도 있다. 아동이 심층적 수준의 놀이에 몰두해 있는 경우 놀이를 방해하지 않기 위해 치료사의 움직임을 아동에게 미리 알려 줄 수 있다.

원형의 활성화/주요 주제

다음에는 아동이 사용하는 놀잇감과 드러난 주제의 내용을 기록한다. Jung학파 분석적 놀이치료사는 놀잇감의 다양한 상징적 표상에 익숙해야 한다. 놀잇감의 상징적 의미를 이해하고 놀잇감의 가능한 의미를 확충하기 위해 치료사는 문화적으로 민감해야 한다. 예를 들어, 서구 문화에서는 부엉이가 지혜의 상징으로 해석되는 것이 일반적이지만, 인디언 문화에서는 죽음을 나타내기도 한다. Jung학파 분석적 놀이치료사는 다양한 문화적 맥락에서 놀잇감을 이해할 수 있어야 한다.

많은 놀잇감은 무의식적으로 그리고 문화적으로 다양한 의미를 갖기 때문에 Jung학파 분석적 놀이치료사는 아동의 상징에 대해 여러 다양한 해석이 가능하다는 것을 알고 있어야 한다. 아동은 치료 회기 동안 개인 무의식과 관련된 내용을 드러낼 수 있다. 따라서 놀잇감이 아동에게 갖는 의미는 상징 사전에 제시된 것과 다른 방향성을 가질 수 있다는 것을 이해해야 한다. 또한 치료사는 놀이치료실에 있는 동물의 문화적 측면에도 민감해야 한다. 유럽계 미국인 가정에 입양된 아프리카계 아동과 그 입양 어머니를 대상으로 필리얼치료를 실시한 적이 있었다. 아동은 다양한 동물 인형을 바닥에 배열해 놓았는데, 각각의 인형은 모두 입양 가족 구성원을 나타내고 있었다. 아동은 자신을 나타내는 동물로 얼룩말을 선택했다. 그 당시 나는 아동을 상징한 동물, 즉 얼룩말에 대해 아는 것이 별로 없었다. 그러나 아동은 상당히 현명하여 자신을 나타내기에 적절한 동물을 선택할 수 있었다.

아동의 작업을 이해하기 위해 Jung학파 분석적 놀이치료사는 ① 아동의 연령을 고려하여 인지 수준에 맞춰 반응해야 하고, ② 아동이 어떤 회기에 참여하고 있는지, ③ 아동이 어떤 단계에서 작업하고 있는지, 그리고 ④ 드러난 놀이 유형 및 놀이와 관련된 역동을 모두 고려해야 한다. Jung학파 분석적 놀이치료사는 놀이 주제를 통해 원형적 자료가 어떻게 배열되는지 지켜봄으로써 이를 파악할 수 있다. 치료사는 잠정적 가설을 설정하고 보유하고 있어야 한다. 이를 통해 놀이 주제가 드러나고 아동의 정신에 대한 이해가 심화되며 내적 치유자가 출현할 수 있는 환경이 만들어질 수 있다. 아동을 주의 깊게 따라가는 것은 엄청난 일이다. 나는 보통 치료가 끝나고 아동이 나간 후 치료실을 정리하는 과정에서 다양한 놀이 활동에 대한 기억들을 상기하며 회기를 정리하곤 한다.

상호작용 전략

기록지의 다음 부분에는 치료사가 적용하는 상호작용 전략을 기록한다. 치료사의 자기 평가와 관련된 부분으로, Jung학파 분석적 놀이치료사는 회기가 진행되는 동안 아동과의 상호작용 수준을 평가한다. 아동의 행동 따라가기, 인지 과정 및 정서에 대한 확인에 대해서는 앞에서 설명했다. '**초월적 기능**'의 이슈 및 아동이 무의식적 주제를 의식화하는 과정에서의 치료사의 역할에 대해서도 이미 소개했다. Jung학파 분석적 놀이치료사는 놀이 주제에 관한 일련의 잠정적 가설에 기반하여 놀이의 역동을 아동의 의식적 자아 강도 수준에 맞춰 신중하고 비침범적 언어로 반영해 준다. Jung학파 분석적 놀이치료사는 아동의 무의식적 자료와 방어적이거나 혼란스러운 의식적 주제를 연결 짓는 다리의 역할을 수행한다. Jung학파 분석적 놀이치료사가 이 둘 사이의 간극을 연결하는 과정은 진정한 변형이 일어나는 바로 그곳이며 이것이 바로 치료의 '정수'이다.

상호작용 전략에는 담아 주기 및 제한 설정 전략이 포함된다. Jung학파 분석적 놀이치료사는 놀이치료실에서 **테메노스**를 보호하고 유지하기 위해 이 전략들을 사용한다. 자아 방어가 약해진 아동의 놀이 주제는 마치 무의미하고 임의적인 놀이처럼 혼란스럽고 이상하게 느껴질 수 있다. 아동의 놀이는 콤플렉스 자료와 직접적인 관련성을 가지 않고, 억제되지 않은 순수한 무의식적 에너지가 놀이를 주도한다. 이 시기 동안 **테메노스**를 회복하고 유지하기 위해서 Jung학파 분석적 놀이치료사는 질서를 '만들어 내야 한다.' 제한 설정을 통해 안전을 위한 규칙을 알려 주고 적용한다. 예를 들어, 치료사는 아동에게 "나는 네가 'X 행동'을 하고 싶어 하는 이유를 이해한단다. 하지만 놀이치료실에서는 그렇게 행동할 수 없어. 만약 네가 'X 행동'을 계속 한다면, 너는 오늘 남은 놀이 시간 동안 그 놀이를 함께 하지 않기로 선택하게 되는 거야. 다음번에는 여기에서 그 놀이를 할 수 있어."라고 간단히 말해 줄 수 있다. 이러한 제한 설정 방식은 Landreth(2002)의 저서에 상세히 기술되어 있으며, 아동중심적 놀이치료사에게는 상당히 친숙할 것이다. Jung학파 분석적 놀이치료사의 경우 이러한 놀이 주제에 참여할 수밖에 없는 이유를 이해한다는 말을 아동에게 전달하는 것으로 제한 설정을 시작한다. 이러한 메시지는 아동의 무의식에 대한 직접적인 언급이며, 이렇게 언어적이고 의식적인 방식의 의사소통은 아동 정신의 무의식적 영역과 직접적인 관계를 만들고 유지하는 데 결정적이다.

Jung학파 분석적 놀이치료사의 관점에서 잠정적 가설의 검증은 상당히 중요한 의미를 갖는다. 치료사는 자신의 피드백 내용을 면밀히 살펴야 하는데, 특히 ① 아동의 인지 발달 수준에 적절한지, ② 가설이 아동의 의식적 자아와 무의식 간의 관련성을 포함하는지, 그리고 특히 콤플렉스 자료와 연관되는지, ③ 언어화된 가설이 아동의 놀이 흐름을 방해하여 자아 분열을 초래하지는 않는지 주의 깊게 고려해야 한다. 자아 분열을 통제하는 것은 치료사가 아니라 아동이다. 치료사의 잠정적 가설이 아동의 자아 분열을 초래하는 경우, 먼저 치료사 내면의 요인이 분열을 만들어 낸 것인지 아니면 아동이 참여하고 있는 자료 자체의 특성이 분열적인지를 파악해야 한다. 이것이 바로 상호작용 전략의 맨 하단에 제시된 '치료사의 인식'에 관한 것이다. Jung학파 분석적 놀이치료사는 자신의 심리적 그리고 정서적 상태를 철저히 인식하고 있어야 한다. Peery(2003)가 설명한 대로 치료사의 자아는 "아동의 놀이 안에서 무엇이 일어나고 있는지, 그리고 치료사 자신과 아동 간에 무엇이 진행되고 있는지에 대해 반드시 인식하고 있어야 한다"(p. 42). Jung학파 분석적 놀이치료사의 한쪽 발은 언제나 견고하게 땅에 닿아 있어야 한다. 이는 아동과 함께 아동 정신의 무의식 영역에 대한 탐색을 시작할 때 매우 중요하다.

비지시적 전략과 **무의식적 연결성**은 아동과 치료사 간의 침묵의 공간을 의미한다. 비지시적인 전략은 아동에게 수반되는 **니그레도**(자아 의식의 어두운 측면) 과정에도 적용된다. Jung학파 분석심리학적 놀이치료사는 어두움을 존중한다. 이는 치료 과정에서 반드시 거쳐야 하는 단계이다. 치료사는 아동이 그 자신은 물론 치료사에게도 해를 입히고 있지 않다는 것을 확인해 주면서 아동이 겪어 내고 있는 과정을 지원하고 존중해야 한다. **무의식적 연결성**은 의식적 그리고 무의식적 수준에서 아동의 놀이로 들어갈 수 있는 치료사의 능력을 가리킨다. 의식적으로, Jung학파 분석학적 놀이치료사는 아동의 놀이 과정에서 치료사가 행동하고 생각하며 느끼는 것들과 연결된 상태로 머물러야 한다. 치료사는 의식적으로 깨어 있어야 한다. 동시에 아동에게서는 아무런 동요도 느낄 수 없음에도 사실상 강력한 역동이 일어나고 있다는 것을 날카롭게 인식하고 있어야 한다. 학대받은 아동과 놀이하는 과정에서 의식적 수준에서는 두려움을 불러일으킬 만한 일은 벌어지지 않았지만 실제로 두려움을 경험한 적이 있었다. 다소 이상해 보일 수 있지만, Jung학파 분석적 놀이치료사는 이러한 감정을 알아채고, 이 감정들을 아동의 정신으로부터 출현한 무의식적 에너지의 경험적 현시로 가정하고 주목해야 한다.

놀이의 흐름 따라가기

기록지의 마지막에는 놀이치료 회기를 유동적이고 선형적으로 검토하기 위한 내용을 기록한다. 순서를 따라가는 것은 중요한 의미를 갖는데, 분열과 재통합의 수준을 효과적으로 파악하는 데 유용하기 때문이다. **활동**에는 아동이 놀이하는 장난감이나 도구를, **시간**에는 아동이 각 활동을 하며 보낸 시간을 기록한다. **단계**에는 아동이 놀이 활동에 참여하면서 경험하는 단계와 그때 드러나는 놀이 주제를 기록한다. 아동의 놀이 활동과 무의식적 자료 간의 관련성은 놀이 주제를 통해 설명될 수 있다. Jung학파 분석적 놀이치료사의 주된 과제 중 하나는 아동의 놀이를 이해하고 아동이 선택하는 놀잇감과 놀이 주제를 콤플렉스 자료와 연결 짓는 것이다. 놀이 활동을 콤플렉스 에너지와 관련지으며, 놀이 활동에 대한 잠정적 가설을 설정하고 기록하는 것 역시 Jung학파 분석적 놀이치료사가 해야 하는 과업이다.

이 '사용자 매뉴얼'의 목표는 Jung학파 분석적 놀이치료 이론에 친숙하지 않은 놀이치료사를 돕고 Jung학파 분석적 놀이치료의 관점에서 놀이치료 회기를 조망할 수 있는 일종의 구조를 제공하는 것이다. 여기에서 제시한 기록지로 모든 것을 포괄할 수는 없다. 그러나 때로는 난해하고 모호해 보이는 Jung학파 분석적 놀이치료를 어느 정도 구조화하는 데 도움이 되기를 희망한다.

임상사례

Abbey는 2세 6개월의 유럽계 미국인 여아로, 삼남매 중 둘째이다. Abbey에 대한 첫 평가 시 부모는 Abbey가 성적 학대를 경험한 것 같은 인상을 주는 말을 내비쳤다고 보고했다. Abbey의 아버지는 철강 공장에서 근무하고 있었고 어머니는 간호사로 일하고 있었다. 부모는 11년 전 결혼했고, 부부관계는 안정적인 편으로 건강하게 유지되고 있었다. 그 당시 Abbey에게는 5세 언니와 8개월 된 남동생이 있었으며, 아버지와 어머니의 원가족에서 정신병력은 없는 것으로 보고됐다.

Abbey는 10개월을 모두 채우고 출생했고, 출생 당시 별다른 합병증은 없었다. 1세 무렵, 방광 감염으로 인한 역류가 있었고, 증상은 수술을 받을 정도로 심각했다. Abbey는 외상 증상을 보이기 대략 7개월 전 수술을 받았다. 수술을 받은 이후 Abbey는 밤마다 일어나 칭얼거리고 울면서 돌아다니곤 했다. 그 당시 어머니는 수술받은 것 때문에 이러한 증상이 시작됐다고 생각했다. Abbey는 심각한 악몽을 꾸곤 했는데, 악몽은 한 달 정도 지속된 후 사라졌다. 한 달 후쯤부터 Abbey는 그림을 그리기 시작했다. Abbey는 유령을 그렸고 그 위에 구멍을 그려 넣은 후, 어머니에게 구멍을 '상처'라고 말했다. Abbey는 '나쁜 사람'이 그 짓을 했다고 말했다. 나쁜 사람이 자신을 죽였고, 특히 아랫부분을 죽였다고 말했다. 다음 날 Abbey는 나쁜 사람의 이름을 말했는데, 그 사람은 바로 어머니의 시동생이자 Abbey의 삼촌이었다. Abbey는 여러 장의 사진 중에서 '아랫부분에 상처를 입힌' 사람의 사진을 골라냈다. 비밀을 드러낸 직후 Abbey는 다시 악몽을 꾸기 시작했다. 또한 '나쁜 사람'이 손가락으로 자신의 눈을 찔렀다는 것을 폭로했다. 곧이어 Abbey는 ① 어머니에게 과도하게 매달리기, ② 경미한 수준의 분리 불안, ③ 만연한 공포, ④ 두드러진 불안, ⑤ 사람들에 대한 회피, ⑥ 가족 구성원에 대한 공격적 행동, ⑦ 연령에 비해 퇴행적 행동(특히, 언어에서), ⑧ 사람들에게 침을 뱉는 행동, ⑨ 아동보호센터에서 자신을 검사한 간호사를 향한 공포반응행동("나를 아프게 하지 마세요!") 등의 증상을 보였다.

어머니로부터 얻은 정보에 근거해 볼 때, Abbey의 행동은 다양한 의미를 드러내고 있었다. 악몽은 무엇인가 억압된 것이 있다는 것을 나타내는 신호가 될 수 있다. Abbey는 사람들에 대한 회피, 가족 구성원에 대한 공격성, 사람들에게 침 뱉기, 퇴행적 행동 등 다양한 왜곡된 행동을 보이고 있었다. 이러한 행동들은 침범적인 기억과 그 기억에 수반되는 감정으로부터 유리되기 위한 시도로 볼 수 있다. 공격성은 피해자 콤플렉스로부터 회복하고자 하는 보상적 시도로 해석할 수 있다. 어머니에게 과도하게 매달리는 행동과 분리 불안은 자신을 압도하는 사건을 경험하여 그로 인해 어머니와 떨어지게 되면 안전하지 않다는 일반화된 인지에서 초래되었다고 볼 수 있다. 퇴행적 행동은 자신이 안전했던, 즉 그 사건에 발생하기 전으로 돌아가고자 하는 시도일 수 있다. 공포와 불안은 Abbey에게 일어났던 사건의 특성상 당연히 경험할 수 있는 정서이며, 정서적으로 잘못된 보상의 기능을 한다. Abbey가 보이는 모든 증상은 경험으로부터 유리되고, 콤플렉스의 출현과 침입적인 기억에 동반되는 강렬한 감정을 완화시키며, 일시적인 평형화 상태를 복원하려는 시도로 볼 수 있다. 그러나 이러한 증상은 Abbey를 참여의 과정으로 이끌지 못했으며, 따라서 그 당시 진정한 치유는 불가능했다.

총 34회기의 치료가 진행되었다. 평가를 실시한 바로 다음 주부터 치료를 시작했다. Abbey가 나와 치료실에 적응하는 데는 오랜 시간이 걸리지 않았다. Abbey는 상징놀이에 천부적인 재능을 가진 것처럼 보였다. 첫 번째 놀이 주제는 3회기부터 나타나기 시작했다. Abbey는 책상 앞에 앉아 종이를 찢어 나에게 건넸는데, 20분 정도 이 활동을 지속했다. Abbey가 종이를 찢는 동안 놀이실에는 무거운 긴장감이 흘렀다. 나는 Abbey가 학대로 인해 자신에게 일어난 일을 보여 주고 있는 것이라고 가정했다. Abbey는 자신이 찢겨지고 부서진 것 같은 느낌을 경험한 것 같았다. 나는 찢어진 종잇조각을 건네받으면서 Abbey가 지금 무엇을 하고 있는 것인지 이해하며 Abbey가 준 종잇조각을 잘 보살피겠다고 말했다. Abbey는 침묵으로 일관한 채 이 활동을 지속했다.

종이를 찢어 자신의 조각난 자아를 나에게 건네주던 Abbey는 갑자기 고개를 들어 치료실을 둘러보았고 선반 위의 검은 플라스틱 곰 인형에 시선을 멈추었다. 빨간 눈을 하고 이빨을 드러낸 채 고개를 숙이고 있는 모습의 곰인형은 다소 위협적으로 보였다. Abbey는 곰인형이 무섭다고 말했다. Abbey는 의자에서 뛰어내린 후 곰인형을 향해 걸어가다가 갑자기 멈춰 섰다. Abbey는 포식자를 투사하고 있는 그 대상에 마주 선 채 "나는 칼을 가져와서 곰을 죽일거예요."라고 말했다. Abbey는 선반에서 곰인형을 꺼내 내 옆에 놓았다. 칼을 들어 나에게 주며 인형을 '죽이라고' 지시했다. 나는 칼을 쥐고 Abbey가 그만하라고 할 때까지 곰인형을 반복적으로 내리쳤다. Abbey는 곰인형으로 다가갔다. Abbey는 곰인형을 발로 차서 바닥에 떨어뜨린 후 그 위로 뛰어내려 점프를 했다. 곰은 죽은 것 같았다. 이러한 참여는 Abbey에게 상당히 강력한 의미를 가지며, 앞으로 거쳐야 할 과정에 대비하기 위해 자아를 강화시키는 기능을 한다. 역전이가 일어났다. 나는 이 놀이가 치료의 종결을 의미하기를 원했다. 그러나 Abbey의 정신에게는 해야만 하는 또 다른 것이 남아 있었다. 곰인형에 대한 공격으로 치료를 끝마치고자 했던 나의 열망은 잠시 담아 두어야만 했다.

다음 회기에도 Abbey는 지난 번과 유사한 놀이를 반복했지만, 검은 곰인형에 대한 공격성의 강도는 다소 약해졌다. Abbey는 종이를 찢는 것으로 회기를 마무리했다. 놀이 시간을 5분 정도 남겨 놓고 회기가 끝날 시간이 다가오고 있음을 알려 주었을 때 나는 Abbey가 눈물을 흘리고 있다는 것을 알아챘다. 눈물을 흘리고 있다는 것을 말해 주자 Abbey는 의아해 하며 "내가요?"라고 되물었다. 나는 눈물을 보았다고 말해 주었고 울고 있는 것인지 물었다. 그러자 Abbey는 삼촌인 Rob이 자신의 "아랫부분을 아프게 했다."라고 털어놓았다. 이는 부모가 보다 적극적인 조치를 취하는 데 있어 자신들의 소중한 딸을 학대한 사람이 누구인지 확인하는 데 필요한 확증이 되었다. 회기 중에 있었던 일을 부모에게 전달했다. 부모는 관련 기관에 이를 알렸고, Abbey를 학대한 삼촌은 구속되었다.

두 회기가 지난 후 Abbey는 다른 놀이 주제를 보이기 시작했다. 보호에 관한 것이었다. Abbey는 블록 상자를 꺼냈다. Abbey는 블록을 끼워 맞추고 분리시키는 방법을 잘 알고 있었다. Abbey는 작고 유순하며 해를 끼치지 않는 동물 인형을 가져와 책상 위에 있던 블록 안에 넣었다. Abbey는 동물들은 이제 안전하고, 이곳에서 나쁜 곰은 동물들을 해칠 수 없다고 말했다. Abbey는 아직 안전함을 충분히 느끼고 있지 않으며, 자신은 물론 다른 이들을 위해서도 환경을 보다 안전한 곳으로 만들기를 원하는 것 같았다. 나는 Abbey에게 "곰이 더 이상 다가오지 못할 때 그 동물들은 안전하다고 느끼겠구나."라고 말했다. Abbey는 선반에 아직 남아 있는 동물이 있지만, 그 동물들은 블록에 잘 들어맞지 않는다고 말했다. 나는 "너는 모든 동물들이 안전하기를 바라는구나."라고 반응했고, Abbey는 "맞아요."라고 대답했다.

Abbey의 놀이는 이 주제에서 저 주제로 변화를 거듭하며 발전을 지속했다. 그러나 모든 놀이 주제는 학대로 인해 형성된 콤플렉스와 관련성을 갖고 있었다. Abbey에게는 콤플렉스를 해결할 수 있는 적절한 방법을 찾기 위해 콤플렉스를 순환적으로 발전시키는 것이 필요해 보였다. Jung은 '**순환적 발전**'이라는 용어에 대해 중심을 둘러싼 신성한 구역을 원을 그리며 도는 움직임이라고 정의했다. Jung(1968, para. 186, 188)은 순환적 발전을 자기(Self)의 보다 넓고 깊은 차원에 자아(ego)를 담아 주는 것으로 보았다. 자기(Self) 원형은 무의식에 저장된 콤플렉스에 참여할 수 있는 새롭고 의미 있는 방법을 찾는다. 이러한 역동은 치료 과정에서 만나는 많은 아동에게서 흔히 볼 수 있다. 처음부터 유일하고 참된 길을 찾아 놀이 주제에 참여하며 콤플렉스를 해결해 나갈 수 있는 아동은 거의 없다. 치료사로서 우리는 놀이 주제에 참여하며 콤플렉스를 해결하는 것처럼 보이지만 증상은 완화되지 않고 심지어 악화되기까지 하는 아동들을 자주 목격한다. 자기(Self)가 아동의 놀이를 주도하는 지배적인 심리적 힘으로 작용할 때 치유의 과정은 가능해진다. Jung이 제안한 **수레바퀴의 모티브**를 적용하면 놀이치료실의 아동은 수레바퀴의 중심을, 바깥쪽 둥근 틀은 자아를 치유의 역량 안에 담고 있는 자기(Self)의 능력을 나타낸다고 생각해 볼 수 있다. 수레바퀴의 중심과 바깥쪽 둥근 틀을 연결하는 여러 개의 바큇살은 자기(Self)가 다양한 방법을 통해 자아에게 치유의 주제를 제시하는 것을 나타낸다고 볼 수 있다. 치유적 주제가 드러난 후 즉각적으로 진정한 치유와 변형이 일어나지 않는다고 해서 자기(Self)가 자아를 틀린 방향으로 이끌었다는 것을 의미하는 것은 아니다. 각각의 다른 주제는 자아를 위한 다양한 치유의 측면을 드러내는 것이라고 결론짓는 것이 안전할 것이다. Jung학파 분석적 놀이치료사는 아동의 자아를 위한 여러 주제의 다양한 치유적 측면을 이해해야 한다. 아동이 다른 주제를 향하도록 영향력을 미쳐서는 안 된다. 각각의 주제가 갖는 치유적 측면이 아동의 자아에 미치는 영향을 이해하는 것이 바로 치료사의 임무이다.

이후 몇 회기에 걸쳐 Abbey는 퇴행의 주제에 집중했다. Abbey는 회기 중 대부분의 시

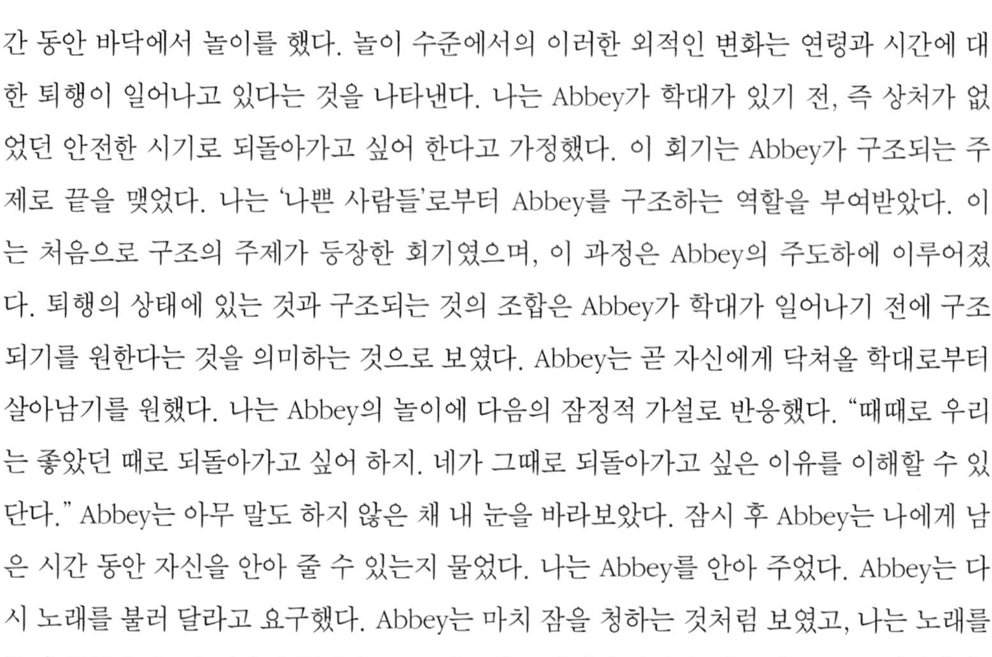

간 동안 바닥에서 놀이를 했다. 놀이 수준에서의 이러한 외적인 변화는 연령과 시간에 대한 퇴행이 일어나고 있다는 것을 나타낸다. 나는 Abbey가 학대가 있기 전, 즉 상처가 없었던 안전한 시기로 되돌아가고 싶어 한다고 가정했다. 이 회기는 Abbey가 구조되는 주제로 끝을 맺었다. 나는 '나쁜 사람들'로부터 Abbey를 구조하는 역할을 부여받았다. 이는 처음으로 구조의 주제가 등장한 회기였으며, 이 과정은 Abbey의 주도하에 이루어졌다. 퇴행의 상태에 있는 것과 구조되는 것의 조합은 Abbey가 학대가 일어나기 전에 구조되기를 원한다는 것을 의미하는 것으로 보였다. Abbey는 곧 자신에게 닥쳐올 학대로부터 살아남기를 원했다. 나는 Abbey의 놀이에 다음의 잠정적 가설로 반응했다. "때때로 우리는 좋았던 때로 되돌아가고 싶어 하지. 네가 그때로 되돌아가고 싶은 이유를 이해할 수 있단다." Abbey는 아무 말도 하지 않은 채 내 눈을 바라보았다. 잠시 후 Abbey는 나에게 남은 시간 동안 자신을 안아 줄 수 있는지 물었다. 나는 Abbey를 안아 주었다. Abbey는 다시 노래를 불러 달라고 요구했다. Abbey는 마치 잠을 청하는 것처럼 보였고, 나는 노래를 불러 주었다. 놀이 시간이 끝나자 Abbey는 벌떡 일어나 웃음을 지으며 문으로 다가갔다. Abbey는 문을 열고 복도를 뛰어가 로비에서 기다리고 있는 어머니에게로 돌아갔다.

다음 몇 회기에 걸쳐 Abbey는 강렬하면서도 심오한 물놀이를 지속했다. Abbey는 다양한 물건을 물속에 담궜다가 꺼내고 물을 털어 낸 후 물건들을 물 위에 띄웠다. 이런 놀이는 반복되었다. 물은 무의식에 대한 상징이다. 나는 Abbey가 무의식에 있는 자료를 끄집어내서 의식화하고 있다고 가정했다. 이때 나는 놀이에 대해서만 언급할 뿐 해석은 하지 않았다. 해석은 정서적 · 심리적으로 Abbey가 감당하기에 어려워 보였다. Abbey는 커다란 공을 꺼내서 물 위에 놓았다. 공은 너무 커서 물에 가라앉힐 수는 없었지만, 무언가를 물속에 넣었다가 다시 꺼내는 놀이 주제가 반복되고 있다는 것은 분명했다. Abbey가 공을 물속에 넣기 위해 힘을 주자 상당한 양의 물이 바닥으로 넘쳐 흘렀다. 이는 Abbey가 불러오려는 무의식적 자료가 '지저분해지고' 있는 것을 의미하는 것처럼 보였다. 나는 Abbey에게 공을 물속에 집어넣으려는 이유는 물론 물이 넘쳐 지저분해지는 것의 의미를 이해한다고 말했다. 또한 "큰 것을 물속에 넣으려면 지저분해질 수밖에 없지."라고 말했다. Abbey는 신경질적인 웃음을 보였으며 방을 지저분하게 만든 것에 대해 약간의 두려움을 느끼는 듯했다. 나는 이러한 상황은 청소를 하면 될 뿐 전혀 문제가 되지 않는다고 말해 줌으로써 Abbey를 안심시켰다. Abbey는 안도한 듯 보였다. 놀이치료실에서는 모든 지저분한 것을 다룰 수 있다는 메시지가 Abbey의 무의식에 전달된 것 같았다. 우리는 놀이치료실을 더 많은 무의식적 자료가 출현할 수 있는 공간으로 만들었다. Abbey 안에 의식적 · 무의식적으로 온전한 신뢰가 확립되었다. 이후 4, 5회기 동안 Abbey는 편안한 상태에서 지저분하게 만드는 것에 집중할 수 있었다.

Abbey가 두 개의 새로운 원형적 포식자의 상징인 악어와 뱀을 등장시킴으로써 치유의 과정은 새로운 국면으로 접어들었다. 악어는 물과 육지 모두에서 살 수 있는 동물로 의식적 수준은 물론 무의식적 수준에서의 포식자를 의미한다. 또한 악어는 상당한 무의식적 에너지를 지니고 있다. 뱀은 남근적 속성을 갖는 포식자를 상징한다. 이때 Abbey의 자아는 이 두 강력한 포식자, 특히 뱀으로 상징되는 성적인 포식자에 직면할 수 있을 정도로 팽창되어 있었다. 처음에 Abbey는 이 동물들에 대해 공포를 보여, 꼼짝 않고 있거나 뒤로 물러서곤 했다. 얼마 지나지 않아 Abbey는 용기와 분노를 보이며 "나는 이 동물들을 잡아서 죽일 거예요."라고 말했다. 그러고는 이 동물들을 공격하고 바닥에 던졌다. 나는 Abbey의 용기와 힘을 목격할 수 있었다. "너는 이 위험한 동물들을 죽일 수 있을 정도로 용감하고 강하구나."라고 말해 줌으로써 Abbey가 포식자를 죽였다는 것을 확인해 주었다. Abbey는 동물들을 집어 나에게 건네주었다. 역전이가 일어났고 내가 느끼는 분노는 Abbey의 분노에 상응했다. 나는 동물들을 내던졌고 동물들로 문을 내리쳤다. 이 에너지는 사실 나 자신으로부터 온 것이며 이때 내가 **희열**을 느꼈다는 것을 인정하지 않을 수 없다. Abbey와 나는 함께 웃으며 동물들의 죽음을 축하했다.

이전에 Abbey가 나에게 죽이라고 했던 검은 곰은 삼촌인 Rob을 나타내며 Abbey는 삼촌을 죽이거나 해치기를 원하지 않았다. 뱀과 악어는 **학대에 존재하는 악마와 어두움**을 상징하는 것으로 죽어야 하는 것들이다. 이러한 구분은 Abbey에게 딜레마를 가져왔다. 어떻게 하면 삼촌을 해치지 않으면서 동시에 삼촌이 자행한 학대의 문제를 해결할 수 있을까? 나는 이 딜레마를 해결할 수 있을 정도로 현명하지 않다는 것을 인정할 수밖에 없다. 다행스럽게도 Abbey의 자기(Self)가 놀이치료 과정을 이끌고 있었다.

이후 몇 회기는 나쁜 사람들이 놀이치료실에 들어오는 주제가 지속됐다. 점차 Abbey의 정서적 강도는 약화되어 갔다. Abbey는 포식자를 나타내는 다양한 놀잇감을 가지고 놀이하기 시작했고, 이들이 더 이상 Abbey를 해치지 못하도록 힘을 빼앗았다. Abbey는 탈출이 불가능한 곳에 포식자를 놓았다. 이곳에서 포식자들은 도망갈 수 없었고, 어느 누구도 해칠 수 없었다. Abbey는 포식자들을 능가하는 힘을 갖고 있었고, 포식자들의 악한 힘을 무력화시켰다. 치료 시간이 반쯤 흘렀을 때 Abbey는 놀이 속에 테디베어를 등장시켰다. Abbey는 테디베어를 안아 주고 양육하며 사랑해 주었고 나에게도 테디베어를 안아 줄 것을 요구했다. 강렬한 양육의 주제가 나타나기 시작한 것이다. 이 회기에서 Abbey는 자신을 학대한 짐을 지고 있는 검은 곰을 꺼내 나에게 건네주며 말했다. "이 곰은 착해요." 이러한 행동은 Abbey가 치유 과정의 완성을 향해 강렬한 힘으로 나아가고 있다는 것을 암시하고 있었다. 나는 세 수준에서 응답했다. "곰은 이전에는 나빴지만, 지금은 착해졌구나. 이제 괜찮아졌구나." Abbey는 곰을 끌어안았고, 나에게도 곰을 안아 주라고 했다.

이 시점에서 Abbey의 증상은 극적으로 사라져 가기 시작했다. Abbey는 더 이상 악몽을 꾸지 않았고 몇 주 동안 공격적 행동 역시 보이지 않았다. 불안감을 보이지 않았으며 별다른 어려움 없이 어머니와 분리될 수 있었고 어머니에게 과도하게 매달리는 행동 역시 사라져 갔다. 그러나 어머니에 대한 공격성이 두드러지기 시작했는데, 이는 반항적이고 제한을 시험하는 행동으로 나타났다. 어머니는 자신이 딸을 보호하지 못했기 때문이라는 것을 이해했지만, Abbey의 행동에는 그 이상의 것이 담겨 있었다. 나는 부모에게 앞으로 몇 주 동안 Abbey에 대한 치료를 지속할 것을 권유했다. 이즈음 Abbey의 삼촌은 학대 사실을 고백하였고 감옥에 수감되었다. Abbey에 대한 면접이나 법정 증언은 실시되지 않았다.

다음 회기에서는 실패한 구조와 관련된 놀이 주제가 다시 나타났다. Abbey는 다른 크기를 갖는 두 개의 기린 인형을 선택했다. 기린은 Abbey와 어머니를 상징한다. Abbey는 필요시 아동이 손을 씻을 수 있도록 비치해 둔 물통을 꺼내 왔다. Abbey는 말을 선택하여 물속에 집어넣은 후, 큰 기린(어머니)에게 말을 구해 오라고 시켰다. 큰 기린은 물속에서 말을 꺼내기 위해 몇 차례 시도했으나 결국 실패했다. 이러한 놀이는 어머니가 Abbey를 보호하고 구조하는 것 **모두**를 실패했다는 것을 나타낸다. 나는 이 놀이에서 어머니가 Abbey를 학대로부터 보호하지 못했다는 것은 이해했지만, Abbey를 학대로부터 구조하지 못했다는 것은 납득하기 어려웠다. Abbey는 큰 기린이 작은 기린과 말을 구조하지 못하는 것에 대해 실망을 표현했다. 표현된 실망감을 근거로 나는 "물속에서 구하지 못해 실망했구나."라고 말했다. Abbey는 "화가 났어요!"라고 말하며 자신의 감정을 분명히 명명했다. 나는 Abbey를 이해했다는 것을 전달했다.

다음 몇 회기 동안에는 다양한 주제가 복합적으로 드러났다. 양육, 나쁜 사람들이 갇히는 것, 놀이치료실 안에서 작은 동물들이 안전한 상태로 있는 것, 협조적으로 놀이하는 것 등이 혼합되어 나타났다. 아동들이 자신의 작업을 반복하고 재확인하는 것은 흔히 있는 일이며, Abbey 역시 이 과정을 거치고 있는 것처럼 보였다. 놀이에서의 상징성은 감소하고 '현실성'이 두드러지기 시작했다. 인형의 집이나 사람 인형, 실생활을 나타내는 장난감을 가지고 놀이하는 시간이 늘어났다. 한 회기의 후반부에 이르렀을 때 Abbey는 의사 역할을 하며 치유의 주제와 관련된 놀이를 했다. Abbey는 나를 바닥에 눕혀 놓고, 내 상처를 '치료했다.' 이러한 '치유자' 역할은 그 무엇보다 강력한 것으로, 이 회기 이후 Abbey의 증상들은 완전히 사라졌다. 어머니에 대한 분노 역시 더 이상 보이지 않게 되었으며, Abbey는 이제 학대 이전의 자아로 기능하는 것처럼 보였다.

이 시점에 이르렀을 때 Abbey의 부모는 치료를 중단하기를 원했다. 그러나 부모는 나를 신뢰하고 있었고, Abbey에게 완전히 해결하지 못한 무언가가 아직 남아 있는 것 같다고 했을 때 몇 주간 치료를 연장하는 것에 동의했다. 나는 부모와 함께 Abbey의 증상을 주의 깊게 모니터링했다. 다음 회기에서는 Abbey의 치유를 보다 확고히 하는 과정이 진행되었다.

이 회기에서는 이전에 Abbey가 보였던 모든 놀이 주제가 함께 엮여져 출현했다. Abbey는 인형의 집을 가지고 놀이하기 시작했다. 엄마 인형과 아빠 인형을 침대에 눕히고는 Abbey도 곧 잠자리에 들 거라고 말했다. Abbey는 아이 인형을 가져와 잠을 자고 있다고 했다. 그러나 아이 인형은 '눈에 이상이 생겨' 잠을 잘 수가 없다고 했다. Abbey를 상징하는 인형이 넘어졌지만, Abbey는 괜찮다고 말했다. 아이 인형은 잠이 들었다. 이 과정은 Abbey가 무의식적 자료와 투쟁하고 있다는 것을 나타낸다. Abbey는 위험한 무언가와 직면해야 하지만 자신이 이를 두려워하고 있다는 것을 알고 있는 것 같았다.

Abbey를 나타내는 인형은 다시 일어나서 "이 닦는 것을 잊어버렸네."라고 말했다. 이제 의식으로 가는 문이 열린 것이다. 아이 인형은 소파에 앉아 영화를 보고 있었다. 이때 아빠 인형이 일어났는데, 곧 넘어졌다. 이에 대해 아이 인형은 "아이쿠!"라고 반응했다. Abbey는 아빠가 아픈 것 같아서 아빠를 다시 침대에 눕히는 것이 좋겠다고 말했다. Abbey는 집에서 침대를 꺼내 집 앞의 눈에 잘 띄는 곳에 놓았다. Abbey는 아빠 인형을 "고친" 후, 다시 침대에 눕혔다. 엄마 인형 역시 아파서 침대에 누워 있는 것으로 이야기를 진행했다. 나는 Abbey가 자신의 학대 경험으로 인해 가족 모두 상처를 입었다는 것을 이해하고 있다는 잠정적 가설을 세웠다.

그다음 Abbey는 동물들이 있는 선반에서 커다랗고 튼튼해 보이는 코뿔소 인형을 꺼냈다. 그렇지만 Abbey는 이 동물을 말이라고 지칭했다. 말은 여성적 상징물로, 자궁 안에 인간들을 품고 있으며 인간의 내적 삶을 도와주는 대모(Great mother)를 나타낸다. Abbey는 병원놀이 세트를 가져왔다. 갑작스럽게 주제가 달라졌고, Abbey는 검은 곰인형을 가지고 놀이하기 시작했다. 이때 Abbey는 자아 분열을 경험하며 검은 곰에 직접 참여하였다. Abbey는 곰인형을 선반 위에 놓았다. 그리고 나에게 곰이 선반에 있어서 다른 동물들이 무서워하고 있다고 말했다. Abbey는 작은 동물들을 의사의 가방에 숨기기 시작했는데, 이는 사실 숨기는 것이 아니라 치유하는 것을 의미한다. 보호에서 치유로의 상징적 변화는 매우 중요하면서 강력한 의미를 갖는다. Abbey는 자신이 만들어 내기를 원했던 치유의 장소로 돌아간 것이다. Abbey는 플라스틱 블록을 꺼내와 우리가 놀고 있던 바닥 한가운데 놓았다. Abbey는 가운데에 블록 한 개를 놓고 블록의 네 모서리에 블록 한 개씩을 끼워 바깥쪽을 향하게 하여 **'사위(quarternity)'**를 만들었다. 이는 전체성을 상징한다. Jung(1958, p. 167)은 전체성의 네 측면은 모든 판단의 논리적 기반을 형성하는 것으로 감각, 사고, 감정, 직관의 네 기능을 포함한다고 기록한 바 있다.

다음으로 Abbey를 상징하는 인형은 '말'을 타고 엄마 인형을 사위의 꼭대기로 데려가 치료를 위해 주사를 놓았다. 엄마 인형을 침대에 다시 눕히고, '말'을 타고 아빠 인형을 치유의 장소로 데려갔다. 이번에는 나에게 치유자 역할을 부여하며 아빠 인형을 치료하게끔 했다. 나는 Abbey와 똑같이 했지만, Abbey는 내가 제대로 하고 있지 않다고 말하며 주사기를 가져가 직접 아빠 인형을 치료했다. '말'은 아빠 인형을 다시 침대로 데려다 놓았다. TV를 보고 있던 아이 인형(Abbey를 나타내는)은 위층에서 내려와 엄마 인형에게 말했다. "엄마, 저 아파요." 그러자 엄마 인형은 "침대로 돌아가렴. 우리를 방해하면 안 돼."라고 말했다. 아이 인형은 매우 슬픈 것처럼 보였다. 이는 어머니에 대한 Abbey의 분노를 나타내는 것이었다. 아이 인형은 '말'을 타고 병원으로 이동했다. 그곳에서 Abbey는 아이 인형을 치료하기 위해 심장에 주사를 놓았다. Abbey는 이 주제에 참여하고자 하는 욕구를 실현한 후 '말'을 버렸다. Abbey는 이제 다른 놀잇감을 탐색하며 찾았다.

Abbey는 목걸이를 찾았다. 목걸이는 사무실이나 정거장과 같은 특정 장소, 그리고 신성의 상징이며 무언가를 함께 묶을 수 있는 것이기도 하다. Abbey는 목걸이를 물로 깨끗이 닦은 후 내려놓고 면밀히 살폈다. 그리고 치유된 작은 인형을 침대로 데려갔다. Abbey는 내게 다가와 목걸이를 내 목에 걸었다. Abbey는 나 역시도 치유자로 인식하고 있었다.

Abbey는 다시 한 번 목걸이를 닦고는 보트를 꺼내고 목걸이를 물에 담궜다. 보트는 모험, 다산, 풍요로움을 상징한다. 또한 의식과 무의식의 축이 있는 곳이기도 하다. Abbey는 목걸이를 보트에 넣고 보트를 물 위에 띄웠다. Abbey는 다시 보트에서 목걸이를 꺼내 물에 띄웠다. 이제 Abbey는 학대받은 작은 소녀에서 신성한 여사제로의 상징적 변형을 경험하고 있는 것 같았다. Abbey는 선반 위로 다가가 검은 곰인형을 집어 들었다. 어떠한 분열의 징후도 나타나지 않았다. Abbey는 곰인형을 물로 가져가 깨끗이 닦았다. Abbey는 의식적 절차를 수행하고 있었다. 곰인형을 물로 닦고(세례를 주고) 물기를 닦은 후 나에게 건네주며 "이제 이것은 착하고 깨끗해요."라고 말했다. 또한 "얘는 선생님을 좋아해요. 그리고 우리 둘을 모두 원해요."라고 말했다. Abbey는 사위에 누워 있던 아이 인형을 집안의 침대 위에 눕히고 곰인형을 치유를 위한 신성한 장소에 놓았다. Abbey는 곰인형에게 여러 차례 주사를 놓았다. 이 놀이 주제는 경건한 침묵 속에서 진행되었으며, 매우 심오하고 강렬한 과정이 펼쳐지고 있었다.

이 놀이 주제로부터 벗어나는 과정에서 Abbey는 선반에서 손전등을 꺼내 들었다. 이 손전등은 세 개의 렌즈로 이루어져 세 가지 다른 빛을 낼 수 있다. Abbey는 손전등으로 빛을 비췄다. Abbey는 이제 모든 것을 보다 명확하게 볼 수 있게 되었다. 환한 빛은 새로운 삶을 상징하며, 이 빛은 Abbey의 내적 치유자의 신성함으로부터 온 것이다. 빛은 최초로 창조된 것으로, 어둠과 악을 쫓아낼 수 있는 힘을 갖는다. Abbey는 잠시 손전등을 가지고 놀이를 한 후, 빛 때문에 어지럽다고 말했다. Abbey는 나의 무릎에 기대어 보살핌과 축하를 원했다. 놀이 시간이 끝나기 5분 전 쯤 Abbey는 "다 했어요."라고 말하며 회기를 끝마쳤다. Abbey는 자신이 가장 진실하고 무엇보다 의미 있는 통합과 변형에 도달했음을 알고 있었다.

결론

이 사례에서 보여지듯 모든 아동은 무의식이 갖는 지혜를 통해 의식적 자료와 무의식적 자료를 이해할 수 있다. Abbey는 자신을 학대한 사람을 치유하기 위해 스스로를 신성한 사제의 경지에까지 이끌었다. 신성한 사제의 본성은 죽이고 파괴하는 것에 있지 않다. Abbey는 심리적 균형과 평화를 이루어 내기 위해 자신을 학대한 사람을 변형시켜야만 했다. 오직 Abbey만이 삼촌을 미워하면서 동시에 사랑하는 딜레마로부터 벗어나는 방법을 알고 있었다. Abbey의 무의식만이 어디에서 진정한 변형과 치유가 일어날 수 있는지를 알고 있었다. Abbey에게 균형과 평화를 복원시킨 다른 힘은 없었으며, 치유는 무의식으로부터 왔다.

Jung학파 분석적 놀이치료사는 아동의 내적 세계를 이해하고 존중함으로써 진정한 치유와 변형을 촉진할 수 있다. 상징의 세계를 알고 원형적 자료가 놀이 속에서 상징을 통해 표현되는 방식을 이해함으로써 Jung학파 분석적 놀이치료사는 아동의 치유 과정에 온전히 참여할 수 있다. Jung학파 분석적 놀이치료사는 자신의 해결되지 않은 무의식적 이슈에 용기를 갖고 직면함으로써 경이로운 무의식적 자료를 향해 정서적 그리고 심리적으로 나아갈 수 있으며 해석자, 목격자, 담아 주는 사람의 역할을 할 수 있다. 자신의 이슈에 대한 이해를 통해 Jung학파 분석적 놀이치료사는 놀이치료 회기 동안 역전이를 효과적 도구로 활용할 수 있다. 보상과 확인의 역동에 대한 이해를 통해 Jung학파 분석적 놀이치료사는 각 아동의 개별적인 치유 과정을 인식하고 이해할 수 있게 된다. Jung학파 분석적 놀이치료사는 모든 아동에게는 내적 치유자가 존재한다는 것을 믿어야 한다. 이러한 믿음을 통해 치료 과정에서 인내심을 가질 수 있고, 아동이 개인적 자유의 진정한 승자가 될 수 있게 한다. 또한 이 믿음을 통해 모든 아동이 치유와 심리적 전체성을 향해 나아갈 수 있는 자신만의 방법을 찾아가는 데 필요한 **테메노스**를 만들어 갈 수 있다.

제 9 장

아동학대: 놀이치료사를 위한 안전기반 임상 전략들

Janine Shelby · Lauren E. Maltby

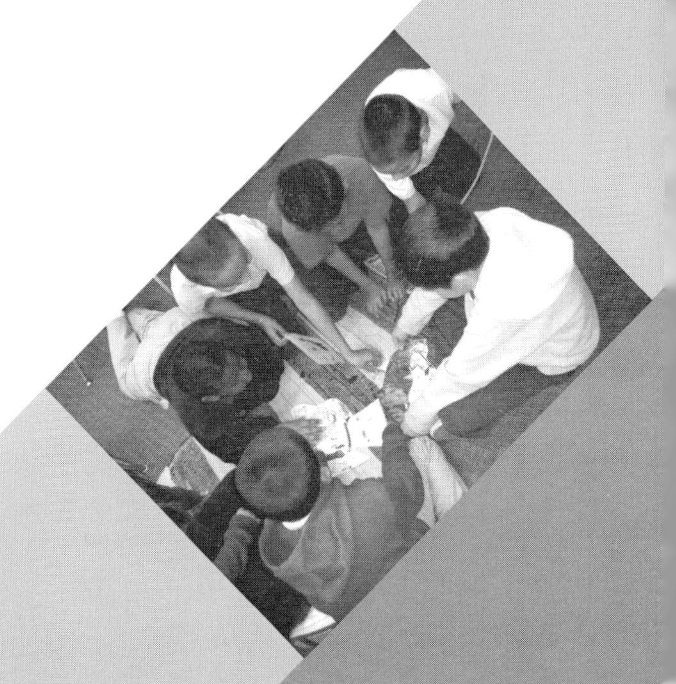

아동학대가 의심되거나 학대 사실이 입증되면, 아동들은 치료에 의뢰된다. 의뢰된 많은 아동·청소년이 정신건강서비스의 도움을 받고 있지만 불행하게도 학대에 반복적으로 노출되고 있다. 여러 정신건강서비스가 아동 안전 문제의 그늘 속(만연되어 있으나 공개되지 않았거나 입증되지 않은)에서 제공되고 있다. 물론 실제 외상 사건이 있었던 것으로 입증된 청소년들을 위해서는 몇몇 외상기반 치료법이 개발되고 그 효과가 경험적으로 입증되었지만, 학대가 의심되나 진술이나 조사 결과가 모호하거나 아동학대 기준에 미치지 못하는 경우(예: 아동학대 의심 수준까지 올라가지 못한 경한 수준의 아동 학대 지표들)에는 치료사들에게 도움이 될 만한 임상적 견해나 연구가 거의 이루어지지 못하였다. 이 경우 치료사들은 심리치료를 제공하면서도 안전 문제를 다루어야 하며, 임상 작업과 조사 작업을 동시에 다루어야 하기에 복잡한 역할의 이중성을 감당해야 한다.

지속되는 아동학대와 정신건강서비스

정신건강서비스를 받고 있는 동안에도 아동·청소년은 여전히 학대를 경험하지만, 얼마나 자주 학대를 경험하고 있는지를 조사한 연구는 매우 드물다. 아동복지 분야의 연구에 따르면, 미국 아동보호서비스(child protective services: CPS)의 도움을 받고 있는 청소년들은 학대를 자주 경험하는 것으로 보고되었다. 아동 폭력노출에 대한 미국 전국조사(NatSCEV) 연간보고서에 따르면, 전국적으로 4,500명 이상의 아동 표본(미국 법무부, 2009) 중에서 절반 이상(60.6%)이 이전에 폭력을 경험했거나 목격했다고 보고하였다. 미국 보건사회복지부(U.S. Department of Health and Human Services USDHHS, 2011) 아동학대 보고서에 따르면, 현재 심리치료를 받고 있는 사람들이 학대와 더 직접적으로 관련되어 있으며, 아동학대는 임상 집단에서 불균형적으로 높게 나타나는 것으로 알려져 있다. 또한 최근 5년 동안 가족보호서비스에 등록된 아동의 14.5%가 적어도 한 가지 이상의 추가 학대의 정황이 있는 것으로 밝혀졌다. 이러한 통계 수치는 **보고되거나 확인된** 학대 비율만을 반영한 것으로, 전집을 대상으로 학대를 조사한다면 보고된 것보다 무려 70배 이상 더 높은 수치가 보고될 것으로 추정된다. 게다가 미국 아동보호서비스에 보고된 대다수의 학대 및 방임 보고는 입증되지 못한 채 종결되었다(즉, 2011년 미국 전역에서 이루어진 모든 의뢰 중 58.9%가 '근거 없음'으로 종결됨; USDHHS, 2012). 비록 이 사건들 중 일부는 적절한 조사를 통해 종결되었음에도 불구하고, 범죄 조사나 아동복지 조사에 따르면 의뢰 전 아동들은 지속적으로 학대를 경험한다는 임상 보고들이 넘쳐 나고 있다. 이와 같이 치료 과정 중에 외상이 재발되는 경우가 드물지 않으며, 놀이치료사 및 기타 아동치료사들은 외상 과거력 및 증상을 지닌 아동청소년들을 만날 가능성이 높은 편이다. 이 경우 치료사들은 안전에 초점을 맞춘 개입을 제공해야 한다.

기존 외상 치료

과거 외상 사건을 경험한 아동 · 청소년 치료를 위한 경험적인 임상 분석들이 상당히 많이 이루어졌다. 그러나 이러한 치료들은 대부분 실질적으로 외상 사건을 경험했으며 더 이상 아동 학대의 우려가 없는 사례들을 위해 개발되었다. 외상 초점 인지-행동 치료(Trauma Focused cognitive-behavioral therapy: TF-CBT; Cohen, Mannarino, & Deblinger)는 외상 관련 증상을 줄이는 데 효과적이라고 입증되었다. 이 매뉴얼에는 안전 관련 모듈이 포함되어 있어서 위기 상황이 발생했을 때 사용할 수 있도록 되어 있지만, 매뉴얼의 끝에 기재되어 있어서 주로 현재의 안전을 증진시키는 데 초점을 두기보다는 미래에 발생할 위기에 초점을 두고 있다. 사실 치료받는 중에도 가정에서 지속적으로 학대를 받고 있다는 것이 드러나면, 현재 위험에 처해 있는 아동에게 의인성(醫因性, iatrogenic-의사의 활동에 의해 생기는 것) 영향을 최소화하기 위하여 외상 초점 인지행동치료는 일반적으로 제공되지 않거나 뒤로 미루어지거나 수정된 방식으로 개입된다(예: 노출 없애기).

신체적 학대가 확인된 아동 희생자와 그 양육자를 위한 또 다른 연구 기반 치료법인 AF-CBT(Alternatives for families CBT, AF-CBT; Kolko, Herschell, Baumann, & Shaver, 2009)는 과거의 신체 학대뿐 아니라 현재의 아동 학대에도 초점을 둔다. 치료 과정 초기에 AF-CBT 치료사들은 가족 안전 계획을 개발하여 양육자가 자녀에게 행사하는 폭력의 수준을 감소시키는 데 초점을 둔 중재를 제공한다. 또한 치료사들은 다양한 종류의 지필 평가를 통해 매주 부모의 훈육 정도를 모니터링한다. 이 치료법은 현재 진행 중인 안전 문제를 치료 과정에 포함하고 있으나, 신체적 학대가 확인되거나 입증된 가정을 위해 개발되었다. 학대 증거가 명확하지 않거나, 양육자에 의해 부인되거나, 경한 정도의 학대로 분류되는 경우에는 일반적으로 치료가 제공되지 않거나 전체 치료 패키지의 일부만이 제공된다. 이러한 유형의 외상 초점 치료법 외에도, 외상 아동들을 위하여 인지행동치료와 놀이치료를 혼합한 접근법이 제안되었으며(Cavett & Drewes, 2012; Goodyear-Brown, 2012; Shelby & Berk, 2008), 구체적으로 아동 안전에 초점을 둔 개입법들(child-safety-focused intervention techniques)이 제안되기도 하였다(예: Goodyear-Brown, 2012; Kenney-Noziska, 2008; 언어 전 단계의 외상과 관련된 이슈들이 궁금하다면 Green, Crenshaw, & Kolos, 2010 참조).

놀이치료는 아동·청소년들이 놀이를 통해 경험을 처리할 수 있도록 도와주는 접근방법으로, 발달과정에 민감하여 오래전부터 널리 사용되어 왔다. 특히 어린 아동들이나 언어 능력에 제약이 있는 사람들, 혹은 증거가 모호하나 혐의가 의심되는 경우에, 아동 주도의 놀이치료를 통해 아동이 자신의 경험과 감각, 정서를 재연하고 처리하고 드러낼 수 있다는 장점이 있다. 그러나 인지행동치료 및 외상 치료법에 대한 효과 연구는 빠르게 축적되어 온 반면, 전통적인 놀이치료 및 놀이기반 개입에 대한 경험적 연구는 비교적 약한 편이다. 게다가 놀이기반 접근법은 학대 주제가 드러날 수 있는 기회를 제공하지만 직접적으로 학대에 초점을 두어 다루지는 않는다. 결과적으로, 현재 학대를 경험하고 있거나 학대 징후가 나타나는 사례를 위하여, 그리고 증거가 모호하나 혐의가 의심되는 사례를 위하여, 안전에 초점을 둔 발달적으로 민감한 개입 프로그램이 요구된다.

다행히 이 분야의 몇몇 유명 저자들이 안전기반 임상 평가를 위한 측정 영역 및 내용을 제안하였다(Friedrich, 2002; Gil & Cavanagh-Johnson, 1993; Hewitt, 2012; Van Eys & Truss, 2012). 이들은 임상가들이 종합적이면서도 개별적인 접근을 할 것을 권장하면서, 다양한 정보원을 통해 다양한 방식으로 아동 및 가족들을 평가할 뿐 아니라(예: 임상 관찰, 표준화된 검사와 투사 검사, 아동 및 가족 인터뷰, 과거 자료 검토, CPS 관련 정보), 발달력, 문화적 요소, 일반적인 정신건강 평가, 아동의 경험과 위험 수준, 노출 정도를 확인하기 위하여 외상-초점 면접을 시행할 것을 권면하였다. 아동학대 관련 요인들을 확인한 연구들(본 장의 범위를 벗어나지만)에서도 임상 평가에 대한 지침을 제공한다(Kolko & Swenson, 2002 참조). 아동 학대를 확인하고 감소시키는 데 중점을 둔 개입법이 중요하다는 인식에도 불구하고, 그동안 아동기 외상 치료에서 이 부분에 대한 공식적인 발표가 더 많이 이루어지지 않았다는 것은 놀라울 따름이다. 따라서 이 장에서는 아동기 외상에 대한 추가적인 논의를 통해 가능한 한 신속하고 정확하게 학대를 확인하는 것의 결정적 중요성에 대해 특별히 제시하고자 한다.

학대가 의심되는 사례를 위한 안전성 강화 프로그램

우리가 제안하는 안전기반 평가 및 치료 패키지는 5단계의 개입 영역으로 되어 있다. 첫 번째 단계에서, 기존 자료, 관련 과거력, 주변 환경, 임상 면접을 통해 철저한 평가를 한다. 두 번째 단계에서 의사소통 장벽을 탐색하고 필요한 경우 그 부분에 대해 다룬다. 세 번째 단계에서 치료사는 가족 패턴, 경계 강화, 양육자의 보호 역량에 초점을 맞춘 개입을 한다. 치료사는 아동에게 가장 도움이 될 만한 영역에서 시작하여 다른 영역으로도 차례로 진행한다. 네 번째 단계에서 치료사는 매주 가족들의 행동과 상호작용을 모니터링한다. 다섯 번째 단계에서 아동은 개별놀이치료, 모래상자 치료, 기타 아동심리치료 등을 받을 수 있다. [그림 9-1]은 이러한 개입 수준을 보여 준다. (모든 사례는 비밀을 보호하기 위해 무기명으로 처리되었고 임상사례는 단일 아동이 아니라 다양한 가정 혹은 아동 사례를 조합한 것이다.)

모듈 I: 평가

우리는 과거력 자료수집, 가정 방문, 표준화된 검사 등 다양한 유형의 평가들을 아래에서 간단하게 살펴볼 것이다. 가족들은 임상가와 친밀한 치료적 관계를 형성한 이후에 정보를 공개할 가능성이 더 높으며 치료 과정 중에도 아동 학대의 새로운 증상 혹은 추가적인 외상을 공개할 가능성이 높기 때문에 아동 과거력, 외상 노출, 주변 환경, 증상 등을 주기적으로 재평가하는 것이 중요하다.

과거력 자료 수집

어린 아동의 경우 양육자가 주요 정보원이다. 학대가 의심되는 경우, 한 명의 보호자에게만 의지하여 정보는 구하는 것은 현명하지 못하다. 아동 안전 문제가 의심되는 경우, 다중의 출처에서 기록과 데이터를 수집하는 것이 특별히 중요하다. 이러한 절차가 일상적이고 필요한 것으로 간주하기에, 우리는 치료를 시작하면서 아동보호서비스, 소아과의사, 이전 정신건강 요원, 양육자의 정신건강 상담사, 학교, 확대 가족, 형제, 아동 돌봄 제공자 등에게서 정보 공개에 대한 동의서를 받는다. 이렇게 하지 않는다면 낙인(stigmatization)의 위험으로 인해 정보 공개가 금기시되기 때문이다. 다양한 관점에서 아동에 대한 정보

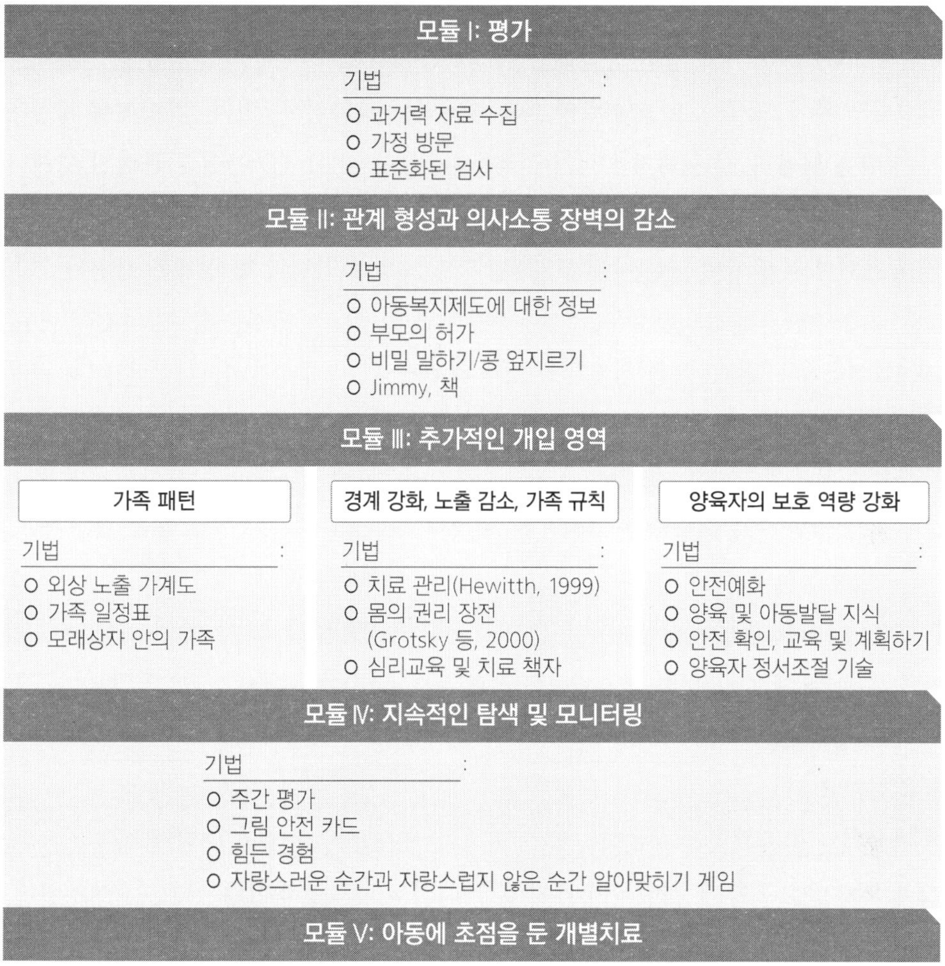

모듈 I: 평가

기법:
- 과거력 자료 수집
- 가정 방문
- 표준화된 검사

모듈 II: 관계 형성과 의사소통 장벽의 감소

기법:
- 아동복지제도에 대한 정보
- 부모의 허가
- 비밀 말하기/콩 엎지르기
- Jimmy, 책

모듈 III: 추가적인 개입 영역

가족 패턴	경계 강화, 노출 감소, 가족 규칙	양육자의 보호 역량 강화
기법:	기법:	기법:
○ 외상 노출 가계도	○ 치료 관리(Hewitth, 1999)	○ 안전예화
○ 가족 일정표	○ 몸의 권리 장전 (Grotsky 등, 2000)	○ 양육 및 아동발달 지식
○ 모래상자 안의 가족	○ 심리교육 및 치료 책자	○ 안전 확인, 교육 및 계획하기
		○ 양육자 정서조절 기술

모듈 IV: 지속적인 탐색 및 모니터링

기법:
- 주간 평가
- 그림 안전 카드
- 힘든 경험
- 자랑스러운 순간과 자랑스럽지 않은 순간 알아맞히기 게임

모듈 V: 아동에 초점을 둔 개별치료

[그림 9-1] 학대가 의심되는 아동을 위한 안전성 강화 프로그램

를 얻을 때 아동에 대한 보다 더 풍부한 임상적인 묘사를 할 수 있다.

가정 방문

가정 방문은 아동의 안전을 평가할 수 있는 기본적이면서도 유익한 정보원으로, 자연스러운 맥락에서 아동의 증상을 이해할 수 있는 토대가 된다. 정보 공개에 동의하는 것과 마찬가지로 가정 방문 역시 일상적이고 필수적인 것으로 기술하며, 아동과 가족의 요구를 이해하고 최상의 치료 계획을 개발하기 위해 필요한 것으로 설명한다. 만약 가족 구성원이 가정방문을 꺼려 한다면, 치료사는 방문 사유에 대한 가족들의 이해, 전문가에 대한 과거 경험 혹은 과거에 가정 방문을 했던 다른 방문자에 대한 경험, 또 다른 걱정거리들을 탐색한다(예: 검사 받는 것에 대한 두려움, 출입국 상태가 발각될 것에 대한 두려움, 생활 형편과 관련된 창피함). 치료사와 강한 공감대를 형성했음에도 불구하고 가정 방문을 지속적으로 저항한다면 추가 탐색이 요구되며 안전이 염려되는 상황일 수 있다. 가정에서 평가해야 하는 상황은 다음과 같다(하지만 여기에 국한되지는 안 된다). ① 안전과 관련된 고려사항(예: 가정의 일반적인 안전 상황, 집에 거주하는 사람, 무기에 대한 접근성, 위험 요소의 존재, 지역 사회 폭력 범죄 및 공공 약물 사용에 노출된 정도), ② 개인 영역 및 경계와 관련된 고려사항[(예: 코-슬리핑(co-sleeping) 여부, 침실에 대한 접근성, 침실 및 욕실문 잠금장치 설치 여부, 성인 포르노그라피나 매체를 통한 성행위 및 성적 내용에 대한 노출], ③ 음식 및 약물[예: 충분한 영양소를 섭취할 수 있는 음식량 및 유형(그리고 접근가능성), 알코올 또는 불법 약물의 존재, 의약품 또는 독성 물질에 대한 접근성], ④ 생활공간의 특성(예: 장난감의 존재, 아동 사진 및 아동 작품의 전시, 방의 수, 주의를 분산시키는 것들로부터 자유로운 공간, 숙제를 할 수 있는 공간, 청결, 날씨/벌레/동물에 과다 노출되는 것으로부터 보호, 양육자가 요리나 청소와 같은 일상적인 활동을 하는 동안 아동을 모니터링할 수 있는 기회), ⑤ 아동이 접근 할 수 없는 구역(예: 의약품 저장 공간, 방, 옷장, 서랍)들이 평가되어야 한다.

표준화된 검사

심리평가는 일반적으로 심리학자의 영역이지만, 고위험군 가족과 함께 작업하는 정신건강 실무자들도 구입 가능한 여러 가지 표준화 검사 도구들이 있다. UCLA PTSD 반응 지수(Reaction Index, 아동용과 부모용 모두)는 외상 노출 누적 정도를 평가하는 문항들로 구성되어 있다(예: 다양한 유형의 외상 사건에서 생존함). 이 도구는 사실 자체를 묻는 질문지 형식의 표준화 설문지이기에, 가족 구성원이 자발적으로는 공개하지 않을 수 있는 정보를 평가하는 데 유용한 수단이며, 가족원이 자신의 과거를 노출할 때 편안함을 느끼는 정도를 어느 정도 증진시킬 수 있다. UCLA PTSD 반응 지수는 미국 국립 아동 외상 센터(www.tits.rpm)에서 다운받아 활용할 수 있다. 잠재적 학대 위험을 확인하는 데 도움이 되는 또 다른 척도로는 부모의 스트레스(예: 부모 스트레스 척도; Abidin, 1995), 양육태도(예: 잠재적 아동 학대 지표; Milner, 1986), 고위험 유아 성행위(예: Child Sexual Behavior Inventory; Friedrich, 1997) 등이 있다.

모듈 II: 관계 형성과 의사소통 장벽의 감소

치료 관계는 종종 정신 건강 치료의 중요한 성공 요소이다. 만약 부모가 자녀의 학대 노출 정도를 온전히 공개하기를 기피한다면, 가족기반 개입에 있어서 관계형성은 필수적인 요소이다. 치료 관계는 대부분의 심리 치료 접근 방법의 핵심이기 때문에, 임상가들은 대개 이 기술을 습득하기 위해 꾸준히 노력한다. 그러나 아동 학대가 의심되는 모호한 맥락에서 작업하게 되면, 임상가는 아동과 보호자 모두와 공감대를 형성하고 유지해야 하는 독특한 과제를 부여받게 된다.

관계 증진시키기

아동 학대 환경에서 일하는 치료사들은 자신이 성심을 다해 치료하는 아이에게 부모가 무관심하거나 지나치게 감시를 하거나 지나치게 부정적인 편견을 가지고 반응하는 경우에 불편한 감정을 느낀다. 때때로 치료사들은 양육자들의 행동을 신뢰하지 못하고 분노, 슬픔, 혐오, 공포감에 압도되기도 한다. 이러한 상황에서 치료사는 양육자에 대해 긍정적인 시각(양육자의 행동은 그 순간에 최선으로 기능한 것이지만 그들의 행동이 아이들에게 정신적으로나 육체적으로 상처가 될 수 있다)을 유지하는 것이 상당히 어려울 수 있다. 치료사들은 아동에게 공감하면서 부모의 관점을 수용하는 것 간의 간극을 왔다 갔다 해야 하며, 동시에 두 간극을 탐색하고 평가하며 개입 전략을 세우는 것이 상당히 부담이 될 수 있다. 이렇게 양육자와 감정적인 연결을 유지하기 위해서 일부 치료사는 부모 역시 어린 시절에 어려움을 겪었으며 이러한 어려움이 현재의 부모 반응과 연관되어 있다는 것을 스스로에게 상기시킨다. 어떤 치료사들은 양육자의 특정한 측면(예: 장점, 양육목표, 취약성)을 알아내고 연결시키기도 한다. 또 다른 치료사들은 가족 구성원이 긍정적인 성장을 할 경우 어떻게 기능할지 상상하면서 지금의 행동이 좀 더 적응적인 양육자 행동으로 나아가기 위한 과정에서 나타나는 일시적인 행동으로 보기도 한다. 양육자에게 개입할 때 어떠한 전략을 사용하든, 치료사들은 부모들이 인정받지 못하거나 효과가 없거나 거부되는 것에 극도로 민감할 수 있는 것을 상기하면서 개입해야 하며, 지속적으로 희망을 가지고 작업할 수 있는 심리적 자원을 가지고 있어야 한다. 즉, 치료사들은 슈퍼바이저나 동료들의 지지를 받으면서 피로해지거나 소진되는 것을 방지해야 한다.

의사소통 장벽 감소시키기

가족 구성원의 과거 경험, 가족 및 문화의 가치관, 그리고 공개의 결과에 대한 두려움 등이 열린 의사소통에 부정적인 영향을 미칠 수 있다. 이러한 문제를 해결하기 위한 몇 가지 기법들을 소개할 것이다.

아동복지제도에 대한 정보 아동과 양육자 모두 아동복지제도(Child welfare system)와 관련하여 잘못된 정보나 오해로 인해 불안해 할 수 있다. 일부 사람은 가족의 안전을 강화하기 위해 아동복지제도를 이용할 것을 권장받기도 하였으나 일부 사람은 아동복지제도를 이용하지 말 것을 제안받은 경험이 있을 것이다. 예를 들어, 만약 가족 정보가 공개된다면 부모로부터 '멀어지게 될' 것이라는 두려움 때문에 아동들은 침묵했을 수 있다. 아동복지에 대한 가족의 경험을 탐색하는 것도 중요하지만, 아동복지 과정 및 역할을 올바르게 잡아 주는 것(예: 아동복지제도로 인해 부당한 경험을 한 사람들에게 어떠한 도움을 줄 수 있는지에 대한 정보) 역시 도움이 된다. 일부 사람들에게는 아동보호서비스에 대한 정보를 올바르게 정정해 주는 것(예: 아동보호서비스는 일반적으로 가족들이 안전하게 함께 지낼 수 있도록 돕는 것을 목표로 한다.)만으로도 가족 구성원이 안전 문제에 대해 논의할 때 좀 더 편안하게 느낄 수 있다.

부모의 허가 많은 아동이 자신의 가정사를 치료사에게 공개해도 되는지 여부에 대해 양육자로부터 복잡한 메시지를 받는다. 우리는 치료 초기 단계에 양육자를 만나서 아동이 가정사와 관련된 감정과 상황을 치료사에게 이야기하는 상황에 대해 의논하는 시간을 갖는다. 즉, 가정사를 치료사에게 노출할 때 성인과 아동이 느끼는 편안함의 정도에 대해서 이야기할 것을 권장한다. 우리는 부모 자신을 노출하거나 아동을 노출하는 것에 대해 부모들이 느끼는 의구심을 탐색하면서 누구나 그렇게 느낄 수 있다고 말해준 후, 수용과 지원의 분위기를 만들고자 노력한다. 우리는 가족 구성원이 우리의 동기를 신뢰할 수 있도록 돕는 것을 목표로 하지만, 그들 자신의 현실을 용감하게 말할 수 있는 능력을 지니는 것이 더욱 중요하다고 설명한다. 부모가 열린 의사소통을 격려한다면, 아동은 현재와 미래에 자기를 보호하는 능력이 향상될 뿐만 아니라 이것이 안전하고 유능한 육아와 어떻게 연관되는지를 강조한다. 즉, 아동들이 자신의 안전에 대해 스스로 말할 수 있도록 양육자들이 격려한다면, 아동들은 자신의 안전을 더욱 소중히 여기게 되고, 집 밖에서 일어날 수 있는 부적절한 행동을 말할 수 있으며 그리고 현재 및 미래의 관계에서 자기 방어 전략들을 사용할 수 있을 것이라고 강조한다. 만약 양육자가 정보 노출에 동의하고 권장할 수 있게 되면, 부모와 자녀가 함께하는 회기를 열어서 과거에는 비밀이었지만 이제는 치료사에게 말해도 된다는 것을 부모가 자녀에게 이야기하여 자녀가 자신의 가정사를 노출하는 것에 대해 안심할 수 있도록 해 주어야 한다. 또한 부모들은 자녀에게 안전하지 않거나 불편하거나 무서운 일이 일어났거나 일어난 적이 있다면 치료사에게 말해야 한다는 것을 치료사가 동석하는 자리에서 이야기한다. 다음으로, 치료사는 가족들에게 이 문제를 매주 확인할 것이며, 지난 한 주 동안 일어난 안전 관련 사건을 노출하며 열린 의사소통을 연습할 것이라고 말한다.

비밀을 말하고 '콩을 엎지르기' 의사소통에 대한 속담이나 관용어들은 어떤 민족이나 문화에도 있다. 의사소통의 장벽을 해소하기 위해 이러한 속담이나 단용어를 사용하는 것은 친숙한 느낌을 주고 문화적으로 적절한 기반을 만들 수 있다. 예를 들어, secreto a voces(공공연한 비밀) 개입을 한다면 jack-in-the-box 장난감[1)]을 사용하여 광대가 어떻게 튀어나오는지 보여 준다. 그런 다음 뚜껑을 닫은 후에 양육자에게 상자를 잡고 있도록 요청하고, 아동에게 장난감을 만지지 말고 양육자 옆에 서 있도록 요청한다. 모든 사람의 주의가 그 장난감으로 모아지면 양육자는 손잡이를 천천히 돌린다. 그런 다음 치료사는 양육자에게 돌리는 것을 잠깐 멈추어 달라고 요청한 후, 그 안에 무엇이 들어 있다는 것을 크게 이야기하지 않았는데도 모든 사람이 어떻게 알고 있는지를 설명한다. 언젠가 무언가가 튀어나올 수 있다는 기대감이 커질수록 가족 구성원들은 긴장감을 느끼고, 불안해진다. 그다음 치료사는 무언가 튀어 나오기를 기다리는 동안에 가족들이 종종 느끼는 감정을 정상화하여 설명한다. 치료사는 튀어나오는 것에 대한 기대가 고조되면서 느껴지는 정서의 변화에 대해 설명한다. 마침내 그 안에 장난감이 튀어나오면 긴장감이 방출되면서 자연스럽게 이러한 감정이 토론의 주체가 된다. 치료사는 정서의 변화, 즉 상자 안의 장난감이 아직 튀어나오지 않았음에도 불구하고 모든 사람이 그 안에 무언가 들어 있으며 그리고 그것이 언젠가는 튀어나올 것이라는 것을 알고 있음을 강조한다. 그러면서 숨겨진 것에 대해 **말하는 것이** 그것에 대해 침묵을 지키는 것보다 훨씬 더 쉬울 수 있다는 것에 대해 토론한다. 그 후에 치료사는 이 활동을 가족의 비밀과 연관시켜 가족 구성원의 **공개된 비밀**에 대해 이야기하도록 격려한다.

---

1) 역자 주: 뚜껑을 열면 용수철에 달린 인형 등이 튀어나오게 되어 있는 장난감을 말한다.

'콩을 엎지르라'는 속담에 근거한 유사한 개입으로, 가족 구성원은 치료실의 한쪽에서 다른 쪽으로 큰 콩 가방을 옮길 때 침묵을 지키도록 요청받는다. 그 가방에 구멍이 나 있기에 콩이 쏟아질 수밖에 없고, 이때 가족들은 침묵을 지키기가 어려워진다. 가족 구성원은 이 활동을 하면서 열린 의사소통을 한다는 개념이 미래의 의사소통, 자기보호 및 안전기반 치료 작업에 중요한 토대가 된다는 것을 알게 된다.

JIMMY 책 나는(Shelby)는 가족 안에서 있었던 일이나 여러 생활 경험에 대해 말하기 어려워하는 아동・청소년들을 위하여 개인용 치료 책자를 제작하여 자신의 경험을 이야기할 수 있도록 돕는다. Jimmy 책(Shelby, 2000)의 표지는 남자아이 얼굴 그림으로 되어 있다. 신발끈으로 페이지 전체를 철한 후 겉 표지에 있는 Jimmy의 입 부분에서 리본 모양으로 묶는다. 일반적으로, 아동청소년들은 Jimmy의 입을 벌리기 위해 그 끈을 푼다. 이 활동은 아동들의 호기심 수준을 높여 줄 뿐만 아니라 이후 이야기를 진행하기 위한 간단한 은유가 되기도 한다. 다음 페이지에, "무슨 일이 일어났지만 Jimmy는 그것에 대해 이야기하고 싶지 않다……."라고 쓰여 있다. 이러한 개입은 어떤 일이 일어났음을 암시한다. 물론 이 방법을 모든 아이에게 사용할 것을 권하지는 않지만, 임상적으로 부정적인 사건이 발생했을 것으로 의심되는 경우에 유용하게 사용할 수 있다.

모듈 III: 가족 패턴, 경계 강화, 그리고 양육자의 보호 역량 키우기

이전 단계에서 평가를 하고, 가족을 치료에 참여시키며, 의사소통(혹은 공개)을 저해하는 장벽을 감소하였다면, 세 번째 단계에서는 가족의 고유한 요구에 우선순위를 매겨 개입한다. 다음과 같이 크게 세 가지 영역(가족 패턴, 경계, 양육자 역량)에서 개입이 가능한데 임상가와 가족은 협조하여 각 가족의 요구에 따라 초기에 초점을 두어야 하는 영역을 확인한 후에 다른 영역들도 순차적으로 진행한다.

가족 패턴

가족 패턴(부모 행동특성 및 세대에 걸친 피해자 경험)을 확인하는 것은 유대감을 형성하고, 양육자의 통찰력을 증진시키며, 부모의 장점을 주목하는 데 도움이 된다.

외상 노출 가계도 가족 치료에서 일반적으로 사용되는 기법과 유사하게, 외상 치료사들도 양육자 회기 중에 가계도를 사용하여 세대에 걸친 가족 보호 주제를 평가할 수 있다. 먼저 양육자는 현재와 과거 세대의 가족 구성원을 기술하고, 치료사는 가족 내 관계를 묘사하기 위해 가계도를 그린다. 그다음 치료사는 각 구성원의 일반적인 측면(예: 직업, 교육수준, 의학 문제)을 먼저 조사한 후 정신질환, 약물남용, 가정 내 갈등, 가정 폭력, 가혹한 훈육법 사용, 범죄력, 피해자 경험 등 가족 병력에 대해서도 조사한다. 정보 조사를 마치면, 치료사와 양육자는 세대에 걸쳐 나타나는 주제나 패턴에 대해 논의한다. 다중적인 피해 경험이 있는 가족의 경우, 가계도에서 피해 혹은 범행 기록이 있는 구성원에게는 다른 색을 칠하여 차별화하면 세대에 걸친 폭력 및 아동 학대 유형을 시각화하여 볼 수 있다.

또한 우리는 가족들이 상황을 긍정적으로 변화시키기 위해 노력했던 경험과 같은 가족력 정보도 수집한다. 세대에 걸쳐 아동 학대나 가정 폭력이 나타나고 있지만, 양육자는 종종 이러한 비극적인 악순환을 끊어내기를 간절히 바라고 있음을 우리는 지적할 수 있다. 양육자의 노력을 인정하는 것은 치료 관계를 형성하고 치료 목적을 재구성하며 안전기반 목표를 발달시키기 위한 강력한 방법이 된다. 가족 기능의 다양한 측면을 평가할 때 세대에 걸친 가족 정보를 수집하는 것이 도움이 된다. 때로 가족들이 우리가 평가하는 특정 가족 경험을 인정하지 않을 수 있다. 이런 경우라도 가계도를 반복하다 보면 나중에 추가적인 정보가 드러나곤 한다. 또한 외상 가계도 기법의 추가적인 이점으로, 치료사는 영향력 있는 가족 구성원을 파악할 수 있기에 아동의 심리치료 참여에 대한 가족 구성원의 지원 수준을 알아낼 수 있다.

가족 일과표 일부 양육자는 아동의 안전이 우려되는 삶의 측면을 기억하지 못하기도 하고 중요하다고 간주하기도 하고 자발적으로 기술하기도 한다. 예를 들어, 양육자는 자신이 긍정적으로 보이길 바랄 수도 있고 잠재적으로 위험한 상황을 식별하는 능력이 제한되어 있을 수 있다. 하루 24시간의 아동의 전형적인 일과표를 구체적으로 작성하다 보면, 그렇게 하지 않았으면 나타나지 않을 수 있는 정보들(예: 식사시간, 목욕 및 위생 습관, 성인의 보호감독, 다른 아동 혹은 성인에 대한 접촉, 수면의 질과 양)을 얻을 수 있다. 예를 들자면, 다음과 같다.

5세와 7세 된 두 남자아이 아버지의 보고에 따르면, 직장에서 귀가하는 늦은 저녁 시간까지 고모(아버지의 성인 여동생)가 아이들을 돌보았다. 가계도 활동을 하는 동안, 아버지는 가족 중 어느 누구도 학대를 경험했거나 학대를 한 적이 없다고 부인했으며, 그의 여동생은 양육적이고 적절한 훈육을 하는 사람이라고 묘사했다. 하지만 매주 안전 검사를 할 때, 5세 남자아이가 불안해 하는 것처럼 보였고 때로 울기도 했다. 어느날 그는 "다시는 맞고 싶지 않다."라는 말을 했다. 치료사가 아동의 말을 반영했더니 아동은 자신이 맞았다는 것을 즉각적으로 부인하며 화제를 전환하자고 애원했다. 가족 일과표를 짜는 동안, 우리는 아이들이 오후에 고모 댁에 있는 동안 고모의 시아버지 Gordito가 함께 저녁 식사를 한다는 것을 알게 되었다. 오후에 고모가 개와 산책을 나가 있을 때 Gordito가 그를 때리고 위협했었다고 5세 아이가 고백하였다. Gordito는 가계도에 포함되지 않았는데, 아버지의 결혼 관계만을 가계도에 포함시키고 결혼으로 인한 확대 친척까지는 포함시키지 않았기에 확대가족이 아이들을 보호감독하고 있다는 사실을 잊고 있었다. 아버지는 나중에 고백하기를, 여동생의 남편이 어렸을 때 Gordito에게 신체적으로 학대받았다고 하였다.

모래상자 안의 가족 모래상자 기법은 물건을 숨기고 발견할 수 있기 때문에 비밀스럽고 드러나지 않은 경험을 탐색하는 데 특별히 유익한 매체가 될 수 있다. 여기서는 특정 모래상자 기법을 기술할 것이고, 일반적으로 사용되는 방법에 대해 보다 많은 설명을 알고 싶은 독자는 모래상자 치료 문헌을 참조하길 바란다. 이 기법을 적용할 때, 아동에게 자신의 비밀을 상기시키는 물체를 선택하도록 요구한다. 그런 다음 치료사가 보지 않을 때, 아동은 모래 속에 그 물체를 숨길 것을 지시받는다. 그 다음 치료사가 그 물건을 찾기 시작하면 자신의 역할을 아이에게 설명한다(예: "나는 아이들이 원하는 것을 말하거나 놀이하는 것을 도와주려고 해. 그리고 비밀이 있다면, 나는 그것을 드러나는 것을 도와주려 해." 혹은 "숨긴 것을 꺼낼 필요가 있을 때 도와주고 싶지만, 어디에 숨겨 있는지는 너만이 알고 있어." "만약 너가 비밀스런 것을 찾는 것을 도와준다면, 우리는 좀 더 빨리 그것을 발견할 수 있어."). 그런 다음 아동은 치료사가 물건을 찾는 데 도움이 될 만한 단서를 줄 수 있는지를 질문 받는다. 아동은 치료사와 함께 숨겨진 물건을 찾으면서 서로 간의 협동 의식을 발달시키지만, 아동은 치료사가 모래 속에 숨겨 놓은 것을 알지도 못하고 인식하지도 못한다는 것을 알게 된다. 아동은 위험한 비밀을 가지고 있을 수도 있기에 우리는 이 개입을 아동의 비밀이 위험하지 않고 나이에 어울리는 경우에만 사용한다. 아동들은 이것을 하면서 협력적인 치료 관계를 맺으며 그로 인한 유익들을 즐긴다. 치료사가 좀 더 암시적인 중재를 할 필요가 있는 경우, 아동에게 가족들이 숨기고 있는 것(그들이 간직하고 있는 비밀, 그들의 양육자나 다른 어른들이 간직하고 있는 비밀, 또는 숨겨 둔 정서)을 보여 주는 이야기를 모래상자에 만들도록 요청할 수 있다. 모래상자의 또 다른 측면이나 다른 장면에서, 아이들은 비밀이 드러나면 삶이 어떻게 변할지를 묘사할 수 있다. 예를 들어, 9세 소녀 Ariana는 밝혀지지 않았지만 학대를 암시하는 여러 가지 지표를 보여 준 후에 모래상자 놀이가 소개되었다. 치료사가 안전문제에 대해 탐구할 때, Ariana는 종종 "나는 그것에 대해 이야기할 수 없다." 혹은 "엄마만이 그 질문에 대답할 수 있다."라고 반응했다. Ariana는 종종 '가족의 비밀'을 언급했다. 모래상자 놀이 첫 회기에, Ariana는 모래에 물건을 숨기며 치료사에게 찾도록 했다. 치료사가 숨겨진 물건을 찾기 시작하자, Ariana는 긴장한 듯 보였다. 치료사는 아이들이 가끔 숨긴 것을 찾을까 봐 불안하다고 말함으로써 아동의 반응을 정상화시켜 반응하였다. Ariana는 숨겨진 물건을 찾는 데 도움이 될 만한 단서를 제공하지 않았으나, 시간이 좀 지나자 위치에 대한 힌트를 주기 시작했다. Ariana가 이제 숨겨진 것들을 찾기 위해 치료사와 함께하기로 결정했다고 치료사가 반영하자, Ariana는 치료사가 숨겨진 것을 찾기를 원했다고 말했다. 치료사는 결국 그 물건을 찾았고 Ariana는 그 회기에서 여러 번 그 활동을 반복할 것을 요청했다. 치료사는 Ariana가 도와주기 전까지는 숨겨진 물건들을 찾는 것이 어렵다고 지적했다. 이후의 회기에서, 이 경험은 Ariana가 개방적인 의사소통과 노출을 촉진하는 전환점으로 활용되었다. 또한 Ariana의 도움이 없었다면 가족 내의 숨겨진 비밀을 알 수 없는 치료사 및 다른 보호적인 성인에게도 협력하는 계기가 되었다.

경계 강화, 노출 감소 및 가족 개인 정보 보호 규칙

가족과 함께 신체 및 정서적 경계를 만들거나 강화하며, 안전하지 않거나 부적절한 환경을 인식하고, 효과적인 가족 규칙을 만드는 것이 과거뿐 아니라 미래의 외상 사건과 관련된 안전성을 강화시키는 데 도움이 된다.

치료 관리/안전 계약 Hewitt(1999)는 가족 안전을 위한 유용한 치료방법으로 가족 구성원 각자가 적절하다고 생각하는 상호작용과 부적절하다고 생각하는 상호작용 목록(예: 접촉 유형, 사전 준비 및 성인 콘텐츠 노출)을 작성하도록 제안했다. 그런 다음 치료사는 목록에 있는 항목들을 취합하여 최종적으로 가족 안전 계약을 작성한다. 그런 다음 양육자는 아동에게 그 목록을 읽어 주고, 자신을 포함하여 그 누구도 금지된 활동을 하지 않도록 항목을 일일이 말한다. 만약 안전 계약을 위반한 사람이 있을 경우 아동이 그 사실을 말해도 되는 신뢰로운 성인의 이름을 말함으로써 이 계약은 더욱 강화된다. 치료사는 이후의 회기에서 이 계약을 가족 안전 모니터링의 기준으로 사용한다.

몸의 권리 장전 Grotsky와 Camerer, Damiano (2000)는 청소년이 자신의 몸과 관련된 권리장전(Bill of right)을 만드는 기법을 제안했다.[2] 치료사는 역사적 권리장전에 익숙한 초등학생이나 청소년에게 가족 안전 계약을 통해 가족이 보호받을 필요가 있을 뿐만 아니라 아동 자신의 신체도 안전하게 보호받을 자격이 있다고 이 활동의 원칙을 소개한다. 만약 필요하다면 심리교육과 신체의 온전성에 대한 논의를 통해 더욱 정교한 요소를 추가해 갈 수 있다. 이 과정에서 아동청소년들은 미국 「헌법」에 제시된 권리장전에 근거하여 '몸의 권리장전'을 만든다. 예를 들어, 권리장전 법령과 유사하게, 아이들은 자신의 신체를 먹이고, 돌보고, 거처를 제공하고, 친절하게 만지고, 고의 또는 과실에 의해 상해가 발생하지 않도록 해야 하는 권리를 확인한다.

심리교육 및 치료 책자 신체적 경계, 성적 혹은 신체적 학대, 사춘기에 대해 부모-자녀 간의 논의를 촉진하는 수많은 발달 증진 치료 자료가 있다. 치료사들은 이러한 자료를 구입하거나, 자신이 책자를 직접 만들거나, 치료 과정 중에서 내담 아동들과 협력하여 신체 '설명서'를 만들 수 있다(예: 내담 아동들은 소책자의 빈 페이지에 질문을 적고, 양육자와 치료사가 그 질문에 함께 답변을 작성한다. 그런 다음 양육자는 자녀에게 그 소책자를 읽어 준다).

양육자의 보호 역량 강화하기

일부 양육자는 자신이나 아이들의 안전을 위협하는 단서를 탐지할 수 있는 능력이 부족하며, 아동에게 발달적으로 적절한 기대를 하거나, 안전 관련 메시지를 일관성 있게 전달하거나(말과 행동의 일치성), 자신의 정서를 조절하는 능력이 잘 발달되어 있지 못하다. 양육자 안전 관련 역량을 강화시키기 위해 가족의 과거 사건보다는 일반적인 예화를 사용하는 것이, 양육자의 편안함을 증진시키고 안전기반 기술에 대한 학습 능력을 가속화시킬 수 있다.

안전 예화 자녀의 안전과 복지를 위협하는 요소를 식별하는 데 근본적으로 어려움이 있는 양육자들은 치료 기간 중에도 이러한 위험을 보고하는 능력이 손상되어 있을 가능성이 높다. 이러한 영역에서 양육자의 역량을 발달시키기 위해 우리는 양육자 자신의 상황보다는 허구적인 예화 자료를 사용하여 논의한다. 허구적인 자료를 사용하면 양육자의 방어 반응의 가능성을 줄일 수 있다. 우리는 자녀의 안전을 위협하거나 폭력에 노출되는 것

---

2) 역자 주: 1689년 12월에 제정된 영국 헌정사상 중요한 의미를 가지는 의회제정법이다. 주요 내용은 국민의 자유로운 청원권의 보장, 의원선거의 자유 보장, 의회에서의 언론 자유의 보장 등이었다.

과 관련된 딜레마를 포함하고 있는 시나리오 예화를 양육자에게 보여 준다. 그런 다음 우리는 부모들에게 아이들의 안전 수준을 1~10 척도에서 평가하라고 요청한다. 양육자의 반응에 기초하여, 우리는 심각한 안전 위험, 안전 위협, 안전한 양육행동에 대한 개별적인 심리교육을 제공한다. 예를 들어, 예화에서 한 어머니가 자신과 어린 자녀들이 이제는 가정폭력에 노출되지 않을 것이며 안전하다고 이야기하였다. 왜냐하면 이전에 학대하던 배우자가 그녀에게 눈물을 흘리며 사과했고, 꽃을 보냈으며 "앞으로 30일 동안 술을 마시지 않겠다."라고 고백했기 때문이다. 또 다른 예화는 다음과 같다.

> 세 자녀를 키우는 한부모 가정의 어머니는 가족을 부양하기 위해 투잡(two-job)을 뛰며 열심히 일하는 사람이다. 어머니는 최근에 어린이집이 2주간 방학한다는 공지를 받았다. 어머니는 아이들을 돌봐 줄 가족도 없고, 자신을 대신해서 자녀들을 돌봐줄 사람을 찾을 수가 없었다. 그녀는 하루 더 일을 하지 않으면 일자리를 잃게 될까봐 걱정되었다. 다행히 이웃에 사는 사람이 자녀들을 돌보겠다고 제안했고, 그는 항상 아이들에게 잘해 주었다. 어머니는 그가 작년에 아파트에 살던 다른 아이들을 성추행한 혐의로 기소되었다는 사실을 누군가로부터 들었다. 그를 돌봄 제공자로 2주 동안 쓰는 것이 얼마나 안전할까?

부모들이 안전 예화 과제를 완수하기 위해서는 아동의 복지를 위협하는 요소들을 감지하는 능력을 보여 주어야 하므로, 우리는 양육자들이 직면할 수 있는 다양한 딜레마 예화를 제시한다. 양육자들은 새롭게 개발된 안전 관련 기술을 적용하여 안전관련 양육 상황들을 재평가할 수 있었다.

양육과 아동발달 지식 아동 발달에 대한 부모의 지식과 아동 행동 관리 기술의 성공적인 사용이 아동 학대 예방을 위한 주요한 보호 요인이 된다. 아동 발달에 관한 정보는 아동에 대한 비현실적인 양육자들의 기대를 조정할 수 있도록 도와주고, 이러한 새롭게 조정된 기대에 기초하여 육아 기술을 배우고, 아동의 행동을 관리하기 위한 새로운 전략을 발달시키고, 아동과 더 긍정적인 상호 작용을 할 수 있도록 도와줄 수 있다. 독자는 아동 신체학대 재발 방지 효과를 보였던 부모-아동 상호작용 치료(Parent-Child Interactive Therapy; Chaffin et al., 2004)와 같은 치료법을 제안받을 수 있다.

안전 확인, 교육 및 계획 짜기 이러한 개입을 할 때, 양육자들은 자신이 완전히 안전하다고 느꼈던 어린 시절의 한 시점을 떠올려 보도록 요구받는다(어린 시절 경험을 떠올리는 것을 어려워하면 성인기로 해도 됨). 그런 다음, 양육자들은 이 경험에서 안전한 느낌이 들도록 한 것이 무엇인지를 구체적으로 설명하도록 촉진받는다(예: 누가 있었으며, 어떤 말을 듣고 행동했는지, 그 상황이 어떻게 다루어졌는지 등). 치료사는 양육자가 기억하고 있는 안전 경험을 가능한 한 상세하게 설명하도록 이끌어 내면서 양육자에 의해 묘사된 구체적인 행동이나 말들에 주목한다. 그런 다음 치료사는 양육자 자신의 경험의 구성 요소를 사용하여, 안전 및 보호, 편안함을 유도했던 세부 요소를 확인하고 논의할 수 있다(예: 들은 내용, 목소리의 톤, 비언어적 의사소통, 취해진 조치의 즉시성과 효율성, 언어적으로 안심시키는 수준). [그림 9-2]에서 설명한 것처럼, 치료사는 양육자의 말과 행동이 어떻게 일관성을 보이는지 아니면 모순을 보이는지, 그리고 각 시나리오에서 아동들은 양육자에게 어떻게 반응하는지에 대해 논의한다.

이 개념을 설명한 후, 치료사는 다음의 네 가지 주요 시나리오로 역할극을 한다. ① 양육자는 아동의 안전을 증진시키기 위해 일관되게 말하고 행동한다. ② 양육자의 말과 행동이 일치하지 않는다(예를 들어, 안심해도 된다고 말하지만 안전을 증진하기 위해 더 이상의 행동을 하지 않거나, 안전을 향상시킬 수 있는 조치를 취하면서 자녀를 안심시킬 수 있는 말은 하지 않음). ③ 양육자는 안전을 증진시킬 수 있는 방식으로 말하거나 행동하지 않는다. 이 개념을 이해했다는 것을 증명하기 위해서, 부모들은 안전을 증진시키는 메시지를 자녀에게 어떻게 말하고 행동했는지를 묘사하도록 요청받는다. [그림 9-2]의 공란(내용이 없는) 버전을 사용하여 부모는 자신의 행동과 진술이 어디에 해당하는지를 기록한 다음, 아동의 안전을 촉진할 수 있는 메시지를 말로 하거나 행동화하기 위해 취할 수 있는 추가 조치를 평가하고 확인하도록 요청받는다.

양육자의 정서조절 기술 정서조절 장애로 인해 자녀에게 적응적으로 반응하는 부모의 능력이 심각한 장애가 있을 수 있다. 따라서 스트레스에 대한 내성을 강화하고 육아 문제와 관련된 상황에서 양육자의 정서조절 기술을 향상시키는 치료 활동은 안전기반 작업의 매우 중요한 요소가 될 수 있다. 한편, 양육자의 정신건강 또는 약물사용 문제를 해결하려면 종종 기술 구축에 초점을 맞춘 보조 양육자와 양육자의 치료사와의 밀접한 접촉을 필요로 한다.

	행동을 완수함	행동을 완수하지 못함	행동을 시도하지 않음
말함 (양육자는 안전을 증진시킬 수 있는 말을 함)	안전을 증진시킬 수 있는 강한 메시지가 전달됨. 아동은 지지받는다고 느낌. ☺	전달된 메시지가 일관성이 없음. 아동은 혼란스럽고 지지받지 못한다고 느낌. 😐	안전이 최우선이 아니라는 메시지가 전달됨. 아동은 지지받지 못하며, 말과 행동의 비일관성으로 인해 배신감을 느끼고 혼란스러워 함. ☹
혼합된 상태	모호한 메시지가 전달됨. 아동은 양육자의 행위에 의해 안전감이 충족되지 못함. ☺	모호한 메시지가 전달됨. 아동은 혼란스러워함. 😐	안전이 최우선이 아니라는 메시지가 전달됨. 아동은 지지받지 못한다고 느끼며, 말과 행동의 비일관성으로 인해 배신감을 느낌. ☹
말하지 않음 (양육자는 안전을 증진시킬 수 있는 말을 하지 않음)	안전을 증진시킬 수 있는 메시지가 부분적으로 전달됨. 안심시키는 말이 부재하기에 양육자의 행위에 의해 안전감이 충족되지 못함. ☺	모호한 메시지가 전달됨. 아동은 혼란스러워 함. 😐	아동은 보호받고 안전을 느낄 만한 가치가 없다는 메시지가 전달됨. 아동은 버려졌다고 느끼고, 지지받지 못한다고 느끼며, 두려움에 떨며, 분노에 차 있음. ☹

[그림 9-2] 안전을 말하고 행동하기 표

모듈 IV: 아동 안전에 대한 지속적인 탐색 및 모니터링

앞 단계의 작업을 완료하고 나면 많은 가족이 과거와 현재의 안전 문제를 인식하게 된다. 지속적인 모니터링을 통해 지금까지 획득한 것들을 굳건히 해 나갈 수 있다. 이 지점에 이르면 치료에 참가한 가정의 많은 아동청소년은 외상에 초점을 맞춘 치료를 받거나 다른 형태의 치료를 받으면서 치료 효과가 나타날 수 있다. 외상 사건을 노출하지 않은 경우라도, 이러한 모니터링 전략을 사용하여 학대 문제가 가라앉을 때까지 안전 및 가족 내 상호작용을 매주 주기적으로 평가할 수 있으며, 필요에 따라 가족이 또 다른 심리치료(예: 외상 초점 인지행동치료 또는 놀이치료)에 참여하는 동안에도 계속해서 시행될 수 있다.

주간 평가

외상, 훈육, 기타 안전 문제에 노출되었는지에 대해 매주 지필 질문지를 실시하거나 구두 평가를 하는 것은 안전기반 치료의 표준 구성 요소이다. 매주 지속적으로 안전 문제를 평가함으로써 치료사들은 가족의 경과나 치료의 요구를 추적할 뿐만 아니라 안전의 중요성도 모델링한다.

그림 안전 카드

안전문제를 모니터링하기 위한 지필검사 질문지의 대안으로, 우리는 부모와 가족의 다양한 행동(예: 과제 완수하기, 아이에게 책 읽어 주기 또는 아이와 놀이하기)을 그린 그림 안전카드를 개발하였다. 각 카드에는 아동 학대 행동 및 위험 가능성이 있는 행동들(예: 가정폭력, 화장실/욕실 이용과 관련된 사생활 보호 부족, 성적 학대, 신체 학대, 무기에 대한 접근성, 양육자의 약물남용)이 그려져 있다. 각 그림에는 아동청소년들도 이해 가능한 문장들이 기술되어 있다(예: "어른들이 서로 때리고 있다"). 성적인 내용과 공격적인 내용을 제외하고는 각 상황을 그림으로 표현한 것을 사용한다. 카드는 각 항목을 그림으로 보여 주기 때문에, 어린 아동들도 부모의 도움 없이 모니터링 작업에 참여할 수 있다. 가족 치료 회기에서 이 카드를 사용한다면, 각 가족 구성원은 각자 그림 카드 한 더미씩을 받는다. 치료사가 각 카드에 대해 기술하고 나면, 가족 구성원은 지난주 동안 그 사건이 발생했는지 여부를 묻는 질문에 '예' '아니요' '잘 몰라요'로 표시된 세 개의 상자 중 하나에 그림 카드를 놓는 것으로 응답한다. 각 가족 구성원은 자신의 가족 경험을 말하지 않고 노출하게 되는데, 이때 다른 가족 구성원들이 어떤 카드를 어떤 상자에 놓았는지 알지 못한다. 가족 회기가 끝나면, 치료사는 개인적으로 각 카드를 검토한 후 주제나 문제를 토론한다(예: 가족 구성원 간의 동의 또는 일관성 결여된 문제, 지난 몇 주간에 걸쳐 나타난 주제 등). 치료사는 표기된 문항을 신중하게 질문하면서 가족 구성원이 자녀가 표기한 행동을 정확하게 이해할 수 있도록 돕는다. 기존의 Q-sort 카드는 그림이 없는데, 초등학교 고학년이나 십대들이 그 카드를 선호한다면 사용할 수 있다. 이 방법은 정보 수집을 위한 전략이면서 동시에 소리 내어 공개하는 것을 꺼리는 가족 구성원들을 보호하기 위한 조치가 될 수 있다. 이 활동을 하는 동안 참여자가 제공하는 내용과 개입에 대한 가족 구성원의 반응(예: 공개 의향 승인 여부, 사건을 표기할 것인지 여부, 가족 구성원의 보고서 간의 불일치, 표기나 공개에 대한 가족 내의 반응 등)은 가치 있는 정보가 된다.

헤어날 수 없는 힘든 경험

주간 안전 모니터링 치료 도구에 다양성을 더하기 위하여 포스트잇을 벽에 붙여 두고 지난주에 일어난 사건을 드러내도록 할 수 있다(예: "가족 중 누군가가 다툼이 있었다." "누군가 소리를 질렀다." "누군가가 때렸다." "누군가가 나와 놀아 주었다." "누군가가 나에게 책을 읽어 주었다."). 이러한 개입은 안전을 모니터링하기 위해서 설계되었지만, 긍정적인 가족 상호작용을 평가할 뿐 아니라 아동청소년들이 양육자와의 긍정적인 경험을 발견할 기회를 주는 것으로도 중요하다. 치료사는 매주 긍정적 경험과 부정적 경험의 빈도, 주제, 가족 내 긍정 사건 대 부정 사건의 비율을 기록할 수 있다. 양육자들에게 동일한 과제를 하도록 요청하여, 양육자의 기억과 자녀의 기억을 대조할 수 있으며, 치료사가 이를 직간접적으로 다룰 수 있다.

자랑스러운 순간과 자랑스럽지 않은 순간 알아맞히기 게임

아동과 양육자는 지난주 자신의 행동 중에서 가장 자랑스러운 행동을 말하고, 그것을 그림으로 그리거나 행동으로 표현하거나 인형을 사용하여 표현하도록 요청받는다. 그런 다음, 가족 구성원은 각 가족 구성원의 자랑스러운 행동과 가장 자랑스럽지 않다고 느껴지는 행동을 차례로 지적한다. 이번에는 그 사건을 말로 하지 않고 글로 쓰거나 그림으로 그린다. 그런 다음 각 가족 구성원은 다른 가족구성원이 자신의 가장 자랑스럽지 않은 순간으로 지적했던 행동을 알아맞히기 위해 새로운 설명이나 그림을 그리기 시작한다. 가족 구성원은 가장 자랑스럽지 않은 순간을 서로 공유할 때, 필요하다면 사과를 하고 앞으로 유사한 상황을 다루는 방법에 대해 계획을 세우도록 격려받는다. 이러한 개입은 치료사가 안전을 모니터링하는 데 도움을 줄 뿐만 아니라 직접적인 의사소통에 대한 편안함 수준을 높이고 대처 및 문제해결을 위한 자연스런 매체로 사용할 수 있다.

모듈 V: 아동에 초점을 둔 개별 중재/놀이치료

놀이치료는 긴 역사 동안 광범위한 문헌을 통해 다양한 놀이치료 접근법이 소개되어 왔다. 어떤 놀이치료법을 사용하든 간에, 아동이 놀이에서 표현하는 내러티브의 주제는 아동의 인식, 감정, 경험을 파악하는 데 매우 귀중한 자료가 된다. 안전에 초점을 맞춘 놀이치료의 경우, 문제 해결, 개방형 의사소통, 안전(즉, 놀이치료실, 장난감, 정서적 안전감, 신체적 안전), 보호, 어려움이나 도전 상황에서 긍정적인 방식으로 영향을 미칠 수 있는 능력

등의 주제가 나타나며, 이들은 모두 중요하게 다루어져야 한다.

예를 들어, 어떤 소년이 블록으로 다리를 만든다면, 치료사는 그 소년에게 트럭이 강을 건너는 방법을 알아낸 것 같다고 말할 수 있다. 또한 어떤 여자아이가 아기 인형의 울음소리를 낸다면, 치료사는 아이가 목소리로 뭔가가 필요하거나 싫다는 것을 우리에게 알려 주려는 것 같다고 해석할 수도 있다. 치료사는 더 나아가 "나는 그것을 알고 싶지만 아기가 목소리로 이야기해 줄 때 가장 잘 알 수 있어."와 같이 설명할 수도 있다. 치료사는 놀이 반죽 용기를 열기 위해 다양한 시도를 하는 아이에게 "열려야 할 것이 열리기까지 때때로 많은 시도를 필요로 하는 것 같다."라고 이야기할 수 있다. 이러한 방식으로 치료사는 놀이치료사에게 익숙한 반영 기법을 사용하면서, 안전과 관련된 핵심 행동들(예: 문제해결, 개방적 의사소통, 반복적인 노력)을 구체적으로 강조할 수 있다. 안전기반 놀이치료 회기에서, 아동은 회기가 끝날 때 어떤 캐릭터나 상황이 더 안전해야 하는지 또는 상황을 더 낫게 만들 수 있는지에 관한 질문을 받을 수 있다. 이러한 촉진을 통해 아동은 자신이 만든 놀이 시나리오의 해결법을 놀이로 표현하거나 드러낸다. 그런 다음 치료사는 이러한 해결책이 아동이 인식하는 현실적인 문제와 관련되어 있는지에 대한 임상적 판단을 할 수 있다. 아동이 상황을 더 나아지게 할 수 있는 것은 아무것도 없다고 말하더라도, 심리치료사는 캐릭터에게 직접 말하는 방식으로 다시는 잊지 않을 것이며 다음 주에 또 다시 만나서 더 나은/더 안전한/더 행복한 세계를 만들기 위해 노력할 것임을 상기시키며 희망을 심어 준다. 이러한 놀이치료 개입은 모든 내담자-치료사 유대의 핵심인 따뜻하고 정서적으로 반응적인 치료 관계를 촉진하며, 자기 노출과 관련된 방어를 줄이고 안전 관련 가치를 촉진하기도 한다.

결론

아동 학대와 관련하여 방대한 연구들이 보고되었지만, 안전중심 개입이 어떻게 이루어져야 하는지 안내하는 최선의 개입방법은 아직 보고되지 않았다. 본 장은 안전기반 임상 개입이 어떻게 이루어져야 하는지를 가시적으로 보여 주며, 관련 문헌의 양적 증가에 기여하면서 안전에 중점을 둔 구체적인 평가 및 치료 전략 방법을 제안하고자 하였다.

증거기반의 안전중심 치료 프로토콜이 개발된다면, 아동 학대를 의심하며 작업하는 임상가들에게 매우 귀중한 프로그램이 될 것이다. 이러한 치료법이 개발될 때까지, 본 장의 논의들은 아동 학대 문제와 관련하여 놀이치료실 안과 밖 모든 장면에서 가능하면 포괄적으로 개입하려는 여러 치료사에게 도움을 되는 지침서로 제공되길 바란다.

제10장

위태로운 분리 이후 가족 재결합

Eliana Gil

형제간 성적 학대

병행 치료 과정

주의 깊은 재결합 모델

재결합에 대한 통합적인 접근

놀이치료: 주요 전략

임상사례

재결합의 기준

놀이치료와의 통합

결론

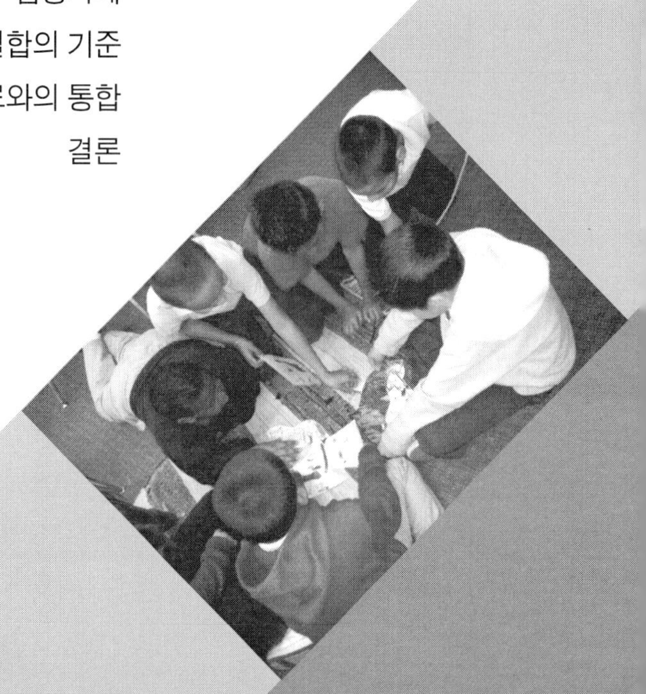

일반적으로 아동보호기관(child protective services: CPS)이 현재 아동이 여러 종류의 학대 위험에 놓여 있거나 **학대**를 받아 왔다는 것을 확인하게 되면, 그 아동은 국가의 보호감호를 받게 되며, 이로 인해 많은 가족이 아동과 분리에 따른 위기를 겪게 된다. 미국 통계청(U.S.Department of Health and Social Services, www.acf.hhs.gov/programs/cb/resource/child-maltreatment-2011)에 따르면 **아동방임**은 여전히 여러 학대 종류 중 가장 많이 보고되며, 가난, 노숙, 약물중독, 가정폭력, 신체적 질병이나 부모 기능의 약화, 혹은 제한된 부모의 능력(아동이 잘 성장할 수 있는 안정되고 양육적인 환경을 제공하는 데 있어서)과 같은 심각한 스트레스 요인을 가지고 있는 가족의 아동에게 가장 큰 위험 요인 중 하나이다. 게다가 몇몇 가족은 신체적 혹은 성적 학대로 인해 보호적 개입을 받는다. 한편, 관리감독이나 보호의 부재, 약물남용, 노숙, 또는 가정폭력과 같이 아동을 정서적 그리고 사회적 어려움의 위험에 노출시키는 가족 내 또 다른 이슈들도 있다(Kitzmann, Gaylord, Holt, & Kenny, 2003). 또 어떤 아동들은 다른 아이들에 비해 훨씬 더 위험하고 취약하다고 여겨지는데, 발달장애, 성적 불확실성 또는 가족이 아닌 다른 사람들에 의해 학대의 위험에 놓인 (예: 사람들 또는 인터넷을 통해 괴롭힘을 당하는 아동들) 아동들이 그렇다.

아동복지단체들(www.cwla.org/advocacy/statefactsheets/statefactsheet05.htm)은 50만 명 이상의 아동이 가정위탁을 받고 있다고 추정한다. 부모들이 양육 능력을 향상시키고 자신의 심각한 문제들을 다루며, 안전을 회복하기 위한 일련의 서비스를 받는 동안, 그들의 취약한 어린아이들을 보호해 주기 위해 일시적으로 가정위탁이 이루어진다. 아동을 보호하기 위해 계획된 체계는 사실상 매우 심각한 구조적 문제를 가지고 있으며, 이러한 사실은 지속적으로 입증되어 왔다. 아동들은 때로 다수의 장소에서 많은 사회복지사와 너무 오랫동안 가정위탁을 받는다. 또한 아동이 가정위탁에서 언제나 안정감을 느끼는 것은 아니라는 사실과 그들 중 소수는 가정위탁에서조차 학대되거나 방임된다는 점은 이후에 가족들과 재결합 시 긍정적인 변화를 만들고 유지하는 데 필요한 아동의 행동, 적응, 부모의 능력에 어려움을 가중시킨다.

일시적으로 집이 아닌 곳에서 양육을 받은 아동이 가족과 재결합하는 것은 「입양지원 및 복지에 관한 법률(the Adoption Assistance and Welfare Act of 1980)」에 명시되어 있으며, 가족체계를 유지하는 것은 아동 복지의 가장 기본적인 목표이다(Jones, 1998). 그러나 가족 분리와 분리 이후 경험으로 인해 영향을 받은 가족들을 다시 모으고 그들의 회복을 돕는 엄청난 도전에는 반드시 주의 깊은 고려가 필요하다. 그렇지 않다면 아동이 부모와 재회하는 것이 단순히 분리의 목표나 분리의 결과로 보여 질 수밖에 없다. 가족의 분리와 개입을 일으킨 문제를 해결하기 위해 너무 이른 시기에 재결합을 시도하는 것과 그에 따른 실패는 아동이 다시 위탁 양육 체계로 돌아가는 비율을 높이는 것에 큰 영향을 준다(Terling, 1999). 아동이 위탁가정으로 다시 돌아가는 것을 막을 수 있는 요인들을 확인하는 데 많은 노력이 이루어져 왔다. 예를 들어, 서비스 전달에 대한 강조가 이러한 요소 중 하나일 수 있다(Terling, 1999).

소수의 정신건강전문가만이 이러한 재결합 과정에 있는 가족을 돕기 위한 특별한 훈련을 받아 왔으며, 안타깝게도 단순히 규준을 확인하는 차원을 넘어선 **가족의 재결합을 위한 구조화된 모델**들도 거의 없다. 그러므로 임상가들이 이러한 사례와 일하는 것에 복잡한 감정을 느끼는 것은 놀라운 일이 아니다(Gil & Roizner-Hayes, 1996; Roizner-Hayes, 1994). 소수이긴 하나 가족 내의 다른 맥락들도 본질적으로 분리와 재결합의 대상이 된다. 놀이치료사들은 종종 이러한 이슈를 가진 아동/가족과의 작업을 요청받으며, 가족들에게 아동 상태에 대해 민감하고 필수적인 가이드를 제공할 수 있는 특수한 위치에 있다. 동시에, 이러한 사례는 종종 다학제적 접근을 포함하고 있기 때문에 놀이치료사들은 이러한 사례를 수용하는 것을 주저할 수도 있다. 그러나 놀이치료사들은 모든 가족원, 특히 수치심과 죄의식을 가지고 있는 사람들에게 도움이 된다.

형제간 성적 학대

형제간의 성적 학대는 베일에 쌓여 있는 경우가 많으며 과소 보고되는 경향에도 불구하고, 내가 속한 기관은 형제간 신체적 학대를 포함하여 성적 학대 사례에 대한 도움을 자주 요청받는다. 실제로 형제간에 일어난 학대는 단 2% 정도만이 보고되고 있는 것으로 추정된다(Baker, 2002). 몇몇 학자가 이러한 이슈에 주의를 기울이고 있음에도 불구하고, 여전히 많은 아이가 이로 인해 고통받고 있으며 성인에 의해 가해진 폭력의 영향과 유사한 수준의 외상적 영향을 받는다(Caffaro & Conn-Caffaro, 1998; Wiehe, 1997).

형제간 성적 학대 사례의 경우, 가족 구성원 각각에게 **개별화된 집중적 개입**뿐 아니라, **체계적이고 다학제적 접근**이 이루어져야 하는 것은 명확한 일이다(Sheinberg, True, & Fraenkel, 1994). 예를 들어, 피해자인 아동은 부모로부터 믿음과 지지, 양육이 필요하며, 부모가 즉각적이고 명확하게 안전과 관리감독을 제공할 수 있는 능력이 있다는 것을 확인할 수 있어야 한다. 학대를 가한 사람이 청소년일 경우(보통 '청소년 성범죄자'라고 부르는) 에도 역시 제한 설정과 함께 부모의 지지가 필요하다. 그들은 자신의 행동이 매우 심각한 일이며 청소년 성범죄자를 대상으로 하는 특화된 치료 과정에 반드시 참여해야 한다는 것을 알 필요가 있다. 이들에게는 형제간 성학대 범죄의 복잡성, 그리고 이러한 사례에 대한 적극적인 개입과 임상적 방향의 필요성을 이해하는 전문가들에 의한 특별한 서비스가 필요하다. 마지막으로 형제간 성적 학대가 밝혀진 시점부터 가족 체계가 변화되기 때문에 그에 따른 가족들 간의 신뢰감의 상실, 배신감, 두려움, 슬픔, 걱정들을 각각 개별적인 수준에서 그리고 가족 전체의 수준에서 다루어야 하며, 동시에 희망도 전달해야 한다.

나의 경험상 그리고 여러 문헌을 통해 볼 때, 형제간 성적 학대의 문제는 매우 긴급하고, 심각한 가족의 위기를 가져오기 때문에 주의 깊고 확실하게 접근되어야 한다. 가족들은 광범위하게 일어나는 다양한 생각과 감정들을 해결하기 위해서 치료사에 의한 임상적 가이드가 반드시 필요하다. 만일 부모가 이 문제를 '혼자서' 해결하려 할 때에도, 자녀를 보호하기 위해 그들을 분리하는 비공식적인 노력들을 할 것이다. 이러한 시도가 실패하면 도움을 찾게 되는데, 여기에도 관계 당국에 대한 보고와 함께 의무적이고 공식적인 아동과의 분리가 포함된다(친척집에 분리되는 경우도 포함). 그러므로 형제간 성적 학대 사례의 경우 짧거나 혹은 오랜 기간 동안 아동과 분리가 이루어지는 것은 자연스러운 과정이다.

병행 치료 과정

언급했던 것처럼, 형제간 성적 학대와 관련된 아동들은 **병행 치료** 과정을 거치는데, 이는 의미 있는 치료적 대화를 목적으로 하며, 아동 각각 그들의 과거 관계에 대한 긍정적, 그리고 부정적 측면에 대해 처리하는 기회를 가진 이후에 이루어진다. 청소년 성범죄자들은 저마다 독특한 치료적 요구를 가지고 있는 상당히 다양하고 이질적인 아동과 청소년 집단이다(Ryan, Hunter, & Murrie, 2012). 그들은 정확하게 같은 이유로 학대를 하지 않으며, 그들의 심리적 · 정서적 그리고 사회적 기술들은 그들의 가족 구성, 생활환경만큼이나 다양하다. 연구 문헌들에서 이러한 청소년들은 대부분 정서적 미성숙, 낮은 자존감, 사회적 어려움, 충동성, 그리고 때로 공격성을 가진다고 보고해 왔음에도, 어떠한 '전형적인' 청소년 성범죄자는 없다(Barbaree & Marshall, 2006).

성적 학대는 아동에게 사회적 상호작용과 애착뿐 아니라, 신체적 · 정서적 · 행동적 조절에 부정적인 영향을 미친다고 보고되어 왔다(Anda et al., 2006; Chiccheti & Toth, 1995; Cloitre et al., 2009; Cook et al., 2005). 그러나 이러한 영향들은 많은 요인, 즉 위협이나 물리적 폭력 또는 강압의 여부, 삽입의 여부, 학대의 만성성과 강도, 그리고 탄력성 또는 스트레스에 대한 저항력과 같은 여러 요인에 의해 조절된다. 성적 학대를 받은 몇몇 아동은 학대 시에 그들의 수용과 순응을 얻어 내기 위해 친절하게 대하거나 잘 대접해 준 사람이나 양육자에 의해 학대를 받았다. 그러므로 몇몇 어린 아동은 학대를 외상적 경험이 아니라 그저 즐거운 게임으로 생각하기도 한다. 따라서 이들을 돕는 최선의 방법을 결정하기 위해서는 주의 깊은 평가가 이루어져야 하는 것이 중요하다.

주의 깊은 재결합 모델

형제간 물리적 폭력뿐 아니라 성적 학대 사례들과 일해 온 수년간의 경험을 통해서 볼 때, 재결합을 위한 계획을 세우고, 그것에 따르는 것이 최선의 결과를 가져온다는 것은 명확한 사실이다. 이러한 계획은 유동적이고 가족 각각의 요구에 따라 수정되기도 하지만, 이를 기록하고 계획을 세우는 과정이 중요하며, 이는 임상가를 돕는 것처럼 보이지만 오히려 가족에게 안정감과 세심한 도움을 제공한다. 이러한 계획은 전문적이며, 병행 서비스들을 포함하는데, 치료 제공자들 간에 명확하고 지속적인 의사소통, 개별치료 및 가족개입, 복잡한 치료적 이슈들을 안내하고 방향을 잡아 주는 임상적 확신을 가지고 이루어진다.

재결합에 대한 통합적인 접근

현재 학대받은 아동에게 실시되는 대부분의 치료 서비스들은 이론적 모델을 포함하며, 증거기반 접근과 연구들을 중심으로 이루어진다(Ludy-Dobson & Perry, 2010; Osofsky, 2013). 어떤 단일한 치료 모델도 모든 내담자에게 적합하지 않다는 것을 인정하기 때문에 대부분 '규범적인' 접근들을 사용한다(Goodyear-Brown, 2009). 이러한 접근을 사용하는 임상가들은 효과적이라고 입증된 연구 모델을 채택하여 확인된 문제들을 고려하고, 긍정적인 치료 결과를 촉진시킬 가능성이 가장 높은 증거기반 전략들을 선택한다. 성적 학대와 관련된 치료에서, 피해 아동을 위해 가장 많이 이루어지고 있는 치료는 **외상 중심 인지 행동치료**(TF-CBT; Cohen, Mannarino, & Deblinger, 2006)이며, 청소년 성범죄자를 위한 개입에서도 CBT 기반된 몇몇 모델들을 사용한다(Kahn, 2011).

이 장에서 설명하려는 치료 모델은 체계적인 표현적 접근과 CBT가 함께 결합된 방법이다. 이러한 방법은 아동과 가족의 개입 가능성을 증가시키고 덜 위협적이며, 인지적 · 행동적 변화에 초점을 둔 통합적인 접근을 할 수 있도록 해 준다. 아동은 자기 자신, 그리고 자신이 타인에게 미치는 영향, 일어난 사건에 의해 가족이 어떻게 변화되었는지를 알게 되며, 이를 통해 관점의 변화가 촉진된다. 가족 구성원은 자신의 행동과 가족의 역할이 변화되는 방법, 그리고 이러한 학대가 다시는 일어나지 않기 위한 예방적인 노력을 포함한 그들의 미래가 바뀔 수 있는 방법에 대해 이해하도록 격려받는다. 치료사가 긍정적인 변화를 위해 개인적이고 협력적인 노력을 전달하며 이는 희망, 탄력성, 존중에 대한 실제적인 외상기반 모델이라 할 수 있다. 또한 협력적이고 다학제적인 접근은 가족 변화를 최대한 이끌어 내는 데 적용될 수 있다.

놀이치료: 주요 전략

이전에 출간한 저서에서(Gil, 2012), 나는 30여년 간의 작업을 통해 발전시켜 온 **외상중심 통합적 놀이치료**(trauma-focused integrated play therpay: TF-IPT)라 불리는 치료적 접근에 대해 자세히 기술하였다. 이 저서에서 나는 주로 피해자들과 관련된 주제를 언급할 때 놀이치료의 유용성을 논의하였다. 지시적 놀이치료와 비지시적 놀이치료의 통합(훈련된 놀이치료사들에 의한) 및 외상 이론에 기초한 구조화된 **단계-기반 치료 모델** 내에서 치료적인 놀이 전략을 사용하는 것과 외상후 놀이를 임상적으로 확인하고 격려하는 것을 특히 집중적으로 기술하였다. 외상중심 통합적 놀이치료는 Herman(1997)의 치료 단계(신뢰와 안전감의 구축, 외상적 자료들의 처리, 타인과의 관계)에 특히 주의를 기울이면서, 내담자의 대처 기술을 존중하고 사용자-친화적이 되도록 설계된 통합적인 접근이다. 중요한 것은 이 모델이 내담자가 성장하고 발전하도록 돕는다는 것이며, 이에 대한 정보는 Perry와 Szalavitz's의 2007년도 저서와 Perry의 웹사이트(www.childtraumaacademy.org)에 있는 **신경순차적 치료 모델**에 대한 설명에 자세히 기술되어 있다. 그는 치료사들이 내담자들의 뇌 발달과 일치하는 방법으로 치료를 설계해야 한다고 제안하는데, 특히 우선적으로 자극이 필요한 두뇌의 영역에 주의를 기울여야 하며, 내담자의 도움 요청 회피 전략을 피하는 방식으로 이루어져야 한다고 주장한다. 두뇌의 위계적인 구조 상 대뇌피질이 가장 마지막으로 완전하게 발달하므로, 아동이 두뇌의 복합적인 기능에 개입하는 다양한 치료적 과제에 참여할 수 있도록 준비시키는 것이 필요하다.

앞서 언급했던 것처럼, 외상 경험을 직접적으로 처리하는 중요한 작업으로 나아갈지의 여부는 아동이 치료에서 안전감을 경험할 수 있는지에 달려 있다. 대부분의 복합 외상 사례들은 위태로운 관계적 경험을 해 왔기 때문에, 아동이 위협을 포함하지 않은 관계에 익숙해지도록 많은 시간을 투자해야 한다. 아동이 압도되는 사건들에 대처하기 위해 학습해 온, 그리고 어떤 중요한 방식으로 도움이 되었거나 그들을 보호해 온 방어적인 전략을 가지고 있음을 인정하는 이러한 접근 방법은 아동이 점차적으로 치료적 과정에 개입하고 참여할 수 있는 다양한 방법을 제공할 수 있으며, 임상가와 치료적 환경에 대한 안전감과 신뢰감을 발달시키는 데 필요한 시간을 제공할 수 있다.

통합적인 접근은 치료 초기에 이루어지는 아동중심놀이치료(CCPT; Bratton, Ray, & Rhine 2005)와 지시적이고 표현적인 놀이 기법 둘 다를 사용하는데, 후자는 자기표현과 자기-주도적인 점진적 노출, 그리고 궁극적으로는 외상적 사건을 동화시키기 위한 충분한 기회를 제공하도록 계획된다(Gil, 2011). 나는 놀이치료를 통해 **'충분히 안전한 거리**(safe-enough distance)'를 가지고 작업하는 것이 아동이 자기 스스로의 속도에 맞춰 진정한 통제력과 숙달감을 얻도록 도울 수 있다고 믿는다. 또한 놀이치료는 더 의미 있는 방식으로 치료에 참여할 가능성을 증가시킨다. 이 모델에서는 아동이 스스로 자신의 치유 능력을 발견할 수 있도록 하고, 언어적인 표현을 넘어서는 자기표현을 할 수 있도록 격려하며, 부모와 긍정적인 관계를 유지하도록 돕는 동시에 부모가 그들의 자녀에게 가장 적합한 회복적인 환경을 제공할 수 있도록 지지하고 격려한다. 더불어, 치료사는 내담자의 저항을 주의 깊게 다뤄야 하며, 외상적 기억을 회피하고자 하는 아동, 혹은 해결이나 단절이 필요한 외상적 자료를 계속해서 드러내면서 증상을 발전시키는 아동에게 지시적인 접근들을 점진적으로 소개해야 한다.

놀이의 힘을 이용하는 데에는 여러 다른 관점이 존재하는데, TF-CBT의 많은 요소들은 놀이의 상호보완적인 가치에 특별한 주의를 기울인다(Cohen, Mannarino, & Deblinger, 2012). 이러한 관점은 이론적 기반에 따라 중요한 차이점이 있다. 놀이를 분위기를 전환하기 위한 장난감과 유사하게 다른 목적을 향상시키기 위한 메커니즘으로 볼 것인지, 반대로 놀이를 그 자체가 치유적인 요소를 가지는 변화의 메커니즘으로 볼 것인지 간에는 큰 차이가 존재한다.

외상중심 통합적 놀이치료는 인지적이고 언어적 처리 과정의 목표를 향상시키기 위해 아동의 개입을 유도하는 방법으로 놀이치료를 사용하는 것이 아니라, 외상적 경험을 처리하는 데 놀이치료를 이용한다. 이러한 사실은 이 모델이 인지-행동적 작업을 묵과한다는 것을 의미하지 않는다. 사실, 인지-행동적 방법론은 아동이 언어적인 치료에 수용적일 때, 통찰을 기반으로 하는 치료에 개입할 수 있을 때, 그리고 자신이 했던 경험들에 대해 의미 있는 인지적 재평가를 할 수 있을 때 상당히 가치가 있다. 이 모델은 아동과 가족으로 하여금(개별이나 가족치료 형태에서) 놀이치료나 다른 표현적 작업에 적극적으로 참여하게 하는 것 말고도, 힘들고 어려운 외상적 경험과 작업하는 데 충분히 가치가 있는 또 다른 방법들을 제공할 수 있다.

임상사례

S 가족은 40대 초반인 부모 Louise, Shane과 큰아들인 14세 Tom, 13세인 딸 Candice, 그리고 8세인 Harry로 구성되어 있다. Louise는 세탁된 옷을 딸의 방에 가져다주러 가다가 학대를 발견했다고 이야기했다. 그녀는 이불 속에 있는 Tom과 Candice를 발견했는데, Tom은 팬티를 입고 있지 않은 채로 셔츠가 벗겨져 있었다고 했다. 그녀는 무슨 일이 일어났는지 이해하려고 노력했지만, 단지 Candice가 멍하니 벽을 응시하고 있는 것만을 알아차릴 수 있었다. Louise는 성학대가 의심되는 경우 CPS에 보고하는 법률적 권한을 가지고 있는 Candice의 선생님과 이 사건을 의논했다. 그러나 학대가 일어났을 때 Louise가 집 안에 있었고, Tom이 관리 대상 아동이 아니라고 하자, CPS는 더 이상 사례에 대한 조사를 하지 않았다. 그러나 사회복지사는 Louise에게 아이들이 치료 서비스를 받을 수 있는 곳을 찾아보도록 격려하였고, 그녀는 막연한 불안감을 가지고 주저하면서도 다른 서비스를 알아보았다. 결국 Candice가 학대 경험의 전말을 모두 밝히고 나서야, 소년법원에서 이 사례를 조사할 수 있는, 그리고 Tom이 성범죄자 치료에 참여할 수 있도록 하는 권한을 가진 경찰에게 다시 보고되었다.

Louise와 Shane

Louise는 상당한 혼란스러움과 함께 양극단의 감정을 느끼고 있었는데, 이는 형제간 성학대 사례의 엄마에게 이상한 일이 아니다. 그녀는 아들이 한 행동에 대해 극도로 화가 나고 혐오스러워 하면서도 동시에 그가 결국 청소년 구금 시설에 가게 되는 것을 상상하기조차 어려워하였으며, 그를 보호하고 싶은 마음도 느꼈다. 때로 그녀는 이러한 일들이 생각한 것보다 큰 일이 아니기를 바라거나, 혹은 아동기에 일상적으로 일어나는 성적인 실험 같은 것이기를 바라면서 아들의 행동을 최소화하려는 자신을 발견하곤 했다. 그러나 슬프게도 그녀는 결국 이러한 일이 정상적인 일이 아니며, 딸에게 엄청난 상처를 주었다는 것, 그리고 아들의 더 근본적인 문제들을 외면할 수 없다는 것을 깨닫곤 했다. 그녀는 이성적인 사고를 압도하는 죄책감과 그녀가 놓친 신호들, 그리고 그 일에 대해 계속 생각하려는 욕구에 대해 이야기했다. 그녀는 몇 년간 남편이 일로 인해서 가정에 부재했었던 것, 그로 인해 아들에게 과도하게 의존했었던 것을 제외하면 많은 것을 생각해 낼 수 없었다. 그녀가 자라고 배워 온 환경을 고려할 때 그녀가 느끼는 감정은 정상적인 것이며, 많은 부모가 그녀와 비슷하게 느낀다는 것을 이야기해 주며 안심시켰다. 그러나 나는 그녀에게 생각하기 어렵다고 해서 어떤 단 하나의 이유로 이 일을 설명하려는 것에 대해 신중해야 한다고 이야기하였다. 그러나 그녀는 다른 가능성 중 하나인 Tom이 과거에 성적인 학대에 노출되었을 가능성에 대해 부인했다.

반면, Shane은 이 일에 대해 죄책감을 덜 느꼈으며, 아내가 이 사건의 잠재적인 영향에 대해 과장해서 이야기한다고 생각했다. 그는 자신이 12세 즈음에 17세이었던 베이비시터가 그에게 성적인 활동을 알려 줬다고 했다. 그는 자신이 이런 경험을 한 것이 '행운'이었고, 그 당시에 학교에 가서 모든 친구에게 이야기를 했다고 기억하였다. Shane은 Candice의 경험을 축소하려고 했고, 그녀를 '연극적이며' '버릇없는' 아이로 생각했다. 그는 아들들에 대해서 훨씬 더 긍정적인 감정을 가지고 있었으나, 딸에 대해서는 이해해 보려고 하지도 않았다. 그녀와 애착을 맺기 위해서 시간이나 에너지를 들여 본 적이 없음이 분명했다. 이러한 차별적 대우는 그가 참여한 첫 회기에 명확하게 드러났다. 또한 Shane과 Louis는 서로 마음이 멀어진 듯 보였고, 건강한 의사소통이 어려웠음이 분명했다. 그들이 함께한 첫 회기에 이러한 이슈들에 대해 처음으로 의논하는 것 같았으며, 또한 서로의 반응에 놀라는 것 같았다.

부모 회기 이후에, 아들이 딸을 성적으로 학대한 사실에 대해 그들이 매우 고군분투하고 있음이 드러났으나, 문제를 해결하고 의사소통하기 위한 그들의 능력과 의지는 제한적이라는 것, 그리고 그들은 서로를 정서적인 지지의 대상으로 보지 않는다는 것이 명확해졌다. 게다가 Shane의 스케줄은 어떠한 일상적인 치료에도 참여하기가 불가능했다. 그는 우리에게 '우리'가 할 수 있는 한 빨리 '이 상황을 고쳐 놓길' 바란다는 메시지를 전달했다.

Tom

Tom은 카리스마가 있는 14세 소년이었으며 솔직하고 개방적으로 의사소통을 하였다. 처음에 그는 자신의 행동을 학대 정도까지는 아니라고 부인했으나, 동생과 '상호적인 성적 놀이'를 했음을 부인하지는 않았다. 그는 어떤 순간에도 자신이 강압적이었다고 느끼지 않았기 때문에, "만일 그녀가 그만하라고 했으면 나는 그만했을 거예요."라고 이야기했다. Tom은 여동생이 자신만큼이나 '실험을 좋아하는 것' 같았다고 확신에 차서 이야기했다. 그는 구강성교, 손가락 삽입 등을 인정했다. 그는 얼마나 오랫동안, 그리고 얼마나 빈번하게 이러한 일들이 이루어졌는지에 대해서는 이야기하는 것을 회피했다(우리는 이후 Candice로부터 약 1년 전부터 이러한 일들이 시작되었고, 그 이후로도 지속적으로 일주일에 두 번 정도 일어났다는 것을 알게 되었다).

이 사례에서 가장 흥미로운 측면 중 하나는, Tom이 동생에 대한 성적 학대에 대해 기꺼이 다 이야기한다는 것이었다. 때때로 그가 초기에 보여 준 허세스러움은 많은 사고의 오류를 반영하는 것 같았다. 그러한 일들이 강압적인 접촉이 아니었고, 실험적이고 재미있었으며, 여동생도 좋아했고, 그리고 그녀가 결코 싫다고 말한 적이 없다고 말하는 것으로 볼 때, 이 사건에 대한 그의 초기 지각은 서로간 상호작용의 일환이었으므로 자신이 학대를 했다는 개념이 축소되고 거부되었던 것이다. 그의 아버지가 그에게 진실을 말하라고 했을 때, 그는 그 어떤 사과도 없이 사건에 대해 이야기했다. 그의 설명은 동생과의 성적인 행동을 기꺼이 인정하는 측면에서 보면 다소 비전형적이었고, 자신이 한 행동의 정도와 빈도가 완전하게 노출되는 것에 대한 저항의 측면에서 보면 매우 전형적인 것이었다. 치료 과정을 통해 Tom이 거의 매일 포르노그래피를 봤을 뿐 아니라 동생과의 구강성교 행위를 녹화하여 학교에서 친구들과 공유한 것 등이 밝혀졌으며, 그는 점차 동생과의 성적 행동의 정도와 강압적인 측면들을 대부분 인정하게 되었다.

Candice

13세인 Candice는 오빠와 있었던 일에 대해 이야기하는 것에 더 저항적이었으며, 그녀가 학대의 구체적인 사항에 대해 털어놓을 만큼 충분한 안정감을 느끼는 데까지 3개월이 걸렸다. 그녀는 자신이 가족들 모두에게 문제를 일으키고 있다는 것과 엄마가 매우 슬퍼하며 매일 울고 있다는 것을 상당히 걱정하는 것 같았다. 그녀는 아빠에 관해 이야기할 때, 그리고 특히 그가 가족들이 일상적인 삶으로 돌아갈 수 있도록 이 사실을 빨리 '잊고 지나가길' 얼마나 원하는지 이야기할 때 매우 조용해졌다. Candice는 슬퍼 보였고, 초기에는 치료에 거리를 두는 것 같았다. 만성적으로 학대를 받아 온 아이들에게 드문 일은 아니지만, 그녀는 종종 멍한 눈빛이었고 가족들의 목소리를 듣거나 만날 때는 불안정해 보였다. 그녀는 가족 내에서 안전감을 느꼈었으며, 그녀의 엄마가 Tom이 그녀와 단둘이 있도록 허락하지 않았다고 주장하였다. 그리고 Tom의 새로운 치료사가 가족들과 만나서 Tom이 여동생을 협박하거나 겁을 주지 않았다는 사실에 대해 공개적으로 이야기했다고 주장했다. Candice는 Tom이 아빠의 말을 복종하지 않거나, '큰 문제'를 일으켰을 때 안정감을 느꼈다고 했지만, 가족 내에서 '큰 문제'가 무엇이었는지 더 자세하게 이야기하지는 않았다. Candice는 특히 앞으로 당분간 Tom과 같이 살지 않아도 된다는 사실에 매우 기뻐했다. Tom은 조부모 댁(양부모가 된)으로 이사하게 되었다.

Harry

Harry는 이 가족의 귀여운 막내였으며, 누나와 친밀하게 지내고 있었다. 그는 학교에 매우 잘 다녔으며 공부도 꽤 잘했고, 많은 방과후 활동을 했다. 그는 남매들 사이에서 일어난 일에 대해 알지 못했고 그에게 사실대로 이야기하는 문제가 치료에서 중요한 이슈 중 하나가 되었다. 부모는 처음에 그에게 어떤 말을 하는 것도 거부하였으나, 그에게 형제들이 어디있냐는 질문을 몇 차례 받은 이후에야 그에게 가장 기본적인 정보를 알려 주는 데 동의하였다. 그리고 그에게도 예방적인 개입을 하며, 가족이 맞닥뜨린 도전을 이해하도록 돕는 것에도 동의하였다. 종종 가족 내에서 학대와 관련되지 않은 아동은 필요이상으로 길게 어둠 속에 방치될 수 있으며 가족이 겪고 있는 설명되지 않은 스트레스를 인식하면서 매우 혼란스러워한다. 그들 역시 가족의 건강을 회복하기 위해 개입에 포함되어야 할 필요가 있다. Harry는 많은 가족 치료 회기에 함께 참여하였다.

재결합의 기준

사회복지서비스 기관들이 가족과 분리 후 재결합된 아동이 다시 위탁양육 체계로 돌아가는 것을 줄일 수 있는 요인들을 확인하기 위한 진지한 노력들을 하고 있음에도, 가족의 재결합과 관련된 서비스를 제공할 때 고려할 만한 모델은 거의 없다. 일반적으로 다음의 이슈들이 우리의 재결합 모델에서 고려되는 것들이다.

① 청소년 성범죄자들을 위한 특별한 서비스(일반적으로 개인, 집단, 가족치료)와 치료에서 구체적으로 명시된 치료 권고사항의 종료
② 법정에서 판결받았을 때, 그리고 구체적인 보호관찰 상태에서 요구된 보호관찰 요건들의 준수
③ 성적 학대의 피해 아동을 위한 서비스의 종결
④ 가해 아동이 자신의 학대 행동이 피해 아동에게 미친 영향에 대해 새롭게 통찰하고, 이에 기반하여 신뢰롭고 진실된 사과를 하는 형제 회기, 즉 가해 아동이 자신의 행동에 대해 책임을 인정하는 회기의 준수
⑤ 가족 내에서 일어난 문제의 발생과 유지에 원인이 되는 가족 역동을 확인하고 교정하기 위해 계획된 가족치료의 실시, 즉 부모의 협력과 모니터링이 완전하게 보장되는 것, 안전하고 적절한 방법으로 상호작용하는 새로운 패턴, 규칙, 방법들을 만드는 것

일반적으로, 치료(개별치료와 가족치료)는 크게 세 영역으로 나뉜다. 그것은 ① **인정하기** 그리고 부인을 타개하기, ② 학대에 기여한 **가족 역동에 대한 외상-중심적 탐색**, ③ 정서적 연결, 명확한 안전감의 확보, 비밀 감소, 건강한 대처 전략 강화에 집중된 **가족 역동의 재구조화**이다. 앞서 언급한 것처럼 가해자-피해자를 위한 개별 작업은 동시에 실시되며, 형제 회기에 이어 최종적으로는 가족회기로 통합된다. 첫 번째 영역은 모든 가족 구성원이 학대를 최소화하고 합리화하거나 또는 정당화하려는 시도를 없애고 사실을 부인하지 않도록 격려하는 것이다. Trepper와 Barrett(1989)는 부인이 나타나는 몇 가지 방법을 제시했는데, 그것은 사실의 부인, 세부사항 부인, 영향력에 대한 부인, 그리고 책임을 부인하는 것이다(Trepper & Barrett, 1989). 이러한 이슈들은 개입의 초기 단계 동안에 직접적으로 언

급된다.

두 번째 단계 동안에는 가족 내의 성적 학대 발생에 기여한 가족 역동을 탐색한다. 가족 역동을 탐색하는 것이 가해자의 책임을 최소화하려거나 혹은 학대받은 아동에게 책임감을 떠넘기려는 의미가 아니라는 것을 모두가 인식하는 것이 중요하다. 이는 발생한 학대에 다른 요소들이 함께 작용했을 수 있다는 것과 학대의 재발을 막기 위해서는 이러한 요인들이 충분히 인정되고 인식되어야 함을 의미한다.

마지막으로, 가족 역동의 재구조화 회기인 세 번째 치료 단계에서는 가족관계와 역동이 재구축되어 갈 때 가족 구성원 모두가 자신의 인식이 어떻게 변화되어 왔는지에 주의를 기울이면서 가족의 미래에 대해 이야기한다. 이러한 단계들은 연속적으로 이루어지며, 가족 중 어느 한 사람이라도 다른 사람보다 더 많은 시간을 소비해서는 안 된다. 첫 번째 단계인 부인의 타파는 때로 넘어가기 어려울 수 있다. 그러나 문제가 일어났던 것을 인정하는 데 충분한 시간을 투자하지 않는다면, 두 번째와 세 번째 단계에서 진전이 제대로 이루어지지 않을 것이다.

놀이치료와의 통합

놀이는 재결합을 위한 작업에 내담자가 더 깊게 (때로 덜 조심스럽게) 참여할 수 있도록 초대하는 독특한 특징을 가진다. 재결합을 위한 서비스에 가족이 참여한다는 것은 다양한 정도의 망설임, 양가감정, 고통, 혼란, 두려움, 예기불안, 그들의 미래에 대한 비관, 낙관의 마음을 가지고 참여한다는 것을 의미한다.

가족치료에 개입할 때, 그들의 어려움과 그들을 도울 수 있는 구체적인 방법들에 대해 진지하게 관심을 가지는 것이 매우 중요하다. 나의 관점에서 보면, 놀이치료와 다른 표현예술 기법들은 가족들이 더 쉽게, 그리고 더 깊이 의사소통하는 것을 도울 수 있고, 치료를 더 즐겁게 그리고 위협적이지 않게 대할 수 있도록 도우며, 가족들이 서로 의사소통하고 실질적인 문제를 표현할 수 있도록 대안적인 방법들을 제공한다. 나의 경험상, 놀이치료는 매력적이고 즉각적으로 도움이 되며 내담자들의 마음을 누그러뜨릴 수 있다. 또한 치료사로서 우리를 다른 종류의 정서적인 연결로 초대할 수 있도록 하며, 형제간의 성적 학대의 문제를 다루는 중요한 목적으로 나아갈 수 있게 한다. 나는 위에서 언급한 치료의 세 단계 각각에 도움이 될 수 있는 세 가지 놀이치료 방법을 설명할 것이다. 이 방법들은 가족치료 단계에서 사용되고, 재결합의 많은 사례에서 긍정적인 치료 결과를 촉진하며, 다른 종류의 이슈들에도 수정되어 사용될 수 있다.

퍼즐 조각 콜라주

서로 다른 경험에 대한 초기의 처리과정을 훈습하기 위해 가족들을 격려하는 방법 중 하나는 포스터 보드에 그림이나 이미지 조각들을 모으고 그것을 반으로 자르는 것이다. 잘린 보드가 퍼즐처럼 서로 맞춰질 수 있도록 자르되, 직선이 아니라 지그재그 모양이나 곡선으로 자른다. 나는 서로 떨어져 지내고 있는 가족들에게 그들이 가족과 떨어져 지내는 동안 경험한 것을 나타낼 수 있는 이미지나, 그림, 단어 그리고 그 어떤 것이든 콜라주를 할 수 있도록 모아서 보드의 절반 또는 일부분을 채워 보도록 권유한다. 나는 이것을 각자 다른 방이나 분리된 다른 탁자에서 해 보도록 한다. 첫 번째 단계는 그들이 선택한 이미지에 이름을 붙이는 것이다. 나는 모두에게 시간이 계속 흘러왔으며, 그들이 분리되었고, 각자가 다른 경험을 해 왔다는 것에 대해 이해하기 쉽게 설명한다. 만일 이때, 부모들이 부적절하다면(예: 이것을 죄의식이나 부끄러움을 표현하는 방법으로 이용하는 것), 나는 회기를 멈추고 부모와 따로 만나서, 그들의 전달 방법을 부드럽게 하고, 자신의 욕구보다 아동의 욕구를 우선하도록 안내하며, 그들의 욕구는 아이들이 아닌 나와 함께 환기할 수 있도록 한다.

이후 회기에서는 빨강색과 갈색의 종이판을 만든다. 빨강색판은 가족 구성원이 더 친밀해지거나, 쉽게 재결합을 할 수 있는 것을 방해하는 장애물을 표현하는 것이고, 갈색판은 가족이 서로 더 친밀해지도록 긍정적인 행동들을 확인하는 구체적인 방법 혹은 주춧돌을 나타낸다. 가족이 주춧돌의 수가 장애물의 수를 넘어섰다고 느끼는 순간까지 이러한 작업을 매주 검토한다.

[그림 10-1]의 오른편은 Shane과 Louise, Candice 및 Harry가 작업한 소풍, 캠핑, 우정의 이미지와, Candice가 작업한 학대와 관련된다고 여겨지는 다양한 상징으로 채워져 있다. 그것들은 위험 간판, 아동이 벽까지 물러서 있는 사진, 절벽에서 떨어지는 사람 사진 등이다. 이러한 특별한 재결합 회기에 나는 가족을 위한 위기 해결의 한 부분을 맡고 있는 조부모를 Tom과 함께 초대했다. 비록 그들은 더 보수적인 옛날 방법이긴 하지만 Tom에 대한 지속적인 보살핌과 감독을 제공해야 하는 만만치 않은 적응을 해 오고 있었다. Tom의 조부모들은 성적 학대, 외상, 포르노 그리고 성적인 사진의 불법 전송에 관한 집중 특

[그림 10-1] 문제(분리/파열) 인정하기

강을 받아 오고 있었다. 처음에 그들은 구체적으로 배우는 것을 꺼려 하였지만, 점차 치료를 완전하게 받아들이고 손주를 위해 심도 있게 개입하고 양육하고 있다. Tom은 조부모를 존경하고 그들의 감정에 부응하여 반응을 보이고 있었지만, 그들의 집은 '너무 고요해서' 자신의 집으로 돌아가기를 바라고 있었다.

포스터의 왼쪽 편은 조부모들이 모아 놓은 단어들이며(무엇이든 기꺼이, 이것을 봐라, 네가 할 수 있는 100가지 것들, 탈출하라), 일어난 변화들을 보여 주는 콜라주 사진이다. 조부는 레저용 자동차 위에 자동차, 또 그 위에 오토바이가 밧줄로 단단히 묶여 있는 사진을 선택했다. 그는 "내가 느끼는 것과 거의 같네요." "우리는 예전에 해 왔던 것처럼 여행을 할 수 없어요."라고 말했다. 이때 그는 Tom이 슬퍼하는 것을 알아채고는, 그의 손을 꼭 잡으며 말했다. "그러나 우리는 그를 곁에 두는 것에 익숙해졌어요." Tom은 농구대, 카누, 여행 가방을 더했고("나는 집에 가는 것을 기다리기 힘들어요. 내 물건들도 모두 빨리 돌려놓고 싶어요."라고 말하며), 혈압계, 가슴에 세동 제거기 장치를 차고 있는 남자 사진도 추가했다. Tom은 조부모의 건강이 걱정되며, '자신과 함께 있는 기간 동안' 그들에게 나쁜 일이 일어나지 않기를 희망한다고 이야기했다. Tom의 부모는 조부모의 책임 아래 양육되고 있는 아들을 보는 것을 긍정적으로 느꼈다. 이 프로젝트가 완결되고 나서 나는 가족 구성원에게 그들이 함께 만든 것을 보고 코멘트나 관찰을 해 보도록 요청했고, 그들이 이 프로젝트 동안 함께했던 협력에 대해 이야기하고 질문하며, 그것을 공유하도록 했다.

[그림 10-2] 재건하기 · 기초만들기

[그림 10-2]에서처럼, 가족은 그들이 더 가까워지는 것을 막는 장애물뿐 아니라, 더 가까워질 수 있도록 하는 주춧돌을 기록하고 문제를 해결하는 데 집중했다. 장애물에는 비밀, 의사소통의 부족, 서로로부터의 고립, 불안전감과 낮은 자존감이 포함되었다. 반대로, 주춧돌에는 전화기(의사소통), 웃음, 함께 보내는 시간, 아빠가 집에 더 많이 머무는 것, 집 안을 더 잘 보이도록 하는 것(손전등)이 포함되었다. 이제까지 가족 구성원이 서로 많은 이야기를 하지 않았던 것과 혼자 많은 시간을 보냈던 것을 포함하여 앞으로는 자신들에 대해서 좋게 느끼지 않았던 것과는 다른 방향으로 지내야 한다는 것을 인식했음이 분명해 보였다.

재결합 목표에 대한 인정

퍼즐 조각 활동은 재결합으로 가는 과정에 대한 구성원 각각의 지각을 알아보기 위해 사용될 수 있다. 이 활동에서 가족 구성원에게 요청하는 첫 번째 과제는 잘려진 두 조각(혹은 그 이상)의 포스터를 사용하여, 재결합의 목표를 성취하기 위해서 그들이 얼마나 가까이, 혹은 멀리 있는지를 보여 주는 것이다. 이 활동에서 부모들은 두 퍼즐 조각을 매우 가까이에 놓은 반면, 아이들은 두 조각의 밑면 한 지점만을 붙이고 위로 갈수록 점차 벌어지는 형태로 조각을 놓았다([그림 10-3] [그림 10-4] 참조).

[그림 10-3] 분리에 대한 구체적 표현

[그림 10-4] 친밀감/거리감의 구체적인 표현

이러한 지각은 기본적으로 상실과 도전을 포함한 재결합 과정에 대한 가족의 양가감정을 반영한다. Tom은 집에 가기를 열망함에도 불구하고, 여동생과 함께 있는 것에 대해 직면할 준비가 안 된 강렬하고 힘든 감정을 불러일으킨다는 것을 깨달았다. 집에 가는 것에 대해 양가감정을 표현하는 능력과 자신의 감정을 다루기 위해 더 많은 도움이 필요함을 인정하는 Tom의 능력은 치료 과정에서 매우 좋은 신호였다.

이 활동의 또 다른 유용한 측면은 추상적인 것을 구체적으로 만들어 준다는 것이다. 분리나 재결합 경험들을 구체적인 형태로 나타내 주는 것은(포스터 보드에서 가족들이 장애물과 주춧돌이라고 표현한 것들) 가족 구성원에게 다음을 할 수 있도록 한다. ① 이미지나 상징을 통해 더 안전하게 의사소통할 수 있도록 해 주며, ② 그들이 한 행동이 무엇인지, 그리고 어떻게 그 행동을 했는지 볼 수 있도록 하며, ③ 그들의 경험을 반영할 수 있도록 해 준다. 놀이와 표현적 작업을 사용하는 것의 가장 큰 공헌점은 이러한 기법들이 의식적인 반영이나 상징을 통해 드러난 무의식적 마음을 반영할 가능성이 높다는 점이다.

동그라미 프로젝트

모든 형태의 부인이 사라지면, 가족들은 성적 학대가 일어나는 데 기여한 가족 역동에 대해 외상중심적인 탐색을 시작한다. 동그라미 프로젝트를 사용하는 것은 가장 핵심적인 이슈를 소개하는 좋은 방법이다. 동그라미 프로젝트는 두 개의 원을 그리는 것으로 시작되는데, 큰 원 안쪽에 더 작은 원을 그린다(도넛 모양처럼). 가족 구성원은 그들의 삶에서 일어난 문제 혹은 위기 상황에 대한 자신의 생각과 느낌을 표현할 수 있는 피규어를 선택하여 가운데 작은 원에 놓는다. 이 사례에서 문제 상황은 형제간의 성적 학대이다. 바깥 원에는 그 문제에 기여했다고 생각되는 것 혹은 그 문제를 유지시킨다고 생각되는 것을 표현하는 피규어를 놓는다. 이 과정은 피해자인 아동에게 매우 어려울 수 있으므로 명확하게 설명되어야 한다. 이것은 치료의 두 번째 단계에서 이루어지기 때문에 피해자인 아동은 학대의 비밀을 유지하는 데 기여해 온 것들에 대해 이해해 왔을 것이다. 이러한 활동은 아동에게 책임을 지우는 것이 아니라 아동이 다른 사람들과 정보를 공유하는 데에 많은 제한이 있어 왔음을 설명할 뿐이다.

가족들에게 이 활동을 요청할 때, 임상가는 명확하게 설명할 필요가 있다. "Tom이 Candice를 학대한 일에 대한 자신의 생각이나 감정을 표현할 수 있는 그림, 피규어, 사진 등을 바깥 원에 놓으세요." Candice가 오빠와의 관계나 나이로 인해서 실제로 불리한 상황에 있었음을 구체화하는 것이 중요하다. 그녀가 오빠에 대한 두려움으로 인해, 있었던 일에 대해서 엄마나 아빠에게 말하는 것은 불가능한 일이었다. 그러나 Candice는 그 비밀이 엄마나 아빠가 더 일찍 학대를 멈출 수 있게 하는 것을 막은 요인이었다는 것을 알고 있다. 문제는 Tom의 위협이었으며, 그것이 오랜 시간 동안 학대를 유지하는 데 기여한 요소이기도 하다. 나는 가족들에게, "깊이, 주의 깊게 자기 자신과 가족의 역동을 살펴보고, 학대가 일어나는 동안에는 보지 못하고 이해하지 못했던 것을 이제는 볼 수 있고 이해할 수 있는지 보기를 부탁합니다."라고 이야기했다. 또한 그들에게 도움이 되었던 것, 도와준 사람들, 그리고 그들에게 지지나 격려, 가르침을 준 사람들에 대해 이야기하도록 했다. 이것은 어떻게 성적 학대가 가족 내에서 일어났는지와 자신의 기능에 대한 통찰을 적극적으로 탐색할 수 있게 한다.

[그림 10-5]에서처럼 학대는 매우 구체적인 대상으로 묘사되었다. 구름, 번개, 자유(두 팔을 들고 있는 소녀), 그리고 가면이 벗겨진 광대로 표현되었다. 그들에게 도움이 된 것을 표현하는 바깥 원에는 치료와 치료사, 교회, 정서적인 수준에서 더 많이 연결되는 것, 아빠가 집에 더 오래 머무는 것, 바깥 활동을 덜 하는 것, 함께하는 시간을 더 많이 보내는 것이었다. Candice는 그녀의 가장 친한 친구(그녀가 비밀을 털어놓은)와 새로운 남자 친구를 포함시켰고, Tom은 가면이 벗겨진 광대 피규어를 포함시켰다(그는 다른 많은 프로젝트에서도 이것을 사용했다). 그들이 선택한 것에 대해 함께 공유했을 때, Candice는 "번개를 맞은 것. 번개는 항상 두려웠고, 항상 갑자기 나타났으며, 육체적으로 고통스러웠다."라는 느낌을 이야기했다. 이 회기는 Candice가 Tom이 그녀에게 정서적이고 육체적 고통을 준 것에 대해 이야기하기 시작한 첫 회기였다. 그녀의 엄마와 아빠는 실제로 그리고 상징적

[그림 10-5] 해결 중심 활동: 문제 인정하기 그리고 해결 방법 이야기하기

으로도 그녀에게 팔을 뻗었고, 오빠에 대해 그리고 학대에 대해 그녀의 생각을 직접적으로 말하기 시작한 것을 지지하고 격려하였다. 이 프로젝트는 과거의 사건에 어떤 생각과 감정이 작용했는지에 대한 인식과, 앞으로는 다른 방식으로 이루어져야 할 필요성에 대한 성찰과, 그것을 언어적으로 의사소통 할 수 있는 통로의 역할을 해 주었다.

가족 수족관

가족 수족관 프로젝트는 세 번째 단계에서 실시된다. 모든 가족 구성원에게 '어떤 물고기라도' 상관없이 물고기 그림을 그리도록 한다. 이 프로젝트는 보통 2~3회기에 걸쳐 진행되는데, 첫 시간에는 항상 물고기를 그리고, 오리고, 그것을 장식하는 데 시간을 보낸다. 가족 구성원에게 풀, 반짝이, 폼공, 깃털, 사인펜, 크레파스 등을 제공한다. 물고기를 그리는 과제는 개별적으로 이루어지지만, 전체 가족 역동은 이후에 다 같이 볼 수 있도록 전시된다.

이 활동이 시작되자, Shane과 Tom은 의자를 가까이 맞대고 가족들과 다소 떨어져서 그림을 그리며 장난을 치는 것처럼 보였다. 그동안의 가족치료를 통해 더 나아진 점을 고려하여, 나는 Louise가 이 상황을 어떻게 조정하는지 보기 위해 기다렸다. 나는 그녀가 단순히 거절감이나 고립감을 느끼는 대신에 행동을 해 주길 기대했다. 그리고 나는 그녀가 탁자 끝에서 Shane과 Tom을 잠깐 보는 것을 지켜보았다. 그때 그녀는 갑자기 자신의 의자를 그 둘 사이로 옮기며 "나도 뭔가 재미있는 걸 하고 싶은데……."라고 말했다. Tom은 즉시 눈치를 채고, Harry가 작업하는 쪽으로 자리를 옮겼다. Shane은 Candice에게 자신의 옆으로 올 수 있겠냐고 물었고, 그녀는 미소를 지으며 기꺼이 자리를 옮겼다. 나는 가족에게 그들이 이전 회기들에서 이야기했던 가족 역동을 변화시키기 위한 행동들을 하고 있다고 이야기하였고, Louise가 의자를 이동한 것, Shane이 그것을 수용하고 Candice를 초대한 것, Tom이 눈치를 채고 자신의 주의를 동생에게 돌린 행동들에 대해 칭찬했다. 가족은 미소를 지으며 자신의 물고기를 그리고 장식하는 프로젝트를 마쳤고, 이를 '예술적인 작품'이라고 이야기했다.

두 번째 회기에는 가족에게 그들의 물고기들이 함께 살게 될 '수족관'을 포스터 보드를 사용해서 꾸미라고 이야기하였다. 첫 번째 지시는 다음과 같다. "가족이 어떤 종류의 수족관을 만들 것인지를 함께 결정하고 시간 내에 물고기들이 공유할 환경을 결정하세요." 이 지시는 개방형으로 이루어지며, 자신의 물고기들이 잘 생존하고 성장하는 데 필수적이고 중요한 것을 확인하고 표현하도록 가족을 격려한다.

또 다른 지시는 이 수족관에서 각각의 물고기가 상대적으로 어디에 위치할지(최종적으로 물고기를 붙이는 자리)를 정하는 것이다. 말할 필요도 없이, 이 프로젝트는 경계, 가족 규칙, 공간과 사생활에 대한 협상, 위험과 안전에 대한 지각 등 상당히 중요한 많은 이슈를 불러일으킨다.

이 가족은 가족치료의 가장 마지막 프로젝트 중 하나인 이 활동에 강력한 정서적인 노력을 쏟았다. 이 수족관 프로젝트는 영구적인 변화, 그리고 지속적인 명확성, 안전, 개방성 및 경계 유지의 필요성뿐 아니라, 그들의 미래와 위기를 해결하는 데 도움이 되었다고 생각되는 많은 방법에 대한 은유가 되었다.

마지막 작품은 모두에게 상당히 유익했다. 가족 구성원 각자는 그들이 함께 만든 작품과, 활동을 하는 동안 오고 간 많은 치료적 대화를 자랑스러워했다.

[그림 10-6]처럼, Tom의 물고기(아랫쪽 왼편)는 자발적으로 울타리가 쳐졌는데, 누가 시작했는지는 알 수 없었지만, Tom 역시 여기에 기여했다. 또한 Tom의 물고기 몸에는 여섯 쌍의 눈이 달려 있었는데, 그는 이것에 대해서 그를 감시하는 사람들을 원하기도 하지만 미워하기도 한다고 이야기했다. 그는 모든 사람으로부터 신뢰를 잃었을 때의 느낌에 대해 이야기했고 다시 회복하고 싶다고 했다. 동시에 그는 앞으로 상당 기간 동안 외적인 통제가 있을 것이라는 것을 인식하는 것 같았다.

[그림 10-6] 물고기들이 함께 지내는 수족관

Candice는 Tom의 울타리 문에 작은 벨을 달았는데, 그것은 그와 다시 함께 지내는 일이 그녀에게 매우 힘든 일이라는 것과 그가 나가고 들어오는 것을 모두가 알 수 있도록 '그의 방문'에 벨을 달기를 원한다는 것을 알려 주었다. 부모들은 Tom의 방을 그녀의 방으로부터 멀리 떨어진 다락으로 이동하는 방법에 대해 논의했다. 다락은 다시 꾸며져야 했지만, 다락에서 그녀의 방으로 가기 위해서는 단단한 장벽에 놓여진 곳이었다. 또한 Candice는 새로운 침대를 요청했고, 엄마는 방을 그녀가 좋아하는 것으로 다시 꾸밀 수 있도록 기회를 주었다. 방은 오빠에게 '출입금지구역'으로 그가 절대로 들어오지 못하도록, 그리고 자신의 사생활을 유지할 수 있도록 자물쇠를 채워 줄 것을 요청했다. 엄마는 이러한 요청을 수용했으나, 비상시를 위한 여분의 열쇠를 유지하기로 했다.

아빠는 처음에는 자신의 물고기를 수족관의 주변 가장자리에 놓았는데, 이는 과거에 유지해 온 자신의 거리감을 표현하는 것이었다. 가족 모두는 이를 알아채고 가까이에 함께 하도록 요청했다. 마지막 사진은 엄마와 아빠가 더 가까워지기를 바라는 소망과 아빠가 집과 그렇게 멀리 떨어진 곳에서 일하는 것을 그만두었으면 하는 바람들이 반영되어 있다. Harry는 사람들이 수족관을 오가는 것을 볼 수 있도록 작은 요트를 그렸지만, 마지막 프로젝트 사진에는 승객이 없이 떠도는 이 요트는 포함되지 않았다. 대신, Harry는 그것을 자신의 공책 안에 넣어 집으로 가져가기로 결정했다(아빠와 더 친해지기를 바라는 또 다른 예). 아빠는 자신이 모두에게 얼마나 중요한 가족이었는지를 이해하고 받아들이며 죄책감을 떨쳐 버리는 데 약간의 시간이 걸렸다.

가족 모두가 자신들이 만든 수족관 프로젝트를 반영할 때, Tom은 눈물을 터뜨렸고 엄마는 그를 안아 주었다. 그는 이미 Candice와 형제 회기를 진행했고, 그 회기 동안에 그녀에게 준비한 편지를 읽었다. 그녀는 주의 깊게 그 편지 내용을 들었고 그녀 역시 그에게 준비한 편지를 읽었다. 두 아이들은 서로에게 분명한 언어로 전달했고, 들었고, 또 반응하였다. Tom은 자신이 그녀를 학대한 이유에 대해 알게 된 것, 그녀가 말하지 못하도록 조종한 방법, 또 자신이 한 행동을 축소하고 정당화하려고 했던 것들에 대해 이야기했다. Candice는 학대가 어떻게 '자신의 어린 시절을 빼앗아' 갔는지, 그리고 자신을 얼마나 더럽고 '약하다'고 느끼게 했는지에 대해 이야기했다. 그녀는 그가 다시 학대를 할까 봐 가장 두려우며, 특히 엄마에게 그 학대를 말하는 것이 두렵다고 이야기했다. 그러나 그녀는 그가 자신을 다시 괴롭히도록 놔두지 않을 것이라는 것을 알았고 자신에 대해 더 강하게 느끼기 시작했다. Tom과 Candice는 처음에 각자 자신의 치료사와 함께 형제 회기를 진행했으나, 그 이후에는 중요하다고 느끼는 것을 함께 들을 수 있도록 부모님과 같이 진행했다.

또한 Tom은 그가 문제를 일으킨 것, 그들의 신뢰를 저버리게 한 것, 동생을 괴롭힌 것에 대한 진심 어린 사과를 준비했다. Candice는 그녀의 아빠가 주변에 없었던 것, 그리고 형제들에게 만큼 자신에게는 관심을 보이지 않았던 것, 그리고 엄마를 괴롭힌 일과 소년들은 소녀들을 괴롭혀도 괜찮다고 가르친 일들에 대한 분노를 표현하였다. 이러한 가족치료 회기는 모두에게 강력한 감정을 불러일으켰고, 가족들은 학대에 기여한 근본적인 가족 이슈들을 이야기하는 진정한 진전을 만들어 갔다.

수족관 프로젝트 동안, Tom은 상당히 감정이 움직이는 듯했고, 불쑥 울면서 Candice에게 이야기하였다. "내가 한 일 정말 미안해, 나는 이제 그 일이 정말 끔찍하다고 생각해. 내가 잘못했어. 너가 지금은 나를 믿을 수 없을 거야. 그렇지만 나는 앞으로 절대 너에게 나쁜 일을 하지 않을 거라고 약속해. 정말 약속해. 나는 이제부터 너에게 보통의 오빠가 되고 싶어, 이제부터 나는 잘할 거라고 생각해."라고 전했다. 이러한 자발적인 의사소통은 진심으로 보였고, Candice는 주의 깊게 듣고 조용히 이야기했다. "오빠가 한 일이 잘못된 일이라는 것을 알게 돼서 다행이야." "나는 아직 오빠를 믿을 수 없어, 그리고 나와 모두로부터 신뢰를 얻어야만 해."라고 했다. 우리는 6회기에 걸쳐 수족관 프로젝트를 하는 동안, 은유로서 함께 작업을 했으며, 마지막 회기에 그들은 그 수족관을 액자에 넣고 집의 가장 중앙에 걸어 두기로 했다. 그것은 그들에게 자신들이 겪었던 위기와 그것을 극복해 나가는 방법을 상기시켜 줄 수 있을 것이다.

결론

부모와 자녀는 몇 가지의 이유로 자발적이든 그렇지 않든 간에 분리될 수 있다. 부모의 학대와 방임의 경우, CPS는 아동이 양육자로부터의 위해를 당할 위험에 처해 있을 때 아동을 위탁가정으로 옮긴다. 형제간 성폭력의 경우, CPS로 우선적으로 연결되며, 성적 학대나 신체적 폭행과 같은 범죄행위와 관련된 청소년이 포함되어 있는지에 따라서 청소년 사법 기관으로 의뢰될 수도 있다. 표준화된 대응은 없으며, 많은 요인에 따라 형제간 성적 학대 사건은 법적인 결과 없이 종결될 수도 있다. 몇몇 경우 아동만 치료에 의뢰되기도 하고, 부모가 원한다면 도움을 받기 위해 부모가 함께 치료를 받는다. 결과적으로 형제간 성적 학대를 포함한 이러한 상황에서 부모를 위한 안내는 거의 없다.

법적인 혹은 보호 서비스가 이루어질 때, 아이들은 위탁가정이나 친척집에서 양육이 이루어진다. 가족이 분리되어 있는 동안, 아동이 집으로 돌아오는 것을 허락받기 위해서 가족은 많은 권고 사항을 준수해야 한다. 이 권고 사항 중 한 가지는 가족이 재결합을 위한 치료에 참여하는 것이다.

이 장에서 제시한 재결합 모델은 체계적 혹은 환경적 접근, CBT, 미술치료나 놀이치료와 같은 다양한 이론적 관점이 포함된 통합적 치료 접근을 사용한다. 또한 이 재결합 모델은 개별, 결합, 그리고 가족 치료 회기로 이루어지며, 치료는 세 단계로 구성된다. 즉, 인정하기와 부인 타개하기, 학대에 기여한 가족 역동에 대한 외상 중심적 탐색, 가족 역동의 재건(정서적 연결의 강화, 가족 규칙의 확인, 안전과 보호에 대한 부모의 준비, 비밀의 감소, 건강한 대처전략과 의사소통 전략 만들기에 집중된)으로 이루어진다.

형제 성폭력 사례들과 작업하는 몇 년 동안, 구조화된 모델과 계획을 융통성 있게 따름으로써 가장 좋은 결과를 만들어 왔다. 이 모델은 희생자와 가해자들을 위한 구체화된 병행 서비스가 포함되는데, 그것은 치료 제공자 간의 명확하고 지속적인 의사소통, 개별치료와 가족치료, 그리고 복잡한 치료적 이슈를 안내하고 조정하는 임상적 확신으로 이루어진다. 재결합 서비스의 목표는 치료 초기부터 명확하게 세워지며, 치료에 대한 주저함이나 저항을 감소시키면서 치료적 과정에 가족을 완전하게 참여시키도록 설계된 통합적 치료 모델을 통해 달성된다. 지시적 기법과 비지시적인 표현적 치료 기법의 결합은 가장 적절해 보이며, 최적의 결과를 가져온다.

제11장

놀이기반 재난 및 위기 개입

Anne L. Stewart, Lennis G. Echterling, Claudio Mochi

네 살 된 어린 댄서는 가녀린 몸 위로 손을 뻗어 우아한 포즈를 취하고 있다. 그녀는 팔목을 장식하던 예전의 팔찌들을 여전히 차고 있는 것처럼 춤을 추었다. 더 큰 아이들과 어른들은 그녀를 응원하기 위해 노래를 부르며 박수를 치고 있고, 그녀는 나이를 착각할 만큼 우아한 자세로 춤을 추기 시작했다. 단 몇 주 전에, 쓰나미가 덮쳐 그녀가 사랑하는 스리랑카를 사정없이 파괴했다. 마을 전체가 파괴되었고 수천 명의 사람이 사망했으며, 집과 이웃, 그리고 사랑하는 가족을 잃은 수많은 생존자를 남겼다. 이제, 파괴된 마을에서 그 아이는 국제재난구호팀의 일원인 놀이치료사들을 환영하기 위해 전통춤을 추고 있다. 이후에 치료사들은 놀이기반 활동들에 개입하기 위해 그 아동을 초대하였다. 개입은 그들의 감정을 조절하고 집중하며, 쓰나미의 파도가 쓸고 간 전멸의 한가운데서 그들이 직면해야 하는 수많은 도전에 적절히 대처하기 위한 능력을 강화하도록 설계된 것이었다. 그러나 이 순간, 놀이치료사들은 이러한 감동적인 환영 의식이 마을 주민들에게 깊게 지속되어 온 유대감을 반영하는 것이라는 것을 인식하게 되었다.

그녀는 쓰나미가 오기 전 춤을 출 때 사용하던 팔찌들을 더 이상 가지고 있지는 않지만, 그녀의 춤을 추는 태도는 환상적이어서 그곳에 있는 모든 사람이 그녀의 팔찌로부터 음악적인 울림을 듣는 듯했다. 재난구호팀의 중요한 구성원으로서 참여한 놀이치료사들은 이 마을의 사회공공기반 시설을 재건하기 위해 필요한 어떤 물건이나 재료들을 가져오지는 않았다. 그렇지만 그들은 그녀의 춤을 감사히 받아들였으며, 마을 구성원들이 그 아이로부터 얼마나 기쁨을 얻는지, 그리고 그녀가 만든 상상 속 현실로 들어가는 것이 마을 공동체에 얼마나 도움이 되는지를 알게 되었다. 다시 말하자면, 마을 사람들은 가장 중요하고 기본적인 사회공공 시설의 재건을 촉진하는 창조적인 경험을 갈망하고 있었던 것이다. 즉, 그들은 회복탄력성이 있는 공동체의 특징인, 지지적이고 서로 밀접하며, 상호연관된 인간 관계를 갈망하고 있었다.

연구와 이론

파괴적인 자연재해나 전쟁의 끔찍한 폭력이 일어난 후, 놀이는 매우 시시하고 하찮으며 중요하지 않은 것처럼 보일 수 있다. 그러나 놀이치료사로서 우리는 놀이가 내재적으로 동기화되고, 대단히 몰입력이 있으며, 특히 위기 상황에서 궁극적으로 이득이 되는 역동적이고 활기찬 과정이라고 믿는다. 사실 놀이는 회복과정에서 필수적인 요소이다. 많은 아동이 자신의 외상 경험을 표현하는 데 놀이를 사용하기도 하고, 또한 놀이를 통해 자신의 회복탄력성을 증명하기도 한다. 유엔 난민 고등위원회는 시리아에서 추방된 난민 아동의 신체적 · 심리적 복지에 대한 연구를 위탁해서 실시해 왔다. 「시리아의 미래: 위기의 난민 아이들(The Future of Syria: Refugee Children in Crisis: UNHCR)」이라는 보고서에는 놀이의 중요성에 대한 논의가 포함되어 있으며, 이동과 폭력의 파괴적인 영향을 경감시키는 것을 돕는 아동을 위한 놀이기반의 프로그램들이 기술되어 있다(UNHCR, 2013). 많은 비정부기구(nongovernmental organization: NGOs)는 재난 이후, 그리고 혼란 이후 상황에 대한 혁신적인 회복 전략으로 스포츠와 놀이를 내세우고 있다(Kunz, 2009). 게임이나 스포츠를 포함한 모든 형태의 놀이에 참여함으로써, 아동과 가족은 애착 유대를 강화하고 정서를 조절하며 자존감을 고취시키고 스스로에게 새로운 활기를 불어넣는 재건의 과정에 참여할 수 있다.

놀이치료사들은 특화된 놀이기반 개입을 통해 반응을 정상화하고, 아동과 가족이 새로운 대처 전략을 시도하도록 격려할 수 있으며, 자기위안을 증가시키고, 관계를 강화하며, 사회적 지지를 향상하고, 희망감을 고취시킬 수 있다(Echterling & Stewart, 출판 준비중; National Child Traumatic Stress Network, 2013). 놀이는 새로운 상황에 대응하고, 새롭게 개발된 행동을 연습하며, 창의적인 문제 해결을 시도하는 기회를 제공한다(Pellegrini, Dupuis, & Smith, 2007; Smith 2010). 놀이는 매우 보편적인 것이므로 다른 문화권으로부터 온 사람과도 빠르게 놀이를 통해 연결될 수 있다. 놀이치료사는 특히 비극적인 사건에 대처하는 아동과 가족에게 안전한 피난처를 만드는 데 능숙하다(Dugan, Snow, & Crowe, 2010).

이 장에서는 놀이치료사가 위기와 재난 개입 프로그램에서 제공할 수 있는 기여점에 대해 설명할 것이다. 재난에 대한 심리적 영향에 관한 연구에서 시작하여 회복탄력성의 개념과 애착 이론을 통합하는 개념적인 틀을 제공할 것이다. 그다음으로 위기와 재난 개입에서 놀이치료사들이 직면한 도전에 대해 논의할 것이다. 이와 함께 재난 대응팀의 중요한 구성원으로 실현할 수 있는 역할을 개관할 것이다. 마지막으로 일상적인 놀이치료 장면과는 확연하게 다른 재난 개입의 환경에서, 놀이치료사가 어떤 역할—상담가, 훈련가, 슈퍼바이저 또는 치료사—을 수행하든 사용할 수 있는 실질적이고 놀이에 기반된 기법들을 소개하며 이 장을 마무리할 것이다. 재난 회복과정의 어느 단계에서라도, 내담자의 욕구를 다루기 위해 이러한 놀이치료 활동을 창의적으로 적용할 수 있다는 것은 상당히 놀라운 일이다.

재난과 해로운 환경의 부정적인 결과들

2050년까지 폭력, 재난, 그리고 전쟁의 혼란, 사회적 혼돈, 그리고 자연재해는 전 세계적으로 최소한 20억만 명에게 직접적인 영향을 미칠 것이라고 예측된다(Ronan & Johnston, 2005). 연구자들은 이러한 비극적인 사건들이 물리적 · 환경적 · 경제적 영향뿐 아니라, 심리적으로도 영향을 미칠 것이라고 보고하였다(Gulliver, Zimering, Carpenter, Giardina, & Farrar, 2014). 재난은 아이들의 정서적 안녕을 위협하고 광범위한 외상, 일상적인 사회적 상호작용의 붕괴, 가족의 지지 네트워크의 붕괴를 통해 아동의 발달 경로를 파괴한다(Catani, Jacob, Schauer, Kohila, & Neuner, 2008). 또한 생물학적으로, 그리고 심리적으로 아동의 안녕에 끊임없이 해로운 영향을 미치는 환경의 파괴적인 증거에 대한 연구들도 이루어져 왔다. 아동의 정서적 · 정신적, 그리고 행동상의 장애는 서로 상호 연결되어 있으며, 일련의 공통된 상태로부터 발생한다(National Research Council & Institute of Medicine, 2009; Yoshikawa, Aber, & Beardslee, 2012).

불행하게도 많은 연구에서, 그리고 실제 현장에서 아동 문제를 다룰 때, 마치 정신건강과 신체건강의 손상이 분리되어 서로 관계가 없는 것처럼 다루어 왔다. 이러한 발견에 기초하여 Biglan과 Flay, Embry 및 Sandler(2012)는 개입이 이루어질 때 '**양육적인 환경**(nurturing environments)'을 만들어야 한다고 주장했다. 양육적 환경이란 해로운 사건으로부터의 위협을 줄이고, 친사회적 행동을 격려하며(자기조절을 포함하여), 마음챙김적 성찰을 길러서 건강한 발달을 촉진하는 것이다. 신체적 · 심리적 양육 환경 조성에 대한 강조는 특히 지역사회, 학교, 정신건강 환경에서 작업하는 놀이치료사들에게 의미가 있다. 이러한 개념적 틀은 훈련이나 현장에서의 작업, 치료장면 등 다양한 상황과 특히 위기 상황 동안 협력적인 도움을 주는 놀이치료사의 중요한 역할을 설명해 줄 수 있다.

회복탄력성

우리는 뉴스 매체들이 대중에게 생존자를 가련한 피해자로 묘사하는 수많은 이야기를 쏟아 내는 만연된 위기와 재난의 시대에 살고 있다. 때로 한두 명의 사람이 매우 어려운 난관을 극복한 감동적인 영웅으로 주목받기도 한다. 그러나 이러한 잘못된 묘사와 달리, 재난 생존자들은 대부분 무기력하지도, 그렇다고 슈퍼맨도 아니다. 대신, 그들은 비정상적인 환경에 적응하기 위해 최선을 다하는 전형적인 사람일 뿐이라고 연구자들은 말한다.

다시 말해서, 대부분의 아동과 가족은 탄력적이다(Prince-Embury & Saklosfske, 2013).

물리학에서 회복탄력성이란 물체가 압력을 견디고 원래의 상태로 되돌아오는 정도를 말한다. 최근에는 생태학자, 정치학자, 경제학자들이 재앙에 대한 회복탄력성의 개념을 적용하는 생산적인 방식을 발견하였다. 예를 들어, 환경 과학자들과 기술자들은 허리케인의 영향을 견디는 회복탄력성이 있는 해안선을 설계하는 데 협력하고 있다. 개인적인 회복탄력성은 긍정심리 운동의 핵심적인 개념이며(Cohrs, Christie, White, & Das, 2013), 사회 과학자들은 최근 개인의 회복탄력성의 개념을 외상 후 지역사회가 그 기능과 수행을 얼만큼 회복하느냐를 반영하는 **사회적 회복탄력성**의 개념으로 확장해 왔다(Keck & Sakdapolrak, 2013). 재난 이후, 지역사회가 스스로의 기능을 회복하고 정상적인 사회적 기능을 다시 시작할 수 있는지는 그 정도가 상당히 다르다. 어떤 경우에는 사회 전체가 너무 심하게 영향을 받아서 도시가 산산조각 나고 인간성을 상실하는 경우도 있다. 또 다른 경우는 외적으로 빠르게 정상적인 기능을 회복할 뿐 아니라, 점차적으로 성장하고 번영하는 경우도 있다(Norris, Sherrieb, & Pfefferbaum, 2011).

회복탄력성은 놀이기반 재난 개입 서비스를 제공하는 데 흥미로운 개념적인 틀을 제공한다. 놀이치료사가 재난의 정신적인 피해자를 확인하는 것 뿐만 아니라, 생존자의 회복탄력성을 향상하고 병리적인 반응들을 줄이는 개입들을 제공할 수 있다. 또한 Calhoun과 Tedeschi(2006)는 **외상후 성장**(posttraumatic growth: PTG) 개념을 제안했는데, 이는 대부분의 생존자가 이후 그들을 삶에서 깊이 있고 긍정적인 변화를 보여 주었다는 것을 의미한다. 이러한 변화에는 더 큰 자신감, 관계의 향상, 더 깊이 있는 열정, 성숙 등이 포함된다. 기본적으로 회복탄력성은 재난의 피해자들이 지속적으로 자신의 삶을 살아갈 수 있는 생존자가 되는 과정을 의미한다.

애착 이론

재난의 시점에서, 왜 놀이치료사는 애착 특성에 관심을 갖는가? 재난 개입이 어떻게 안정 애착을 더 향상시킬 수 있을 것인가? 재난 개입에서 애착의 관점을 채택하는 강력한 이유 중 한 가지는 재난이 아동의 부모, 교사, 또래들과의 관계를 위협하기 때문이다. 또한 대부분의 경우, 아동의 외상후 증상들은 행동, 사고, 감정 조절의 어려움을 동반한다. 관계의 안전감에 대한 위협과 여러 영역에서 나타나는 조절의 어려움은 애착기반 개입에서 중요한 고려사항이다.

애착 이론은 회복탄력성을 이해하는 전체적인 틀을 제공한다. Atwool(2006)은 다음과 같이 말했다.

> 애착 이론은 회복탄력성의 모든 측면—문화, 지역사회, 관계와 개인—의 핵심에 관계의 중요성을 놓음으로써 회복탄력성 이론에 무게감을 더했다. 애착 이론과 회복탄력성의 개념을 통합하는 것은 행동의 적응적인 특성을 명확히 해 주며, 긍정적인 적응을 향상시키는 데 필수적인 관계의 경험이 어떤 것인지 이해하는 데 도움을 준다(p. 327).

안정 애착은 회복탄력성과 가장 많은 관련성을 가지는 애착 형태이다(Grossmann, Grossmann, & Waters, 2006). 안정 애착 아동은 사회적 문제 해결에서 더 유능하며, 학업에서도 더 성공적이고, 행동문제나 정신과적 문제를 가질 가능성이 적다. 또한 법을 잘 준수하는 시민이 될 가능성이 높다(Sroufe, 2005; Sroufe, Egeland, Carlson, & Collins, 2005). 사실, 안정 애착된 아동은 두뇌의 신경학적 연결과 구조가 상당히 세련되게 발달되며, 결과적으로 유능한 사회적 능력을 갖게 된다(Schore, 2001). 애착기반 놀이치료사의 최종적인 목표는 조율되고 반응적인 상호작용을 통해서 아동의 내적 경험을 재구조화고 조직화하는 것이며, 이를 통해 아동의 자동적 감정과 행동들이 더 탄력적이 되도록 하는 것이다.

회복탄력성과 애착 연구에 대한 리뷰는 위기와 재난에 대한 성공적인 해결을 촉진하는 네 가지 요소에서 확인할 수 있다(Echterling & Stewart, 출판 준비중). 이 회복의 4요소는 사회적 지지, 의미 부여, 감정 조절, 대처기술의 학습이다. 이 장의 마지막에 애착과 회복탄력성을 증진하고, 아동과 가족에게 서로 접촉될 기회를 제공하며, 그들의 특성과 관계의 세계를 탐색할 수 있는 놀이기반 재난 개입 기법의 예를 제시할 것이다.

재난 개입자로서의 놀이치료사

최근 몇 년 동안 정신건강전문가들은 위기와 재난 개입의 통합적 구성원으로서 전 세계적으로 인정받고 존중받아 왔다. 특히 놀이치료사는 전문적인 훈련과 경험, 다양한 기법으로 인해 재난의 생존자인 아동과 가족에게 회복 프로그램을 제공하는 개입자로서 독특한 특징을 가진다(Jordan, Perryman, & Anderson, 2013).

놀이기반 재난 개입은 생존자들에게 빠르고 간편하게 직접적인 도움을 줄 뿐만 아니라(Echterling, Presbury & Mckee, 2005), 평가, 상담, 훈련, 슈퍼비전, 프로그램 평가를 포함한 다양하고 넓은 영역의 서비스로 확장되어 왔다(Steele & Knban, 2013).

위기와 재난 개입의 도전들

놀이치료사로서 우리는 내담자의 안전감과 안정감을 강화하기 위해서 지정된 시간에, 잘 갖추어진 공간을 제공하도록 훈련받아 왔다. 또한 쉽게 이동되지 않는 치료적 도구에 즉각적인 접근이 가능했을 것이다. 장난감, 피규어, 손인형, 그리고 책들은 아동의 정서적 표현과 개인적 성장을 도울 수 있도록 손에 닿는 위치에 있었을 것이다. 학위, 자격증, 그리고 전공서적들—정신건강서비스 제공자로서 합법성을 표현하는 물건들—이 한쪽 벽에 장식되어 있었을 것이고, 이는 내담자로 하여금 치료사의 전문성을 확신하게 했을 것이다. 또한 일상적으로 부모와의 초기면접이나, 다른 전문가들과의 회의, 종합적인 평가, 치료 계획의 수립, 치료에 완전하게 개입하기 이전에 치료적 목표를 수립하는 일들을 수행했을 것이다.

그러나 초대형 재난이나 전쟁, 자연재해의 생존자들을 위한 위기 개입에서는 이러한 일상적인 활동들이 계획대로 되지 않고, 밤낮으로 일정하지 않게 일어날 가능성이 크다. 파괴된 마을 체육관, 응급실의 구석진 공간 혹은 재난 캠프의 텐트와 같은 전형적이지 않은 장소에서 일하게 될 수도 있다. 약속된 스케줄 없이 생존자들과의 만남은 수분에서 몇 시간까지도 지속될 수 있다. 일상적인 놀이치료 현장의 외형은 위기와 재난 개입에서의 실제와 극적으로 다르지만, 이러한 상황들을 연결하는 가장 중요한 요소가 하나 있다. 그건 바로 놀이치료사, 당신이다. 익숙한 사무실에서건, 파괴된 현장에서건 간에, 모든 치료적 만남에서 가장 중요하고 신뢰로운 놀이치료 도구는 치료사 자신이다(Echterling & Stewart, 출판 준비중). 놀이치료사는 상당히 다양한 환경에서 조율되고 지지적인 방법으로 긍정적인 차이를 만들면서 생존자, 그리고 동료들과 관계를 맺을 수 있을 것이다.

먼저, 자신에 대해서 생각하기

놀이치료사 자신이 가장 중요한 도구라는 사실을 고려해 볼 때, 재난 대응팀의 구성원으로 배치 가능성을 탐색하기 전에 스스로 정직한 자기반영과 효과적인 재난 개입을 제공할 수 있는 준비성을 결정하는 평가 과정이 반드시 필요하다(Echterling & Stewart, 출판 준비중). 이와 관련하여 미국심리학회는 비상상황 및 자연재해 대응에 대한 의사결정 기관인 기관 간 상임위원회(Inter-Agency Standing Committee: IASC, 2007)의 권고를 기반으로 가이드라인을 제공하고 있다.

먼저, 적절한 후원 조직에 소속되어야 한다. 단독으로 개입하는 것 혹은 '고립된 단독 행동'은 서비스를 제공하는 책임이 있는 재난 대응팀의 조직화된 노력을 방해하는 위험에 빠트릴 수 있다. 게다가 재난 개입 현장에서는 필연적으로 제한적인 자원들을 사용하게 되는데, 공식적인 조직에 소속되어 있다면 기본적인 음식이나 의류, 안식처, 그리고 필수적인 것들을 가능한 만큼 제공받을 수 있을 것이다.

두 번째 기본적인 가이드라인은 재난과 관련된 정신건강 실제에 대해 적절한 훈련을 받는 것, 피할 수 없는 어려움들을 견딜 준비, 재난 지역의 혼란에서 기인된 어려움들을 견딜 준비, 후원 기관의 정책을 기꺼이 따를 의지이다. 전형적인 치료 환경에서 외상을 겪은 아동이나 가족과 작업해 온 훌륭한 놀이치료사일지라도, 혼란스럽고 원시적이고 위험한 상황에서는 다를 수 있다. 동료들과 상의하고, 의사결정에 도움을 줄 수 있는 전문가를 위한 실무 규준과 윤리 강령 등을 참고하는 것이 좋다. 특히 현재 치료를 하고 있는 내담자들의 이해관계와 상충되지 않아야 하고, 자신의 직업 기반이 약화되지 않도록 신경 써야 하며, 대신할 동료들에게 과도한 짐을 주는 것은 아닌지, 가족과 친구들의 안녕을 희생시키는 것은 아닌지에 대해서도 고려해야 한다.

세 번째로, 재난 개입에 참여하는 동기를 점검해야 한다. 만일 이전에 개인적으로 비극적 사건을 경험한 적이 있다면, 그 사건으로부터 해결되지 못한 이슈들을 잘 처리하고 있는가를 검토해야 한다. 당신이 겪은 위기와 재난 경험은 생존자들의 고통에 공감적인 다리를 제공하는 데 도움을 줄 수 있지만, 그들의 고통에 과도하게 동일시하게 되거나 자신의 오래된 상처와 맞닥뜨리게 될 수도 있다. 수동적이고 불쌍한 피해자들에게 용맹한 구원자가 되길 바라는가? 만일 그렇다면, 당신은 비효율적일 뿐 아니라, 실제로 장점보다는 단점이 훨씬 더 많을 것이다. 이 세 가지의 가이드라인은 단순하고도 중요한 사실을 강조한다. 재난 대응팀의 모든 구성원은 그러한 회복 과정에 대한 부가적 가치를 가지고 있어야 한다는 점이다.

마지막으로 중요한 가이드라인은 개입을 실시함에 있어서 그 지역의 언어, 문화, 관습에 대해 존중과 배려를 해야 하는 것이다. 다문화적 이슈에 대한 훈련과 다양한 내담자군과 작업했던 경험들이 이러한 부분에 어느 정도 도움을 줄 수 있을 것이다. 그러나 기후뿐 아니라 주요한 문화적 특징이 현저히 다른 나라에서 몰입되어 있을 때는 이런 부분이 큰 도전이 될 수 있다. 특히나 재난이 지나간 낯선 나라에서 이방인이 되는 것은 상당히 혼란스럽고 어려울 수 있다. 그럼에도 불구하고, 놀이치료사들은 필수적 치료 태도인 '알지 못함의 자세(stance of not knowing)'를 가지도록 꾸준히 훈련받아 왔다. 전문적인 토대를 내려놓고 생존자들의 희망, 꿈, 욕구, 가치로부터 배우고자 하는 태도는 문화적으로 적절한 동물 인형을 선택한다거나 전통적인 수공예품을 이용하고, 또한 적절한 의식들을 사용하는 등의 의미 있는 개입을 계획하도록 안내해 줄 것이다. 예를 들어, 나는 스리랑카에서 쓰나미 이후 놀이기반 재난 개입을 준비하는 동안, 이 지역에서는 대부분의 서양 사회에서 인식되는 것처럼 원숭이가 재미난 동물이 아닌 현명한 창조물로 존중받는다는 것을 알게 되었다. 따라서 이후 개입에서 나는 원숭이를 대처 기술에 대한 현명한 충고를 줄 수 있는 훌륭한 캐릭터로 사용하였다.

좋은 소식

이러한 어려운 고려사항들을 충분히 이해하고 고민한 이후에도, 재난으로 인해 파괴되어 아무것도 없는 상황에 개입할 준비가 되었다고 생각된다면, 또한 의지가 있다면, 당신은 아마도 비극적인 사건을 겪고 있는 아동과 가족의 회복탄력성에 엄청난 공헌을 할 수 있을 것이다. 재난, 외상과 위기에 대한 연구뿐 아니라, 아동 발달에서 가장 강력하고 지속적인 발견 중 하나는 아동이 외상을 회복하고 부정적인 결과를 피하며, 이후의 삶에서도 성장할 수 있도록 돕는 것은 '의미 있는 관계'라는 것이다(Stewart & Echterling, 2014). 놀이치료사는 그러한 변화를 만들어 내는 경험과 의미 있는 상호작용을 통해 치료적인 관계를 만들어 낼 수 있다. 위기 개입은 치료 목표를 단순히 성취한다기보다는 모든 아동과 가족들이 가지고 있는 희망과 해결에 대한 내적인 잠재력을 지지함으로써 회복탄력성을 향상시키는 것이다. 재난에 개입하는 놀이치료사는 아동의 삶과 가족의 역사에서 매우 중요한 전환점에 함께하는 것이기 때문에, 외견상으로는 작은 개입이라 할지라도 앞으로 지속될 심오하고 깊은 차이를 만들어 낼 수 있다.

재난 대응팀에서 놀이치료사의 역할

잘 준비된 놀이치료사들은 아동, 가족, 조직(학교, 정신건강기구), 그리고 지역사회가 재난 이후에도 성장하고 발전하도록 그들의 능력을 최적화하는 데 중요한 역할을 수행해 왔다. 놀이치료사들은 임상적인 전문성을 활용하여 건강한 부모-자녀 상호작용을 격려하며, 권고된 규칙에 따르고, 문화적으로 민감한 개입을 계획하여 훈련과 상담을 제공함으로써 재건 과정에 있는 이해당사자들, 지역의 지도자들, 최초 대응자들, 교사들, 종교단체들, 그리고 지역 주민들과 부모들을 도울 수 있다. 또 어떤 때는 재난 대응팀의 구성원으로 직접적인 서비스를 수행하거나 개입 방법들을 관찰하고 평가하고 적용하는 지역사회 개입자의 모델로서 역할을 수행할 수도 있다.

재난 대응팀의 구성원으로서 정해진 프로토콜에 따르고 규칙들을 준수해야 하지만, 그러면서도 동시에 아동과 가족, 그리고 전체 지역사회에 놀이기반 개입을 적용함에 있어서 융통성이 있어야 한다(Baggerly & Exum, 2008). 이는 계획적이어야 하지만, 자연스럽기도 해야 한다는 점에서 변증법적이고 역동적인 과정이다. 놀이치료 현장에서처럼, 재난 현장에서의 개입은 구체적인 상황에 따라 다양하게 변화될 필요가 있다. 그럼에도 불구하고, 기본적인 원칙들을 따라야 한다. 기본적인 원칙이란 생존자들에게 양육적인 환경, 의미 만들기 기회, 감정 조절에 대한 연습, 대처 자원에 대한 지지를 제공하는 것이다. 다음은 놀이치료사가 재난 대응팀의 구성원으로서 수행해야 하는 또 다른 규칙들을 제시할 것이다.

개입의 목표는 성공적이고 지속적으로 재난 회복을 촉진하는 것이기 때문에, 놀이치료사의 역할은 생존자들의 환경이나 욕구에 따라 달라질 것이다. 예를 들어, 재난의 초기 상황에서는 심리적 응급 구조를 제공해야 하는데(National Child Traumatic Stress Network, 2013), 이는 열의를 가지고 증거에 입각한 전략을 사용하는 것, 그리고 사회적 지지 및 양육적 환경을 제공하는 것이다. 이 시점에는 생존자의 실제의 안전과 안전감을 보장하는 것, 신체적 및 정서적 안정을 제공하는 것, 양육적인 존재를 제공하는 것, 안정된 대화를 나눌 수 있게 하는 것, 그리고 스트레스를 유발하는 자극에 노출을 제한하는 것을 최우선으로 고려해야 한다.

재난 이후 초기에 실행해야 하는 또 다른 역할은 욕구 사정자 또는 프로그램 평가자의 역할이다. 효과적인 지역기반 프로그램을 위해서는 그 지역의 환경, 경제, 물리적 기반시설뿐 아니라 지역사회 거주자들의 심리적 안녕감에 미친 재난의 영향을 정확하게 평가한 정보가 필요하다. 아동 발달에 대한 지식, 인터뷰 기술, 체계 역동에 대한 통찰, 그리고 사례를 개념화하는 놀이치료사의 전문성은 아동, 청소년, 그리고 가족에게 미친 재난의 심리적 영향력에 대한 자료를 모으는 데 상당히 가치 있는 자원이 될 수 있다. 놀이치료 현장에서처럼, 재난 현장에서의 개입 또한 내담자의 욕구에 대한 정확한 평가를 기반으로 해야 하며, 치료적 효과성을 평가하는 방법이 포함되어야 한다. 지역의 문화, 생존자의 욕구 또는 지역사회의 자원들을 고려하지 않은 프로그램은 심각하게 해로운 결과를 가져올 수 있다는 것을 보여 주는 연구결과들이 있다(Pearson & Mitroff, 1993; Reyes & Jacobs, 2006; Wickrama & Wickrama, 2011).

특히나 다른 문화권의 국가에 배치되었다면, 놀이치료사가 수행해야 할 또 다른 중요한 역할은 상담가, 훈련가, 슈퍼바이저의 역할이다. 재난 대응팀에서 이러한 역할을 수행하는 것은 '피라미드 효과'를 가져올 수 있다. 그 지역에 사는 많은 토착민 협력자와 전문적인 지식을 공유하고 협력하는 것은 그들이 더 많은 슈퍼바이저에게 직접적인 서비스를 제공하는 것을 통해, 매우 유익하고 다양한 형태로 그 지역의 문화와 환경에 적용될 수 있을 것이다. 그들은 그 지역사회의 토착민이기 때문에, 훨씬 더 효율적일 수 있으며 회복의 과정 동안 그곳에 함께 남아 있을 수 있다.

이러한 '간접적인 서비스'를 제공하는 동안 잊지 말아야 할 것은 재난으로 인해 휘청거리는 지역사회에 있는 모든 사람이 생존자라는 점이다. 그들은 재난의 진원지에 있지 않았을 수도 있고, 사랑하는 사람들을 잃었거나 그렇지 않을 수도 있지만, 모든 사람은 간접적이라고 할지라도 상당한 영향을 받았을 것이다. 그러므로 그 지역의 토착민인 상담가, 훈련가, 슈퍼바이지들과 작업을 할 때에도 항상 재난 슈퍼바이저로서 개입하고 있다고 가정해야 한다. 당신이 하는 설명이나 실험적인 활동들, 피드백, 그리고 논의들은 그들의 지식과 기술을 강화할 뿐 아니라 회복탄력성 또한 향상시킬 수 있다. 그들은 놀이를 기반으로 하는 개입의 힘에 대해 감탄하고 감사해 할 것이다. 지역사회 자원들과 협력하고 토착민인 협력자들에게 놀이치료의 기술을 가르치게 된다면, 결과적으로 개입 작업이 더 효과적일 수 있을 뿐 아니라 그들의 자립을 도울 수 있게 될 것이다. 토착민 협력자들과 함께 하면서 당신이 배운 기술을 모델링할 수 있도록 하고, 그들의 수행을 관찰하고 실질적이고 즉각적인 피드백 주는 역할을 수행한다면, 상담가, 훈련가 또는 슈퍼바이저로서 당신의 효율성 역시 증가할 것이다.

전략과 기법

모든 큰 재난은 일련의 공통점이 있다. 그것은 압도적인 파괴력, 무질서한 혼돈, 그리고 만연된 고통이다. 그럼에도 불구하고 재난의 원인이나 환경, 과정 그리고 효과는 상당히 다양하다. 재난의 촉발 원인은 기후, 지질, 전쟁, 인간의 탐욕, 민족주의, 종교적 이데올로

기, 사고, 또는 인종 간 폭력 등이 있다. 환경의 측면은 역사적인 외상, 가난, 지형, 자원 그리고 문화가 포함되며, 재난의 과정은 급성, 우연성 또는 예측가능성이 있을 수 있다. 재난의 영향 관점에서 보면 운송수단, 권력과 의사소통과 같은 사회기반시설을 포함한 전체 지역사회가 영향을 받을 수도 있는 반면, 다른 기반시설들은 거의 영향받지 않을 수도 있다. 이러한 다면적인 다양성 때문에 모든 개입은 필연적으로 즉흥적이 될 수밖에 없다.

이 장에서는 재난 개입 과정에서 놀이치료사가 어떤 역할을 하든 사용할 수 있는 몇 가지 기술을 설명하고자 한다. 우리는 이러한 접근들이 일상의 위기와 작업하는 놀이치료사의 일반적인 치료적 방법과 연관성이 있을 것이라고 생각한다. 이 기법들은 최소한의 재료만을 필요로 하기 때문에 원시적인 상황을 포함한 사실상 어떤 환경에서도 시행될 수 있다. 활동은 창조적으로 표현되는 어떤 형태—놀이, 그리기, 노래, 조각, 춤, 스토리텔링, 음악 만들기—로도 가능하다. Echterling과 Stewart(출판 준비중)의 저서와 국립 아동 외상 스트레스 연합-테러리즘과 재난분과(National Child Traumatic Stress Network-Terrorism and Disaster Branch, 2005)로부터 많은 다른 놀이기반 활동을 찾아볼 수 있을 것이다. 재난 개입을 할 때 잘 완비된 화려한 놀이치료실을 가질 수는 없지만, 장난감이나 재료들이 들어 있는 이동 가능한 토트백을 만들 수 있다(Landreth, 2012). 이 장에서는 생존자의 안녕을 향상시키기 위한 새로운 자원들을 소개하려고 한다. 그것은 바로 대자연이다.

신체적 안전을 유지하고 냉혹한 장면에 노출되지 않도록 특별한 주의를 기울이면서, 바깥 환경을 탐색하고, 자연으로부터 활동에 필요한 재료들을 수집할 수 있을 것이다. 특히 자연재해가 일어났을 때, 자연에 대한 이러한 의도적인 접촉은 놀이치료사들에게 아직 개발되지 않은 자원이다. 연구들은 자연에의 노출, 혹은 자연과의 상호작용은 창의성, 주의력, 집중력과 전반적인 안녕감을 향상시킨다고 보고하고 있다(Louv, 2011;Wells & Evans, 2003). 자연으로부터의 철수는 불안, 우울을 증가시키고 주의력결핍 장애(attention deficit disorder: ADD)와 주의력결핍 과잉행동장애(attention deficit hyperactivity disorder: ADHD)의 발생률을 높인다(Taylor & Kuo, 2006). 학령기 아동에 관한 연구에서 Wells와 Evans(2003)는 자연과 가까이 지내는 것은 특히 높은 수준의 스트레스를 경험하는 아동들에게 스트레스와 역경에 대한 회복탄력성을 강화한다는 것을 발견하였다. 우리는 놀이치료사들에게 놀이실에서 사용할 재료들을 자연환경에서 선택하고, 개입의 일부분으로서 전략적으로 내담자와 바깥 환경을 경험하는 방법을 탐색하는 것을 추천한다. 치료사들은 자연과 인간이 만들어 낸 재난의 희생자들이 자연과 관계기반된 즐거운 재접촉을 할 수 있도록 도울 수 있다.

기본 원칙들

구체적인 놀이기반 기법들을 소개하기 전에, 효과적인 재난 개입의 기본 원칙들을 설명하고자 한다. 먼저 어떤 치료에서든지 필수적인 요소인 LUV(listen, understand, and validate)—듣고, 이해하고, 수용하고—로 항상 개입해야 한다. LUV를 제공할 때는, 먼저 아동의 언어적·비언어적 메시지를 적극적으로 '듣고', 아동의 사고와 감정에 대한 공감적인 '이해'를 전달하며, 무조건적으로 아동의 내적 가치를 '수용'해야 한다. 개입의 과정에서 아동과 가족이 LUV를 경험하지 못한다면, 놀이기반 개입은 단지 조작적인 전략이나 무의미한 재주로만 보일 수 있다. LUV를 제공함으로써, 놀이치료사들은 안전한 피난처, 심리적 안식처, 그리고 양육적 환경을 만들어 낼 수 있다.

또 다른 재난 개입의 기본 원칙은 아동과 가족을 무기력하고 수동적인 '피해자'가 아닌 '생존자'로 가정하고 그들의 회복탄력성을 인식하고 판단해야 하는 것이다. 물리적인 재난과 정서적인 혼란의 한가운데서 재난의 생존자들은 자신의 강점과 간과되어 온 능력, 그리고 미처 알지 못했던 자원들을 발견할 수 있다. 아동과 가족들은 자신의 힘을 경험하고, 미처 몰랐던 능력들을 인식하며, 양육과 생명유지의 자원들과 재접촉하면서 재난 회복에 대한 심리적 발판을 만들 수 있다.

사회적 지지

이 개입의 목적은 회복이라는 여행에서 한배를 타고 있는 아동과 가족이 서로를 지지하고, 위로하고 돌보면서 연결되도록 돕는 것이다.

조약돌 그림

가족 또는 소수의 아동 집단을 초대한 뒤, 바깥으로 나가서(공원, 뒤뜰, 강가 혹은 주변 거리), 자신이 원하는 작은 조약돌을 찾도록 한다. 돌을 발견하고 나면, 자신에게 의미 있는 이미지나 글귀들로 특별한 조약돌을 꾸미도록 한다. 조약돌 그림을 완성한 뒤에는, 그 조약돌만의 특별한 점과 그렇게 꾸민 이유에 대해 이야기하도록 한다.

놀이치료사는 서로의 조약돌의 유사점과 차이점에 대해 이야기를 나눌 수 있다. 이렇게 꾸며진 조약돌들은 가족 체계 혹은 집단의 복잡성과 유사하며, 각각의 조약돌은 독특한 특징을 지닌다. 몇몇 조약돌은 깨어졌거나 끝이 날카롭기도 하고, 또 다른 것들은 부드럽게 닮아 있는 것들도 있다. 각각의 조약돌은 자신들의 모양이 만들어지는 동안 독특한 경험을 해 왔을 것이다. 이러한 조약돌이(그리고 가족들이) 서로 함께 모이면, 재건과 성장에 대한 강력한 기초를 만들 수 있다. 다른 대안적인 방법은 조약돌을 색칠하거나 꾸미지 않고, 조약돌의 모양, 색깔, 그리고 그것의 강점과 가치를 반영하는 특징들에 대해 간단하게 이야기를 나누는 것이다.

집단 손인형 놀이

치료사 또는 아동이 선택한 주제에 따라 이루어지는 집단 손인형 놀이는 일상적인 생활에 긍정적인 영향을 줄 수 있으므로, 아동을 위한 개입에서 정기적인 활동으로 사용될 수 있다. 이 활동을 위해서는 다양한 손인형 또는 피규어들이 필요하다. 좋아하는 동물이나 캐릭터를 종이에 그린 뒤 막대에 고정시켜 사용할 수도 있다. 치료사는 상황이나 주제—'큰 폭풍이 온다' 또는 '내가 배운 중요한 교훈' 등—를 줄 수 있고, 아동들은 자신이 사용할 손인형이나 피규어를 선택한다. 선택이 끝나면, 그들 모두가 안전한 장소에 있다고 상상하도록 한다. 각각의 손인형 캐릭터는 지금 현재 그들에게 도움이 되는 사람이나 상황, 물건, 그리고 다른 캐릭터를 위한 조언을 포함하여 자신의 경험이나 관점들에 대해 이야기하도록 한다(아동의 연령이나 주제에 따라 적용).

다음의 예는 이 기법의 효과를 보여 준다. 파괴적인 지진 이후에 생존 아동들은 반복적으로 손인형 놀이를 했고 회복 과정에서 좋은 성장을 보여 주었다. 그러나 어린아이 중 몇몇은 이 지역에서는 일상적인 수준이지만 강한 바람이 부는 것을 계속해서 두려워했다. 그 아이들을 초대하여 '강한 바람이 불어올 때 내가 하는 것'에 대한 놀이 주제를 선택하여 손인형 놀이를 진행하였다. 아이들은 각자 손인형을 선택했다. 몇 분간의 침묵이 흐르고, 말을 자신의 캐릭터로 선택한 7세 소녀가 자신은 바람이 세게 불면 빠르게 달릴 것이고 이렇게 하면 위험에서 벗어날 수 있을 것이라고 자랑스럽게 말했다.

또 다른 어린 소년은 "나는 매우 빠른 원숭이예요. 나는 바람이 불고 지진이 일어나면 안전하게 숨을 수 있는 곳을 찾아요."라고 했다.

그러자 갑자기 곰인형을 선택한 한 소년이 "친구가 그러는데요, 바람과 지진은 함께 오지 않는대요."라고 말했다.

이때 치료사는 "나도 곰의 말에 동의해! 바람이 세고 빠르게 불면 어른들이 너를 도와주기 위해 올 거야. 바람은 지진을 일으키지 않아!" 하고 말했다.

그러고 나서 치료사는 곰에게 "그럼, 바람이 세게 불 때, 우리가 할 수 있는 것은 뭐야?"

하고 물었다.

곰인형을 가진 아이는 "우리는 용감해질 수 있어. 두려우면, 가족에게 갈 수 있지. 그리고 우리는 서로에게 바람은 바람일 뿐이고 지진이 아니라고 말해 줄 거야."라고 말했다. 다른 손인형들은 그의 말에 동의했고 이러한 생각에 환호했다.

놀이치료사는 이 놀이를 다른 집단 리더들, 그리고 가족 구성원과 공유했다. 그리고 아동들의 과각성된 증상의 조절을 돕기 위한 부가적인 활동들(예: 깊은 호흡)과 곰의 충고를 연결하였다. 이 사례처럼, 이 기법의 근본이 되는 그리고 종종 간과되기 쉬운 가정은 아동이 이러한 위기 상황에서 강력한 자원이 될 수 있다는 점이다. 힘든 시기 동안, 아이들에게 긍정적인 차이를 만들어 낼 기회가 주어진다면, 그들은 자신의 회복탄력성을 향상시킬 수 있을 것이다.

의미 부여하기

의미 부여하기 활동은 아동과 가족에게 원래의 경험에 형태를 제공하고, 인지적인 숙달감을 주며, 자신의 강점과 자원에 대한 중요한 발견을 할 수 있는 기회를 준다.

안전하고 안심할 수 있는 장소 만들기

아동이나 가족을 초대하여 눈을 감고 이완하게 한 뒤, 과거에 안전하고 안심이 되었던 장소(실외)에 있었던 때를 떠올려 보게 한다. 그리고 그때의 주변 환경—경치, 소리, 냄새들—과 누구와 함께 있었으며, 무엇을 경험했는지, 그리고 어떤 감정을 느꼈는지에 대해 기억을 떠올려 보도록 한다. 그리고 그들이 상상 속에서 경험한 안전감과 유사한 느낌을 줄 수 있는 작고 안전한 장소를 만들기 위해 필요한 재료들을 모으게 한다. 이때 아동과 가족 구성원은 자신을 나타낼 수 있는 재료도 함께 선택하며, 그것을 그 안전한 장소에 놓는다(이것은 때로 다른 창조적 작업 속에서 이미 해 왔던 것일 수 있다.). 그러고 나서 그들이 기억해 낸 자연 속의 안전한 장소에 대해, 그리고 현재의 위기 상황에서 그들의 생존을 도운 방법에 대해 이야기를 나누고 공유한다.

놀이치료사가 재료들을 직접 모아서 생존자들이 그것을 사용할 수 있도록 가지고 있을 수도 있고, 그들과 함께 걸으면서 협력하여 재료를 모은 뒤 다음 만남에 가져오게 할 수도 있다. 안전한 장소를 만들기 위해 수집된 친숙한 재료들로는 씨앗, 식물, 돌, 나뭇잎, 조개껍데기, 막대기, 이끼, 꽃, 풀, 나무껍질 등이 있다.

[그림 11-1] 희망의 상징

특히나 자연 재난 이후에, 자연으로부터 재료를 모으는 것은 일상적인 감각과 희망감을 고취시키는 데 도움을 줄 것이다. 자연으로부터 희망의 상징을 찾기 위해 의도적으로 산책을 할 수도 있다. 전자기기는 이러한 활동이 생산적으로 이루어지도록 도울 수 있다. 사진기나 핸드폰을 이용하여 안락감, 평온함과 위로를 주는 장소의 사진을 찍을 수도 있다. 허리케인 카트리나가 다녀간 몇 주 뒤에, 우리는 바닷물로 흠뻑 젖은 해변을 따라 걸으면서, 파괴된 지역 한가운데에서 건강하게 성장하고 있는 밝은 초록빛 잔가지들의 사진을 찍으며 감동을 받았었다.

자연으로부터의 보살핌

자연으로부터 재료를 통합하는 활동은 위기 경험을 생존 이야기로 바꾸는 데 도움을 줄 수 있다. 아이들은 치료사, 가족, 그리고 집단에 있는 다른 사람들과 자신이 만들어 낸 창작품을 공유하면서, 자신의 경험에 대한 더 일관적인 내러티브를 만들고, 타인의 회복탄력성을 목격할 수 있다.

그러고 나서...!

아동 또는 가족 구성원들은 자연으로부터 모은 재료가 들어 있는 가방을 가운데에 놓고 동그랗게 둘러앉는다. 치료사가 사람, 장소, 줄거리가 포함된 이야기를 시작한다. 현재의 상황이나 시대와 동떨어진 이야기를 사용하는 것이 좋다. 예를 들면, "머나먼 나라에, 아주 추운 날이었어요. 마을에서 가장 용감한 사람이 이제 막 일어나고 있었어요." 또는 "먼 옛날, Brio 가족은 신비롭고 재미있는 숲에서 함께 하루를 보내기로 결심했어요." 라고 말할 수 있다. 치료사가 잠시 이야기를 멈추면, 아동이나 가족들은 가방에서 하나의 재료를 꺼내고 그것을 사용하여 '빈칸을 채운다.' 예를 들어, 이야기는 이렇게 시작할 수 있다. "어느 날, 막 해가 질 무렵, 몇 명의 친구가 강가의 목초지를 걷고 있었어요. 한 친구의 이름은 _______."라고 하며 잠시 멈춘다. 그때 가방에서 나무막대를 꺼낸 아동이 자원해서, "막대기!" 또는 "우디!"라고 말하면, 치료사의 이야기는 아동의 이야기와 합쳐져서 계속된다. 예를 들어, "우디는 놀란 눈으로 그의 친구를 보았어요. 그들은 목초지를 걸으며 자신들이 본 것을 믿을 수가 없었어요. 그것은 아주 작은 _______!" 이야기의 복잡성, 내용, 구조는 아동의 치료 목표, 언어 능력, 활동에 대한 친숙함에 맞춰 적용되어야 한다. 다양한 감각, 운동, 사고와 감정을 사용할 때는 항상 문제(해결할 수 있는) 또는 도전을 포함해야 한다. 딜레마에 대한 해결이 이루어지기 전에 한 번 이상 실패한 시도가 포함되는 것이 좋다. 이야기가 끝나면, 모든 사람이 함께 협력하여 내러티브의 세부사항을 포함하여 정확한 순서대로 다시 한 번 이야기를 재생해 보는 것이 좋다. 때로는 이야기를 다시 재생하면서 즐거운 실수나 재저작이 이루어질 수도 있다.

돌에 새긴 희망 단어

아이들에게 돌을 고르게 한 뒤, 안전하고, 희망적이며, 행복하고 평화롭게 느낄 수 있도록 도와주는 사람의 이름이나 물건, 또는 상징을 그 돌에 그려 보도록 한다.

강점 서클

모래나 바닥에 원을 그린 뒤, 자신을 더 강하고, 자신감 있게 해 주는, 그리고 누군가 옆에 있다고 느끼게 해 주는 자연 재료를 원 안에 놓도록 한다. 물론, 다른 의미 있는 재료들과 함께 이 활동을 할 수도 있으며, 종이에 원을 그리거나 혹은 끈으로 원을 만들어서 사용할 수도 있다.

그때, 지금, 그리고 다음

아동과 가족은 재난 이전, 지금 이 순간, 그리고 미래의 자신을 나타내는 자연 재료를 선택한다. 그리고 이 특별한 재료를 왜 선택했는지 이야기하면서, 자신의 인생 여정에 대한 이야기를 만들 수 있다. 치료사는 이야기에 등장한 노력, 성취, 또는 목표들에 대해 함께 이야기를 할 수 있다.

우리는 자연으로부터 얻은 재료들을 사용하는 것이 더 창조적이고 감동을 줄 수 있다고 믿는다. 물리적 · 심리적 안전에 대한 현장의 상황을 고려하면서, 생존자의 목표나 욕구를 충족할 수 있는 이러한 다양한 변형들을 시도해 보길 희망한다.

감정 조절

화산 이야기

이 활동은 David Crenshaw에 의해 처음 소개되었고, 이후 은유를 통한 문제 해결과정인 문제의 확인, 감정에 대한 이름 붙이기, 언어적 중재를 포함한 몇 가지 치료적 과제와 통합되었다. 이 활동은 화가 나는(또는 다른 강렬한 감정) 사건에 대해 생각해 보도록 하면서 시작한다. 그다음에는 그 분노를 표현하는 상징(화산, 공룡, 폭풍 등)을 선택하거나 그리도록 한다. 그때 치료사는 아동으로 하여금 자신이 그 상징물이 된 것처럼 가장하여, 느꼈던 분노와 이야기를 하도록 언어적인 중재를 도입할 수 있다. 은유를 사용하여 인터뷰를 하고, 사고를 확장할 수 있다. [그림 11-2]는 10세인 소녀가 그린 그림인데, 이 소녀는 화산이 다음과 같이 말했다고 이야기하였다. "불에 타고 있어! 모든 것이 파괴되고 있어!"

[그림 11-2] 화산 이야기

이때, 치료사는 질문을 함으로써 강한 분노 감정, 사고, 또는 행동들을 예방하는 대안들을 협력적으로 확인해야 한다. "그럴 때 침착함을 유지하려면 어떻게 해야 할까?" "다른 사람들이 도움이 될 수 있으려면 어떻게 해야 할까?" 이 그림을 그린 소녀는 "지금 나에게 가까이 있지 마! 멀리 떨어져!"라고 이야기하였다. 이 활동에서 특별한 감정이 표현되고 나면, 강렬함의 정도에 따라 그 감정에 이름을 붙이는 활동을 해 볼 수 있다. 이 예에서는 좌절, 짜증, 격분과 같은 감정들이 분노와 함께 탐색될 수 있을 것이다. 또한 이 활동은 슬픔, 비통함과 같은 강력하거나 달갑지 않은 감정들을 탐색할 때, 가벼운 시작 놀이로 이용될 수 있다.

감정에 이름 붙이기(감정 세어 보기)

함께 책을 읽으면서, 각 인물들이 느끼는 감정에 대해 메모를 한다. 준비된 카드에 그 감정을 적고 바구니에 넣는다. 아동들은 그들이 알아낸 감정에 이름을 붙이고, 분류를 하고, 숫자를 세어 볼 수도 있다. 『덤보(Dumbo)』 시리즈나 『난 지구 반대편 나라로 가 버릴 테야(Alexander and the Terrible, Horrible, No Good, Very Bad Day)』를 포함하여 사용할 만한 좋은 책이 많이 있다. 아이들과 함께 그들이 책 속의 주인공과 비슷한 감정과 위기를 언제 겪었는지, 그런 강렬한 감정들을 어떻게 다루었는지에 대해 이야기할 수 있다.

대처기술

놀이기반 활동들은 아동과 가족이 그들의 삶을 재건하는 과정을 시작하는 방법을 탐색할 수 있도록 돕는다. 생존자들이 미래에 대한 생각을 시작하게 되면 희망과 방향감을 얻으면서 더 동기화될 것이고, 해결에 대한 가속도가 붙을 것이다.

배너 데이

재난으로부터 회복되지 못하고 있는 아동과 가족일지라도, 그들이 성공적으로 생존할 수 있음을 꼭 기억하라. 치료사는 아동이나 가족을 초대하여 그들이 이미 이루어 온 성취들을 탐색하고, 그것을 나타나는 문구가 쓰여진 배너를 만드는 활동을 할 수 있다. 이러한 긍정적인 경험에 관심을 집중함으로써, 그동안 인식하지 못했던 자신들의 강점과 자원들을 발견하고 희망감을 느끼도록 도울 수 있다.

걱정 대장

생존자들과 지금 걱정되는 것에 대해 이야기하고, 구체적인 걱정 내용을 확인한다. 활동의 목적에 맞게, 겪어 온 위기나 재난과 관련된 걱정을 생각해 보도록 격려한다. 그리고 그들을 괴롭히고, 문제(외현화된 걱정)를 일으키는 그 '걱정 대장'을 그려 보게 한 후, 걱정 대장을 포기시키거나 없애는 방법, 문제를 그만 일으키게 하는 방법들을 함께 생각해 본다. 마지막으로 걱정대장이 실패한 그림을 그려 보고, 생각해 낸 전략들을 일상 상황에 적용할 수 있는 방법들을 함께 논의한다. 이 그림은 긍정적인 대처 진술과 대처 행동에 대한 방아쇠로 사용될 수 있다(Huebner, 2005).

훌라후프 토스

생존자들은 이 활동을 통해, 긍정적인 대처 진술과 대처 행동을 실제로 해 봄으로써 효과적인 인내력과 조절력을 연습할 수 있다. 세 개의 훌라후프(나무 막대나 돌로 원을 만들 수 있다)를 서 있는 지점으로부터 다양한 거리에 놓는다. Scott Rivere가 처음 소개한 약간 도전적이지만 재미있는 이 과제에서, 생존자들은 자신이 폼볼을 어느 원에 던질지 예측하고, 시도 전후로 스스로를 응원하는 말을 하도록 한다. 치료사는 후프를 이동하거나 다른 종류의 공이나 물체(고무공이나 외계인 인형도 좋은 선택일 수 있다)를 사용함으로써 도전을 다양하게 변화시킬 수 있다. 이 활동은 목표를 설정하고, 그것을 성취하는 과정을 논의하기 위한 은유로 사용될 수 있다.

결론

놀이치료사로서 위기와 재난의 생존자들을 만난다면, 당신은 그들의 삶의 기반에 놓이게 될 것이며(안전하고 안정된 사무실이 아닌), 가장 첫 번째 개입은 아마도 손님으로서 당신을 환영해 준 그들에게 감사를 표현하는 일이 될 것이다. 위기와 재난에 개입하는 일은 때로 고통스럽고, 가슴이 미어지게 힘들 수도 있다. 그러나 놀랄 만한 용기와 열정, 희망을 가진 생존자들과의 만남을 통해 엄청난 성취감을 느끼게 될 것이며, 아동과 가족의 회복탄력성을 목격할 수 있는 셀 수 없이 많은 기회를 만나게 될 것이다. 그러한 교훈은 당신의 일상적인 놀이치료 작업에 계속적으로 도움이 될 것이다. 결국, 일상적인 치료 작업에서 당신은 내담자의 내적 세계로 초대된 손님이다. 놀이치료를 통해 그들의 삶 속에 당

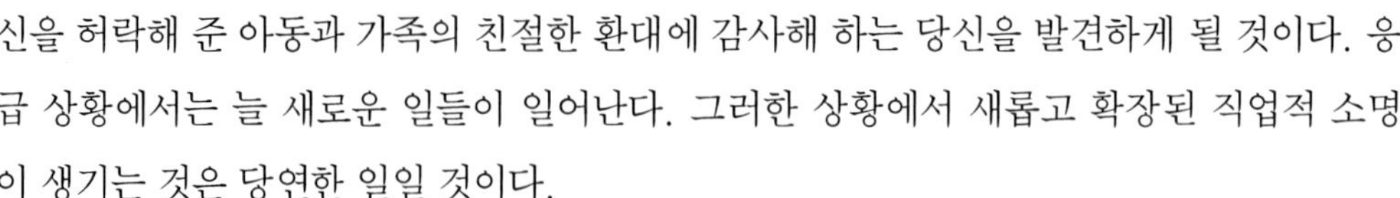

신을 허락해 준 아동과 가족의 친절한 환대에 감사해 하는 당신을 발견하게 될 것이다. 응급 상황에서는 늘 새로운 일들이 일어난다. 그러한 상황에서 새롭고 확장된 직업적 소명이 생기는 것은 당연한 일일 것이다.

제 12 장

군인 가족 아동을 위한 놀이치료

Jessica Anne Umhoefer
Mary Ann Peabody · Ann L. Stewart

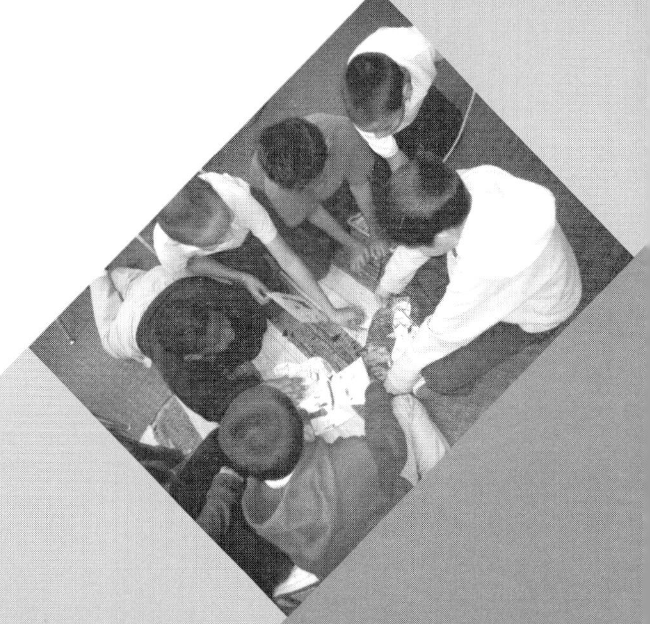

* 이 장에서는 군대의 특성에 대해 미국의 군제도를 중심으로 설명한다.

군인 가족은 잦은 거주지 이동, 근무 시간의 연장, 재정적 압박 및 자녀 양육의 어려움, 교전 지역 배치에 따른 가족과의 분리 등 군 복무로 인해 발생하는 특별한 도전과 스트레스를 경험하게 된다. 2011년부터 누적된 자료에 의하면, 미국방부에는 현역 군인 및 예비역 군인으로 대략 2, 300만에 해당하는 인력이 소속되어 있다. 이 중 43.9%는 한 명 이상의 자녀를 둔 것으로 보고되었는데(Department of Defense, 2012), 이는 군인의 형제자매이거나 확대가족의 일원으로서 군과 관련된 아동은 포함되지 않은 통계치이다. 2001년 9월 1일 이후 미국 내의 대략 200만 명의 아동이 가족 구성원의 군 복무의 영향하에 놓여 있는 것으로 추정되고 있다(Flake, Davis, Johnson, & Middleton, 2009). 군인 가족의 아동은 독특한 도전과 스트레스를 경험할 수 있으므로, 아동이 위기에 처했을 때 놀이치료를 통해 지원할 수 있는 방안에 대해 이해하는 것은 중요한 의미를 갖는다.

이 장에서는 군과 관련된 아동과 가족이 겪을 수 있는 스트레스 요인에 대해 간단히 살펴보고, 이 특별한 집단을 대상으로 놀이치료를 어떻게 적용할 수 있는지에 대해 알아보고자 한다. 다음으로 군 복무로 인한 분리의 문제를 경험하는 아동의 회복탄력성을 촉진하기 위한 개입 체계로서 군인 가족을 위한 회복탄력성 경로 모델(P2R-Military Families)에 대해 설명하고자 한다. 끝으로 임상사례를 통해 이 모델을 놀이치료의 틀 안에서 적용할 수 있는 방안에 대해 논의하고자 한다.

군 관련 가족과 아동의 특성

군과 관련되어 있는 아동 및 가족과 작업하기 위해서는 이들이 직면하고 있는 도전뿐 아니라 이들 내의 이질성에 대해 이해하는 것도 중요하다. 군 복무의 형태와 복무 병과는 다양하며, 그에 따라 다른 문화와 전통을 경험하게 된다. 우선, 위계 시스템은 군대의 중요한 특징 중 하나이다. 군대에 자원하게 되면, 사병이나(고등학교 졸업 후) 장교(최소한 학사 학위 이상 소지)로 근무하게 된다. 또한 군인은 복무하게 될 병과를 선택할 수 있고(예: 육군, 해군, 공군, 해병대, 연안경비대), 복무 병과에 따라 다른 경력 경로를 밟으며 받게 되는 훈련도 달라진다. 더불어 전업 군인으로 복무하는 경우도 있고 시간제로 근무하는 군인도 있을 수 있다(예: 현역 군인, 예비역 군인, 주방위군). 상급자의 평가와 지속적인 교육 및 훈련 여부에 따라 복무 평가가 이루어지고, 이에 근거하여 진급이 결정된다.

군인 역시 직장 생활을 하는 민간인이 겪는 것과 유사한 스트레스를 경험하지만 군대의 생활 방식에는 군인뿐 아니라 가족에게 또 다른 스트레스가 되는 독특한 측면들이 있다. 예를 들어, 경찰관이나 소방관과 마찬가지로 군인에게는 언제나 위험이 동반되며 극심한 스트레스를 겪는 특정 기간이 있을 수 있다. 따라서 가족 구성원은 군에 복무하는 가족의 안전에 대해 늘 염려해야 한다. 또한 훈련을 받고 진급의 기회를 얻기 위해서는 정기적으로 복무지를 변경해야 하는데, 복무하게 되는 지역이나 이주 시점을 가족에게 미리 알려줄 수 없는 경우가 대부분이다. 결과적으로 군인 가족은 복무 기간 동안 여러 차례 온 나라 혹은 전 세계를 돌며 거주지를 변경해야 할 수 있다. 잦은 거주지 이동은 아동과 가족에게 상당한 부담으로 작용하는데, 그 이유는 새로운 사회적 관계와 지지 체계를 형성해야 하며, 아동은 한두 해 마다 학교를 옮겨야 하기 때문이다.

또한 현재의 군사적 분쟁 상황으로 인해 군인 가족은 독특한 스트레스 요인에 마주하게 된다. 특히 교전 지역에 배치되어 사랑하는 가족과 떨어져 지내게 되는 경우, 군인 가족은 다수의 민간 가족이 경험하지 않는 어려움을 겪게 될 수밖에 없다. 최근의 연구에 의하면, 근래에 가족 구성원이 교전 지역(즉, 이라크나 아프가니스탄)에 근무했던 경험은 자녀에게 부정적인 영향을 미치는 것으로 나타났다(Lowe, Adams, Browne, & Hinkle, 2012). 예를 들어, 복무 기간 동안 군인 가족의 아동은 더 많은 정서적 · 행동적 문제를 보이며(Chandra et al., 2010; Flake et al., 2009; Kelley et al., 2001; Morris & Age, 2009), 보다 높은 수준의 우울 및 불안 관련 증상을 갖는 것으로 나타났다(Lester et al., 2010; Waliski, Bokony, Edlund, & Kirchner, 2012; Wickman, Greenburg, & Boren, 2010). 또한 부모 역시 더 높은 수준의 스트레스를 경험하고, 자녀와 유대감을 형성하거나 자녀를 지원하는 데 있어 더 많은 어려움을 겪는 것으로 보고되고 있다(Flake et al., 2009; Lowe et al., 2012).

군 복무로 인해 분리를 경험하고 있는 아동과 가족에 대한 지원

군 복무로 인해 가족 구성원과 분리를 경험하고 있는 아동과 가족을 돕기 위해서는 각 가족이 처한 개별적인 상황과 스트레스 요인에 대한 이해가 선행되어야 한다. 군인과 그 가족은 복무 병과나 계급에 따라 다른 경험을 한다. 또한 현역 군인의 가족인지, 예비역 군인의 가족인지, 혹은 주방위군 소속 군인의 가족인지에 따라서도 경험은 달라진다. 일반적인 대중 매체는 대부분의 군인이 군단급 이상의 대규모 군사 기지에서 복무하는 것 같은 인상을 주지만, 모든 군인이 그런 것은 아니다. 더구나 현역 군인과 비교해 볼 때, 연안 경비대나 예비역 군인의 가족인 경우에는 군사 기지 및 군 지원 시스템으로부터 멀리 떨어진 지역에 거주하거나 복무 기간 중 가족의 수입원이 감소되는 등 부가적인 스트레스에 노출되어 있는 경우가 많다(Tollefson, 2008).

가족 구성원의 군 복무가 가족 간 분리의 주요 원인이 된다는 것은 이미 널리 알려진 사실이며, 이와 관련한 많은 연구가 있다. 군인 가족의 아동은 가족 구성원의 군 복무 형태에 따라 다양한 유형의 분리를 경험하게 된다. 군인인 가족 구성원이 고위험 지역으로 근무지를 이동하는 경우 가족의 동반이 불가능해지고 가족은 분리되게 된다. 단기 임무 수행이나 훈련을 위해 임시 파견 근무에 배치되어 가족과 헤어지는 경우도 있을 수 있다. 분리의 형태가 다양한 것처럼 복무 병과나 군대에서의 계급에 따라서도 가족은 다른 경험을 한다. 예를 들어, 해양에서 근무하는 해군 병사는 규칙적인 순환 근무를 하게 되는데 몇 년에 걸쳐 6개월은 바다에서 나머지 6개월은 집에 머무르게 된다. 더구나 집에서 보내는 6개월은 복무 기간으로 인정되지 않으며 그 기간 동안에는 다른 직업을 구해야 한다. 어떤 경우든 이러한 간헐적인 분리와 재결합의 주기는 군인과 그 가족에게 영향을 미칠 수밖에 없다. 어떤 형태의 분리인지를 알게 되면 가족이 헤어져 있어야 하는 시간과 더불어 헤어져 있는 기간 동안 가족 구성원이 경험하게 되는 위험과 스트레스를 어느 정도 이해할 수 있게 된다.

분리의 형태와는 별개로 **복무 주기**에 따라 군인 가족이 경험하게 되는 정서와 도전에 대해서는 이미 연구를 통해 밝혀진 바 있다. Pincus와 House, Christensen, Adler(2001)는 복무 주기는 군 복무 전 단계, 군 복무 단계, 유지 단계, 재복무 단계, 그리고 복무 후/재통합의 다섯 가지 단계로 구성된다고 제안하였다. **군 복무 전 단계**는 군 배치를 임명받으면서 시작되어 복무지로 출발하면서 종료된다. **군 복무 단계**는 군인이 가족과 떨어져 지내는 기간 전체를 지칭한다. 이 기간 동안 남아 있는 가족은 **유지 단계**로 접어들어 군인인 가족 구성원이 부재하는 동안 새로운 일상을 만들어 가게 된다. 군에 복무 중인 가족이 '휴식과 이완'을 위해 일시적으로 집에 귀가하게 되면 단기간 동안 재결합의 시간을 가질 수 있다. 이 기간이 끝나면 가족은 다시 **재복무 단계**로 진입하게 된다. 이 단계 동안 재결합에 대한 기대가 형성될 수 있다. 그러나 군인인 가족 구성원은 단지 짧은 시간 동안에만 집에 머무를 수 있고, 따라서 군인인 가족 구성원이 다시 떠나면 남아 있는 가족은 군 복무로 인한 어려움을 또 경험하게 되고 가족의 스케줄과 일상을 재조직화하면서 혼란을 겪게 된다. 군인인 가족이 완전히 집으로 돌아오게 되면, 가족은 재결합과 **복무 후/재통합 단계**로 들어서고 가족은 새로운 일상과 재조정된 역할을 만들어 가야 한다. 복무 주기에 따라 아동이 경험하게 되는 정서적 변화에 관한 연구 역시 수행된 바 있다(Flake et al., 2009).

대부분의 연구는 가족의 군 복무에 의해 발생하는 부정적인 영향을 규명하는 데 초점을 두고 실시되었지만, 최근 들어 군인 가족에 대한 보호 요인과 군 복무로 인해 경험할 수 있는 긍정적인 결과에 대한 관심이 커지고 있다. 이러한 접근과 관련된 연구와 개입 방법을 이해하기 위해서는 **회복탄력성 모델**의 관점이 요구된다(Goldstein & Brooks, 2013). 회복탄력성 연구 센터(Resilience Research Center)의 공동 디렉터인 Michael Unger 박사는 회복탄력성을 다음과 같이 설명했다.

> 힘든 역경에 처했을 때의 회복탄력성은 다음 두 가지의 역량을 의미한다. 하나는 안녕(well-being)을 유지하는 데 도움이 될 수 있는 심리적·사회적·문화적·신체적 자원을 찾을 수 있는 개인의 역량이며, 또 다른 하나는 이러한 자원들을 개인적 그리고 집단적으로 조정하여 문화적으로 의미 있게 활용할 수 있는 역량이다(Unger, n.d., para 1).

가족의 일원이 군에 복무하는 동안 아동과 그 가족은 스트레스를 겪게 되고, 부정적인 정서적·행동적 영향을 미칠 수 있는 다양한 위기를 경험하게 된다. 어려움에 대처할 수 있도록 가족과 아동을 지원할 수 있는 방법을 찾는 것은 이들이 스트레스 시기 동안 회복탄력성을 유지하는 데 도움이 될 수 있다.

군과 관련된 아동과 가족, 그리고 놀이치료

많은 군인 가족은 다양한 불확실성의 상황 속에서도 놀라울 정도의 회복탄력성을 보인다. 그럼에도 불구하고 장기간 지속되는 가족 간 분리는 매우 건강한 가족에게조차 엄청난 스트레스가 될 수 있다. 보통 아동은 자신의 삶에서 중요한 의미를 갖는 성인들, 예를 들어 부모나 조부모, 교사, 그 외의 성인들이 보이는 행동이나 정서에 상당히 민감해진다. 따라서 개입과 치료적 접근을 실시할 때는 아동뿐 아니라 부모나 양육자의 정서적 건강 및 가족 구성원 간의 관계를 모두 고려해야만 한다. 군 복무 주기의 매 단계에서 아동과 가족은 그들만의 독특한 도전에 직면하게 되므로(Horton, 2005), 학교 및 군 지원 센터 관계자와 지역사회 임상가는 도움을 필요로 하는 아동이 문화적으로 유능한 임상가로부터 발달적으로 적절한 정신건강 개입을 받고 있는지에 대해 점검해야 한다.

타인의 관점을 이해할 수 있어야 문화적으로 유능한 임상가라고 할 수 있다. 특히 임상가는 군에 복무 중인 개인은 물론 그 가족의 규범과 신념, 군대 문화의 독특성을 이해하기 위해 노력해야 한다. 군대에는 특유의 독특한 문화가 있다. 따라서 슈퍼비전과 자기 성찰의 시간을 통해 임상가 자신의 가치와 편견, 선입견과 한계를 인식하고 있어야 한다. 치료는 정치적 입장에 대한 것이 아니라 아동과 가족이 역할과 전이, 관계와 변화, 회복탄력성 안에서 길을 찾을 수 있도록 지원하기 위한 것이다. 군인 가족에게 있어 변화에 대한 적응은 그들이 직면해야 하는 현실이다. 대부분의 군인 가족은 지속적인 변화와 전이에 대응해야 하고, 여기에는 다양한 수준의 **상실**이 수반된다(Hall, 2008). 많은 군인 가족과 아동은 지속적인 전이와 변화에 노출되어 있기 때문에 이전에 경험했던 변화에 대해 제대로 슬퍼할 겨를을 갖지 못했다는 것을 깨닫기도 전에 또다시 새로운 변화를 계획해야 한다(Hall, 2008). 아동의 관점에서 부모와의 분리와 같은 생활의 변화는 달갑지 않은 일이다. 가족이 군 생활과 관련하여 무언가를 결정해야 하는 상황에서 대부분의 아동은 무력감을 느끼고, 복무주기에 따라 그에 수반하는 다양한 정서를 경험하게 된다. 부모의 군 입대는 아동이 다뤄야 하는 주요 상실이 된다. 이에 더해 아동은 일상의 상실, 안전감의 상실, 부모와 보낼 수 있는 시간의 상실과 같은 이차적인 혹은 막연한 상실도 겪어내야만 한다(Fiorini & Mullen, 2006).

군인 가족의 아동이 정서적 지원을 필요로 할 때, 놀이치료는 발달적으로 가장 적절한 개입 방법이 될 수 있다. 놀이치료는 치료적 과정에 놀이라는 자연스런 언어를 활용하기 때문이다(Landreth, 2002). 놀이치료는 아동의 발달적 특성에 맞춰 진행되므로, 아동이 가족의 변화와 전이를 경험하는 과정에서 지지적인 정서적 발판을 제공할 수 있고 따라서 아동의 안녕은 향상될 수 있다(Pedro-Carroll & Jones, 2005; Vygotsky, 1978). 놀이치료는 '내담자의 심리사회적 어려움을 예방하거나 해결하고 최적의 성장과 발달을 성취하도록 돕기 위해 훈련된 놀이치료사들이 놀이의 치료적 힘과 이론적 모델을 체계적으로 사용하는 관계의 형성 과정'이다(Association for Play Therapy, 2013, p. 2).

따라서 놀이치료사는 치료적 모델, 개입 방법, 특정 기법을 목적에 맞춰 신중히 선택해야 한다. 놀이 기법은 다양하지만, 치료 과정에서 어떤 방식으로 언제 적용할지에 관한 이론적 토대나 기본적 체계를 갖추지 않은 채 기법을 사용하는 것은 좋은 선택이 아니다. Goodyear-Brown(2010)은 '이것은 마치 개입의 바다 위에서 표류하고 있는 것'과 같다고 설명하였다(p. xv). 놀이치료와 군인 가족을 위한 회복탄력성 경로 모델(P2R-Military Families)의 결합은 놀이의 치료적 힘을 사용하여 가족의 군 복무와 관련된 심리사회적 어려움을 예방하거나 해결하고 최적의 성장과 발달, 특히 회복탄력성을 이뤄 내도록 돕기 위해 이론적 모델을 체계적으로 활용하는 접근이라고 볼 수 있다. 놀이치료와 놀이에 기반한 회복탄력성의 6요인 모델을 결합함으로써 임상가는 각 복무 단계에 적합한 개입 방법을 선택할 수 있게 된다. 임상가는 치료적 반응을 통해 아동의 힘과 통제감을 촉진하고 감정의 표현을 북돋우며 인지적 왜곡을 수정하고 대처 기술을 가르치며 불확실성의 상황에서 희망을 고취한다. 또한 아동이 자신이 갖고 있는 강점과 사회적 지지를 인식하고 향상시킬 수 있도록 돕는다.

군인 가족을 위한 회복탄력성 경로 모델(P2R-Military Families)

군인 가족을 위한 회복탄력성 경로 모델에는 가족의 군 복무에 직면한 군인 가족과 아동의 회복탄력성을 높이는 데 반드시 필요한 차원이 포함되는데, 이 차원은 문헌 연구를 통해 도출되었다(Umhoefer, 2013). 이 모델의 여섯 차원은 개입에 있어서 이론적 기반이 되며, 각 개별 아동과 가족의 요구를 충족시키기 위한 것이다. [그림 12-1]에 이 모델을 제시하였다.

회복탄력성 경로 모델(P2R; Echterling, Presbury, & McKee, 2005)은 원래 위기나 극심한 스트레스를 겪고 있는 개인을 지원하기 위해 개발되었다. 이 모델은 지뢰 사고나 학교 총격 사고의 생존자 등 다양한 집단군에 대한 개입에 적용되어 왔다(Echterling & Stewart, 2010; Stewart et al., 2011). 네 가지의 기본 요인에는 도움 구하기, 의미 만들기, 정서조절 촉진하기, 성공적으로 대처하기가 포함된다.

도움 구하기는 힘든 시기 동안 의존할 수 있는 사회적 지지와 관련된다. 이 맥락에서 도움 구하기에는 위기 상황에서 도움을 요청하는 것뿐 아니라 스트레스를 겪고 있는 사람을 지원하기 위해 도움의 손길을 내미는 사람들도 포함된다(Echterling et al., 2005). 군에 복무하는 동안 가족은 사회적 지지를 얻기 위해 도움을 구할 수 있다. 이때 군과 관련되어 있거나 군 생활로 인한 어려움을 이해하는 사람들로부터의 지원이 특히 중요하다.

의미 만들기는 한 개인이 경험한 스트레스와 위기를 자신의 생애 이야기와 자기감으로 통합해 가는 과정에 대한 내러티브를 만드는 것이라고 할 수 있다. 이 과정에는 고난과 외상을 이해하고 그 안에서 강점과 도움이 될 만한 것을 찾는 것이 포함된다(Echterling & Stewart, 2008). 가족이 군 복무를 하게 되면 나머지 가족 구성원은 군대와 군인 역할의 중요성에 대해 이해하고 신뢰를 발달시키게 된다. 군대에 대한 일반 사람들의 견해나 대중

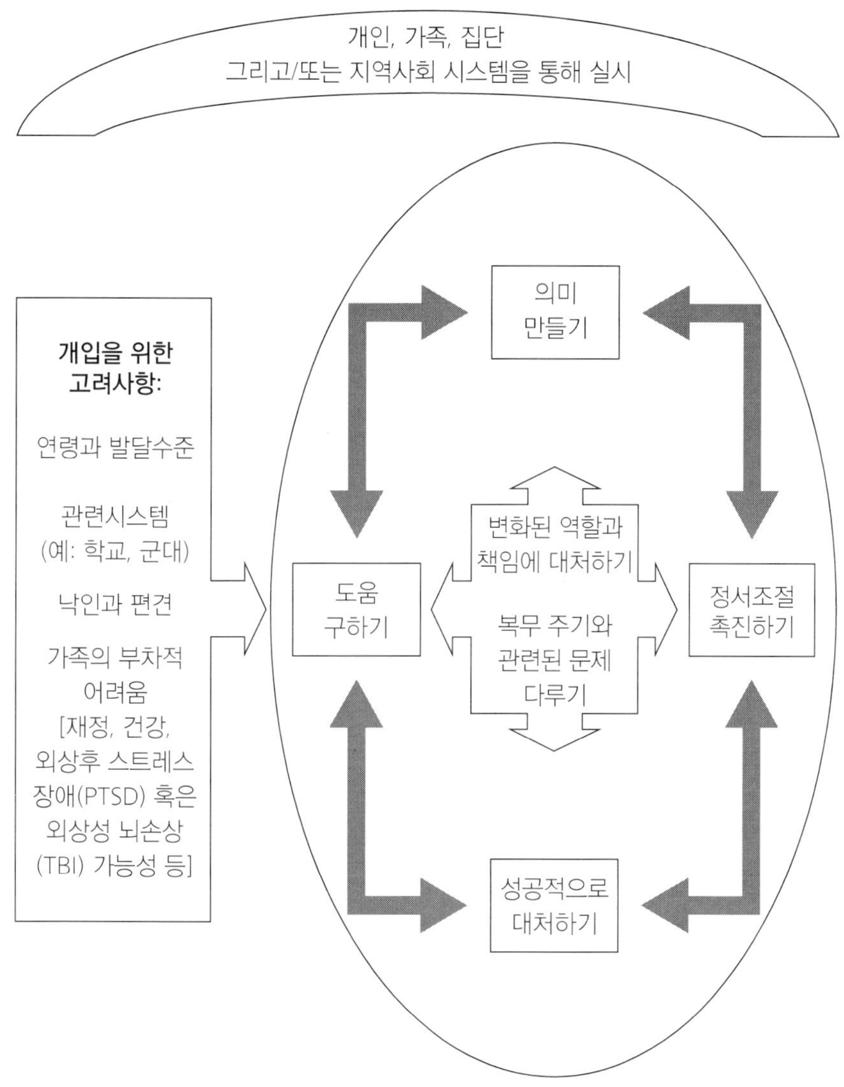

[그림 12-1] 군인 가족을 위한 회복탄력성 경로 모델(P2R-Military Families)

매체의 보도 방식은 가족의 내러티브 구성과 신념에 영향을 미칠 수 있으며, 이는 군인 가족의 대처에 부정적으로 작용하기도 한다.

정서조절 촉진하기는 경험하는 정서를 인식하고 적절하게 표현할 수 있도록 돕는 것이다(Echterling & Stewart, 2008). 군 복무 주기에 따라 가족은 다양한 정서를 경험하게 되는데, 이러한 정서를 적절하게 표현하는 방법을 배울 수 있도록 지원과 기회를 제공하는 것이 필요하다.

마지막으로 **성공적으로 대처하기**를 가능하게 하는 것은 실제로 행동을 취하고 자신이 처한 상황을 해결하기 위해 자원을 활용할 수 있도록 도와주는 것이다(Echterling et al., 2005). 적절한 대처 기술을 교육하고 가족이 이용가능한 자원을 활용하도록 돕는 것이 포함된다.

군인 가족을 위한 회복탄력성회복탄력성 경로 모델에는 원래의 회복탄력성 모델의 네 차원에 군인 가족에게 특수한 두 차원이 추가되었다. 하나는 **변화된 역할과 책임에 대처하는 것**이고, 다른 하나는 군 **복무 주기와 관련된 문제를 다루는 것**이다. 이 두 차원은 군과 관련된 스트레스에 직면했을 때 회복탄력성을 높이고 아동과 가족이 긍정적 성장을 향해 나아갈 수 있도록 돕기 위한 것이다. 이 모델에 근거해 볼 때, 개입 프로그램을 구성하고 실시할 때는 반드시 참여자의 연령과 발달 수준, 활용할 수 있는 다른 지원 체계, 이러한 서비스를 이용함으로써 발생할 수 있는 낙인을 피하기 위한 가족의 망설임, 가족의 대처 능력에 영향을 미칠 수 있는 다른 부가적 스트레스 요인들(예: 재정적 어려움, 건강 문제)에 대해 고려해야 한다. 이론적 틀의 적용 범위는 다층 체계에 맞게 확장되어 있으므로(즉, 개인, 가족, 집단, 지역사회) 임상가는 가족의 요구에 가장 적합한 개입을 선택할 수 있다.

군인 가족을 위한 회복탄력성 경로 모델을 통해 임상가는 군인 가족과 그 자녀를 대상으로 여섯 차원에 맞춰 고안된 체계적이면서도 즐거운 개입을 실시할 수 있다. 이를 보다 상세히 설명하기 위해 우선 비지시적 놀이치료 접근을 설명한 후 통합적인 지시적 놀이치료 접근을 소개하고자 한다. 또한 가상적인 임상사례를 통해 다양한 접근을 결합하여 적용하는 방법에 대해 보다 자세히 설명하고자 한다.

임상사례

개별 아동중심놀이치료

개별 아동중심놀이치료(Child-Centered Play Therapy: CCPT) 과정에서 임상가는 인간 중심 이론의 핵심 조건을 형성해 냄으로써 안전한 관계를 발달시키기 위해 노력한다. 그 핵심 조건은 ① **공감**-아동의 세계로 들어가 아동의 관점 혹은 세상에 대한 지각을 이해하고자 노력하는 것, ② **무조건적인 긍정적 존중**-아동에게 수용과 따뜻함을 전달하는 것, ③ **일치성**-진실하고 참된 방식으로 상호작용하는 것이다. 인간 중심 접근의 핵심 조건은 치료적 관계를 가능하게 하는 가장 근본적인 '기법'이라고 할 수 있다(Ray, 2009). 치료사는 특별한 언어적 · 비언어적 방식으로 내담자와 의사소통한다(Landreth, 2002; Ray, 2009).

군 복무와 관련된 어려움에 대처해야 하는 아동과 작업할 때, 치료사는 놀이치료실에 군대와 관련된 놀잇감을 준비해 두어야 한다. 다양한 표현적 놀잇감에 더해 군인이나 군용 차량, 확대 가족을 나타내는 피규어, 여러 종류의 장난감 집, 장난감 전화기, 군복 등을 구비한다. 아동중심 모델에서는 아동이 어떤 장난감을 가지고 어떤 놀이를 할지 스스로 선택한다. 다른 모든 놀이치료에서와 마찬가지로 아동은 현재 자신에게 위협이 되는 스트레스를 그대로 드러내는 놀잇감이나 재료를 선택할 수도 있고, 자신의 이야기나 내러티브를 상징적으로 표현할 수 있는 놀잇감을 선택함으로써 은유를 통한 거리 두기를 하는 아동도 있다.

사례 1

(가상적 사례에 근거한 치료 과정을 기술한 것이다.) Susie는 6세의 여아로, 아버지의 군 복무 이후 행동적 문제(반항적 · 파탄적 행동)를 보여 놀이치료에 의뢰되었다. 어머니의 보고에 의하면, Susie와 아버지의 관계는 매우 친밀했고, 훈육은 주로 아버지의 몫이었다. 최근 도움을 주기 위해 할머니가 같이 살기 시작했지만, 어머니와 할머니는 양육과 훈육에 대해 완전히 다른 관점을 갖고 있었다. 동시에 Susie는 새로운 학교를 다니기 시작했다. 군인 가족을 위한 회복탄력성 경로 모델을 적용하여 Susie와 가족을 위한 치료계획을 수립하는 데 있어 여러 영역에 대한 면밀한 탐색이 이루어졌다.

개입을 위한 고려사항 개입을 계획하기 전 임상가는 Susie의 연령과 발달 수준, 활용가능한 지원 체계, 다른 가족 스트레스 요인 등 관련성이 있는 배경 요인들을 탐색했다. Susie는 6세 아동이었으므로, 개별 놀이치료에 더해 어머니와 할머니, 교사와의 작업을 함께 실시하는 것으로 결정되었다. 개입 계획을 세우기 위한 평가 단계에서는 행동 관리를 위한 훈육 방식의 확인은 물론 어머니와 할머니가 경험하고 있는 부가적인 스트레스에 대한 파악 역시 중요하다.

도움 구하기 군인 가족을 위한 회복탄력성 경로 모델에는 가족이 활용할 수 있는 사회적 지지를 탐색하는 것이 포함된다. 이 가족의 경우 최근 새로운 거주지로 이사를 했고 Susie도 학교를 옮겼기 때문에 이 가족이 다른 가족이나 지역사회 자원과 관계를 형성하도록 돕는 것이 중요했다. 가족을 도울 수 있는 군 관련 지원 센터나 커뮤니티 그룹에 대한 탐색이 이루어졌다. 더불어 종교 관련 모임이나 여가 활동에 대한 어머니의 관심 수준 역시 평가에 포함되었다. 개별적인 가족의 욕구와 이용가능한 자원을 연결시켜 주는 것은 가족이 사회적 자원을 찾아 첫걸음을 내딛게 한다. 또한 지속적 관계를 유지할 수 있도록 하여 시간이 지남에 따라 사회적 지원 네트워크를 강화시키는 것도 중요하다. 이 단계에는 사회적 자원을 탐색하고 활용하는 것 외에도 상담가와 Susie, 가족 간의 치료적 관계를 구축하는 것 역시 포함되었다.

의미 만들기 Susie가 아버지의 군 복무에 의미를 부여할 수 있도록 돕기 위해 비지시적 아동중심놀이치료가 실시되었다. 아동중심놀이치료의 핵심 조건을 형성하는 것과 함께 적절한 치료적 반응을 통해 Susie가 외현화 행동 이면의 숨겨진 정서적 내용을 표현할 수 있도록 도왔다. 아동중심 접근을 통해 치료사는 Susie의 놀이에서 반복되는 공통된 주제를 찾았다. 예를 들어, 군인 가족의 아동은 놀이를 하는 동안 잦은 거주지 이동과 지속적인 전이의 경험을 표현하곤 한다. 놀잇감으로 가족의 이주를 표현하면서 Susie가 경험하고 있는 혼란스러움, 분노, 무력감 등의 감정이 분명히 드러났다. 다음은 힘과 통제감, 변화와 전이를 암시하는 놀이주제를 보여 주는 대화이다.

Susie: 우리 의자 빼기 놀이해요!

치료사: 무슨 놀이를 할 건지 결정했구나.

Susie: 내가 인형의 집에 있는 의자들을 여기에 세워 놓을게요. 내가 노래를 부르면 선생님이 인형을 움직이세요.

치료사: 너는 이 놀이를 어떻게 시작해야 하는지 잘 알고 있구나.

Susie: (노래를 부르기 시작한다.) 지금 움직이세요. 시작, 이 의자에서 저 의자로요, 여기에서 저기로! 움직여요. 어서요. 움직여요!

치료사: 여기에서는 네가 원하는 대로 움직여야 하는구나.

Susie: (노래를 멈춘다.) 하! 하! (의자를 치운다.) 이제 선생님은 여기 있으면 안 돼요. 자, 이제 또 움직여요! 선생님이 이 의자를 정말 좋아해도……. 어서 챙기세요! (거친 톤으로) 선생님은 더 이상 여기에 머무를 수 없어요.

치료사: 언제 머무르고 언제 짐을 싸야 하고, 또 언제 이동해야 하는지 네가 결정하는구나. 너는 확실하면서도 단호하게 결정할 수 있구나.

이러한 놀이를 통해 아동은 자신의 힘과 통제감을 분명히 드러냈다. 그러나 현실에서의 아동은 언제, 어디로 이사를 하는지와 관련하여 아무런 영향력을 행사할 수 없다. 훈련된 임상가에 의해 놀이치료실에서 강력함을 드러냄으로써 아동은 통제감과 힘을 경험할 수 있고, 이는 아동의 자아감으로 내면화된다. 놀이를 통해 이 경험을 공유함으로써 이러한 감정은 아동의 내면으로 확장되고 동시에 외적으로 공유되면서 정서의 강도는 완화될 수 있다. 놀이의 은유 속에서 아동의 바람, 느낌, 주제에 대한 이해를 언어적으로 반영해 줌으로써 자기인식과 성장이 촉진되고, 이는 의미 만들기의 한 부분이 된다. 아동중심놀이치료의 핵심 조건에 동반한 촉진적 반응을 통해 Susie는 놀이라는 매개체를 사용하여 다양한 정서를 표현할 수 있게 되었다.

정서조절 촉진하기 안전한 환경에서 놀이라는 자연스러운 언어를 통해 정서적 내용을 표현하는 것은 어린 아동이 정서조절을 배울 수 있는 좋은 기회가 된다. Susie의 개별 놀이치료 진행 과정에서 의미 만들기와 정서조절 촉진하기는 병행하여 이루어졌다. 치료사는 감정을 반영하여 Susie에게 되돌려 주는 식으로 반응했고, '감정 단어'를 제시함으로써 Susie의 자기인식은 물론 정서 관련 어휘의 향상을 도모했다. 감정을 반영해 줌으로써 Susie는 자신의 욕구와 바람을 치료사를 통해 다시 듣고 인식할 수 있게 되었으며 부정적 방식의 관심 추구 행동은 점차 완화되기 시작했다. 아동중심놀이치료에서는 결정할 수 있는 통제감과 힘을 아동에게 부여하고, 선택에 대한 책임감을 아동에게 되돌려 준다. 이러한 기술은 모두 자기조절을 촉진시킨다. Susie는 외현화 문제를 보였기 때문에 놀이 회기 동안 3단계 **ACT 모델**(Landreth, 2002; Landreth & Bratton, 2006)을 활용한 제한 설정 역시 적용되었다. 이 모델은 다음의 요소로 구성되어 있다.

- A-아동의 감정, 바람, 희망, 욕구를 인정한다.
  "Susie, 너는 천정의 전등을 향해 공을 던지는 것이 재미있을 것 같다고 생각하는구나."
- C-제한에 대해 명확하고 간결하게 의사소통한다.
  "그렇지만 천정의 전등을 향해 공을 던질 수는 없어."
- T-아동의 연령에 따라 한두 가지 이상의 수용가능한 대안을 제시한다.
  "벽이나 바구니에는 공을 던질 수 있단다."

일관된 제한 설정을 통해 자신의 선택과 결정에 뒤따르는 결과를 경험하게 하고 이는 Susie가 자기 통제와 자신의 행동에 책임지는 것을 배울 수 있게 한다. 임상가는 제한 설정 모델을 가정과 학교로 일반화시키기 위해 Susie의 어머니와 할머니, 교사를 대상으로 심리교육 회기를 진행했다. Susie를 지원하기 위해 가정과 학교가 협력하여 일치된 행동을 보이게 함으로써 사회적 지지체계를 확장시켰다. 회기 중에 제한 설정 모델을 시연하고 역할극을 하며 자료를 공유하였다. 자기조절을 촉진하기 위해 '결과로써의 선택'을 제시하는 아동중심 기술 역시 가르쳤다. 이 기술은 다음과 같이 실시될 수 있다. "Susie, 할머니가 가게에서 돌아오시기 전에 장난감을 정리한다면, 너는 저녁 식사 후 20분 동안 컴퓨터를 할 수 있는 시간을 갖기로 선택하는 거야. 할머니가 돌아오시기 전에 장난감 정리를 하지 않는다면, 저녁식사 후 컴퓨터 시간을 갖지 않기로 선택한 거란다."

성공적으로 대처하기 Susie에 대한 치료 과정에서 초기에는 개별 아동중심놀이치료를 시행했지만, 치료사는 향후 다른 부모들과의 필리얼치료 집단을 실시할 계획을 갖고 있었기 때문에 가족 회기를 진행하면서 몇 가지 기술을 가르치기로 했다. 필리얼치료에서는 부모가 자녀와 상호작용하는 데 있어 아동중심놀이치료의 기법과 원리를 적용하는 방법을 가르친다. 특히 필리얼치료에서는 부모가 자녀에게 비지시적 놀이 회기를 실시하도록 훈련하며 동시에 부모를 대상으로 심리교육을 진행한다. 따라서 부모는 놀이에서 드러나는 주제를 통해 자녀의 감정과 동기를 이해할 수 있게 된다. 치료는 훈련된 치료사의 지도하에 감독을 받으면서 놀이 회기를 실시하는 것으로 진행된다. 치료사는 배운 기술을 가정에서도 적용할 수 있도록 부모를 격려한다. Chawla와 Solinas-Saunders(2011)는 필리얼치료는 군인 가정에 적용했을 때 부모-자녀 간 유대를 강화하고 아동의 스트레스 및 외현화 행동 문제의 완화에 효과적이라고 논의한 바 있다. Susie의 사례에서 치료사는 개별 놀이치료를 실시하면서 가족 회기를 병행하여 어머니와 할머니를 대상으로 몇 가지 기술을 가르쳤다. 또한 집단을 형성하기에 적당한 군인 가정의 부모가 모집된 이후에는 집단 필리얼치료를 실시했다. 물론 아버지가 군 복무를 마치고 집으로 귀가한 후에 집단 필리얼치료를 실시하는 것이 가장 이상적이다. 자신의 부인은 물론 다른 부모들과 함께 집단 경험을 할 수 있기 때문이다. 이러한 치료 진행은 사회적 지지체계를 확장하고, 아버지와 Susie의 긍정적 관계 형성을 도우며, 아버지가 정서적으로 반응적인 부모가 될 수 있는 능력을 강화할 수 있다.

복무 주기와 관련된 문제 다루기 아버지가 현재 군에 복무하고 있는 경우, 가족 구성원이 아버지의 귀가와 그에 따르는 가족의 재결합에 준비할 수 있도록 돕는 것은 중요한 의미를 갖는다. 준비 과정에는 재결합이 가까워짐에 따라 각 가족 구성원이 예상하는 변화를 파악하고, 가족 구성원이 각자의 기대를 효과적으로 의사소통하는 방법에 대해 이야기를 나누는 것이 포함된다. 개별 놀이 회기와 가족 회기 모두에서 아버지의 귀가로 인한 변화에 대해 다루기 시작했다. 아버지의 귀가에 대한 활발한 대화가 가능해지면서 Susie는 보다 빈번히 그림과 인형집 놀이에 아버지를 포함시키기 시작했다. Susie는 아버지의 귀가를 행복한 사건으로 기대하고 있었고, 아버지가 돌아왔을 때 가족과 함께 하고 싶은 활동에 대해 이야기했다.

변화된 역할과 책임에 대처하기 재통합이 가까워짐에 따라 Susie의 아버지가 집으로 돌아와 가족 시스템에 재진입하게 되었을 때, 가족 구성원이 경험하게 될 역할 변화에 대비할 수 있도록 도와야 한다. Susie의 아버지가 군 복무를 위해 집을 떠났을 때 가족 구성원들이 변화된 역할과 책임에 적응해야만 했던 것처럼 아버지의 귀가는 이러한 역할과 책임을 다시 한 번 재조정해야 한다는 것을 의미한다. 아버지를 '놀이 시간'에 참여시키는 방법을 찾는 것이 매우 중요하다. 놀이가 갖는 관계적 힘을 활용하는 것은 아버지의 부재를 경험한 이후에 Susie와 아버지를 다시 연결시키는 데 효과적일 수 있다.

지시적 접근: 집단/지역사회 기반 개입

관계에 초점을 두는 아동중심 접근은 많은 아동 치료사에게 영향을 미쳤지만, 보다 지시적인 접근을 선호하는 치료사들도 있다. 혹은 어떤 치료사들은 선호하는 방법에 따라 비지시적 접근과 지시적 접근을 통합하여 적용하기도 한다(Drewes, 2009; Gil, 2003b). 반면, 일부 치료사는 내담자의 현재 욕구에 가장 적합한 근거기반 개입을 실시하는 처방적 접근이 이상적이라고 주장하기도 한다(Schaefer, 2003). 분명한 것은 포괄적 치료 계획을 세우고 실시하기 위해서는 다양한 개입 방법이 요구된다는 점이다. 여기에는 아동에 대한 개별 및 집단 치료뿐 아니라 부모와 학교 상담, 그리고 다양한 생태학적 체계를 아우르는 개입이 포함된다(O'Connor & Ammen, 1997).

인지행동치료는 다양한 집단을 대상으로 회복탄력성 강화를 위해 자주 사용되는 지시적 놀이치료 접근이다. Paris와 DeVoe, Ross, Acker(2010)는 아동이 분리와 관련된 불안이나 스트레스를 경험할 때 관계 기반 개입의 틀 안에서 인지 처리, 재개념화, 그리고 이완 등의 인지행동치료 전략을 실시할 수 있다고 보았다. 많은 놀이치료사는 놀이기반 개입과 인지행동치료의 핵심 요소를 결합하여 적용해 왔다(Drewes, 2009; Goodyear-Brown, 2010; Knell, 1993; Knell & Dasari, 2009).

'**우리는 같은 하늘 아래 살아요(Same Sky Sharing).**'는 인지행동치료와 심리교육적 접근을 결합한 집단 개입 방법으로 군인 가정의 초등 6학년 아동을 위해 고안되었다. 이 개입 방법은 현재 개발 단계에 있기는 하지만, 그 목표와 초점은 군인 가족을 위한 회복탄력성 경로 모델과 상당히 유사하다. '우리는 같은 하늘 아래 살아요.'는 부모가 군 복무 중인 아동을 위한 놀이기반 집단 프로그램으로, 8주 동안 진행된다(Peabody & Johnson, 2009). 학교, 군 지원 센터, 지역사회 프로그램에서 사용될 수 있도록 고안되었으며, 심리교육 과정은 지지적인 집단 환경의 조성, 감정 표현의 촉진, 대처기술 교육, 아동과 가족의 강점 발견, 가족 외의 다른 잠재적 자원의 탐색 등을 중심으로 진행된다(Peabody & Johnson, 2009). 놀이 활동에는 현재의 지원 체계 확인 및 자원 발굴, 아동 자신과 가족의 강점을 확인하기 위한 미술 활동, 가족 구성원의 군 복무가 가족에게 미친 긍정적 영향의 탐색 등이 포함된다. 모든 활동은 집단 구성원들이 서로 익숙해지고 공유하는 것에 편안해지는 속도에 맞춰 시간을 두고 순차적으로 진행된다. 다음에 제시하는 가상의 임상사례는 집단 및 지역사회 기반 개입의 틀 안에서 군인가족을 위한 회복탄력성 경로 모델이 어떻게 적용될 수 있는지를 보여 준다.

사례 2

(가상적 사례에 근거한 치료 과정을 기술한 것이다.) Paul은 9세 남아로, 심각한 수준의 행동 문제(예: 퇴행적 행동, 발달적으로 부적절한 어머니에 대한 애착, 사회성 및 또래 관계의 어려움)로 심리 서비스에 의뢰되었다. Paul의 의붓아버지는 현재 군 복무 중이며, Paul은 어머니와 함께 살고 있다. 생물학적 아버지와의 만남은 불규칙적으로 드물게 이루어지고 있었다. Paul은 처음에 치료를 거부했었다. 그러나 미술 활동에는 참여했는데, 그 중심 주제는 전쟁, 파괴, 공포와 관련된 것이었다.

개입을 위한 고려사항 개입을 시작하기에 앞서 임상가는 아동의 연령, 발달 수준, 활용 가능한 지원 체계, 다른 가족 스트레스 요인 등 관련성이 있는 배경 요인들을 탐색했다. 어머니와의 평가 면담을 통해 Paul과 어머니의 사회적 지원 체계가 매우 빈약하다는 것이

드러났다. 다른 가족은 멀리 떨어진 곳에 거주하고 있었고, 일상생활에 있어 이들로부터 받을 수 있는 도움은 매우 제한적이었다. 치료를 시작하는 시점에 Paul과 어머니는 외부 활동을 전혀 하고 있지 않았고, 따라서 서로가 서로에게 유일한 친구인 상황이었다. Paul은 또래 갈등 및 우정 관계의 어려움으로 학교 적응이 원활하지 않았다. 감정 폭발이 빈번했고, 이로 인해 친구들은 Paul과 놀이하는 것을 원치 않았다. 정서 조절에 어려움을 보였으며, 행동 문제로 인해 학업 수행에도 어려움을 겪고 있었다. Paul의 정서적 역기능은 사회적 관계 및 학업에 모두 부정적 영향을 미치고 있었다.

도움 구하기 Paul은 대인관계가 결핍되어 있고 사회적으로 어려움을 겪고 있었기 때문에 임상가는 학교기반 집단 개입과 지역사회기반 개입을 모두 탐색했다. 임상가는 학교상담사와 협력하여 Paul을 포함하여 부모가 군 복무 중인 다른 아동들을 모집하여 '우리는 같은 하늘 아래 살아요.' 프로그램을 운영하였다. 이와 동시에 어머니의 관심사를 확인하고 어머니에게 적합한 여성 모임이나 종교 관련 모임, 학교의 부모 모임 등을 찾았다. 임상가는 군인 가족을 위한 지역사회 모임 중 가능한 것을 찾아 어머니와 Paul이 참여할 것을 제안했다.

의미 만들기와 정서조절 촉진하기 이 사례에서는 군인 가족을 위한 회복탄력성 경로 모델의 의미 만들기와 정서조절 촉진하기가 함께 다뤄졌다. 놀이 개입에서 이 두 차원은 서로 밀접하게 관련된다. 많은 아동은 자신들의 주된 정서를 언어보다는 미술 활동을 통해 표현하는 것을 선호한다(Gil, 2003a; Malchiodi, 2008). Paul 역시 예외는 아니었다. Paul은 '우리는 같은 하늘 아래 살아요.' 프로그램 중에 실시되는 미술 관련 놀이 활동을 통해 감정과 사고를 표현했다. 그림을 그리고 자신이 그린 그림을 다른 친구들과 편안하게 공유할 수 있게 되면서, Paul은 다른 친구들이 자신을 이해해 주기를 바라게 되었다. 미술 작품을 통해 Paul이 강한 불안감을 경험하고 있다는 것이 드러났다. Paul은 불안을 조절하는 데 어려움을 보이고 있었는데, 이는 격한 감정 폭발을 통해 확인할 수 있었다. 집단 촉진자의 지도하에 Paul은 의붓아버지의 군 복무로 인해 초래된 불안감 및 자신과 어머니의 역할 변화, 이사와 관련된 지속적인 불확실성, 친한 친구의 부재로 인한 슬픔을 표현하기 시작했다. 4회기 때 Paul은 다른 아이들에게도 진짜 아버지와 의붓아버지가 모두 있는지 친구에게 질문하였다.

Paul: 너도 아버지가 두 명이니?

Matt: 아니. 너는?

Paul: 나는 두 명이야. 진짜 아버지는 만나지 않고, 새아버지는 아주 멀리 있어……. 형편 없지!

치료사: 사랑하는 사람을 원하는 만큼 자주 볼 수 없는 것은 참 힘든 일이지.

Paul: 진짜 아빠는 잘 기억나지 않아요……. 그렇지만 새아버지는……. 보고 싶어요.

치료사: 두 아버지에 대해 다른 기억을 갖고 있구나. 지금 너는 새아버지를 그리워하고 있구나.

Matt: 전화나 스카이프로 새아버지랑 통화할 수 있어, 그렇지 않니?

Paul: 그래… 하지만 나는 새아버지가 실제로 여기에 같이 있으면 좋겠어. 새아버지와 함께 있을 때가 제일 좋아.

치료사: 새아버지가 너와 어머니와 함께 있을 때가 가장 좋구나. 새아버지를 그리워하는 마음을 다루는 데 도움이 될 수 있는 방법들을 써 보는 것은 어떨까? 대처 방법 메뉴처럼 말이야.

Matt: 나도 도움이 될 만한 것을 알고 있어.

Paul: 그림으로 그려도 되나요? 식당 메뉴판처럼요.

치료사: 물론이지, 너는 참 창의적이구나! 너희 둘의 아이디어로 메뉴판을 만들면 되겠다.

이러한 대화가 있은 후 상담가는 어머니에게 생물학적 아버지와의 비일관적인 관계와 관련하여 Paul이 어떤 기분을 경험하고 있는지에 대해 알고 있는지 물었다. 어머니는 이러한 불확실한 관계로 인해 Paul이 매우 힘들어한다는 데는 동의했지만, 생물학적 아버지에 대해서 Paul과 직접 이야기를 나눈 적은 거의 없었다고 답했다. 또한 어머니는 Paul과 생물학적 아버지에 대해 이야기하는 것을 회피하기 위해 애써 왔으며, 대신 의붓아버지와의 관계는 안정적이라는 확신을 주는 데 집중해 왔다는 것을 고백했다.

집단 내에서 미술 작품은 Paul이 자신을 표현하는 매개체가 되었고, 동시에 다루기 힘든 주제에 관한 대화를 시작하게 하는 주요 수단이 되었다. 미술 활동은 Paul에게 안전한 언어였으며, 변화와 현재의 생활 환경을 이해할 수 있는 매개체의 역할을 했다. 이후에 진행된 가족 회기에서는 Paul의 허락을 받은 후 어머니에게 미술 작품을 보여 주었다. 구조화된 집단 활동에서 Paul이 완성한 미술 작품은 어머니에게 Paul이 느끼는 감정과 Paul이 현재의 상황에 의미를 부여하는 방법을 표현하는 연결고리이자 촉매제가 되었다. 이 모든 과정은 치료사의 지도하에 이루어졌다.

성공적으로 대처하기 집단 및 지역사회 경험을 통해 Paul에게 새로운 대처 기술을 교육했다. Paul은 특히 비눗방울 놀이를 좋아했기 때문에, 이 활동을 통해 심호흡하는 방법을 가르쳤다. Paul은 즐거워하면서도 경쟁적으로 비눗방울 놀이를 했다. 비눗방울 놀이를 통해 호흡 패턴을 변화시키면서 생리적 수준에서 대처 방법을 시도해 보기도 했다. 집단 촉진자는 걱정을 불러일으키는 감정들에 대해 설명하고 호흡에 집중하여 마음을 진정시키는 방법에 대해 교육했다. Paul은 이 방법을 어머니에게 가르치는 것을 숙제로 하는 것은 어떤지 제안하기도 했다.

또래관계가 확장되면서 Paul은 지역사회 야구팀에 관심을 보이기 시작했다. 지역사회 지지 집단 중 한 명은 이미 야구팀의 일원으로 활동하고 있었다. 야구팀의 코치는 경기를 하기 전 마음의 준비를 하는 과정에서 아동들이 심호흡과 심상화를 하게 했는데, 이러한 활동은 집단 프로그램에서 가르치는 기술과 유사했다. Paul은 코치에게 이 기술들을 이미 배워서 알고 있다고 말했고, 코치는 Paul에게 게임 전에 실시되는 정신 훈련의 리더를 맡아 줄 것을 제안했다. 처음에는 망설임을 보였지만, 얼마 지나지 않아 Paul은 코치의 지도하에 스스로 정신 훈련 과정을 주도할 수 있게 되었고 친구들 앞에서 유능감을 경험할 수 있는 기회를 가질 수 있었다.

임상가는 어머니와 함께 양육과 관련된 이슈를 다뤄 나갔다. 어머니는 Paul과의 관계에서 어머니와 친구의 역할 간의 경계가 모호했음을 인식하게 되었다. 또한 어머니는 자신이 Paul에게 친구과 동료애, 역할, 책임과 관련하여 혼란스런 메시지를 주고 있다는 것을 깨닫기 시작했다. Paul에 대한 놀이치료의 효과를 높이기 위해 임상가는 어머니가 양육과 관련된 주제와 이슈를 탐색하고, 실제적인 행동을 시도해 볼 수 있도록 도움을 주었다. 여기에는 일상생활에서 경험할 수 있는 불안을 완화시키기 위한 대처 기술이 포함되었기 때문에 어머니는 이 기술을 보다 자연스럽게 일반화할 수 있게 되었다. 또한 적절한 제한 설정 방법, 또래와의 놀이 일정 계획하기, 스카이프를 사용하여 의붓아버지와 자주 통화하기 등에 대해서도 다뤄 나갔다. 임상가는 어머니에게 생물학적 아버지에 관해 Paul과 어떻게 이야기를 나눠야 하는지에 대해서도 교육했다.

복무 주기와 관련된 문제 다루기 Paul과 어머니는 복무 주기의 측면에서 볼 때 이제 막 복무 단계에 들어선 상태였다. 군인 가족을 위한 집단 프로그램을 통해 Paul은 친구들과 복무 주기 및 그에 수반되는 변화와 감정에 대해 직접적으로 이야기를 나눌 수 있었다. Paul은 점토로 어머니, 생물학적 아버지, 의붓아버지 모형을 만들었다. Paul은 자신이 '현재 집에 있는 유일한 남자'라는 언급을 했는데, 이는 Paul이 부모로부터 자주 들었던 말이었다. Paul은 **행복**과 **걱정**이 적혀 있는 감정 단어 카드를 점토 모형 옆에 놓았다. 가족 회기에서 Paul과 임상가, 어머니가 이에 대해 함께 이야기를 나누었다. 임상가는 역할이 변화되는 시기 동안 Paul과 어머니에게 요구되는 책임을 확인하고 이를 다뤄 나갈 수 있도록 도왔다.

변화된 역할과 책임에 대처하기 두 종류의 집단 경험을 통해 가족 구성원의 군 복무에 수반되는 역할과 책임의 변화를 다뤘다. 우선 Paul의 어머니는 지역사회 집단을 통해 '한부모'라는 새로운 역할에 요구되는 역할과 책임을 이해하고 받아들이게 되었다. 또한, '새로운 규칙'을 만들어 가는 과정에서 Paul과 어머니에게 도움이 될 수 있는 자원과 연계를 만들어 가는 방법에 대해 배웠다. Paul의 경우, 연령에 적절한 활동에 참여하고, 또래와 놀이할 수 있는 시간을 늘려 나갔다. 또한 가족이 Paul에 대해 갖고 있는 '현재 집에 있는 유일한 남자'라는 관점에서 벗어나 전형적인 9세 남자 아동에게서 보일 수 있는 특성을 기대하게 되면서 Paul의 불안은 점차 완화되어 갔다. Paul은 연령에 적절한 사회적 관계를 통해 긍정적인 또래관계를 경험하였다. 또한 어머니는 전화와 스카이프를 사용해 의붓아버지와 대화를 지속하면서 Paul이 9세 아동에게 적합한 방식으로 어머니를 도울 수 있도록 하기 위해서는 다른 언어를 사용하여 Paul과 대화해야 한다는 것에 대해 설명했다.

이 사례를 통해 군인 가족의 아동을 대상으로 놀이치료나 놀이기반 개입을 실시하는 과정에 군인 가족을 위한 회복탄력성 경로 모델(P2R-Military Families)을 적용하는 방법을 제시하였다. 이 모델이 개입 방법 자체는 아니며 모델 안에 개입 방법이 포함되어 있는 것은 아니지만, 이 모델의 핵심적인 여섯 차원은 군 복무로 인해 어려움을 경험하는 가족을 대상으로 실시되는 모든 치료적 개입에 적용될 수 있을 것이다. 이 모델의 여섯 차원을 기본 틀로 활용함으로써 임상가는 군인 가족이 스트레스에 대처하고 회복탄력성을 유지하는 데 도움을 줄 수 있다. 이 모델은 다양한 연령대와 발달 수준에 있는 아동에게 적용될 수 있으며, 다양한 개입 형태와 장면(예: 개별, 집단, 가족, 지역사회)에서 활용될 수 있다는 측면에서 유연하다고 볼 수 있다. 임상사례에는 이 모델이 갖는 유연성이 잘 반영되어 있다.

결론

Drewes(2009)는 '치료에서의 놀이'와 '치료로써의 놀이'는 모두 치료적 힘을 갖는다고 설명했다. 군인 가족 아동을 위한 여름 캠프, 구조화된 가족 놀이치료, 아동과 부모가 함께 참여하는 지역사회기반 심리교육 집단, 부모에게 비지시적인 아동중심놀이치료를 가르치는 필리얼치료 등 군인 가족의 아동을 위한 다양한 치료적 접근과 개입 방법이 존재한다. 치료에서의 놀이와 치료로써의 놀이는 모두 아동이 놀이라는 매개체를 통해 치료적 관계를 형성할 수 있는 비위협적인 경험을 제공한다.

비위협적인 접근은 군인 가족에게 보다 특별한 의미를 갖는다. 군대 문화에서 상담 및 정신건강서비스와 관련된 인식은 이제 막 변화하기 시작했기 때문이다. 과거에는 군대 내에서 정신건강서비스를 받을 수 있는 분위기가 조성되어 있지 않았다. 심지어 많은 사람은 정신건강과 관련하여 도움을 받게 되면 향후 진급 과정에 불이익이 따를 것이라고 여겨 왔다(Hall, 2008). 그러나 현재의 군대 문화는 정신건강 관련 서비스와 연합된 낙인을 변화시키기 위해 용기 있는 발걸음 내딛었다. 문화의 변화에는 상당한 시간이 필요하다. 특히 아동과 밀접한 관계에 있는 성인이 예측가능성과 안전, 안정감을 제공해 줄 때 아동들은 놀라울 정도로 회복탄력성을 복원하거나 유지할 수 있게 된다. 모든 군인 가족은 놀이치료와 같은 효과적인 개입 전략의 혜택을 받을 만한 충분한 자격을 갖고 있다. 가족 구성원이 나라를 위해 군에 복무하는 동안 효과적인 개입 전략을 통해 남아 있는 가족이 강점을 강화하고 회복탄력성을 발전시키며 성장하는 데 도움을 줄 수 있다.

제13장

자폐스펙트럼 아동을 위한 놀이치료

Kevin B. Hull

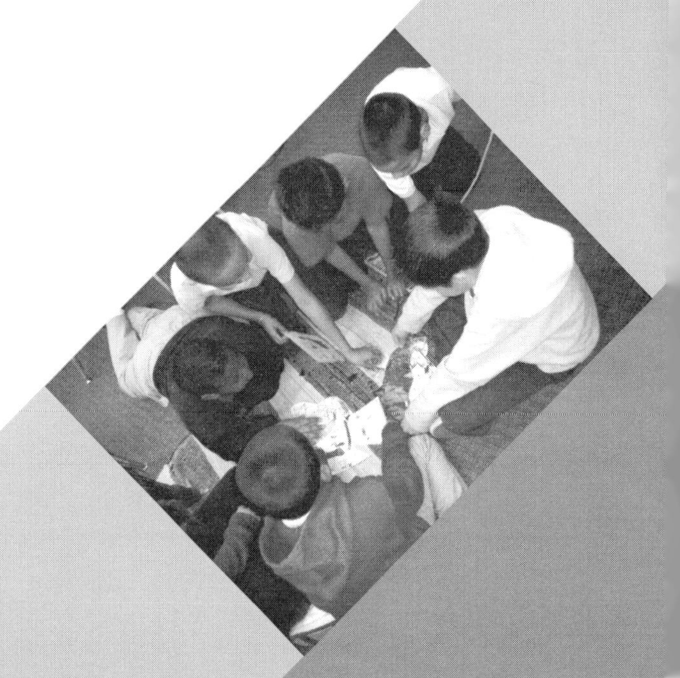

찬란한 햇빛이 그 그늘로 인해 부드러워지듯 삶에 대한 이해와 아름다움에 깊이를 더하는 것이 있다. 관계는 어느 정도의 폭풍우를 견뎌 내야 더 깊고 아름다워질 수 있다. 실망이나 슬픔 혹은 격한 감정이 동반되지 않는다면, 경험은 도전과 다양한 색조가 없는 무미건조한 것일 수 있다. 한편, 확신과 신념, 그리고 희망이 눈앞에서 실현되는 것을 경험할 때 우리는 보다 강화된 내면의 힘과 용기, 안정감을 가질 수 있게 된다. 우리는 모두 경험과 관계, 사고와 정서의 결과로 성장하고 발달하는 인격의 주체이다. 우리는 삶을 형성해 가는 모든 부분의 총체인 것이다.

- VIRGINIA M. AXLINE(1964, p. 215)

10세 남아인 Robert와 치료사인 Ellen이 함께 놀이치료실로 들어섰다. Robert는 생일 선물로 받은 레고에 대해 흥분한 상태로 이야기를 하며, Ellen에게 보여 주고 싶어 했다. Ellen은 Robert에게 레고에 대해 말해 달라고 했다. Robert는 자신이 만든 레고 작품을 놀이치료실 바닥 한가운데에 내려 놓았다. Ellen 역시 바닥에 앉아 Robert가 레고 작품과 새로운 미니모형을 보여 주는 것을 지켜보았다. Ellen은 레고 작품에 대해 묻고 싶은 것이 있었지만, Robert가 쉴 새 없이 빠른 속도로 말을 했기 때문에 질문을 끝마칠 수 없었다. Robert는 Ellen과 눈맞춤을 하지 않았고, 레고에 대한 이야기를 하는 데 과도하게 몰두하고 있어 Ellen이 재채기를 하는 것조차 눈치 채지 못하는 것처럼 보였다.

Ellen은 Robert에게 가까이 다가가 얼굴을 마주 보았다. Ellen은 Robert를 방해하지 않고, Robert가 Ellen을 알아차릴 때까지 기다렸다. 몇 분이 지난 후 Robert가 Ellen을 쳐다보았다. Robert는 잠시 이야기를 멈추고 레고 블록을 바꿔 끼웠다. Ellen은 Robert가 레고를 가져와 기분이 좋으며, Robert가 만든 작품이 마음에 든다고 말했다. Ellen은 이번 회기에는 Robert가 가져온 레고로 놀이를 할 거라고 말했다. Ellen과 Robert는 레고를 이용하여 학교에서 괴롭힘을 당하는 문제에 대해 이야기를 나누었다. 학교 친구들 중 몇몇이 Robert의 연필을 몰래 가져가 숨기며 Robert를 놀렸고, 이러한 상황은 Robert를 몹시 당황하게 만들었다. Ellen은 레고의 작은 미니모형을 사용해 Robert가 다른 관점에서 상황을 바라보고 괴롭히는 아이들에게 대처하는 기술을 가르쳤다.

Robert는 과거에는 아스퍼거 증후군으로 지칭되었던 자폐스펙트럼 장애(Autism Spectrum Disorder: ASD)로 진단받은 아동이었다. Robert는 언어적 의사소통이 가능하고 평균에서 우수 범위에 해당하는 지능 수준을 보였지만, 또래와의 관계 형성을 힘겨워했고, 레고에만 관심을 보였다. Robert가 학교와 가정에서 경험하는 어려움에 대해 우려하고 있었던 소아과 의사와 교사의 권유로 부모는 Robert에게 놀이치료를 실시하게 되었다. Robert는 친구를 사귀지 못했고 자기 뜻대로 되지 않는 경우 정서적 '붕괴'를 보였다. 부모는 이렇게 영리한 아이가 왜 이런 어려움을 겪는지 이해하지 못했다. Ellen은 부모에게 Robert가 매우 영리하지만, 자폐스펙트럼 장애로 진단받은 다른 많은 아동과 유사하게 사회적 단서를 이해하는 데 제한이 있고 정서적으로 압도되기 쉬우며 다른 사람의 관점에서 상황을 보는 데 어려움이 있다는 것을 이해시키고자 했다.

Ellen이 Robert의 부모와 공유했던 가장 유용한 정보는 위협을 감지했을 때 Robert의 뇌가 어떤 경로를 통해 역기능의 상태로 전환되는가에 관한 것이었다. Robert에게 있어 위협 혹은 '촉발 요인'은 아이들로 붐비는 소란스런 교실, 아버지가 친숙하지 않은 낯선 길로 운전하는 것, 시끄러운 소음 등이었다. 이러한 위협은 아동에 따라 다른 의미를 가지며 위협에 대한 반응도 제각각이다. 지각된 위협은 교감신경계를 활성화시켜 '싸움-도피(fight of flight)' 반응을 일으키고 정서적 압도는 물론 분노 폭발과 유사한 행동을 촉발시킨다. Ellen은 경직되고 반복적인 행동패턴이 나름의 자기위안 기능을 가지며, Robert는 이러한 행동을 통해 안전감을 느끼게 된다는 것을 부모에게 이해시키고자 했다. Ellen은 놀이치료를 통해 따뜻하고 안전하며 수용적인 공간을 제공하고 Robert가 자기 자신을 이해하고 성장할 수 있도록 돕고자 했다.

시간이 지나면서 Robert는 놀이 회기를 통해 많은 도움을 받게 되었다. Ellen은 놀이치료 시간 동안 Robert가 좋아하는 레고를 이용해 부정적 정서를 다루는 방법을 가르쳤고, 다른 관점에서 사람들과 상황을 이해할 수 있도록 도왔다. 이러한 노력은 Robert의 사회적 적응력 향상을 가져왔다. 레고의 미니모형을 통해 Robert는 도전이 되는 사회적 상황을 다른 관점에서 바라볼 수 있게 되었고, 이는 Robert가 보다 적절한 행동을 선택하는 데 도움이 되었다. Robert는 또한 자신감을 갖고 새로운 것들을 시도할 수 있게 되었으며, 점차 정서적 붕괴의 강도와 빈도는 감소되었다.

이 사례는 자폐스펙트럼 장애 아동의 특성 및 자폐스펙트럼 장애 아동에 대한 놀이치료의 유용성에 대한 간략한 그림을 제공하고 있다. Robert의 행동은 자폐스펙트럼 장애로 진단된 대부분의 아동이 공유하는 특성이기는 하지만, 자폐스펙트럼 장애 아동 모두는 각기 독특한 특성을 가지며, 자신만의 '다양한' 도전과 함께 강점과 재능을 갖고 있다는 것을 잊어서는 안 된다. 자폐스펙트럼 장애로 진단받은 아동은 모두 특별하며, 각기 다른 사고 및 행동 특성을 갖는다. 놀이치료는 자폐스펙트럼 장애 아동과 관계를 형성하고 아동이 배움과 성장을 경험할 수 있게 하는 풍부하면서도 특별한 접근을 제공한다. 이 장에서는 관련 연구에 대한 개관을 제시하고, 자폐스펙트럼 장애 아동을 위한 놀이치료의 이해에 도움이 될 수 있는 기법을 소개하고자 한다. 놀이치료는 아동이 성장하는 데 있어 기본적 토대가 되는 치료적 유대감을 형성하고, 아동을 성찰과 탐색, 보다 깊은 자기 이해의 길로 안내하는 데 도움이 될 수 있다.

임상적 고려점

놀이치료는 자폐스펙트럼 장애 아동에게 효과적인가

놀이치료는 아동과 청소년을 위한 효과적인 치료적 접근으로(Bratton, Ray, Rhine, & Jones, 2005; Leblanc & Ritchie, 2001), 최근 들어 자폐스펙트럼 장애 아동을 위한 놀이치료의 효과성을 입증하는 연구들도 점차 증가하고 있는 추세이다. 다양한 유형의 놀이치료가 자폐스펙트럼 장애 아동에게 적용되어 왔다. 놀이치료는 사회적 기술의 향상(LeGoff & Sherman, 2006; Tricomi & Gallo-Lopez, 2012), 정서조절 촉진과 부정적 정서의 완화(Cashin, 2008; Greig & MacKay, 2005; Hull, 2009; Kenny & Winick, 2000), 언어 표현의 증진 및 전반적 적응 향상(Lu, Peterson, LaCroix, & Rousseau, 2009; Solomon, Ono, Timmer, & Goodlin-Jones, 2008), 생애 전이 과정에 대한 유연한 적응(Rubin, 2007), 관계적 연결성의 강화(Ray, Sullivan, & Carlson, 2012; Solomon et al., 2008), 이혼과 애도, 상실에 대한 대처 기술 향상(Hull, 2011), 개별화와 자기치유 과정의 촉진(Green, 2012), 상징놀이를 일상생활로 일반화시키는 교육적 접근을 통한 대처기술과 적응능력의 향상(Barton & Wolery, 2008; Herrera et al., 2008)을 목적으로 자폐스펙트럼 장애 아동에게 적용되어 왔다. 놀이치료는 자폐스펙트럼 장애를 가진 어린 아동을 위한 집단치료 접근으로도 유용한데, 집단치료를 통해 자폐스펙트럼 장애 아동에게 큰 부담으로 작용하는 정서적 · 사회적 이슈를 다룰 수 있다(Hull, 2013).

최근 자폐스펙트럼 장애로 진단된 아동과 청소년을 주요 대상으로 하는 놀이치료 책들이 출간되고 있다(Bromfield, 2010; Gallo-Lopez & Rubin, 2012; Hull, 2011). 어쩌면 이 책들은 자폐스펙트럼 장애로 진단되는 아동 및 청소년의 수가 점차 많아지는 것에 대한 자연스런 반응일 수 있다. 의학 및 심리학 분야에서 자폐스펙트럼 장애에 대한 인식이 확대되고 있는 것은 주목할 만한 변화이다. 자폐스펙트럼 장애로 진단되는 인구가 증가하면서 놀이치료 영역은 자폐스펙트럼 장애 아동만큼이나 특별하고 혁신적이며 창의적인 접근법을 제안해 왔다. 자폐스펙트럼 장애에 대한 이해가 깊어질수록 놀이치료 영역은 자폐스펙트럼 장애로 진단된 아동과 청소년의 심리적 · 정서적 욕구를 충족시킬 준비를 하고 있어야 한다. 현재 임상 현장에 있는 전문가는 물론 미래의 놀이치료사들은 증가 추세에 있는 자폐스펙트럼 장애 집단군을 맞이할 대비를 해야 한다.

놀이치료사와 자폐스펙트럼 장애: 경이로운 여정에 필요한 주요 특징들

내담자와의 **치료적 동맹**은 놀이치료의 기본 요소 중 하나이다(Crenshaw & Mordock, 2005; Saunders, 2001). 치료적 동맹으로부터 신뢰와 안전이 생겨나며, 어린 내담자는 신뢰와 안전이 보장된 관계에서 탐색과 성장으로 나아갈 수 있는 자유를 경험할 수 있다(Crenshaw & Mordock, 2005). 그러나 자폐스펙트럼 장애 아동과의 치료적 동맹 형성은 매우 어려운 과제일 수 있다. 예를 들어, 어느 누구와도 말을 하지 않는 자폐스펙트럼 장애 아동도 있고, Robert처럼 강박적으로 말을 하려는 아동도 있을 수 있다. 어떤 아동은 놀이치료실의 많은 놀잇감에 압도되고 불안이 촉발되어 결국 소파에 웅크리고 있거나 움직이려 하지 않을 수도 있다. 또는 치료실을 가득 채운 놀잇감에 자극을 받고 낯선 장소에서 처음 경험하게 되는 광경과 소리에 흥분하여 여기저기를 뛰어다니며 탐색하려 드는 아동도 있을 수 있다. 자폐스펙트럼 장애 아동과 함께 작업하게 된 놀이치료사는 아동이 놀이실에 처음 들어섰을 때 어떤 반응을 보일지 혹은 어떤 형태의 놀이가 아동에게 유용할지 예측하지 못할 수 있다. 그러나 치료사가 마음을 열고 선입견과 미리 세워 놓은 계획을 잠시 보류할 수 있다면, 치료사와 아동 모두에게 경이롭고 진정 의미 있는 시간을 만들어 낼 수 있을 것이다. 특별한 요구와 능력을 가진 아동과 함께할 때 놀이치료사에게 요구되는 많은 특성과 자질이 있는 것은 분명하다. 그러나 여기에서는 자폐스펙트럼 장애로 진단된 아동과 작업할 때 가장 중요한 세 가지에 대해 논의하고자 한다.

첫 번째는 바로 치료사가 **그대로 있어 주는 것**이다. '그대로 있어 주는 것'은 치료사가 미리 세워 둔 계획을 포기하고, 아동에게 반응하거나 통제하지 않으며, 아동을 '변화시키거나' '고치려 하지' 않는다는 것을 의미한다. '그대로 있어 주는 것'은 치료사가 호기심을 갖고 아동을 존중하고 인내심을 갖고 기다리며, 아동을 재촉하려 들지 않는 것이다. 치료사에게 요구되는 것은 단지 탐색을 촉진하기 위한 수용과 따뜻함의 공간을 만들어 내는 것이다. 새로운 사람들을 만나고 낯선 경험에 맞닥뜨리는 것은 자폐스펙트럼 장애 아동에게 불안을 일으킬 수 있다. 그러나 치료사가 무조건적인 수용의 태도와 함께 안전한 공간을 만들어 낸다면 아동의 불안 수준은 점차 감소하여 놀이실 환경의 정서적 분위기에 자신을 맞춰 나갈 수 있게 된다(Badenoch & Bogdan, 2012).

두 번째 중요한 특성은 바로 **침묵**에 편안해지는 것이다. 자폐스펙트럼 장애 아동과 작업하는 치료사는 적어도 초기 단계에서 아동이 언어적으로 의사소통하지 않는 것에 준비되어 있어야 한다. 신뢰를 형성해 가는 초기 단계 동안 치료사와 놀이실 모두에 친숙해짐에 따라 아동은 자유롭게 치료실을 탐색하고 치료사와 상호작용할 수 있게 된다. 이는 치료적 동맹 형성에 있어 핵심 요인이 된다. 놀이치료를 적용하는 것의 미덕과 장점은 놀이 경험을 통해 말을 하지 않는 아동에게 연결감과 치유의 길을 열어 주는 데 있다.

세 번째이자 마지막은 치료사가 풍부한 **상상력**을 가지고 치료 과정에 임해야 한다는 것이다. 생생하면서도 폭넓은 상상력은 자폐스펙트럼 장애 아동과 작업할 때 핵심적인 요소로 작용한다. 아동의 상상력에는 한계가 없다. 놀이 회기에서는 멋진 세상과 끔찍한 공포가 등장할 수 있으며, 여기에는 아무런 제한도 없다. 자폐스펙트럼 장애 아동과 작업을 할 때 해석과 개입 역시 중요한 의미를 갖지만 이러한 요소는 어느 정도 시간이 지난 후에 등장할 수 있다. 그러나 치료사는 자신의 해석에 근거하여 아동의 세계를 이해하고자 하는 충동에 저항할 수 있어야 한다. 치료사는 아동이 만들어 낸 세계 앞에서 자신의 상상력을 내려놓을 수 있어야 한다. 치료사가 아동의 세계로 들어가야만 진정한 아동을 만날 수 있다. 그곳에서 치료사는 아동의 진짜 모습을 볼 수 있고, 아동의 진실한 경험과 조우할 수 있게 된다. 이에 대해 Siegel(2010)은 내담자를 바라보는 관점에 의해 신경학적 수준에서의 연결이 만들어지며, 이를 통해 '진정한' 형태의 치료적 관계가 형성될 수 있다고 설명한 바 있다.

놀이치료와 자폐스펙트럼 장애: 잠재적 도전들

자폐스펙트럼 장애 아동은 놀이치료에서 잠재적 도전을 만들어 낸다. 첫 번째 도전은 관계 및 치료 동맹 형성의 영역에서 발생할 수 있다. 자폐스펙트럼 장애 아동은 공동 주의하기(joint attention)의 결함, 마음이론(ToM)의 손상에서 초래된 마음 맹(mindblindness), 감정표현불능증(alexithymia)으로 인해 타인과의 관계 형성에 어려움을 겪는다. **공동 주의하기**는 가리키기, 시선 따라가기, 신호 보내기의 조합을 통해 만들어지는 것으로(Baron-Cohen, 2008), 다른 사람이 흥미를 보이는 대상을 향해 주의의 초점을 맞추는 것이다. **마음**

맹은 자폐스펙트럼 장애 아동이 다른 사람의 행동을 예측하거나 이해하는 것에 어려움을 겪는다는 것을 설명하기 위한 용어이다(Baron-Cohen, 1995; Hull, 2011). 다르게 표현하면 자폐스펙트럼 장애 아동은 타인의 관점에서 상황을 이해하는 데 어려움을 보인다. **감정표현불능증**은 자기와 타인의 감정을 인식하고 이해하며 언어를 사용하여 감정을 확인하고 설명하는 데 있어서의 어려움을 나타내는 말이다. 자폐스펙트럼 장애로 진단된 아동의 상당수는 감정표현불능증을 보이며, 이로 인해 관계의 형성과 유지에 어려움을 갖게 된다. 자폐스펙트럼 장애 아동에게는 감정이 없거나 혹은 이들에게는 공감 능력이 부족하다고 보는 견해가 있다. 자폐스펙트럼 장애 아동과의 관계 맺기를 힘겨워하는 놀이치료사 역시 이런 생각을 가질 수 있다. 많은 자폐스펙트럼 장애 아동이 감정표현불능증을 보이기는 하지만, 이들이 전혀 공감하지 못하는 것은 아니다(Bird et al., 2010). 자폐스펙트럼 장애 아동과 작업하는 놀이치료사는 공동 주의하기의 결함, 마음 맹, 감정표현불능증이 관계의 형성과 유지 능력에 미치는 영향을 인식하고 있어야 하며, 인내심을 갖고 치료적 동맹 형성을 위해 노력해야 한다.

또 다른 잠재적 도전은 제한된 관심과 독특한 흥미에 있다. 대개의 아동은 다양한 놀잇감에 관심을 갖고 가장놀이를 하는 것에 어려움을 보이지 않으며, 많은 놀이치료사가 이러한 아동에 익숙해져 있다. 그러나 자폐스펙트럼 장애 아동은 특정 유형의 장난감이나 게임만을 좋아하며, 자신이 좋아하는 것을 제외한 다른 모든 것을 거부하려 든다. 자폐스펙트럼 장애 아동은 '가장 놀이'를 하지 못하며, 따라서 자폐스펙트럼 장애 아동에게 놀이치료가 적합하지 않다고 보는 견해도 있다. 사실, 자폐스펙트럼 장애 아동의 놀이는 '다르지만'(Rubin, 2012, p. 31), 그럼에도 자폐스펙트럼 장애 아동의 놀이 역시 **놀이**라는 것은 확실하다. 놀이치료사는 융통성을 가져야 하고, 아동의 흥미를 통해 배워야 하며, 아동의 흥미에 따라 놀이 과정을 맞춰 나가야 한다. 아동을 접하기 전에 부모나 양육자를 먼저 만나 아동의 관심사를 미리 파악해 두는 것이 도움이 될 수 있다.

모든 아동은 독특하다. 그러나 자폐스펙트럼 장애 아동은 장난감이나 다른 놀잇감, 모래상자와 같이 놀이실에서 흔히 볼 수 있는 많은 것에 대해 다른 아동들과는 구별되는 매우 독특한 선호를 보인다. 예를 들어, 자폐스펙트럼 장애 아동은 모래상자에 강한 저항을 보이며 손이 더럽혀지기를 원치 않는다고 말할 수 있다. 이때 치료사가 모래가 깨끗하다고 설명해도 아무 소용이 없을 수 있다. 세균을 두려워하는 아동은 다른 아동이 손을 댄 적이 있는 장난감을 가지고 놀이하는 것을 거부할 수도 있다. 이런 경우, 치료사는 아동의 행동은 안전과 관련되며, 환경을 통제하고자 하는 시도는 스스로를 진정시키기 위한 과정일 수 있다는 것을 기억하고 있어야 한다. 치료사가 보내는 무조건적인 긍정적 존중의 메시지는 자폐스펙트럼 장애 아동이 놀이실에서 편안함과 안전을 느끼는 데 있어 매우 중요하다.

자폐스펙트럼 장애 아동에게는 어떤 유형의 놀이치료가 효과적인가

자폐스펙트럼 장애 아동에게 가장 효과적인 놀이치료 접근이 무엇인가는 쉽게 답할 수 있는 질문이 아니다. 놀이치료의 형태는 많으며 하나의 형태 내에서도 다양한 변이가 있을 수 있다. 또한 놀이치료사들은 자신이 담당하는 아동의 특별한 요구에 맞춰 놀이치료 접근을 적용하기 때문에 문제는 더욱 복잡해질 수 있다. 치료적 개입을 필요로 하는 자폐스펙트럼 장애 아동은 다양하면서도 복잡한 특성을 갖는다. '모든 눈송이는 각기 다른 모습을 하고 있다.'는 격언처럼 자폐스펙트럼 장애로 진단된 아동의 독특성과 이들이 경험하는 각기 다른 어려움은 서로 얽혀 매우 미묘하고도 복잡한 연결망을 만들어 낸다. 이 연결망에는 강점과 재능, 미발달된 기술과 발달적 도전이 함께 뒤섞여 있다. 자폐스펙트럼 장애 아동은 관계의 형성과 유지, 관계 안에서의 의사소통에 어려움을 보인다. 따라서 자폐스펙트럼 장애 아동에 대한 치료적 개입은 보다 넓은 의미에서 연결감을 형성하여 신뢰와 안전의 유대를 만들 수 있어야 하며, 동시에 아동의 개인적인 문제를 다룰 수 있을 정도로 정교해야 한다.

비지시적 놀이치료 혹은 **내담자중심놀이치료**(Client-Centered Play Therapy: CCPT)는 특히 치료의 초기 단계 동안 아동이 놀이실에서 편안함과 안전감을 느낄 수 있도록 돕는 데 효과적이다. 우선, Ray와 동료들(2012)은 내담자중심놀이치료는 관계중심적이며 따라서 관계 형성 및 의사소통 촉진의 모델이 될 수 있다고 설명했다. 내담자중심놀이치료의 두 번째 장점은 치료사가 보이는 무조건적인 수용을 통해 아동의 안전감이 촉진된다는 데 있다. 이는 아동이 이해받고 있다고 느끼기 때문이며, 외부 세계와 상호작용하고자 하는 동기 역시 높아진다(Ray et al., 2012, p. 167). 세 번째 장점은 내담자중심놀이치료는 비언어적 접근으로, 아동에게 치료사와 의사소통해야 한다는 압박이 가해지지 않는다는 점이다. 자폐스펙트럼 장애 아동에게 있어서 이는 매우 반가운 분위기로, 아동이 그동안 경험했던 환경과는 상당히 다를 수 있다. 마지막으로 내담자중심놀이치료의 초점은 아동 안의 긍정적 자기의 촉진에 있다. 아동은 '고쳐지거나' '변화되어야 할' 대상이 아니며, 치료사를 통해 온전하며 무조건적인 수용을 경험한다.

지시적 놀이치료 역시 자폐스펙트럼 장애 아동에게 많은 도움이 될 수 있다. 지시적 놀이치료 혹은 '처방적' 놀이치료(Schaefer, 2001)는 부정적 정서의 이해와 극복, 다른 사람의 마음을 읽는 능력의 향상, 사회적 기술의 증진, 부정적 행동의 감소, 가족 관계의 강화 등 자폐스펙트럼 장애와 관련된 특별한 도전을 다루는 데 적용될 수 있다(Hull, 2011). 자폐스펙트럼 장애에 내재한 특별한 발달적 도전들과, 이러한 도전을 갖고 일상을 살아가는 아동은 독특하면서도 다양한 어려움에 노출될 수밖에 없다. 통합적 접근 혹은 내담자중심 이론적 접근(Kenny-Noziska, Schaefer, & Homeyer, 2012)은 '내담자의 개인적 욕구에 대한 맞춤형 이론적 접근'으로(p. 249), 놀이치료사는 자폐스펙트럼 장애 아동에게 가장 적합한 형태로 두 접근을 통합해서 적용할 수 있다. 앞에서 제시한 Robert와 놀이치료사인 Ellen의 상호작용 및 이 장의 마지막에서 설명하는 임상사례를 통해 내담자 맞춤형 치료를 경험할 수 있을 것이다.

자폐스펙트럼 장애 아동을 위한 놀이치료 기법

모래상자놀이

모래상자는 자폐스펙트럼 장애 아동을 위한 효과적인 놀이치료 도구이다(Green, 2012; Hull, 2011; Richardson, 2012). 치료 과정에 모래상자를 사용하는 것은 자폐스펙트럼 장애 아동의 자기감 발달(Green, 2012), 의사소통 기술의 향상 및 관계 형성(Richardson, 2012), 자발적인 상상 놀이의 증가(Lu et al., 2009), 자기가치감의 향상(Hull, 2011), 부정적인 정서에 대한 대처(Hull, 2011)에 도움이 된다. 모래와의 접촉은 비언어적인 경험으로, 아동은 이 경험 속에서 자기만의 세계를 구축해 낼 수 있다. 모래상자에서의 자율적 창조와 자유로운 표현을 통해 아동은 부정적인 정서를 다루고 안전과 이완을 경험할 수 있다(Richardson, 2012).

모래상자는 간단한 소개로 시작한다. 모래상자를 처음 봤을 때의 반응은 일반 아동이나 자폐스펙트럼 장애로 진단받은 아동 모두 다양할 수 있다. 일부 자폐스펙트럼 장애 아동은 모래상자를 '기분 나쁜' 것이라고 여기는데, 그 이유는 손이 '더럽혀지는 것'을 원치 않거나 감각적 문제를 동반하기 때문일 수 있으며, 혹은 '낯선 자극'으로 인해 불안이 촉발되어 놀이에 참여하는 것이 불편하기 때문일 수 있다. 아동이 모래상자를 거부하는 경우, 비지시적인 방식으로 아동에게 선택할 수 있는 자유를 주는 것이 적절하다. 그러나 모래놀이는 내적 갈등과 혼란스러운 정서를 보다 안전하게 표면으로 드러낼 수 있는 매우 강력한 치료 도구이므로 치료사는 치료적 동맹이 강화됨에 따라 모래놀이를 다시 한 번 권해 볼 수 있다.

다양한 이론적 배경과 접근을 통해 모래상자를 활용할 수 있다. 자폐스펙트럼 장애 아동에게 모래상자를 적용할 때 가장 중요한 것은 아무런 판단과 지시 없이 아동에게 창조할 수 있는 자유를 주는 것이며, 치료사의 역할은 단순한 관찰자여야 한다는 것이다. 모래상자놀이 과정에서의 아동의 개인적 경험은 그 자체로 치료적 가치를 갖는다. 이는 치료사의 해석에 의한 것이 아니다(Green, 2012). 아동에게 모래상자에 사용할 수 있는 다양한 미니모형과 피규어를 제시하면 아동은 '모래 세계'를 만들어 낸다. 치료사는 아동에게 "네가 원하는 대로 세계를 만들 수 있어."라고 말할 뿐이다. 모래상자에 레고나 미니모형 말과 같이 아동의 특별한 관심사와 관련되는 모형을 제공할 수도 있다. 아동이 자신만의 세계를 만들고 나면, 치료사는 이 세계에 대해 질문을 할 수 있다. 아동이 만든 세계가 무엇을 나타내는지 혹은 모형들이 말을 할 수 있다면 어떤 이야기를 나눌 것 같은지를 물을 수 있다.

모래상자에서 피규어나 모형을 전혀 사용하지 않는 아동도 있다. 이러한 아동은 모래로 모양이나 패턴을 만들곤 한다. 무언가를 만들기 위해 젖은 모래를 요구한 아동이 있었다. 그 아동은 젖은 모래를 사용하여 섬과 아동 자신을 나타내는 모래 '공'을 만들었다. 그리고 가족을 나타내는 다른 '공'을 여러 개 만들어 '**아동이 있는 섬**'으로부터 아주아주 멀리 놓았다.' 이 단순한 장면은 그 아동이, 그리고 많은 자폐스펙트럼 장애 아동이 자신들이 부모나 형제와 '다르고', 또 이들로부터 소외되었다고 느끼고 있다는 것을 잘 보여 준다. 이 아동은 가족에 대한 자신의 느낌과 생각을 나타내는 장면을 만든 것이다. 이 작품은 간단했지만, 보다 긍정적인 자아상이 출현할 수 있는 토대를 마련했다. 가족 및 또래와의 사회적 상호작용 향상을 통해 아동의 자기가치감이 높아졌다는 것을 확인할 수 있었다.

손인형과 봉제 동물인형놀이

많은 아동은 봉제 동물인형을 좋아하고, 애착을 보이기도 한다. 또한 대부분의 아동은 손인형을 사용하는 치료적 놀이를 즐거워한다. 손인형은 자폐스펙트럼 장애 아동에게 유용한 도구로, 특히 공포를 표현하고 조망수용 능력을 향상시키는 데 도움이 된다(Bromfield, 1989; Hull, 2011). 마찬가지로 봉제 동물인형을 사용하여 아동의 가족이나 학교 친구들을 묘사할 수 있다. 봉제 동물인형과 손인형을 사용하여 아동이 또래로부터 괴롭힘을 당하는 상황을 묘사하고 그 상황에서 일어난 일을 표현해 보도록 할 수 있다. 예를 들어, 아동과 아동을 괴롭히는 친구를 나타내는 인형을 선택하게 한다. 아동이 난처해하면, "너를 괴롭혔던 아이들이 네게 다가왔을 때 어떤 일이 일어났는지 보여 주렴." 혹은 "그 아이가 너를 놀렸을 때 너는 뭐라고 말했니?"와 같은 질문을 해 볼 수 있다. 이러한 기법은 아동이 특정 상황으로부터 초래된 공포나 죽음 혹은 상실로 인한 슬픔과 같은 정서를 처리하는 데 도움이 될 수 있다. 손인형과 봉제 동물인형을 사용하여 다른 사람은 어떻게 생각하고 느낄지를 상상해 보게 함으로써 조망수용 기술을 가르칠 수도 있다.

표현적 미술놀이

표현적 미술놀이는 자폐스펙트럼 장애 아동의 인지, 사회, 정서, 행동 발달을 돕는 데 효과적인데, 그 이유는 정보를 통합할 수 있는 매개체가 될 수 있기 때문이다(Gilroy, 2006). Goucher(2012)가 설명한 대로 미술 작업을 통해 '경험의 통합 및 창조적 표현 능력이 향상될 수 있으며, 이를 통해 자폐증을 가진 개인은 보다 온전히 실현된 자기를 만들어 나갈 수 있는 기회를 가질 수 있다'(p. 301). 자폐스펙트럼 장애 아동의 경우 시각화 영역에서는 강점을 보이나, 마음의 눈으로 본 것을 언어화하는 데는 어려움을 겪는 것이 일반적이다. 표현적 미술놀이를 적용함으로써 강점을 강화하면서 동시에 내면의 이미지에 생명력을 불어넣고 이를 표현하고자 하는 시도를 통해 새로운 신경회로를 만들어 낼 수 있다(Goucher, 2012). 미술놀이는 비지시적 방식으로 아동에게 창작할 수 있는 공간과 도구를 제공해 주는 것만으로도 가능하며, 지시적인 방식을 적용하는 경우 치료사가 특정 장면을 그림으로 그리거나 조형물로 만들어 보도록 촉진할 수도 있다. 자폐스펙트럼 장애를 가진 아동의 능력과 흥미 여부에 따라 이 두 접근을 조합하여 적용할 때 가장 효과적이다. 미술 활동을 좋아하지 않고 망설임이 큰 아동도 있다. 이들은 하얀색 빈 종이와 마커, 크레파스, 연필을 마주했을 때 불안 수준의 상승을 경험하게 된다. 이러한 상황에서는 아동이 무언가를 그려보도록 지시하거나(예: "네가 원하는 대로 사람을 그려 봐.") 아동과 함께 활동을 하는 것이 도움이 된다. 때로는 아동의 참여 동기를 높이기 위해 치료사가 그림을 그려 볼 수 있다. 아동이 마음의 눈으로 본 이미지를 언어로 표현하게 하면서 치료사는 이를 대략적인 스케치로 표현한다. 이러한 방법은 아동이 내면의 이미지에 대해 이야기를 하고 자신이 본 것을 언어화하는 데 도움이 될 수 있다. 나는 남자 아동을 대상으로 이 방법을 적용하여 괴물과 가면에 대한 공포를 극복하도록 도운 적이 있다. 아동은 처음에는 망설였지만, 내가 그림을 그리는 것을 보면서 자신만의 괴물을 그릴 수 있게 되었다. 우리는 함께 괴물의 머리와 입술을 우스꽝스럽게 색칠하고 옷을 그린 후 머리에 여행 가방을 그려 넣었다. 이러한 활동을 통해 아동은 괴물은 실제로 존재하지 않으며 마음의 눈을 통해 만들어진 것임을 깨달을 수 있었다. 즉, 아동과 함께 진짜 괴물이 아닌 그림으로 그린 괴물을 만들어 냈다. 이 예는 표현적 미술 활동을 통해 공포를 극복하면서 자신감을 높이고 성장을 이루어 내는 과정을 잘 보여 준다. 언어적 접근만으로는 이러한 변화를 가져오는 것이 쉽지 않을 수 있다.

레고, 링컨 로그, 팅커토이[1] 등의 블록 놀이

레고, 링컨 로그, 팅커토이와 같은 블록을 사용하는 놀이는 놀이치료에서 아동의 자기가치감 향상, 공포의 극복(Hull, 2011), 사회적 기술 및 문제해결 능력 증진(LeGoff & Sherman, 2006; Owens, Granader, Humphrey, & Baron-Cohen, 2008), 놀이 과정에서의 구조와 안전감 형성(Norton & Norton, 1997)에 효과적인 것으로 알려져 왔다. 어린 자폐스펙트럼 장애 아동은 '특히 체계가 있는 것에 매료되는 경향이 있으므로'(Owens et al., 2008, p. 1945) 레고와 같은 놀잇감에 흥미를 보이는 것은 당연하다. 링컨 로그나 팅커토이를 사용하여 무언가를 만들어 가는 과정에서 아동의 자신감과 자유로움은 고양되고, 완성된 작품은 아동이 마음의 눈으로 그려 왔던 것을 자신의 손으로 직접 만들어 낸 창작물이 된다. 아동은 블록 장난감과 다른 놀잇감을 함께 가지고 놀기도 한다. 예를 들어, 링컨 로그로 장난감 자동차를 위한 주차장을 만들고 팅커토이로 만든 작품을 레고로 만든 도시를 지키는 로봇으로 가장하기도 한다. 한편 '한 번에 한 종류의 블록만 사용한다.'는 규칙을 적용하여 자폐스펙트럼 장애 아동에게 충동 통제와 인내심 향상을 가르칠 수도 있다. 이 규칙은 블록 놀이의 자연스런 일부분이 될 수 있다.

레고는 다소 독특한 특성을 갖는 놀잇감이다. 레고에는 작은 '사람' 모형이 포함되어 있는데, 남성과 여성은 물론 의상과 직업 역시 다양하게 구성되어 있다. 사람을 작은 모형으로 표현한 것이므로 이 모형으로 자폐스펙트럼 장애 아동과 함께 사회적 상황을 시연하고 가족 역동을 표현하며 타인 조망을 연습해 볼 수 있는 기회를 가질 수 있다. 이는 "다스베이더가 아버지라는 사실을 알았을 때 루크는 무슨 생각을 했을까?" 혹은 "친구가 자신을

---

1) 역자 주: 링컨 로그와 팅커토이는 블록, 막대기, 바퀴 등을 이용하여 집이나 자동차 등의 구조물을 만드는 미국의 고전적인 장난감이다.

무시했을 때 이 인형은 어떤 기분이 들었을까?"와 같은 질문을 통해 가능하다. 자폐스펙트럼 장애 아동은 생각과 감정을 표현하는 데 어려움을 겪는데, 작은 사람 모형을 사용하여 가족이나 친구에 대한 생각과 감정을 언어화하는 것을 도울 수 있다. 레고를 사용하여 집이나 학교와 같이 아동에게 친숙한 장소를 만들어 볼 수 있으며, 이는 이러한 공간에 대한 아동의 생각과 느낌을 치료사와 공유할 수 있는 기회를 제공한다.

레고 블록은 다양한 모양, 크기, 색으로 구성되어 있으며, 따라서 여러 형태의 자동차, 우주선, 혹은 도구들을 아동이 원하는 대로 만들 수 있다. 이러한 자유를 통해 아동은 구조와 안전감을 경험할 수 있고, 자신이 완성한 창작물을 보면서 자기가치감 역시 높아질 수 있다. 레고를 비롯한 다른 블록 놀잇감은 아동의 사회적 기술 향상을 위한 집단치료에도 유용하게 활용될 수 있다(Hull, 2011; LeGoff & Sherman, 2006).

영웅 놀이

영웅은 놀이치료에서 상당히 강력한 도구로 쓰여 왔으며(Rubin, 2007), 특히 자폐스펙트럼 장애 아동에게 유용할 수 있다(Scanlon, 2007). 어떤 연령대이든 모든 사람은 어느 정도 자신을 영웅과 동일시하는 경향이 있으며, 자폐스펙트럼 장애 아동 역시 매우 좋아하면서 동일시하기를 원하는 영웅 캐릭터를 갖고 있는 경우가 많다. 자폐스펙트럼 장애 아동은 단독놀이나 병행놀이를 선호하고 '반향 놀이'를 하는 경향이 있어 과거에 본 적이 있는 만화나 영화를 '그대로 흉내 내기'를 좋아한다(Scanlon, 2007, p. 177). 따라서 영웅을 활용하는 것은 여러 측면에서 도움이 될 수 있다.

첫째, 영웅은 힘의 표상이다. 더욱 중요한 점은 영웅은 자신의 힘을 이용하여 악과 싸우거나 타인을 돕기 위해 장애물과 역경을 극복해 낸다는 것이다. 대부분의 영웅 이야기에는 거부, 투쟁, 분노, 공포와 같은 부정적 정서의 극복과 관련된 주제가 포함된다. 자폐스펙트럼 장애 진단을 받은 많은 아동은 낮은 자기가치감으로 고통받고 자신이 약하고 거부당했다고 느낀다. 따라서 용감함과 의리, 스스로에 대한 강한 믿음을 갖는 영웅 캐릭터에 자신을 동일시하게 된다. 아마도 해리포터라는 이름의 어린 소년이 세계 무대에 등장했을 때 나만큼 환호한 사람은 그 어디에도 없을 것이다. 이 책을 읽은 많은 아동은 자신과 비슷하다고 느끼는("해리포터는 나와 비슷한 안경을 썼어요!") 이 캐릭터를 통해 강함과 위로를 경험할 수 있었다. 해리포터와 그 친구들뿐 아니라 적들마저도 나의 치료실에서 되살아났으며, 나는 이 놀라운 스토리와 캐릭터를 통해 아동이 내면의 강점과 가치감, 중요성을 개발시킬 수 있도록 돕고자 했다.

둘째, 영웅 이야기에는 풍부한 은유적 자료가 내포되어 있다. 이야기 속의 '적'은 아동을 괴롭히는 친구들, 장애물, 도전 그리고 부정적 정서의 중요한 은유가 된다. 아동은 영웅의 속성뿐 아니라 다양한 능력과 도구들(예: 배트맨의 '유틸리티 벨트')까지도 동일시한다. 배트맨 벨트의 은유는 배트맨을 좋아하면서 동시에 또래로부터 괴롭힘을 당한 경험이 있는 자폐스펙트럼 장애 아동에게 매우 유용하다. 아동과 함께 배트맨의 벨트에 대해 자세히 조사한 후 아동에게 도움이 될 만한 '도구'를 찾아낼 수 있다. 배트맨처럼 당당한 자세, 단호한 말투, 어른에게 말하는 것 등은 모두 안전을 확보하기 위해 아동이 항상 소지할 수 있는 내면의 '유틸리티 벨트'가 될 수 있다. 이러한 은유는 아동에게 안전감을 제공하고 자신감을 향상시킬 수 있으며, 학교에서의 생존뿐 아니라 사회적 상호작용에도 도움이 된다. 또한 영웅은 이혼이나 입양과 같이 다루기 힘든 경험에 대한 대처뿐 아니라(Rubin, 2007), '정서 읽기'나 '다양한 정서를 신속하고 정확하게 파악하고 표현하는 능력'의 향상에도 도움이 될 수 있다(Sayers, 2007, p. 91).

비디오/컴퓨터 게임놀이

놀이치료의 한 가지 수단으로써 비디오/컴퓨터 게임을 활용하는 것은 점차 증가하고 있는 추세에 있다(Hull, 2009). 특히 비디오/컴퓨터 게임은 자폐스펙트럼 장애 아동이 공포를 극복하고 자기가치감을 향상시키며 또래 괴롭힘과 사회적 거부를 이겨 내는 데 적극적으로 사용되어 왔다(Hull, 2011). 많은 자폐스펙트럼 장애 아동은 태생적으로 비디오/컴퓨터 게임에 특별한 관심을 갖는다. Attwood(1998)는 아동의 특별한 관심 대상을 치료 과정에 통합함으로써 치료에 참여하고자 하는 동기를 높일 수 있으며, 따라서 놀이실과 같은 새로운 환경을 경계하는 자폐스펙트럼 장애 아동에게 중요한 의미를 가질 수 있다고 설명한 바 있다.

비디오/컴퓨터 게임을 활용함으로써 얻을 수 있는 장점은 다음과 같다. 첫째, 게임은 안전감 및 치료사와 아동 간 신뢰 형성에 도움을 줌으로써 치료적 관계를 만들어 나가는 데 기여할 수 있다. 둘째, 비디오/컴퓨터 게임은 아동이 어떤 방식으로 실패에 반응하고 좌절에 대처하며 문제를 해결하는지를 드러내기 때문에 유용한 평가 도구로 쓰일 수 있다. 예를 들어, 실패를 통해 배운 것을 기반으로 실패 이후에도 계속 도전하는 아동은 높은 의지력과 훌륭한 문제해결 기술을 갖고 있는 것이다. 이는 치료사가 이후의 치료 과정에서 통합할 수 있는 매우 유용한 정보가 될 수 있다. 셋째, 비디오/컴퓨터 게임은 좌절에 대한 인내력 증진, 충동 통제, 분노나 공포 같은 부정적 정서에 대한 대처, 타인의 도움을 수용하는 것 등을 가르치는 데 중요한 도구가 될 수 있다. 넷째, 비디오/컴퓨터 게임은 아동이 또래 괴롭힘, 부모의 이혼, 스트레스가 되는 생애 전이 과정과 같은 도전을 극복하는 데 도움이 될 수 있다. 나는 슈퍼 마리오 브라더스 게임을 자주 사용하는데, 다양한 악당과 장애물은 또래로부터 괴롭힘을 당하는 자폐스펙트럼 장애 아동이 놀이를 통해 안전한 거리에서 상황을 바라볼 수 있게 하는 데 유용하다. 또한 도전적인 상황을 극복하는 데 필요한 대처 기술을 학습하는 것에도 도움이 될 수 있다.

비디오/컴퓨터 게임은 집단 회기는 물론 개별 치료에서도 사용될 수 있으며, 순서 지키기, 공동 주의하기, 단서에 반응하기, 과제에 함께 참여하고 있는 또래 격려하기와 같은 사회적 기술을 가르치는 데 효과적이다. 비디오/컴퓨터 게임은 부모가 아동이 게임하는 것을 관찰하고 또 함께 게임을 하면서 아동을 이해할 수 있는 기회를 만들어 낼 수 있고, 그 결과 부모나 양육자와 자녀 간의 유대를 강화시키는 데 도움이 된다(Hull, 2012). 또한 자폐스펙트럼 장애 아동이 위험을 감수하고 새로운 것을 시도해 보게 하는 데도 효과적이다. 앞에서 설명했듯이 자폐스펙트럼 장애 아동의 경우 새로운 음식에 도전하고 달라진 일상을 받아들이며 낯선 장소를 방문하는 데 저항을 보이는 것이 일반적이다. 아동에게 친숙하지 않은 비디오/컴퓨터 게임이나 게임의 더 높은 단계에 도전하는 것은 실제 생활에서 무언가 새로운 것을 시작함으로써 성장해 가는 것의 은유가 될 수 있다. 고려해야 할 것은 비디오/컴퓨터 게임으로 인해 자폐스펙트럼 장애 아동이 고립될 수도 있다는 점이다. 이러한 문제가 발생하는 경우 2인용의 상호작용 게임을 선택하여 치료사가 놀이에 함께 참여하는 것이 해결책이 될 수 있다.

드라마와 춤/동작놀이

드라마치료는 자폐스펙트럼 장애 아동이 또래와의 상호작용 및 또래에 대한 모델링을 통해 정서를 표현하고 탐색하며 타인을 이해하는 방법을 배우도록 돕는다. 이 접근은 아동의 능력 수준에 맞춰 적용될 수 있는데, 새롭거나 어려운 상황에 대해 융통성과 순발력을 향상시키는 데 유용하다(Tricomi & Gallo-Lopez, 2012). ACT 모델©에서는 학교장면에서 집단 형태로 '드라마놀이, 즉흥극, 역할놀이, 연극 게임, 손인형 및 가면을 활용한 활동, 의상과 소품의 사용, 대본 읽기, 극작, 동작, 음악, 시각 예술, 퍼포먼스'와 같은 다양한 드라마기반 기법을 적용한다(p. 278). 구성원들은 매주 모임을 가지며 학년 말에는 공연을 한다. 공연을 통해 자기가치감을 향상시키고 공연을 관람하며 타당화의 기회를 가질 수 있다.

춤/동작치료는 오랜 역사를 가지며, 자폐스펙트럼 장애 아동의 과잉 혹은 과소 활성화 상태에 있는 신경 시스템의 조절에 효과적인 것으로 알려져 있다(Devereaux, 2012). 춤/동작치료사(DMTs)는 우선 아동의 움직임을 관찰하는데, 대부분의 자폐스펙트럼 장애 아동은 정형화되어 있고 반복적이며 제한된 움직임을 보인다. 춤을 통해 이러한 움직임을 보다 큰 패턴의 동작으로 통합하여 '아동이 의사소통하고 환경에 대처할 수 있도록 반응의 범위를 확장시킨다.'(Devereaux, 2012). 점차 자신감이 형성되면서 아동은 자신만의 고립된 세계에서 벗어나 새로운 환경으로 나아가며 자신과 타인에 대한 인식을 향상시킬 수 있다.

가족을 위한 놀이치료

필리얼치료(Filial Therapy: FT)는 '이론적으로 통합적인 심리교육적 치료 모델로, 이 모델에서는 부모가 아동을 위한 주요 변화의 주체가 된다'(VanFleet, 2012, p. 193). 필리얼치료는 부모에게 비지시적인 놀이치료 기법을 교육하여 심도 깊은 가족 관계를 형성하고, 부모가 아동의 욕구를 이해할 수 있게끔 돕는다. 필리얼치료는 특히 자폐스펙트럼 장애 아동의 가족에게 유용한데, 이는 의사소통의 장벽을 허물고 부모와 자녀 간에 더 나은 관계가 형성될 수 있도록 하며 아동과 형제자매 간의 관계 개선에 도움을 주기 때문이다(VanFleet, 2012).

또 다른 놀이치료 접근으로 PLAY(Play and Language for Autistic Youngster, 어린 자폐 아동을 위한 놀이와 언어) 프로젝트가 있다. 이 접근에서도 역시 부모가 전문가의 역할을 하여 아동이 발달적 사다리를 올라갈 수 있게 돕는다. 부모에게 놀이치료 기법을 훈련하여 아동에 대한 이해를 높이고, 이를 바탕으로 아동이 자폐스펙트럼 장애에 수반된 발달적 도전을 극복할 수 있도록 돕는다(Solomon, 2012).

DIRFloortime® 역시 부모가 치료사의 역할을 하는 놀이 접근 방법으로, '놀이 임상가, 부모, 교육자가 협력하여 핵심적 영역에서 결함을 보이는 아동과 그 가족의 독특한 발달적 프로파일에 근거하여 포괄적 평가와 개입 계획을 구성하는 다학제적 체계'이다(Hess, 2012, p. 231). 이 효과적인 개입법은 놀이를 활용하여 부모와 자녀 간 관계를 형성하고 아동의 욕구에 대한 부모의 이해를 높여 아동이 발달적 사다리의 가장 높은 단계에 이를 수 있도록 돕는다(Greenspan & Wieder, 1999; Hess, 2012).

임상사례

다음은 놀이치료를 통해 어떤 도움을 줄 수 있는지를 보여 주기 위해 자폐스펙트럼 장애로 진단된 아동 사례를 재구성한 것이다. Jonathan은 9세의 남자 아동으로, 부정적 정서, 특히 불안에 압도되는 것을 주호소 문제로 놀이치료에 의뢰되었다. 자폐스펙트럼 장애로 진단된 다른 많은 아동과 마찬가지로 Jonathan은 우수한 시각화 능력, 높은 수준의 지능, 그리고 배려심 있는 마음을 강점으로 가진 아동이었다. Jonathan은 강렬한 정서로 인해 어려움을 겪고 있었는데, 감정과 사고에서의 롤러코스터를 경험하고 있었으며, 특히 공포는 Jonathan에게 가장 다루기 힘든 정서였다. 공포감을 느끼면 Jonathan은 공포감에 강박적으로 집착하게 되어 심적으로 그리고 정서적으로 완전히 소진될 때까지 자신만의 시나리오를 반복하여 재생하곤 했다. Jonathan의 주된 공포는 '집에 도둑이 침입하여 물건을 훔쳐 가는 것'과 연관되어 있었다. Jonathan의 공포는 보통 저녁 시간에 심해졌으며, 어두워지고 나면 끊임없이 집의 현관과 창문의 잠금장치를 확인하곤 했다. Jonathan의 어머니에 따르면, 도둑에 대한 공포는 공공장소에서도 촉발됐는데, 식료품점의 주차장이나 거리에 주차되어 있는 경찰차를 목격했을 때 특히 심해졌다. 이러한 공포가 실제 사건과 아무런 관련성이 없다는 것이 중요했다. Jonathan은 물론이고 Jonathan이 아는 사람 중에 도난 피해자는 없었다.

놀이치료를 시작한 첫날 Jonathan은 상당히 조심스럽고 주저하며 놀이실에 들어섰다. 그러나 얼마 지나지 않아 편안하게 놀이실의 장난감을 둘러보았으며, 특히 닌텐도 게임 세트에 많은 관심을 보였다. Jonathan은 고전적 비디오 게임에 대해 잘 알고 있었으며, 슈퍼 마리오 브라더스 게임의 마리오와 루이지의 '광팬'이었다. Jonathan은 치료사에게 함께 비디오게임을 해도 되는지 물었다. Jonathan은 매우 흥분한 상태로 게임을 했고, 캐릭터의 역사는 물론 마리오와 루이지가 시간이 지남에 따라 어떻게 진화했는지에 대해 장황하게 설명했다. Jonathan은 특히 굼바스, 쿠파, 트루파스, 피라냐 식물과 같은 악당 캐릭터에 흥미를 보였는데, 이들이 마리오와 루이지가 공주를 구출하는 것을 방해하는 '악당'이라고 설명했다. Jonathan은 자신의 캐릭터를 조종하여 한 무리의 악당을 물리치고 나면 안도의 한숨을 내쉬며 멈춤 버튼을 눌러 게임을 중단했다. 그리고 생각을 정리하고 집중력을 회복한 후 다시 게임을 시작했다. Jonathan은 매우 신중하게 게임을 했는데, 이는 위협적으로 지각하는 상황에 대해 Jonathan이 어떤 방식으로 접근하는지를 잘 보여 준다.

회기가 진행됨에 따라 Jonathan의 탐색은 점차 확장되어 갔다. 여전히 슈퍼 마리오 브라더스 게임을 하고 싶어 했지만, 회기 내내 게임을 하지는 않았다. 2회기가 되었을 때 슈퍼 마리오 브라더스 게임을 하면서 '도둑'과 도둑에 대한 공포 주제가 나타나기 시작했다. 한 레벨의 마지막 단계에 이르러 자신의 캐릭터가 '대장'과 싸워야 되는 상황이 되었을 때 이 주제가 나타났는데, 이때 Jonathan은 '싸움에서 지는 것'과 대장이 자신을 '물리치는 것'에 대해 걱정했다. 게임이 끝나자 Jonathan은 도둑이 어떤 짓을 하는지, 그리고 자신이 도둑을 얼마나 무서워하는지에 대해 이야기했다. Jonathan은 "이것이 바로 내가 마리오 브라더스 게임에서 악당을 물리치는 것을 좋아하는 이유예요."라고 말했다. Jonathan과 나는 '도둑잡기' 게임을 비디오 게임으로 제작하면 좋을 거라는 데 동의했다. 경찰 캐릭터를 맡은 게임자들이 협력하여 도둑을 잡아 감옥에 집어넣는 내용의 게임을 생각했다. Jonathan에게 노트를 주고 생각하는 게임을 그려 보게 했다. Jonathan은 게임의 줄거리를 그림으로 그렸는데, 그림에는 자신이 원하는 다양한 요소가 포함되었다.

Jonathan은 발명하는 것을 좋아해서 놀이실에 오기 전에 생각해 두었던 다양한 아이디어를 그림으로 그리거나 모형으로 만들어 표현하곤 했다. Jonathan 놀이의 독특한 측면 중 하나는 자신이 경험한 비디오 게임이나 TV쇼의 일부를 놀이 속에 포함시키는 것이었다. Jonathan은 이러한 요소들을 조합하여 자기만의 독특한 게임을 만들어 냈고 레고 같은 놀잇감을 사용하여 이야기 만드는 것을 좋아했다. 어느 날 갑자기 Jonathan은 자신의 생각을 행동으로 옮기기 시작하며, 도움을 요청해 왔다. Jonathan은 도시를 만들고 싶어 했다. Jonathan과 함께 레고와 나무 블록을 사용하여 빌딩을 만들어 바닥에 놓았다. 그다음 도둑의 도주를 위한 자동차와 경찰차, 구급차, 소방차 등 여러 종류의 자동차를 모았다. Jonathan은 작은 금색 조각상을 골라 '아이돌'이라고 이름 붙인 후 빌딩 꼭대기에 올려놓았다. 모든 준비를 마친 후, Jonathan은 도둑이 '아이돌'을 훔치려하고 경찰이 이를 성공적으로 제압하는 내용의 놀이를 했다.

Jonathan은 4회기에 걸쳐 이 놀이를 반복했고, 나 역시 이 놀이에 함께 참여하기를 원했다. 나는 도둑의 자동차를 맡기도 하고, 어느 때는 Jonathan이 도둑을 잡는 데 '조력자'의 역할을 하기도 했다. 때로는 레고로 만든 마리오나 루이지 혹은 배트맨 모형을 사용하기도 했다. Jonathan은 내가 이탈리아어 억양으로 말하며 마리오와 루이지 흉내 내는 것을 좋아했다. 나는 놀이 속에 형제 관계인 두 인물을 포함시켰다. 이 형제는 처음에는 도둑을 두려워했지만, 곧 도둑이 도망치지 못하도록 감시하고 막아서는 경찰이나 시민처럼 '착한 사람'이 있다는 것을 깨달았다. 놀이 후반부에 이르렀을 때 Jonathan은 내가 거친 목소리로 도둑 흉내 내는 것을 좋아했다. 나는 "우리는 경찰에 대항할 수 없어." "우리는 착한 사람들처럼 똑똑하지 않아." "도둑질은 절대 성공할 수 없어. 우리는 모두 잡히게 될거야." 라고 말했다. Jonathan은 큰 소리로 웃으며 "도둑은 정말 멍청해요. 언제나 잡혀요." 라고 대답했다.

5~7회기가 진행되면서 Jonathan의 도둑에 대한 공포는 말끔히 사라졌다. 조심스럽고 두려움에 가득 찬 놀이에서 자신감 있고 목적을 가진 놀이로 변화했다. Jonathan은 도둑에 대한 이야기를 할 때마다 눈을 질끈 감고 움츠려 있던 모습에서 벗어나 장난스러움을 보이기도 했다. 또한 자신과 같은 사람을 보호하기 위해 경찰이 존재한다는 것을 알게 됐다는 깨달음을 언어적으로 표현하기도 했다. 이는 놀이치료를 시작하기 전에는 온전히 받아들이지 못했던 사실이었다. 어머니는 Jonathan이 밤마다 현관문을 점검하는 것을 더이상 하지 않게 되었고, 어두워질 때마다 두드러졌던 심리적 · 정서적 스트레스를 보이지 않고 편안해졌다고 보고했다. 어머니는 어느 날 Jonathan이 교회 앞에서 한 여성이 지갑을 강탈당해 경찰이 출동하여 조사를 진행하는 것을 지켜보았던 경험에 대해 말해 주었다. 어머니는 Jonathan이 정서적으로 압도되지 않은 채 그 여성에 대해 진심으로 걱정하는 모습을 보였고 집에 돌아와서는 경찰이 범인을 꼭 잡았으면 좋겠다고 말한 후 놀이하기 시작했다고 보고했다. Jonathan의 어머니는 얼마 전까지만 해도 이러한 사건은 Jonathan을 극심한 공포로 몰아넣었을 것이라고 말했다.

결론

놀이치료는 여러 차원으로 구성되어 있으며 다양한 방식으로 적용가능하므로, 자폐스펙트럼 장애 아동에게 효과적인 치료적 접근이라고 할 수 있다. 많은 특별한 방법과 기법을 갖추고 있는 이 매력적인 치료적 매개체는 자폐스펙트럼 장애라는 발달적 위기에 직면한 아동, 부모, 의료전문가, 교육자를 돕기 위해 노력하는 용기 있는 임상가에게 큰 힘이 되어 준다. 놀이치료는 자폐스펙트럼 장애 아동이 주요 발달적 이정표에 도달하게 하는 데 유용할 뿐 아니라 의사소통과 이해의 수단이 될 수 있으며 보다 중요하게는 아동 자신의 발달을 위한 비옥한 토대를 만들어 낼 수 있다.

제 14 장

ADHD 아동을 위한 놀이치료

Heidi Gerard Kaduson

주의력결핍 과잉행동장애(Attention-deficit/hyperactivity disorder: ADHD)는 아동에게 가장 흔하게 진단되는 **신경행동장애** 중 하나이다. 그러나 ADHD에 대한 이해와 논란은 거듭되어 왔다. 이전에는 ADHD 특징에 대해 지나치게 활동적이고 부주의한 행동과 충동성으로 주로 설명했으나, 현재는 **실행기능의 결함**(Barkely, 2012)과 **동기의 문제**(Sonuga-Barke, 2005)로 설명되고 있다. 활동수준, 주의력과 충동성에서의 어려움은 자기조절 영역에서 명확한 행동적 문제로 나타나며, 성공적인 목표지향적 행동과 계획하기에서의 결함으로도 나타난다.

ADHD는 전 세계적으로 3~5% 정도의 아동에게 나타나는 가장 일반적인 정신장애 중 하나이다(Frank-Briggs, 2013). 미국 질병통제예방연구소(Disease Control and Prevention, 2011)의 연구에 따르면, 4~17세 미국 아동(640만 명)의 11% 정도가 ADHD의 의학적 진단기준에 부합한다. 이러한 수치는 2003년 7.8%에 비해 증가된 것으로 아동에 대한 과잉진단 및 과잉 약물치료에 대한 논란을 불러일으켰다(Schwarz & Cohen, 2013). 정신자극약물이 ADHD 아동에게 가장 주요한 치료방법이었음에도 불구하고, 약물 사용은 실제로 2003년에 소아과나 정신과를 방문한 사람들 중 15%였으며 2010년에는 6%로 감소되었고, 지역사회에서 ADHD의 관리는 소아과 의사에서 정신과 의사로 전환되었다. 놀이치료사가 아동 · 가족과 함께 일하는 다른 전문가들, 즉 정신과 의사, 물리치료사, 심리학자, 교사, 작업치료사 등과 의사소통하고 접촉하는 것은 중요한 일이다.

ADHD 아동에 대한 개입 효과를 알아보기 위해 약물치료, 행동치료, 인지행동치료에 대한 많은 연구가 진행되어 왔으며, 몇몇 전문가는 ADHD 아동에게 놀이치료가 효과적인지에 대한 의문을 제기해 왔다. 지난 20년간 ADHD 아동에 대한 놀이치료의 효과성이 임상적으로 그리고 경험적으로 보고되어 왔으며, 놀이치료가 이러한 아동들에게 도움이 된다는 인식이 증가되어 왔다(Barzegary & Zamini, 2011; Bratton et al., 2013; Kaduson, 1993; Ray, Schottelkorb, & Tsai, 2007). 문제해결, 자기조절, 직 · 간접 교수와 같은 놀이의 치료적 힘(Schaefer, 2014)은 ADHD 아동이 놀이를 통해 자신의 문제를 확인하고 의사소통하며, 치료에 더 깊이 있게 참여하도록 도울 수 있다. 놀이치료의 중요한 측면은 아동이 치료에 적극적으로 참여하고 연습하도록 하여, 필요한 기술들을 발달시킨다는 것이다. ADHD 아동을 위한 놀이치료는 기술결함들을 개선하는 데 초점을 두며, 불안, 낮은 자존감과 같은 심리적 주제들을 훈습할 수 있도록 도와준다. 놀이치료사는 아동이 자신의 놀이에 집중하는 동시에 중요한 주제와 기술을 연습할 수 있도록 심리적 작업을 촉진한다. 성공적인 치료적 개입의 또 다른 중요한 측면은 부모교육과 상담이다. 이러한 협력적인 작업은 치료적 개입이 아동에게 더 직접적으로 일어나도록 돕는다.

미국정신의학회(2013)의 정신장애 진단 및 통계편람(DSM-5)은 ADHD 진단을 위해 사용할 수 있는 규준들을 제공한다. 부주의, 과잉행동-충동성 증상이 12세 이전에 나타나야 하고, 두 군데 이상의 상황(집, 학교, 여가생활 등)에서 나타나야 하며, 기능이나 발달을 저해해야 한다. 부주의의 증상은 과제나 놀이 활동을 할 때 주의를 유지하기 어려우며, 숙제를 끝마치기 어렵고, 과제 조직의 어려움, 또는 쉽게 주의가 흐트러지는 행동 등을 포함한다. 과잉행동과 충동성의 증상은 잠시도 가만히 있지 못하거나, 부적절하게 계속해서 움직이는 것, 과도하게 수다스러운 것, 순서 기다리기의 어려움 등으로 나타난다. ADHD를 진단하기 위한 명확한 검사가 있는 것은 아니며, 많은 다른 문제(불안, 외상, 우울, 학습 장애)도 ADHD와 유사한 증상을 가지고 있다. 따라서 놀이치료사는 진단과 치료가 적절한지 확인하기 위해서 다른 전문가들 그리고 가족과 긴밀한 협조 체계를 이루어야 한다.

앞서 기술한 것처럼 ADHD의 증상은 꽤 다양하고 연령에 따라 다르게 나타나기 때문에 함께 작업하기에 가장 복잡한 장애 중 하나이다. ADHD는 증상의 특성에 기초하여 DSM-5의 규준에 맞춰 세 가지 형태로 진단될 수 있다. 부주의 우세형, 과잉행동-충동성 우세형, 혼합형이다. ADHD 증상은 모든 환경에서 아동의 상호작용에 영향을 미치며, 결과적으로 ADHD 아동은 연령에 적합한 방법으로 상황적인 요구에 맞추는 데 실패하게 된다(Imeraj et al., 2013). ADHD 아동은 전형적으로 집, 학교, 지역사회에서 또래와의 상호작용, 학업적 수행, 일반적인 적응 등에서 어려움을 경험한다. 그들의 행동은 종종 부모와 교사에게 알 수 없는 수수께끼처럼 난해하다. 그들의 일상적이지 않고 예측 불가능한 행동은 생활 속에서 더 많은 스트레스를 만들어 내며, 이러한 문제가 단지 동기와 욕구만의 문제라는 잘못된 믿음을 이끌어 낸다.

ADHD 증상들은 매일매일의 일상적 상호작용에서 의미 있고 만연된 어려움을 일으킨다. 일상생활에서 그들에게 주어진 가족, 사회, 그리고 학업적인 요구들은 주로 부모에 의해 결정되고, 만들어지며, 유지된다(Goldstein, 2002). 그러나 아동이 하루에 6시간이나 머물게 되는 초등학교에 입학하게 되면, 부모(가족 중 성인)의 개입이 영향을 미치기 어렵게 된다. 교사가 이러한 장애의 증상들을 항상 이해할 수는 없다. 학교에서 문제가 발생되면, ADHD의 증상이 장애로서 이해되기보다 아동이 보이는 '나쁜 행동'에만 관심이 집중된다. ADHD 아동은 이유도 모르고 어떻게 적절하게 대처해야 할지도 이해하지 못한 채 어려움을 느끼기 시작한다. 게다가 ADHD는 아동의 성격형성과 인지적 기술에 부정적인 영향을 주어, 다양한 상황에서 부정적인 피드백을 받는 결과를 가져오게 한다(Barkley, 2012). ADHD 아동은 이것이 자신의 기능에 미치는 영향을 이해하지 못한다. 부모는 학교나 다른 가족으로부터 치료적 도움을 받으라는 이야기를 듣게 되고, 아동은 이러한 부모에 의해 치료에 의뢰된다. 아동은 대체로 이런 문제에 대해 선택의 여지가 없다.

다양하고 많은 치료적 개입방법 중 놀이치료는 아동의 자신감과 자존감을 높이며, 기술 결함을 개선하기 위해 아동과 직접적으로 작업한다. 또한 놀이치료는 관계의 맥락에서 놀이의 치료적 힘을 이용하여 아동의 심리적인 어려움을 치유한다. 기술의 부족으로 인하여 수년간 가족, 친구, 교사들로부터의 적절한 요구를 맞추는 데 실패하고, 부정적인 피드백과 부정적인 강화를 받아 온 아동들은 분명히 놀이치료를 통해 변화를 경험할 것이다. 놀이치료사들은 이러한 장애의 핵심적인 증상을 이해해야 할 뿐 아니라, 아동과 가족에게 발생하는 의미 있는 이차적인 영향들을 고려해야 한다(Barkley, 2012; Kaduson, 2000). 놀이치료는 아동에게 그들의 존재 자체로 수용받을 수 있는 안전한 공간을 제공하며, 자유롭게 대처기술을 배우고 자신감을 느낄 수 있도록 돕는다.

부모는 치료의 촉진을 위해 아동의 행동을 이해하고 조율하는 방법과 그들의 요구를 지지하는 방법을 배워야 한다. ADHD를 위한 다차원적 접근에는 ADHD의 진단과 치료에 대한 사실에 근거한 부모교육도 포함된다. 부모 훈련은 매주 이루어지며, 의학적 의뢰(필요한 경우), 교실에서의 개입, 교사 상담, 아동에 대한 사회적 기술 훈련과 개별놀이치료—놀이 기술과 대처 방법을 배울 뿐 아니라 장애의 특성을 이해하는 것을 돕기 위한—와 병행된다. ADHD 아동과 ADHD가 아닌 아동의 학습 행동을 비교한 연구를 살펴보면, ADHD 아동은 높은 수준의 자기조절, 정보처리, 동기 등이 요구되는 과제에서만 의미 있게 덜 집중하는 것으로 나타났다(Imeraj et al., 2013). 또한 아동의 과제수행에서의 어려움은 놀이 기술에도 영향을 주어, 심리적 어려움을 처리하기 위한 놀이의 정서적 · 치료적 가치를 손상시키기도 한다.

부모는 아동을 지지하는 방법에 대해 안내를 받을 필요가 있으나, 모든 부모가 이러한 기능을 잘 수행할 수 있는 것은 아니라는 점을 염두에 두어야 한다. 놀이치료사는 부모에게 그들 자녀가 가진 각각의 특별한 요구에 대해서 교육해야 하며, 노력의 가치를 이해하도록 도와야 한다.

임상적 적용

ADHD 아동들과 작업해 오는 동안, 가장 보람 있었던 일은 아동이 스스로 자신의 장애에 대처하면서 치료 과정을 능동적으로 시작하는 데 성공하고, 이를 통해 성취감을 느끼는 것이었다. 이 아이들은 다른 사람들로부터 긍정적인 반응을 받아 본 적이 거의 없었기 때문에, 판단 내리지 않고 있는 그대로 자유로울 수 있는 환경에 그들을 있게 하는 것 자체가 치료 과정의 시작이 된다. 다른 아이들은 치료 상황이 아니어도 이러한 환경을 경험할 수 있을 것이다.

ADHD 아동을 위한 놀이치료는 이론과 기술의 조합이 필요하다. 인지행동적 치료와 행동치료는 많은 ADHD 아동에게 성공적이었고(Antshel, Faraone, & Gordon, 2012; Curtis, Chapman, Dempsey, & Mire, 2013; Miranda, 2000), 여기에서 몇몇 응용 접근법이 파생되었다. 인지행동 놀이치료(Cognitive-Behavioral Play Therapy: CBPT; Knell & Dasari, 2009)는 아동이 더 적응적인 대처 기술을 습득하는 데 초점을 맞춘다. 놀이치료는 아동에게 어떤 식으로 행동하라고 이야기하거나, 바람직한 행동에 대해 책을 읽게 하는 것이 아니라, 실제의 행동을 통해 대처하는 방법을 배울 수 있게 한다. ADHD 아동들은 사회적 · 정서적 성장이 또래친구들보다 1/3정도 뒤처진다(Barkley, 2013). 놀이치료는 놀이를 통해 더 쉽게 표현하고 관계 맺는 것을 배울 수 있는 10대의 아동까지 연령에 따른 적절한 수정을 통해서 사용될 수 있다(Kaduson, 2006).

치료를 시작하기 위해 놀이치료사는 부모와 단독으로 초기 상담을 실시해야 한다. 이것은 치료사가 치료에 영향을 줄 수 있는 문화적 차이, 가족 역동, 선행된 치료력, 생물학적인 요소 등을 확인하기 위한 중요한 과정이다. 「아동 · 가족 인터뷰 질문지(The Child and Family Interview Questionnaire)」(Kaduson, 2006)는 이 과정에서 모든 필수적인 정보를 얻는 데 도움을 줄 수 있을 것이다.

다음 단계는 내가 치료적 접근에서 중요하게 여기는 부분 중 하나이다. 나는 아동의 의지가 치료에 필수적인 부분이라고 여기기 때문에, 초기면접 이후에 아동이 치료실에 다시 오고 싶어 하지 않을 경우, 다른 치료사에게 의뢰를 권유한다는 것을 부모에게 미리 이야기한다. 이러한 간단한 과정은 치료사가 그들을 돕기 위해서 그들의 욕구를 존중한다는 것, 그리고 부모 또한 아동의 의견을 존중해야만 한다는 것을 부모가 알게 한다. 나는 아동과의 초기면접이 끝나기 전에 아동으로 하여금 치료실에 다시 오고 싶게 만드는 것이

나의 의무라고 생각한다. ADHD 아동들은 많은 어려움을 가지므로, 놀이치료사는 그들이 이해하고, 배우고, 탐색하며, 치료하는 데 있어서 완전하게 안전한 장소가 되어 주어야 한다.

다음 회기는 아동과의 초기면접인데, 놀이치료사는 아동에게 교사, 부모 또는 다른 권위 있는 인물들과는 다르게 행동하도록 노력해야 한다. 놀이치료사는 아동의 언어인 놀이를 통해 훈습을 돕는 안내자이다. ADHD 아동은 놀이에 대한 집중과 추적 반응과 같은 치료사의 도움 없이 하나의 놀이 주제를 집중하고 유지하는 것이 매우 어렵다. 주의집중 유지의 어려움은 아동이 스스로 문제에 대한 해결책을 찾거나 훈습하는 것을 매우 어렵게 한다. 게다가 ADHD 아동은 어른들로부터 과도한 훈련과 비난을 받은 경험이 많기 때문에, 자신에게 능력이 있다고 느끼지 않으며, 작은 도전에도 쉽게 포기한다.

아동과의 초기면접은 청각적인 처리과정과 주의폭, 소근육 운동 기술, 불안, 과잉행동을 평가하기 위해 매우 구조화되어 있어야 하며, 도전적이 되어서는 안 된다. 아동이 치료실 환경을 편안하게 느끼도록 치료사는 가볍고 따듯한 태도를 유지해야 한다. 나는 보통 가족화 그림과 게스후 게임을 사용하여 아동의 능력을 평가한다. 이 게임은 보통 청각적인 처리, 주의폭, 그리고 의사소통 능력을 평가하는 데 사용할 수 있다. 나는 아동과 게임을 할 때, 치료사가 이기지 않을 것, 그리고 초기 불안이 가라앉도록 최소 세 번 정도 게임을 할 것을 권유한다. 이 게임이 끝나면 놀이치료사는 자기통제를 위한 몇 가지 게임(예: Rebound game)을 더 제시할 수 있다. 다시 말하지만, 나는 아동이 게임에서 자기통제를 어느 정도 할 수 있는지 보기 위해 몇 번의 게임을 진행하는 동안 치료사가 이기지 않을 것을 권한다. 게임은 빠르게 진행되기 때문에 아동이 지루해하지 않고, 도전적으로 느끼지도 않을 것이다. 각각의 활동은 아동의 계획 능력, 자기통제 능력(실행능력)의 수준을 평가하도록 도와준다. 초기면접이 끝날 때쯤에 놀이치료사는 아동이 다시 치료실에 오기를 원하는지 아닌지 쉽게 알 수 있으며, 대부분의 경우 아동은 다시 오기를 바랄 것이다.

매주 진행되는 회기들은 **부모를 위한 집중 교육/훈련** 10분을 포함하여 구조화되며, 이 시간은 그들 자녀에 맞춰 특별하게 이루어진 교육을 위한 시간이다. 이때 모든 다른 코멘트와 정보들은 보이스메일이나 이메일을 통해서 주고받으며, 이 10분 동안은 문제를 해결하는 데 집중한다. 이와 관련된 연구들을 살펴보면, 이러한 협력적인 부모훈련은 특히나 자녀가 학령전기일 경우 더욱 바람직하다는 것을 보여 준다(Charach et al., 2013). 치료에 부모를 포함시키는 것은 치료 효과의 일반화를 위한 최선의 선택이다. 매주 시행되는 아동 회기는 **구조화된 지시적 접근** 부분과 **아동 중심적**으로 이루어지는 부분을 포함한다. 구조화된 시간에는 치료사의 전략에 따라 분노를 이완하고 감정을 언어화하는 기회를 가진다. 아동중심적 접근 시간 동안 아동은 자신의 정서적 어려움을 표출하기 위해 놀이실을 사용할 수 있다. 놀이치료사는 또한 자기통제를 가르치고 주의폭을 늘리기 위한 놀이 기술들을 사용한다.

놀이치료사는 각각의 놀이회기가 어떻게 구조화되어야 하는지, 그리고 어떻게 치료를 아동중심적으로 유지할 수 있는지에 대한 전반적인 통찰을 가지고 있어야 한다. 치료사가 지시적이든 비지시적이든 주의폭의 증가, 자기통제력 향상, 좌절에 대한 이완 등의 일련의 목표들은 모두 놀이가 가진 치료적 힘으로부터 나온다. 놀이치료사는 항상 아동이 문제를 직접 숙달하거나 혹은 조절하기 위해 훈습하는 놀이를 지속할 수 있도록 도울 준비가 되어야 한다.

전략과 기법

아동중심놀이치료에 집중하면서 동시에 다양한 기법과 전략을 통합하는 능력은 많은 놀이치료사가 관계를 형성할 때 이미 가지고 있는 기술일 것이다. 놀이치료사는 각 회기마다 주제를 제시하지는 않지만, ADHD 아동의 어려움을 돕기 위해 즐거움과 재미를 유지하면서도 몇몇 기법을 놀이에 투입시킬 준비가 되어 있어야 한다.

다음의 기법들은 ADHD 아동이 자신의 정서적 어려움을 해결하기 위한 놀이를 유지하도록 돕는다. ADHD 아동에게 주요한 어려움은 짧은 주의폭, 충동성, 과잉행동, 그리고 파괴적인 행동과 분노이다. 지시적인 놀이치료 개입은 각 회기의 짧은 시간 동안 통합된 다음, 필요한 경우 비지시적인 형태로 전환될 수 있다.

시간 내에 마치기(주의폭 향상을 위해)

- **준비물**: 포커칩 30개, 색칠하기 책, 초시계, 크레파스

시간 내에 마치기(Beat the Clock)는 회기 내에서 아동의 **주의폭을 향상**시킬 수 있는 간단한 기법이다. 놀이치료사는 아동에게 게임과 유사한 활동들을 소개하고, 마지막에 보상을 받을 수 있다고 이야기한다. 먼저 놀이치료사는 아동이 색칠할 수 있는 적절한 공간

을 가진 단순한 꽃이나 디자인을 그린다. 치료사는 아동의 주의폭의 기초선을 결정하기 위해 첫 번째 라운드를 실시한다. 아동은 10개의 포커칩을 받은 후 색칠을 시작한다. 대부분의 아동은 이러한 과제에 매우 충동적일 것이기 때문에 "색칠을 하는 동안 다른 곳을 쳐다보거나 멈추지 말고 과제에만 집중해야 해. 만일 네가 성공하면 10개의 칩을 더 받을 수 있단다. 세 번의 라운드가 끝나고 마지막에 칩이 25개 이상이면 상을 받을 수 있어."라고 이야기한다. 단, 게임이 시작되기 전에 어떤 질문에라도 대답을 해 주어야 한다(아동이 게임의 규칙이 어떤 것인지 완전히 이해하지 못했다고 생각해야 한다. 비록 안다고 할지라도). ADHD 아동이 규칙이 있는 행동을 하는 데 어려움이 있다는 것을 기억해야 한다. 그러므로 잘못 해석될 여지를 남겨 두어서는 안 되며, 질문을 대수롭지 않게 넘기지 말고, 방법을 반복해서 이야기해 주어야 한다. 첫 번째 라운드는 대략 30초 정도 실시하며, 두 번째 라운드도 유사한 시간을 설정한다. 아동이 집중하는 것을 돕기 위해 주의집중을 잘하고 있을 때 칭찬하는 등의 방법을 사용하는 것이 중요하다. 아동이 주의가 분산되거나 다른 곳을 쳐다볼 때는 포커칩을 하나씩 제거하고, 다시 집중할 때는 칭찬한다.

아동은 총 세 번의 시도 동안 몇 개의 포커칩을 잃을 수 있지만, 자신이 무엇을 해야 하는지 이해한다면 상을 받을 수 있다. 아동에게 기대를 표현하고, 아동이 성공했을 때 기쁨을 표현하는 것이 좋다. 치료사는 아동에게 시간이 30초라는 것을 이야기할 수도 있다. 그러나 너무 많이 주의가 흐트러질 때는 "자, 됐다."라고 이야기하는 것이 최선이다(정해진 시간이 다 되지 않았다 하더라도). 그러고 나서 다음 10개의 칩을 주고, 다음 라운드를 시작한다. 훈련은 매주 짧은 시간 동안 이루어지며, 아동의 능력에 따라 몇 초나 몇 분의 시간 제한이 늘어날 수 있다. 새로운 기술을 훈련하기 위해 시간이 지날수록 더 많은 성공을 할 수 있도록 해야 하며, 아동의 '근접 발달 영역'(Vygotsky, 1978) 내에서 훈련이 이루어져야 한다. 아동이 총 25개 이상의 칩을 획득하면(세 라운드가 모두 끝나고), 치료사의 보물 상자에서 상을 선택할 수 있다.

전략적 보드 게임(충동성 감소를 위한)

- 준비물: 트러블 게임 또는 쏘리 게임

전략적 보드 게임은 집단에서 과잉활동성을 감소시키고, 자기통제를 향상시킨다는 연구결과들이 있다(Kaduson, 1993). 많은 아동은 트러블 게임이나 쏘리 게임와 같은 보드 게임과 친숙하다. 트러블과 같은 게임의 사용은 치료사가 아동의 **충동성을 감소**키는 것을 도울 수 있게 해 준다. 보드 게임은 자신의 순서를 기다리고, 게임에 집중하며, 말을 움직이기 전에 생각하는 것이 필요하다. 치료사들은 자신의 의지대로 게임에서 이기거나 질 수 있을 만큼 게임과 친숙해야만 한다. 우연 게임은 치료적 매개로서 장점이 없다. 보드 게임 실시를 위해 치료사들은 게임을 소개하고, 아동이 자신이 원하는 대로 말의 색깔이나 영역을 선택할 수 있도록 한다. 치료사는 색깔을 먼저 결정해서는 안 되며, 만일 아동이 결정하지 못하고 망설인다면 아동이 스스로 선택해야 한다는 것을 이야기해야 한다. 그러고 나서 치료사는 자신의 선택 차례가 되었을 때 게임의 규칙에 대해서 이야기하거나 또는 게임을 시작할 때 규칙을 읽을 수도 있다. 친숙한 보드 게임을 사용하는 목적은 가능하면 규칙을 읽는 것을 피하기 위해서이다. ADHD 아동들은 청각적 처리의 어려움이 상당하기 때문에(Lucker, 2007), 치료사는 게임을 하는 동안 아동의 행동을 관찰하면서 아동이 정보를 받아들이는 방법에 맞게 조율해야 한다. 자기통제 능력을 훈련하기 위해서, 치료사는 단지 자신의 순서에서만 말을 움직이는 방법에 대해 소리 내어 이야기하는 방법을 사용할 것이다. 이러한 언어화는 아동에게 위협적이거나 압박감 없이 전략적인 방법을 보고 들을 수 있게 해 준다. 대부분의 경우 아동은 순서 기다리기, 말을 움직이기 전에 전체 둘러보기 등을 모델링하기 시작할 것이고, 자기통제력이 향상될 것이다. 이 게임에 숙달되고 나면, 자기통제 능력이 일관적으로 나타나고 일반화 될 수 있도록, 다른 전략적인 게임들을 할 수 있다.

리바운드(더 높은 수준의 자기통제 발달을 위해)

• **준비물**: 리바운드 게임(Rebound, by Mattel)

리바운드 게임은 아동이 더 **발전된 자기통제**를 습득하도록 돕는 데 유용하다. 왜냐하면 이 게임은 플라스틱 보드판 위에 미끄러지는 공이 두 개의 고무밴드에 부딪혀 목적지에 도착하도록 해야 하기 때문이다. 우선, 이 게임은 매우 도전적이어서, 다시 말하건대 치료사가 자신의 의지대로 게임에서 이기거나 질 수 있어야 한다. 나는 아동이 이 게임에서 지는 것은 치료 전략에 부정적으로 영향을 미칠 것이라고 생각한다. 최선의 전략은 아동이 게임에서 지는 것에 대한 두려움을 둔감화시키기 위해서 한 점씩을 얻거나 잃으면서 동점을 유지하기 위해 노력하는 것이다. 이 게임은 아동이 흥미를 보이는 만큼 길게 할 수 있고, 아동이 이기는 경험이 많을수록 아동은 재미있게 게임을 지속하기를 원할 것이다. 따라서 아동이 게임에 참여하기 전에 연습할 시간을 주는 것이 좋다. 연습시간 동안 치료사는 아동이 조절하는 모습이 나타났을 때 칭찬해 주며, 잘 안 미끄러지거나 보드로부터 떨어지는 것 등 부정적인 상황을 최소화해야 한다. 예를 들어, "조절을 엄청 잘 하는구나." "내 생각엔 네가 조절력을 잃은 것 같아." "좋은 생각이네." "와우. 너무 빨라, 그냥 지나치겠어." 같은 이야기들은 아동이 자신의 통제력을 스스로 인식할 수 있도록 해 줄 것이다.

슬로우 모션 게임(과잉행동 감소를 위해)

- 준비물: 활동 상자(치료사가 만든), 초시계

슬로우 모션 게임(Kaduson, 2001)은 천천히 움직이는 속도와 활동적으로 빠르게 움직이는 속도 간의 차이를 아동이 인식할 수 있게 해 준다. 놀이치료사도 함께 이 게임에 참여하므로 집단 치료나 개별 치료에 상관없이 대부분의 아이가 즐거워하며 참여할 수 있다. 아동에게 초시계의 사용방법을 알려 준 후에 사용할 수 있도록 할 수 있으며, 시계는 60초로 설정을 맞추어 놓는다. 여러 가지 행동이 적힌 상자를 준비한다(예: 농구 슛하는 자세 취하기, 책 페이지 넘기기, 이 닦기 등). 그러고 나서 치료사는 카드를 한 장 꺼내 천천히 행동하는 것을 시범을 보여 아동이 모델링할 수 있도록 한다. 또 느리게 하는 것이 얼마나 어려운지에 대해서 이야기하거나 다소 우스꽝스럽게 표현할 수도 있다. 행동의 속도를 느리게 하기 위해서 필요하다면 소리나는 기계나 메트로놈이 사용될 수도 있다. 과잉행동을 하는 아동들이 항상 그런 것은 아니지만 그들은 빠르고 느린 행동 간의 차이에 집중하는 것이 어렵다. 그러나 그들이 과잉행동을 했을 때는 일반적으로 부정적인 주의를 받을 것이다("앉아 있어라." "천천히 해라." "그만 움직여라." 등등). 첫 번째 행동이 끝나면, 이번에는 놀이치료사가 스톱워치를 들고 아동이 상자에서 카드를 뽑는다. 만일 카드에 적힌 행동이 아동에게 너무 어려우면, 아동이 할 수 없다고 느끼지 않도록 시간이 늘어났다고 말해 줄 수 있다(60초가 지나기 전에).

달걀 던지기(분노/불안의 이완을 위해)

- 준비물: 놀이용 달걀[Splat Eggs by Oriental Trading Company(속에 물과 고무 노른자

가 있는 고무로 된 계란, 없다면 젖은 페이퍼타월이나 점토공)], 화이트보드, 9~11인치 정도의 라텍스 풍선, 페이퍼타월

ADHD 아동을 위한 가장 알려진 기법 중에 하나가 달걀 던지기(splat eggs)일 것이다. 놀이치료사와 아동은 각각 하나씩 장난감 달걀을 가진다. 치료사는 자신이 싫어하는 것을 이야기하면서 화이트보드에 달걀을 던짐으로써 이 게임의 방법을 설명할 수 있고, 다음 차례를 위해 보드에서 달걀을 치운다. 아동에게 압박감을 주지 않도록 너무 세게 달걀을 던지지 말아야 한다. 이 시범은 단순히 아동에게 게임하는 방법을 알려 주기 위함이다. 아동 차례가 되었을 때, 먼저 화가 난 일에 대해 말하고 달걀을 던지도록 한다. 만일 달걀이 보드에 맞지 않으면 "와우, 너는 진짜 그게 싫은가 보구나. 화이트보드에 맞을 때까지 다시 그것을 던져야 하거든."이라고 말할 수 있다. 만일 달걀을 던졌을 때, 달걀이 깨지면(많은 아동이 바라는 것처럼), 달걀의 겉부분 가죽을 '이상한 보관 상자(아동이 터진 달걀을 천장에 던지기를 원하지 않을 때 넣어놓는 박스, 분노를 집에 가져가지 않고 사무실에 보관하기 위해 넣어 놓는 곳)'에 넣거나, 혹은 천장을 향해 높이 던지면서(시간이 흐르면 던진 고무 가죽이 딱딱해진다) 달걀이 터진 것을 축하한다.

놀이용 장난감 달걀이 깨지면, 물이 흐르고 노른자가 밖으로 나오게 된다. 이때 노른자를 이용하여 '흔들리는 풍선(shaky balloon)'을 만들 수 있는데, 이것은 이후에 과잉행동에 대한 표상으로 이야기 나눌 수 있다. 아동은 치료사의 도움을 받아 노른자를 풍선 안으로 밀어 넣고, 풍선을 불어서 묶는다. 이 기법은 아동들이 너무나 좋아해서 때때로 회기 내내 집중하기도 한다. 즉각적으로 분노 혹은 불안에 대한 이완이 느껴진다. 만일 달걀을 던진 이후에 시간이 남아 있다면(개입의 마지막 부분에), 아동이 치료사를 이끄는 비지시적인 시간으로 변환시킬 수 있으며, 치료사는 세션의 마지막까지 아동의 리드를 따르며 정서를 언어화하거나, 반영하고 강화시킬 수 있다.

많은 ADHD 아동이 변화를 계획하거나 예측하는 것을 어려워하므로 종료 5분 전에 알람이 필요하다. 시각적으로 타이머를 사용하는 것도 매우 도움이 될 수 있다. 제한 설정은 치료의 중요한 부분이며 제한이 없이는 어떠한 치료도 가능하지 않다. 놀이치료실이 어떠한 어려움도 훈습할 수 있는 특별하고 안전한 공간으로 유지되도록 후속 작업들이 지속되어야 한다.

임상사례

10세인 Joey는 교사나 또래들에 대한 충동적 반응과 수업 중 과도한 움직임, 주의집중의 어려움, 그리고 파괴적인 행동으로 학교상담사에 의해 치료에 의뢰되었다. 그의 부모인 K 씨와 K 씨의 부인은 아이가 학교에서 학업을 계속할 수 있는지, 그리고 교사가 'Joey와 같은 아이를 다룰 수 있는지'에 대해 고민했다.

K 씨 부부와의 초기면접에서 아동에게 불안과 ADHD에 대한 생물학적 소인이 있음이 나타났다. K 씨는 자신의 어린 시절이 Joey와 비슷했었지만, 규칙을 따르는 법을 알고 있었다고 했다. K 씨의 부인은 자신이 항상 '걱정하는 사람'이었고, Joey에 대한 치료 권고가 그녀의 증상을 더 악화시킨 것 같다고 이야기하였다. 부모 둘 다 집에서 Joey의 행동을 다루는 데 어려움이 있었다. 집에서 어떤 방식으로 훈육을 하며 그러한 훈육이 효과적이었는지를 묻자, 그들은 그 어떤 방법도 효과가 없었다는 데 동의했다. 부모가 이야기한 주호소 문제의 예를 이용하여, 나는 그들에게 ADHD가 가족의 상호작용을 어떻게 방해하는지에 대해 설명했다.

부모가 문제 행동이라고 보고한 행동들은 저녁 식사시간에 아동을 불렀을 때 아동이 한 번에 식탁으로 오는 것과 같은 일상의 규칙에 순응하지 않는 것이었다. 나는 ADHD 아동들이 청각적인 처리과정의 장애, 짧은 주의폭, 느린 인지적 처리, 또는 흥미로운 과제에 대한 과도한 집중과 같은 어려움들로 인해, 처음 한 번의 요청에 순응하기가 얼마나 어려운지를 설명하고 또 강조했다. 또한 이러한 일들이 얼마나 자주 일어나는지 이야기를 하는 과정에서, 부모가 부엌에서 아동을 불렀을 때, Joey는 거실에서 비디오 게임을 하고 있었다는 것을 알게 되었다. 그들은 떨어진 다른 공간에서 다른 일에 몰두되어 있는 아이에게 소리를 지르는 도전을 하고 있었던 것이다. 게다가 그들은 Joey가 한번에 순응할 것을 기대하지 않았기 때문에 반복해서 다른 말들로 아이를 계속 불렀다. 부모의 요구에 따르지 않는 아동의 행동이 반항적으로 보일 수도 있으나, 많은 경우 ADHD 그 자체가 아동의 순응하는 능력을 방해한다는 것을 부모에게 이야기했다. 또한 Joey의 부모는(그들이 진짜로 그것을 원하든 아니든) 아동에게 때때로 장난감을 버리거나 TV 프로그램을 취소하겠다는 협박을 해 왔음을 인정했다. 그로 인해 Joey의 분노가 폭발하면 그들은 실제로 그렇게 하지 않았다. 결과적으로 저녁 시간은 화나고 좌절한 부모가 여전히 저녁 식탁에 없는, 화내거나 우는 아이와 있는 장면으로 끝이 났다.

K 씨 부부와 계속 대화하면서 알게 된 것은 Joey가 반복해서 요구하기 전에 반응했을 때에도 아동에게 고맙다거나 하는 어떤 말도 하지 않았다는 것이었다. 우리는 문제가 되는 상황에 대한 시나리오를 점검하면서, 부정적인 관심이 긍정적인 관심보다 훨씬 두드러졌음에 대해서, 그리고 ADHD의 증상이 어떻게 가정을 지배하고 있는지에 대해 이야기했다. 그리고 몇 가지 시도해 볼 만한 전략을 확인했는데, 그것은 Joey에게 가까이 다가가서 어깨를 살짝 접촉하며 이름을 부르고, 눈맞춤을 하고, 저녁 시간에 대한 5분, 3분, 1분의 '알림'을 주는 것이었다. 또한 유머를 사용하는 것의 긍정적 효과(부모가 극단적 배고픔을 연기하는 것이나 식탁으로 걸어가는 경주를 하는 것)에 대해서도 이야기했다.

초기면접 3일 후에, Joey는 엄마와 대기실에서 기다리고 있었다. 나는 그를 반긴 후에 같이 놀이실을 보러 갈 것을 제안하였다. Joey는 흔쾌히 놀이실로 들어갔고, 그때 아동에게 여기는 특별한 놀이실이고, 그가 원하는 것을 대부분 할 수 있다고, 그리고 결코 청소를 할 필요는 없다고 이야기해 주었다. 나의 이상한 이야기에 혼란스러운 듯 Joey가 왜 그런지 질문했다. 어질러도 되는 것을 허락하는 것은 나의 결정이고, 내가 청소를 할 것이라고 말했다. Joey는 이에 동의했다. 이어서 Joey에게 책상에 앉아서 사람 그림을 그려 보자고 권유했다. 그는 제안에 순응적으로 임했으나, 그림은 세부적인 묘사 없이 완성되었다. 집과 나무 그림도 역시 마찬가지였다. 아동에게 가족 그림을 그릴 것을 권유하였다. 그는 스틱피규어로 그리고 싶다고 하였고, 그렇게 완성하였다. 아빠를 가장 먼저 그렸는데, 실제로는 그가 그렇게 크지 않음에도 상당히 크게 그렸다. 그다음으로는 엄마를 그렸는데, 아빠와는 아주 멀리 그리고 Joey와는 가까운 곳에 서 있도록 그렸다. 그러고 나서 Joey는 자신의 오른쪽 옆에 자신의 강아지를 그렸다. 나는 그가 그린 것을 반영하고 계속할 수 있도록 격려했다.

그림을 다 그리고 나서, 나는 Joey에게 게스후 게임을 아는지 물어보았다. 그는 안다고 했으며 우리는 게임을 시작하였다. 그는 파랑색을 선택하면서 나에게 먼저 하라고 이야기하였는데, 이는 혹시 규칙을 틀릴까 봐 걱정되었거나, 또는 자신이 사회적으로 적절하게 행동할 수 있다는 것을 보여 주고 싶어서였을 수 있다. 내가 먼저 게임을 시작하였고, 아동이 선택한 사람이 여자인지 물었다. 아니라고 대답하여, 나는 여자가 그려진 다섯 개의 창을 보이지 않게 닫았다. 아동도 나에게 내가 선택한 사람이 여자인지 물었고 나는 아니라고 대답했다. 그러자 아동이 상당히 흥분하는 것처럼 보였으며, 게임의 규칙과는 반대로 모든 남자가 그려진 창을 닫고 여자만 남겨 둘 거라는 확신이 들었다. 아동이 그렇게 행동하기 전에 나는 "기억해, 나는 게임판에서 여자가 그려진 창을 모두 닫았어. 나에게는 남자들밖에 없어."라고 이야기했다. 이 말은 아동이 적절한 선택을 하는 데 도움을 주었다. 첫 번째 게임을 끝나 갈 때, 나는 아동이 이길 수 있도록 아동이 지목한 한 사람만 남아 있는 것처럼 행동했다. 아동은 상당히 자신만만해했고, 우리는 두 번이나 게임을 더 했다.

게임이 끝날 때까지 Joey는 제외시켜야 할 사람들을 남겨 두는 등 계속해서 혼란스러워했으며, 청각적인 처리에도 어려움이 나타났다. 또한 하키 게임과 게스후 게임을 하였는데, 이 게임을 선택한 것은 아동이 캠프에서 이것들을 해 봤으며 자신이 캠프에서 가장 잘했다고 이야기했기 때문이다. 나는 아동의 슛이 성공할 수 있도록 만들었고, 비록 아동의 자기조절 능력이 낮은 수준이었긴 하지만 조절이 가능하다는 것을 알게 되었다. 세 번의 하키 게임을 더 했고 그가 승리하였다. 아동이 즐거워한다는 것이 명확했기에, 나는 그에게 지금 놀이하고 싶은지를 물었다. 아동은 뒤로 당겨서 앞으로 가게 하는 자동차 경주를 선택하고는 함께 경주를 하고 싶다고 했다. 나는 이러한 경쟁 상황을 통제할 수 없다는 생각이 들었고, 아동에게 어떻게 게임을 하는지 모르겠다고 이야기했다. 그는 흔쾌히 나에게 방법을 보여 주었는데, 게임 방법은 아동이 자동차가 가는 것을 먼저 보여 주면, 내가 같은 방향으로 자동차를 가게 해야 하는 것이었다. 나는 아동이 계속해서 리드할 수 있도록 일부러 이것에 실패했다. 종료 5분 전 알람을 주자, 아동은 자동차를 떨어뜨리고 차를 타고 있는 군인 몇 개를 집어 들었다. 이것은 동시에 여러 개의 다른 것에 관심을 가지는 그의 놀이와 흥미를 반영했지만, 그는 끝날 때까지 군인들을 가지고 있었다. 초기면접이 끝났을 때, 나는 그와 함께 대기실로 갔고, K 씨의 부인과 다음 약속을 잡았다.

Joey의 치료는 그다음 주부터 시작되었다. 나는 아동에게 엄마와 10분 정도 이야기를 할 것이라고 얘기하고 아동이 놀이방에 있을 수 있도록 준비했으며, 엄마와 이야기할 사무실을 보여 주었다. 나는 초기면접을 통해 아동이 모든 장난감을 꺼내 놓지 않을 정도로 충분한 자기조절력을 가지고 있다는 것을 알고 있었다. K 씨의 부인은 Joey를 저녁식탁에 부르는 데 몇 차례 성공했음을 보고했다. 중요한 것은 그러한 일들이 어렵지 않았다고 한 것과 실제로 Joey가 저녁 시간임을 알 수 있도록 몇 가지 재미있는 방법들로 창의적으로 접근했다는 사실이다. 나는 그녀와 남편이 관찰한 Joey의 좋은 행동들을 구체적으로 기록할 수 있는 '좋은 행동 기록지'를 만들 것을 권유했다(Kaduson, 2000). 그녀에게 좋은 행동들을 기록할 수 있는 태블릿과 K 씨에게 보여 줄 수 있도록 설명이 적힌 종이를 같이 주었다. 나는 아동의 잘못된 행동들만 기억되고, 바람직한 행동들은 얼마나 쉽게 잊히는지에 대해 집중해서 이야기했다. 긍정적인 행동에 보다 더 집중하는 것이 필요했다.

그러고 나서 Joey와 함께 놀이실로 가는 동안, 그가 집에서 했던 좋은 행동들에 대해서 엄마가 엄청나게 칭찬을 많이 했으며, 그것들을 잘 기록해 두기로 했다고 이야기해 주었다. 그는 이에 대해서 별다른 말을 하지는 않았고 우리가 같이 놀 수 있는지에 대해서 물었다. 나는 아동에게 먼저 '시간 내에 마치기'라는 게임을 할 것이고, 게임이 끝날 때에 상을 받을 수 있을 것이라고 이야기했다. 아동에게 10개의 칩을 주었고, 아동은 그림을 색칠하기 시작했다. 건성으로 색을 칠하긴 했으나 꾸준히 했고 그가 주위를 둘러보기 전까지 대략 1분 정도 집중할 수 있었다. 제한을 1분으로 정했기 때문에, 그에게 10개의 칩을 더 주었다. 그는 자신이 상을 받을 수 있을 것이라는 것에 매우 좋아했다. 두 번째 시도에서도 1분의 시간을 설정했는데, 끝날 때까지 두 번 주의가 흐트러졌기 때문에 두 개의 칩을 빼앗겼다. 그러나 그가 그림에 집중한 것을 칭찬하자 미소를 지었다. 세 번째 시도에서는 Joey가 색칠하는 것을 지루해 하기 시작했기 때문에 주의 집중하는 것을 어려워했다. 그러나 아동은 끝까지 색칠을 했고, 포커칩으로 보상을 받았다. 그리고 그가 원하는 상을 고르기 위해서 보물 상자를 보여 주었다.

Joey가 그 회기의 3분 동안 주의를 집중하는 것을 어려워했기 때문에, 나는 달걀 던지기 게임을 소개했다. 설명하는 동안 아동은 나를 보았는데, 너무 흥분해서 기다릴 수가 없는 것처럼 보였다. 내가 이야기한 첫 번째 주제는 '숙제'였고, 그는 자신이 싫어하는 것을 말하는 데 어떤 어려움도 없었다. 놀이치료가 아동이 학교를 다니는 기간 동안에 이루어졌고, 학교에서 그를 의뢰했기 때문에, 그 주제는 매우 적절해 보였다. 아동은 '시험'이 싫다고 이야기하며 칠판에 달걀을 던졌다. 달걀이 납작해졌다가 다시 모양을 회복하자, 그는 매우 흥분해서 다시 그것을 던졌다. 내 순서가 없어졌기 때문에, 아동은 화가 나는 감정에 대해 다시 이야기해야 했는데, 그는 친구들이 자신에게 못되게 구는 것, 일기나 독후감 쓰는 것, 그가 하지 않은 일 때문에 혼나는 것, 선생님이 수업 중에 그에게 책을 읽으라고 하는 것, 부모님이 계속해서 뭔가를 하라고 하는 것, 아침에 일찍 일어나서 학교 가는 것이 싫다고 이야기했다. 그가 마지막 달걀을 던졌을 때, 마침내 달걀이 터져서 물이 바닥에 흘렀다. 이것은 매우 즐거운 상황이었으며, 아동도 이 상황이 자신의 잘못이 아니라는 것을 아는 것 같았다. 처음에 달걀이 깨졌을 때는, 시작 전에 달걀이 깨질 수도 있다는 것을 미리 알려 주었음에도 불구하고, 그것에 대해서 상당히 걱정을 하였었다. 아동에게 그것을 천장에 던질지 아니면 보관 상자에 넣을지 물어보았다. 그는 천장에 던지는 것을 선택했고, 다른 달걀을 또 던져도 되는지 물었다. 아동은 회기의 마지막까지 이 활동을 지속하였고, 회기가 끝났을 때쯤에는 긴장이 줄어든 것 같았다.

다음 회기 역시 첫 회기와 동일하게 진행되었고, Joey의 엄마가 작성한 '좋은 행동 기록지'가 잘 진행되었는지 체크하기 위해 확인하는 시간을 가졌다. 그녀는 아이가 아침에 제시간에 일어나지 않았을 때, 잘한 일을 적기가 어려웠다고 이야기했다. 아동이 매일매일 학교에 간 것은 그가 일어난 것이기 때문임을 상기시켰다. 그녀에게 목록을 작성하는 것을 계속할 수 있겠는지 물었고, 그녀는 다시 해 보겠다고 했다. 그러고 나서 그녀에게 질문이나, 지시, 평가를 하지 않고 아동이 원하는 것을 하면서 하루에 10분 동안 놀이 시간을 갖는 것에 대해 이야기했다. Joey가 농구하는 것을 좋아했기 때문에, 그녀에게 활동에 함께 참여하고 그에게만 집중하는 것에 대해 설명했다.

Joey와 놀이실에 들어갔을 때, 그는 달걀 던지기 게임이 어디에 있는지 물었다. 나는 '시간 내에 마치기'를 먼저 하고, 달걀 던지기를 하기 전에 더 재미있는 것을 할 수도 있다고 이야기했다. 아동은 상을 받기를 원했기 때문에 이러한 제안을 수긍했다. 이번 회기에는 아동의 수행이 훨씬 더 나아졌고, 1분 30초 정도로 주의력이 증가되었다. 아동은 제한을 알고 있을 때 더 잘 집중하고 자기통제를 더 잘 하는 것 같았다. 그는 단지 한 개의 칩만을 잃었고, 상을 받았다.

이번 회기에 나는 그에게 리바운드 게임을 소개했다. 아동은 이전에 이 게임을 한번도 해 본 적이 없었기 때문에, 시범을 보여 주고, 아동이 연습 시간을 가질 수 있도록 했다. 그가 첫 번째 공을 미끄러뜨렸을 때 목표지점에 도달하지 못했는데, 나는 대부분의 사람이 그렇다고 반영해 주었다. 두 번째 시도에서는 너무 빨랐는데, 이때에도 처음 이 게임을 하는 사람들에게는 일반적인 것이라고 말해 주었다. 그는 10번 정도의 시도부터 더 조절된 통제력을 보여 주기 시작했다. 나는 그의 속도를 조절하는 능력과 재미있는 것을 쉽게 배울 수 있는 점에 대해 칭찬했다. 그러자 그는 나에게 함께 하자고 했고, 다섯 번의 게임을 했다. 그는 처음 네 번을 이겼고, 나는 마지막 한 번을 이겼다. 그는 졌을 때도 괜찮아 보였고, 모든 게임에서 자신이 대부분 이겼다고 이야기하였다.

그 이후에 달걀 던지기 게임을 하였는데, Joey는 막힘없이 자신이 싫어하는 것을 이야기하기 시작했다. 나는 이 게임에는 참여하지 않았다. 그러나 그가 얼마나 잘 던지는지, 속도와 강도, 특이하게 날아가는 달걀 등등에 대해 언급하며 강화해 주었다. 두 번째 회기 동안 그는 이미 자신이 싫어하는 많은 것에 대해 이야기할 준비가 되어 있었다. 첫 회기에 이야기한 것보다 많지는 않았으나 싫어하는 것들에 대해 더 자세하게 설명을 하였으며, 특히나 자신을 괴롭히는 아이들에 대해 구체적으로 이야기를 하였다. 나는 그의 감정을 반영하였고, 아동은 학교에서 일어나는 일에 관하여 더 자세하게 표현하기 시작하였다. 하루 종일 앉아 있는 것, 이미 한 것을 다시 반복하는 것, 그리고 과제를 완성했지만 제출하는 것을 잊어버렸을 때가 가장 싫다고 이야기하였다. 그는 학교로 인해 자신이 얼마나 상처받고 있는지를 매우 빠르게 쏟아 내었다. 나는 그의 좌절감과 실망감을 반영해 주었다.

아동이 두 개의 달걀을 터뜨린 후에, 하고 싶은 다른 것은 없는지 물어보았다. 그는 군인들을 가져왔고, 은유를 통해서 감정이 반영될 수 있을 정도로 놀이가 확장되었다. 그는 한 명의 작고 상처받은, 그렇지만 싸움에서 결코 포기하지 않는 군인을 가졌으나, 사악한 적들을 공격하도록 통제할 수 있는 컴퓨터를 얻기 위해서는 많은 도움이 필요했다. 놀이하는 동안 소리 효과를 더하는 것은 아동이 더 잘 몰입할 수 있게 해 주었고, 5분 알람을 준 이후에도 아동은 놀이를 지속하였다.

대략 3개월(12회기)의 회기 동안 매주 특별한 주제에 맞춰진 부모교육이 이루어졌으며, Joey는 내가 엄마와 이야기를 나누는 동안 자신의 군대를 준비시킬 시간을 가졌다. 그는 어느 누구도 자신과 진정으로 대화하지 않는다는 것, 그리고 뭔가 자신이 다르다는 느낌에 대해 훈습하기 시작했고, '시간 내에 마치기' 게임에서 세 번의 시도만에 5분까지 주의폭을 늘릴 수 있었다. 5분은 아동이 숙제를 끝내기에 충분한 시간이었기 때문에 그는 더 성취감을 느끼기 시작했다. 매주마다 치료의 마지막에 달걀 던지기 게임을 하면서 싫어하는 더 많은 것들을 표현하였다. 리바운드 게임을 하는 동안 Joey의 자기조절능력은 더 좋아졌으며, 자신의 조절력을 아빠에게 보여 주기 위해서 DVD를 찍을 수 있는지 물어볼 정도가 되었다. 그는 스스로를 자랑스러워했고, 부모의 양육 행동에 대해서 분명하게 더 긍정적인 감정을 느끼고 있었다. Joey는 집에서는 더 적절하게 자신의 화를 표현할 수 있었지만, 학교에서는 여전히 비슷한 상태였다. 그러나 그는 교실에서 과잉행동이 줄어들었고, 조절된 행동들을 더 많이 하기 시작했다.

마지막 회기에 Joey와 나는 첫 회기부터 성공한 것들에 대해 생각해 보았다. 그는 더 많은 스포츠 활동에 참여하게 되었고, 그래서 매일매일 연습으로 바쁜 날들을 보내게 되어 종료 회기가 더 빨라졌다. 그는 마지막 회기에 더 많은 달걀을 던지기를 원했다. 그는 여기에 더 이상 오지 않는 것이 싫다고 말하였고, 그때 내가 끼어들어 그가 대단히 잘하고 있는 것, 그리고 그가 원한다면 언제든 다시 올 수 있다는 것을 이야기해 주었다. 그것은 종결로의 이행에 도움을 주는 것 같았다.

결론

ADHD 아동을 위한 치료적 개입의 기본적인 전제는 이들이 충동성과 부주의함으로 인해 성공을 경험하기 어려웠을 것이기 때문에 충분한 성취감을 느끼도록 돕는 것이 필요하다는 것이다. ADHD 아동과의 놀이는 성공 경험을 촉진하며, 아동에게 맞추어진 부모교육 회기를 통해 부모를 안내하도록 돕기 때문에 매우 가치가 있다. 아동의 증상은 놀이실에서 먼저 최소화되며, 그 이후에 전형적인 놀이를 통해 나타나는 아동 자신의 근본적인 심리적 주제를 훈습하기 위해 놀이의 치료적 힘을 사용할 수 있게 된다. ADHD 아동은 일반 아동과 같은 선상에 있다. 비록 그들에게 보이는 전형적인 행동이 더 강렬하고 빈번하며 더 오래 지속될지라도 그들에게도 역시 자신이 경험하는 어려움을 극복하고 훈습할 수 있도록 돕는 놀이가 필요하다. 놀이치료는 ADHD 아동들에게 그들의 생활 속에서 성취감을 느끼도록 하는 능력과 자유를 줄 수 있을 것이다.

제 15 장
불안장애 아동을 위한 필리얼치료

Louise F. Guerney

아동중심놀이치료
불안한 아동과 하는 인지행동치료
불안
불안에 대한 부모의 공헌
불안 다루기
치료에 가족 참여
전이와 일반화 단계
치료사의 역할
임상사례

이 장은 불안장애를 겪는 아동에게 필리얼치료를 적용하는 근거에 대해 다루고자 한다. 이 아동들에게 필리얼치료를 어떻게 적용할 것인가를 다루고 현재 불안장애의 개입에 가장 널리 사용되는 인지행동치료와 비교해 보고자 한다. 이 글을 쓰는 목적은 불안 문제를 가진 13세 이하의 어린이들을 대상으로 하는 심리적 개입 기법으로서 필리얼치료를 제안하기 위해서이다. 두 기법 간 명백한 차이는, 인지행동 치료가 불안의 분명한 행동적 표현을 다루는 반면, 필리얼치료는 아동의 내적 심리 세계를 다루려 한다는 점이다(필리얼치료의 근거와 사용범위를 확장시켰던 1997년 O'Connor와 Braverman의 책 중 제1장 참조). 필리얼치료는 놀이치료사들이 지난 60년간 사용해온 아동중심놀이치료 접근을 사용한다. 필리얼치료는 비전문적 치료사, 가장 중요하게는 부모가 변화의 주체로 기능한다는 점에서만 차이를 갖는다.

아동중심놀이치료

아동중심놀이치료 접근은 아동이 선택한 방식으로 놀이하도록 격려한다. 치료사는 아동의 감정을 수용함과 동시에 이해하고 있음을 강조함으로써 동반된 감정을 전달한다. 아동이 자신의 감정을 통제하거나 억압하도록 하지 않는다. 아동중심놀이치료는 아동이 다뤄야 할 필요가 있는 이슈를 스스로 꺼내고 놀이를 통해 해결할 수 있다고 가정한다. 예를 들어, 등교를 두려워하는 아동은 수행과 평가에 대한 불안을 표상하는 역할 놀이를 할 수 있다. 자신이 희생자가 아니라고 느낄 때까지는 학교와 관련된 것들에 화를 낼 것이다. 그런 다음 아동은 학생을 도와주고 함께 있으면 즐거운 선생님이 되는 단계로 넘어갈 것이다. 아동은 자신을 공포스럽게 만들었던 교실 상황을 놀이함으로써 공포를 감소시키고, 기능적이고 친절한 선생님 역할을 하는 교실 상황 놀이로 이동하는 것이다. 아동중심놀이치료에서 아동은 인지행동치료에서처럼 의식적 수준에서 언어화하거나 불안을 통제하기 위해 직접적 전략을 사용하기보다는 상징적인 방법으로 불안과 숙달감 이슈를 다루게 된다. 이 과정은 오히려 부모나 비전문가와의 놀이과정과 유사해 보일 수 있다.

불안한 아동과 하는 인지행동치료

인지행동치료는 불안, 공포, 그리고 그로 인해 발생되는 행동을 함께 다루도록 권장한다. 인지행동치료사는 부적응 행동을 직접적으로 다룰 수 있다고 믿으며, 아동들이 인지적 방식(예: 자신이 불안을 느끼기 시작했으니 불안을 조절할 수 있는 전략를 사용하자고 스스로에게 말하기; Wood & McLoud, 2008)으로 자신을 통제하도록 돕는 것을 목표로 한다.

인지행동치료사는 프로그램을 운영하면서 과제를 수행하도록 하기 위해 부모의 도움을 받기도 한다(Wood & McLoud, 2008). 필리얼치료도 아동에게 아동중심놀이치료를 제공하는 과정에서 부모와 준전문가와의 작업이 필수적인데 이러한 점에서 인지행동치료나 필리얼치료는 이론적 방향성이 다름에도 불구하고 공통적 요소를 가지고 있다고 할 수 있다. 불안 감소에서 인지행동치료와 필리얼치료가 효과적이라는 경험적 증거들은 각각 존재한다.

이 장에서 인지행동치료와 필리얼치료 각각의 가치에 대해서 비교하지는 않을 것이다. 두 방법 모두 아동/가족 치료사들에게 중요한 개입법으로서 자리 잡고 있으며 하나의 접근에만 매달릴 필요는 없기 때문이다. 임상가 선택의 폭을 넓혀 불안장애로 고생하는 아동을 최선으로 돕고자 하는 것이 이 장의 목적이다.

불안

불안한 아동의 개입에 대해 알아보기 전에 이러한 장애의 발병율과 아이들에게 끼치는 영향을 기술하고자 한다.

불안은 여러 가지 형태를 취한다. 예견된 상황에 참석하는 것이 불편하게 느껴지는 것과 같은 낮은 수준부터 극도의 공황 발작이나 심각한 회피같이 강한 수준까지 범위가 넓다. 구토와 같은 신체화 반응부터 두려운 상황으로부터 탈출을 시도하는 것까지 불안의 증상은 분명하게 드러날 수 있다. 또한 분노나 공격과 같이 외현화 행동의 형식을 취하기도 해서 행동화 증상으로만 다뤄지는 경우도 생긴다. 또한, 불안 요소가 너무 숨겨져 있어서 적절하게 다뤄지지 못할 때도 있다. 그러나 공포와 불안은 외현화 측면 그리고 내현화 측면의 두 가지로 진단이 내려질 수 있다. 불안한 아동은 표면 밑에 하나 혹은 그 이상의 불안을 품고 있다가 실질적인 스트레스를 직면했을 때 외현적으로 드러낸다. 예를 들어, 토네이도로 사는 곳이 고립되는 상상을 하면서 공포스러워하는 아동은 하늘이 검어지거나 바람이 강하게 불면 불안해진다. 토네이도가 발생하지 않을 거라는 사실만으로는 아동의 공포를 가라앉힐 수 없다. 불안을 활성화시키는 스트레스원에는 제한이 없다. 그것은 전혀 위험하지 않은 것부터 명백하게 위험한 것까지 다양하게 분포한다. 예를 들어서, 경증 자폐 영아는 냉장고 문에 매여 있는 타월을 보는 것만으로도 극심한 불안을 나타낼 수 있다.

스트레스원의 제거는 큰 안도감을 제공하기 때문에, 아동들은 자신의 특정 스트레스원을 제거하고자 상당한 에너지를 사용할 것이다. 그러한 행동 때문에 성인은 아동의 불안 문제에 주목하게 된다. 예를 들어, 토네이도를 무서워하는 아동은 방을 떠나는 걸 거부하고 모든 위협이 사라졌다고 확신할 수 있을 때까지 담요 밑에 숨어 있으려고 할 것이다. 이러한 상황에서 성인은 불안이 만들어 내는 무능감을 인식하게 된다. 이러한 행동이 얼마나 자주 발생하는지에 따라 심리적 도움이 요구된다. 어떤 가족은 좀 더 무심해서 다른 가족에 비해 이러한 행동들에 좀 더 수용적일 수 있다. 반면 어떤 가족은 아동을 소아정신과에 데려가고, 또 다른 가족은 그저 그 행동이 커지지 않게 조심할 것이다.

일반적으로 아동들은 교실과 같은 사회적 상황에서 자신의 불안을 숨기거나 위장할 것이다. 그래서 선생님, 상담가, 또래들이 감지하지 못할 수 있다.

이차 불안은 초기 불안을 숨기려는 시도에서 생겨날 수 있다. 예를 들어, 공을 쳐 내지 못해 비난을 받을까 두려운 아동은 야구 게임에 참가하는 것을 피할 것이다. 이러한 형태의 회피는 긍정적 대처 메커니즘으로 보일 수도 있지만 반복적으로 사용되면 아동의 선택을 좁히는 결과를 가져와 결국 또래와의 상호작용에 영향을 미칠 것이다.

수행 불안은 아동과 성인 모두에 있어서 가장 흔한 두려움 중 하나이다. 수행 불안이 중요치 않은 몇 가지 영역에 국한된다면 큰 손상은 아닐 것이다. 불안 상황이 넓은 범위의 자극 및 기능 손상과 관련되어 있다면 문제가 될 것이다. 넓은 범위의 불안은 관련된 상황의 수를 증가시키기 때문에 다루기 힘들어진다.

13세 이하 아동 8명 중 한 명은 불안과 관련하여 진단받는다(Anxiety and Depression Association in America, 2013). 더 나아가 청년 정신건강 조사에 의하면 13~18세 청소년의 8%가 6살 경 발생한 증상으로 인한 불안장애로 진단받는다(National Institute of Mental Health, 2013).

어두움, 특정 동물, 군중, 광대와 같은 특정 대상에 대한 공포는 좀 더 쉽게 개선되기도 한다. 수면 전등을 켜 주거나 공포 대상으로부터 거리를 유지하는 것과 같이 단순한 회피 전략은 일상생활 안에서 다루어질 수 있다. 불안이 이런 종류의 간단한 전략으로 다루어지지 못할 때 임상 개입이 필요해진다. 걸음마기 아동이 개에게 쫓기는 것 같은 단순 트라우마를 경험한 후, 개가 길에 나타나거나 어디선가 개 짖는 소리만 들려도 공포 반응을 보이는 것으로 일반화될 수 있다. 이렇게 복잡하지 않은 스트레스원으로 시작될 때는 개가 나타났던 장소 혹은 개가 나타날 수 있는 장소 등으로 불안해질 순간을 예상할 수 있다. 그러나 불안 때문에 복통같은 신체화 증상을 나타내거나 잠에 들지 못하고 학교에 공포를 드러내기도 하는 등 불안이 아동의 생활을 방해하게 되면 개입이 필요하다. 불행히도, 부모(몇몇 전문가도)가 취하는 가장 흔한 해결책들은 상황을 더 악화시키곤 한다. 개가 해치지 않을 것이라고 확신할 수 있도록 도와야 하는데 오히려 자신을 공포스럽게 만들었던 개를 쓰다듬어 보라고 달래는 것은 더 큰 공포감을 초래할 수 있다. 동반 불안은 성공적으로 개를 쓰다듬어 본다고 해서 사라질 수 있는 것이 아니다. 불안이라는 감정은 개를 쓰다듬는 데 성공하는 것보다 더 강한 것이다.

일반적으로 어린 아동들이 불안과 공포를 경험하는 것은 정상적인 발달 과정이다. 가장 흔한 것은 엄마나 주양육자에 대한 분리 불안이다. 보통은 아동이 감정을 조절할 줄 알게되고, 온전히 의지했던 가족 밖으로 관심이 확장되면서 발달과정에서 정상적으로 느꼈던 불안이 불안장애로 발달하지는 않게 된다. 학령기 아동에게서 나타나는 분리불안장애(Separation Anxiety Disorder: SAD)의 유병률은 4%로 보고되고 있다(Briggs-Gowan, Horwitz, Schwab-Stone, Leventhal, & Leaf, 2000). 분리불안장애 진단을 받으려면 증상이 4주 이상 나타나야 한다.

불안을 다루는 데 있어 더욱 문제가 되는 것은 부모나 성인 자신이 느끼는 불안을 의식적 · 무의식적으로 아동에게 표현한다는 것이다. 예를 들어, 아동의 공포는 엄마가 자신의 불안을 다루기 위해 제공한 보호 행동으로부터 무심코 강화된 것 일 수 있다. 이런 경우 엄마들은 아동의 공포에 대한 자신의 불안을 경감시키기 위해 이러한 도움을 제공하는 것이라고 설명한다.

불안에 대한 부모의 공헌

정신건강전문가들은 부모의 양육 행동이 아동 불안장애의 발생과 유지에 주요 요인이라고 오랫동안 믿어 왔다. 물론 기질이 불안의 전조로서 역할을 할 수 있지만, 몇몇 연구자는 부모의 양육 태도와 개입이 아동 불안의 증가나 감소에 가장 핵심적 역할을 한다는 것은 증명해 왔다. Parpal과 Maccabee(1985)는 아동의 자유 놀이에 덜 침입적인 엄마에게서 크는 아동들이 침입적인 엄마에게서 크는 아동들에 비해 놀이 상황에서 자기 자신을 더 잘 다루며 순응적이라는 것을 보고하였다. Wood(2006)는 Carlson과 Harwood(2003)를 인용하여 다음과 같이 제시한다. "침입적으로 행동하는 부모는 자녀가 독립적으로 해내야 할 과제를 대신해 주고 자녀가 다른 아동들에 비해 미성숙한 수준에 머무도록 만드는 경향이 있다"(p. 43). 침입적인 부모의 행동은 아동의 연령과 발달 단계에 따라 다르다. 걸음마기 아동에게는 도움이 되는 행동이지만 5세 아동에게는 심각한 침입이 되는 것들이 그 예이다. 부모의 침입은 다양한 형태로 발생할 수 있는데 충분히 할 수 있는 나이인 자녀의 옷을 입혀 주거나, 과도한 애정을 표현하거나, 아동의 연령에 적절하지 않은 어휘를 사용하는 것 등이 포함된다.

불안 다루기

아동 및 성인의 불안에 대한 처치는 프로작(Prozac), 졸로프트(Zoloft), 알프라졸람(Xanax)과 같은 약물 치료를 포함한다. 당연히 처방을 받아 이루어지겠지만 그래도 아동에게 이러한 약물을 처방하는 것이 적절한 것인가에 대해서는 여전히 질문이 남는다. 이러한 약물의 효과성과 안전성에 대한 연구는 일차적으로 성인을 대상으로 진행되어 왔기 때문이다(Alavi & Calleja, 2012; Loewit-Phillips & Goldbas, 2013; McCabe, 2009; Wolfe, 2005). 많은 전문가는 아동이 조금 더 적절한 대처 기술을 익히기 전까지 약물 처방이 다리 역할을 해 줄 수 있다고 생각한다. 비의료적이고 심리적인 접근법으로는 인지행동치료가 가장 널리 추천되고 있는 치료 기법이다(AADA NIMH).

아동중심놀이치료사들과 필리얼치료사들은 비지시적 놀이치료를 통해 아동의 불안이 의미 있는 수준으로 감소할 수 있다고 확신한다. 아동중심놀이치료가 아동의 내재화 및 외현화 문제에 성공적으로 적용될 수 있다는 증거는 상당히 많이 있다(Bratton, Ray, Rhine, & Jones, 2005; Guerney & Stover, 1971; 이 책의 제18장 참조).

인지행동치료는 인지행동치료에 참가한 아동의 50%가 더 이상 불안장애 진단을 받지 않을 만큼 호전을 보인다고 주장한다(Wood & McCloud, 2008). 만약 인지행동치료사들이 인지행동치료가 성공적이었다는 것을 보여 주기 위해 사용한 기준을 필리얼치료에 적용한다면 필리얼치료 역시 인지행동치료만큼 성공적이었다는 결과가 나올 것이다.

치료에 가족 참여

불안 관련 치료 시 가족 참여의 효과는 인지행동치료에서건 필리얼치료에서건 분명하다. 놀이치료 관련 메타분석을 살펴보면 치료사가 놀이치료(아동중심놀이치료)를 제공할 때보다 부모가 놀이치료사의 역할을 할 때 효과 크기가 커진다는 것을 알 수 있다(효과 크기 1.15 대 0.80, Bratton et al., 2005). 가족기반 인지행동치료 프로그램은 70%의 긍정적인 반응을 보고하고 있다(Wood & McCloud, 2008).

아동중심놀이치료의 한 변형이라 할 수 있는 필리얼치료의 독특한 특징이라면 부모나 다른 양육자가 아동에게 놀이치료를 제공한다는 점이다. 비전문가를 놀이치료사로 사용하기 위해서는 훈련에 유의해야 하며 전 과정에서 전문치료사가 밀접하게 슈퍼비전을 실시해야 한다. 부모는 놀이 회기를 수행하는 것과 더불어 자기 자신의 감정, 치료사로서의 역할, 자신의 양육 등에 많은 주의를 기울여야 한다. 그래서 부모와 아동 모두가 정서 및 사회적 지원을 받게 된다. Sywulak(1978)에 따르면 필리얼치료 놀이 회기를 시작하기 전에 필리얼치료의 훈련 단계에 참여하는 것만으로도 자녀를 지각하는 방식에서 긍정적인 변화를 경험한다고 보고하는 부모들이 있다. 프로그램에 참여하기 위해 대기해 있는 부모들을 통제 그룹으로 비교했을 때 변화는 상당히 유의미한 것이었다. 이러한 발견으로부터 우리는 훈련 자체만으로도 치료적 효과가 있다는 제안을 하고자 한다.

전이와 일반화 단계

부모 및 양육자를 변화 대리인으로 기능하도록 하는 것에는 몇 가지 이점이 있다. 놀이치료사와 아동 간 라포 형성은 안면이 없는 놀이치료사보다는 안면이 있는 놀이치료사가 치료를 제공할 때 더 빠르게 발생할 수 있다. 놀이 회기 안에서 성립된 성인-아동 관계 간 긍정적인 변화가 가정 생활로 옮겨질 때 비로소 일반화와 전이가 발생하는 것이다. 필리얼 회기는 필요할 때 치료사의 놀이실에서 실시되기도 하지만, 완전한 치료 효과는 일반적으로 가정 놀이 회기에 달려 있다고 할 수 있다. 부모에게 치료사 역할을 부여함으로써 자녀를 돕고 변화를 촉진하는 진실한 부모로 만들어 줄 수 있다. 아동의 행동 변화는 다시 긍정적인 부모 행동 변화를 유도하는데, 이 점은 수년간에 걸쳐 증명되어 온 부분이다(Bratton, 2005; Guerney & Stover, 1971; Landreth & Bratton, 2006).

놀이 회기에서 충분한 향상을 보이면 이렇게 획득된 적절한 기술을 실제 생활에 전이시키고 일반화하는 데 초점을 맞추게 된다. 치료사는 기술의 적용을 확실시하기 위해 이 시기에 충분한 시간을 할애한다.

아동중심놀이치료 회기는 일관된 구조와 제한을 가지고 있다. 자녀를 통제하는 데 어려움을 겪는 부모들은 한계 설정의 명확성과 일관성을 배우면 도움이 된다. 자녀의 감정을 이해하는 데 어려움을 겪는 부모들은 아동중심 접근의 핵심이라고 할 수 있는 공감기술을 배우면 또한 도움이 된다. 놀이 회기에 배웠던 아동과 관계 형성에서의 변화는 가정에서도 부모의 같은 변화를 유발시킨다.

놀이 회기 동안, 부모는 자신의 자녀가 놀이 회기 밖에서 보였던 모습과는 다르게 반응하는 모습을 보게 된다. 좀 더 명확한 제한 덕에, 밖에서는 전혀 협조적이지 않던 아동들이 놀이 회기에서는 순응할 수 있는 능력을 드러낸다. 이러한 전환 때문에 부모는 자녀에 대해 미처 깨닫지 못했던 가능성을 관찰하게 되고 마찬가지로, 자녀도 자신의 부모를 조금 더 긍정적으로 지각하게 된다. 놀이 회기에서 자신의 부모가 자신을 이해하고 융통성 있는 모습을 보이며, 예측가능하고 일관적이라는 것을 인식하면서 아동들은 놀이 회기에서의 엄마, 아빠를 더 좋다고 말하곤 한다.

치료사의 역할

필리얼치료사의 역할은 다면적이다. 부모나 주양육자에게 아동중심놀이치료 기술을 가르치는 것만큼 중요한 것은 놀이치료사로서의 역할을 학습하고 실행하는 것에 대한 부모의 감정과 태도에 민감하고 반응적이어야 한다는 것이다. 필리얼치료의 공동 개발자로서 나는 필리얼치료가 변화를 만들어 낼 수 있는 힘이 부모에게 놀이 회기의 기술을 가르치고 이것을 가정으로 일반화시키는 것에 더해 부모와의 공감을 사용한다는 점이라고 강조하고 싶다. 공감을 중요한 요소로 포함시킨 초기 근거는 부모들이 놀이치료사로 기능할 때 스스로를 표현하거나 타인으로부터 이해받는 기회를 갖지 못한다는 점 때문이었다.

놀이 회기는 아동 중심이고, 아동의 감정과 활동에 온전히 초점이 맞추어질 것이다. 부모가 가정에서 놀이치료사 그리고 부모로서 자신의 역할에 대한 감정을 다룰 수 있는 기회가 확대된다면 아동중심 놀이치료사로서의 책임을 더 잘 수행할 것이라는 게 분명해 보였다(다음 장에서 제시되는 치료사, 부모 간 교환 참조). 이러한 요소 덕분에 부모는 자신의 부정적 감정을 대면할 수 있으며 때로는 그러한 부정적 감정들이 어떻게 비생산적인 방법으로 표현되는가를 인지할 수 있다. 놀이 회기라는 소우주 속에서 부모는 복잡하고 큰 환경을 다룰 때는 불가능해 보였던 통찰을 얻게 된다.

적절한 놀이 회기를 수행하도록 학습하는 과정에서 부모는 놀이 회기 밖에서 고군분투했던 이슈들과 같은 이슈들을 가지고 고군분투하게 된다. 피드백을 제공할 때, 필리얼치료사는 어떤 언급을 하더라도 수용적이고 건설적이어야 한다는 점을 유의해야 한다. 아래 제시하는 예는 부모-자녀 관계에서의 통제 이슈를 보여 준다. 부모가 자녀의 감정을 수용하려고 노력하고 아동을 비난하거나 지시하는 행동을 하지 않기 위해 노력하고 있다면 놀이치료사는 치료적 방식으로 이러한 감정을 다루어야 하며, 충분한 공감을 제공하여 부모가 치료적 역할을 수행하는 데 방해가 되었던 것이 무엇인지에 대해 통찰하도록 도와야 한다. 예를 들어서, 자녀에게 무언가 반복적으로 말하는 걸 멈추지 못하고 있다고 엄마에게 그러한 사실을 직접 이야기해 주는 것은 적절치 않다. 이것은 아동중심 놀이치료사가 하면 안 될 행동 중 하나인데 왜냐하면 부모가 아동중심 놀이치료사가 되기 위해 배우고 있는 중이기 때문에 더욱 그렇다. 부모가 놀이치료사로서의 행동을 잘 해내지 못하고 자신감을 잃고 있다면 이에 대해 다루어야 한다. 다음은 그러한 상황을 묘사한 짧은 예시이다.

놀이 회기 동안 자녀의 감정에 반응하는 데 문제가 있는 엄마가 있다. 이 엄마는 실생활에서 아동이 순응하도록 하는 데 관심을 더 많이 가지고 있다고 스스로 느낀다. 이 경우 엄마의 감정이 주요 이슈가 되므로 치료사는 엄마의 감정에 초점을 맞추어야 한다. 필리얼치료사라면 부모의 해결되지 못한 감정이 부모가 놀이치료사로서의 역할을 수행하는 데 방해가 될 뿐 아니라 자녀와의 관계에도 방해가 된다는 것을 알고 있기 때문이다.

부모: 글쎄요. 놀이 회기 때 너무 못한 거 같아요. 난 여전히 아이가 놀이할 때 똑바로 하는 것을 보고 싶어 하는 것 같아요.

치료사: 아이가 어떻게 놀았는지에 대해서는 이야기하고 싶지 않은 것 같군요. 아이가 규칙을 따르고 있지도 않고, 최고의 것을 수행하지도 않았다고 느꼈군요.

부모: 네. 놀이 회기에서 바로 행동하지 않으면 실생활에까지 연결돼서 계속 엉성하게 행동해도 된다고 생각하고 학교에서까지 그러면 어떡하나 하는 생각이 들어요. 아이가 실생활과 놀이 상황의 차이를 어떻게 아나요?

치료사: 놀이 회기에서 무엇을 하든 허락하게 되면 그렇게 행동하면 안 되는 장소에까지 가서 그렇게 행동하지 않을까 하는 생각을 하는군요.

부모: 네, 맞아요. 바르게 고쳐 주지 않으면 아이가 어떻게 나아지나요? 그렇지 않나요?

치료사: 그렇게 연결될까 봐 걱정이군요.

부모: 네, 그래요.

치료사: 이건 다른 학습 과정과는 좀 다른 케이스라고 볼 수 있겠어요. 그렇지만 아이들은 놀이 치료라는 특별한 환경과 실재 생활을 구분하여 인식한다는 것이 증명되어 있습니다. 아이들이 놀이실에서는 게임에 이기기 위해 규칙을 바꾸기도 하지만 실제 생활에서는 그런 식으로 게임을 할 수 없다고 알고 있는 것은 참 흥미로운 일이지요. 그리고 더욱 흥미로운 점은 놀이치료를 끝낼 때쯤 아이들이 자기 자신에 대해 자신감을 느끼게 되면 더욱 정직하게 놀이할 수 있게 된다는 점입니다. 자신이 유능하다고 느끼게 되면 더 이상 결과를 조작할 필요가 없습니다. 상황에 따라 이길 수도 있고 질 수도 있다는 것을 알게 되고 또 그 결과가 자신의 선량함을 반영하는 것은 아니라는 것도 알게 되지요.

부모: 그런 일이 일어나는 것을 보고 있는 것은 정말 어려운 일이에요. 그렇지만 지켜보고 있어야만 하는 거군요. 근처에 사는 친구가 이 방법으로 큰 성공을 거뒀으니 이 방법이 효과적이란 것을 알 수 있어요. 당신 말이 맞아요. 그렇지만 난 Thomas가 여전히 의심스러워요.

치료사: 시도해 보기로 하셨군요. 좋습니다. 난 Thomas가 우리가 흔히 알고 있는 패턴을 따라갈 거라고 확신해요. 아들을 돕기 위해 이렇게 노력하는 당신 모습이 정말 보기 좋습니다.

부모와의 짧은 교류 후에 치료사는 자신의 일인 놀이 회기로 돌아갈 것이다. 감정을 공감받는 기회를 경험하면 부모는 놀이 회기 슈퍼비전에서 다루었던 주제들에 주의를 기울이게 되고 훈련한 기술들을 좀 더 수용하게 된다. 공감 과정과 변증법적 교수 요소가 합해지는 특징 때문에 필리얼치료 초기 개발자들은 필리얼치료가 역동적이고 변증법적이라고 주장했다(Addronico, Guerney, Fiddler, & Guerney, 1967). 공감 과정과 변증법적 교수 과정을 잘 조합함으로써 부모는 놀이 회기를 더 잘 수행하게 될 것이고 아동과의 관계에서도 유의미한 진보를 만들어 낼 것이다(Eardly, 1978; Guerney & Stover, 1971).

임상사례

Sam은 10세 백인 소년으로 중상위층 커뮤니티 지역에 거주하는 가족을 가졌다. 아버지가 경영진이였기 때문에 함께 보낼 시간이 부족하고 집을 자주 비웠지만 부모는 Sam과 자주 상호작용하려고 노력하였다. Sam에게는 13세가 된 누나가 있었는데, 특별한 심리적 어려움은 없었다. 반면 Sam은 부끄러움을 많이 타는 유치원생이어서 유치원에 있는 것을 매우 힘들어했다. 결국 어머니가 자주 들려 도와줄 일은 없는지 살피게 되었다. 담임선생님은 Sam의 어머니에게 유치원을 방문해서 Sam과 지내는 시간을 줄여 보라고 권했지만 Sam의 어머니는 방문하는 것을 줄이지 못했다. Sam이 항상 엄마를 환영하는 것은 아니었지만 엄마가 떠날 시간이 될 때까지는 상황이 매끄럽게 진행됐다. 엄마가 떠난 후 Sam은 혼자 놀았다.

Sam의 학문적 성취는 좋은 편이었지만, 자기가 하고 싶은 것을 곧장 하지 못하거나 다른 아이들이 보는 앞에서 칠판 글씨를 써야 하는 상황이 되면 심하게 화를 내곤 했다. Sam이 학교에서 뭔가를 해야 할 때 걱정이 된다고 말하면 Sam의 엄마는 곧장 수업에 들어와 Sam을 조용히 관찰함으로써 비지시적으로 Sam을 안심시키려 했다. Sam은 불안해하거나 스트레스를 받으면 눈에 틱현상을 보였다. Sam은 학교에 같이 놀 친구가 한 명 있었지만, 다른 아동들과는 거의 놀지 않았다. Sam은 밤에 부모님 없이 잠들기가 힘들었는데 안전한지 확인하기 위해 여러 번 부모님에게 와야 했기 때문이다. 그래서 때때로 Sam이 깊이 잠들 때까지 엄마가 함께 있어 주었다. Sam은 DSM-5에 근거해 불안을 동반한 적응 장애의 진단을 받았다.

Sam의 엄마는 Sam의 인생에 지나치게 연루되어 있었다. Sam이 독립적이었으면 좋겠다고 하면서도 엄마가 계속 있어 주길 바라는 Sam의 요구를 수용했다. Sam의 아빠는 열 살이나 된 Sam이 이렇게 엄마에게 의지하면 안 된다고 생각하였다. 이런 아빠의 생각은 부부간에 긴장감을 발생시켰다. 집에서 Sam을 다루기는 힘들었으며 Sam은 종종 과도한 요구를 하곤 했다. Sam의 부모는 항상 어느 수준까지 Sam의 요구를 들어줘야 하는지 확신하지 못했으며 이런 상황에 대해 불편감을 느꼈다.

Sam은 자신의 단점 혹은 또 그 외의 것들로 좌절을 경험할 때면 공격적이 됐다. 엄마의 셔츠를 잡고 세게 잡아당기거나 엄마에게 물건을 던지고 때리기도 했다. Sam의 엄마는 Sam이 왜 그렇게 자신에게 화를 내는지 이해할 수 없었다.

Sam의 부모는 Sam이 지나치게 공포를 느끼고 공격적이며 결국 이런 것들이 Sam의 학업적 · 사회적 능력 발휘에 영향을 끼치고 있을 것이라고 생각되어 클리닉을 방문하게 되었다. 다른 부모에게 행동 프로그램에 대해 듣고 그런 기대를 가지고 방문했기 때문에 필리얼 접근을 제시하자 놀라고 다소 실망하는 모습이었다. 그러나 그들이 가져온 문제는 행동 수정 프로그램으로 개선될 것 같아 보이지 않았다.

Sam의 부모는 우리의 권유를 받아들이긴 했지만, 가장 좋은 접근인지에 대해서는 확신하지 못하는 것으로 보였다. 그러나 치료사에 대한 신뢰감은 의심보다 강했다. 치료사는 Sam의 문제가 가족 전체에 영향을 끼치고 있기 때문에 가족적인 접근이 좀 더 효과적일 것이라고 확신했다. 또한 Sam의 부모는 직접적 행동 전략과는 반대되는 '놀이'라는 아이디어에 대해 의심을 가지고 있었다. 치료사는 놀이치료가 아동의 공포, 불안, 의존성 이슈에 미치는 긍정적 가치에 대해 설명하였다. 놀이를 하는 동안 아동들이 감정을 탐색할 수 있으며 이를 통해 성공적으로 기능하는 길에 이르게 된다고 강조하였다. 놀이치료는 심리적 문제 뒤에 있는 감정에 초점을 맞추게 되는 과정이며, 다시 말해 아동들은 그들의 문제를 치료적인 방법으로 놀이해 내게 된다고 설명하였다.

훈련

부모는 세 번의 60분 회기로 훈련을 받았다. 이 훈련에서 Sam의 엄마와 아빠는 놀이치료사가 사용하는 모든 종류의 진술을 연습하였다. 치료사는 부모의 기술 수준을 향상시키기 위해 역할 놀이를 많이 사용하였다. 훈련 프로토콜에 따라 치료사는 공감과 제한 설정을 특히 강조했으며 이것은 Sam의 부모를 위해 꼭 필요한 부분이었다.

Sam의 엄마는 2주 연속 30분 회기를 진행했다. 3주차에는 아빠가 놀이를 실시했으며, 그 후로는 엄마와 아빠가 번갈아 가며 놀이 회기를 진행하도록 했다. 칭찬하고자 하는 부모님의 욕구와 혼자 놀이에 대한 Sam의 두려움을 제외하면, 세션은 매우 잘 진행되었다. 3번의 회기가 진행된 후 Sam의 학교를 대하는 태도는 상당히 향상되었고, 보다 자발적인 모습을 나타냈으며, 학업 수행 시 두려움도 감소하였다. 모든 사람이 놀라움과 기쁨을 표하는 가운데 Sam은 엄마에게 교실에 들어오지 않도록 제안하였다.

놀이 회기

놀이 회기 중에 Sam은 오뚜기 펀치 인형을 심하게 공격했다. 멈추는 순간이면 Sam의 엄마는 좀 더 건설적인 장난감이 많이 있다고 지적하거나 함께 게임을 하면 좋겠다고 권하곤 했다. 엄마와 아빠 모두 Sam이 좀 더 건설적인 놀이로 이동하면 공격적 놀이를 할 때보다 반응도 많이 하고 강화도 많이 해 주었고, 그럼으로써 비처방적이고 차별적인 피드백을 제공하였다. Sam의 엄마는 Sam이 공격을 보일 때면 스스로 불안해진다는 것을 깨달았다(이러한 불안은 필리얼 회기를 수행하는 부모에게서 흔히 보이는 반응이다). 초기 회기들은 극도로 공격적이었으나 Sam이 자신의 공격적 감정을 보다 잘 통제할 수 있게 된 후기로 갈수록 좀 더 억제가 가능했다. 공격성이 감소함에 따라 Sam은 종종 총놀이에 부모를 초대하곤 했다. 한번은 엄마의 손에 수갑을 채우고는 "내가 어딜 가든 나와 함께 가야 해요."라고 말했다. 치료사는 이 행동이 놀이치료 과정 내에서 양육/애착과 관련해 한 단계 진전한 것이라고 보았다. 다른 양육 주제들도 이 시점 즈음 나타났는데, 다양한 종류의 사고에서 사람들을 구조하는 활동들과 연관되어 있었다. 마지막의 숙달감 단계에서 Sam은 마구잡이식의 공격성을 나타내는 대신 특정 부위를 목표로 함으로써 오뚜기 펀치 인형에 대한 통제감을 증명해 보였다. Sam도 엄마도 스스로의 감정에 대한 통제감이 좋아졌다는 것이 분명했다.

Sam과 총 14회기의 놀이 회기를 진행했다. 그중 여섯 번은 아빠와, 여덟 번은 엄마와 함께였다. 학교 선생님은 교실과 운동장에서 Sam의 행동이 긍정적으로 변화하고 있다고 지속적으로 보고해 주었다. 이즈음 필리얼치료로부터 획득한 것들이 유지될 수 있도록 '특별 놀이 시간'을 가정에서 실시하도록 Sam의 부모에게 권유했다.

엄마의 초기 놀이 회기 중 하나를 보면, Sam이 자신의 속도로 탐색하는 것을 수용하지 못해 힘들어하는 것을 볼 수 있었다. 보통 Sam이 놀이실에서 새로운 장난감 시도를 겁내할 때, Sam의 엄마는 재미있고 배울 점이 있을 테니 새로운 것을 가지고 놀아야 한다고(should) 말하기 시작했고, Sam이 계속 주저하면 Sam의 엄마는 약간 꾸짖듯이 말했다. 예를 들어, "새로운 것들을 시도해 봐야 그걸 할지 안 할지 마음을 정할 수 있잖아."라고 말이다. 그러나 부모님의 이런 진술은 아동중심놀이치료에서 적절치 않은데, 왜냐하면 아동이 길을 선택해 가는 것이고 치료사는 따라가는 것(Axline, 1969, p. 47)이기 때문이다. 새로운 것을 시도하기 주저하는 Sam에 대한 엄마의 불안을 다루기 위해 치료사는 놀이 회기 후 Sam의 엄마와 다음과 같은 대화를 나누었다.

치료사: K 부인, Sam의 속도를 따라가는 것이 너무 힘들지요. 하지만 뭔가를 해야 한다는 엄마의 생각을 느끼면 Sam은 더 주저하게 됩니다. 아무것도 말하지 않는 것은 물론 매우 어려운 일입니다. 그러나 기억해 주세요. 아동이 이끄는 겁니다. 우리나 치료사는 따라갑니다.

내담자: 난 Sam이 저것들 중 아무거나 가지고 놀았으면 했어요. 그래야 어떻게 사용해서 놀지 배울 수 있잖아요. 또 그래야 자신이 스스로 생각했던 것보다 유능하다는 것을 깨달을 수 있잖아요.

치료사: Sam이 모든 기회를 활용하길 바라시는군요. Sam이 그런 기회를 잃지 않길 원하시고요.

내담자: 네. 그 애는 아무것도 시도하지 않잖아요. 그냥 서 있거나, 아무것도 안 하면서 다른 아이들이 하는 걸 지켜 보죠. 그러면 그 아이한테 무슨 일이 일어날까요?

치료사: Sam에게 작은 압력을 주면 Sam이 새로운 것들을 기꺼이 시도할 것이고 그것들로부터 보상을 받을 것이라고 생각하는군요.

내담자: 네. Sam이 뭔가 시도를 하고 나면 자기가 생각했던 것보다 더 쉽다는 것도 알게 되고 또 자기가 생각했던 것보다 자기 자신이 더 잘 한다는 것도 알게 될거예요. Sam은 늘 새로운 상황을 너무 두려워해요. 다섯 살 때 가지고 놀던 걸 여전히 가지고 놀아요. 도대체 Sam은 어떻게 되려고 저럴까요?

치료사: Sam의 미래에 대한 걱정을 멈출 수가 없군요. 그게 바로 Sam이 달라지길 바라는 이유고요.

내담자: 네, 그렇죠. 그게 바로 우리가 여기 있는 이유죠. Sam이 부끄럼을 덜 타고 그만 두려워하도록 돕기 위해서요.

치료사: 정말로 Sam이 변화하는 것 보고 싶군요.

내담자: 네. 놀이 회기 동안 난 아직 별 변화를 보지 못했어요. 그 아이가 정말 이런 치료로 좋아질 수 있다고 생각하시나요?

치료사: 지금까지 변화가 올 것이라는 느낌을 받지 못했군요. 이 방법이 Sam과 당신을 당신이 생각하는 곳으로 데려다 줄 것인지 궁금하고요.

[치료사가 엄마의 감정을 진술하고 나자, Sam의 엄마는 정보 몇 가지를 제공했다.]

치료사: Sam은 놀이 회기를 세 번 가졌어요. 그리고 기억을 더듬어 보면 의미 있는 변화를 보기 위해 평균 최소 10회기 정도가 필요할 거라고 이야기 나누었지요. Sam이 당신과의 특별한 시간을 즐기고 있는 것으로 보이기 때문에 앞으로의 회기들도 효과적

일 것이라고 생각됩니다. 10회기 후에도 변화가 없다고 생각된다면, 좀 더 생산적인 다른 접근법을 소개해 드릴 수 있습니다. 그러니 지금 이 방법이 어떻게 작동할지 한번 보지요. 내 생각에 당신은 아주 잘하고 있어요. 그런데 당신은 Sam이 놀이 회기 동안 하고 싶어 하지 않아 하는 어떤 것들을 해 보도록 동기를 주고 싶은 당신의 강한 욕구에 노력을 들이고 있지요. 이런 종류의 지도는 이런 놀이 회기의 원칙에는 위배된답니다. 이 기법의 강점 중 한 가지는 아동들이 그 순간 시도해 보고 싶은 것을 자신의 속도로 수행해 보는 것입니다. 다음 번에는, 아무 지시를 주지 않는 것을 목표로 삼아 보십시오. 이에 대해서는 다음 시간에 이야기 나눠 보지요. 내 생각에 앞으로 몇 회기 안에 Sam은 실수를 해도 비난받지 않을 것이라는 걸 깨닫게 될거고 그를 바탕으로 좀 더 도전적인 것들을 시도할 용기를 가질 겁니다. 그건 Sam의 자신감이 증가한다는 의미지요. 이런 일들이 어떻게 일어날 것인지에 대해서는 다음 회기 후에 이야기 나눠 보도록 하겠습니다.

부모 개입

필리얼치료에서 부모는 아동이 주도하는 특별한 놀이 회기를 갖는 방법에 대해 배운다. 인지행동치료에서 부모는 자녀의 연습을 감독하고 적절한 명칭화를 돕는다.

요약하면, 치료사가 수행하던, 부모가 수행하던 인지행동치료와 아동중심놀이치료 간에 주요한 차이점은 증상을 감소시키기 위해 지시적인 접근을 선택하느냐 비지시적인 접근을 선택하느냐이다. 인지행동치료를 연습하는 전문가들은 종종 비지시적인 접근이 효과적일 수 있다는 것을 믿지 못한다. 비지시적 접근과 지시적 접근 간 주요 차이는 지시적 접근이 불안 행동에 초점을 맞추고 치료적 측정을 통해 증상을 감소시키려고 하는 반면, 비지시적 접근은 불안한 행동을 목표로 치료를 주도하려 하기보다는 불안 증상을 만드는 기저의 감정에 주목한다는 점이다.

인지행동치료는 복잡하지 않으며, 전문가와 내담자가 같이 즉각적으로 이해할 수 있다. 그래서 당장은 아동중심놀이치료보다 매력적이다. 아동이 구체적으로 혹은 추상적으로 놀이하면서 그 놀이 과정을 통해 심리적 문제를 작업하고 해결해 간다는 것을 일반적인 사람들이 알아채기는 어렵다. 사람들이 그러한 과정을 신뢰하도록 돕는 것은 필리얼치료사가 부모를 훈련시킬 때 가장 큰 도전이 된다.

제16장
청소년을 위한 놀이치료

Brijin Johnson Gardner

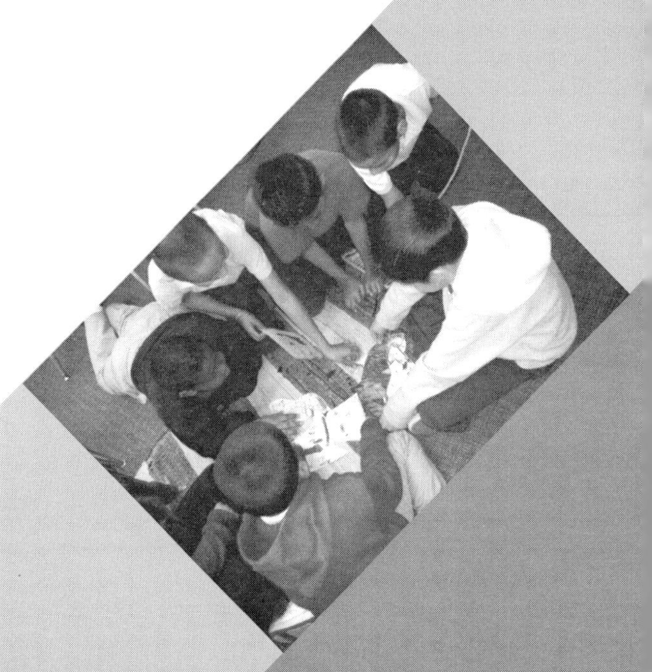

청소년들은 매 순간 변화가 심하고, 함께하는 주변 사람들을 혼란스럽게 한다. 결과적으로, 청소년들은 앞으로 해나가야 할 일들의 리스트를 작성하면서 때로는 성공하기도, 때로는 실패하기도 하고, 복잡하고도 추상적인 많은 발달 과업을 수행해 간다. 청소년기가 놀이 동산의 놀이 기구라면 나는 '벅찬 발달 목적지'라고 이름 붙이고 싶다. 이는 15년 동안의 인생 무대에 가득 채웠을 무섭고, 흥분되고, 혼란스럽고, 뛰어나고, 우습고, 상쾌한 경험들을 함께 기리고자 하는 의미에서 붙여 본 이름이다.

본 장의 목표는 성인이 되어 가는 과정에서 청소년들의 일반적이고 발달적인 과업들을 임상가들이 좀 더 잘 이해하도록 돕는 데 있다. 관련 이론들을 통해 청소년기 애착과 정체감 발달에 대해 알아본 후, 임상가들이 청소년들과 작업할 때 이러한 이론들을 어떻게 적용할 수 있을지 살펴보고자 한다. 정체감 이슈로 고군분투하고 있는 청소년 내담자에게 놀이치료를 어떻게 사용했는지에 대해 기술함으로써 놀이치료 기법과 사용의 실제적 예들이 제시될 것이다.

청소년기에 어떤 일들이 일어날지 짐작 가능케 하는 지도가 되어 줄 의미 있는 연구들과 정보들이 있다(Blanc & Bruce, 2013, Ehrlich, Dykas, & Cassidy, 2012; Highland & Tercyak, 2014; Raudino, Fergusson, & Horwood, 2013; Romeo, 2013; Sentse & Laird, 2010; VanDoorn, Branje & Meeus, 2011). 그러나, 자신이 청소년기일 때에는 그런 지도가 눈에 들어오지 않으며, 사인도 보이지 않고, 조정법을 알려 줘도 아무 소용이 없다. 그러므로 청소년과 작업하는 임상가라면 그들의 여행에 유용한 동반자가 되어 주고, 그들의 강점과 흥미를 찾아내고, 조율과 진정한 돌봄을 보여 줄 수 있는 방법을 찾는 것이 매우 중요하다. 청소년들은 본질적으로 성인과 조언을 의심스러워 하는 데다 특히 치료사를 만나는 일이 의무처럼 느껴질 때는 더욱 그렇다. 우리가 관계에 초점을 맞추고 다른 어른들과 다르게 보일 수 있는 길을 찾을 때, 십대들은 그들의 미래를 실험할 수 있을 뿐 아니라 그들 자신과 역사를 안전하게 탐색할 여유를 가지게 된다. 청소년들은 과제 완수에 필요한 지원 없이 성인이 되어 가는 법을 배우도록 점점 요구받는다. 많은 경우 부모와 양육자들도 청소년들을 지원하기 위해 무엇을 해야 하는지 알지 못한다. 그러므로 치료를 통해 희망하는 것은 청소년들의 자아 탐구와 성인기로의 여정에서 그들과 함께 힘겨운 지형을 가로지르며 곁을 지키는 것이다.

청소년기 발달

청소년기에 대한 연구와 문헌(American Academy of Child and Adolescent Psychiatry, 2011; Kroger, 2007; Patel, Flisher, Hetrick, & McGorry, 2007)에서 일관되게 규정하는 청소년기 주요 발달 과업은 다음의 세 가지로 범주화된다.

- 자율성-부모 또는 양육자로부터 분리
- 개인화-역할과 흥미를 탐색하고 좀 더 규정화된 정체감과 자기감을 형성
- 소속감-성인기로 발달하고 새롭게 소속됨과 더불어 그 안에서 관계를 형성

청소년들은 성인기로 이동하기 전에 위에 제시된 목표를 하나하나씩 협상하고 해결하고자 한다. 발달 과업이란 청소년이 정신적으로 건강하고, 기능적이며, 관계적이고, 공헌할 수 있는 성인으로 발달해 가기 위해서 필요한 것들을 개념화하도록 돕는 틀이다. 이렇게 제시된 주요 과업에 대한 이해한다면 우리는 발달이라는 렌즈를 통해 청소년들의 경험을 정상화하고 타당화하면서 청소년들과 그들의 부모들이 청소년 로드맵의 어디쯤에 있는지 이해하도록 도울 수 있다.

청소년기는 아동기와 성인기 사이에 낀 인생의 경이로운 시기이다. 왜냐하면 신생아기 이후 두 번째로 급격한 속도의 성장과 변화가 나타나는 매우 중요한 시기이기 때문이다. 생물학적으로는 사춘기가 시작되고 인지적으로는 추상적 사고가 확장되는 경험을 하게 되는 청소년들은 이제 성인이 될 때까지 길고 혼란스러운 여행을 하게 된다. 이 단계에서 청소년은 많은 불안정성과 도전을 경험하게 되고 이로부터 지속적인 영향을 받는다. 청소년기에 나타나는 많은 부정적 행동은 이러한 발달 과업을 수행하기 위한 개인의 고군분투와 연관되어 있다. 청소년기 발달 과업의 기간과 특징은 시간, 문화, 사회경제적 위치에 따라 다양하다. 어떤 청소년도 순서대로 이동하거나 하나하나 완수하지는 않으며, 해결 여부와 상관없이, 십대와 양육자 모두를 혼란스럽게 만들고 인내심을 요구하면서 발달은 계속된다.

청소년기와 사춘기에 나타나는 생물학적 변화는 남성과 여성 모두에게서 현저한 신체적 변화를 동반하는 보편적 현상이다. 사춘기는 호르몬, 골격 구조, 전체적인 신체 성장, 뇌 구조를 포함한 신체 기능과 구조에서의 상당한 변화를 수반한다. 이렇게 예외적이고

열정적인 변화가 일어나는 또 다른 시기가 딱 한 번 더 있는데 바로 수정부터 출생까지의 시기이다.

사춘기에는 신체적·성적 변환과 동시에 사회적·정서적·인지적 발달이 함께 일어난다. 십대들은 관계와 역할을 탐색하면서 성인 세계와의 연결에 필요한 기술을 찾고 습득한다. 치료를 할 때, 나와 작업할 십대가 신체적·인지적·정서사회적 청소년 발달이라는 연속선상의 어디에 위치하는지 파악하는 것은 매우 중요하다. 많은 십대가 신체적으로는 생물학적 연령만큼 발달했더라도, 인생 경험과 다른 요인들로 인해 인지적 혹은 정서사회적 발달은 발달 단계보다 낮을 때가 많다. 다음에 청소년기를 세 단계로 나누어 살펴보겠지만 십대들은 공식적 묘사와 다를 수 있다는 것을 늘 명심해야 한다. 그러나 일단 여기 제공된 정보는 일반적인 사춘기 성장을 표현하고자 한다. 또 한가지 중요한 것은, 보통 10세에 시작되어 25세쯤 끝나는(American Academy of Child and Adolescent Psychiatry, 2011) 청소년기 성장에 대한 시기와 특징에 대해 청소년을 양육하는 부모들이 잘 이해하도록 돕는 것이다.

초기 청소년기

"괴상함의 폭발!!" 이것은 이제 막 십대가 된 한 소녀가 자신의 몸과 기분의 변화에 대해 어떻게 느끼는지를 회기 중에 표현한 것이다. 초기 청소년기는 9세부터 13세 정도가 해당된다. 이때는 신체적인 발달이 시작되는 시기이다. 소녀들은 생리, 가슴 성장, 엉덩이 발달 등을 경험하고 소년들은 목소리가 낮아지고 다른 호르몬 변화를 겪으면서 고환과 남근이 성장한다. 소년, 소녀 모두 키와 몸무게가 증가하며 서로의 성에 대해 관심을 가지기 시작한다. 청소년들은 신체적 수용감에 근거해 자신과 타인을 평가하기 때문에 이 시기의 신체적 변화는 자기개념과 정체감 형성에 매우 큰 부분을 차지한다. 많은 초기 청소년이 자신의 신체에 대한 자기자각을 느낄 뿐 아니라 자신에게 일어나는 신체 변화를 인지하기 때문에 신체적·정서적으로 혼자이고 싶어 한다. 십대 초반의 특징으로 종종 언급되는 것처럼 초기 청소년들은 추상적 사고, 도덕적 사고 능력이 증가하고 지적 호기심이 확장된다. 그러나 이 시기에는 여전히 흑백논리적 사고를 하기 쉽다. 또한 이 시기에 청소년들은 부모나 양육자로부터 신체적·정서적 독립을 처음으로 시도하기도 한다. 이 시기에는 현재에 집중하며 또래에 맞춰(그룹으로부터 수용받고 소속감을 느끼기 위해) 자기개념과 정체감을 발달시켜 나간다.

정서사회성 영역에서 초기 청소년들은 기분 변화가 심하고, 부모와 갈등을 자주 겪으며, 관계에서 규칙과 제한을 시험해 보기 시작한다. 스트레스 등 강렬한 감정을 경험할 때 많은 십대는 퇴행해서 발달적으로 어린 수준의 대처 기술을 사용하기도 한다. 그리고 사려 깊은 성찰 없이 현재 상황이나 현재 경험하는 감정에 따라서 행동하는 모습을 보이기도 한다.

중기 청소년기

14세부터 18세까지 신체적 변화를 완성시켜가는 과정이 바로 중기 청소년기이다. 끝난 것 같아 보이지만 이제 엔진을 걸었을 뿐이다. 인지적 능력은 점점 확장되고 목표를 정하고 도덕 추론을 고려하며 인생의 의미에 대해서 생각하는 능력이 증가한다. 어떤 사람이 되고 싶은지에 대해 생각하는 시간도 증가한다. 중기 청소년기는 매우 자기몰두적인 시기로 자기개념에 초점을 맞추는 동시에 또래들에게 수용되어야 하며 자신의 새로운 몸과 능력에도 적응해야 한다. 독립성을 위한 싸움이 의존적 요구, 부모의 공동조절 등과 섞여서 부모와 십대 사이의 거리감과 긴장감은 더욱 증가한다. 부모는 더 이상 아동의 세상 중앙에 위치하지 않으며 부모의 가치관이나 의견도 마찬가지이다. 이 시기는 부모-자녀 간에 분리와 친밀함의 요구가 서로 밀고 당기기를 하는 시기이다. 청소년은 이제 더 이상 아동이 아니지만 아직 성인도 되지 않은 상태이다. 많은 십대가 제한을 시험해 보고 반항적으로 행동하지만, 옳은 것과 그른 것의 차이를 깨달아 가면서 자신의 충동과 사고를 행동적으로 조금씩 더 잘 조절할 수 있게 되어 간다.

다양한 역할을 시도하고, 서로 다른 특성과 자질을 실험한 후 그로 인한 다양한 결과를 경험함으로써 각자만의 정체성을 발달시키기 위해 고군분투하기 시작하는 시기가 바로 중기 청소년기이다. 그에 더해, 이렇게 서로 다른 역할과 정체성을 시도함으로써 청소년들은 자신이 타인에게 어떻게 보여지기를 바라는지 이해해 간다. 십대들은 머리카락을 보라색으로 염색하거나, 운동에 미친 듯 열광하거나, 온몸을 검정색으로 입거나 또는 성인 문화와 동떨어진 것이라면 무엇이라도 시도해 봄으로써 발생한 결과를 경험하게 된다. 이 과정은 시간과 노력을 많이 필요로 하는 과정이며, 그래서 청소년기가 그렇게 긴 이유 중 하나이기도 하다.

후기 청소년기

끝났으면 하고 바라던 바로 그때 가야 할 길이 더 남아 있다! 신경과학적 연구에 의하면 뇌는 뒤쪽에서 앞쪽으로 성숙한다고 한다. 다시 말하자면, 뇌간에서 시작해 중간 지역을 지나 마지막에 실행 기능과 같은 다양한 것을 책임지는 전두엽이 성숙하는 것이다. 그러므로 25세가 되지 않았다면 아직은 완전하게 발달한 뇌로 작업하고 있는 것이 아니라고 할 수 있다. 앞의 두 단계를 거치면서 청소년기는 이제 끝났다고 생각할 수 있겠지만 그렇지 않다. 서구 문화는 청소년의 육체적 발달에는 큰 주의를 기울이는 반면 사회정서 발달과 인지 발달과 같은 다른 영역에는 덜 주의를 기울이는 편이다. 발달을 마친 뇌는 복잡한 사고가 가능해지며, 이와 함께 형성되는 타인과의 상호교환적이고 건강한 관계 형성 능력은 성공적인 성인으로서 기능하는 데 주요 요소가 된다. 후기 청소년기는 직업을 찾기 위해 노력하면서 성인 세계로의 입문을 준비하는 마지막 단계이며 성격적 정체성을 결정하는 시기이기도 하다. 심리적으로 후기 청소년기에는 또래의 영향력이 줄어들며 부모로부터 명확하게 독립하게 된다.

청소년기 발달과 이론

Erikson의 심리사회적 이론이 제시하는 발달 단계는 청소년기 발달 연구에 폭넓게 사용되는 개념 중 하나이다. Erikson이 제시한 여덟 개의 단계 중 다섯 번째 단계가 청소년기 주요 과업인 정체감 대 역할혼란이다. 이 단계에서 청소년은 아동기의 끝과 성인기의 시작 사이에서 자기감을 형성하고 일관된 내러티브를 만들어 가면서 내가 누구인지에 답하기 위해 정보들을 통합하기 시작한다. 발달에서 매우 중요한 이 시기에 청소년은 다양한 역할을 경험해 보고 자신에게 맞는 것이 무엇인지 탐색한다. "나는 누구인가?" "나는 어떤 사람이 되고 싶은가?"와 같은 질문에 답을 찾아가면서 청소년의 개인적 내러티브의 기초와 형태가 다져진다.

고유한 개인으로 성장해 가는 길은 표시판이 있는 건 아니지만, 보편적으로 발생하는 갈등과 변화들이 있고 또 그것들이 어떻게 전개될지 어느 정도 예상가능하기도 하다. 청소년들은 어떻게 자신이 누구인지 알게 되는 것일까? 청소년들이 자신을 규정하기 위해 사용하는 준거는 어떤 것인가? 누가 그들의 여행에 안전하게 합류할 수 있을까? 정체감을 형성해 가는 과정에서 청소년들은 상황, 역사적 정보, 그 외 다른 중요한 인생 과업(취업, 성정체성, 가치관 등)들을 자세히 탐색한다. 이러한 영역을 이해하는 것은 내가 누구이고 내가 어떤 사람이 될 것인지에 대한 기본적인 이해로 공고화된다. 청소년들은 내가 어떤 사람이라는 것을 발견해 가면서 자신을 성인 사회에 동화시켜 나간다. 『Disconnected: Parenting Teens in a My Space World』에서 Clark과 Clark(2007)는 청소년기를 다음과 같이 규정하고 있다.

> 우리가 누구이고 무엇을 해야 하는지 생각하지 않던 세계(아동기)로부터, 다양한 관계와 기대 안에서 생존하고 성장해야만 하는 세계(성인기)로 여행하는 발달적 과정이다. 청소년들은 아동기를 떠나 성인의 동료로서 사회의 주류가 되기 위한 준비를 수행한다(p. 49).

위의 정의를 고려했을 때, 청소년 내담자 중 성인으로 가는 다리를 건너기 위해 준비가 된 내담자는 얼마나 될까? 관계를 다루는 기술을 익히고, 상호작용에서의 미묘한 변화들을 이해하고, 성인기에 들어서기 위한 언어적 · 인지적 능력을 처리할 수 있는 청소년 내담자는 얼마나 될까? 고유한 개인이 되는 길은 사춘기 시작 훨씬 이전인 출생 전부터 시작된다. Erikson이 제시한 첫 번째 단계는 생애 첫 일 년에 걸쳐 신뢰감 혹은 불신감을 획득하게 되는 기초적 존재의 이슈와 관련되어 있다. 따뜻하고 반응적인 양육을 경험하는 아가는 일차양육자 및 성인을 신뢰하게 되고 세상이 좋은 곳이고 의지할 만한 곳이라고 학습하게 된다(Main, Kaplan, & Cassidy, 1989). 그러나, 아동의 세상 첫 경험이 혹독하고 냉혹한 것들로 가득 차 있으면 아동은 일차양육자를 포함해 궁극적으로는 자신의 인생에서 만나게 될 성인들을 불신하도록 학습하게 된다(Flaherty & Sadler, 2011).

인생 초기 정서 발달은 매우 물리적이다. 우리는 타인에게 어떻게 안기고, 어떻게 보살핌을 받았는지를 통해 일차적으로 세상을 배운다. 결합, 분리, 감정, 욕구, 성취가 우선은 모두 몸을 통해 경험된다. 아동기 초기 정서 경험은 언제, 어떻게, 왜 아기를 안아 올리고, 내려놓고, 꼭 안아 주고, 멀리 두는가와 같은 주양육자의 반응성에 따라 결정된다. 인생 초기에 어떠한 질의 정서적 경험을 했는가는 이후 아동기의 정서 발달뿐 아니라 자기지각과 타인지각 및 자아정체감을 형성하는 틀이 된다. 많은 연구가 초기 애착 유형과 후기 정서사회적 적응(문제해결, 대처 전략, 정체감 발달, 자기이미지, 우울감, 정신건강 등) 간에 중요한 상관이 있음을 보고해 왔다(Conners, 2011; Kroger, 2007; Patel et al., 2007).

이렇게 초기 애착과 청소년기 발달 간에 상관이 보고되고 있기 때문에 임상가들은 내담자의 애착사와 가족력을 살펴야 하는데, 특히 정체감 발달로 고군분투하고 있는 청소년 내담자의 경우 더더욱 그렇다. 아동은 양육자의 행위와 반응을 통해 세상과 자신을 이해하기 시작한다. 임상가는 부모-자녀 쌍을 대상으로 끊임없이 관찰, 검증, 학습을 실시하고 그를 통해서 청소년기 내러티브에 대한 통찰력을 단련해야 한다. 인간은 연결을 갈망하며, 또한 우리가 느낀 정서와 공포를 다룰 수 있도록 무조건적인 수용을 제공하는 곳으로서의 가정을 갈망한다. 애착 이론은 영아와 어린 아동들에게 안전 기저가 얼마나 중요한지 강조한다. 안전 기저가 튼튼해야 자신을 둘러싼 세상을 탐색할 수 있고, 그러한 탐색 과정을 통해 자기 자신에 대해 배우게 되며, 그 결과 자기감 혹은 정체감을 형성하게 되기 때문이다. Bowlby(1988)는, 주양육자와 안정 애착을 형성한 사람이 주양육자와 불안정 애착을 형성한 사람과 비교했을 때 좀 더 긍정적인 정신건강을 경험한다고 확신했다. 안정 애착은 건강한 정체감 발달에 공헌할 뿐 아니라 양육자로부터 안전하게 분리되어 개별화를 진행시키는 청소년의 능력을 강화한다.

청소년과의 놀이치료

『청소년과의 놀이치료(Play Therapy with Adolescents)』(Gallo-Lopez & Schaefer, 2005)라는 저서에서 저자들은 발달적 이슈를 다루느라 고군분투하는 많은 청소년에게 놀이치료가 왜 효과적인지 타당화하고 있다. 저자들이 제시하는 이유는 다음과 같다.

- 즐거운 상호작용과 환경은 청소년이 경험할 수 있는 퇴행 경향을 타당화 및 일반화해 줄 수 있다.
- 표현적이고 즐거운 기법을 사용함으로써 청소년은 아동기와 성인기 양쪽 모두에 안전하게 접근할 수 있다.
- 청소년 자신에게 통제권이 있으므로 자신이 치료 과정에 어떤 식으로 개입하고 어느 정도 참여할 것인지 스스로 결정할 수 있다.
- 표현적 · 운동적 · 시각적으로 흥미로운 소도구나 장난감을 사용하기 때문에 정체감 탐색에 대한 욕구를 불러일으킨다.
- 비지시적 접근은 노출해야 할 것과 숨겨야 할 것 간의 갈등을 중성화시켜 준다.

- 즐거운 접근으로 고통스러운 사고와 감정에 대한 공포를 제거할 수 있다.
- 언어적 의사소통과 상징적이고 표현적인 놀이의 조합을 통해 발달적 이슈를 해결하고 치유하는 능력을 제공받는다.

대부분의 청소년 내담자는 자의에 의해서보다는 타의에 의해 강제적으로 치료 장면에 오게 된다. 서로 간의 행동과 관심이 부모-자녀 관계에 영향을 미칠 정도가 되면 청소년이 치료실 문 앞에 나타날 시간이 된 것이다. 전문가에게는 청소년 내담자와 신뢰롭고 진실한 관계를 형성하는 것이 가장 필수적이다. 청소년은 부모와의 초기면접에 반드시 함께 해야 한다. 우선은 부모와 대화를 나누는데, 최우선의 목표는 자녀와 라포를 형성하는 것이며 라포 형성은 청소년 자녀가 자신의 감정, 경험, 정보 등이 여기서 안전하다는 것을 확신할 수 있어야만 가능한 것이라고 이야기해 준다. 비밀보장에 관해 부모와 청소년 모두 상담실에서 이루어진 대화는 이곳에만 있는 것이지 바깥으로 나가는 것이 아니라는 것을 명심하도록 하는 데 초점을 맞춘다. 상담실에서 이루어진 대화가 바깥으로 나갈 수 있는 경우는 오로지 청소년 내담자에게 자해의 가능성이 있거나 누군가에게 상해, 협박을 받는 등 위험에 처해 있다고 판단될 경우에만 가능하다.

부모가 회기를 끝내고 온 청소년 자녀에게 "무슨 얘기를 했니?"라고 질문한다면, 자녀는 절대 치료 회기에 대한 안전감을 획득하지 못할 것이다. 치료사에게 부모와의 의사소통도 물론 중요하지만, 청소년 자녀 앞에서의 대화는 치료적 관계를 위험에 빠뜨릴 수 있다. 나는 부모에게 상담 회기와 관련해 궁금한 점이 있다면 회기 전 혹은 후에 이메일을 보내 달라고 권한다. 나는 6~8회기 정도마다 한 번씩 부모 회기 혹은 자문 회기를 실시하여 자녀의 치료 진행 상황에 대해 이야기해 주고, 부모의 질문에 응답하며, 치료 진행 과정에 대한 부모의 생각과 감정을 파악한다. 자녀의 치료 과정에 부모를 연루시키는 좋은 방법 중 또 다른 하나는 과제를 내 주는 것이다([그림 16-1]과 [그림 16-2] 참조). 과제를 내 줌으로써 부모를 자녀의 치료 과정에 더 관여하도록 유도할 수 있을 뿐 아니라 치료 과정과 관계된 소중한 정보를 제공할 수도 있고 또한 치료사 입장에서는 청소년 자녀에 대해 부모가 어떻게 생각하고 느끼며, 어떤 염려를 가지고 있고, 어떻게 지각하고 있는지를 이해할 수 있는 좋은 기회가 되기도 한다.

다음의 정보는 당신의 자녀에 대해 당신이 어떤 소망, 바람, 걱정을 가지고 있는지 이해하는 데 도움이 됩니다. 또한 자녀와 당신과의 일반적인 시간에 대해 경험할 수 있는 자료가 됩니다. 그러므로 성실하게 다음의 문장을 완성해 주십시오.

1. 우리 아이에게 바라는 한 가지는, ________________.
2. 우리 아이의 일상에 대해 정말 궁금한 한 가지는, ________________.
3. 우리 아이가 정말로 좋아하는 것 중 한 가지는, ________________.
4. 우리 아이의 또래관계 및 사회생활과 관련한 걱정 중 한 가지는, ________________.
5. 우리 아이를 위한 소원 중 한 가지는, ________________.
6. 내가 청소년이었을 때 나의 가장 큰 걱정은, ________________.
7. 내가 청소년이었을 때 내 소원은, ________________.
8. 내가 청소년이었을 때 나에게 가장 소중했던 사람은, ________________.
9. 우리 아이 인생에서 가장 소중한 사람은, ________________.

[그림 16-1] 부모 혹은 양육자의 "소망/바람/걱정" 작성지

다음의 문장을 완성해 주십시오.

1. 우리 아이가 ________________을 해 준다면 나는 훨씬 편안해질 것이다.
2. ________________이 된다면 현재 상황이 훨씬 좋아질 것이다.
3. ________________였을 때 우리 아이와 나의 관계는 좋았었다.
4. 내가 부모로서 가장 좋았던 때는 우리 아이가 ________________였을 때다.
5. 치료 과정 중 ________________ 때 좋아질 수 있겠다 하는 생각이 들었다.
6. 우리 아이가 ________________ 할 때 나는 기분이 좋다.

[그림 16-2] 부모 혹은 양육자의 "~할 때 더 좋은~" 작성지

개입

청소년들은 자신의 사고와 감정을 표현하고 의사소통하는 것이 원활하지 않다. 놀이치료와 표현 기법은 의사소통 요구에 대한 메시지를 강화하고 지지할 수 있다. 거리감 유지, 은유, 자기반영 등의 놀이치료 기법을 통해 정체성 개발이라는 필수불가결의 청소년기 과업을 도울 수 있다. 초보 치료사들에 대한 걱정이라면 소품과 기법에 너무 가치를 두고 강조하는 것이다. 물론 많은 가치와 정보가 놀이치료 기법을 통해 도출되지만, 진정한 치유는 치료적 관계에서 찾아지는 것이라는 걸 강조하고 싶다.

보통 청소년들은 성인이 환영받지 못하는 장소로 숨는다. 성인의 기대와 같은 청소년기의 압력을 피해서 또래들과 관계 맺을 수 있는 장소에서 안전감을 찾는다. 치료사로서 우리는 청소년의 안내를 통해서만 이해할 수 있는 세상으로 그들의 안내를 따라가며 그들의 세상을 배워야 할 필요가 있다.

청소년들에게 중요한 것이 무엇인지 알아 가는 것과 청소년들이 흥미로워하는 것을 배워 가는 것은 치료적 관계를 형성하고 청소년들의 정체감 발달 과정을 함께하는 데 매우 중요한 요소이다. 치료사는 탐정처럼 청소년 내담자를 알아내려고 할 필요가 없으며 청소년 내담자가 그러한 접근에 반응적일 리도 없을 것이다. 그들의 눈을 들여다보라고 권하고 싶다. 매 회기 아이들은 그들과 연결될 수 있는 단서를 가지고 올 것이다. 소속감과 정체감을 찾아가는 과정에서 청소년들은 자신만의 고유함, 자신이 누구일지 드러내 줄 수 있는 스타일이나 의복 같은 것을 갈망할 것이다. 청소년들의 독특함을 천천히 관찰하고 찾아보면서 그들에게 조율해야 한다. 치료사는 우리의 청소년 내담자 중 대부분이 타인, 특히 성인에게 진정한 자기 자신을 보여 준 경험이 없는 사람들이라는 것을 명심해야 한다. 이러한 경험은 매우 흐뭇한 경험이 되기도 하지만 갑자기 극심한 고통이 되기도 한다. 그러므로 치료사는 타인에게 이해받고 가치 있는 존재가 되어 보는 낯선 경험을 수용하는 청소년 내담자의 속도를 존중해야 한다.

기법

Mostly Me

이 게임은 내가 제작한 간단하고도 구조화된 게임으로서, 치료사는 이 게임을 통해 내담자의 인생 경험—예를 들어, 내담자가 무엇과 주로 관계를 형성하고 자신과 세상에 대해 어떻게 지각하는가와 같은 것들—을 통찰할 기회를 얻을 수 있다.

- 언제 사용하는가: 평가 단계
- 누구에게 사용하는가: 치료사와 내담자 혹은 치료사와 부모-자녀 쌍
- 준비물은 무엇인가: 준비된 단어 목록
- 목표는 무엇인가

- 개입하기
- 치료사와 청소년이 적절하게 자기노출하기
- 즐거운 상호작용을 통해 치료사와 라포를 형성하고 내담자에 대해 배워 가기
- 자신의 선택을 확인하고 설명하는 과정을 통해 청소년 내담자의 자기감에 대해 통찰하기

나는 다음과 같이 게임을 소개한다. "이제 내가 두 단어를 이야기할 거야. 그러면 한 명씩 둘 중에 가장 좋아하는 단어 혹은 가장 많이 공감하는 단어를 골라서 큰 소리로 말하는 거야. 틀린 답은 없으니까 그냥 머리에 가장 먼저 떠오르는 걸 말하면 돼. 각자 단어를 고른 다음에는 왜 그 단어를 선택했는지 20초 정도의 설명을 하는 거야. 서로 질문은 하지 않아. 상대방이 이유를 설명할 때는 그냥 들어 주는 거야. 어떨 때에는 두 단어 중 좋아하는 단어가 없을 수도 있지만 그래도 둘 중 하나는 골라야만 해. 이럴 땐 왜 좋아하지 않는지 20초 동안 설명하면 돼." 내가 주로 사용하는 단어 쌍 목록이 [그림 16-3]에 제시되어 있다.

이 게임은 초반에 부모-청소년 쌍에게 자주 적용한다. 이 게임은 틀린 답이 없으며, 안전한 자기노출을 가능하게 하고, 생각과 감정을 자연스럽게 드러내도록 한다. 치료사는 이 게임을 통해 부모와 청소년 자녀가 비침입적인 방식으로 어떻게 상호작용하는지에 대한 정보를 얻을 수 있다. 나는 많은 청소년과 이 게임을 하면서 청소년들의 인생 경험, 흥미, 역사적 정보, 관계, 가치관, 지각들이 드러나는 것을 보아 왔다.

게임을 하는 동안 치료사는 단어 쌍을 신속히 제시하고, 선택에 대해 설명하는 시간이 길어지지 않도록 조정해 주며, 부모나 청소년이 상대방의 선택에 대해 논쟁을 벌이려고 할 때 다시 게임으로 돌아가도록 안내하면서 게임의 구조를 지킨다. 부모-자녀 쌍이 이 게임을 실시하는 동안 관찰가능한 몇 가지를 제시하자면 다음과 같다. '부모가 청소년 자녀의 선택을 교정하거나 청소년 자녀의 반응을 틀렸다는 것을 입증하려고 하는가("아니야, 넌 밖에 나간 적이 없어. 어떻게 그런 대답을 할 수 있니?"와 같이)?' '부모와 청소년 자녀가 같은 것를 선택했지만 서로 다른 이유를 제시하는 단어가 있는가?' '부모는 자녀가 제시하는 이유를 수용하는 편인가, 그렇지 않은가?' 등을 관찰할 수 있다. 이 게임은 부모와 자녀가 서로의 공통점을 발견하고 서로에 대해서 배우는 기회가 되어 주기도 한다.

- ☐ 파랑 / 노랑
- ☐ 햄버거 / 핫도그
- ☐ 불꽃놀이 / 휴대용 폭죽
- ☐ 스니커즈 운동화 / 조리 슬리퍼
- ☐ 포도 / 바나나
- ☐ 가족 / 친구
- ☐ 테일러 스위프트 / 저스틴 비버
- ☐ 천둥 / 번개
- ☐ 맥도날드 / 타코 벨
- ☐ 발가락 / 손가락
- ☐ 도보 여행 / 자전거 여행
- ☐ 엄마 / 아빠
- ☐ 스케이트보드 / 스쿠터
- ☐ 과일 / 채소
- ☐ 배기관 / 엔진
- ☐ 운동하기 / 운동경기 보기
- ☐ 여자형제 / 남자형제
- ☐ 불도저 / 덤프트럭
- ☐ 커피 / 에너지 음료
- ☐ 실외 / 실내
- ☐ 글쓰기 / 말하기

[그림 16-3] "Mostly me" 단어 쌍 목록

Wonderful Junk

- 언제 사용하는가: 평가와 종결 단계
- 준비물은 무엇인가: 다양한 표상이 가능한 30개 정도의 작은 아이템들을 담은 'wonderful junk' 상자([그림 16-4] 참조). 나는 모래상자에 사용되는 피규어들을 사용하지는 않는다. 그보다는 오히려 1인치를 넘지 않는 작은 아이템이나 버튼, 물체 등을 사용한다. 4×5인치 정도의 플라스틱 상자에 들어갈 수 있는 크기를 권장한다.
- 목표는 무엇인가
  - 청소년 내담자가 자신의 역사 중 한 부분을 통제하고 공유할 수 있도록 한다.
  - 내담자의 역사적 정보와 역사에 대한 내담자 자신의 인식이 어떤지 정보를 얻는다.
  - 내러티브를 만들어 볼 기회를 제공한다.

[그림 16-4] Wonderful Junk 상자

이 기법은 준비물을 많이 요구하지 않는 평가가 될 수 있다. 적은 수의 미니어처들을 사용하기 때문에 많은 선택이 만들어 내는 불안감을 줄일 수 있다. 나는 'wonderful junk'라고 불리는 작은 상자를 소개하면서 상자 안에 있는 아이템들을 살펴보고 지금까지의 인생 중 일부분을 보여 줄 수 있는 아이템을 몇 가지 선택하도록 요청한다. 원하는 만큼 선택하여 순서대로 늘어놓는다([그림 16-5] 참조). 간혹 어떤 아이들은 인생의 한 특정 시점을 표

[그림 16-5] Wonderful Junk 상자에서 선택된 미니어처들을 일렬로 배열한 모습

상하는 아이템만 두세 개 선택하기도 하는데, 이에 대한 제한은 없다. 청소년 내담자가 원한다면 어떤 것이라도 사용하도록 격려한다. 아이템이 모두 선택되면 각각에 대해 조금씩 이야기해 보도록 한다. 이 축약기법은 청소년들에게 자신의 경험이라는 맥락 안에서 정체감을 탐색하도록 할 뿐 아니라 자신의 내러티브를 인식하고 통합할 수 있는 간단하고 시각적인 이야기를 제공한다. 외상 경험이 있는 청소년에게 이 기법은 현재 순간에 머무르면서 외상 경험을 표상할 수 있는 안전한 방법이 될 뿐 아니라 외상 경험으로부터 안전한 거리를 제공하고, 외상 경험에 대한 느낌과 시각적 표상을 반영할 수 있는 안전한 환경을 제공한다. 다음은 특정 의뢰 사유를 가진 청소년을 위한 수정의 예시이다.

의뢰 사유에 따른 수정

노숙과 위탁 양육: 노숙이나 위탁 양육의 경험을 가진 청소년 중 일부는 연결되지 않는 이야기를 가져서 통합된 이야기를 만드는 데 실패할 수 있다. 모든 경험을 하나의 연대표로 만들어 보려고 노력하지만 잘 되지 않을 때에는 가정/가족/보호 시설 등으로 나누어 각각을 대표하는 아이템을 선택하도록 안내한다. 이를 통해 청소년 내담자는 각각의 경험이 독특하며 각각의 영향력이 있다는 것을 인식할 수 있다.

입양: 입양과 관련된 경험을 받아들이기 위해 고군분투하는 청소년 내담자를 위해서는 입양 전(아니면 자신이 생각하는 과거 시간)에 대해 연대표를 만들고 입양 이후에 대한 연대

표를 만들어 보도록 안내할 수 있다. 꽤 성장한 후에 입양된 청소년이라면 입양이라는 경험을 대표할 수 있는 연대표를 만들어 볼 수도 있다. 신생아 때 입양되어서 생물학적 부모를 기억하지 못하는 청소년이라면 유기 이슈를 다뤄야 할 것이다. 나는 입양 경험을 가진 청소년들이 자신이 입양되어야 했던 이유를 어떻게 이해하여 마음에 두고 있는지 탐색하는 데 이 기법을 잘 활용한다. 입양된 이유와 관련된 정보가 거의 없는 경우가 많다. 그럼에도 불구하고 많은 청소년은 입양된 이유를 타당화할 내러티브를 만들 것이다. 이 기법을 통해 청소년들은 입양된 이유와 관련되 진실이라고 믿는 구체적 표상을 창조해 낼 수 있다.

성적 학대: 성적 학대를 받은 적이 있는 청소년들은 이 기법을 통해 학대가 일어나기 이전에 있었던 자신의 인생을 어떻게 느끼고 어떻게 경험하고 있는지를 보여 줄 수 있다. 또한 학대가 일어나던 시기의 연대표를 보여 줄 수도 있다.

Wonderful junk를 통해 청소년들은 그것이 긍정적인 것이든 부정적인 것이든 자신의 인생 경험이 가진 축적적 효과를 이해할 수 있다. 과거 혹은 현재의 고통에 대한 반영 능력을 촉진시키고, 미래의 약속과 가능성을 볼 수 있게 하며, 시각적 연대표를 사용하여 굳이 단어를 사용하지 않더라도 경험에 대한 느낌과 지각을 표현할 수 있다. 모래상자 아이템도 이 기법과 함께 사용 가능하지만 내 경험에 따르면 버튼과 같은 작은 물건들이 심리적 안전감을 제공하였다. '작은 물건'은 내담자로 하여금 뇌에 작은 자극을 보내게 하여 자신의 경험을 보다 쉽게 다룰 수 있게 하는 것이다. 실제로 많은 청소년 내담자들이 작은 물건일수록 큰 문제거나 나쁜 문제라는 인식을 가지지 않도록 돕는다고 평했다.

Teen-O-Gram

- 언제 사용하는가: 작업 단계
- 준비물은 무엇인가: Wonderful junk에 사용하는 박스([그림 16-4]와 [그림 16-5] 참조)를 활용하거나 Jenni-Jane Personality Buttons를 활용한다.
- 목표는 무엇인가
  - 성격의 서로 다른 측면을 탐색하도록 돕는다.
  - 내담자가 자신과 타인의 특성이나 성격을 어떻게 보고 있는지 스스로 탐색하도록 한다.
  - 어떻게 관계를 만들어 가는지 보도록 돕는다.

[그림 16-6] Jenni-Jane Personality Buttons

- 청소년 내담자의 인생에 사회적 지지와 가족 연결이 어떻게 상호작용하는지 탐색한다.
- 자신의 정체감에 대해 어떻게 표상하고 있는지 알아보도록 돕는다.

청소년 내담자들은 다양한 종류의 사람을 만나고 다양한 경험을 하면서 자신을 둘러싼 세상이 급격하게 확장되는 시기에 있다. 청소년 내담자들은 양육자와 성인이 거의 모르는 역동적 사생활을 가지고 있다. Teen-O-Gram([그림 16-7] 참조)은 청소년 내담자들이 자신의 관계와 자기명명에 대한 구체적 기술을 통해 자신의 정체감을 형성하는 다양한 조각들을 인식하도록 고안한 놀이 치료 기법 중 하나이다. 청소년기의 인지 과정은 급격히 확장되어 구체적인 명명화를 요구하지 않지만, 그럼에도 불구하고 명명화를 해 보는 것은 범주적 자아를 발달시키던 아동 시절로 되돌아가볼 수 있는 기회를 준다(Oswalt, 2013). 범주적 자아란 아동이 '이것 혹은 저것'의 구체적 시각을 사용하여 관찰가능한 방식으로 자기개념을 설명하려는 것을 말한다. 나는 청소년들이 언어적 방어가 가능한 전두엽 활동으

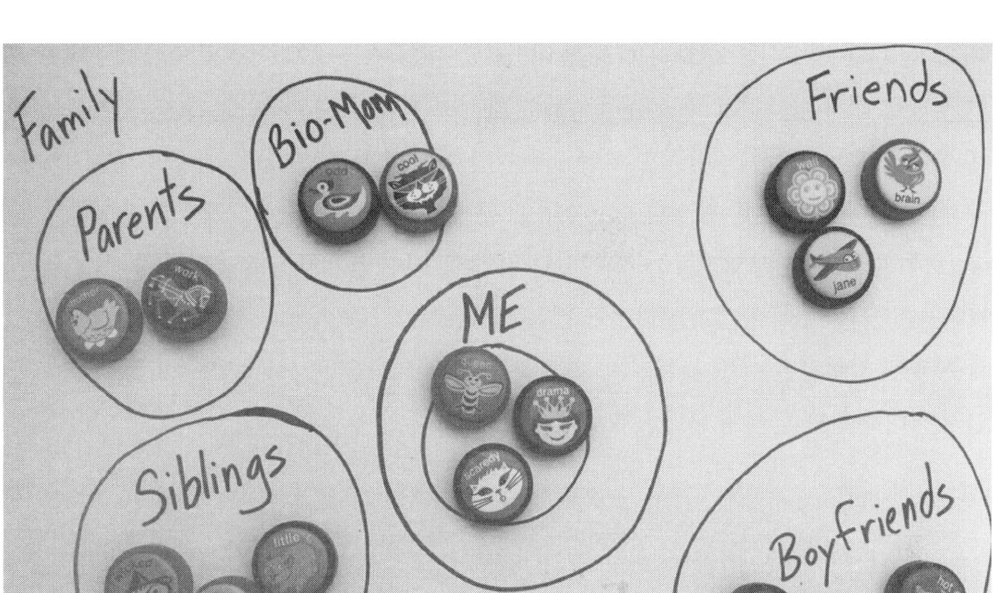

[그림 16-7] Teen-O-Gram

로부터 구체적이고 시각적인 표상으로 활동이 옮겨 갔을 때 훨씬 더 진실한 자아를 표현하는 것을 보아 왔다.

시작을 위해 나는 내 스스로가 단순히 한두 가지 활동에만 관심을 가지던 어린 시절에 비해 지금 얼마나 변화하고 성장했는지 청소년 내담자에게 소개한다. 큰 종이 한가운데 원을 그린 후 부분 부분으로 나누고 각 부분에 자신의 인생을 대표할 수 있는 관계, 활동 등을 적는다. 보통 친구, 연인, 스포츠/각종 활동 그리고 가족(이혼, 입양 또는 임시 가족의 경우에는 별도의 원으로 나타내도 되고, 청소년 내담자가 원하는 방식을 따라도 됨) 등이 주요한 그룹으로 등장한다. 그런 다음 다양한 그룹을 구성하는 중요 인물들을 표현하는 물체나 버튼을 고르도록 한다. 선택이 끝나고 각 위치에 물체나 버튼이 놓이게 되면 버튼을 선택한 이유에 대해 묻고 공유한다. 보통 청소년 내담자들은 이 과정을 거치면서 스토리를 만들게 되고, 타인을 이해하는 통찰을 드러내게 된다.

치료사는 사회적 매체, 또래 상호작용, 그룹 소속감, 성격 특성 및 사고를 조형하는 외적 요소 등 내담자의 선택에 영향을 미친 것이 무엇인지 탐색하면서 이 기법을 수행해 간다. 그런 다음 치료사는 대화의 방향을 내적으로 돌려 청소년 내담자가 자기 자신에게 붙인 명칭에 대해 탐색하고 스스로 동의하는 자신의 정체감은 무엇인지 생각해 보며, 앞으로 성취하고자 열망하는 것들은 어떤 것들인지 생각해 보도록 한다. 청소년 내담자가 잘 따라온다면 수용에 대한 욕구나 페르소나를 통해 성취하는 것들에 대해서도 탐색할 수 있다. 보통 나는 어떤 정체감이 가장 진실된 것인지, 어떤 정체감이 지금의 나를 가장 잘 대변하는지 등에 대해 이야기를 나누곤 한다. 그리고 이러한 이야기에 따라 외부 요인에 의해 부과된 정체감은 어떤 것들인지, 가장 진실된 정체감을 반영하는 요소들은 어떤 것들인지에 대해 함께 탐색해 본다.

결론

"당신 안 깊은 곳에서 어떤 변화가 일어난다. 그리고 사실은 그 변화를 알아채는 사람은 오로지 당신뿐이다. 어쩌면 그건 당연한 일일 것이다(Blume, 1981)." 이 문구는 청소년의 경험을 잘 표현하고 있다. 인생에서 우리의 외적이고 정서적인 경험은 타인들이 알아채지 못한 채 내부로 통합되고, 그러한 변화가 쌓여 비로소 '나 자신'이 되어 간다. 작지만 의미 있는 변화들은 나이와 상관없이 각 개인에게 의미가 있으며 영향력이 있다.

나는 내가 책 읽는 것을 어머니가 알아채거나, 책에 대해 어머니가 물어보시는 걸 원하지 않았기 때문에 늦은 밤 방문을 걸어 잠그고 Judy Blume의 책을 읽던 중학 시절을 회상하곤 한다. 되돌아 보면 책은 주눅 들어 있던 나의 청소년기 동안 나의 안전한 동료가 되어 주었다. 내가 십대가 되기 훨씬 이전에 쓰인 책들이었지만 주인공들이 겪는 고통, 희망, 갈등, 욕구 등을 나는 온전하게 공감할 수 있었다. 어떤 십대들은 음악을 자신의 진정한 동료로 느낄 것이고 또 다른 십대들은 스포츠나 특정 활동들을 동료로 삼아 청소년기 여행을 겪어 나갈 것이다. 그러나 때로 어떤 청소년과 가족들은 청소년기를 헤쳐 나가기 위해 추가적인 지지가 필요할 수 있다. 청소년들과 작업하는 치료사라면 누구에게라도 당면 과제가 될 것들은 바로 이것이다. 즉, 청소년 내담자가 정체감을 찾아가는 과정을 함께 해 주는 사람, 안전감을 느낄 수 있는 사람, 진심 어린 수용을 제공할 수 있는 사람, 실험적 이탈을 판단 없이 보아 줄 수 있는 사람이 되어 주는 것이다.

학습은 경험을 통해 발생한다. 책임감 있는 성인으로 성장해 가는 길 중 하나는 무책임하고, 실험적이고, 혼란스럽고, 우습고, 증오감이 가득하며, 좌절스러운 청소년 행동을 무수히 많이 경험해 보는 것이다. 그리고 이것이 바로 청소년기의 발달 과업이며, 이 과업을 잘 수행했을 때 비로소 치료적 희망이 만들어지고, 자기 자신을 이해하고 수용할 수 있는 방향으로 자신의 경험을 통합시킬 수 있게 된다.

그러므로 청소년기를 지나는 동안 동반될 잘못된 방향 설정, 비틀림, 은유적 속도감 등에 대해 십대 청소년과 부모 그리고 여러분 자신을 준비시켜야 한다. 이러한 경험이 어느 나이가 되면 우리의 정체감에 통합되리라는 것을 확신하면서 말이다.

제 17 장
성인을 위한 놀이치료

Diane Frey

임상적 적용
성인과 놀이치료
성인 놀이치료 적용에 있어 제한
전략과 기법
임상사례
결론

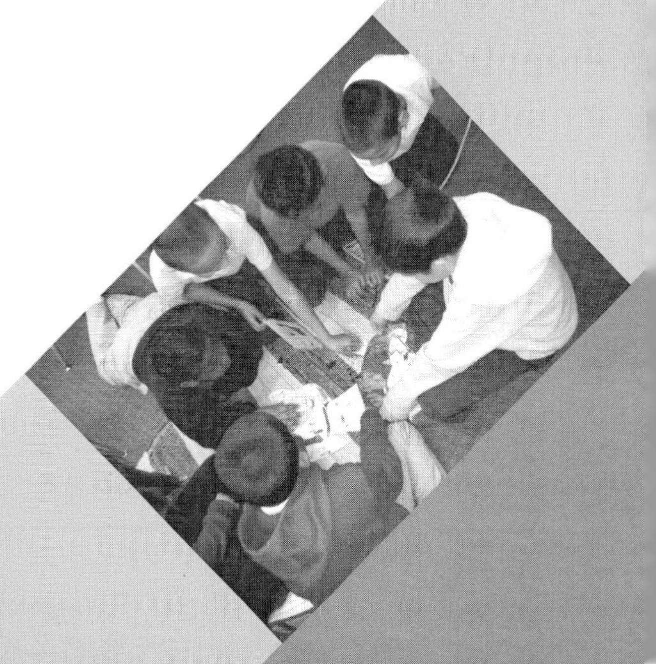

아동기와 성인기 사이 어디에선가 놀이는 사라져 간다. 성인기가 되면 더욱더 많은 시간과 에너지를 일에 사용하게 된다. 성인에게 놀이란 게으름이나 무가치함으로 연결되곤 한다. 최근에는 많은 스케줄과 진학을 위한 준비로 인해 아동들에게도 놀이가 무의미한 것으로 치부되기도 하며, 몇몇 학교에서는 체육 수업이나 휴식 시간을 없애기도 한다. 그러나 Elkind(2007)의 언급처럼 놀이는 사치가 아니다. 오히려 놀이는 어느 연령에서도 신체, 인지, 사회성, 정서 발달에 필수불가결한 요소이므로 사랑 · 직업과 같이 인간이 전 일생을 걸쳐 작업해야 하는 영역이라고 할 수 있다(p. 4). 플라톤으로부터 현대에 이르기까지 철학자들은 인간이 놀이를 할 때 가장 인간답다고 언급해 왔다.

> 놀이의 기능을 설명하는 이론들, 특히 환경이나 고통스러운 경험에 대한 숙달감 및 기능에서의 즐거움을 강조하는 이론이라면 하나같이 놀이 행위를 아동기나 성인의 특정 범주로 제한하지 않으며 인생 전체로 확대하여 보려고 한다(Adatto, 1964, p. 839).

Sutton-Smith(1997)는 포괄적 놀이 이론이라면 반드시 매우 어린 요소와 매우 성숙한 요소, 시작을 위한 첫 기다림과 마침을 위한 두 번째 기다림 등 서로 이질적이라고 여겨지는 요소들을 함께 다룬다고 지적한다(p. 48).

놀이와 학습은 상호교환적 관계이다. 놀이 유능감은 나선형으로 발전하여 좀 더 복잡한 수준에 도달하게 되며 그로 인하여 좀 더 높은 수준의 숙달감을 초래한다. 또한 놀이 유능감을 통해 아동은 인지적 · 정서적 · 행동적 영역에서 성인 수준에 도달하게 된다. 놀이는 성인 생활의 연습으로 간주될 수도 있다. 아동기 놀이에서 배우는 것들은 개인이 속한 문화와도 연관이 있으므로 우리는 놀이를 통해 각 사회로 사회화되는 부분이 있기 때문이다. 아동기에 많이 놀지 않고 성장한 성인은 성인기를 위한 연습을 적게 한 것이다. 이런 사람들은 보통 협상, 거절, 협동, 경쟁 등에 대처할 기술이 매우 부족하다. 또한 아동기에 많이 놀지 않은 성인은 종종 사회에 통합되는 느낌을 받지 못한다.

임상적 적용

성인기까지 지속되는 놀이의 가치를 지지하는 많은 연구가 신경생리학, 발달심리학,

인지심리학, 동물놀이행동학, 진화론, 분자생물학 등의 영역에서 쌓여 왔다(Brown & Vaughn, 2009). 놀이는 학습을 최적화하고, 관계를 확장시키며, 건강과 복지를 증진시킨다. 아인슈타인(1964)은 "놀이는 직업 생활에 필요한 논리적 구조와 의사소통 능력을 위한 생산적 사고를 만들기 위해 꼭 필요하다."(p. 171)라고 지적했다. 다시 말해, 놀이는 아인슈타인이 좀 더 완전한 사고를 시작하기 위한 필수적 요소였다. 문헌을 살펴보면 평생에 걸친 놀이의 장점을 많이 언급하고 있다는 것을 발견할 수 있다:

- 놀이는 사람들을 강하게 결속시켜 준다. 놀이를 통해 개인은 공감, 연민, 신뢰, 친밀감 등을 발달시킨다.
- 놀이는 창조성, 융통성 그리고 학습 능력을 키워 준다. 놀이를 통해 개인은 적응력을 높이고 문제를 해결하며 창의성과 호기심을 각성시킬 수 있다.
- 놀이는 외로움, 고립, 불안감, 우울감에 대한 해독제가 되어 준다. 놀이를 하는 동안에는 엔돌핀이 방출된다. 놀이는 고통, 공포와 여러 스트레스 요인으로부터 주의를 분산시킬 수 있게 해 준다.
- 놀이는 인내심을 가르쳐 준다. 학습으로부터의 강화나 혹은 새로운 게임을 완전히 터득하는 과정은 인내심의 가치를 알려 준다. 이러한 특성은 건강한 성인기를 위해 반드시 필요한 요소이다. 인내심과 폭력성은 함께 있기 어렵다.
- 놀이는 행복을 가져다준다. 놀이에는 즐거움이 있다. 놀이는 인류애적인 마음을 유지하고 키워 준다.
- 놀이는 관계를 확장시켜 준다. 함께 놀이하는 과정은 즐거움과 활력 그리고 관계에 대한 탄력성을 키워 준다.
- 놀이는 사회적 기술을 발전시키고 증진시키는 데 도움이 된다. 주고받는 놀이 활동을 통해 사회적 기술이 습득된다.
- 놀이는 협동을 가르쳐 준다. 놀이는 폭력성에 대한 해독제가 되어 줄 수 있다. 많이 놀지 않거나 놀이를 피하는 사람들은 공포, 격분, 강박적 걱정 등을 발달시킬 수 있다.

성인과 놀이치료

일반적으로 놀이는 성인기의 행복감을 확장시켜 준다. 그리고 놀이치료는 개인적으로 성장과 치유를 경험할 기회를 많이 제공한다(Bludworth, 2014; Schaefer, 2011). 성인기의 주요 이슈를 둘러싼 놀이 주제는 우울, 스트레스, 불안, 상실, 노화 등이다. 인생에 대한 심리역사적 관점을 발달시키는 것은 성숙한 성인의 발달 과업 중 하나이며 이 과제를 수행하기 위해 노력하는 과정에서 많은 관심사가 명확해진다. 놀이치료를 통해 성인 내담자는 통찰력을 키우고, 스트레스를 감소시키며, 소통을 증진시키고, 좀 더 자기 자신을 확신하게 된다. 다음 6단계에 걸쳐 진행되는 성인과의 놀이치료 과정을 제시하고자 한다(Frey & Carlock, 1991).

- 1단계 도입: 치료사는 내담자와 기법에 대한 이론적 근거를 토의한다.
- 2단계 참여: 내담자는 치료사의 안내에 반응하지만 위협적으로 느껴질 때에는 참여하지 않을 수 있다.
- 3단계 표현: 내담자는 발생한 일에 대한 반응과 관찰 내용을 공유한다.
- 4단계 진행: 내담자는 기법이 진행되는 동안 깨달은 패턴과 역동에 대해 토의한다.
- 5단계 반영: 내담자는 진행 과정에서 추론된 가설과 일반화에 대해 생각해 본다.
- 6단계 적용: 내담자는 기법과 자신의 실생활과의 연관성을 깨닫고 학습한 것을 일반화한다.

이러한 진행 과정을 사용하면 놀이치료에서 얻는 주제와 통찰을 성인과 좀 더 잘 연결시킬 수 있다. 이러한 과정을 사용한 예는 이 장 후반에 제시할 것이다.

놀이 치료는 특정 성인 집단에 효과적이다. 언어를 매개로 진행되는 전통적인 상담에 큰 저항감을 가진 성인이 대표적인 예이다. 법정에서 치료를 명령받거나 타인에 의해 치료를 권유받은 경우 상담에 상당한 저항감을 가질 수 있다. 또 내부로부터의 저항을 경험하는 내담자도 있을 것이다. 치료사와 이야기 나누기를 거부하거나 회피하려는 성인은 보통 그림을 그리거나 보드게임을 한다. 내담자들은 언어를 사용하지 않는 이런 방식이 치료사에게 협력하는 것은 아니라고 생각한다. 그렇지만 이것조차도 놀이치료사에게는 내담자를 이해하는 정보가 된다. 전통적 상담 기법을 부담스럽게 받아들이는 성인 내담자들이라도 음악, 미술, 그리고 또 다른 놀이치료 기법에는 반응하기도 하며, 언어 표현에 익숙하지 않은 성인도 감정을 그림으로 나타낼 수 있다. 이러한 기법들은 발달 장애를 가진 성인이나 자폐 진단을 받은 성인에게 특히 효과적이다.

거부적인 성인에게도 놀이치료는 효과적이다. 알코올 문제를 인정하지 않는 성인은 그림, 모래상자, 보드게임과 같은 놀이치료 기법에 개입되었을 때에는 무엇인가를 드러내지만, 오히려 전통적인 언어적 상담을 통해서는 현재 문제를 인정하지 않을 수 있다. 더구나 인지적으로 뛰어나지만 정서적으로 제한적인 성인 혹은 놀이의 즐거움이 주는 기능적 측면을 잃은 성인이라면 놀이치료로부터 효과를 얻을 수 있다. 많은 성인이 자신의 일에서는 충분히 기능하지만 자신의 창의성을 표현할 기회는 거의 갖지 못한다. 삶이 일이 되어버린 것이다. 삶에 더 이상 놀이가 없다면 인생은 지루해지고 우울해질 것이다. 이와 같은 과정으로, 성인 내담자들은 종종 그들 자신의 창조적인 면에 접촉할 방법인 놀이를 잃게 된다. 스트레스를 많이 받고 과중한 업무에 시달리는 성인은 놀이치료를 통해 스트레스를 경감할 수 있으며 새로운 대처 전략을 발달시킬 수 있다.

심리적으로 무엇이 문제인지 혹은 갈등의 원인이 무엇인지 스스로 깨닫지 못하는 성인은 놀이치료사에게 언어로 표현할 수 없을 것이다. 예를 들어, 역기능적인 가족이나 알코올 문제가 있는 가족 안에서 성장한 내담자는 그러한 가족력이 현재 자신의 기능에 영향을 미친다는 것을 깨닫지 못하지만 모래상자 안에서는 나타낼 수 있다.

일상적인 걱정이나 관심사를 나눌 수는 있지만 특정 주제와 관련해 감정 표현을 억제하는 성인내담자라면 놀이치료로 많은 도움을 받을 수 있다. 친밀한 관계나 성적인 주제에 대해 언급하는 것을 억제하는 성인이라면 보드 게임을 사용해서 좀 더 편안하게 이야기하도록 할 수 있다. 언어 표현은 정상이지만 무슨 일이 일어나고 있는지 그 과정을 언어적으로 표현하기 어렵게 느껴지는 치료의 어느 지점에 도달했을 때도 놀이치료는 도움이 된다. 평소에 말을 많이 하는 내담자라도 때때로 정체기에 빠질 수 있다. 놀이치료는 이러한 정체기와 관련된 주제들을 드러내 주기도 한다.

마지막으로, 놀이치료사들도 내담자들과 바쁘게 지내다 보면 압도당하는 느낌을 받거나 큰 스트레스를 느낄 수 있고 결과적으로 즐거움의 측면을 잃게 되기도 한다. 놀이치료사가 놀이를 할 수 없다면 내담자는 당연히 놀이를 하기 힘들어진다. 놀이치료사는 내담자의 놀이 과정을 모니터링할 수 있어야 하며 동시에 놀이에 자발적이고 즐거움을 느낄 수 있어야 한다.

성인 놀이치료 적용에 있어 제한

즐거움을 위협으로 느끼는 성인에게 이 접근은 적절하지 않다. 보통 이런 성인 중 대부분은 놀이 혹은 친밀한 관계와 관련해 심리적 상처를 입은 경우가 많다. 놀이인 것처럼 속임을 당해 배신감을 느낀 적이 있을 수 있다. 어떤 내담자들은 게임이라고 소개된 성폭행을 경험했을 수도 있다. 또 어떤 성인들은 놀이를 방어로 사용할 수도 있다. 놀이는 적대감을 위장하는 데 사용될 수도 있고, 분노나 혐오감을 회피하는 데 사용되기도 한다. 또 다른 성인 내담자들은 치료사를 속이거나 무력하게 만드는 데 놀이를 사용하기도 한다. 이러한 역동이 발생하면 치료 진행이 느려진다.

어떤 성인들은 치료 환경과 치료사를 통제하거나 조정하는 데 놀이를 사용하기도 한다. 예를 들어서, 이제는 더 이상 치료적으로 가치가 없는 체스를 계속 하자고 주장하거나 집에서 가족을 돌보지 않고 중독되어 열중하던 인터넷 게임을 치료실에서도 계속 하겠다고 하기도 한다. 중독 증상을 만족시키기 위한 일부로 놀이치료를 받겠다고 하는 성인 내담자라면 놀이치료를 매우 조심스럽게 사용해야 한다.

놀이치료사는 성인에게 미치는 놀이치료의 영향력을 꼼꼼히 모니터링해야 한다. 이러한 역동을 확인하고 성인의 허위즐거움(pseudoplayfulness)에 개입하지 못한다면 내담자의 역동과 허위즐거움에 공모하는 역할을 하게 될 것이다. 놀이치료 기법의 어느 정도를 놀이치료사가 주도하고, 또 어느 정도를 성인 내담자가 주도하며, 그리고 어느 정도를 함께 주도할 것인지에 대해서 모니터링 하는 것도 필수적이다. 놀이치료사가 이러한 역동을 민감하게 인식하는 것이 성인에게 놀이치료를 적용할 때 성공을 가져올 매우 중요한 열쇠이기 때문이다.

놀이치료를 통해 성인은 정서 영역과의 긍정적 연결을 발달시킬 수 있다. 놀이치료를 통해서라면 정서가 그렇게 위협적인 것으로 지각되지 않을 수 있기 때문이다. 성인이 정서 영역과 긍정적 연결을 발달시킨다면 심오한 통찰을 경험하는 것이 가능해진다. 통찰을 경험하게 된 성인이라면 게임, 상상, 예술작업 등을 통해서 이전에는 경험해 보지 못한 부드러움, 애정, 유머 등의 능력을 발달시킬 수 있게 된다.

전략과 기법들

성인을 위한 놀이치료 기법은 다양하다. 또한 치료사와 내담자가 새로운 기법을 만들어 낼 수도 있다. 자발적이고 창조적인 개입은 종종 매우 생산적이다.

카드게임은 성인에게 매우 적합한 양식이다. 'Ungame card game(가족용)'(Zakich,

1983)을 통해서는 가족 구성원이 어떻게 더 효과적으로 의사소통할 수 있는지를 배울 수 있다. 이 게임의 저자는 자신의 가족이 처음으로 게임을 하던 때를 회상하면서, 게임을 하는 20분 동안 배운 것이 지난 12년간 배운 것만큼이나 많았다고 언급하고 있다. 카드게임은 두 개의 데크로 진행되는데, 하나의 데크는 가벼운 반응과 연결된 것들이라면 다른 하나의 데크는 좀 더 깊이 있는 반응을 유발하는 것들이다. 이 카드의 예를 들어 보자면 다음과 같다. "당신을 화나게 하는 것은 어떤 것들인가요?" "당신의 가족 중 가장 사랑스러운 사람은 누구인가요?" "다른 플레이어에게 한 가지 질문을 던져 보거나 당신이 선택한 주제에 대해 이야기해 보세요." 이 게임은 경쟁적이지 않으며 경청을 장려하고 가족 간 자기노출을 유도한다.

놀이치료사는 블랭크 카드(비어 있는 카드)를 이용해 각각의 내담자에게 필요한 카드로 만들 수 있다. 또는 전통적인 카드 게임 데크를 사용할 수도 있고, 치료용 카드 게임 데크를 새로 만들 수도 있다. 예를 들면, 비언어 카드게임은 비언어 영역에 초점을 맞춤으로써 의사소통을 증진시킬 수 있다. 카드에 치료사가 선택한 감정을 할당한다. 예를 들면, 에이스=사랑, 킹=즐거움, 잭=분노, 이런 식으로 붙인다. 게임이 시작되면 아무도 말은 하지 않는다. 게임 참가자 중 한 명이 연기할 감정을 고른 후 다른 참가자들이 보지 못하도록 책상 위에 뒤집어 둔다. 이 참가자가 자신이 선택한 감정을 연기하는 동안 이를 관찰한 다른 참가자들은 같은 감정이라고 생각되는 자신의 카드를 내놓는다. 제시한 카드와 연기한 감정이 맞는다면 제시한 카드를 폐기할 수 있다. 그러나 제시한 카드와 연기한 감정이 맞지 않다면 자신이 제시한 카드를 다시 가지고 와야 한다. 참가자들 중 한 명이라도 카드를 모두 버리는 사람이 나올 때까지 게임은 계속된다. 그리고 그 사람이 승자가 된다. 이 게임을 통해 참가자들은 비언어적 메시지를 어떻게 주고받을지 배울 수 있다.

덤볼(Answers in Motion, 1990), 봉제 동물, 행운 쿠키, 그 외에 내담자에게 소개되는 물건들 등의 장난감도 성인 놀이치료에 사용할 수 있다. 덤볼(Thumball)은 여러 가지 감정이 씌여진 공인데 크기는 매우 다양하다. 치료사가 공을 내담자에게 던지면 내담자는 공을 잡아 엄지손가락 밑에 있는 단어를 읽는다. 그것은 '재미있는' '화가 난' '슬픈' 등의 단어들일 것이다. 단어를 확인하면 자신이 그런 감정을 느꼈던 순간에 대해서 이야기한다. 이 기법은 감정을 인식하고 표현하는 능력을 향상시킨다.

봉제 동물은 내담자를 지지하고 비언어적인 돌봄을 제공하고자 할 때 사용될 수 있다. 아동기를 나타내 주는 장난감을 선택하고 그 장난감을 치료적으로 사용하는 것은 성인 대상 놀이치료에서 흔히 발생하는 일이다. 66세 된 내담자가 남편과 사별하고 상실 치유 그룹에 참가했을 때 다른 참가자 중 한 명이 위로를 건네고자 자신의 곰인형을 제공했었다. 그 내담자는 이후에 개별 회기가 진행될 때도 그 곰인형을 가지고 왔다.

행운 쿠키도 성인 대상 놀이치료에서 사용될 수 있다. 행운 쿠키 안에 있는 메시지는 성인의 역동과 관련된 것이어야 한다. 행운 쿠키 안에 들어 있는 메시지의 예를 들어 보면, "당신이 할 수 있다고 생각하더라도, 할 수 없다고 생각하더라도, 당신이 틀린 것은 아니다." "애벌레에 머무르지 말고 나비가 되어 보자." 같은 것들이다. 이 메시지들을 읽고 자신과의 연관성에 대해 토의한 후 쿠키를 먹는다. 이 기법은 개인 혹은 그룹 성인 놀이치료에 모두 사용될 수 있다.

성인을 위한 또 다른 놀이치료 기법은 보드게임이다. 보드게임을 진행하는 과정에서 많은 것을 알 수 있다. 치료사는 내담자가 어떻게 문제를 해결하는지, 성공과 실패에 어떻게 반응하는지, 갈등을 어떻게 다루는지와 같은 정보들을 얻을 수 있다. 게임규칙에 트집을 잡는 사람도 있고 치료사를 조정하려는 사람도 있다. 조금이라도 질 것 같으면 과하게 괜찮은 척하거나 혹은 너무 앞서서 패배에 굴복하고, 또 때로는 승리에 대해 너무 많은 걱정을 하는 사람들도 있다.

성인 놀이치료에 사용되는 보드게임 중 한 가지로 'Enchanted Evening(Games Partnership, 1989; 온라인 구입 가능)'이 있다. 두 사람이 진행하는 이 게임의 목표는 자기노출을 증가시키고 성적인 친밀감을 공유하는 것이다. 이 게임을 구성하는 카드들은 긍정적이고 지지적인 진술을 불러일으키며 부드러운 접촉을 공유하게끔 한다. 카드에는, "당신의 파트너를 저녁 모임에서 만난다면 어떤 점이 당신의 눈길을 끌까요?" "방금 시작한 키스 대회에 얼마나 많은 감정을 넣을 수 있나요?" "당신이 이 대회 참가자라고 생각하고 파트너에게 최고의 키스를 해 주세요."와 같은 내용들을 담고 있다. 이 게임은 커플 파트너들이 기존의 전통적 상담에서는 직접적으로 다루기 어려운 친밀감에 대한 욕구를 표현하도록 도와주는 데 아주 탁월하다. 이 게임은 또한 성-중성적 게임이기도 해서 성소수자들에게 활용하기도 좋다.

'Chronic Care Challenges'(Enasco, 1994)는 부모를 돌보는 성인들을 위한 보드게임이다. 이 게임은 알츠하이머, 각종 형태의 치매, 관절염, 천식, 만성 통증, 당뇨병, 학대경험 등을 겪는 개인과 작업하는 사람들이 관심을 가질 만한 것들에 초점을 맞추고 있다. 각각의 주제와 관련된 카드가 세트로 들어 있으며 치료사가 개인 놀이치료나 집단 놀이치료에 적절한 카드를 삽입할 수도 있다.

'Self-Esteem Bingo'(Frey & Carlock, 1991)는 자아존중감이 강한 사람들의 특성에 대해

알아보고 이러한 자질을 습득하는 연습을 해 보도록 고안된 성인용 보드게임이다. 빙고 카드에는 자아존중감을 키워 주는 데 도움이 되는 것으로 알려진 25가지 기법이 들어 있다. 참가자들은 자기존중감 확장과 관련된 활동에 참여하는 개인을 찾아 빙고를 획득해야 한다. 이 게임은 자기존중감을 향상시킬 수 있는 방법에 대해 배울 수 있는 재미있는 도구 중 하나이다.

이러한 보드게임들은 성인을 대상으로 하는 놀이치료에서 사용할 수 있는 보드게임들 중 대표적인 몇 개의 예일 뿐이다. 체스와 체커도 성인과의 놀이치료에 잘 사용되는 것들이다. 성인을 위한 놀이치료에 사용되는 보드게임 중에는 성 편견, 중년의 위기, 의사소통 기술 등에 초점을 맞춘 것들도 있다. '미국 은퇴자 연합(The American Association for Retired Person)'(AARP, 1990)은 은퇴기에 들어선 성인을 돕기 위해 '림보(Limbo)'라는 보드게임을 개발하였다.

표현예술 활동도 성인 대상 놀이치료에서 활용할 수 있다. 예술이란 구조적일 수도 있고 비구조적일 수도 있다. 좀 더 구조화된 접근에서는 내담자에게 특정 사건에 대해서 그리도록 요구하거나 특정 자극에 반응하도록 요구할 수 있다. 'Anti-Coloring Book for Adults Only'(Striker, 1983)는 내담자가 통찰력, 창의성, 상상력을 키우도록 도울 수 있는 좋은 도구이다. 각 페이지에 짧은 질문이 있어서 내담자에게 그것을 보고 마음에 떠오르는 것이면 무엇이라도 그리도록 요청한다. 예를 들어, "당신의 이드는 어떻게 생겼을까요?" "평소에는 절대 말할 용기가 나지 않는 말 중 배우자에게 꼭 하고 싶은 말은 어떤 것인가요?" "당신이 나이가 많이 들었을 때 가장 좋은 추억으로 남을 것은 무엇일까요?" "당신이 받은 충격에게 어떤 말을 해 주고 싶은가요?" "잠시 엄마의 자궁으로 되돌아갈 수 있다면 누구와 함께 가고 싶은가요?"와 같은 다양한 질문들이 포함되어 있다. Striker는 6세 이상이면 사용할 수 있는 anti-coloring 책도 발간하였다. 치료사는 다양한 자극 중 적절한 내용을 선택하여 사용할 수 있다.

상호작용 게임도 성인과의 놀이치료에 사용할 수 있다. 성인과의 집단 놀이치료에서 워밍업을 위해 자주 사용되는 게임들은 공을 사용하는 것들이다. 참가자들은 원 모양으로 앉은 후 자신의 이름을 크게 이야기하면서 공을 다른 사람에게 넘긴다. 원이 한 바퀴 돌아가면 두 번째 단계로 넘어가서 이번에는 공을 받는 사람의 이름을 크게 이야기하면서 공을 넘기는 것이다. 세 번째 단계에서는 공을 받는 사람의 이름을 이야기하고 공을 주는 사람이 자신에 대한 것을 한 가지 이야기하면서 공을 넘긴다. 다음으로는 공을 주는 사람이 오늘 자신의 기분을 이야기하면서 공을 넘긴다. 마지막에는 공을 넘기는 사람이 받는 사람에게 질문을 할 수 있다. 참가자 모두가 각 단계를 다 경험할 때까지 놀이는 계속된다. 이 방법은 그룹의 구성원들을 알아 갈 수 있는 매우 즐거운 방법이다.

'Three Changes'(Frey & Fitzharris, 1999)는 타인을 좀 더 인식하고 정확히 지각하며, 사회적 지지 시스템의 중요성을 깨닫도록 도울 수 있는 게임이다. 이 게임은 성인 그룹 치료에 사용하기 적당하다. A팀과 B팀으로 두 개의 팀을 구성한다. 각 팀은 일렬로 선 후 상대방팀과 얼굴을 마주 보도록 선다. 마주 본 사람은 서로 파트너가 되는 것이다. 파트너가 된 사람들은 주어진 짧은 시간 동안 서로를 관찰한다. 그런 다음 A팀의 파트너가 고개를 돌리고 있는 동안 B팀의 파트너는 외형상 세 개의 변화를 만드는 것이다. 세 개의 변화 만들기가 끝나면 A팀 파트너는 다시 자신의 파트너를 살펴서 세 개의 변화가 무엇인지 추측해 낸다. 이 과정이 다 끝나면 서로 역할을 바꿔서 A팀의 파트너가 세 개의 변화를 만들고 B팀의 파트너가 세 개의 변화를 추측해 낸다. 이 과정을 두세 차례 반복한다. 게임을 하고 나면 보통 혼자 변화를 만들어 내기는 힘들어도 함께 고민하면 변화 만들기가 훨씬 쉬워진다는 언급이 많이 나온다. 이러한 언급이 나오면 사회적 지지 시스템의 중요성에 대한 이야기를 나누는 시점으로 이용할 수 있다.

성인의 그룹 놀이치료에서 사용하기 좋은 상호작용 게임 중 또 다른 하나는 '물건 찾기 게임'이다. 스트레스원을 다루고, 자존감을 확장시키며, 타인과 효과적으로 협력하는 6개의 서로 다른 방법을 찾아내기 위한 '물건찾기 게임'에 내담자를 초대한다. 내담자는 이러한 주제를 다루기 위해 타인을 관찰하거나 면접하기도 한다. 주제는 필요에 따라 각 내담자에게 적절하게 수정할 수 있다.

드라마와 지시적 심상(guided imagery)도 성인 놀이치료를 위해 유용한 도구가 되어 준다. Dayton(1991)이 제안한 지시적 심상에서는 내담자가 인생에서 가장 원하는 것들을 가졌다고 상상해 보도록 요구한다. 그런 다음 내담자에게 현실에서 소망이 이루어진 것처럼 지내 보도록 요청한다. 내담자가 마음으로 이 소망을 성취해 본 다음 완전한 의식으로 돌아가 그 경험을 처리하도록 한다.

놀이치료에서 성인 및 아동에게 사용되어 온 심상 기법 중 하나는 'Rosebush Identification'(Stevens, 1991)이다. 이 기법에서는 내담자에게 장미나무로서의 정체감, 생활양식, 환경, 감정 등을 상상해 보도록 한다. 과정이 끝나면 장미나무를 그리도록 한 후 장미나무를 은유하여 자기에 대해 토의해 봄으로써 과정을 마친다.

Dayton(1991)은 'Taking Care of the Child Within'이라는 또 다른 심상 기법을 사용하여 내담자가 자기 자신을 아이로 보도록 요청한다. 그런 다음 아동 자아가 성인 자아로부터 무엇인가를 요구하는 것을 상상해 본다. 물론 성인 자아가 제공할 수 있는 범위 안에서이다. 그러고 나서 내담자는 아동 자아를 세우거나 의자에 앉히기도 하고 아동 자아가 요구하는 것을 들어주기도 하면서 아동 자아를 양육하기도 하고 아동 자아에게 자신이 다시 되돌아올 것이라고 알린다. 내담자가 준비되면 자신의 주의를 다시 방으로 되돌리고 경험을 처리하도록 한다. 이 기법은 내부의 아기 자아를 재양육하는 강력한 방법 중 하나이다. Dayton은 이 기법을 심리극의 대모인 Zekra Moreno로부터 배웠다고 언급한 적이 있다.

역할 놀이도 성인과의 놀이치료에 잘 사용되며 성인들이 문제해결, 행동 시연, 공감 증진, 사건 재구성 등을 실시하는 데 도움이 된다. 행동 시연을 예로 들자면, 상담가가 언니 역할을 해 주면 내담자는 언니에게 어떻게 조금 더 친사회적인 방식으로 분노를 표현할 것인지 연습할 수 있다. 치료사가 내담자의 역할을 해 주고 내담자가 자신에게 의미 있는 타인 중 한 명의 역할을 하면서 공감을 확장시킬 수도 있다. 성인을 위한 시뮬레이션 게임도 역할 놀이 사용의 한 예시가 될 수 있다.

손인형은 성인 및 가족 놀이치료에서 사용할 수 있다. 가족 놀이치료에서 각 멤버에게 손인형을 선택한 후 놀이를 만들어 보도록 요청한다. 그런 다음 치료사는 가족 역동과 관련되어 있을 놀이의 상징적 의미를 가족과 함께 처리해 나간다. 성인도 또한 '프로이드 손인형'(Myrstad, 1988)을 사용해 정서를 표현하도록 도움받을 수 있다.

모래상자치료는 성인이 언어적으로는 표현하기 어려운 사고, 감정, 행동을 상징적으로 드러낼 수 있는 기회를 준다(Garrett, 2013). 모래상자 놀이는 내담자의 인생에 영향을 끼칠 수 있는 무의식의 세계를 내담자에게 보여 줄 수 있다, Carl Jung은 스위스의 어느 강가에서 혼자 모래놀이를 하면서 카타르시스를 경험한 후 새롭고 창조적인 아이디어를 개발할 수 있었다고 보고하면서, "종종 손을 움직임으로써 지성이 어렵게 씨름한 수수께끼를 풀 수도 있다."라고 이야기했다(Jung, 1981, p. 13). 다음에 제시하는 사례에 성인과의 모래상자 놀이가 어떤 가치가 있는지, 어떻게 사용될 수 있는지 등이 나타나 있다.

Violet Oaklander(1978)는 "아이들의 흥미를 끌어모으는 강력한 방법 중 하나는 몇 가지 마술을 보여 주는 것이다."라고 말했다. 이것은 성인 내담자에게도 적용된다. 매우 저항이 강한 내담자조차도 마술에는 호의적으로 반응하는 편이다. 치료용 은유가 담겨 있는 마술 트릭을 수집하는 것은 치료사들에게 매우 도움이 된다. 인생에 갇혀 버렸다고 느끼는 성인 내담자에게 자주 사용되는 마술 중 하나는 'Drink the Water'라는 마술이다. 이 마술에서 치료사는 물 컵을 잡고 내담자에게 치료사가 물을 마시지 못하도록 팔을 움직여 막아 보도록 요청한다. 어떻게 한 개인이 완전히 갇혀서 할 수 있는 것이 아무것도 없다고 생각하게 되는지, 또한 치료를 통해 새로운 길을 열 수 있음에도 불구하고 변화란 불가능한 것이라고 생각하게 되는지 함께 이야기 나눌수 있다.

영화 치료도 성인에게 사용할 수 있다. "영화는 현대 문화에서 지배적인 영향력을 갖는 매체이면서 다른 예술들처럼 깊은 내적 경험과 우리의 인간성을 구성하는 무제한적 즐거움을 반영한다(Kristberg, 1980; Solomon의 1995년 저서 p. 9에서 인용함)." 비디오 놀이치료에서는 상담 회기 사이사이 내담자가 영화를 시청하도록 한다. 그런 다음 역할 놀이를 진행해서 다양한 역할을 해 보거나 영화가 어떻게 묘사되기를 바라는지 원하는 시나리오를 그려 보기도 한다. 또한 모래상자에 특정 장면을 재현하기도 하고 손인형을 이용해서 관련 있는 장면을 시연하기도 한다. 만약 그림이 1,000 단어의 가치를 갖는다면 영화는 1조 단어의 가치를 가질 것이다. 보통 사람들은 자신의 인생을 타인에게 들려주거나 인생 메시지를 주거나 하는 경험은 하지 않는다. 영화만이 갖는 특징 중 하나는 원할 때 언제라도 원하는 만큼 자주 인생 메시지를 듣고 시청할 수 있다는 것이다. 치료사에게 유용한 두 가지 기법을 제안한다면 'Motion Picture Prescription'(Solomon, 1995)과 'Rent Two Films and Let's Talk in the Morning'(Hesley & Hensley, 2001)이 있다. 이 기법들은 각종 다양한 역동에 할당될 수 있는 영화들을 치료사에게 제안한다. 물론 진행을 위한 가이드라인도 제공된다.

독서요법도 성인을 위한 놀이치료에서 유용하게 사용되는 기법이다. 치료사는 자기 도움이 되는 서적이나 내담자와 유사한 주인공이 있는 서적을 내담자에게 권유한다. 책의 내용은 전통적인 독서치료 가이드라인에 따라 진행될 수도 있고, 사회극, 역할놀이, 예술기법, 모래상자 등과 함께 사용될 수도 있다. 다양한 심리적 문제에 적절한 도서 목록은 인터넷에서 구할 수 있다(www.tipperarylibraries.ie, www.kilkennylibrary.ie, http://psycholobicalselfhelp.org).

가끔 성인들은 치료를 받으러 오거나 나갈 때 아동 내담자들이 갖고 있는 물건들에 대해 농담 삼아 이야기하곤 한다. "나도 오늘 찰흙을 가지고 놀아야겠다." "나도 그림 그려야지." 이러한 언급들은 성인이 놀이의 세계를 원한다는 단서가 될 수 있다. 이러한 기회를 찾는 것은 치료사와 내담자 모두에게 보람 있는 일이 되어 줄 것이다.

임상사례

Glasser(2001)는 사람들이 즐거울 때 또는 놀이에 개입할 수 있을 때 비로소 배울 수 있고, 그러한 배움은 온전히 기능하기 위해 꼭 필요한 건강과 성장을 제공한다고 하였다. 놀이가 없는 것은 진정으로 경험하는 인생이라고 할 수 없다. Anaïs Nin(1977)은 놀이치료가 성인 상담가에게 왜 이렇게 필요하고 유용한 양식인지를 강조하기 위해, "우리는 연대순으로 성장하지는 않는다. 우리는 때때로 한 방향으로는 성장하면서 다른 방향으로는 성장하지 못하기도 한다. 우리는 부분적으로 성장한다. 그리고 우리는 상대적이다. 하나의 영역에서는 성숙하지만 다른 영역에서는 미성숙할 수 있다."라고 강조했다.

인간 발달의 비동시성은 놀이치료에 도움이 된다. 전통적인 치료에서는 내담자가 인지, 영향 및 행동에 관해 동일한 수준이라고 가정하는 경우가 많다. 그러나 놀이치료는 발달의 불균형을 명확히 드러낸다. 다음 사례 연구는 Glasser와 Nin의 진술에 대한 예시가 되어 준다.

사례 1

Joan은 심각한 우울증으로 치료를 받고 있는 24세의 미혼 여성이다. Joan은 아침에 제대로 일어나 정확한 시간에 일을 하러 가야만 한다고 말하였다. 치료사는 Joan에게 인생의 다양한 측면과 관련해 얼마나 만족하는지 질문을 던져 보았다. Joan은 자신의 일을 좋아하며, 친구들과 지지적인 가족 그리고 남자친구를 가지고 있다고 보고하였다. 절실하게 도움이 필요하다고 말하는 Joan에게서 대충 회피하거나 저항하려는 모습은 보이지 않았다. 가족의 우울력에 대해서 물었으나 가족 우울력은 없다는 보고가 돌아왔다. Joan이 내재화하고 있을지 모르는 분노 감정에 대해서 묻자 Joan은 그런 감정에 대한 어떤 자각도 거부하였다.

우울의 원천이 무엇인지 내담자가 전혀 규명할 수 없었기 때문에 치료사는 놀이치료로의 전환이라는 결정을 내리게 되었다. 우선 『Anti-Coloring Book』(Striker, 1983)을 제안하였다. 간절히 통화를 하고 싶은 누군가가 있다면 그려 보도록 요청하는 페이지에서 Joan은 세 명의 아기를 그렸다. 그리고 이 아가들과 이야기 나눌 수 있다면 무엇이라도 하겠다고 이야기했다. 추후탐색을 통해 일 년 전쯤 Joan이 세쌍둥이를 출산했었다는 것을 알게 되었다. 출산 두 달 후 한 명이 죽었으며, 2주 후 또 다른 한 명이 죽었고, 며칠 지나지 않아 마지막 아가도 죽음을 맞이했다. Joan은 깊이 사랑하는 남성을 만나 그 남성과 결혼하게 될 것이라고 생각하고 있었지만 임신이 알려진 후 어느 날 그 남자는 사라져 버렸다. 부모님은 최대한 돕겠다며 지지해 주셨고, 세쌍둥이 출산 후 집으로 들어와 함께 살 것을 권했다.

Joan은 부모님 댁으로 이사를 했다. Joan은 지역 백화점에서 인쇄물 모델로 일하고 있었기 때문에 출산과 함께 일시적으로 직업을 잃게 되었다. Joan은 짧은 시간 동안에 사랑하는 사람들을 잃고, 자신의 생활양식과 독립성을 잃었으며 직장과 세 아가를 잃었다.

왜 Joan이 우울에 대한 이야기를 나눌 때 이러한 상실에 대해 이야기하지 않았을까 의문이 들었다. Joan에 따르면, 갑자기 일어난 이 모든 상실을 다루는 가장 좋은 방법은 이 문제에 대한 모든 것을 덮어 버리고 이야기하지 않는 것이라는 데 Joan과 부모님은 합의를 보았고, 그렇게 대처해 왔다는 것이다. 그렇게 강하게 억압해 오다 보니 우울의 원인에 대한 이야기를 나누는 순간에조차도 그 사건들을 언급할 생각을 하지 못했던 것이다. 치료사에게는 이 사건들이 우울의 원인이라는 점이 명백해 보였다. Joan에게는 기념일 신드롬(anniversary syndrome)[1)]도 나타났다.

Joan의 사례는 자신이 무엇 때문에 힘들어하는지 심리적으로 자각하지 못하는 성인들을 위해 놀이치료가 효과적이라는 것을 보여 주는 매우 좋은 사례이다. 내담자가 문제의 근원을 인식하지 못한다면 전통적인 방식의 언어기반 치료는 잘 진행되기 어렵다. 이 사례의 경우 진단과 통찰을 위해 놀이치료가 사용되었으며 또한 놀이치료를 통해 Joan이 그동안 억압해 오던 이슈를 언어화할 수 있도록 도움받을 수 있었다.

'Anti-Coloring Book'(Striker, 1983)의 사용과 함께 Joan을 'Grief Game'(Kingsley, 1996)에 초대하였다. 이 게임은 사랑하는 사람을 잃고 비탄을 경험하고 있는 아동, 청소년, 가족을 위해 고안되었다. 이 게임을 몇 번 반복하면서 Joan은 자신이 경험한 상실에 대한 슬픔을 통찰하였다. 사회극(sociodrama)과 상상 놀이치료 및 음악도 함께 사용되었다. 어떤 회기에서는 Celine Dion의 〈My Heart Will Go On〉을 틀어 놓았었다. Joan은 아가들을 그린 후 아가들을 오래도록 기억하겠다는 마음을 나타내는 상징을 그려 넣었다. 장례식을 하지는 않았었기 때문에 Joan은 모래상자에서 아가들을 묻는 작업을 했다. 치료가 종결되었을 때 Joan은 놀이치료가 자신에게 너무 효과적이었다고 놀라움을 표현했으며, 자신의 걱정들을 다룰 수 있는 대처 기술을 배울 수 있었다고 언급하였다.

사례 2

오하이오에 살고 있는 Jim은 오하이오의 역사, 문화와 매우 친숙한 사람이어서 오하이

1) 역자 주: 기념일 신드롬은 anniversary effect 혹은 anniversary neaction이라고도 한다. 특별한 일이 발생한 날에 그와 관련된 불안정하고 부정적인 감정이나 기억이 떠오르는 현상을 말한다.

오식 유머를 사용해 스트레스를 처리했으며 치료사는 이러한 방식을 금세 알아차릴 수 있었다. 변호사인 Jim은 자신의 일이 침체되어 있으며, 생산성 향상을 위해 사무실 사람들을 독려하면 할수록 서로 스트레스를 더 받게 된다고 믿고 있었다. 경기 침체로 인해 국내 관계를 전문으로 하는 그의 회사를 찾는 고객이 줄었다. Jim은 치료의 목표가 스트레스를 다루는 것이라고 치료사에게 말했다. Jim은 자신의 스트레스를 언어적으로 표현하는 것에 능숙해 보였지만, 조금 더 사적인 이슈를 이야기하는 것은 어려워한다는 것을 얼마 지나지 않아 알 수 있었다.

막힌 느낌과 정체된 느낌이 의뢰인의 주된 관심사였기 때문에, 치료사는 'Drink the Water magic trick' 기법으로 시작을 했고 나중에 스트레스 관리의 진척을 측정하기 위해 작고 민감한 피부 온도계와 함께 이완 이미지를 제시했다(Biodot®, 2009). 치료 과정 중 Jim은 치료사가 모래상자를 권한 적이 없으며, 내담자가 모래상자를 가지고 놀이하지 않겠다면 당연히 그렇게 할 수 있음에도 불구하고 자주 방을 들어서면서부터 모래상자로 놀이를 하진 않겠다고 먼저 말하곤 했다. 그러다 어느 회기에선가 업무 스트레스에 대해 이야기하면서 Jim은 모래상자에 대해 이야기하기 시작하더니, 또다시 모래상자를 하지 않을 것이라고 강력한 어조로 말했다. 그러나 치료사에게 그렇게 이야기하는 동안 Jim의 손은 모래상자 위에 올라가 있었다. 그러더니 갑자기 무엇인가 깨달은 사람처럼 트럭 모양의 레고를 꺼내 들었다. 트럭은 철조망이 쳐져 있었고 뒤쪽은 없는 형태였다. Jim은 자신의 팔이 철조망에 걸린 채로 트럭 뒤에 레고 남자 한 명을 두었다. 흥분한 목소리로, "이것 좀 보세요. 이건 꼭 요즘 나에게 무슨 일이 일어나고 있는지 보여 주는 것 같아요!"라고 소리쳤다. 약간 당혹스러워 나는 Jim에게 설명을 부탁했다.

그제서야 Jim은 자신이 5년간 유부녀와 불륜 관계에 있었다는 사실을 치료사에게 이야기했다. 최근에 들어서 부인에게 사실대로 이야기하고 이혼을 요청했다는 것이다. 이러한 상황이 스트레스이긴 하지만 Jim은 레고 트럭의 상징을 그렇게 중요시하지 않았다. 부인은 남편의 불륜 상대 유부녀가 그녀의 전 남편과의 사이에 세 자녀를 나아 키우고 있다고 생각하고 있지만 2세인 세 번째 아이는 사실 자신과의 사이에서 낳은 아이이며 부인이 이런 사실을 몰랐으면 좋겠다고 Jim은 말했다. 둘 간의 불륜은 거의 모든 사람이 알게 되었기 때문에 Jim과 그 여인은 콘도를 빌려 이사를 나와 함께 살게 되었는데, 함께 살게 되자 Jim은 그녀도 결국엔 자신의 부인과 매우 유사한 사람이라는 것을 알게 되었다는 것이다. Jim은 어린 아들에게 책임감을 느끼면서 동시에 새로운 관계에 갇힌 듯 답답함을 느꼈다. 그래서 Jim은 레고 트럭을 들어 올리면서, "이것 좀 보세요. 이거 꼭 나같네요. 이 남자는 트럭에서 나올 수는 있겠지만 그 과정을 매우 고통스러울 거예요. 완벽히 나랑 같아요. 관계에서 나올 수는 있지만 분명 매우 고통스러울 거예요."

Jim은 직장에서의 스트레스에 대해서는 이야기할 수 있었지만, 불륜과 그 사이에서 생긴 아이에 대한 이야기는 시작하기 힘들어했다. 그러나 모래상자에서의 상징을 통해서 이러한 것들을 드러내고 의논할 수 있었고 깊이 있는 탐색을 통해 무의식적인 것들을 확인할 수 있었다. 이후에 치료사는 친밀한 관계에서 가치 있는 것이 무엇인지를 6명에게 물어보는 사냥 게임을 실시하였다. 시각적 상상기법도 적용하여 Jim에게 한 성별의 동물을 떠올리게 한 후, 반대편 성별의 동물을 떠올리도록 했다. 그런 다음 그 둘 간의 이야기를 만들어 보도록 요청했다. 상상을 끝내면 내담자는 상상한 내용을 치료사에게 이야기한다. 이 경우 상상의 내용은 보통 친밀한 관계에 대한 내담자의 기대를 표면화하고 있다. Jim의 상상은 실재 생활에서 겪고 있는 관계와는 매우 다른 내용을 담고 있었다.

다음 회기에서는 Jim에게 『The Empty Pot』(Demi, 1999)이라는 동화책을 읽도록 하였다. 이 동화책은 아동용이기는 하지만 형식은 그렇게 아동용이지는 않다. 이 책의 주제는 진실함에 대해 생각해 보는 것이어서 Jim이 진실함에 대해 토의해 볼 수 있도록 자극을 주기 위해 사용되었다.

'The Hinged House'(Frey & Fitzharris, 1999a)라는 놀이치료 기법도 Jim에게 사용되었다. 이 기법에서 치료사는 오크 태그나 다른 유사한 무게의 종이로 경첩이 달린 집을 만든다. 경첩이 달린 쪽으로 집을 잘라 낸다(마닐라 폴더를 사용할 수도 있다). 집 앞에는 아동기부터 떠올려 봤을 때 가장 추억할 만한 것을 선택해 그리도록 하고, 집 안에서 무슨 일이 일어나고 있는지, 이 집의 비밀은 무엇인지 등에 대해서는 집 안에 그리도록 한다. 이 기법을 통해 내담자가 자신의 원가족으로부터 비롯된 가족 혹은 결혼에 대한 기대를 확인할 수 있다. Jim의 그림은 현재의 그 어떤 관계보다 평등한 관계를 보여 줬다. 이 놀이치료 기법을 통해 Jim은 자신의 실패한 관계에 대해 직면할 기회를 가졌다.

Jim은 스트레스 중 일부분은 말할 수 있었지만 더 기저에 있는 스트레스는 모래상자를 통해서 드러났다. 모래놀이가 문제의 진단에 효과적인 반면 다른 놀이치료 기법들은 개입에 효과적이었다. 놀이치료를 통해 Jim은 자신의 의사소통에 방해요소로 작용하던 장벽을 뛰어넘을 수 있었다.

마지막 회기에 Jim은 놀이치료사에게 오하이오에서 10월부터 새로운 번호판을 달게 되는 것을 알고 있는지 물었다. 주정부는 번호판에 '오하이오, 슈퍼맨의 고향'이라고 적고 싶었지만(슈퍼맨은 두 명의 클리블랜드 출신 십대 소년이 만들었다), 이 권리를 소유한 프랜차이즈에서는 모든 사람이 이미 슈퍼맨이 크립톤에서 태어난 것으로 알고 있다는 이유로 이에 대한 허가를 내주지 않았다는 것이다. Jim은 이에 대해 농담을 던졌다. 슈퍼맨과 일반인의 다른 점은 뭘까요? 슈퍼맨은 팬티를 바지 위에 입었다는 거지요. 이 메시지에는 어떤 내장된 의미가 있을 것이다! 이제 번호판에는 '슈퍼맨의 고향'이라고 써넣는 대신, 슈퍼맨의 이미지를 언어화한 '진실, 정의, 미국의 방식'이라는 단어를 써넣게 되었다. 번호판을 사고자 하는 전화가 여러 곳에서 많이 오겠지만 오하이오 거주자만 구입할 수 있을 것이다.

사례 3

85세의 Louise가 치료사와 만날 약속을 잡고 싶어 했다. 자신은 친구가 없고 그래서 친구 만드는 법을 배우고 싶다고 했다. 치료사는 Louise가 친구가 없다고 한 것은 친구가 다 죽었다는 뜻일 거라고 추측했다. 그러나 Louise는 계속해서 평생 동안 친구를 가져 본 적이 없어서 죽기 전에 꼭 친구를 가져 보고 싶다고 이야기했다.

Louise는 자신에게 왜 사회적 기술의 결함이 있는지 심리적으로 전혀 인식하지 못하는 것 같았다. Louise는 또한 정도를 지키며 자신의 관심사를 언어적으로 논의하는 데에도 어려움을 드러냈다. Louise는 보통 노인들이 생각하는 것처럼 치료란 약점을 드러내는 과정이라고 생각하고 있었다. 그래서 치료에 대해 접근하면서도 회피하는 태도를 나타냈다. 대처 기술을 배우고 싶었지만 자신의 약점이 드러날 것이라고 두려워했다. Louise는 은퇴한 판사였고 두 번의 이혼 경험이 있었다. 한때 유부남과 불륜 관계이기도 했다. 첫 회기에서 그녀는 벽에 걸린 「인생에 대한 회의적 시선」(Planick, 1978)이라는 그림을 유심히 들여다보았다. 그 그림은 인생을 여행이라는 시각으로 그린 그림이다. 복잡한 사다리를 막 올라가려고 하고 있는 사람들은 미소를 짓고 있지만, 사다리를 올라가고 있는 사람들은 좀 더 진지한 모습이고, 사다리의 꼭대기에 다다른 사람은 놀라움과 공포를 표현하고 있다. 사다리 꼭대기에 있는 사람들은 떨어져서 죽게 된다. Louise는 자신이 생각하는 인생을 이 그림이 반영하고 있다며 이야기를 시작했다. 이 장면은 놀이치료에서 물체들을 어떻게 사용할지 보여 주는 좋은 예가 된다. 그림에 대해 의견을 나누면서 Louise는 자기노출을 경험하기 시작했다.

'The Conversations to Go'(Moonjar, 2005)라는 게임을 Louise에게 소개했고 그녀는 더욱 자기노출을 편하게 느낄 수 있었다. 치료사와 내담자는 번갈아가며 중국식 배달 음식 상자를 닮은 통에서 중국식 행운의 쿠키처럼 생긴 조각을 번갈아 꺼낸다. 예를 들어,

Louise가 꺼낸 것 중에는 "당신의 완벽한 하루를 묘사해 보세요." "강함에 대한 당신의 정의는 무엇인가요?" "꿈을 꾸는 것과 꿈을 실현하는 것 간의 차이는 무엇일까요?"와 같은 것들이 있었다. Louise가 제시하는 반응들은 타인과의 긍정적 상호작용 및 얼마 남지 않은 그녀의 인생과 관련된 일반적 주제들을 담고 있었다.

또한, Louise에게 'Anti-Coloring Book for Adults Only'(Striker, 1983)를 제안하였다. Louise는 "나이가 든 후 가장 좋은 기억은 어떤 것인가요?"라는 질문에 대한 그림을 그리기 시작했다. 그녀는 판사로서의 자신을 그렸다. 비디오 놀이치료도 Louise에게 사용되었다. Louise에게 〈Young Heart, You're Never Too Old to Rock〉(George, 2008)이라는 비디오를 보여 주고 이와 관련한 작업을 진행했다. 놀이상자에서는 자기 자신에 대해 가지고 있는 마지막에 대한 이미지를 재현하였다. 보드게임을 가지고도 놀이를 진행했다. 게임놀이를 통해서는 자신의 관심사에 대해 좀 더 풍부하게 이야기할 수 있었고, 좀 더 심리적으로 의식할 수 있었다. 사회적 기술을 발달시키기 위해서는 모델링이 가장 좋은 기법이므로 좋은 사회적 기술을 가졌다고 생각되는 사람을 적어도 여섯 사람 관찰하고 오도록 하는 사냥 게임을 진행하였다. 치료실에 왔을 때는 Louise가 적어 온 메모를 가지고 좋은 사회적 기술에 대하여 복습하였다. 또한 여러 사회적 상황을 가지고 역할 놀이를 진행하였다. 이러한 놀이치료 기법들을 통해 Louise는 통찰을 얻었고, 의사소통 기술을 향상시킬 수 있었으며, 스트레스를 감소시키고 자기존중감을 증대시킬 수 있었다. 치료의 종결에 이를때쯤 Louise는 자신의 사회적 기술에 대해 자신감을 느꼈다. 새로운 친구를 만들었으며 자신의 미래에 대해 긍정적인 느낌을 가지게 되었다.

결론

Carl Jung이 Freud학파를 떠나며 발생한 여러 가지 문제를 해결하는 과정에서 모래를 가지고 놀았던 경험에 대해 글을 쓴 것이 20세기 초였다. 1970년대에 Oaklander는 성인 대상 놀이치료의 효과에 대해 글을 썼다(1978). 분명히 성인 놀이치료의 가치는 꽤 오랜 기간 동안 지적되어 왔다. 최근에는 Schaefer(2003), L'Abate(2009), Frey(1993, 1994) 등이 성인 놀이치료의 가치에 대해 논의를 해 왔다. 놀이치료는 성인의 평가, 스트레스 해소, 숙달감, 의사소통, 통찰력 발달 등을 도울 수 있는 효과적인 개입 양식이다. 놀이치료는 모든 연령, 인종과 성에 아울러 적용될 수 있다. 각 연령과 인구에 적용할 수 있는 많은 기술은 늘 치료사들의 관심을 불러일으켰다.

George Bernard Shaw(1923)는 이렇게 말했다. "우리는 나이가 들었기 때문에 놀이를 멈춘다. 그리고 놀이를 멈추었기 때문에 나이가 들어간다." 1992년 『뉴욕타임스』에 실린 「Toys 'r' must for Boomers」라는 기사를 보면 성인이 된 베이비붐 세대가 스트레스를 해소하고 효과적인 대처 방식을 개발하는 한 방법으로 장난감을 사들이고 있다고 적고 있다. 2만 명을 대상으로 진행된 조사에서 약 45%가 자신이나 타인을 위해 장난감을 산 적이 있다고 보고하였다. 아마도, 직관적으로, 성인들이 그들의 삶에서 놀이의 가치를 배우기 시작한 것 같다. 더욱더 많은 놀이치료사가 성인들을 위한 양식으로 놀이치료를 사용하게 되기를 희망해 본다.

성인을 위한 놀이치료의 가치는 아래 제시하는 Dennis Marthaler(1991)의 글에 가장 잘 요약되어 있는 것 같다.

> 아가는 사랑스럽게 지적이고, 창의적이고, 에너지가 넘치며, 강인하고, 점잖고, 사회적이고, 협조적이다. 이런 것들은 인간 존재의 필수 불가결한 요소이기 때문에 우리는 이런 자질들을 잃는 적이 없다. 몸이 나이 들어 가더라도 우리들 각자의 어린이 모습은 그대로 남아 있다. 밤마다 빛나는 별은 비록 구름에 가려 보이지 않더라도 없어지는 것이 아닌 것처럼 우리 안의 어린이스러움도 그 찬란함으로 늘 빛날 것이다(Frey, 1991).

성인과의 놀이치료 과정은 그동안 축적된 구름을 걷어 내고 그 안에 있는 어린이스러움을 다시 드러내도록 돕는 방법이라고 생각할 수 있다. 그런 후에 성인은 그 스스로의 찬란함으로 빛날 수 있을 것이다.

제2부
놀이치료의 연구와 실제적 안내

제2부는 제18장 Dee C. Ray의 연구를 포함하여 아직 출판되지 않은 최신의 놀이치료 연구결과들을 다루고 있다는 점에서 차별화된다. Dee Ray는 North Texas 대학교 출신으로 놀이치료 분야에서 가장 존경받는 연구자 중 한 명이다. 제19장에서 John W. Seymour와 David A. Crenshaw는 반영적 놀이치료사 그리고/혹은 놀이치료 슈퍼바이저를 위한 필수적인 원칙에 대해 설명하고 있다. 이 장에는 자기(self), 개인, 집단 혹은 동료 슈퍼비전에 사용할 수 있는 반영적인 실제가 포함되어 있다. 제20장에서 Phyllis Post와 Kathleen S. Tillman은 놀이 치료의 유능한 실행에 있어서 필수적인 문화적 문제에 대해 검토한다. Jeffrey S. Ashby 와 Kathleen McKinney Clark의 제21장은 놀이치료 실제에 있어서 너무도 중요한 윤리적 문제를 다루고 있다. 이 책은 Bonnie Badenoch와 Theresa Kestly가 집필한 제22장으로 끝난다. 이 장은 우리가 흔히 접할 수 없지만 반드시 읽어야만 하는 신경과학과 놀이치료에 대한 정보를 제공할 뿐만 아니라 독자들이 쉽게 읽을 수 있도록 구성되어 있다. 이것은 놀이치료의 이론, 접근법, 임상적 적용, 연구 및 실행 가이드에 관한 전문적인 안내를 마치는 훌륭한 방법이다. 이 책을 읽는 모두에게 즐거운 여정이 되기를 바라며, 이 여정이 유용한 정보를 줄 뿐 아니라 영감을 주기를 바란다.

제18장
놀이치료 관련 연구

Dee C. Ray

놀이치료 연구의 역사
2000년대의 연구
부모 혹은 양육자 관련 놀이기반 개입
임상에서 연구결과 활용하기

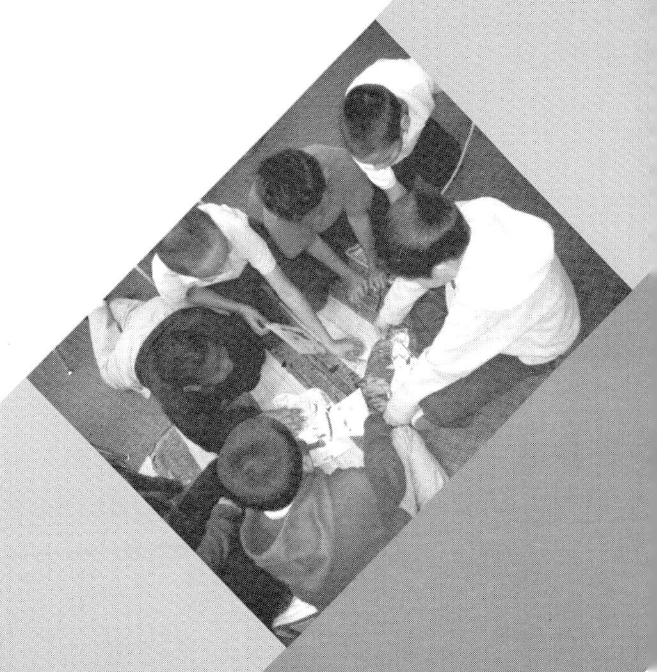

놀이치료에 대한 연구들은 오랜 기간 동안 다양한 인구를 대상으로 실시되어 왔으며 이 연구들을 검토한다는 것은 상당히 벅찬 작업이라고 할 수 있다. 이 장에서 저자의 목표는 놀이치료 연구의 역사를 검토하고, 특히 그중 최근 십여 년의 연구를 상세히 살펴 놀이치료사들에게 실제적 도움이 될 결과들을 요약하는 것이다. 이 장은 특수한 배경과 문제를 가진 아동들과 놀이치료를 진행함에 있어 필요한 세부사항들을 제공함과 더불어 놀이치료의 결과 및 효과를 이해하기 쉽게 요약하여 제시하고자 한다.

놀이치료 연구의 역사

놀이치료 효과에 대한 과학적 지지가 부족하다는 비평을 극복하고자 연구자들은 지난 십여 년 동안 1940년대부터 출간된 놀이치료 연구의 결과들을 검토, 요약, 분석해 왔다. Bratton과 Ray(2000)는 1940년부터 2000년 사이에 출간된 놀이치료 연구 82개를 심도 깊게 검토한 결과, 놀이치료의 효과를 살피는 연구들이 상당히 유망한 결과를 보여 주고 있다는 결론을 내리게 되었다. Ray와 Bratton, Rhine, Jones(2001)는 94개의 놀이치료 연구에 대해 메타분석을 실시한 결과, "놀이치료는 다양한 세팅, 양식, 연령, 성, 사고방식, 그리고 임상과 비임상군에 걸쳐 그 효과가 밝혀지고 있다(pp. 93-94)."라고 언급하였다.

Bratton과 Ray, Rhine, Jones(2005)는 보다 엄격한 설계를 적용해서 1942년부터 2000년 사이에 출간된 93개의 놀이치료 연구를 대상으로 메타분석을 실시하였으며, 0.80의 효과크기를 보고하였다(연구참가자 평균연령 7세). 연구자들은 부모 참여가 긍정적 결과에 대한 유의미한 예언변인이었다고 보고하였다. 좀 더 자세히 살펴보면, 내현화 문제(효과크기 0.81), 외현화 문제(효과크기 0.92), 혼합 문제(효과크기 0.79)에서 중간 이상의 효과크기들이 보고되었다. 인본주의 놀이치료(효과크기 0.93), 인간중심놀이치료가 아닌 그 외의 놀이치료 기법들이나 행동 놀이치료 접근(효과크기 0.71)도 모두 효과적인 것으로 나타났다. 다만 인간중심놀이치료 접근이 아닌 개입의 효과크기가 중간 수준으로 나타난 반면, 인간중심놀이치료 접근의 개입은 큰 효과크기를 가진 것으로 보고되었다. Bratton과 동료들은 현재의 문제와 상황이 무엇인지와 상관없이 놀이치료가 효과적이라고 결론 내렸지만 놀이치료 연구가 증거기반으로 간주되기 위해서 향후 좀 더 엄격한 연구설계, 결과분석 등을 지킬 필요가 있다고 제안하였다.

LeBlanc와 Ritchie(2001)는 42개의 통제된 놀이치료 연구에 대해 메타분석을 실시하여 중간 수준의 효과크기(0.66)를 보고하였다. Bratton과 동료들이 수행했던 연구와 유사하게 LeBlanc와 Ritchie도 놀이치료에 참가하게 되는 아동의 평균 연령이 7.9세라는 것과 함께 놀이치료의 기간과 부모의 놀이치료 개입 정도가 긍정적 효과에 대해 유의미한 예언변인이였음을 보고하였다. 메타분석들이 일관되게 제시하는 결과는 놀이치료가 어린 아동일수록 효과적인 개입이라는 사실이다. 특히 다른 메타분석과 검토과정에서 보고된 평균 연령과 비교하면 더더욱 그렇다(Weisz, Jensen-Doss, Hawley 등의 연구에서 10.3세; Weisz, Weiss, Han, Granger, Morton 등의 연구에서 10.5세). Bratton과 Ray(2000)는 역사적인 놀이치료 연구들이 자기개념 및 통제의 소재, 행동 변화, 불안 및 공포의 감소, 인지 능력, 사회적 기술 등에서 긍정적 효과를 증명하고 있다고 보고하였다.

놀이치료 연구를 좀 더 비판적인 시각으로 검토하려는 부차적인 시도에서도 연구자들은 놀이치료의 긍정적 효과를 밝혀낼 수 있었다. Beelmann과 Schneider(2003)는 독일어로 진행된 아동 놀이치료 연구들에 대한 메타분석을 실시하였는데, 치료-통제 비교 연구설계를 가진 47개의 놀이치료 연구들에 대한 메타분석 결과 비지시적 놀이치료가 혼합 그룹을 위해 가장 뛰어난 적합성을 나타냈다고 결론 내렸다. Ray(2011)는 아동중심놀이치료의 효과를 확인하기 위해 1940년대부터 2010년대에 걸쳐 수행된 62개의 연구들을 검토한 결과, 시간 경과에 따른 연구 정밀도 개선, 광범위한 결과 변수 및 아동중심놀이치료가 가져오는 실질적인 긍정적 결과 등을 보고하였다. 놀이치료에서의 역사적 연구들은 경험적 연구결과를 통해 놀이치료의 사용을 지지하고 있다. 그럼에도 불구하고 연구자들은 향후 놀이치료의 증거 기반의 정도를 더욱 향상시키기 위해 연구 설계의 구현과 보고를 개선해야 한다고 조언하고 있다(Ray, 2006).

2000년대의 연구

연구자들이 놀이치료의 증거를 모으고, 연구들을 평가하고, 연구의 엄격성을 독려하는 동안에도 놀이치료 개별 연구 보고는 지속적으로 증가했다. 2000년 이래로 출간된 놀이치료 연구 중 포함시킬 연구를 정하기 위해 저자는 다음과 같은 기준을 적용했다. 그것은 ① 개입에 대한 기술적 정보를 제공할 것, ② 놀이치료로 확인된 개입일 것, ③ 아동에게 초점이 맞추어진 놀이치료 개입일 것, ④ 참가자의 연령이 3세에서 13세 사이인 연구일 것, ⑤ 개입을 평가하기 위해 양적 측정치를 제공할 것, ⑥ 놀이치료사들이 구독하는 저널이나 책에 출간된 연구일 것 등이다. 학위논문으로 출간된 몇몇 연구도 있었으나 연구 설계, 개입, 분석, 결과 분석에서의 질을 고려하여 포함시키지 않기로 결정했다. 그러나 학위논문 형태의 놀이치료 연구가 상당히 많았다는 것을 언급하고 싶으며, 향후 동료들의 재검토가 필요하다는 것을 강조하고자 한다.

수백 개의 연구를 검토한 후 제시한 기준을 충족시키는 33개의 연구를 결정하였다. 33개의 연구 중 17개의 연구는 실험 집단 설계를 사용했으며, 2개는 준실험 집단 설계를, 3개는 실험 단일 사례 설계를, 10개의 연구는 단일 집단 설계를 사용하였다. 선택된 연구의 대부분(26개)은 아동중심놀이치료를 사용하였으며, 그 외 연구들에는 비지시적(1개), 게슈탈트(1개), 모래상자(1개), 인지행동(1개), 활동기반(2개), 비규정(1개) 등이 포함되어 있다. 이에 반해, Bratton과 Ray(2000)는 1940년대에서 2000년대까지의 실험 연구 중 82개의 놀이치료 연구를 검토했다. 2000년까지 수행된 연구들의 수를 보면 이전 시대에 비해 연구의 수가 매우 증가했다는 것을 알 수 있다. 양식과 관련해서, 21개의 연구가 개별 놀이치료를 다루었고, 7개의 연구는 그룹 놀이치료를 다루었다. 2개의 연구는 개별 놀이치료와 그룹 놀이치료를 비교하는 연구이며 3개의 연구는 놀이치료 양식이 불명확하다. 〈표 18-1〉에 각 연구에 대한 간단한 요약을 제시하였다.

'놀이치료'라는 표현을 사용하는 준거를 엄격하게 하기 위해서 놀이치료로 규정되지 않는 게임이나 기타 매체들을 사용하는 개입의 포함은 제한하였다. 놀이치료협회(The Association for Play Therapy: APT, 2013)에서는 놀이치료를 '훈련받은 놀이치료사들이 놀이의 치료적 힘을 활용하여 내담자들의 심리사회적 어려움을 예방하고 최적의 성장과 발전을 이루도록 돕는 대인 관계 과정 확립에 대한 이론적 모델의 체계적 사용'이라고 정의하고 있다. 그 외에도 놀이치료의 모델들은 한결같이 '놀이의 치료적 힘'을 강조하기 때문에, 놀이치료라고 규정하기 어려운 방식으로 게임이나 기타 매체를 사용한 경우 연구 검토에 포함시키지 않았다.

놀랍게도, 인지행동 놀이치료법은 오직 하나의 실험 연구에서 사용되었다(Mahmoudi-Gharaei, Bina, Yasami, Emami, & Naderi, 2006). 인지행동치료가 청소년 및 성인 치료에서는 좋은 평판을 얻고 있지만 아동들에게 사용되는 것에 대해서는 아직도 의견이 일치되지 않는다. Dopheide(2006)의 경우 9세 이하의 아동은 아직 인지행동치료로부터 효과를 얻을 수 있을 정도로 언어적 · 인지적 기술이 발달되어 있지는 않다고 주장한다. 그러나 Knell(1993)은 인지행동 기법과 놀이를 통합시킨 인지행동 놀이치료가 아동의 발달적 요구에 적합하다고 주장하였다. Knell과 Dasari(2011)는 출판물 등 중에 인지행동 놀이치료를 사용한 20개의 사례를 인용하지만 그중 많은 사례 연구는 변화를 측정하기 위한 평가가 부족한 상태였다. 또한, Knell과 Dasari도 인지행동 놀이치료의 무선 임상 개입 연구가 부족함을 함께 언급하고 있다.

놀이치료 연구에서 효과가 확인된 개입 방법인 아동중심놀이치료를 사용하는 빈도는 꾸준히 증가하였다. 과거 검토에서 Bratton과 Ray(2000), Ray(2006) 등은 비지시적 놀이치료가 역사적으로 아동중심, 비지시적, 내담자중심, 자기지향적, 관계지향적 등 다양한 명칭으로 사용되어 왔다는 것을 발견했다. 아동중심놀이치료라는 명칭을 주로 사용하게 된 것은 인간중심접근과 놀이치료가 접목되면서부터이다. 더욱이 매뉴얼(Ray, 2009, 2011)이 출간되면서 연구 시에 아동중심놀이치료를 어떤 과정과 프로토콜을 가진 것으로 규정할 것인지가 명확해졌다. 아동중심놀이치료 연구의 증가는 인간중심 관련 연구의 증가와 때가 비슷하다(Elliott, Greenberg, Watson, Timulak, & Friere, 2013).

아쉽게도 그 외의 치료 개입에 대한 연구는 현저히 부족한 편이다. Adler학파 접근, 게슈탈트, Jung학파 접근, 실존주의 등과 결합된 놀이치료 접근이 Kottman(2003), Oaklander(1998), Allan(1988), Moustakas(1997) 등의 작업을 통해 인기를 얻기도 했지만 상대적으로 연구는 제한적이었다. Green(2011)은 관찰을 통해 Jung학파 접근이 치료 시 투사 기술과 질적 의사 결정에 많이 의존하기 때문에 연구부족을 초래했다고 주장하였다. Green과 Kottman(2011)은 각각의 접근법(Jung학파와 Adler학파)을 이용한 연구의 방해 요소로 치료 프로토콜의 부족을 지적하였다. 이후 Kottman은 Adler학파 접근 매뉴얼을 연구 목적으로 개발해 왔다고 보고했으며, Green은 Jung학파 접근 매뉴얼을 개발하였음을 보고하였다. 이러한 개발은 향후 놀이치료 접근의 연구범위를 넓히는 데 기여할 것으로 기대된다.

〈표 18-1〉 2000년 이후의 놀이치료 연구

연구	개입/ 총회기/ 회기의 길이	연구 디자인	대상	환경/국가	결과
Baggerly (2004)	그룹 아동중심 놀이치료 9~12회기 20분	반복-측정 단일 그룹	노숙인 쉼터에 거주 중인 아동 크기=42 연령: 5~11세	노숙인 쉼터/ 미국	자기개념, 유능감, 부정적 정서, 우울 및 불안과 관련된 부정적 자기평가 등에서 유의한 향상을 보임.
Baggerly & Jenkins (2009)	개별 아동중심 놀이치료 11~25회기 45분	반복-측정 단일 그룹	노숙을 했던 아동 크기=36 연령: 5~12세	노숙 아동을 위한 학교/ 미국	통제력의 내재화 및 자기제한적 특성의 진단 프로파일에서 통계적으로 유의한 향상을 보임.
Bayat (2008)	비지시적 놀이 치료 16회기	반복-측정 단일 그룹	행동 문제 측정 에서 높은 점수 를 받은 학령 전기 아동	이란	내재화 문제의 유의한 감소를 보임.
Blanco & Ray (2011)	개별 아동중심 놀이치료 16회기 30분	실험 사전-사후 통제그룹	학업 위기에 있 는 아동 크기=43 연령: 1학년	학교/ 미국	치료그룹 아동들이 통제그룹 아동들에 비해 학업 성취 종합 점수에서 유의한 향상을 보임.
Blanco, Ray, & Holliman (2012)	개별 아동중심 놀이치료 26회기 30분	반복-측정 단일 그룹 Blanco & Ray (2011) 연구의 후속연구	학업 위기에 있 는 아동 크기=18 연령: 1학년	학교/ 미국	연구 전 기간 걸쳐 학업 성취 종합 점수에서 통계적으로 유의한 성취를 보임.
Bratton등 (2013)	개별 아동중심 놀이치료 17~21회기 30분	실험 사전-사후 통제 그룹	방해 행동을 하 는 아동 크기=54 연령: 3~4세	학교/ 미국	아동중심놀이치료를 받은 아동은 통제 그룹 아동에 비해 방해 행동이 통계적으로 유의하게 감소를 보임.
Danger & Landreth (2005)	그룹 아동중심 놀이치료 25회기 30분	실험 사전-사후 통제 그룹	언어치료가 필 요하다고 평가 받은 아동 크기=21 연령: 4~6세	학교/ 미국	아동중심놀이치료를 받은 아동은 통제 그룹 아동에 비해 수용언어 기술과 표현언어 기술에서 향상을 보임.

연구	개입/ 총회기/ 회기의 길이	연구 디자인	대상	환경/국가	결과
Dougherty & Ray (2007)	개별 아동중심 놀이치료 19~23회기 40~50분	그룹 내 반복-측정	행동 문제로 상담에 의뢰된 아동 크기=24 연령: 3~8세	클리닉/미국	부모-자녀 관계 스트레스가 통계적으로 유의한 감소를 보임. 전조작기 아동에 비해 구체적 조작기 아동이 개입 후 더 변화를 보임.
Fall, Navelski, & Welch (2002)	개별 아동중심 놀이치료 6회기 30분	실험 사전-사후 통제 그룹	특수교육이 필요하다고 평가받은 아동 크기=66 연령: 6~10세	학교/미국	자기효능감에서 두 그룹은 차이를 보이지 않았지만 교사평정에서는 문제 행동의 감소를 보였으며, 통제그룹에 비해 실험그룹은 사회성 문제를 덜 나타냄.
Farahzadi, Bahramabadi, & Mohammadifar(2011)	게슈탈트 놀이치료 10회기 90분	실험 사전-사후 통제 그룹	크기=12 연령: 4학년	여학교/이란	놀이치료 그룹의 아동들은 사회 공포 증상 관련 진단 점수가 감소함.
Flahive & Ray (2007)	그룹 모래상자 치료 10회기 45분	실험 사전-사후 통제 그룹	행동적 어려움을 가진 아동 크기=56 연령: 9~12세	학교/미국	모래상자 치료 그룹의 아동들은 통제 그룹의 아동과 비교했을 때 교사가 평정한 종합, 외현화, 내재화 행동에서 통계적으로 유의한 차이를 보임. 또한 부모가 평정한 외현화 행동에서 유의한 차이를 보임.
Garofano-Brown (2010)	개별 아동중심 놀이치료 8회기 45분	단일 사례	발달 지연 아동 크기=3 연령: 3~5세	클리닉/미국	발달지연과 관련된 문제 행동 감소함. 발달상 적합한 행동 증가함.
Garza & Bratton (2005)	개별 아동중심 놀이치료 15회기 30분	실험 사전-사후 비교 그룹	행동 문제를 가진 아동 크기=29 연령: 5~11세	학교/미국	비교 그룹과 비교했을 때 아동중심놀이치료를 받은 그룹의 아동은 부모보고식 평정에서 외현화 행동과 관련해 통계적으로 유의한 감소를 보였으며 내재화 행동과 관련해 중간 정도의 향상을 보임.

연구	개입/ 총회기/ 회기의 길이	연구 디자인	대상	환경/국가	결과
Jalali & Molavi (2011)	그룹 놀이치료 6회기	실험 사전-사후 통제 그룹	분리 불안을 가진 아동 크기=30	클리닉/ 이란	비치료 통제그룹의 아동과 비교했을 때 그룹 놀이치료에 참가한 아동의 분리 불안이 통계적으로 유의하게 감소함.
Jones & Landreth (2002)	개별 아동중심 놀이치료 12회기 30분	실험 사전-사후 통제 그룹	당뇨를 가진 아동 크기=30 연령: 7~11세	당뇨 여름 캠프/ 미국	두 그룹 모두 불안 점수는 향상함. 실험그룹의 아동이 통제그룹의 아동에 비해 당뇨 적응에서 통계적으로 유의한 향상을 보임.
Mahmoudi-Gharaei, Bina, Yasami, Emami, & Naderi(2006)	그룹 인지행동 놀이치료 12회기	반복-측정 단일 그룹	지진으로 가족을 잃은 아동 크기=13 연령: 3~6세	이란	놀이치료를 받은 아동이 외상 관련 증상 감소에서 통계적으로 유의함을 보였으며 그룹 놀이치료에 참가한 후 행동 문제 감소에서 통계적으로 유의함을 보임.
Muro, Ray, Schottelkorb, Smith, & Blanco(2006)	개별 아동중심 놀이치료 32회기 30분	반복-측정 단일 그룹	행동 및 정서적 어려움을 가진 아동 크기=23 연령: 4~11세	학교/ 미국	3점 이상을 받았던 아동의 경우 종합 행동 문제, 선생님-아동 관계 스트레스, ADHD 성향 등에서 통계적으로 유의한 향상을 보임.
Naderi, Heidarie, Bouron, & Asgari(2010)	활동기반 놀이치료 10회기 1시간	실험 사전-사후 통제 그룹	ADHD와 불안 진단을 받은 아동 크기=80 연령: 8~12세	클리닉/ 이란	치료에 참가했던 아동이 통제그룹의 아동에 비해 ADHD와 불안 관련 증상이 통계적으로 유의하게 감소함. 통제그룹의 아동에 비해 사회 성숙도가 통계적으로 유의하게 향상함.
Packman & Bratton (2003)	인본주의 기반 활동 그룹 치료 12회기 60분	실험 사전-사후 통제 그룹	학습장애와 행동 문제를 가지고 있는 아동 크기=24 연령: 4학년과 5학년	학습 장애를 위한 학교/ 미국	치료에 참가했던 아동이 통제그룹의 아동에 비해 큰 효과 사이즈로 외현화 및 내재화 문제가 감소함.

연구	개입/ 총회기/ 회기의 길이	연구 디자인	대상	환경/국가	결과
Ray (2007)	개별 아동중심 놀이치료 16회기 30분	실험 사전-사후 비교 그룹 1. 아동중심놀이치료만 2. 인간중심 선생님 자문(PCTC)만 3. 아동중심놀이치료와 인간-중심 선생님자문을 함께	정서 및 행동적 어려움을 가진 아동 크기=93 연령: 4~11세	학교/ 미국	세 처치그룹 모두에서 큰 효과 크기로 교사-아동 관계 스트레스가 통계적으로 유의하게 감소함.
Ray (2008)	개별 아동중심 놀이치료 1~19+회기 40~50분	반복-측정 단일 그룹	정서 및 행동 문제로 의뢰된 아동 크기=202 연령: 2~13세	클리닉/ 미국	아동중심놀이치료는 외현화 문제, 외현화/내재화 혼합 문제, 비임상적 문제에 통계적으로 유의한 효과를 보임. 또한 아동중심놀이치료는 회기수에 따라 효과가 증가하며 특히, 11~18회기에서 큰 효과 크기로 통계적으로 유의함.
Ray, Blanco, Sullivan, & Holliman (2009)	개별 아동중심 놀이치료 14회기 30분	준 실험 사전-사후 통제 그룹	공격 행동을 보이는 아동 크기=41 연령: 4~11세	학교/ 미국	아동중심놀이치료를 받은 아동은 선생님과 부모 보고에서 공격 행동이 통제그룹에 비해 감소함. 사후분석 결과 아동중심놀이치료를 받은 아동의 공격 행동은 통계적으로 유의하게 감소했고 통제그룹의 아동은 공격 행동의 감소가 유의하지 않음.
Ray, Henson, Schottelkorb, Brown, & Muro (2008)	개별 아동중심 놀이치료 16회기 30분	실험 사전-사후 비교 그룹 1. 단기(8주에 걸쳐 16회기 진행) 2. 장기(16주에 걸쳐 16회기)	정서 및 행동적 어려움을 보이는 아동 크기=58 연령: 유치원~5학년	학교/ 미국	개입을 받은 그룹은 교사-학생 관계 스트레스에서 유의한 향상을 보임. 사후분석 결과, 단기간 집중 개입의 효과가 통계적으로 유의했으며 전반적 스트레스 및 교사-학생 특성에서 큰 효과 크기가 보고됨.

연구	개입/ 총회기/ 회기의 길이	연구 디자인	대상	환경/국가	결과
Ray, Scholttelkorb, & Tasi (2007)	개별 아동중심 놀이치료 16회기 30분	실험 사전-사후 활동 통제그룹	ADHD 증상을 가진 아동 크기=60 연령: 5~11세	학교/미국	두 조건 모두 ADHD아동의 특성, 불안, 학습 장애 영역에서 통계적으로 유의한 향상을 보여 줌. 아동중심놀이치료를 받은 아동은 활성화 통제그룹 아동에 비해 특성, 정서적 유연성, 불안/위축 행동에서 통계적으로 유의한 향상을 보여 줌.
Ray, Stulmaker, Lee, & Silverman (2013)	개별 아동중심 놀이치료 12~16회기 30분	실험 사전-사후 통제그룹	장애가 있는 아동 크기=37 연령: 5~8세	학교/미국	아동중심놀이치료를 받은 그룹은 중간 효과 크기로 손상에서의 향상을 보임. 반면 뒤늦게 시작한 통제그룹은 일관된 혹은 증가된 손상 수준을 나타냄.
Schottelkorb, Doumas, & Garcia (2012)	개별 아동중심 놀이치료 17회기 30분	실험 사전-사후 비교그룹 1. 아동중심놀이치료 2. 외상 초점 인지행동치료 (TF-CBT)	트라우마 증상을 보이는 난민 아동 크기=26 연령: 6~13세	학교/미국	아동중심놀이치료와 인지행동치료 모두 트라우마 증상을 감소시키는 데 도움이 됨.
Schottelkorb & Ray (2009)	개별 아동중심 놀이치료 및 인간중심 교사자문(PCTC) 14~24회기 30분	단일 사례	ADHD 증상을 가진 아동 크기=4 연령: 5~10	학교/미국	아동중심놀이치료를 받은 두 아동은 증상의 실질적 감소를 보였으나 다른 두 학생의 감소 정도는 다소 의문스러움.
Schumann (2010)	개별 아동중심 놀이치료 12~15회기 30분	준 실험 사전-사후 비교 그룹 1. 아동중심놀이치료 2. 증거기반 안내 커리큘럼	공격행동을 보이는 아동 크기=37 연령: 5~12세	학교/미국	아동중심놀이치료나 증거기반 안내 커리큘럼을 받은 아동 모두 공격 행동, 내재화 문제, 외현화 문제에서 의미 있는 감소를 보임.

연구	개입/ 총회기/ 회기의 길이	연구 디자인	대상	환경/국가	결과
Scott, Burlingame, Starling, Porter, & Lilly (2003)	개별 아동중심 놀이치료 7~13회기	반복-측정 단일 그룹	성적 학대의 가능성으로 의뢰된 아동들 크기=26 연령: 3~9세	성학대 클리닉/ 미국	치료를 통해 유능감 증가를 보임.
Shen (2002)	그룹 아동중심 놀이치료 10회기 40분	실험 사전-사후 통제 그룹	지진 후 부적응 위험군에 속한 아동 크기=30 연령: 8-12세	학교/ 타이완	아동중심놀이치료를 받은 아동은 통제그룹에 비해 불안에서의 유의미한 감소뿐 아니라 자살 위험의 유의미한 감소를 나타냄.
Swan & Ray (2014)	개별 아동중심 놀이치료 15회기 30분	단일 사례	지적 장애를 가진 아동 크기=2 연령: 6~7세	학교/ 미국	아동중심놀이치료를 받은 아동은 과잉행동과 짜증을 내는 행동이 감소함. 모든 참가자의 행동 향상이 유지되었음.
Tsai & Ray (2011)	개별 및 그룹 아동중심놀이치료 28회기 40~45분	반복-측정 단일 그룹	정서 및 행동 문제로 클리닉에 의뢰된 아동 크기=82 연령: 3~10세	학교/ 미국	아동중심놀이치료 참가 후 외현화, 내재화, 종합 행동 문제에서 유의한 향상을 보임. 내재화 및 외현화 문제 수준이 심각할수록 아동중심놀이치료는 높은 효과를 나타냄. 종결과 가족 관계 변인은 증상의 향상에 강력한 영향을 미치는 변인으로 밝혀짐.
Tyndall-Lind, Landreth, & Giordano (2001)	개별 및 그룹 아동중심놀이치료 12회기 45분	실험 사전-사후 비교 그룹 1. 형제 그룹 아동중심놀이치료 2. 개별 아동중심 놀이치료 3. 개입 없는 통제 그룹	국내 폭력 쉼터에 거주하는 아동 크기=32 연령: 4~10세	국내 폭력 쉼터/ 미국	형제 그룹 놀이치료를 받은 아동은 종합 행동 문제와 외현화, 내재화 문제, 공격, 불안, 우울 등에서 유의한 감소를 나타냈으며 자존감에서 유의한 향상을 보임. 형제 그룹 놀이치료는 집중 개별 놀이치료와 비슷한 수준의 효과를 보임.

놀이치료 연구의 가장 큰 장점은 실생활에서의 유용성을 증명했다는 데 있다. 아동 개입에 대한 많은 연구가 클리닉에서 진행되어 왔다는 점에서 일반화 문제로 제일 많이 비판을 받아 왔다. 본 장에서 살펴본 33개의 연구는 노숙자 쉼터, 국내 폭력 쉼터, 성학대 센터, 식이 캠프, 상담 연구소 등 다양한 실제 장면을 포함하고 있다. 더구나 22개의 연구는 학교에서 수행되었다. 이것은 놀이치료가 실생활 환경에서도 충분히 효과적이라는 점을 보여 주는 것이라고 할 수 있다. 그동안 증거기반 언어 지향 아동 상담이 내담자의 실제 환경에서 긍정적 결과를 도출하기 위해 노력하는 동안(Weisz, Ugueto, Cheron, & Herren, 2013) 놀이 치료 연구는 표준 치료 환경에 기반을 두었다.

더구나 놀이치료 연구에는 다양한 문화적 배경을 가진 아동들이 포함된다. Garza와 Bratton(2005)이 진행한 연구처럼 히스패닉계 참가자들만으로 연구를 진행하는 경우도 있는 반면, 또 다른 연구들은 히스패닉, 아프리카계 아메리칸, 유럽계 아메리칸을 모두 포함하고 있다. 학교와 같이 실생활 환경에서 수행된 연구들은 참가자의 다양성을 더 잘 보여 준다. 미국에서 수행된 연구에서뿐 아니라, 미국 밖에서 수행된 연구들도 한결같이 놀이치료가 다양한 문화에 걸쳐 효과적이라는 사실을 지지한다. 이란의 Bayat(2008), Farahzadi와 Bahramabadi, Mohammadifar(2011), Naderi와 Heidarie, Bouron, Asgari(2010), 타이완의 Shen(2002) 등은 놀이치료의 범문화적 효과를 검증해 냈다. 다른 국가에서 수행된 몇몇 놀이치료 연구도 있었지만 영어로 작성되지 않아 이번 검토 과정에는 포함시키지 않았다.

2000년 이후 놀이 치료 연구에서 탐색한 주제들은 현대 정신건강 분야의 관심사를 반영하고 있다. 〈표 18-2〉에 주 문제와 증상에 따라 놀이치료 연구를 범주화하였다. 범주에는 외현화/부적응 행동, 내재화 문제, 학업/언어, 관계, 외상, 자기개념/유능감, 발달 그리고 기능 손상 등이 포함되어 있다. 가장 자주 연구되어진 집단은 공격, 주의력결핍 과잉행동장애, 파괴적 증상 등과 같은 외현화 문제를 보이는 아동들이다. 이러한 파괴적 행동 문제는 많은 아동에게서 관찰되며 개입이 제공되지 않으면 증가한다(Comer, Chow, Chan, Cooper-Vince, & Wilson, 2013; Studts & van Zyl, 2013). 15개의 놀이치료 연구에서 가장 흔한 형태인 아동중심 접근을 기본으로 놀이치료가 외현화 행동을 감소시키는 데 매우 긍정적인 효과가 있음을 보고하였다.

불안, 정서 장애, 위축 행동 등과 같은 내재화 문제 또한 놀이치료사들이 매우 관심을 갖는 연구 영역이다. 13개 연구가 내재화 문제와 외현화 문제의 감소를 함께 검증했는데 두 영역 모두에서 놀이치료가 긍정적인 효과를 가져온다고 보고하였다. 내재화 문제의 감소만을 검증한 연구는 4개(Bayat, 2008; Farahzadi 등, 2011; Jalali & Molavi, 2011; Shen, 2002)였는데, 모두 놀이치료의 긍정적 결과를 보고하고 있다. 학업/언어적 결과는 놀이치료 연구가 역사적으로 꾸준히 관심을 가져온 영역이며 현재도 관심 영역 중 하나이다. 초기 연구는 지능을 다뤘다면 5개의 최근 관련 연구들은 학업 성취와 언어 발달을 다루고 있으며, 놀이치료의 결과는 긍정적이었다.

〈표 18-2〉 **연구의 범주**

주 문제와 증상	연구
외현화/부적응 행동	Bratton 등(2013); Fall 등(2002); Flahive & Ray(2007); Garza & Bratton(2005); Muro 등(2006); Naderi 등(2010); Packman & Bratton(2003); Ray(2008); Ray 등(2007, 2009); Schottelkorb & Ray(2009); Schumann(2010); Swan & Ray(2014); Tsai & Ray(2011); Tyndall-Lind 등(2001)
내재화 문제	Bayat(2008); Farahzadi 등(2011); Flahive와 Ray(2007); Garza와 Bratton(2005); Jalali와 Molavi(2011); Naderi 등(2010); Packman과 Bratton(2003); Ray(2008); Ray 등(2007); Schumann(2010); Shen(2002); Tsai와 Ray(2011); Tyndall-Lind 등(2001)
학업/언어	Blanco와 Ray(2011); Blanco 등(2012); Danger와 Landreth(2005); Packman과 Bratton(2003); Swan과 Ray(2014)
관계	Dougherty와 Ray(2007); Muro 등(2006); Ray(2007, 2008)
외상	Mahmoudi-Gharaei 등(2006); Schottelkorb 등(2012); Scott 등(2003); Shen(2002); Tyndall-Lind 등(2001)
자기개념/유능감	Baggerly(2004); Scott 등(2003); Tyndall-Lind 등(2001)
발달	Baggerly와 Jenkins(2009); Dougherty와 Ray(2007); Garofano-Brown(2010)
기능 손상	Ray 등(2013)

놀이치료 연구에서 새롭게 대두되는 주제는 '관계'에 관한 것이다. 관계는 아동의 성장과 발달에 필수불가결한 요소이기 때문에 아동을 위해 디자인된 개입이라면 치료사는 보통 부모, 선생님 등 아동의 주양육자와의 관계를 살피게 된다. 5개의 연구에서 놀이치료가 아동의 부모 및 선생님과의 관계에 긍정적인 영향을 미쳤다고 보고하였다.

최근 놀이치료 연구의 또 다른 관심 주제는 관계 외상, 폭력, 자연 재해 등 외상 경험이 있는 아동들이다. 각기 다른 외상을 입은 아동들을 대상으로 한 5개의 연구에서 놀이치료를 받은 후 외상 관련 증상의 감소 및 기능적 향상을 보고하였다.

일반적으로 놀이치료사들이 늘 관심을 갖는 자기개념에 관한 연구는 지난 10여 년 동안 감소하는 경향을 보여 3개의 놀이치료 연구만이 자기개념에 미치는 영향을 검증하였다. 연구자들은 자기존중감의 구성 요소를 측정해 내는 데 제한이 있음을 지속적으로 지적해 왔고(Bracken & Lamprecht, 2003; Guindon, 2002), 연구결과도 일관적이지 않았다. 이것이 놀이치료와 자기개념을 다루는 연구가 감소하게 된 이유 중 하나일 수 있겠다. 그럼에도 불구하고, 본 장에 포함된 3개의 연구는 자기감의 향상을 보고하고 있다.

마지막 두 개의 범주는 발달과 기능 손상이다. 이는 아동에 대한 좀 더 전체론적인 시각을 아우르는 변인들이다. 2개의 연구(Baggerly & Jenkins, 2009; Garofano-Brown, 2010)에서 놀이치료가 발달에 긍정적 효과를 미친 것으로 보고하였다. Dougherty와 Ray(2007)는 놀이치료가 각기 다른 발달 단계에 있는 아동들을 대상으로 연구를 진행하여 놀이치료가 어린 아동뿐 아니라 좀 더 큰 아동들에게도 효과적이라는 결론을 내렸다. Ray와 Stulmaker, Lee, Silverman(2013)은 기능 손상이란 발달적으로 기대되는 수행 능력이 저하되어 있는 상태와 그로 인해 초래되는 사회적 · 정서적 · 심리적 · 직업/학업적 역기능(Fabiano & Pelham, 2009)까지 포함하여 아동 기능에 대해 매우 넓은 범위를 다루기 때문에 기능 손상의 구성이 놀이치료와 관련될 수밖에 없다고 보았다. 파일럿 연구에서 Ray와 동료들(2013)은 놀이치료 참여가 기능 손상 진단을 받은 아동의 기능을 향상시켜 준다는 결과를 보고하였다.

부모 혹은 양육자 관련 놀이기반 개입

부모를 대상으로 하는 놀이치료와 부모-자녀가 함께 하는 놀이치료 회기에까지 초점을 맞춰 철저히 검토하게 되면 이 장의 길이가 너무 길어질 것이다. 몇몇 개입은 부모-자녀 관계를 향상시키거나 혹은 현재 문제를 확인하기 위해 놀이치료 기술이나 아동의 놀이를 사용하는 것에 초점을 맞추고 있다. 부모가 개입하게 되는 접근 중 가장 유명하다고 할 수 있는 필리얼치료 모델은 놀이치료사가 아동중심놀이치료 기술을 부모에게 가르치고 그 기술을 활용하여 일주일에 한 번씩 자녀와 특별한 놀이 시간을 갖도록 하는 교육적 접근법이다. VanFleet(2011)은 필리얼치료가 놀이치료 중 가장 많이 연구된 것 중 하나로 아동 행동과 현재 보이는 문제에서의 향상뿐 아니라 부모의 수용과 공감, 양육 기술 및 스트레스 수준, 가족들의 삶의 만족도에서의 향상을 가져온다고 보고하였다. 치료놀이

(Theraplay)는 부모-자녀 애착, 자기존중감, 부모가 안내하는 신뢰감 등을 확장시키기 위해 구조화된 놀이치료이다(Munns, 2011). 연구는 치료놀이의 사용을 지지하고 있지만 그 연구들 대부분이 대중적인 저널에 기고하지 않았기 때문에 결과를 평가하기에 제한이 있다. Harvey(2008)에 의해서 만들어진 역동 놀이치료(Dynamic Play Therapy: DPT)는 치료사가 부모, 자녀와 함께 행동 문제와 가족 관계를 풀어 가도록 적극적으로 개입하는 가족 놀이치료이다. 역동 놀이치료 예비연구는 역동 놀이치료가 아동의 행동을 개선할 수 있으며, 치료 효과는 부모-치료사 관계의 영향을 강하게 받는다고 보고하였다. 최근에는 부모-자녀 상호작용 치료(parent-child interaction therapy: PCIT), 외상 초점 인지행동치료(trauma-focused CBT: TF-CBT)와 같은 부모-초점 개입이 놀이치료의 한 접근법으로서 정체성을 가다듬기 시작하였다. 그러나 이러한 기법들의 놀이 요소들은 아직 연구를 통해 충분히 검증되지 않은 상태이다.

임상에서 연구결과 활용하기

놀이치료 연구의 목표는 내담자의 성장을 돕고 기능을 향상시키며 문제가 되는 증상을 감소시키고자 하는 임상 실제에 경험적 지지를 제공하는 것이다. 연구자들은 각 개입 방법의 효과성을 밝혀내고 있지만, 현상 전문가들이 그 효용과 효과를 받아들이지 않는다면 아무 의미가 없는 일이 될 것이다. Rubin과 Bellamy(2012)는 증거기반 실제란 '실무자가 사용할 수 있는 최고의 연구 증거를 실무 전문 지식 및 고객 속성, 가치, 선호도, 환경 등과 통합하는 실행 의사 결정 프로세스'라고 정의하고 있다. 이전에 언급했던 것처럼 이 장의 목적은 놀이치료사에게 과거 및 현재의 연구결과들을 제공하고 놀이치료의 실제를 더욱 풍부하게 하도록 도울 수 있는 경험적 정보를 제시하는 것이다. 다음에 제시하는 정리는 현장전문가들이 놀이치료 연구를 더욱 잘 활용하는 데 유용할 것이다.

- 놀이치료 연구는 1940년대부터 시작되어 70년 이상의 역사를 가지고 있으며, 놀이치료의 효과를 지지하는 연구는 100여 개 이상이다. 최근 10여 년간 연구의 수는 몇 배로 증가하였으며, 2000~2010년에 수행된 연구들은 놀이치료가 현재 가장 적절한 개입임을 보여 준다.

- 놀이치료는 다양한 증상, 인구, 상황에 걸쳐 효과적이다. 놀이치료사는 본 장의 표를 참조하여 자신의 분야를 지지하는 연구를 확인할 수 있다. 메타분석과 같은 연구 요약과 놀이 치료 효과에 대한 증거를 제공하는 특정 연구들을 인용할 수 있기 때문에 놀이치료사들에게 매우 유용하다고 할 수 있다.
- 개별 및 그룹 놀이치료 양식은 비슷한 수준의 긍정적 결과를 보여 주고 있다. 개별 연구가 인구 특성과 개인적 관심에 맞도록 차별화된 양식을 사용하지만, 두 개 양식 모두가 효과적이다. 놀이치료 연구에 사용되는 그룹 양식은 보통 한 그룹에 두 명 내지 세 명의 아동으로 구성된다.
- 놀이치료에서 부모참여는 긍정적 결과를 가져오는 강력한 변인이다. 놀이치료 과정에서 부모와 작업할 수 있는 놀이치료사는 훨씬 더 좋은 결과를 가져올 수 있다. 그렇지만 부모가 참여하지 않는 놀이치료도 물론 의미 있는 긍정적 효과를 보여 주고 있음을 다시 한 번 강조한다.
- 놀이치료는 짧은 회기만으로도 긍정적 영향을 미치는 것으로 증명되었다. 2000년 이래로 실시된 연구들에서 놀이치료의 평균 진행 회기는 16회기였다. 많은 연구가 30분 회기를 일주일에 두 번 하는 집중적 방식으로 8주 안팎으로 진행했을 때 효과적인 결과를 얻었다고 보고하고 있다. 3개의 연구는 놀이치료가 문제 중심 단기 개입만큼 경쟁력이 있다고 보고하였다. 그러나 복잡한 이슈나 복잡한 맥락과 연관된 아동에게는 좀 더 긴 치료적 관계가 효과적임을 다시 한 번 강조한다.
- 현재까지 놀이치료 영역에서 가장 연구가 많이 이루어진 접근법은 아동중심놀이치료이다. 메타분석에 의하면 놀이치료에서 인간중심접근은 매우 강력한 효과가 있음이 드러난다. 현재 정신건강 개입이 거의 대부분 인지행동접근에 집중되어 있음에도 불구하고 연구에 의하면 아동들에게는 인간중심접근이 매우 효과가 있음을 알 수 있다.
- 많은 연구가 게임과 매체를 사용하는 전문가들을 포함시키기도 하지만, 놀이가 갖는 치료적 힘을 중요시하는 아동중심놀이치료 외의 접근들에 대한 연구는 거의 없는 편이다. 인지행동 혹은 지시적 기법들이 꽤 효과적이지만, 이런 사실을 지지하는 연구들 또한 거의 진행되지 않았다. 이와 관련된 연구들이 더욱 필요하다.
- 놀이치료 연구는 다양한 교육 배경, 사회경제적 수준, 인종, 민족, 성, 국가 등을 포함하여 진행되어 왔다. 놀이치료는 정신건강의 다문화적 본질을 포용함으로써 실생활 적용에서의 성공 가능성을 증가시킨다.
- 놀이치료 연구는 대부분 학교, 상담소, 사회 서비스 기관 등과 같은 실생활 환경을 배

경으로 이루어진다. 전형적으로 복잡한 환경에 놓인 아동이 놀이치료로부터 받는 긍정적 영향력은 연구를 통해 증명되었기 때문에 놀이치료가 가장 흔히 사용될 수 있는 개입방식이라는 점에 대한 신뢰는 확실하다고 할 수 있다.

- 복합 갈등이나 다양한 환경 및 진단과 관련한 놀이치료 사용에 대해 진행된 연구들은 긍정적 결과를 보고하기도 하였고, 부정적 결과를 보고하기도 하였다. 아동과 함께 작업한다는 매우 복잡한 특성 때문에 분리 불안부터 부적응 행동, 부모-자녀 관계 문제에 이르기까지 연구자들이 실생활 환경에서 놀이치료로 다루고자 하는 문제는 매우 다양하다. 긍정적인 점은 다양한 영역에서 놀이치료 사용을 지지하는 증거들이 있다는 것이다. 그러나 어떤 비평가들은 놀이치료 연구가 단 몇 가지를 가지고 너무 많은 것을 추론하려 한다고 비난할 수도 있다. 그러므로 향후 비슷한 인구와 결과를 대상으로 반복 연구가 더욱 많이 진행되어야 증거기반 상태를 더욱 확실히 향상시킬 수 있을 것이다.
- 놀이치료 연구가 실생활 환경에 초점을 맞춰 왔기 때문에 놀이치료의 발달과 지속적인 증거기반 연구의 확장을 위해서는 연구자와 현장전문가 간 협업이 매우 필수적이다. 연구자들은 임상군의 요구를 만족시킬 수 있는 연구를 디자인하기 위해 능숙한 현장전문가의 조언이 필요하며, 현장전문가에게는 놀이치료의 신뢰성을 충분히 제공할 수 있는 설계를 제공해 줄 연구자가 필요하다. 현장전문가와 연구자 간 협력적 관계는 놀이치료 영역을 더욱 강화시켜 줄 것이다.

제19장

놀이치료와 슈퍼비전에 대한 성찰

John W. Seymour, David A. Crenshaw

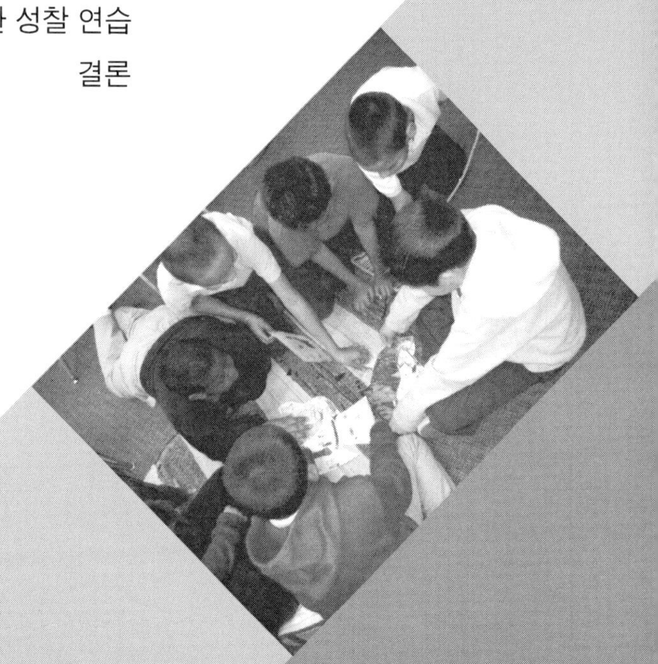

잠시 동안 성찰하기

잠시 멈추어 놀이치료나 임상 슈퍼비전을 할 때 당신이 얼마나 성찰하는지 떠올려 보세요. 당신은 정말 멈출 수 있습니까? 성찰하고 있나요? 당신의 놀이치료에 대해 성찰하고 있나요? 당신의 임상 슈퍼비전에 대해 성찰하고 있나요? 당신은 각 부분에 반응하고, 의미의 연결을 만들고, 그 의미에 대한 반응으로 느끼거나 생각하고 있습니까? 당신이 성찰한 것처럼 그 의미들에 덜 개입하거나 더 개입했다고 느끼고 있습니까? 당신의 의식이 성찰하기가 아니라 다음 내담자나 고장 난 복사기 같이 다른 주제로 바뀌고 있음을 느끼고 있습니까? 주말에 있던 집수리 때문에 몸이 아픕니까? 늙어 가고 있습니까? 다음 휴가? 너무 지루하다! 그 슬픈 내담자가 오늘 일찍 올까? 저녁은 뭐 먹지? 왜 아무도 사무실 전화를 안 받지?

성찰하기란 바로 그와 같다. 그것은 단지 일어날 뿐이다. 우리는 내적 · 외적 대화의 끊임없는 결합으로 살아간다. 성찰하기는 우리를 풍요롭게도 하고, 때로는 혼란스럽게도 한다. 치료사로서 우리는 성찰을 통해 더 풍성해지고, 주변 사람들도 풍요로워진다. 치료사로서 성찰이 우리 자신과 주변 사람들에게 영향을 미치며, 우리를 더 혼란스럽게 만든다는 사실을 인정해야 한다. Jeffrey Kottler(2010)는 저서 『상담자가 된다는 것(On Being a Therapist)』에서 이러한 혼란에 대한 자신의 견해를 다루었으며, 독자의 반응은 이해에서 분노까지 다양하였다.

적극적인 성찰은 심리치료와 임상 슈퍼비전의 기본 요소로 여겨진다. 지난 30년 동안 심리치료와 임상 슈퍼비전에서 적극적 성찰이 긍정적으로 기여해 왔다. 이 장에서는 심리치료 통합, 공통요인 및 치료기제, 치료적 관계, 대인관계적 신경생물학 및 치료사 성장을 다루는 연구결과에 대한 정보를 제공하고자 한다. 그리고 성찰하는 놀이치료사가 되기 위한 내적 훈련에 대해 기술하였다.

성찰하기에 대한 이해

Donald Schön(1983, 1987)은 치료사가 되기 위한 핵심기술과 그 기술을 개발하는 데 필요한 경험을 파악하기 위해 수련 중인 심리치료사를 폭넓게 연구하였다. 성찰하는 치료사의 두 가지 특성은, '행동 중 성찰하기(reflection-in-action)'와 '행동 후 성찰하기(reflection-on-action)'이며 각 특성은 서로를 보완한다. Schön은 **행동 중 성찰하기**를 결단을 내리고 실험하는 능력으로 정의했다. 자기 자신의 경험을 보고 자신의 느낌과 연결하고, 사용하는 이론에 주의를 기울이며, 독특하거나 불확실한 상황에 직면했을 때 놀람의 경험을 다루는 능력을 포함한다. **행동 후 성찰하기**는 치료 후에 문서 작성, 슈퍼비전 참석, 자기성찰, 자기 슈퍼비전을 통해 향후치료 작업에 영향을 미치는 패턴을 파악하는 과정에서 발생한다.

Rønnestad와 Skovholt(2013)는 치료사 성장에 대한 광범위한 연구를 바탕으로 Schön의 두 가지 특징을 매끄럽고 상호적인 과정으로 통합한 **지속적 성찰 모델(continuous reflection model)**을 제안하였다. Rønnestad와 Skovholt(2013)는 치료사의 성장에 있어 일차적인 촉매제가 자신의 일에서 어려움이나 도전을 경험하는 것이며, 만약 이러한 경험이 없는 경우에는 그것을 찾아야 한다고 했다. 그러나 도전을 기능적 종결로 이끄는 능력을 가지고 지속적인 성찰로 어려움에 대응한다면 이러한 도전은 치료사의 성장으로 이어질 것이다. 부적절한 종결에 직면한 치료사는 종결이 정해질 때까지 계속 성찰할 수 있는 능력을 개발하여 성장을 촉진하여야 하며, 그렇지 않고 성찰하지 않으면 부적절한 종결과 소진을 초래할 수밖에 없다. 지속적인 성찰 능력이 제한된 치료사는 조기 종결이나 이탈로 끝난다. 소진과 이탈은 치료사의 성장 침체를 가져오며 최종적으로 치료사의 일을 그만두게 된다. 성찰하기를 유지하는 것은 내담자와 치료사의 안녕에 필수적이다.

심리치료의 통합과 공통요인

놀이치료의 역사는 심리치료 연구 및 실제의 역사와 매우 흡사하다(Drewes, 2011a, 2011b; Seymour, 2011). 광범위한 심리치료 분야와 마찬가지로, 놀이치료에 관한 많은 초기 논쟁은 특정 모델의 이점과 다른 모델을 비교하는 데 초점을 두었다. 치료모델이 확산됨에 따라 처음에는 이론적 통합과 실용적 절충주의가 나타났다. 초기 처방적 모델은 심리치료와 마찬가지로 완전히 통합된 놀이치료 모델(Drewes, Bratton, & Schaefer, 2011)로 발전하였다(Norcross & Goldfried, 2005, Prochaska & Norcross, 2014).

이러한 통합 모델은 치료사의 역할을 처방된 치료를 하는 사람에서 내담자기반 치료를 촉진하는 관계를 제공하는 사람으로 변화하였다는 것을 의미한다. 지속적인 성찰은 이 즉

촉적인 방식이 내담자에게 도움이 되는 메커니즘으로 제공되게 한다.

최근 심리치료(Duncan, Miller, Wampold, & Hubble, 2010)와 아동심리치료(Kazdin, 2009, Shirk & Russell, 1996)의 공통요인을 탐색하는 연구에서는 모든 치료모델에서 나타나는 공통적인 치료적 메커니즘과 그러한 메커니즘의 치료적 효과를 확인하고 있다. 놀이치료 분야에서 Schaefer(1993)의 초기 치료적 메커니즘 연구가 최근 새롭게 추가되어 20가지 **놀이의 치료적 힘**에 대해 설명하고 있다(Schaefer & Drewes, 2014). 놀이치료사는 내담자의 욕구에 대한 인식을 유지하고 놀이 기능에 포함된 치료적 메커니즘을 시행하기 위해서 지속적인 성찰이 필요하다.

치료적 관계, 대인관계적 신경생물학 그리고 놀이

치료적 관계는 동서양의 심리치료 모델이나 민간요법을 포함하는 모든 치료에서 핵심적이다(Frank & Frank, 1993). Duncan과 동료들(2010)의 공통요인에 대한 최근의 연구에 따르면, 강력한 치료동맹 및 파트너십은 내담자의 참여와 자원을 활성화시키는 메커니즘을 증가시키는 데 중요하며 성공적인 결과로 이끄는 핵심요인이다. Siegel(2012)은 모든 치료모델이 경험적이며 관계적인 것을 기반으로 하고, 관계를 통해 신체와 두뇌의 통합을 증진시키는 것을 목표로 하여야 한다고 제안하였다. 이러한 통합은 아동이 즐거운 상호작용을 통해 양육자와 애착을 형성하는 것으로 먼저 시작되며, 시간이 지남에 따라 아동에게 놀이기반 관계 기술로 가장 확실하게 발달한다.

Schore(2012)는 심리치료 작업은 "치료사가 내담자를 위해서 하는 일이나 내담자에게 말하는 것(좌뇌 초점)이 아니며, 핵심적인 메커니즘은 특히 정서적으로 스트레스가 많은 순간에 내담자와 함께하는 방식(우뇌 초점)"이라고 말한다(p. 44). 내적인 인간 발달은 자연스러운 놀이에서 파생된 관계를 통해 중재되는 것으로, 그러한 경험과 관계를 통해 아동의 상호작용에 반영된다. 놀이는 건강한 인간 발달을 위한 자연스러운 상호작용 매체이며, 평생 동안 사용된 기술과 관계를 위한 기초를 제공한다(Brown, 2009; Russ, 2004). 놀이는 아동심리치료의 구성요소로서 오랜 역사를 가지고 있으며(Drewes, 2006), 효과적인 치료적 관계를 구축하는 발달적으로 확인된 방법이다.

치료사 성장/치료사의 자기(self of Therapist)

Rønnestad와 Skovholt(2013)는 **치료사 성장**에 대한 광범위한 연구결과를 요약하였다. 치료사를 위한 전문성 발전은 평생을 걸쳐 진행되는 과정이다. 수년간의 경험에 관계없이 지속적으로 성찰하는 것은 치료사의 훌륭한 자기관리와 내담자를 위한 긍정적인 치료결과를 유지하는 데 중요하다. 최적의 전문성 발전은 자기 자신을 일관된 전문적 자기로 통합하는 것을 포함한다. 가장 효과적인 학습은 객관적인 개념 학습보다는 경험적이고 대인관계적인 학습(내담자, 멘토, 동료 및 자신의 삶 경험으로부터)에서 발생하는 경향이 있다.

통합적 심리치료 연구에 포함되는 **치료사의 자기 작업**(self-of-therapist work)은 지속적인 성찰을 구축하는 중요한 방법을 제공한다. Beitman과 Soth(2006)는 **자기관찰**(self-observation)의 중요성을 핵심적인 심리치료 과정으로 설명했다. 여기에는 내면을 능동적으로 살피는 것, 자기성찰 능력, 그리고 자신의 사회문화적 환경에 대한 분명한 인식이 포함된다. 심리치료를 제공하는 모든 영역에서 슈퍼비전 및 수련을 할 때 자기관찰을 포함시킬 필요가 있다. Aponte(1982, 1994; Aponte & Carlsen, 2009; Aponte & Kissil, 2012)의 person-of-the-therapist(POTT) 모델, Anderson(1997)의 as-if 상담, Rober(1999, 2005a. 2005b)의 내면의 대화 모델(inner conversation model)은 자기, 개별 및 집단 임상 슈퍼비전 모두에서 효과적으로 사용할 수 있었다.

성찰하는 놀이치료사가 되기 위한 내적 훈련

성찰하는 놀이치료사가 되기 위해서는 **내적 훈련**이 필요하다. 아동 및 가족 내담자에게 양질의 치료를 제공하는 것이 힘들게 느껴지기도 하는 바쁜 치료사에게 그것은 어렵고 힘든 일이다. 치료사들은 전화 응대, 환자 경과 메모 외에도 건강관리기구(health maintenance organizations: HMOs)로부터 승인을 받기 위해 환자 내원에 대한 보험 양식을 작성하는 등 즐겁지 않고 시간이 많이 걸리는 일을 해야 한다. 이러한 요구로 인해 치료사의 시간이 부족하다는 점을 감안할 때, 성찰하는 놀이치료사가 되기 위한 내적 훈련이 우선순위가 낮아지거나 미뤄 두게 되기 쉽다. 이러한 내적 훈련은 사실 잊어버리기 쉽지만, 우리가 판단하기에 기억해야만 하는 중요한 부분이다. 그것은 무시하기 쉽지만 치료의 실제를 위해 필수적이다. 아래는 내적 훈련을 위한 목록으로 모든 것을 포괄하고 있지는 않으며 더 추가될 수 있다. 우리는 놀이치료사에 대한 점차 복잡해지는 요구를 고려해서 목록을 더 길게 만들지는 않았다. 이 목록은 성찰하는 놀이치료사가 되기 위해 필수적인 내적 훈련으로만 제한하였다.

- 공감에 대한 훈련(Discipline of empathy)
- 진심에 대한 훈련(Discipline of wholeheartedness)
- 취약성에 대한 훈련(Discipline of vulnerability)
- 진실성에 대한 훈련(Discipline of genuineness)
- 용기에 대한 훈련(Discipline of courage)
- 자기관리에 대한 훈련(Discipline of self-care)
- 겸손에 대한 훈련(Discipline of humility)
- 연민에 대한 훈련(Discipline of compassion)

심리치료사와 내담자가 완전히 의사소통하지 못하게 하는 것과 같은 역동이 각 내적 훈련에 요구되는 자기성찰 과정을 방해할 수 있다는 점을 고려해야 한다. 이 이중 과정 안에서 가장 강력하게 작동하는 것 두 가지는 **부인**과 **수치심**이다. 우리는 가끔 내담자와 마찬가지로 결함과 단점 같은 불쾌한 현실을 인식하지 못하도록 밀어낸다. 치료사의 한계가 문제를 겪는 아동을 도우려는 헌신적인 노력을 방해할 수 있다는 것을 인정하는 것은 특히 괴로운 일이다. 우리의 아동내담자가 대인관계가 잘못되어 가고 있을 때 '**현실맹(reality blindness)**'이 되는 것과 유사하다. 놀이치료사의 높은 자기기대는 수치심을 갖게 하며, 종종 아동이 부담스러운 비밀을 나눌 수 없을 때처럼 침묵과 비밀로 이어진다. 치료에 온 마음을 다해 접근할 수 없는 놀이치료사는 아동을 돕는 열정과 헌신으로 현장에 들어왔기 때문에 이 사실을 슈퍼바이저나 동료 또는 치료사와 나누기 힘들 수 있다. 아동내담자를 돕는 과정과 유사한 방식으로, 침묵, 비밀 및 수치심은 진심의 장벽에 직면하고 선택한 직업과의 관계를 개선할 수 있는 가능한 해결책이나 변화를 찾는 기회를 감소시킨다.

이러한 필수적인 내적 훈련을 뒷받침할 수 있는 경험적 자료는 없지만, 이 목록들이 개선될 수 있다는 사실을 의심하지도 않는다. 이 주의사항을 염두에 두고 이 부분을 읽어야 한다. 우리가 제공하는 것은 놀이치료사에 대한 슈퍼비전뿐만 아니라 수십 년간의 아동 및 가족을 위한 치료 경험이다. 우리는 경험적 연구를 소중히 여기며, 이러한 연구는 우리의 치료에 많은 정보를 제공해 준다. 우리는 우리 분야의 과학적 접근에 기여하고 연구 환경에서 일하는 놀이치료사에게 감사하고 있다. 나(Crenshaw)는 연구 환경에서 일하는 특권을 갖지 못했다. 나는 임상가이며, 다른 비학술적 놀이치료사들처럼 나의 임상적 실제를 풍부하게 하고 향상시킬 수 있는 많은 치료를 여전히 하고 있다.

공감에 대한 훈련

Carl Rogers(1957)는 심리치료 효과성 연구에서 공감의 핵심적인 역할을 입증하였다. **공감**은 심리치료의 기본 중 하나이며 다양한 놀이치료의 접근법에도 포함된다. 성찰하는 치료사는 놀이치료사 요인, 아동내담자 요인, 긍정적 혹은 부정적인 환경(아동 내담자의 가족, 학교, 사회적 서비스, 아동보호전문기관, 법정, 치료비용, 부모나 다른 의뢰기관의 압력 등)이 다양하더라도 아동내담자를 위한 공감이 일관적인지 궁금할 것이다. 경험 있고 숙련된 치료사라 할지라도 가슴 아픈 실패에 대해 면역이 생겼다고 주장하는 것은 위험하기 때문에, 위의 요인과 관련된 공감 실패가 없다는 것은 터무니없는 주장처럼 보인다. 우리가 놀이치료사의 삶의 경험을 들여다보면, 가족의 즐거운 사건, 또는 가족 구성원의 중병을 떠올릴 수도 있고, 한편으로는 놀이치료사 동료의 성취, 그리고 존경받는 놀이치료사 동료가 자신의 치료를 날카롭게 비판하는 경우가 있을 수 있는데, 공감을 위한 능력이 긍정적이거나 부정적으로 영향을 받지 않을 것이라고 상상하기 어렵다. 성찰하는 놀이치료사의 특징은 그러한 다양한 삶의 기복으로부터 배우려는 의지가 있다는 것이다(Bager-Charleson, 2010). 공감에 대한 내적 훈련은 자신에 대한 공감을 확장하는 경우에도 이러한 능력의 변화를 직접적으로 성찰하게 한다. 결코 도달할 수 없는 것을 얻기 위해 노력하는 것은 자신에게 해로울 수 있다. 어느 방향이나 가능성에서든 특별한 사례에서 우리의 공감 능력에 영향을 줄 수 있는 자기, 내담자, 가족 및 지역사회 자원의 여러 다른 변수와 관련하여 동일한 수준의 성찰이 필요하다.

공감의 훈련을 고려할 때 초점을 맞추는 중요한 영역 중 하나는 아동내담자의 특성 그리고/또는 현재의 문제에 기초한 공감 능력의 다양성이다. 어떤 놀이치료사는 성학대를 당한 아동에게는 쉽게 공감할 수 있지만, 다른 아동을 성적으로 불쾌하게 한 아동에게는 공감하기 어려울 수 있다. 심지어 그 아동이 이전에 성학대 피해를 받은 적이 있다고 해도 말이다. 놀이치료사가 그 경험을 부인하기 보다는 솔직히 이 어려움을 살펴본다면 이것은 문제가 덜 될 것이다. 하지만 부인하기만 한다면 공감의 불일치는 사라지지 않는다. 그것은 자각하지 못한 채 작동하고 다른 아동에게 성적으로 공격적인 아동내담자에게 잠재적으로 혼란을 일으킬 수 있다. 이러한 불균형과 사각지대를 만드는 근본적인 감정을 확인하기 위해서는 자신의 치료, 슈퍼비전 또는 동료와의 논의를 통해 더 깊은 탐색이 필요할 것이다. 공감과 그 근원의 불일치에 기저하는 감정의 강도와 크기가 어떠한지에 따라 개인 상담과 슈퍼비전에서 탐색해 볼지 또는 신뢰할 수 있는 동료와 논의해 보아야 할지 결정할 수 있다. (내적 훈련이 실패한 경우에 개인 상담, 슈퍼비전 또는 자문을 고려해 볼 수 있지만, 여기서는 언급하지 않았다.)

진심에 대한 훈련

나(Crenshaw)는 2009년 봄, 워싱턴 D.C의 Omni Shoreham 호텔의 연회장에 있던 약 3,500명의 사람들 중 한 명이었으며, 심리치료 네트워크 심포지엄에서 영국계 미국인 시인 David Whyte의 기조 연설을 듣고 있었다. 나는 그 시인만큼 숨이 막힐 정도로 관객을 사로잡는 연설자를 본 적이 없었다. 나를 사로잡은 내용은 그가 경력 초반에 작은 비영리단체에서 일했을 때 경험했던 소진에 관한 이야기였다. 대부분의 비영리단체가 그러하듯 가치 있는 일을 하고자 하는 열의로 인해 그는 자신을 잃어버렸다고 느꼈다. 비영리단체에는 항상 중요한 임무가 있고, 좋은 마음을 가진 사람들이 가능한 모든 것에 헌신하지만 그러기에는 충분한 인력과 자원, 돈이 없으며, 그 결과로 소진이 따라오게 된다. 많은 청중도 그러했듯이, 그의 메시지는 38년 동안 비영리단체와 연계해 온 나에게 울려 퍼졌다. 그러나 인상적이었던 것은 Whyte의 소진에 대한 대답이었다. 그에게는 믿을 만하고 지혜로운 오래된 친구가 있었으며, 그 사람은 그에게 **소진**에 대한 해독제가 휴식이 아니라고 했다. 그 대답은 **진심**이었다. 우리는 진심을 다해 일을 할 때 소진되지 않는다.

성찰하는 놀이치료사는 신뢰할 수 있는 다른 사람들(치료사, 슈퍼바이저 또는 동료)과 함께 아동과 가족을 돕는 가치 있는 일에서 자신의 열정을 잃어버리게 된 원인에 대해 조사하고 논의하기를 원할 것이다. 소명에 대한 열정을 잃어버리는 '한계에 부딪히는' 상황에서 비영리단체를 위해 일할 필요는 없다. 그것은 놀이치료사가 일하는 상담센터의 치료 급여 하락으로 소득을 잃지 않기 위해 더 많은 시간 동안 일하고 더 많은 내담자를 만나야 하는 개인 상담 환경에서 쉽게 발생할 수 있다. 소진은 영리단체 또는 학계 또는 정부기관이 정치적 저의, 정책 또는 규제로 인해 놀이치료사의 창의성을 저해하거나 대부분의 놀이치료사가 불쾌해 하는 종류의 과도한 요구로 인해서도 발생할 수 있다(예: 위원회 일, 시간이 걸리는 서류작업).

딜레마에 대한 자기성찰과 솔직한 공유는 창의적인 변화나 새로운 가능성을 이끌어 낼 수 있으며 새로운 직업을 찾아야 할 필요성을 피할 수 있다. 어떤 경우에는 도전과 기회가 현재 당신에게 가능한 수준을 넘었고, 자신의 성장과 행복을 위해 어려운 일을 할 계획을 세울 필요가 있음을 자기반성을 통해 알 수 있다. 내담자뿐만 아니라 우리에게도 우리 경력에서 새로운 영역을 개척하는 것은 어렵다. 아마도 그 변화의 수준은 당신이 그 일에 대한 당신의 애정을 되찾는 데 필요하겠지만, 무분별하거나 깊은 성찰 없이, 그리고 신뢰하는 사람과의 의논 없이 해서는 안 된다. 가끔 우리의 소명에 대한 불만은 충분히 애도하지 않은 상실이나 우리 삶에서의 다른 불만족을 반영한다. 다시 말하지만, 내담자를 치료함에 있어서, 우리는 성장을 위해 필요한 어려운 내적 작업을 수행하지 않고 그냥 넘어가고 싶어 할지도 모른다.

취약성에 대한 훈련

'훌륭한 치료사'가 되려면 치러야 할 대가가 있다. 훌륭한 치료사의 능력은 극단적으로 높은 자기기대보다 낮을 뿐만 아니라 자신이 인식하는 불사신의 능력은 아동 및 가족 내담자와의 치료 관계를 형성하는 데 방해만 될 것이다. Carl Rogers(1980)는 치료적인 '**존재의 방식**'에 관해 이야기한 사람으로, 동시대의 많은 동료 연구자(예: Garry Landreth, J. P. Lilly, Eliana Gil, and Kenneth Hardy)보다 선행해서 이야기하였다. '**뭔가를 하는 것(Doing)**'에 놀이치료 초심자들이 집착하는 경향이 있으며, 이것은 쉬운 부분이다. 함께 '**있어 주는 것(Being)**'은 더 어려우며, 이것은 놀이치료사의 전제 조건이라고 우리는 확신한다. 나(Crenshaw)도 경력 초반에는 회기 중에 일어날 수 있는 모든 잠재적 문제를 위해 가능한 한 모든 기술을 학습하는 데 몰두했었고 그래서 무엇을 해야 하는지 알 수 있게 되었다. 나는 기술을 평가절하하고 싶지 않다. 대부분의 내 이전 저서는 기술에 중점을 두고 있다. '무엇을 할지'를 아는 것은 결과를 향상시키고 위험을 피할 수 있게 한다.

선택적 함구증과 관련된 구체적인 사례는 기술의 중요성에 대해 알려 주기도 한다(Crenshaw, 2007). 다양한 기술을 배우는 것의 이점은 치료사가 해야 할 것을 알고 있다는 착각으로 마음이 편안해지기 때문에 도움이 된다. 결과적으로, 우리는 더 치유력 있는, 보다 경계 없고 개방적인 방식으로 아동과 함께할 수 있다. 우리는 아동내담자가 치료에서 취약하고, 무방비 상태이고, 이야기하기를 꺼려 하는 느낌, 생각 및 사건을 공유할 것으로 기대하는 것처럼 우리도 더 취약하고 위험할 수 있다. 우리가 가진 취약성의 여러 형태를 발견하고 인정하는 훈련은 아마도 우리가 치료 작업에 완전히 참여한다는 측면에서 매우 중요하다. Daniel Stern(2004)은 어른이든 아동이든 내담자의 현재 순간에 민감하게 조율하는 치료사의 능력을 **'만남의 순간(moments of meeting)'**이라는 용어를 사용하여 설명하였다.

진실성에 대한 훈련

Rogers(1980)는 **진실성**이란 치료적 관계의 효과를 증가시키는 세 가지 요소 중 하나라고 하였다. Kazdin(2005)은 심리치료 효과 연구에서 치료적 관계의 중요성을 뒷받침하는 2,000개 이상의 연구를 검토하였다. 이 연구를 요약하면, Kazdin은 치료적 관계가 강력할수록 심리치료의 효과가 더 좋다고 주장하였다. 성찰하는 치료사가 되기 위한 내적 훈련으로써 진실성은 내담자에게뿐만 아니라 각 훈련에 요구되는 자기반성에도 확장된다. 자기기만은 내담자만 하는 것이 아니다. 여기 성찰하는 치료사가 되려는 나(Crenshaw)의 노력의 예시가 있다.

동료와 의논한 결과, 나는 나의 생활신조, 지지하는 신념, 무엇이 중요한지, 그리고 어떻게 삶을 살고 싶은지를 적어 보는 것이 나에게 도움이 될 것이라고 판단했다. 나는 이 일을 기쁘게 생각했다. 왜냐하면 일과 직장 밖에서의 나의 우선순위에 초점을 맞추는 훌륭한 방법이라고 생각했기 때문이다. 나는 생활신조를 내 마음속에서 항상 새롭게 떠올리기 위해서, 생활신조를 적은 짧은 문장을 내 컴퓨터 바탕화면에 올려 두고 하루의 시작에 그것을 상기시켜 보기로 하였다. 나는 짧은 기간 동안 그 가치들에 대해 상기하는 훈련을 하였다. 어느 날 생활신조를 적은 짧은 문장이 내 컴퓨터에서 더 이상 볼 수 없다는 것을 알아챘다. 30일 동안 아이콘을 클릭하지 않으면 바탕화면에서 아이콘이 자동으로 제거되었기 때문이었다. 그것은 나 자신이 얼마나 불성실한지에 대해 깊이 생각하게 만들었다. 내가 내 자신에게 진실하지 않다면, 내담자에게 진정으로 신뢰로울 수 있을 것인가라는 질문이 떠올랐다.

용기에 대한 훈련

임상작업을 수행하는 데에는 상당한 **용기**가 필요하다. 우리가 직업에 헌신하고 평생 열심히 공부하겠다고 생각하는 것도, 그리고 최종적으로는 완전한 역량의 시간과 장소에 도달하게 될 것이라고 생각하는 것도 환상이다. 박사 취득 이후 45년이 지나도, 나(Crenshaw)는 위기가 닥쳤을 때 도전 과제를 해결할 수 있을지를 여전히 알지 못한다. 나는 경력 초반에 비해 나의 기술에 대해 더 신뢰하고, 아동과 함께하는 나의 방식을 더 소중하게 생각하지만, 새로운 내담자가 왔을 때 어떤 새로운 도전이 있을지 모른다. 나는 어머니가 죽었다는 사실을 아동에게 알려 주는 방법에 대한 놀이치료 교재는 없다는 것을 알고 있지만, 지난 2년간 4번의 비극적인 분리를 경험한 9명의 학령전기 아동들과 놀이치료를 해야만 했다. 나는 놀이치료에서 어린 아동들에게 어머니가 약물과다로 사망하였다거나 살해되었다는 사실을 알려 주는 방법에 대한 정보를 주는 경험적인 연구가 없다는 것을 알고 있다. 현장에서 오랫동안 일하는 놀이치료사는 이러한 가슴 아픈 비극에 대한 자신의 몫을 경험하게 될 것이다. 가이드북이나 문의할 전문가가 없는 상황에서 치료적 존재, 공감, 진실성, 그리고 용기를 가진 치료적 도구로서 자기 자신에게 의존해야 한다.

자기관리에 대한 훈련

2008년, 나(Crenshaw)는 '저소득 가정과 함께 일하는' 나의 친구이자 존경하는 동료인 Kenneth Hardy를 만나기 위해 뉴욕 애커만 가족연구소로 갔다. 우리는 공동연구를 수행하고 있었지만, 일정이 바빠서 대면할 기회는 거의 없었다. 나는 애커만 가족연구소로 들어가 계단에 서 있는 Ken을 만났는데, 우리는 둘 다 피곤하고 스트레스를 받은 것 같았다. Ken은 "우리 분야에서 우리가 스트레스를 받을 때 가장 먼저 해야 하는 건 자기관리예요."라고 말했다. 그런 의견에는 지혜가 느껴졌다. 예를 들어, 나는 자기관리가 중요하다고 말하면서도 내 건강을 최우선으로 삼지 않았다. 내가 초청받았던 발표에서 종종 중요한 항목으로 자기관리를 포함시키기는 했지만 끝부분에 넣기 때문에 때로는 그 부분에 도달하지 못하거나 시간이 없으면 그 부분을 충분히 다루지 않았다는 사실에 놀랐다. 자기관리는 생활신조에서 강조되었지만 정작 나의 생활신조에서는 빠져 있었다.

자기관리가 성찰적인 놀이치료사가 길러야 할 부분이라고 생각하는 이유는 그러한 약속이 없다면 무시되거나 잊혀질 가능성이 크기 때문이다. 대부분의 놀이치료사는 자기관리의 중요성을 인식하고 있다. 치료에서 우리의 주요 도구는 자신이며, 그 도구를 소중하게 생각하고 돌보는 것이 당연하다. 만약 내가 운이 좋아서 스트라디바리우스(Stradivarius)를 소유할 수 있다면, 나는 매일 광을 낼 것이다. 자기관리를 잘 하지 않으면 우리는 역동적인 내적 힘에 의해 그 대가를 경험하게 될 것이다. 성찰하기 훈련은 우리의 잠재력을 방해하는 숨겨진 미묘한 영향을 명확하게 파악하는 방법이다. 아마도 우리는 자신과 건강을 중요시하지 않기 때문에 자기관리에 우선순위를 부여하지 않을 것이다.

나를 14년간 공부할 수 있게 해 준 후기 정신분석학자이며 정신과의사인 Walter Bonime은 우리 분야에 입문하는 사람들은 자신을 두 번째로 미뤄 두는 경향이 있다고 하였다. 결과적으로 그들은(우리는!) 자신을 부정(self-denial)하고 다른 사람들의 욕구를 우선적으로 두는 경향이 있다. 이렇게 해서는 장기간 일할 수 없다. 결국, 자신을 잃어버리는 비싼 대가를 치러야 한다.

겸손에 대한 훈련

겸손에 대한 훈련은 취약성에 대한 훈련과 겹치는 부분이 있다. 그러나 겸손의 구체적인 태도는 치료작업에 중요하다. 나(Crenshaw)는 부모를 만나고 자녀에 대한 그들의 걱정을 나눌 때, '나는 이런 이야기를 이전에 500번이나 들었어.' 라고 생각하기 시작한다면 문제가 있다. 겸손의 태도는 모든 아동과 가족 이야기를 고유하게 만들고 우리가 주의 깊게 경청할 수 있도록 돕는다. 이러한 '**경청**'(Rogers, 1980)은 우리가 이 특별한 아동을 도울 수 있는 방법에 대한 단서를 얻을 수 있게 해 준다.

아동들은 계속해서 나에게 겸손에 대한 교훈을 가르쳐 준다. 내가 치료하는 아동들은 나에게 최고의 선생님이다. 우리는 겸손의 태도가 없이 배우고 성장할 수 없다. 유명한 가족치료사 Olga Silverstein은 겸손에 대한 소중한 교훈 하나를 가르쳐 주었다. 1987년에 나는 '체계적 가족치료의 기술'에 대한 2일짜리 워크숍에 참석하여 Olga의 강의를 들었다. 그녀는 임상적 기술, 예리한 통찰력 및 가족 이해에 대한 놀라운 강의를 하였다. 이틀이 끝날 무렵, Roosevelt 호텔의 대연회장에서 강연을 듣던 사람들이 그녀를 만나 그녀의 특별한 재능에 대해 칭찬했다. 그때 놀라운 일이 벌어졌다. Olga는 분개하였다. 그녀는 자신의 기술을 다듬기 위해 열심히 노력했으며 자신이 높은 수준의 언어적 능력을 갖추고 있다는 것을 알지만 "나는 여전히 가슴 아픈 실패를 경험하고 있다."라고 하였다. 그녀는 떠받들어지기를 원하지 않는다고 하였다. Olga는 "누가 그런 것을 필요로 하겠어요?"라고 단호하게 말했다.

이 경험은 나에게 경력의 전환점이 되었고, 나는 이 이야기를 이후에 내가 슈퍼비전한 모든 인턴 및 직원들과 공유하였다. 그 시점까지 나는 그 분야에 대한 충분한 책을 읽고, 가족치료와 놀이치료 분야 전문가들이 하는 워크숍과 학회에 충분히 갈 수 있다면, 결국 가슴 아픈 실패에 면역이 되는 시점에 다다를 수 있을지도 모른다고 생각하고 있었다. Olga는 이런 부분에 완벽해진다는 것은 없다는 것을 깨닫도록 도와주었다. 우리는 반복해서 최선을 다해야 하며, 최선의 노력, 훈련, 독서, 대학원 교육 및 지속적인 슈퍼비전에도 불구하고 일이 잘못되기도 한다. 2009년 Olga가 죽기 전, 나는 그 경험이 나에게 어떤 의미인지, 그리고 그녀가 겸손의 내적 훈련의 가치를 가르쳐 준 덕분에 항상 얼마나 감사한지를 그녀에게 전했다.

연민에 대한 훈련

여기에서 다시 공감과 연민의 내적 훈련이 중복된다. 그러나 두 가지 사이에는 차이가 있다. 왜냐하면 공감은 치료 과정과 관계에서 특정 사람에게 표현되기 때문이다. **연민**은 내적 훈련으로서 더욱 일반적이다. '**연민의 피로감**'이라는 용어는 Charles Figley(1995)가 자신의 문헌에 소개한 개념으로 '우리의 저장고가 비어 있는' 느낌, 재충전이 필요한 느낌이라고 소개했다. 문제가 있거나 외상을 겪은 아동의 놀이치료에서 정서적인 작업은 육체적 · 정신적 피로뿐만 아니라 어떤 경우에는 이차적인 외상을 일으킬 수 있다. 앞서 실시한 성찰하기 훈련과 연습은 저장고가 줄어들지 않도록 하는 데 도움이 될 것이다. 자기관리는 확실히 놀이치료사에게 활력과 휴식을 주고 건강하게 유지할 수 있도록 하는 주요 원칙이며, 진심도 중요한 요소이다. 연민에 대한 훈련으로 우리는 얼마나 많은 외상 사례를 다루고 있는지 항상 세심하게 주의를 기울이면서 우리의 업무량을 점검해야 한다.

나(Crenshaw)는 오래전 토요일 아침에 운전미숙으로 가장 친한 친구를 죽인 청년을 만나기 위해 사무실로 갔다. 나는 "또 다른 무서운 이야기를 듣고 싶지 않다."라고 생각한 것을 생생하게 기억한다. 나는 자기관리를 해야 한다는 것을 알고 있어서, 친한 친구와 하이킹 파트너에게 전화를 걸어 그 다음 날 Catskill 산에서 하이킹을 할 계획을 세웠다. 계획이 정해졌다는 것을 알았기 때문에 나는 이 청년의 비극적인 이야기를 듣는 도전에 힘을 쏟을 수 있었다. 또한 나는 가까운 미래에 더 이상 외상 사례를 받지 않기로 결심했다. 나의 연민이 소진되지 않도록 무언가를 하는 것은 나의 의무였다. 우리를 돌보는 것이 우리 내담자의 의무는 아니다. 하지만 저명한 정신과 의사 Robert Coles는 한 학회에서 "만약 내담자(환자)가 당신에게 '선생님, 조금 피곤해 보이네요.'라고 말한다면 주의해야 합니다."라고 하며 치료사의 소진과 자기관리의 중요성에 대해 언급하였다.

치료와 슈퍼비전을 위한 성찰 연습

국제놀이치료학회 연차학술대회에서 '놀이치료 및 슈퍼비전에서 성찰하기 실제' 발표 중 우리는 성찰하기를 직접 실시해 보는 경험적 연습이 최고로 좋았다는 피드백을 받았다. 우리는 여기서 여러분에게 슈퍼비전에서 성찰하기 연습과 토의를 위한 자료를 공유하고자 한다.

어린 자기(younger self)와의 만남

대기실 문을 열고 당신이 알지는 못하지만 막연히 친숙한 사람을 보게 된다고 상상해 보라. 당신이 점차 가까이 갈수록, 기다리고 있는 사람이 이 직업을 처음 시작했을 때의 당신의 어린 모습이라는 사실에 충격을 받게 될 것이다. 여전히 충격적이지만 당신은 평정을 되찾고 그 사람을 사무실로 초대한다. 당신의 어린 자기인 방문객은 자리에 앉아 당신에게 다음과 같이 질문하였다. "당신이 지금 (기간)년간 현장에서 일해 왔다는 것을 알고 있으며 의심의 여지없이 당신은 경험을 통해 상당한 지혜와 통찰력을 얻었음을 압니다. 나는 이제 막 현장에서 치료를 시작하였습니다. 당신이 처음엔 몰랐지만 지금은 알고 있는 것을 나누고 싶습니다. 나는 당신이 모든 것을 말할 수 없다는 것을 알고 있지만, 당신이 나에게 가장 중요한 교훈, 통찰, 그리고 가장 중요한 지식을 말해 줄 수 있다면 그것은 치료의 여정을 시작한 누군가에게 매우 가치 있을 것입니다."라고 하였다.

자기성찰, 개인 또는 집단 슈퍼비전의 맥락에서, 당신은 자신의 어린 자기에게 이야기할 내용을 쓰거나 말로 표현할 수 있다. 중요한 선택사항은 어떤 형식이 당신에게 가장 유익한지를 결정하는 것이다. 진정한 자기성찰과 더불어, 집단 또는 동료 슈퍼비전을 통해 타인의 통찰과 지혜에 의해 풍성해지는 기회를 갖게 되는 것은 특히 흥미로운 대안을 만들게 한다. 물론 최대한 이 훌륭한 성찰 훈련 활동을 개방적으로 공유하게 하려면 집단에 대한 충분한 신뢰가 구축되어야 한다.

생활신조

나(Crenshaw)는 나의 **생활신조**를 마음속에 간직하려고 노력해 왔다. 나는 우선순위를 재조정하고 재조명하는 데 매우 도움이 되는 활동을 찾았다.

> [놀이치료사 그리고/또는 놀이치료 슈퍼바이저로서의 자신의 생활신조를 작성해보세요. 당신에게 중요한 것을 쓰세요. 당신은 놀이치료 그리고/또는 슈퍼비전 연습을 어떻게 수행하고 싶습니까? 당신은 무엇을 지지합니까? 당신은 무엇을 믿습니까? 어떤 윤리적 원칙이 당신에게 특히 중요합니까? 생활신조의 작성을 마치면, 다시 돌아보며 빠진 것이 있는지 확인하세요. 당신은 개인 또는 집단 슈퍼비전에서 이 '진술문'을 나누고 싶을 수도 있습니다. 놀이치료 슈퍼바이저들은 동료 슈퍼비전에서 다른 슈퍼바이저와 공유하기를 원할 수 있습니다. 이것이 끝나면, 당신을 놀라게 하는 것이 있는지 없는지 생각해 보세요. 자기관리를 당신은 가치있다고 생각합니까? 자신의 우선순위에 따라 가치를 평가하세요. 자기관리는 몇 위입니까? 집단 상황에서 가치를 공유하는 경우 동료에게는 중요하지만 당신의 목록에는 없는 생활신조가 있을 수 있습니다. 그것이 왜 누락되었는지 생각해 보세요. 어떻게 그 특별한 가치가 간과되었습니까?]

이러한 연습은 지속적인 자기점검과 성찰을 할 수 있게 만든다. 물론 가치와 우선순위는 바뀔 수 있으며 생활신조는 다시 작성되고 고쳐져야 한다. 그러나 가치와 우선순위가 의식적인 성찰의 결과로 변화한다는 것은 자각 없이 변화한 것보다 만족스러운 결과일 수 있다. 생활신조를 일정한 간격으로 검토하는 것은 우리 모두가 개인적인 경험에서 알 수 있는 가치와 우선순위가 인식 없이 변화하는 것으로부터 보호할 수 있다.

바다에서의 표류(Adrift at Sea)

> 자기성찰을 위해 또는 슈퍼비전 회기에서 벗어나, 잠시 시간을 내어 넓은 바다를 가로지르는 보트를 그려 보세요. 보트를 바다 위 어디에 위치시키던지, 보트의 궤적이 먼 수평선까지 이어지는 선을 그리세요. 이제 당신이 그린 그림에는 당신이 놀이치료사 그리고/또는 슈퍼바이저로 여행을 시작했을 때의 희망, 꿈, 기대, 그리고 환상이 포함되어 있다고 가정하세요. 보트가 현재 위치하는 곳을 표시하기 위해 그림에 X를 그립니다. 얼마나 멀리 떨어져 있나요? 여러분이 진로에서 어긋나게 되거나, 아마도 환멸을 느끼게 되거나, 어떤 경우에는 사기를 떨어뜨리거나, 심지어 씁쓸하게 만드는 원인이 되었던 경험은 무엇입니까?

관리의료, 낮은 임금, 정부 규제, 서류 작업 및 소진과 같은 문제가 종종 발생한다. 이러한 부정적 영향은 대부분의 숙련된 놀이치료사와 슈퍼바이저에게 익숙하다.

또한 다시 이러한 과정을 밟거나 새로운 과정을 시작하는 데 도움이 되는 전략을 찾아내는 것도 중요하다.

> 당신의 사기를 높이고 즐겁게 만드는 것이 무엇이든 슈퍼비전에서 공유하고 살펴보세요. 당신이 놀이치료사의 여정을 시작할 때 경험했던 놀이치료에 대한 본래의 사랑과 열정을 다시 떠올리는 데 도움이 되는 것은 무엇입니까? 그것이 자기관리가 될 수 있습니까? 그것을 쓰거나 발표하거나 가르칠 수 있습니까? 자기에 대한 기대나 자신을 계획하는 방식에 있어 변화가 있습니까? 당신에게 본래의 열정을 다시 연결해 주는 것은 무엇인가를 확인하고 더 많이 하세요. 생각한 대로 이것에 대해 성찰하고 다른 사람들과 의견을 나누세요.

당신만의 특별한 재능

이 특별한 성찰하기 연습은 영국 출신의 미국 시인인 David Whyte(2009)에 의해 영감을 받은 것으로, 그는 우리 각자가 타인과 대화를 나누거나 만나는 특별한 재능이 있으며 이것은 과거, 현재, 미래의 어떤 다른 사람과도 같지 않다고 하였다. 우리의 특별한 재능은 우리의 생물학적 및 유전적 자질뿐만 아니라 우리 부모, 대가족, 우리의 삶의 여정에서 겪었던 사회적 환경과 경험, 우리의 길에서 직면하고 있는 어려움의 구체적인 형태들에 의해 영향을 받는다. 우리의 재능은 특별하며, 그 누구도 우리가 했던 것과 정확히 같은 방식으로 할 수 없다. 이것은 심층적인 자기성찰과 슈퍼비전에서의 논의에 중요한 초점이 된다. 이 성찰하기 연습에는 많은 방법이 있다. 한 가지는 자신의 특별한 재능을 10분 동안 멈추지 않고 써 보는 것이다. 다른 방법은 단순히 그것에 이름을 붙여 보는 것이다. 우리는 워크숍에서 놀이치료사 그리고/혹은 슈퍼바이저들의 특별한 재능을 가장 잘 나타내는 상징을 골라 보라고 요청하곤 한다. 당신의 특별한 재능을 나타내는 하나의 단어나 상징을 고른 후에, 이 재능이 놀이치료, 슈퍼비전, 동료들이나 아동내담자의 가족에게 어떻게 작용하고 있는지 깊이 생각해 보는 것이 유용하다. 당신의 특별한 재능에 의해 도움을 받은 사람들에 대해 생각해 보는 것이 유용할 수 있다. 당신의 삶에서 당신의 특별한 재능을 형성하는 데 가장 영향을 끼친 사람은 누구인가? 우리는 '재능(genius)'이라는 주제에 관한 워크숍에 참가한 사람 중에서 회의적인 사람들이 있다는 것을 알게 되었다. 누군가는 스스로를 그렇게 바라보는 것이 어려울 수 있다. 또한 그것은 헌신적인 자기반성 혹은 개별적 · 집단적 혹은 동료 슈퍼비전에서 성찰을 하는 데 중요한 핵심이 된다.

카리스마 있는 존재

Robert Brooks(2010)는 심리학자 Julius Segal(1988)이 적응유연성을 가진 아이가 동일시할 수 있고, 그들로부터 기운을 얻는 사람이라는 의미의 '**카리스마 있는 존재**'라는 개념을 소개하였다고 설명한다(Segal, 1988, p. 3). 이 성찰 연습은 우리가 워크숍에서 사용하는 매우 감동적인 훈련 중 하나였다. 이것은 관점부터가 다른 접근이다. 당신의 어린 시절을 되돌아보고, 당신이 자라 오면서 당신이 동일시하고 당신에게 힘을 줬던 누군가를 찾아본다. 카리스마 있는 존재를 찾게 되면, 그 사람이 당신의 삶에 행했던 역할 혹은 영향에 대한 고마움을 글로 표현해 본다. 그 사람이 당신에게 어떤 의미가 있었는지를 말했었는지를 회상해 보는 것은 중요하다. 만약 그 사람이 아직 살아 있다면, 당신이 하고 싶은 것이 있는가? 만약 이것이 당신에게 중요하다면, 계획을 세우고 반드시 실행해 보라. 만약 당신이 가능한 사람이 있음에도 뭔가를 해 보기를 원하지 않는다면, 이 선택 역시 당신이 성찰해 볼 중요한 부분이다. 만약 그 사람에게 말하기로 결정했다면, 왜 그렇게 오랜 시간이 걸렸는가를 성찰해 보라.

이러한 성찰 훈련을 통해 여러분은 전문적인 삶에서 우연히 마주친 카리스마 있는 존재에 초점을 맞출 수 있다. 전문성의 측면에서 당신에게 영향을 준 사람은 누구인가? 누가 특별한 영감을 주었는가? 당신에게 많은 가르침을 준 사람은 뛰어난 선생님 혹은 훌륭한 슈퍼바이저 혹은 동료일 수 있다. 슈퍼비전에서 당신에게 최고로 훌륭하고, 가장 영감을 주는 선생님이 누구였는지를 생각해 보고 토론하는 것은 매우 흥미로운 일이다. 심층적인 성찰은 당신에게 깊은 영향을 준 특별한 사람에 대해 궁금하게 만들 것이다. 당신의 선택이 그에 대하여 무엇을 말해 주는가? 그것은 당신에 대해 무엇을 말하고 있는가? 당신의 멘토와 당신의 감정을 공유할지와 같은 선택이 떠오르고 왜 그랬는지 혹은 그러지 않았는지에 대한 생각할 수 있다.

마지막으로, 다음의 사항에 대해 깊이 생각해 보는 것도 중요하다. 당신은 아동 및 가족 내담자들, 동료, 학생, 수련생들에게 과거와 현재의 카리스마 있는 존재인가? 만약 당신의 내담자, 학생, 수련생으로부터 당신이 카리스마 있는 존재라는 피드백을 받았다면, 당신은 어떻게 이러한 사람들의 삶에서 중요하고 도움을 줄 수 있는 역할을 할 수 있었는가? 물론, 대부분은 우리의 전문적인 길을 가는 동안 누군가로부터 당신이 카리스마 있는 존재라고 말하는 것을 듣지 못한다.

결론

Freud는 그날 그가 봤던 환자에 대한 본인의 정서적인 반응에 대하여 검토하고 무엇이 건강하고, 건강하지 않고, 유용하고, 깨우침을 주는지 생각하기 위해서 매 근무일의 30분을 썼다. 물론 Freud는 그의 작업에서 무의식적인 힘의 방해를 특히나 경계했다. 『**일상의 정신병리학**(Psychopathology of Everyday Life』(1914)에서 Freud는 이 책을 집필하게 된 사연을 소개하고 있다. 눈 내리는 추운 겨울 밤, 다급하게 그를 보고 싶어 하는 환자의 전화를 받았다. 사무실에 도착했을 때, 그는 몇 번의 시도에도, 사무실 문을 열 수 없었다. 그는 불현듯 본인이 바라는 따뜻하고 아늑한 장소인 그의 집 열쇠로 사무실 문을 열려고 하고 있다는 것을 깨달았다. 성찰하는 놀이치료사 그리고/또는 슈퍼바이저가 되는 것은 자기성찰에 전념하고 이 장에서 설명한 '공감, 진심, 취약성, 진실성, 용기, 자기관리, 겸손, 그리고 연민' 같은 내적인 훈련을 함양할 의지가 필요하다.

성찰하기 연습은 개별, 집단 및 동료 슈퍼비전 집단과 개인적인 자기성찰을 포함한 다양한 슈퍼비전에서 가능하다. 이 장은 국제놀이치료학회 연차학술대회에서 우리가 성찰 연습 워크숍에 주로 사용했던 몇 가지 인기 있었던 성찰 활동으로 마치려고 한다. 이 활동들은 자기, 개별 또는 집단 슈퍼비전의 어떤 형식에서도 활용될 수 있다.

제 20 장

놀이치료에서 문화적 이슈

Phyllis Post · Kathleen S. Tillman

> 주된 문제는 아동과 가족을 위해 서비스를 특별히 설계하여 제공하기보다는, 너무나 자주 아동과 가족이 서비스에 맞추기를 기대한다는 것이다.
>
> -ALAN GLASPER (2010, p. 1258)

문화는 다양한 방식으로 정의될 수 있다. 문화 혹은 문화적 집단은 동일한 배경을 가진 사람들이 '주변의 사회적 현실을 지각하고, 해석하고, 표현하며, 이에 반응하는 데 대해 일련의 사람들에 의해 창조된 공유된 지식과 책략'을 가지고 있다는 믿음이라고 정의할 수 있다(Lederach, 1995, p. 9). 즉, 인간 집단은 자신 주변의 타인과 세상에 대해 생각하고 상호작용하는 방식에 대한 이해를 공유한다. 자신과 타인을 식별하고 상호작용하는 이러한 방식은 그들이 어떻게 키워졌는지, 인생에서 중요한 성인에게 무엇을 배웠는지, 그리고 자신의 문화집단에 소속된(그리고 소속되지 않은) 타인이 그들에게 어떻게 반응하였는지에 보통 뿌리를 둔다. **문화**는 상당히 광범위하게 정의할 수 있고 많은 집단을 포함하지만, 어린 아동의 놀이치료에서 사용할 때에는 사회경제적 지위, 인종과 민족성, 이민 상태, 지역사회 유형(예: 시골, 도시, 교외)의 영향에 초점을 맞춘다.

문화적으로 관련된 요인들

효과적인 놀이치료사가 되려면 내담자 각각의 고유한 문화적 요구와 미국에 거주하는 아동과 가족의 인구통계학적 변화를 알고, 자각하고, 이에 대응할 수 있어야 한다. 문화를 개념화할 때, 우리는 같은 문화 집단 경험 내에 있는 개인들의 유사성에 대해서 그리고 문화들이 서로 얼마나 다른지에 대해 자주 이야기한다(Greenfield ways & Suzuki, 1998; Kim & Choi, 1994; Triandis, 1995). 이러한 관점은 어떤 임상 장면에서는 도움이 될 수도 있겠지만, 그들의 개인적 경험이 문화적 집단 내의 규준과 얼마나 다를 수 있는지 그리고 집단 내 차이점에 대해서 아동 및 가족과 이야기하는 것도 중요하다(Haidt, Koller, & Dias, 1993; Wainryb & Turiel, 1995). 문화적으로 민감한 놀이치료사는 초기 평가 단계에서 이러한 문화 관련 요소들을 고려하고, 이러한 요소가 놀이치료의 치료적 관계, 치료에 대한 참여 및 치료 결과에 어떻게 영향을 미칠 수 있는지에 대해 지속적으로 재평가한다.

사회경제적 지위

내담자의 사회경제적 지위는 일상생활에서 그들의 기능, 그들이 직면하는 힘든 일, 치료를 받는 것에 대한 염려, 임상가가 놀이치료를 이용하여 개념화하고 개입하는 방식에 영향을 미친다. Abramsky(2012)는 1,600만 명의 아동, 즉 미국 아동 중 22%가 빈곤에 처해 있다고 보고했다. 미국보건국(U. S. Department of Health and Human Services)의 최근 빈곤 지침은 4인 가족을 대상으로 2만 3,350달러 이하의 소득을 빈곤 수준으로 지정하였다(Assistant Secretary for Planning and Evaluation, 2013). 이것은 어린 아동이 있는 4개의 가정 중 하나 이상의 가정이 연소득 2만 5,000달러 이하이며, 두 부모가 있는 가정의 최저 임금이 연 2만 1,400달러에 불과하다는 거의 10년 전 보고와 일치한다(Sally, 2005). 이러한 자료는 놀이치료사가 언젠가는 빈곤 상태의 아동들과 일할 것이고, 그렇기 때문에 빈곤의 문화적 특성을 아는 것이 이 집단의 아동들을 돕는 데에 결정적으로 필요하다는 것을 알려 준다.

인종과 민족성

내담자의 사회경제적 지위에 주의를 기울이는 것 외에도, 인종과 민족성이 아동들과 작업하는 과정에 어떻게 영향을 미치는지 이해하는 것이 중요하다. 미국인구통계국(The U.S. Census Bureau, 2010)은 미국 내 인구통계학적 특성이 빠르게 변화하고 있다고 보고하였고, 다양성이 계속 증가할 것이라고 예측하였다. 2010년 당시, 44%의 아동이 소수집단으로 간주되었다(U.S. Census Bureau, 2010). 2025년까지 이 집단에 속한 아동들의 수는 현재 다수집단에 속한 아동들의 수를 넘어설 것이고, 2050년까지 62%로 증가할 것이라고 예측된다. 미국 인구통계의 변화는 놀이치료사가 서비스를 제공하는 내담자들에 대해 영향을 미칠 것이고, 놀이치료사는 빠르게 증가하는 소수집단 아동의 요구에 더욱더 문화적으로 반응해야 한다(Chang, Ritter, & Hays, 2005; O'Connor, 2005; VanderGast, Post & Kascsak-Miller, 2010).

미국 인구통계의 이러한 변화에 더하여, 소수집단 구성원은 종종 건강관리전문가에게 상당한 불신을 가진다고 알려져 있다(U.S. Department of Health and Human Services, 2001). 예를 들어, 아프리카계 미국인들은 때로 자신의 아동을 위해 치료사에게 도움을 구하는 것을 양육을 잘 하지 못하는 것으로 간주하고, 자신의 개인적인 문제에 관해 프라

이버시를 유지하는 것을 중시하는 세계관을 가지고 있으며, 신앙심이 자신의 문제를 해결할 것이라고 믿을 수도 있다(Hinds, 2005). 아동들에게 최선의 놀이치료를 제공하기 위해 우리는 이러한 결정적인 이슈와 관련하여 내담자의 다양한 세계관에 민감할 필요가 있다.

이민 상태

오늘날 미국에서 정신건강서비스가 필요한 아동의 이민 상태를 간과해서는 안된다. 1960년대 중반 비유럽계 이민 제한을 줄이는 법률로 인해 미국의 이민 추세가 변화하였다(Suarez-Orozco & Suarez-Orozco, 2001). 결과적으로 미국은 세계 어느 나라보다 많은 이민자를 끌어들이고 있으며, 이민자들은 사회경제적 지위, 인종 및 출신 국가가 다양하다. 이민자 부모가 학교에서 직면하는 장벽에 대한 연구에서, Turney와 Kao(2009)는 비이민 부모와 비교해서 이민 부모는 자녀의 학교에서 환영받지 못한다고 자주 느끼고, 학교에 덜 참여하며, 영어 숙달에 어려움을 겪는다고 밝혔다. 학교 시스템에 대한 이러한 가족의 경험은 아동의 치료에 대한 인식에 영향을 줄 수 있다. 놀이치료사는 문화적으로 다양한 배경을 가진 아동과 작업할 때 이민 상태의 이슈를 염두에 두어야 한다. 치료사는 부모뿐만 아니라 교사와 학교상담사 같은 학교의 다른 관계자들과 협력하는 것을 명심해야 한다. 이와 더불어, 부모나 아동과의 치료회기에서 통역이 필요할 수도 있다.

지역사회 유형

지역사회의 영향이 때때로 간과되긴 하지만, 도시, 교외 및 시골 지역의 아동들은 매우 다른 방식으로 성장한다. Eberhardt와 Pamuk(2004)은 시골 지역과 도시 지역이 교외 지역보다 종종 불이익이 많다고 보고하였다. 제한된 자원을 가진 도시 지역의 아동과 가족은 일반적으로 더 적고 낮은 수준의 교육적 · 심리적 · 의료적 서비스만이 가용하다. 시골 지역의 아동들은 인종, 종교, 정치적 지향성 측면에서 동질적인 마을에서 성장하고, 제한된 교육 기회가 제공되고 가용한 건강관리서비스가 거의 없으며, 교과목 외 과외활동이 거의 제공되지 않는다. 그러나 교외 지역의 아동들은 보통 중산층 이상의 사회경제적 지위를 가지고 있으며, 다양한 교육의 기회 및 정신적 · 신체적 건강관리서비스를 이용할 수 있고, 많은 과외활동의 기회를 갖는다.

문화적 요인들 간의 상호작용

아동들이 살고 있는 지역사회와 그들의 사회경제적 지위 간에는 연관성이 있다. 5명의 빈곤 아동들 중 한 명은 시골 지역에 살고 있다. 시골 지역 아동들의 빈곤 비율이 교외 지역 아동들의 빈곤 비율보다 높을 뿐 아니라, 지난 20년 동안 이 격차가 커졌다. 또한 시골 지역 아동들은 약물남용과 건강관리서비스 부족을 겪게 될 가능성이 더 크다. 이러한 차이는 정신건강에 대한 지각, 도움을 구하는 행동, 치료에 대한 참여, 치료 결과의 측면에서 아동뿐만 아니라 가족 구성원의 세계관에 자주 영향을 준다. 놀이치료사는 아동의 문화에 맞는 적절한 치료 프로그램을 설계하기 위해 아동이 사는 지역사회에 내포된 이슈와 사회경제적 지위에 주의를 기울여야 한다.

놀이치료사의 인구통계학적 특성

전국에서 급속히 증가하는 인종 및 민족적 다양성에도 불구하고, 놀이치료협회(Associacion for Play Therapy: APT)가 실시한 설문 조사에 응답한 놀이치료사의 약 92%가 백인이거나 비스페인계이고 약 90%가 여성이었다(Ryan, Gomory, & Lacasse, 2002). Ceballos와 Parikh, Post(2012)는 놀이치료협회의 표집을 사용하여 놀이치료사(N=448)의 사회적 정의 태도 및 이러한 태도와 다문화 슈퍼비전, 다문화 교육과의 관계를 조사하였다. 응답자의 인구학적 특성은 Ryan과 동료들(2002)의 연구와 유사하였는데, 응답자의 93%가 여성이었고 85%가 백인이었다. 분명히 이 비율은 내담자의 다양성을 반영하지 않으며, 현장의 전문가로서 다음 세대 놀이치료사의 다양성을 증가시키기 위한 방법을 적극적으로 찾아야 한다.

다문화 이슈의 대한 훈련과 관련하여 Ritter와 Chang(2002)은 놀이치료협회 회원의 24%가 다문화 상담에 대한 공식적인 수업을 받지 못했다고 보고했으며, 공식적인 수업을 받은 사람들은 자신의 훈련이 충분하지 못하다고 생각했다는 것을 발견하였다. 최근에 Ceballos와 동료들(2012)은 전문적인 서비스를 받은 아동들의 46%가 소수집단이었지만 치료사가 슈퍼비전을 받은 시간 중 14%만이 다문화 이슈와 관련이 있음을 발견하였다. 이러한 발견은 다양성 및 다문화 이슈와 관련된 특정한 슈퍼비전이 필요하다는 것을 강조한다.

놀이치료사, 다문화주의 이슈에 대한 훈련, 그리고 다문화적 민감성과 관련된 슈퍼비전에 대한 통계는 내담자에게 최선의 가능한 서비스를 제공하기 위해 놀이치료사에게 지원이 필요하다는 것을 보여 준다. 또한 대부분의 놀이치료사가 내담자의 문화적 요구보다는 자신의 문화적 경험을 토대로 치료를 개념화하고 아동에게 제공하는 것이 우려된다(Gil, 2005). 전문직으로서 변화가 필요하다. 놀이치료 분야는 서비스를 제공하는 임상가들 사이에 더 많은 다양성이 필요하고, 다문화주의와 다양성의 이슈에 대해 더 많은 교육과 슈퍼비전이 필요하다. 다양성이 증가하는 아동 내담자들과 놀이치료를 수행하기 위해 문화적 지식과 자기자각 및 적절한 기술의 이슈를 다루어야 할 필요가 명백하다.

놀이치료에서 문화를 다루기

다른 문화적 집단의 내담자와 일하는 놀이치료사는 아동의 세계관을 이해할 뿐만 아니라 아동의 문화적 맥락을 이해하기 위해 노력할 책임이 있다. Gil(2005)은 다문화를 다루는 역량을 보여 주는 세 가지 수준의 반응을 기술한다. 첫 번째 수준은 문화적 이슈에 대한 민감성을 구축하는 것으로, 이는 우리 자신의 개인적인 편견과 가치에 대한 자각을 높이는 것으로 시작한다. 두 번째 단계는 내담자에게 도움이 되는 지식과 기술을 습득하는 것이다. 우리 자신의 한계와 편견을 인식하고, 우리의 능력 내에서 일하며, 다른 전문가들과 상의함으로써 이를 수행할 수 있다. Gil은 '책임감을 가지고 실천하라.'(p. 9)고 제안하였는데, 이 말은 우리의 일을 향상시키기 위해서 경험이 많은 동료와 일하며 그들의 피드백을 받아야 한다는 뜻이다. 마지막 단계는 자각과 지식을 얻은 후에 우리 자신의 행동을 바꾸기 위해 이 정보를 사용하는 것이다.

지식

연구 결과에 따르면, 소수집단이 아닌 내담자와 비교하여 아프리카계 미국인과 라틴계 및 아시아계 미국인이 정신건강 치료 비율이 더 낮고 조기에 종료하였다(Chow, Jaffee, & Snowden, 2003). 임상가는 소수집단의 모든 부모가 이러한 패턴을 가지고 있다고 가정하고 싶지는 않겠지만, 소수집단 아동과 함께 일할 때에는 이 문제에 대한 자각과 민감성이 중요하다. 놀이치료사는 아동과 가족을 형성하는 많은 복합적인 문화적 영향을 반드시 이해해야 한다. Hinman(2003)은 우리가 문화적으로 유능한 방식으로 계속 배우고 일하는 데 있어서 놀이치료사에게 유용한 지침을 제공한다. 그것은 ① 우리가 일하는 아동에 대한 특정한 문화적 영향의 지식과 자각을 증가시킬 것, ② 우리가 일하는 아동의 기능, 치료에 대한 접근 및 치료 과정에서 문화가 어떤 역할을 하는지 자각하고 모니터링할 것, ③ 인종 차별과 탄압의 결과로 아동과 그 가족이 경험할지도 모르는 스트레스 요인을 인식할 것, ④ 각 내담자의 고유한 문화적 필요를 충족시키기 위해 치료 방법을 채택할 것이다. 이러한 네 가지 수준의 자각과 기술 외에도, 놀이치료사는 각 문화에서 어린 시절의 역할을 인식하는 방식으로, 그리고 각 문화에서 아동과 놀이가 지각되는 방식으로 일해야 한다.

자기자각

권한과 특권의 이슈

치료사는 자신의 권한과 특권이 놀이치료 과정뿐만 아니라 아동 및 가족과의 관계에 영향을 미치는 데 대한 자각을 높이기 위해 노력해야 한다. 이것은 치료사의 역할에 내재된 권한에 대한 자각을 포함한다. 모든 내담자, 특히 전통적으로 서비스를 제대로 받지 못하였던 내담자에게 다가가기 위해서는 놀이치료사가 내담자의 문화적 경험에 대해 배우는 데 개방적인 상태로 자신의 문화적 지식과 자각을 증가시키는 것이 중요하다. 치료사가 치료적 관계와 치료적 접근을 포함하여 상담 과정에 대한 문화의 영향을 이해하고 이에 민감할 때, 우리가 일하는 아동과 가족을 위해 최선의 서비스를 제공할 수 있다.

가치와 개인적 편견

문화적으로 유능한 놀이치료사는 아동의 문화적 신념과 경험을 평가할 때뿐만 아니라, 우리가 가진 다양한 문화적 신념과 고정관념을 인식하고, 확인하며, 이에 도전할 때에도 다양성에 가치를 둠으로써, 치료가 내담자와의 해로운 상호작용으로 변하지 않도록 한다. 내담자 자신의 문화와 일치하거나 일치하지 않을 수 있는 우리의 선입견에 도전함으로써, 우리는 우리 방식의 이해에서 벗어나서 내담자의 문화와 그들의 문화적 경험을 이해하는 데 초점을 둘 수 있으며, 이러한 경험이 치료를 유지하려는 의지, 치료적 관계의 질, 치료과정 자체에 어떻게 영향을 미치는지에 대한 공감적 이해를 발달시킬 수 있다. 아동의 경험에 보다 열린 자세를 가짐으로써, 아동과 그 가족을 돕기 위해 노력하는 놀이치료 접근에 문화적 요소를 더 잘 포함시킬 수 있다. 놀이치료사는 다문화 상담에서 전문적인 훈련과 슈퍼비전을 받아야 하며, 자신의 문화적 배경과 경험이 아동 및 가족과의 작업에 어떻게 영향을 미치는지 더 잘 알기 위해서 자신의 가치관과 신념을 숙고해야 한다.

기술: 놀이치료 접근법의 선택

놀이치료에 대한 모든 이론적 접근법은 모든 아동에게 놀이가 보편적이며 즐겁고 자연스러운 것이라는 전제에서 출발한다(Landreth, 2012). 놀이는 아동의 삶에서 필수적이고 근본적인 부분이다. 그러나 놀이가 보편적이라고 하여도 문화 간, 그리고 문화 내에서 놀이는 다른 모습을 보일 수 있다. 문화적으로 유능한 놀이치료라는 측면에서 모든 것에 다 맞는 접근 방법은 없다. 아동과 그 가족의 다양한 문화적 경험은 그들이 놀이치료를 어떻게 지각하고, 접근하고, 반응하고, 이에 참여하는지를 규정한다. 결과적으로 놀이치료사는 내담자의 문화를 이해하여, 치료에 대한 믿음과 기대, 치료적 관계와 치료 과정에 대한 영향, 그리고 놀이치료 과정에서 아동과 가족을 지지하는 최선의 방법을 파악하는 것이 필수적으로 중요하다. 이러한 방식으로 우리는 내담자의 요구를 가장 잘 충족시키는 개별화된 놀이치료 접근에 중요한 문화적 측면을 통합하면서, 아동과 가족의 가치를 존중할 수 있다. 예를 들어, 더 집단주의적인 문화를 가진 가족은 아동을 개별 놀이치료에 참여시키는 데에 더 주저할 수 있다. 그러한 가족은 그 가족이 가족 구성 단위를 보는 방식을 알아보기 위해 모든 구성원을 포함시키는 것을 선호할 수 있다.

문화적으로 민감한 놀이치료를 위한 아동중심접근

놀이치료에 대한 여러 가지 이론적 모델이 있지만, 여기에 소개된 사례 연구를 위해 아동중심접근을 선택했다. 아동중심놀이치료는 다양한 문화 집단에 효과적이라고 입증되었을 뿐만 아니라(Baggerly & Parker, 2005; Post McAllister, Sheely, Hess, & Flowers, 2004), 인간중심치료는 문화적으로 다양한 내담자를 치료하기 위해 적절하다고 알려져 있다(Cochran, 1996;, Garza & Bratton, 2005). 인간중심치료의 이론적 구조(Rogers, 1951)에 근거하여, 아동중심놀이치료는 '아동에게 무엇을 하기보다는 아동과 함께하는 방법'에 초점을 둔다(Landreth & Sweeney, 1997, p. 17). 아동이 내적 · 외적으로 그리고 의식적 · 무의식적으로 경험하는 모든 것은 그들이 자신의 삶을 어떻게 경험하는지에 대한 정보를 제공한다. 결과적으로, 아동중심놀이치료사는 아동의 행동이 자신에 대한 지각과 관련이 있다고 믿기 때문에 아동의 시선을 통해 세계를 이해하고 보려고 노력한다(Axline, 1969). 이것은 아동의 행동을 판단하고 평가하지 않는 문화적으로 민감한 이론이다. 대신, 아동중심놀이치료사는 이해와 보살핌을 보여 주기 위한 목적으로 놀이 공간에서 안전하고 따뜻한 환경을 조성하기 위해 노력한다. 치료사의 '같이 있는' 태도가 가장 중요하긴 하지만, 아동중심놀이치료사는 아동의 정서에 반응하고, 아동이 놀이실에서의 행동에 대해 책임질 수 있게 하고, 존중감 형성 기술을 사용하고, 아동에게 필요한 제한을 설정하기 위해 노력한다(Landreth, 2012).

이 관점은 조율되고 반응적인 치료적 관계를 시작하여 놀이치료사가 아동의 문화에 대해 배우고 존중할 수 있게 해 준다. 아동중심놀이치료 놀이실의 구성은 장난감이 문화적으로 다양한 내담자의 요구를 충족시킨다는 O'Connor(2005)의 문화적인 포괄적 제안에 따라, 문화적으로 중립적인 장난감과 문화적으로 특정한 장난감을 모두 포함한다. 아동중심놀이치료 놀이실은 보통 다양한 생활 공간(예: 단독가정 주택, 다가구주택, 아파트), 인종 전체를 대표하는 인형, 다양한 종교적 또는 문화적 상징을 보여 주는 장난감을 포함한다. 이런 방식으로 놀이치료사는 그들과 함께하는 아동들의 문화를 나타내는 자료를 의도적으로 제공하며, 아동은 자신이 선택한 방식으로 장난감을 자유롭게 사용할 수 있다.

부모와의 초기 만남과 목표 설정

아동중심놀이치료의 첫 번째 단계는 아동의 강점과 약점을 이해하고 치료의 목표를 세우기 위해 부모와 만나는 것이다. 기존 연구들에 따르면 부모와의 협력은 아동 치료의 성공가능성을 높인다(Cates, Paone, Packman, & Margolis, 2006; Shaw & Magnuson, 2006). 부모와 만나는 목적은 진전을 위한 기준점을 수립하고 추후 상담의 토대를 만들기 위해 아동 치료의 특정한 목표를 수립하는 것이다(Cates et al., 2006; McGuire & McGuire, 2001). 아동중심놀이치료의 이론적 방향은 아동이 ① 자립심을 높이고, ② 자신을 더욱 수용하며, ③ 문제를 더 잘 해결하고, ④ 자신의 행동에 대해 더욱 책임감을 가질 수 있도록 아동을 돕는 광범위한 목적을 가진다(Landreth, 2012).

행동적 목표를 세우면 아동중심놀이치료사가 특정한 방식으로 활동하게 될 위험이 분명히 있다(Larndreth & Sweeney, 1997). 이 가능성에 대한 자각은 중요하며 슈퍼비전을 통해 지켜보아야 한다. 그러나 성공적인 치료를 위해서는 광범위한 목적과 구체적인 행동 목표의 조합이 최적이다. 놀이실 및 놀이실 밖에서의 아동 생활에서 관찰되는 중요한 목표에 초점을 맞추면 위에서 언급한 광범위한 변화를 살펴보는 데 도움이 된다. 아동, 가족 혹은 교사가 제시하는 이슈와 관련된 보다 구체적인 목표에 초점을 맞추면 놀이실에서 직접 다루지 않는 행동의 변화에도 중점을 둘 수 있다. 결과적으로 광범위한 목적과 행동 목표는 놀이치료 개입의 효과성을 알아보는 데에 유용하다.

부모와의 첫 만남에서 놀이치료사가 긍정적인 관계를 형성하고, 가족의 문화적 맥락을 반영하는 구체적인 목표를 확인하며, 아동중심놀이치료가 이러한 목표를 달성하는 데에 어떻게 도움이 되는지 직접 언급하는 것이 중요하다. 각 가족은 도움, 정신건강 및 놀이를 찾는 의미에 있어서 그들 나름대로 기대와 경험을 가지고 있을 것이다. 서비스의 조기 종결을 방지하기 위한 중요한 방법으로, 놀이치료사는 부모가 이해하고 수용하는 적절한 목표를 설정하도록 돕는 동시에 아동중심놀이치료가 이러한 목표를 달성하는 데 어떻게 도움이 될 것인지 부모가 이해하도록 도와야 한다. 예를 들어, 어떤 문화에서는 순종적 태도를 높이 평가하지만 다른 문화권에서는 그렇지 않다. 만약 가정이나 교실에서 순종이 아동의 목표라면, 아동중심놀이치료사는 아동이 놀이실에서 분명하게 제시된 제한에 반응하고 자신의 행동을 통제하는 것을 배우는 데 이러한 치료 접근이 아동을 어떻게 도울 것인지 이야기할 수 있다. 그리고 이것은 놀이실에서 일어나는 것처럼 가정과 학교에서도 나타날 것이다.

목표를 세우기 위해 부모와 상의하고 아동과 이야기하는 것에 더하여 놀이치료사는 아동과의 놀이치료 회기에서 관찰된 중요한 행동을 기록하는데, 이는 초기 부모 상담에서 목표로 나타나지 않은 것일 수도 있다. 예를 들어, 아동이 장난감을 가지고 노는 데 대해 계속해서 허락을 받으려는 행동을 발견할 수 있는데, 이는 낮은 수준의 자신감과 독립적으로 행동하는 것의 어려움을 나타낼 수 있다(Landreth, 2012). 이러한 임상 관찰은 아동을 위한 추가적인 행동 목표로 바뀌어야 한다.

지속적인 부모 상담을 통해 진전 평가하기

아동 없이 부모와 정기적으로 만나면 도움이 된다. 부모 상담 진행의 목적은 세 가지이다. 즉, ① 부모와의 강력한 관계를 유지하고 강화하기, ② 목표를 향한 아동의 진전을 협력적으로 평가하고, 아동의 발달과 양육 기술에 대해 부모를 교육하기, ③ 아동을 돕는 데 사용될 수 있는 공동체 자원을 부모에게 제공하기이다. 대부분의 부모는 훈육에 대한 새로운 접근법을 매우 배우고 싶어 하며, 부모로서 자신의 권한을 부여하고 아동이 안전하고 지지받는다고 느끼도록 돕는 제한 설정과 선택의 기술에 높은 가치를 둔다. 또한 아동에게 반응하는 기술을 공유하고 아동이 자신의 행동에 대한 책임감을 갖도록 돕는 방법을 배우면 가정에서 양육 스트레스가 감소하고 더욱 긍정적인 환경을 만들 수 있으며, 이는 가족 전체 체계에 영향을 줄 수 있다(Landreth & Bratton, 2006).

부모와 만나기 전에 사례 기록을 검토하고 토론할 내용을 준비하는 것이 좋다. 아동의 비밀보장과 내담자-치료사 관계를 보호하기 위해 아동의 행동들을 공유하지 않지만, 부모와 만나는 동안 놀이치료사는 진전을 평가하기 위해 수립된 목표를 검토하고, 부모와 공유하기 위해 놀이 주제를 확인하고, 부모와 적절한 양육 기술을 공유할 수 있다. 부모와의 만남에서 무엇을 공유할지, 그리고 이러한 정보를 어떻게 공유할지에 대해서는 아동과 가족의 문화적 맥락에 비추어 고려할 필요가 있다.

종결

치료사와 부모 관계의 중요성과 아동의 삶에서 부모의 중추적인 역할을 존중하기 위하여, 치료의 종결 결정은 항상 부모와 협력하여 이루어진다. 일단 종결을 결정하고 나면, 치료사-부모는 이에 대한 시간적인 틀을 협조하여 결정한다. 부모와의 분리 혹은 외상때문에 부모와의 생활 여건이 변화하는 등 생활의 주된 변화를 겪었던 아동들에게는 특히 명확하고 예측가능한 종결 과정이 중요하다. 즉, 종결 과정을 아동과 개방적이고 직접적으로 다루는 것은 종결에 대해 부모와 나누는 대화와 마찬가지로 필수적이다.

임상사례

아래에 기술한 임상사례는 아동중심놀이치료 접근을 사용한 문화적으로 민감한 놀이치료를 보여 준다. 도시의 유치원에 다니는 4세 아동의 사례로, 아동의 이름을 Coby라고 부른다. 사례를 다루기 전에 아동 및 부모와 작업한 일반적인 접근을 서술한다.

배경 정보

일주일에 한 번 Post(이 장의 저자)는 치료사로 유치원에서 일했으며, 잘 꾸며진 놀이실에서 아동들과 놀이치료를 할 수 있었다. 창문이 없는 작은 방에는 아동중심놀이치료를 위해 권장되는 장난감과 재료가 있었다. 장난감은 **실제 생활**(예: 아기 인형, 영웅 인형, 주방 용품, 병원놀이, 자동차, 트럭, 휴대전화, 공, 옷, 학용품, 블록), **공격성 표출**(예: 수갑, 펀치백, 장난감 군인, 손인형), **창작 용품**(예: 크레용, 종이, 마커, 물감, 분필, 공예품, 모래, 물)의 세 가지 범주로 나뉘어 있다.

Coby는 도시 유치원에 다니는 4세의 아프리카계 미국인 남자 아동이었다. 그는 생후 18개월에 마지막 위탁보호 부모가 입양하기 전까지 7곳의 위탁 가정에서 살았다. 친부모는 경제적 수입이 적은 아프리카계 미국인 고등학교 졸업생들이었다. 부모는 Coby의 발달력에 대해 최소한의 세부사항을 전달 받았다. Coby가 2세가 되었을 때 부모는 신생아를 입양하였고, 두 아동의 나이는 2년 차이였지만 6개월 간격으로 입양되었다. 가족은 2층에 두 개의 침실이 있는 작은 집에서 살았다. 가족이 두 번째 아이를 입양했을 때, 3층의 다락방이 Coby의 침실이 되었다. Coby는 입양 후 가끔 수면문제와 악몽을 겪었다. 유치원에서 그는 수줍어 보였지만 매우 밝았으며 또래들과 적당히 잘 어울렸다. 때때로 그는 손가락을 입에 넣고 선생님들과 가까이 있기를 원하면서 위축되고 불안해 하였다.

그 다음 해에 아동들이 유치원을 떠나서 공립학교 부속 유치원에 입학할 것이라는 사실을 교사가 Coby에게 말해 주었을 때 변화가 나타났다. Coby가 더 자주 심한 악몽을 꾸었기 때문에 부모가 치료를 요청하였다. 그는 어머니를 잃을까 봐 두려움을 표현하기 시작했고 항상 어머니와 신체적으로 가깝게 있기를 원했다. 그는 매일 밤 부모 침실에 가기 시작했다. Coby의 부모는 그를 도울 방법을 몰랐다. 그들은 순응과 독립 둘 다에 가치를 두었고, 아동을 자신의 침실에 머무르게 하기 위해 보상을 사용하려고 노력하였다. 하지만 결국 그들은 Coby를 억지로 침실로 돌아가도록 하기 위해 엉덩이를 때렸다.

유치원에서 Coby의 행동도 달라졌다. Coby는 자신의 교사에게 붙어 있으면서 또래들과는 덜 자주 교류했다. 때때로 Coby는 울고, 배가 아프다고 말하며, 어머니를 불러 달라고 했다. 그는 또래들과 어울리는 데 내성적이었고, 점점 더 불편해 하였다. 예를 들어, 놀이터에서 Coby는 또래들과 노는 데 더 이상 흥미를 보이지 않고 흔히 성인 중 한 사람과 가까이 서 있었다. 그는 또한 교실에서 여러 활동을 전환하는 데에 어려움을 겪었는데, 특히 교사가 바뀌면 힘들어 하였다. 이 시간에는 입에 손가락을 넣어서 자신을 달래는 행동을 보였다.

교사 상담 및 Coby의 부모와의 첫 만남

Coby의 부모님과 만나기 전에 치료사는 Coby의 교사와 상의하여 교실과 놀이터에서 아동을 관찰하였다. 교사는 다른 유치원으로 가는 것에 대해 이야기한 이후 Coby의 행동이 크게 바뀌었다고 말했다. Coby는 이제 교사와 가까이 있으려 하였고 또래들과 덜 어울렸다. 교사는 또한 Coby가 교실에서 자유 시간 동안 할 일을 결정하는 데에 힘들어한다고 지적하였다.

치료사는 Coby와 만나기 전에 Coby의 부모를 만났다. 만남의 목표는 두 가지였다. 첫째, 부모와 진실되고 존중하며 따뜻한 관계를 발전시킨다. 둘째, 문화적 맥락과 Coby의 경험을 포함하여 Coby에 대한 부모의 염려를 치료사가 이해하고, 진전을 판단할 수 있도록 치료사가 정기적으로 평가할 수 있는 현실적인 결과 목표를 설정하고, 아동중심놀이치료가 Coby를 도울 수 있다는 희망을 부모가 갖도록 한다.

치료사는 아동중심놀이치료의 목표가 무엇인지, 그리고 치료사가 Coby와 함께 놀이실에서 무엇을 할 것인지를 Coby의 부모와 공유하였다. 구체적으로 말하자면, 치료사는 Coby에게 그의 문제에 대해 직접 이야기하지 않을 것이라고 말했다. 오히려 치료사는 놀이실에 안전하고 따뜻한 환경을 만드는 데 모든 노력을 다하여 Coby의 정서적인 세계에 치료사가 관심을 가지고 이해한다는 것을 보여 주고자 한다. 치료사는 Coby가 놀이실에서 무엇을 할 것인지 스스로 결정하게 할 것이다. 필요하다면, Coby가 상처를 입거나 치료사에게 상처를 입히거나 물건을 망가뜨리거나 옷을 벗는 등의 부적절한 행동을 할 경우 Coby를 제한하겠다는 것을 공유하였다. Coby의 부모는 이러한 비지시적인 접근의 효과에 대해 의심을 표현하였다. 그들은 치료사가 Coby의 악몽에 초점을 맞추고 진전에 대해 Coby와 이야기할 것이라고 기대하면서 치료사를 만나러 왔다. 주저하긴 하였지만 그들은 이 접근에 관심을 보이는 것 같았다. 그들은 Coby의 행동에 초점을 맞춘 방법이 그에게 도움이 되지 않았다는 것을 알고 있었고, 다른 것을 시도해 볼 수 있었다.

Coby의 부모와 대화하고, 교사와 상담하고, 아동을 관찰한 후에, Coby의 부모와 치료사는 놀이치료에 대한 다음의 광범위한 목적과 구체적인 목표를 협력적으로 설정하였다.

광범위한 목적

① Coby가 교실이나 놀이터에서 할 일을 결정하는 데 대해 책임감을 갖는 능력을 향상시킨다.

특정 목표

① 일주일에 Coby가 악몽 없이 잘 수 있는 밤을 늘린다(현재 상태 일주일에 1번에서 4번으로).
② Coby가 자신의 침대에서 잘 수 있는 밤을 늘린다(현재 상태 일주일에 1번에서 4번으로).
③ Coby가 엄마를 잃게 될 것이냐고 묻지 않고 지내는 날을 늘린다(일주일에 2일에서 6일로).
④ Coby가 쉬는 시간에 교사 옆에 서있는 대신 또래와 같이 노는 날을 늘린다(일주일 중 0일에서 4일로).
⑤ Coby가 교실에서 활동을 전환할 수 있는 횟수를 늘린다(하루에 1번에서 5번으로).

Coby에 대한 이러한 목표를 확인하는 것과 더불어, Coby가 집에서 어떻게 지내고 있는지 이야기하고 학교에서 어떻게 지내는지 듣기 위해 부모는 4주 후에 치료사를 만나러 왔다.

이러한 목표가 놀이실에서 치료사가 Coby와 함께하는 방식을 방해하지 않도록, 문제와 목표에 초점을 두지 않고 Coby와 관계를 맺는 치료사의 능력에 초점을 맞추어 슈퍼비전을 받았다.

놀이치료 회기

부모 회기 1

Coby와 만나기 전에 치료사는 부모의 걱정, 상담 목표, 그리고 아동중심놀이치료에 대해 상의하기 위해 Coby의 부모와 만났다. 어머니는 4세 아동에게 적절한 언어로 놀이치료를 기술하는 책『A Child's First Book about Play Therapy』(Nemiroff & Annunziata, 1990)를 Coby에게 읽어 주면서 준비를 도왔다. 부모는 또한 치료사에 대해서 Coby에게 말해 주었고, 집과 학교에서 더 편안하게 느끼고 걱정을 덜 하도록 Coby를 돕기 위해 그를 만날 것이라고 말하였다.

아동 회기 1

첫 회기의 아침에 Coby의 어머니와 교사는 치료사가 와서 '특별한 교실'로 데려갈 것이라고 Coby에게 말하였다. 치료사는 첫 회기를 위해 Coby를 데리러 교실로 갔다. 치료사는 Coby에게 가까이 다가갔다. Coby는 물놀이 탁자에 서서 놀고 있었다. 치료사는 Coby의 키에 맞추어 몸을 낮추고 "안녕, Coby. 내 이름은 Phyllis야. 이제 우리가 놀이실에 갈 시간이야."라고 말하였다. Coby는 서서 바닥을 보고 자신의 손가락을 입에 넣은 채로 움직이지 않았다. 그러고 나서 Coby는 교사에게 걸어가서 말없이 옆에 서 있었다. 교사는 Coby에게 치료사와 같이 가 보라고 따뜻하게 격려하였고, Coby는 그 말을 따랐다. Coby는 조용히 치료사와 함께 교실을 나와서 놀이실를 향해 아래층으로 내려왔다. 치료사는 "Coby, 여기가 우리의 놀이실이야. 너는 장난감을 가지고 네가 하고 싶은 여러 가지 방법으로 놀 수 있어."라고 말하면서 놀이실을 소개하였다. 그러고 나서 치료사는 의자에 앉아서 Coby가 몇 분 동안 주변을 둘러보지 않고 방 한가운데 서 있는 것을 바라보았다. 치료사는 Coby가 어떻게 느낄 것 같은지(예: 확신없고 불편한)에 대한 치료사의 생각을 말해 주면서 Coby의 행동에 반응하였다. Coby는 무엇을 가지고 놀지 물었고, 치료사는 그가 결정할 수 있다고 반응하였다. 그러고 나서 Coby는 벽걸이에 걸려 있는 옷을 보고 그 아래 상자에 있는 다른 옷들과 가면도 보았다. Coby는 무서운 가면을 찾아내고 벽걸이로 던졌다. 그리고 그는 상당한 상상력을 발휘하며 손인형들을 가지고 놀았다. Coby는 거의 모든 동물 가족을 모래에 묻었다. 그는 그 회기 동안에 치료사를 전혀 마주 보지 않고 놀았다. Coby는 시간이 다 되었을 때 교실로 돌아가고 싶어 하였으나, 교사에게 뛰어가서 놀이실에서 무엇을 하였는지 말하였다.

아동 회기 2

Coby는 두 번째 놀이치료 회기에 놀이실에 매우 오고 싶어 하였다. 다시 치료사는 아동중심 방법을 사용하여 Coby와 함께하였다. 치료사는 Coby가 원하는 방법으로 장난감을 가지고 놀도록 그를 초대하였고, 그의 감정을 반영하였으며, 놀이실에서 그의 결정에 대한 책임감을 갖도록 격려하였다. 치료사는 Coby가 자신이 하려고 시도하는 것을 진실로 열심히 작업하는 순간을 주목하였다. Coby는 놀이실에 들어왔을 때 즉시 이전 주에 사용했던 똑같은 장난감을 가지고 같은 방법으로 놀기 시작했기 때문에, 무엇을 할지 생각했던 것이 분명했다. 또다시 Coby는 같은 무서운 가면을 찾아서 벽걸이로 던지는 것으로 시작하였다. 그는 자신이 하려는 것에 대한 열의가 강하였다. Coby는 놀이 재료를 가지고 노는 데 깔끔하였고, 놀이가 끝나고 나면 가지고 놀던 모든 것들을 제자리에 두었다. 이 회기 동안에, Coby는 자신을 위한 게임을 만들었고 자신의 목표를 달성하기 위해 엄청나게 열심히 작업하였다. 그는 치료사와 함께 자신에 대해 말하였고, 자신이 좋아했지만 교실에서는 좋아하지 않았던 활동들을 치료사와 같이 하였으며, 자신의 동생에 대해 말하였다. 치료 회기는 45분 동안 지속되었다. 치료사가 그를 교실로 데려왔을 때, Coby는 놀이실에서 무엇을 했는지 교사에게 신나게 이야기하였다.

아동 회기 3

Coby는 여전히 벽걸이에 무서운 가면을 던지는 것으로 다시 회기를 시작하였다. 처음 두 번의 회기에서 Coby는 모래가 장난감을 완전히 덮었는지 특히 주의하면서 다양한 장난감을 모래에 묻었다. 이번 회기에 그는 그 활동을 시작했지만 곧 중단하였고, 요요, 다트총, 패들볼을 가지고 놀았다. Coby는 이 장난감을 가지고 열심히 작업하였고, 실수를 통해 배웠으며 많이 성공하지는 못하였다. Coby는 동생의 그림을 그렸다. 이 시점에서 벽걸이에 가면을 던지는 행동 패턴 및 성실함과 끈질김의 주제가 등장하였다.

아동 회기 4

다시, Coby는 벽걸이에 무서운 가면을 던지는 것으로 회기를 시작하였다. 이전 회기와 마찬가지로 그는 그 행동을 할 때 아무 말도 하지 않았다. 동물 가족을 모래에 묻은 후에, Coby는 미술과 공예 재료를 더 많이 탐색하였다. 그는 아버지와 자신의 아이스캔디(popsicle) 조각을 만들었다. Coby는 오늘 이 회기 동안에 즐거워하였고 자신감을 보였다. 또다시, 치료사는 Coby가 인내심이 많고, 자신의 노력이 원하는 효과를 즉시 가져오지 못할 때에도 낙담하지 않고 높은 동기를 가지고 있다는 것을 관찰하였다.

부모 회기 2

4번의 아동 회기에 이어서 치료사는 부모와 대화하고 처음에 수립한 목표를 향한 진전을 평가하기 위해 Coby의 부모와 만날 약속을 하였다. 만남 전에 치료사는 그들이 수립한 초기 목표를 검토하고, Coby의 교사와 상담하고, 교실과 쉬는 시간에 Coby를 관찰하였으며, 부모와 공유할 주제를 개념화하기 위해 자신이 기록한 것을 검토하였다. 교사들은

Coby가 계속 그들에게 매달리고 교실에서 의사결정을 여전히 힘들어한다고 보고하였다. 놀이실에서 함께했던 시간에 대한 자신의 기록과 생각을 되짚어 본 후, 치료사는 비지시적 접근을 사용하는 데 대해 부모가 얼마나 편안하게 느끼는지 확인하고, 회기에서 Coby가 더욱 편안해 하며 놀이실에서 자신을 위한 결정을 내리는 능력이 증가하였고 과제에 열의를 갖는다는 자신의 의견을 공유하기로 결정하였다.

Coby의 어머니가 치료사를 만나러 왔다. 치료사는 Coby가 어떻게 지내냐는 일반적인 질문을 물으면서 부모 회기를 시작하였다. 아동중심놀이치료를 사용하는 데 편안하게 느끼는지 물었을 때, 어머니는 Coby가 놀이실에서 보내는 시간이 얼마나 즐거운지 말하였고 가정에서 스트레스 수준이 조금 감소한 것처럼 보이기 때문에 덜 망설이게 된다고 말하였다. 어머니는 Coby가 악몽에 대한 변화는 적지만, 일주일에 자신의 침실에 머무는 밤이 더 많아졌고 아마도 악몽을 꾸지 않을 때 그런 것 같다고 말하였다. 어머니는 부모가 지쳤고 때로 인내력이 적어진다고 말하였다. 그들은 Coby를 그의 침대로 돌려 보낼 때 자신이 가혹하게 느껴져서 기분이 나빴다. 어머니와 말하는 동안 치료사는 공감적으로 반응하였다. 그러고 나서 치료사는 부모와의 첫 번째 만남에서 수립했던 다른 목표들을 검토하였고, Coby에게 제한을 설정하고 선택권을 주는 기법들을 공유하였다. 어머니의 관심을 고려하여 〈Choices, Cookies, and Kids〉(Landret 2008) DVD를 빌려주었는데, 이 영상은 아동에게 대안에 대한 선택권을 주는 방법을 부모가 사용하도록 돕기 위한 구체적인 기법을 제시한다. DVD에서는 그 과정을 분명히 하기 위해 도전적이고 흥미로운 사례들을 제공한다.

아동 회기 5~12

아동의 5회기에서 12회기 동안, 치료사는 Coby를 위한 안전하고 평가적이지 않은 환경을 유지하려고 노력하였고, Coby는 각 회기를 계속 무서운 가면을 벽걸이로 던지면서 시작하였다. 놀이의 비슷한 패턴을 유지하면서 Coby는 동물 가족을 열심히 모래에 묻고 블록도 묻었다. 어느 날은 그것들을 완전히 묻었다. 어느 날은 그것들을 완전히 묻지 않으려고 노력하였다. 어느 날 그는 블록 한 개만 묻고서, "네가 나빴기 때문에 너를 묻고 있어."라고 말하였다. Coby는 놀이실에 오려는 일관적인 의지를 보였다. 10회기 즈음에 치료사가 교실로 Coby를 데리러 가거나 데려다 줄 때, 교실의 다른 아이들이 치료사에게 다가와서 Coby와 함께 가겠다고 졸랐다. Coby는 얼굴에 웃음을 지으면서 혼자 가야 한다고 아이들에게 말하였다. 그는 분명히 즐거워하였고, 놀이실에서 작업하려는 열의가 강하였다.

아동 회기 13

처음으로 Coby는 무서운 가면을 찾지 않았다. 그는 놀이실에 들어와서 동물 가족을 가지고 놀려고 뛰어왔다. 이 회기에 Coby의 놀이는 장난감의 선택과 과제 열의의 측면에서 지난 회기들과 비슷하였다.

부모 회기 3

13회기 일주일 후에, 치료사는 Coby의 어머니와 세 번째로 만났다. 치료사는 이전 만남과 같은 방식으로 부모 회기를 준비하였다. 치료사는 Coby가 어떻게 지냈느냐고 물으며 회기를 시작하였다. 그의 어머니는 약 2주 전에 갑자기 Coby의 악몽이 없어졌고 일주일 중 대부분 자신의 침대에서 잠을 잔다고 보고하였다. 다른 유치원에 가는 데 대한 두려움을 집에서 말하긴 하지만, 엄마를 잃어버릴까 봐 무섭다는 말을 마지막으로 한 것이 언제였는지 어머니는 기억하지 못하였다. 어머니는 또한 선택권을 주는 것에 대한 DVD가 Coby와 동생 둘 다에게 선택권을 제공하는 방법을 가르쳐 주어서 도움이 되었다고 하였다. 그녀는 Coby와 작업하였던 비지시적인 접근이 그의 행동을 변화시키는 결과를 만들어서 놀랍고 만족스럽다고 하였다. 치료사는 그렇게 어린 아동들을 변화시키는 데에는 많은 요인이 영향을 주며, 아동중심놀이치료도 그중에 하나가 될 수 있다고 말하였다. 치료사는 어머니 자신이 기꺼이 행동의 변화를 보여 준 것에 대해 감사를 표현하였고, Coby에게 반응하는 교사들의 방식에서 변화를 관찰하였다고 언급하였다. 치료사는 Coby의 교실 관찰 내용을 공유하였고, Coby가 또래와 교류하는 데 더 편안해 하고 교실에서 전환하는 능력이 향상되었으며 결정을 할 때 더욱 독립적이 되었다는 교사의 보고를 알려 주었다.

놀이치료 개입의 목표가 달성된 것으로 보였다. Coby의 어머니와 치료사는 Coby의 놀이치료를 종결할 때가 되었다는 것을 함께 결정하였다. 변화와 전환을 힘들어하는 아동에게는 특히 명확성이 중요하다고 이야기하고, 치료사가 다음 회기에 종결에 대해 말하고 이후에 Coby와 두 번의 회기를 더 갖기로 함께 결정하였다.

아동 회기 16

치료사가 Coby에게 오늘이 마지막 회기인 것을 상기시키면서 그들의 마지막 회기를 시작하였다. Coby는 치료사의 말에 대답하지 않고 곧장 놀이를 시작하였다. 그는 패들볼과 요요를 사용하려고 부지런히 노력하였다. 그는 "힘들다."라고 말했지만 그것들을 가지고 노는 데에 상당한 노력을 기울였고, 그가 요요를 얼마나 좋아하는지 말하였다. 처음으로

Coby는 젠가 블록을 사용하였다. 그는 높은 탑을 쌓았는데, 이는 블록들의 균형을 매우 잘 맞춰야 했다. 탑을 쌓고 나서 Coby는 축구공을 던져서 탑을 무너뜨렸다. 그러고 나서 그는 블록들을 모래로 가져갔다. 첫 번째 회기의 패턴처럼 Coby는 모래에 넣은 모든 블록들을 열심히 묻었다. 그는 "이것은 집이에요"라고 말하였다. '집'을 완전히 묻은 후에 그는 "사람들을 꺼내 줘야 한다."라고 말하고 블록을 찾아냈다. Coby는 이 놀이 과정을 몇 번 반복하였다. 그는 처음으로 펀치백을 쳤고, 15분 동안 매우 세게 때렸다. 시간이 다 되었을 때 Coby와 치료사는 관계의 마지막에 대해 말하지 않고 함께 놀이실을 나왔다. Coby는 자신의 교실로 뛰어갔고, 물놀이 탁자에 있는 소수의 아이들과 즉시 어울렸다. 그는 웃고 있었다.

요약 및 강조사항

발달 초기에 여러 위탁보호 가정에서 지낸 알려지지 않은 Coby의 발달력을 고려할 때, 변화와 전환에 대한 그의 두려움은 예상하지 못할 일이 아니다. Coby의 아동중심놀이치료의 목표는 인생에서 다가올 변화에 대한 자신의 불안을 자신만의 방법으로 자신만의 시간에 다룰 수 있는 안전하고 평온하며 평가적이지 않은 관계를 제공하는 것이었다. 무서운 가면의 패턴은 첫 회기에 나왔고, 12회기 동안 처음으로 한 것도 그 패턴이었다. 치료사는 Coby와 그 패턴에 대해 얘기한 적이 없지만, 악몽이 끝나는 것과 동시에 그 행동도 멈추었다. 행동 패턴의 변화가 놀이실 밖의 아동의 삶에서의 변화와 연결되는 일은 아동중심놀이치료에서 흔히 일어난다.

문화적 이슈들

Coby의 부모는 비지시적인 놀이치료 접근의 효과에 대해 의심을 가지고 관계를 시작하였다. 그들은 보다 직접적이고 문제해결적인 접근을 기대해 왔다. 그러나 첫 부모 회기 동안 그들이 함께 세운 특정한 목표를 인정하였다. 또한 그들은 이 접근에 개방적이었고 치료사와의 정기적인 만남에 기꺼이 참석하였다. 그들은 가정에서 Coby의 행동 변화를 보기 시작하고 그가 놀이 회기를 좋아하였기 때문에, 시간이 지남에 따라 Coby와 치료사의 작업을 가치 있게 생각하였다.

결론

이 장은 아동과 가족의 문화적 경험에 대한 사회경제적 지위, 인종과 민족성, 이민 상태, 그리고 공동체 유형의 영향에 초점을 두고 시작하였다. 추가적으로, 치료사 자신의 문화적 경험, 권한과 특권, 그리고 다른 문화에 대한 그들의 신념에 있어서 치료사의 개인차와 자기자각뿐만 아니라 특정한 문화에 대한 놀이치료사의 지식의 중요성을 논의하였다. 아동중심놀이치료를 소개하고 이것이 아동과 부모의 요구에 문화적으로 민감하며 반응적인 방식을 논의하였다. 이 장은 아동중심놀이치료가 어떻게 문화를 존중하며, 아동에게 가능한 한 최상의 서비스를 제공하기 위해 아동중심놀이치료사가 어떻게 가족의 문화와 신념에 반응하고 부모와 협력적으로 일하는지 보여 주는 사례를 제시하며 마무리되었다.

놀이치료사로서 아동과 가족에 영향을 주는 수많은 문화적 요인을 이해하는 것은 필수적으로 중요하다. 아동과 가족에게 문화적으로 민감하고 문화적으로 반응적인 치료를 제공하기 위해서, 놀이치료사는 가족의 개별적인 경험과 요구에 대해 그들과 이야기하는 동안 특정한 문화의 고유한 요구에 대해 배울 필요가 있다. 문화적으로 민감한 놀이치료사는 반드시 부모와 협력해야 하며, 문화와 문화적으로 관련된 이슈(예: 인종차별, 탄압)가 어떻게 아동의 기능, 치료에 대한 가족의 접근, 그리고 치료 과정에 영향을 미치는지 이해하려고 노력하고 계속 평가해야 한다. 이러한 근본적인 이슈들을 탐색한 후에, 놀이치료사는 문화적으로 적절한 치료 개입을 사용하거나 내담자의 고유한 문화적 요구를 충족시키기 위해 선택한 치료 접근을 적용하며, 부모와 진전에 대해 계속 논의해야 한다.

시의 적절하고 중요한 지침, 즉 문화적 · 언어적으로 적합한 서비스를 위한 국내 기준(the National Standards for Culturally and Linguistically Appropriate Services: CLAS)을 소수집단 보건국(the Office of Minority Health, U.S. Department of Health and Human Services 2011)에서 발표하였다. CLAS 문서는 건강관리에서 문화적인 차별을 나타내는 15가지 기준을 제시하고 있으며, 치료에 대한 불평등을 줄여서 건강관리를 찾는 모든 아동과 가족의 건강에 대한 결과를 향상시키도록 모든 분야를 통틀어 정부 부처, 보건과 서비스 기관 및 교육과 훈련 프로그램을 도울 것이다. 어린 아동들을 서비스하는 놀이치료사들은 전통적으로 서비스를 충분히 받지 못했던 사람들을 지원하고 그들과 일하면서 모든 아동을 위한 정신 건강관리 차원에서 사회적 정의를 증진하도록 노력해야 한다.

제21장
놀이치료 윤리

Jeffrey S. Ashby · Kathleen McKinney Clark

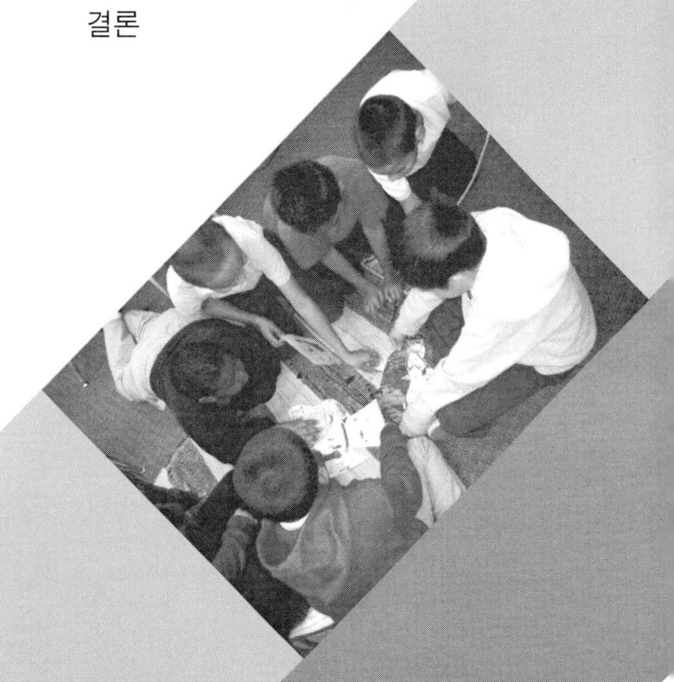

항상 올바르게 행동하라. 어떤 사람들은 기뻐하고, 다른 사람들은 놀랄 것이다.
- MARK TWAIN

놀이치료 윤리는 타인을 돕는 모든 직업의 윤리와 마찬가지로 내담자의 행복을 촉진시키는 기본적인 원리에 기초를 두고 있다. 이는 간단해 보이지만, 이러한 원리를 놀이치료 실제에 적용시키는 것은 복잡한 일이고 많은 문제가 생긴다. 예를 들어, 놀이치료 실제에서 "누가 내담자인가?"라는 질문은 다른 유형의 상담에서는 나타나지 않을 수도 있는 핵심적인 질문이다. 놀이치료사가 직업적인 의무를 누구에게 지고 있는지 궁극적으로 결정해야 하기 때문에 이 질문은 핵심적이다. 놀이치료사는 분명히 아동 내담자에게 직업적 의무를 지고 있다. 놀이치료사가 또한 아동의 부모/보호자에게도 의무를 지고 있는가? 다른 대상들도 있는가? 사회에 대해서는 어떠한가? 학교는? 다른 체계는? "누가 내담자인가?"라는 질문은 놀이치료 실제에 대한 윤리에서 독특한 사항 중 단지 하나의 예시일 뿐이다.

이 장의 목적은 놀이치료 실제에서 직업적인 윤리의 적용을 보여 주는 것이다. 놀이치료 실제에서 역량, 사전동의, 비밀보장, 다중관계와 같은 몇 가지 기본적인 윤리적 이슈의 적용을 고려하고, 윤리적인 의사결정 모델을 논의한다. 여기에서 다루는 이슈들이 분명히 완전하지는 않지만, 놀이치료 윤리의 몇 가지 핵심 영역을 다루고 있다. 놀이치료사는 자신의 본업(primary professions)의 윤리적 규정에서 나온 윤리적 개념에 익숙할 것이다. 이와 더불어, 놀이치료에서 발생하기 쉬운 특히 곤란한 이슈를 강조하려 한다. 이 장의 결론에서는 놀이치료사의 윤리적 결정을 안내할 수 있는 윤리적 의사결정 모델을 검토한다.

놀이치료사의 직업 특성과 윤리

놀이치료는 일반적으로 놀이치료사의 부업(secondary profession) 혹은 부차적인 지위로 여겨진다. 놀이치료사는 본업이 있고 보통 이와 관련된 직업 면허나 자격증을 가지고 있으며, 이러한 상위 직업 하에서 놀이치료를 수행한다. 놀이치료사는 사회복지사, 상담가, 심리학자, 결혼과 가족 치료사, 혹은 다른 정신건강 전문가라는 본업을 가질 수 있다. 결과적으로 놀이치료사는 자신의 본업의 윤리규정을 따르고 옹호할 일차적인 의무가 있다.

이러한 직업 규정은 일반적으로 서로 일치하지만, 놀이치료사라는 부업을 가진 정신건강전문가에게 해당하는 특수한 원칙이나 적용이 있을 수 있다. 많은 저자(예: Doverspike, 1999)의 조언처럼, 우리는 놀이치료사가 자신의 본업 조직체의 윤리규정과 실천 지침을 정기적으로 검토할 것을 권장한다. 많은 전문가는 자격증을 갱신하고 회비를 지불하는 것과 마찬가지로 의례적으로 자신의 윤리규정을 검토한다는 것을 주목하라. 이는 마치 서머타임에 시계를 새로 맞출 때 화재경보기의 배터리를 바꾸라는 오래된 충고와 비슷하다. 이렇게 정기적으로 검토를 하면 놀이치료사가 자신의 본업에 대한 직업적 의무와 윤리적 지시를 염두에 두고 있다는 것을 확인하는 데 도움이 된다.

놀이치료에 특정한 윤리적 지침은 없지만, 놀이치료협회(Association for Play Therapy: APT, 2009)는 실천 지침을 출판하였다. 이 지침은 본업의 윤리적 규정 원칙을 놀이치료 분야에 일부 중첩하고 확장한 것이다. 본업의 윤리적 규정에 대한 부록으로써 이 지침이 훌륭한 참고로 활용될 수 있을 것이다.

역량: 놀이치료사는 윤리적으로 무엇을 할 수 있는가

Julie는 면허가 있는 정신건강전문가이자 다양한 임상 장면에서 12년 동안 경험을 쌓은 등록된 놀이치료사이다. Julie는 최근 강박장애와 주요 우울증으로 정신과의사에게 진단된 9세 아동을 의뢰받았다. 의뢰아동의 부모는 아동의 놀이치료사를 찾고 있었고 Julie에게 의뢰하였다. Julie는 현재 개인치료를 담당하기 위한 빈자리가 있고, 의뢰아동의 부모가 사용할 것으로 예상되는 보험 패널에 소속되어 있다. 이러한 의뢰 정보를 듣고 나서 Julie는 다음과 같은 과정을 거쳐 결정을 내렸다.

Julie가 이 놀이치료 의뢰를 수용할 것인지에 대한 의사결정 과정의 기저에는 역량의 이슈가 있다. Fairburn과 Cooper(2011)는 역량을 "기대되는 효과를 달성하기 위해 필요한 치료를 수행하는 데 요구되는 지식과 기술을 치료사가 가지고 있는 범위"(p. 375)로 정의하였다. 모든 정신건강전문직의 윤리적 규정은 개인의 역량 범위 내에서만 치료를 수행한다는 지시가 명확하다. 예를 들어, 미국상담협회(American Counseling Association: ACA)의 윤리규정에서는 "상담가는 자신의 교육, 훈련, 슈퍼비전 경험, 주(state)와 국가의 직업 자격증 및 적절한 직업 경험에 근거하여 자신의 역량 범위 내에서만 수행한다."(2005, C.2a,

p. 9)라고 명시한다.

의뢰된 아동을 놀이치료에서 만날 것인지 아닌지 결정하는 데 있어서, Julie는 많은 다양한 측면에서 자기 자신의 역량을 평가해야 한다. 한 가지 중요한 고려사항은 치료사의 역량을 대부분 치료사가 스스로 판단하고 점검한다는 점이다. 직업 자격증(예: 면허증, 자격증)은 넓은 범위(예: 치료, 평가, 자문, 처방, 특권)에서 치료사의 잠재적 역량을 나타내지만, 단순히 자격증을 가진 것이 치료사가 자격증이 허락하는 모든 직무를 수행하거나 모든 의뢰인을 만날 능력이 있음을 입증하지 못한다. 치료사는 스스로 자신의 역량의 범위를 파악하는 부담을 가져야 한다.

대부분의 정신건강 전문직에서 전문적인 역량을 결정하기 위한 명확한 기준은 없지만, 공식적인 학업 훈련, 전문적 훈련 및 슈퍼비전 경험이 일반적으로 역량을 갖추었다고 판단하는 증거가 된다(Pope & Vasquez, 2010). 전문가가 (이 주제에 대한 공식적인 교육과 훈련을 통해) 특정 치료, 인구집단 및 의뢰된 문제에 대해서 알고 있으며, (슈퍼비전 경험을 통해) 특정한 이슈를 가지면서 특정한 문화와 연령 집단에 속하는 내담자를 어떻게 치료할지 그리고 특정한 치료를 어떻게 전달할지 아는 것을 보여 주는 것은 특정한 영역의 역량을 분명하게 나타낸다.

치료 의뢰를 수용할지에 대한 의사결정 과정에서 Julie가 고려할 첫 번째 질문은 자신이 아동을 치료할 역량이 있는지(적절한 훈련과 경험 등이 있는지)이다. 놀이치료사는 종종 일반적인 전문가로 훈련을 받아서, 결과적으로 나이 든 청소년과 성인을 대상으로 주로 교육과 슈퍼비전 경험을 쌓았을 수도 있다. 이러한 훈련에서 터득한 지식과 기술은 대부분 적용가능하지만, 특수한 훈련(예: 아동 발달, 아동 정신병리)과 아동 치료에 대한 슈퍼비전 경험이 아동 치료 역량을 수립하는 데에 필요하다고 간주된다.

아동 상담을 위한 효과적인 치료 양식은 많다. Julie가 고려 중인 사례는 명확하게 놀이치료사에게 의뢰된 것이기 때문에, Julie의 두 번째 질문은 '내가 놀이치료를 할 역량이 있는가'일 것이다. 놀이치료는 '한정된 영역의 개입(limited-domain intervention)'(Barber, Sharpless, Klostermann, & McCarthy 2007)으로 간주되므로, 이러한 전문 영역에 대한 역량이 요구된다. 결과적으로 아동을 치료하는 역량이 있는 모든 임상가들이 놀이치료를 수행할 역량이 있는 것은 아니다. 그러나 놀이치료에서 대부분의 훈련은 아동에 대한 적용을 다루기 때문에, 놀이치료를 수행할 역량이 있는 대부분의 임상가는 아동을 만날 수 있는 역량이 있을 것이다(예: 모든 아동 치료사가 놀이치료사는 아니지만, 대부분의 놀이치료사는 아동 치료사이다. 그들이 이 전문성을 때로 다른 집단에 적용한다 할지라도 그러하다).

이 사례에서 Julie는 등록된 놀이치료사(registered play therapist: RPT)이다. 등록된 놀이치료사가 되는 요구조건(www.a4pt.org/ps.training.cfm 참고)을 충족하는 한 가지 방법은 '면허를 받은 정신건강전문가가 자신의 전문적인 놀이치료 지식과 훈련을 입증하고 촉진하는 것'이다. 그러나 놀이치료협의회(APT)는 "등록된 놀이치료사라는 명칭은 개인의 지식이나 역량을 입증 혹은 시사하거나 단언하는 것이 아니라, 단지 여기에서 제시된 교육과 훈련 요구조건이 충족되었다는 것을 확인하는 것뿐이다."라고 조심스럽게 주의를 준다. RPT 준거가 놀이치료의 다양한 측면에 대한 구체적이고 공식적인 훈련과 놀이치료 수행의 슈퍼비전을 포함한다는 점에서, Julie의 RPT 자격증은 놀이치료 역량의 증거를 입증하는 잘 확립된 방법이다. 놀이치료의 훈련과 경험에는 놀이치료 이론, 놀이치료 기법이나 도구, 그리고 특수한 장면이나 인구집단에 대한 놀이치료의 적용이 포함되나 이에 국한되지 않는다(Carmichael, 2006). RPT 자격증을 가진 것이 놀이치료의 역량을 공식적으로 입증하지 않지만, Julie가 훈련과 슈퍼비전 경험을 완수하여 일정 역량을 갖추고 있다는 증거를 제공한다.

어떤 면에서 Julie가 이 의뢰를 고려하는데 더욱 답하기 어려운 문제는 '나는 특정한 문화적 배경을 가지며 이러한 진단을 받은 내담자를 치료할 수 있는 역량이 있는가?'이다. 사례 시나리오는 Julie 혹은 의뢰된 아동의 문화적 배경을 기술하지 않았지만, Sue와 Arrendondo, McDavis(1992)는 모든 치료 및 상담에서 치료사-내담자 쌍은 다문화적이라고 언급하였다. 특정한 문화적 정체성(예: 둘 다 아프리카계 미국인)을 공유한 놀이치료사와 아동 내담자의 사례에서도 또한 문화적 차이가 나타나기 쉽다(예: 종교적 배경이나 정체성). 전국사회복지사협회(The National Association of Social Workers: NASW)의 윤리규정(2008)은 "사회복지사는 내담자의 문화에 대한 배경지식을 가져야 하며, 내담자의 문화 및 인종과 문화적 집단 내의 차이에 민감한 서비스를 제공하는 역량을 보여 주어야 한다."(1.05-B)라고 명시하고 있다. 이 의뢰를 윤리적으로 다루기 위해서 Julie는 자신이 놀이치료에서 이 특정한 아동 내담자와 유능하게 작업할 수 있는 적절한 지식과 기술, 태도(Sue et al., 1992)를 가지고 있는지 스스로 평가하고 결정할 필요가 있다.

Julie가 이 의뢰를 받아들이는 것이 적합한지 고려할 때 추가적인 질문은 아동이 나타내는 문제나 진단을 Julie가 임상적으로 다루는 역량이 있는가이다. 구체적으로 Julie는 '현재 나타나는 문제를 다루는 데 아동에 대한 일차적인 임상가로서 유능한 치료를 제공하기 위한 적절한 훈련과 슈퍼비전 경험을 내가 가지고 있는가'라고 스스로 질문할 필요가 있다. 이 질문은 특정한 현재 문제와 진단에서 쉽게 분명해진다. 가령, 섭식장애 사례(예: 신경성 식욕부진증)를 다룰 때 치료가 유능하지 못하면 장애의 지속과 심각한 신체적 건강 문제, 심지어 어떤 경우에는 죽음까지도 초래할 수 있다(Arcelus, Mitchell, Wales, & Nielsen, 2011 참조). 결과적으로 섭식장애의 치료에 대한 역량을 확립하기 위해서는 보통 특수한 훈련이 필요하다(Thompson-Brenner, Satir, Franko, & Herzog, 2012). 그러나 많은 다른 문제에 대해서는 치료 역량을 갖추었다고 판단하기 위한 수용된 기준이 따로 없다. Julie는 자신이 이 특정한 아동이 보이는 문제를 다루는 데 있어서 역량을 갖기 위한 적합한 훈련과 경험을 했는지 결정할 필요가 있다.

Julie는 아동이 보이고 있는 강박장애와 우울증을 치료하기 위한 적절한 공식적 훈련과 슈퍼비전 경험을 했는지 스스로 평가해야 할 것이다. Julie는 다음을 포함한 많은 질문을 고려할 필요가 있다. '아동의 강박장애와 우울증 치료에 대한 임상적 고려사항을 알고 있는가?' '동반이환 상태로서 이러한 장애를 치료하는 데 유능하기 위한 적합한 훈련과 슈퍼비전 경험을 가지고 있는가?' '이 상태가 얼마나 심각하거나 아동을 쇠약하게 만들고 있는가?(예: 기분저하증 vs 강한 자살사고를 가진 주요우울증)', 그리고 '심각성의 수준에서 이 문제를 치료하기 위해 적절한 경험과 훈련을 하였는가?' '놀이치료가 이 장애에 적절한 개입인가?' '놀이치료에 대한 나의 이론적 접근을 이 장애에 어떻게 적용할 것인가?'

역량에 대한 논의에서 마지막 한 가지 고려사항은 임상 슈퍼비전과 자문을 구분하는 것이다(Knoff, 1988). 유능한 놀이치료사는 아동에 대한 가장 높은 수준의 치료를 유지하는 목표를 가지고 다른 놀이치료사들에게 적극적으로 자문을 구해야 한다. 그러나 자문을 구한다는 것은 선택사항을 고려하고 가설을 검증하고 관련 질문을 물어보기 위해 유능한 놀이치료사가 다른 유능한 놀이치료사와 상의하는 것이다. 놀이치료사는 종종 자신이 유능한 치료를 제공하고 있지만 보다 더 전문적이 되고자 자문을 받는다. 대조적으로, 놀이치료사는 자신의 역량 범위를 벗어나서 작업할 때 임상적 슈퍼비전을 찾게 된다. 이러한 경우에 놀이치료사는 유능한 놀이치료사 슈퍼바이저의 감독하에서 일하는 것이다. 슈퍼바이저는 슈퍼비전을 받는 놀이치료사의 작업에 대해 충고하고 지도하고 안내하며, 그가 수행하는 놀이치료에 대해 책임을 진다. 만약 Julie가 이 의뢰를 수용할 만큼 유능하다고 결정을 내린다면, 이러한 이슈를 가진 내담자와 작업한 경험이 있는 다른 유능한 놀이치료사에게 정기적으로 자문을 구할 수 있다. 이와 다르게 만약 Julie가 이 의뢰를 수용할 역량이 없다고 결정한다면, 유능한 슈퍼바이저에게 슈퍼비전을 받고 놀이치료 슈퍼바이저의 슈퍼비전 하에서 이 의뢰를 수용할 수도 있으며, 슈퍼바이저가 내담자에게 유능한 치료를 제공하는 책임을 질 것이다.

사전동의: 내담자가 알아야 할 것은 무엇인가

Julie는 놀이치료를 위해 내담자를 만나기로 결정하였다. Julie는 내담자의 놀이치료를 시작하기 전에 내담자와 내담자 가족이 치료에 대해 많은 것을 알기 원한다. 가령 Julie는 내담자와 내담자 가족이 놀이치료의 과정과 이에 수반되는 일들에 대해 이해하기 원한다. Julie는 아동과 안전하고 치료적인 관계를 만들고자 한다. 또한 내담자의 진전과 염려에 대해 부모에게 지속적으로 알려 주기 원한다. Julie는 여름에 한 달 동안 휴가를 갈 계획이라는 것, 내담자가 약속 시간에 나타나지 않아도(무단결석) 규칙적으로 비용을 청구한다는 것, 내담자나 내담자 가족과 어울려 교제하지 않는다는 것, 내담자나 내담자 가족과 소셜 미디어 친구를 맺는 요청을 수락하지 않는다는 것, 단순한 시간 약속 조정 전화 이상의 전화상담에 대해서는 비용을 청구한다는 것 등도 내담자와 그 가족이 알기를 바라는 내용이다. 놀이치료 시작 전에 이러한 정보에 대해 Julie가 얼마나 많이 내담자 및 내담자 가족과 공유해야 할 것인가? 이 정보를 어떻게 공유해야 할 것인가? 이를 언제 공유해야 할 것인가?

사전동의는 직업윤리의 초석이며 각 분야의 윤리규정에서 이를 다룬다. 가령, 미국 정신건강상담협회(American Mental Health Counselors Association: AMHCA)의 윤리규정에는 "정신건강 상담가는 내담자가 상담제공자를 선택할 때 정보에 근거하여 선택하는 능력을 촉진하면서 상담가의 서비스를 내담자가 쉽게 이용할 수 있게 할 책임이 있다."(2010, B.2, p. 4)라고 명시되어 있다. 사전동의는 내담자와 내담자 가족이 자신의 최대 이익을 얻을 수 있는 치료 조건을 선택할 수 있도록 그들이 필요한 정보를 '쉽게 이용할 수 있게' 놀이치료사가 제공하는 과정이라고 이해할 수 있다(Beahrs & Gutheil, 2001). 다르게 말하면, 사전동의의 의도는 치료 과정 동안에 무엇을 기대할지, 그리고 다른 치료 선택은 무엇인지 내담자에게 알려 주어서 내담자가 치료적 계약을 맺을 것인지 아닌지를 정보에 근거를 두고 자유롭게 선택하도록 하는 것이다. 내담자가 지금은 치료에 동의했다 하더라도 모든 관련 정보가 드러났다면 동의하지 않았을 상황을 피하는 것이 목적이다.

사전동의에 기본적인 세 가지 전통적 요소는 능력, 이해, 그리고 자발성이다(Corey, Corey, & Callanan, 2011). **능력**은 합리적인 결정을 내리는 내담자의 능력을 의미한다. 놀이치료의 경우 내담자는 보통 미성년자이기 때문에, 아동 내담자는 자기 자신의 치료에 대한 의사결정을 할 능력이 없다. 그러므로 부모나 법적 후견인으로부터 합법적인 동의가 필요하다. 이혼 혹은 미혼 부모의 자녀와 작업할 때, 놀이치료사는 양육권과 부모의 권리에 대한 주 법(state law)을 고려할 필요가 있다. 이혼의 경우에는 종종 부모 중 한 명이 의학적 의사결정의 권리를 가지고 있는데, 치료사는 반드시 그 부모에게 동의서를 받아야 한다. 어떤 주에서는 양육권과 상관없이 양쪽 부모 중 어느 쪽이라도 아동의 치료에 동의할 수 있다. 놀이치료사는 심지어 치료에 아동을 데려오는 부모가 양육권 조정에 대한 법적인 세부사항을 잘 알지 못하는 상황에 직면할 수도 있다. 이러한 불편한 상황에서는 적합한 쪽에게 동의를 받도록 확실히 하기 위해 부모에게 양육권 조정 사본을 가져와 달라고 하는 것이 신중한 방법이다.

미성년자인 아동은 놀이치료 참여에 대한 법적인 동의를 할 수는 없지만, 내담자인 아동 스스로 치료받는 것에 대한 찬성을 할 수 있다(Welfel, 2010). Welfel(2010)은 상담에 참여할 것인지 아닌지에 대한 동의 과정에서 자기 자신의 치료 결정에 아동이 관여하는 것을 찬성(assent)이라고 정의하였다. Welfel은 이러한 찬성이란 부모의 동의에 보충적인 것이라고 주의 깊게 지적하였다. Julie가 놀이치료 의뢰를 받아들이기로 결정하였기 때문에, Julie는 치료 시작 전에 내담자의 부모나 법적후견인으로부터 사전동의를 받아야 하고 아동 내담자에게 찬성을 얻을 필요가 있을 것이다. 아동에게 찬성을 얻는 것은 치료 과정에서 치료적 동맹을 맺고 아동과 관계를 맺는 데에 기여한다.

사전동의의 두 번째 요소는 **이해**이다(Corey et al., 2011). 사전동의에 대한 이해란 치료에서 정보에 근거를 둔 선택을 하기 위해 내담자가 적절한 정보를 받았고, 자신이 이해할 수 있는 방식으로 의사소통하였다는 것을 의미한다. 가령, 적절한 정보를 제공하기 위해 놀이치료사는 자신의 배경 및 자신이 완수한 훈련과 서비스의 개요(예: 대학원 학위, 관련 자격증, RPT 상태, 현재 문제의 치료에 대한 역량이나 전문성)를 서술할 수도 있다. 또한 놀이치료사는 장래의 내담자에게 다른 치료 조건, 비밀보장의 제한, 이중 관계, 비용 구조와 지불 등을 포함한 이슈에 대해 정보를 준다. 이해에서 계속 염두에 두어야 하는 핵심적인 특징은 반드시 치료 동의에 관련된 계약을 내담자가 이해할 수 있는 방식으로 정보를 전달해야 한다는 것이다.

사전동의 과정에서 장래의 내담자와 가족이 놀이치료 참여에 대해 정보에 근거하여 선택을 할 수 있도록 놀이치료사는 적절한 정보를 제공해야 한다. 포괄적이고 다양한 정보가 포함되어야 한다. 예를 들어, Pope와 Vasquez(2010)는 동의를 받은 후에 장래의 내담자가 다음의 정보를 이해하는지 알아보면 사전동의가 적절했는지 치료사가 평가할 수 있다고 제안하였다. 치료사가 제공하는 서비스의 본질, 범위, 가능한 결과뿐 아니라 서비스를 제공하는 사람, 치료사의 자격증이 그것이다. 장래의 내담자는 또한 치료사가 제공하는 서비스에 어느 정도 대안이 있는지, 서비스에 대한 실제적 혹은 잠재적 제한, 그리고 서비스가 종료되는 방식 등을 이해하게 될 것이다. 마지막으로 사전동의가 적절하기 위해서는 내담자가 모든 비용 정책과 절차, 약속을 빠뜨리거나 취소한 결과, 치료사를 만나는 것과 관련된 모든 정책과 절차, 그리고 비밀보장, 특권, 사생활 보호의 제한과 예외를 이해하도록 한다. 이러한 목록은 방대해 보이지만, 여기에는 공식적인 정신과적 진단에 대한 논의, 관리 의료를 다루는 것, 그리고 많은 사람이 사전동의에 포함되어야 한다고 믿는 다른 많은 잠재적으로 중요한 이슈들이 포함되지 않았다. 대부분의 윤리적 상황에서와 마찬가지로, 잠재적인 내담자와 가족이 서비스에 진실로 동의하는 데 필요한 정보를 가지고 있다는 것을 보장하기 위해 어떤 정보가 적절한지 결정하는 책임은 놀이치료사에게 있다.

사전동의를 다루는 과정을 한 번만 이루어지는 이벤트가 아니라 계속 진행되는 과정으로 구성하면 유용하다(Fisher & Oransky, 2008). 보통 서면으로 된 사전동의서를 내담자가 읽고, 서명하고, 나중에 보기 위해 사본을 가져가는 것이 표준적인 방법으로 간주되긴 하지만, 사전동의 과정을 계속 진행 중인 것으로 생각하는 것도 도움이 된다(Pope & Vasquez, 2010).

놀이치료사로서 Julie는 어떻게 치료를 수행할 것인지, 어떻게 연락을 받을지, 약속을 정하고 취소하는 절차, 지불 절차, 비밀보장 등에 대해 설명하는 문서를 가지고 있을 것이다. 또한 그 문서에서 Julie의 목표는 놀이치료를 시작할 것인지 정보에 기반하여 선택하는 데 필요한 모든 정보를 잠재적인 내담자에게 제공하는 것이다. 미국심리학협회(American Psychological Association: APA)의 윤리규정과 마찬가지로, Julie는 전달되는 정보를 '합리적으로 이해할 수 있는'(2010, 3.10, p. 6) 형식으로 처리해야 할 필요가 있다. 그러나 단순히 적합한 정보를 내담자가 서명한 문서에서 분명하게 의사소통했다는 것이 진실한 이해를 나타내는 것이 아닐 수도 있다. 예를 들어, 적절한 서비스를 찾을 때 놀이치료 내담자의 부모는 자신의 아동에 대해 염려하고 있기 때문에 최상의 상태가 아닐 것이다. 결과적으로 그들은 문서로 혹은 놀이치료사의 한 번의 대화로 나타난 모든 정보를 완전히 이해하지 못할 수 있다. 부모가 정보를 이해하도록 확실히 하는 가장 좋은 방법은 놀이치료 과정 동안 중요한 요점을 다시 짚어 보는 것이다. 사전동의 서비스에서 정보를 재검토하는 것은 치료의 진행중인 부분으로 부모 상담을 포함시키는 놀이치료 접근법에서는 자연스러운 과정이 되지만(Kottman, 2011), 부모 상담을 계속 진행하는 것이 그다지 강조되지 않는 접근법을 사용하는 놀이치료사의 경우에는 보다 의도적으로 해야 할 필요가 있을 것이다.

사전동의의 세 번째 요소는 **자발성**이다(Corey et al., 2010). 자발성이란 동의를 한 사람이 강요나 기만 없이 자유롭게 동의를 했다는 뜻이다. 또한 자발성이란 동의를 하고 있는 사람이 언제라도 놀이치료에 대한 동의를 철회하는 데에 자유롭다는 것을 이해함을 의미한다. 공식적인 동의서를 고려할 때, 놀이치료에서 자발성의 이슈는 비교적 간단하다. 그러나 법원 명령의 놀이치료의 경우 부모가 스스로 주도한 것이 아니라 법원의 명령에 따른 것이기 때문에, 상황은 더욱 복잡해지고 자발성 이슈가 커진다.

추가적으로 복잡한 문제는 아동 놀이치료 내담자의 동의에서 자발성의 역할이다. 아동의 부모가 동의를 한 것이라면, 치료에 동의를 하도록 요청받는 아동 내담자는 어느 정도 강요를 당한 상태로 보인다. Parekh(2007)는 "아동은 치료에 동의할 수 있지만, 보통 실제로는 이를 거부할 수 없다."(p. 78)라고 지적하였다. 결과적으로 놀이치료사는 부모/보호자의 자발적인 동의에 더하여 아동 내담자의 자발적인 동의를 이끌어 내는 데에 특별히 주의를 기울여야 한다.

비밀보장: 나는 무엇을 누구에게 그리고 언제 말하는가

Julie는 놀이치료 내담자인 Charisse와 좋은 관계를 발전시켰다. Charisse는 치료에 기꺼이 참여하였으며 과정에 함께하였다. Charisse의 부모는 치료에 만족하였고 아동이 잘하고 있다고 믿었다. 그러나 최근에 부모는 Charisse가 가족에 대해서 정확히 무엇을 말하고 있는지에 대해 알고 싶다고 Julie를 압박하였다. Julie는 내담자의 놀이 주제에 대해 일반적으로 설명하려고 노력하였고, 놀이치료의 과정에서 Charisse의 사생활을 존중하는 것이 놀이치료 과정에 얼마나 도움이 되는지, 그리고 이 작업의 비밀보장 특성에 대해 부모에게 상기시키려고 노력하였다. 그러나 부모는 세부적인 내용을 알고자 계속 압박하였다.

놀이치료 윤리에 대한 논의를 완결하기 위해서는 반드시 비밀보장에 대해 고려해야 한다. 비밀보장은 놀이치료 시행 지침(APT, 2009)뿐만 아니라 모든 주된 정신건강 윤리규정(예: ACA, 2005; APA, 2010; NASW, 2008)에서 확인하고 논의하는 윤리적 치료의 근본적인 주제이다. 정신건강 장면에서 **비밀보장**이란 임상 장면에서 수집된 사적인 정보의 공개로부터 내담자를 보호하는 규칙과 기준을 의미한다(Smith-Bell & Winslade, 1994). 비밀보장은 "치료적 관계의 특징이고 성공적인 치료의 필수요소이며 치료적 신뢰의 초석"(Parsi, Winslade, & Coracoran, 1995. 78)이기 때문에 정신건강과 놀이치료 윤리에서 근본적이다.

Parsi와 동료들(1995)은 치료에서 비밀보장에 대한 세 가지 요소가 있다고 지적하였다. 여기에 포함되는 것은 ① 내담자의 사적인 정보, ② 내담자가 치료사에게 공개한 정보, ③ 치료사가 제 3자에게 공개하지 않는다는 기대이다. 이전에 논의한 바와 같이, 상담이나 심리치료에서 성인 내담자와 함께 작업하는 더욱 직접적인 윤리적 원리를 놀이치료 실제에 적용하는 것은 훨씬 더 복잡해진다. Sweeney(2001)는 이를 "아동과의 비밀보장은 도전적일 수 있다."(p. 67)라고 요약하였다.

아동 놀이치료 내담자의 비밀보장에 대한 도전적인 측면 중 하나는 의무의 문제이다. 비밀보장의 의무는 보통 치료에서 사전동의를 한 사람 혹은 사람들에 대한 치료사의 의무를 의미한다. 사전동의에 대해 논의했을 때 지적했던 것과 같이, 놀이치료 실제에서 비밀보장에는 제한이 있다. 예를 들어, 자격증을 받은 놀이치료사는 보통 아동 학대의 합리적인 의심을 공개할 법적인 의무를 가진다. 비밀보장에 대한 다른 제한(예: 보험 회사와 치료비를 지불하는 제3자)이 있는데, 이는 치료사가 내담자에게 명확하게 밝혀서 내담자가 치료를 시작할 것인지 그리고 사적인 정보를 공개할 것인지 결정할 수 있다. 비밀보장에 대한 이러한 설명과 제한은 치료에 대한 동의를 할지 고려하는 사람(들)에게 제시된다. 이러한 상황은 분명히 놀이치료를 적용할 때 더욱 복잡해진다. 즉, 치료를 받는 내담자는 동의가 아니라 찬성을 하고, 동의를 하는 사람은 실제로 놀이치료에 참여하고 사적인 정보를 공개하는 사람이 아니기 때문이다.

우리의 사례에서 Julie는 놀이치료 의뢰를 수락한 이후 치료를 진행하기 위해 내담자의 부모에게 사전동의를 받았고, 아동 내담자에게는 찬성을 받았다. 사전동의를 받는 절차에서 Julie는 내담자와 가족으로부터 수집된 사적인 정보는 어떤 범위 내에서(예: 법에 의해 요구되거나 허가되는 공개) 비밀이 보장된다고 설명하고 문서화하였다. Julie는 또한 놀이치료에서 아동 내담자로부터 직접 수집한 정보는 비밀보장이 된다고(예: 법에 의해 허가되거나 요구되는 상황을 제외하고 제3자에게 공개되지 않을 것) 설명하였다. 마지막으로, 사전 찬성 절차에서 Julie는 놀이치료에서 아동이 공개한 사적인 정보는 가족 이외의 다른 사람들에게 공개되지 않을 것이라고 아동 내담자에게 설명하였다. 이는 놀이치료 내담자와 부모의 비밀보장에 대한 잠재적인 긴장감을 높인다. 놀이치료에서 아동 내담자가 공개한 모든 정보는 치료에 대한 합법적인 동의를 한 부모에게 항상 제공될 수 있는가?

Lawrence와 Robinson-Kurpius(2000)는 비밀보장과 아동 내담자 치료에 대한 이러한 긴장감에 대해 고려하면서, "비밀보장에 대한 기본적인 딜레마는 부모 혹은 아동 중에 누가 내담자인가 하는 것이다."(p. 131)라고 하였다. 많은 경우에 법에서는 부모를 내담자로 규정하는데, 이는 치료사의 비밀보장 의무가 부모에게 있다는 것이다. 내담자의 부모가 아동의 치료에 사전동의를 하는 권한을 가지고 있기 때문에, 그들은 또한 놀이치료 회기에서 수집된 모든 정보에 대한 법적인 권리를 가진다. 이것이 대부분의 놀이치료 내담자에게 일반적으로 수용되는 지위라 하더라도, 학교상담사인 놀이치료사는 주 법(state law)에 따라 상담을 받는 학생의 비밀보장이 보호되는 추가적인 복잡한 상황에 놓일 수도 있다. 결과적으로, 학교상담사는 비밀보장의 의무가 부모나 아동 중 누구에게 있는지 이해하기 위해 비밀보장의 경계를 결정하는 지방 법령을 잘 알아야 한다(Mitchell, Disque, & Robertson 2002).

법은 비밀보장이 부모에게만 속한다고 규정할 수 있지만, 놀이치료사가 내담자의 사생활을 보호하는 데에 추가적으로 고려할 사항이 많다. 여기에는 '아동에 대한 부모의 역할과 보살핌 및 염려를 공경하면서도, 아동의 사생활을 존중하여 놀이치료에 참여하는 아동에게 안전하고 치료적인 환경을 가장 잘 보장하는 방법은 무엇인가?'라는 문제가 포함된다. Goldberg(1997)는 치료의 첫 회기에서 부모와 아동이 함께 비밀보장에 대해 논의하도록 제안하였다. 이 시간에 놀이치료사는 아동의 사생활의 필요성을 존중하도록 부모를 격려하고 놀이치료사가 진전사항, 염려할 점들 그리고 발달적으로 적합한 다른 타당한 정보들을 부모에게 제공할 것이라고 안심시키면서, 치료에서 아동을 위해 안전하고 신뢰로운 분위기를 만드는 것의 중요성을 강조할 수 있다.

이 논의는 비밀보장과 사전동의 간의 통합적인 연결을 강조한다. 의무, 경계, 비밀보장의 예외를 명확히 하는 것은 치료의 설정에 핵심적이며, 이는 놀이치료 과정을 진행하는 과정에서 정보를 다시 잘 소개하는 훌륭한 예로 볼 수 있다. 게다가 내담자의 허가(예: 보험 회사에 대한 공개)이건 혹은 법 규정(예: 아동 학대에 대한 합리적인 의심에 대한 의무적인 보고)이건 간에, 부모와 아동 내담자 둘 다 비밀보장이 언제, 어떻게 깨질 것인지 알아야 할 필요가 있다. 어느 경우이든, 사전동의는 놀이치료사가 비밀보장을 어떻게 보호할 것인지 내담자와 부모가 예측할 수 있도록 도와준다.

다중 관계: 우리 모두 친구가 될 수는 없는가

Charisse에 대한 Julie의 놀이치료는 잘 진행되고 있었다. Charisse의 부모는 부모 상담에 반응적이었고 Charisse에 대한 Julie의 작업에 매우 만족한다고 말하였으며 또한 Julie가 부모에게도 매우 도움이 된다고 덧붙였다. Charisse의 부모와의 최근 놀이치료 상담을 마치며, 그들은 Julie에게 Charisse의 생일을 축하하기 위한 파티 초대장을 주었다. 그들은 많은 성인과 아동들이 올 것이며, Charisse의 삶에 중요한 사람들을 초대하였다고 말하였다. 그들은 이에 대해 신중하게 생각하였고, 올해 Charisse에게 Julie가 얼마나 소중하다고 생각하는지를 초대를 통해 알려 주고 싶다고 덧붙였다. Julie는 참석해야 할 것인가?

Julie가 Charisse의 놀이치료사로서의 역할 때문에 파티에 초대되긴 했지만, 파티에 참석하는 것은 내담자와 다른 관계(예: 직업적이라기보다는 보다 개인적인)를 설정하는 것이라고 합리적으로 간주될 수 있다. 만약 Julie가 참석하기로 결정한다면, 내담자와 다중 관계를 맺는 것으로 볼 수 있다. Julie의 본업(예: 심리학자, 상담가, 사회복지사)이 이 상황에서는 특히 중요하다. 왜냐하면 서로 다른 전문직 조직체의 윤리규정이 다중 관계를 다루는 데에 미묘한 차이가 있기 때문이다.

미국심리학협회의 윤리규정에 따르면, 다중 관계는 임상가가 내담자와 직업적인 역할을 가지는 동시에 내담자 혹은 내담자와 밀접하게 관련되거나 친척인 사람과 다른 관계를 맺는 경우, 또는 임상가가 내담자 혹은 내담자의 친척과 미래의 어떤 시점에 다른 관계를 갖기로 약속하는 경우에 발생한다(APA, 2010). 규정은 "다중 관계가 심리학자의 목적, 역량 또는 심리학자로서의 기능을 수행하는 효과를 손상시킬 것으로 합리적으로 예상된다면, 혹은 직업적인 관계를 갖는 사람을 착취하거나 해롭게 할 것으로 예상되면 임상가는 다중 관계를 맺는 것을 피해야 한다. 손상이나 착취 위험 혹은 해로움을 야기할 것으로 합리적으로 예상되지 않는 다중 관계는 비윤리적이지 않다."(3.05, p. 6)라고 명확히 밝히고 있다. 이와 유사하게 전국사회복지사협회 윤리규정은 "사회복지사는 내담자에게 착취 위험이나 잠재적인 해로움이 있는, 내담자 혹은 이전 내담자와의 이중 혹은 다중 관계를 맺지 않는다."(1.06c, p. 3)라고 지적한다. 미국 결혼 및 가족치료 협회(AAMFT)의 윤리규정도 또한 "그러므로 치료사는 직업적인 판단을 손상시키거나 착취의 위험을 증가시킬 수 있는 조건 및 내담자와의 다중 관계를 피하기 위해 최선을 다한다."(2012, 1.3, p. 2)라고 명시하고 있다.

Kitchener(1988)는 내담자에게 해로움을 초래할 수 있는 다중 관계가 지닌 세 가지 잠재적 요인을 다음과 같이 확인하였다. 그것은 ① 각 관계와 연관된 역할 사이에 기대의 상충, ② 역할과 연관된 의무의 차이, ③ 정신건강전문가의 권한과 특권의 잠재적인 영향력이다. 만약 Julie가 심리학자, 사회복지사, 혹은 결혼 및 가족치료사라면, 이러한 손상, 착취 혹은 해로움에 대한 잠재성이 있는지 결정하기 위해 Kitchener의 요인에 근거하여 초대 수락의 영향을 평가할 수 있다. 그러고 나서 Julie는 참석할지 아닐지 결정할 수 있다.

미국상담협회의 윤리규정은 다중 관계에 대해 다소 다른 관점을 제공한다. 미국상담협회 규정에서는 "상호작용이 잠재적으로 내담자에게 이로운 경우를 제외하고, 내담자, 이전 내담자, 그와 연인 관계에 있는 사람 혹은 가족 구성원과 상담가-내담자 비직업적인 관계는 피해야 한다."(2005, A.5.c, p. 5)라고 명시한다. 만약 상담가가 잠재적으로 이로운 관계를 맺기로 결정한다면, 상담가는 상호작용에 대한 근거 및 이중 관계의 잠재적인 이익과 결과를 상호작용에 앞서 사례 보고에 반드시 문서화해야 한다고 규정에서 밝히고 있다. 만약 Julie가 상담가라면, 초대 수락의 잠재적 결과와 이익을 평가할 필요가 있다. 만약 Julie가 초대를 수락하는 것이 내담자에게 잠재적으로 이롭고, 잠재적인 이익이 손상, 착취 혹은 해로움의 잠재적 위험보다 크다고 결정한다면, Julie는 초대 수락에 대한 근거와 잠재적인 이익 및 결과를 참석 전에 문서화할 필요가 있다.

모든 윤리규정이 내담자와의 현재와 미래의 성적인 관계를 분명하게 금지하고 있지만, 다른 잠재적인 관계와 역할에 대해서는 덜 명확한 부분이 있다. Herlihy와 Corey(2006)는 임상가와 내담자 간의 가능한 이중 관계에 대해 잠재적인 해로움이 거의 없는 것에서부터 잠재적으로 극심하게 해로운 것까지 범위를 지적하였다. 놀이치료사는 다중 관계에 관한 모든 의사결정 과정에서 아동 내담자와 부모에 대한 잠재적인 이익과 잠재적인 해로움을 평가할 필요가 있다. 여기에서 핵심적으로 고려할 점은 '잠재적인 해로움'으로, 이는 다중적인 역할과 관련된 결정의 모든 가능한 결과를 결코 완전히 예측하거나 고려할 수 없기 때문이다. 사전동의 절차를 통해 놀이치료사는 아동과 부모가 놀이치료사의 직업적인 역할과 다른 잠재적인 역할에 대한 제한을 이해하도록 도울 수 있다.

윤리적 의사결정: 어떻게 결정할 것인가

전문가나 조직체가 출판한 윤리규정은 일반적으로 정신건강서비스 제공자에게 명확한 지침을 제공한다. 그러나 모든 가능한 윤리적 상황을 다루는 것은 불가능하다. 결과적으로 임상가는 윤리규정에서 직접적으로 다루지 않은 상황과 정기적으로 직면한다. 치료사는 윤리 기준이 서로, 혹은 법이나 기관의 정책과 상충하는 것처럼 보이는 상황에 직면할 수도 있다. 최근 사전동의를 통해 전문가를 안내하여 명확하고 의도적인 결정을 가능하게 하는 윤리적 의사결정 모델에 대해 많은 논의가 있었다. 균형 잡힌 윤리적 의사결정 과정을 촉진하는 데 도움이 될 많은 윤리 결정 모델이 있다(예: Koocher & Keith-Spiegel, 2008; Wilcoxon, Remley, & Gladding, 2013).

몇 개의 윤리적 의사결정 모델의 분석을 근거로, Corey와 동료들(2011, pp. 21-23)은 정신건강 임상가를 위한 윤리적 의사결정 모델을 개발하였다. 이 모델의 8단계는 다음과 같다.

① 문제나 딜레마를 확인한다.
② 관련된 잠재적 이슈를 확인한다.
③ 관련된 윤리적 지침을 검토한다.
④ 적용되는 법률과 규정을 숙지한다.
⑤ 자문을 받는다.
⑥ 가능한 행동 방안을 고려한다.
⑦ 다양한 행동 방안의 결과를 열거한다.
⑧ 최선의 행동 방안으로 보이는 것을 결정한다.

이 통합 모델은 정신건강 분야의 다른 모델과 대부분 일치하며, 다른 모델처럼 임상가 본업(예: 상담가, 심리학자, 사회복지사, 결혼 및 가족 치료사)의 윤리적 지침을 신중하게 고려할 것을 제안한다. 놀이치료 실제에 특수한 이슈와 우려를 다루도록 돕기 위해 놀이치료협회의 실제 지침(2009)을 검토하는 것과 더불어 놀이치료사는 이 모델(혹은 다른 일반적인 윤리적 의사결정 모델)을 적용할 수 있다.

Corey와 동료들(2011)의 것과 같은 모델들이 놀이치료 장면에 적용될 수 있지만, 많은 저자(Jackson, 1998; Jackson, Puddy, & Lazicki Puddy, 2001; Sweeney, 2001)는 놀이치료에 특

정한 윤리적 의사결정 모델을 요구하였다. Seymour와 Rubin(2006)은 놀이치료에서 직면하는 특수한 딜레마에 더 포괄적인 윤리규정을 적용할 수 있도록 모든 분야의 놀이치료사를 위한 윤리적 의사결정 모델을 제안하면서, 대부분의 의사결정 모델이 직선적인 설계이고 놀이치료사가 직면하는 윤리적 질문이 직선적 모델에 맞지 않는 경우가 많기 때문에 보다 역동적인 모델을 설계하였다. **원칙, 당사자, 과정모델(Principles, Principals, Process Model: P3 Model)**이라고 불리는 이들의 모델은 "놀이치료를 제공하는 직업 분야의 역사적인 윤리규정(principles)과 윤리적 상황과 관련된 모든 사람(principals)의 현재 목소리를 대화를 통해(process) 결합시킨다"(p. 106). P3 모델은 근본적으로 관계적인 심리치료(놀이치료를 포함하여)의 개념화에 근거를 두고 있으며, 윤리적 의사결정에서 사회적 맥락의 고려가 결정적이라는 것을 인정한다. 이 모델은 맥락적 요인 뿐만 아니라 상황에 적용하는 주된 원칙을 고려하도록 설계되었다.

위의 사례의 잠재적인 윤리적 딜레마를 다루는 데에 P3 모델을 적용하면, Julie는 우선 모든 관련된 원칙들(principles)을 확인하고 고려해야 한다. 여기에는 자율성, 반(反)부정행위, 선행, 충실, 정의와 같은 역사적인 원칙이 포함된다. 이 원칙들은 Julie가 자신의 분야의 윤리규정, 관련 법률, 그리고 클리닉이나 학교의 정책 같은 다른 지침 등을 고려할 때에도 출발점이 될 것이다.

일단 Julie가 상황에 관련된 모든 원칙(principles)을 신중하게 고려하고 나면 관련된 모든 당사자(principals)를 파악한다. Julie는 치료사인 자신, 아동 내담자인 Charisse, Charisse의 부모를 고려하고, 더불어 Seymour와 Rubin(2006)이 부수적인 목소리(예: 가족 구성원, 교사, 의료전문가)라고 부른 사람들과 공동체도 고려할 것이다. 이러한 당사자들을 파악하고 나서 Julie는 각 당사자의 관점에서 이전에 파악한 원칙들을 검토한다. 아동과 놀이치료사 사이에 존재하는 힘의 차이를 강조하기 때문에, P3 모델은 내담자의 의견을 고려하는 데에 특별히 중점을 둔다. 마지막으로 공동체의 관점이 특히 중요한데, 이는 문화적 영향이 어떻게 치료적 관계에 영향을 미치고 윤리적 결정을 만들어 내는지를 Julie가 이해하는 데 보탬이 되기 때문이다.

P3 모델의 마지막 단계에서 Julie는 원칙과 당사자를 대화에 참여시키는 과정(process)을 시작한다. 이 과정에서, "치료사는 윤리적 결정에 영향을 미칠 공유된 이해를 발달시키기 위해 당사자들과 원칙에 대한 반복적인 대화를 촉진한다"(Seymour & Rubin, 2006, p. 110). P3 모델을 사용하여, Julie는 자신의 정신건강 직업에 따른 역사적이고 윤리적인 원칙, 특정한 상황 맥락, 놀이치료의 특정한 실제를 고려하는 윤리적 행위의 과정에 도달한다.

결론

이 장은 놀이치료와 관련된 네 가지 중요한 이슈인 역량 확립하기, 사전동의 제공하기, 비밀보장 보호하기, 다중 관계 평가하기에 대해 간략하게 개관하였다. 위의 논의는 종합적인 것이 아니고, 놀이치료 실제와 관련된 윤리적 이슈의 전체 목록도 아니다. 대신, 다른 관련 이슈와 여기에서 논의되지 않은 관련 영역들을 고려할 때 이러한 네 가지 이슈를 어떻게 다룰지 검토하여 놀이치료사에게 지침이 되기를 기대한다. 또한 이 장은 놀이치료사가 어떻게 최선의 윤리적 결정에 도달할 수 있는지를 보여 주기 위해, 윤리적 의사결정에 대한 일반적인 모델 및 놀이치료에 특정한 모델의 예를 제공하였다.

궁극적으로 놀이치료사는 아동들을 돕기 위해 전념한다. 의사소통을 위한 아동의 자연스러운 도구를 사용하면서, 놀이치료사는 어린 내담자의 복지와 건강을 촉진하려고 시도한다. Sweeney(2001)가 지적했듯이, 윤리적인 방법으로 놀이치료를 시행하는 것은 놀이치료 실제의 자연스러운 연장이며, 궁극적으로 놀이치료사가 아동의 최상의 이익을 위해 행동하도록 인도한다. 이 장에서 제기된 이슈들과 윤리적 의사결정 모델을 신중하게 사용하여 아동에게 최상의 이익을 계속 촉진하는 데 성공하기 바란다.

제22장

놀이의 치유적 기능에 대한 신경과학적 탐색

Bonnie Badenoch · Theresa Kestly

왜 신경과학을 연구하는가
놀이를 통한 치유의 관계적 기초
암묵적 기억 그리고 변화의 핵심 과정
변화를 돕는 최적의 수단으로서의 치유적 놀이
'단지 놀이하기'와 일곱 가지 정서-동기 시스템
전 연령대를 위한 놀이의 가치

엄마의 치마 자락 뒤에 숨어 빼꼼히 고개를 내밀고 있는 다섯 살짜리 Julia[1]의 모습은 내가 상상하던 것 그대로였다. Julia의 부모와 나는 일주일 전에 만나 그들의 딸에 대해 이야기를 나누었다. McKeen 부인은 Julia가 매우 불안해하며 그녀에게 심각한 문제가 있는 것 같다고 걱정하였다. 또한 자신의 암투병이 어떤 식으로든 딸에게 영향을 미쳤을 것이라고 믿고 있었기 때문에 죄책감을 느끼고 있었다. McKeen 씨는 딸에 대한 걱정에 더해서 Julia의 불안과 집착하는 행동이 이제 간신히 회복하고 있는 아내에게 힘겨운 짐이 되고 있다고 느끼고 있었다. 부모 모두 Julia의 행동을 변화시키는 데 도움이 되는 것이라면 무엇이든지 하겠다는 점을 명확히 했다. 그들은 양육 수업, 아동기 발달에 대한 교육을 포함하여 이미 여러 가지 방법을 시도했었지만 더 이상 진전이 없는 것 같다고 말했다. "어느 것도 소용이 없었어요. 우리는 뭔가 전문적인 기술이 필요하다고 생각해서 당신을 찾아왔습니다. 가까운 친구가 우리에게 놀이치료가 도움이 될지 모른다고 말해 주었거든요."

Julia가 엄마와 함께 첫 번째 놀이치료 회기에 왔을 때, 나(Kestly)는 Julia가 놀이방을 보러 나와 함께 가고 싶어 한다는 느낌이 들 때까지 몇 분간 상담실에서 이야기를 나누었다. Julia에게 놀이방에 가 보고 싶은지 묻자 그녀는 나를 흘끔 보더니 재빨리 시선을 돌렸다. 하지만 우리가 놀이방에 들어서자 그녀의 몸에서 약간 긴장이 풀리는 것을 알 수 있었다. 그러고 나서 내가 "이곳은 너와 내가 함께 특별한 시간을 보낼 수 있는 곳이야. 여기에 뭔가 너의 관심을 끄는 것이 있니?"라고 말하자 그녀의 몸은 다시 뻣뻣해졌다. 그녀는 나를 다시 바라보았고(이번에는 조금 더 오래 바라보았다), 나는 그녀가 "나와 함께 있어 줄래요? 내가 무섭고 상처받았다는 걸 아시겠어요?"라고 말하듯이 나의 얼굴에서 현존(presence)을 찾고 있다는 것을 느낄 수 있었다.

Julia가 그렇게 나의 얼굴을 바라보고 있는 동안 나는 Julia가 좀 더 안전하다고 느껴서 자신감과 즐거움을 갖고 세상 밖으로 나아갈 수 있도록 해 주고 싶어 하는 부모의 다급한 마음을 느낄 수 있었고, 나의 몸이 긴장되고 있음을 알아차렸다. 나는 정말로 이 일을 바로잡고 싶었다. 나는 약간 긴 호흡을 하고 나서 관계적 신경과학으로부터 이해를 시작할 때 지켜야 하는 몇 가지 원칙을 상기했다. Julia의 **추구**(SEEKING)와 **놀이**(PLAY) 회로[2][신경과학자인 Jaak Panksepp(Panksepp & Biven, 2012)이 밝혀낸 7가지 정서-동기 회로 중 두 가지]

1) Julia는 Theresa Kestly가 치료했던 아동 사례 몇 가지를 가지고 구성한 사례이다.
2) Jaak Panksepp은 이 단어들을 대문자로 표기하였다. 이는 포유류 특히 인간의 정서-동기 회로에 관한 특별한 의미를 갖고 있기 때문이다.

는 이미 그녀의 시스템 안에 있기 때문에, 내가 **보살핌**(CARE)을 안전하게 제공해 줄 수 있다면 치유적인 목적을 달성할 수 있을 것이다. 보살핌(CARE)은 Panksepp이 밝혀낸 또 다른 정서 체계로, 다른 사람과의 깊은 유대를 가능하게 한다. 나는 관계적 놀이 안에서 이러한 피질하 시스템을 성장하고 있는 Julia의 신경계에 자연스럽게 짜 넣음으로써 나의 지지가 그녀에게 도움을 줄 수 있을 것이라고 믿었다. 이것은 전체성(wholeness)을 추구하는 뇌의 자연스러운 추진력과 협력하여, 엄마의 병으로 인해 그녀가 경험했던 어린 시절의 유기라는 고통스러운 암묵적 기억이 드러나고 공동조절(coregulate)될 수 있도록 할 것이다. 이렇게 관계적으로 지지받는 변화는 점진적으로 그녀의 행동에 영구적 변화를 가져올 것이다. 반면, 단순히 행동에 초점을 두는 것은 스트레스 상황이 될 때마다 기저의 암묵적 기억이 떠오르게 만들 것이다. 이러한 관점에 집중하는 동안 나의 몸은 편안해졌고 얼굴에서는 평온한 미소가 피어올랐다. 내가 다시 Julia를 바라보았을 때, Julia의 몸은 우리 둘 사이에 최초의 **연결**(connection)을 만들면서 내 몸을 따라오고 있었다.

왜 신경과학을 연구하는가

관계적 신경과학에 대해 배우는 것의 고됨과 놀이치료의 막힘없는 즐거움은 서로 관련성이 없는 것처럼 보일 수 있다. 그러나 놀이의 한 가운데에서 신경전달물질은 균형을 향해 흐르고, 내장 뇌(belly brain)는 이완되며, 심장 뇌(heart brain)는 관계의 놀라움에 대해 배우고, 자율신경계는 우리를 다른 사람과 연결시켜 주는 가지로 쉽게 접근할 수 있는 방법을 찾아내며, 오래된 외상과 상실의 기억은 표면 위로 떠올라 재작업될 수 있는 상태가 된다는 것을 이해하기 시작하면 우리는 놀이를 통해 사람들을 도울 수 있다는 확신을 갖고 집중하게 될 것이다. 놀이의 기저에 있는 신경생물학에 대해 **느껴지는 감각**(felt sense)을 양성하는 것은, 외상 혹은 다른 장애물이 있을지라도 아동을 건강한 발달적 경로로 되돌리기 위한 최적의 수단으로서 놀이치료의 가치에 대해 부모나 교사들과 이야기할 때 우리에게 자신감을 줄 것이다. 또한 이 견고한 기초는 모든 연령의 내담자와 함께 작업할 때 우리가 놀이성(playfulness)의 발현을 알아차리고 이를 지지할 수 있도록 할 것이다. 어떻게 우리의 뇌와 마음이 놀이 중에 다른 사람과의 연결을 끊임없이 만들어 가는지에 대해 알아 가는 것은 우리의 치료적 작업 전 영역에 걸쳐 매우 견고한 과학적 기반이 되어 줄 것이다.

이러한 의도를 마음에 두고, 놀이치료를 설명하는 관계적 신경과학의 몇몇 주요 입장을 탐색해 보기로 하자. 우리는 몇 가지 기본 원칙에서 시작할 것이다. 그다음에는 놀이를 통해 어떻게 발달하는 뇌가 치유적 기능을 갖는가에 대해 살펴볼 것이다. 또한 아동 및 성인과의 놀이 작업에 도움이 되는 다음 영역들에 대해서도 숙고할 것이다. 해당 영역은 ① 항상 좀 더 통합적인 방향으로 움직이는 시스템으로서의 뇌, ② 암묵적 기억의 특징과 암묵적 기억이 어떻게 변화하는가, ③ 어떻게 현존 자체가 다른 모든 것의 기초가 되는가, ④ 안전감(safety)을 제공하는 데 있어서 자율신경계의 역할, ⑤ 우리 뇌 깊은 곳에 뿌리 내리고 있는 놀이의 신경 회로이다.

놀이를 통한 치유의 관계적 기초

Julia를 처음 만난 순간부터 시작해 보자. 그녀가 나를 흘끗 올려다보고 고개를 돌렸을 때, 그리고 그다음에 좀 더 오래 나를 바라보았을 때 그녀는 무엇을 찾고 있었던 것일까? 아마도 그녀의 신경계는 이곳이 안전한지 아닌지를 빠르게 평가하고 있었을 것이다. 우리는 판단이나 기대 없이 함께할 수 있는 사람, 우리를 있는 그대로 수용해 줄 수 있는 사람과 연결되어 있을 때 안전감을 느낀다. 지금 바로 몇몇 사람을 떠올리면서 우리의 몸에 어떤 일이 일어나는지 감지해 봄으로써 이를 간단히 확인해 볼 수 있다. 그 사람과 문제가 있다고 느낀다면 우리의 신체—아마도 복부에서 시작되는—는 경직되면서 취약성으로부터 멀어질 것이다. 만약 개방적인 호기심과 따스한 수용을 느낀다면, 몸의 긴장이 풀어지면서 자신의 취약성으로 쉽게 다가갈 것이다. Julia는 아직 나와 친밀하지 않았기 때문에 그녀가 나의 환영과 따스한 현존을 느끼는 것은 특히 중요했다. 우리 모두는 (상대방에게 안전하게 접근하려는 유전적 선호성과 과거 경험 둘 다에 기초해서) 우리가 상상할 수 있는 가장 따스한 애착을 끊임없이 추구한다. 이것은 유연하고 적응적인 우리의 본성 중 하나이다. 이런 방식으로 Julia의 체계는 연결에 대해 조심스러움과 가용성 둘 다를 동시에 준비하고 있었다. 이러한 유대는 그녀와 나의 존재상태(State of being) 사이에서 일어나는 의식하 수준의 매우 빠른 대화와 함께 시작된다.

두 가지의 마음상태(State of mind)가 이러한 종류의 현존을 위한 기초를 만드는 데 도움이 될 수 있다. ① 모든 사람은 자신에게 주어진 신경생물학적 · 환경적 조건 하에서 선택할 수 있는 최선을 선택할 것이라고 느껴지는 감각(felt sense), ② 변화를 위해 문제를 그냥 흘러가도록 두는 것이 실제로 변화가 일어나기 위한 여유를 만들어낼 것이라고 느껴지는 감각이 그것이다. 치료 계획과 목표를 강조하는 패러다임에 기반을 둔, 『Mindfulness-Based Cognitive Therapy for Anxious Children』(2011)의 저자인 Semple과 Lee, Williams, Teasdale조차도 "전통적인 훈련을 받은 치료사들에게 있어서 MBCT-C(Mindfulness-Based Cognitive Therapy for Anxious Children)의 가장 어려운 요소는 아마도 변화에 대한 열망을 버리는 것일 것이다. 변화의 열망을 버리는 것 자체가 의미 있는 변화를 촉진할지도 모른다."(p. 3)라고 적었다. 우리의 시스템은 시간, 공간, 그리고 풍부한 지원이 주어지면 어떻게 해야 할지를 안다. 그리고 다른 사람이 우리에게 어떤 특정한 방향을 원한다는 것을 감지할 때면 종종 움츠러든다. 이것이 관계보다 행동 변화에 더 초점을 두는 치료가 장기적 관점에서 비일관적인 결과를 보여 주는 이유 중 하나이다.

복잡계와 제약

관계적 신경과학은 이러한 두 가지의 기본적인 마음 상태에 대해서 무엇을 말해 줄 수 있을까? 관계적 신경과학은 우리의 뇌가 (시스템에 가해지는 어떠한 제약이든 그 안에서) 자기조직화하고, 항상 더 통합된 상태를 향해 움직이는 복잡계(complex system)라고 말한다(Siegel, 2012). 이 통합 과정은 우리가 신뢰할 수 있는 것이다. **제약**(Contraints)은 우리의 지각과 기대를 특정한 방향으로 이끌도록 과거 경험에 부호화된다. 만약 우리가 삶을 따스하고 안전한 것들로 채워 왔다면, 제약은 우리가 발달적 경로를 따라 가는 동안 이와 유사한 관계적 기대를 찾는 방향으로 우리를 안내할 것이다. 반대로, 우리가 어린 시절의 관계 속에 다양한 종류의 고통과 공포를 기록해 놓았다면, 제약은 우리의 현재 경험을 비슷한 느껴지는 감각으로 물들일 것이고, 우리의 체화된 기억과 닮아 있는 누구에게든 과민하도록 만들고, 각인된 패턴에 반응하도록 우리의 행동을 안내할 것이다. 내담자들의 복잡한 뇌가 이러한 제약의 변화를 스스로 통합해 갈 것이라는 믿음이 강할수록—안전, 수용적 관계와 함께—내담자 각자의 시스템이 안내할 수 있도록 문제들을 놓아 주는 것은 더 쉬워질 것이다.

Julia의 초기 삶은 엄마의 계속된 질병으로 기록되었다. 이것은 긴 분리를 의미했고 일관성, 근접성, 이해 그리고 안심과 같은 그녀의 정서적 요구에 집중하지 못하는 많은 사람에 의해 양육되는 것을 의미했다. 이렇게 지속적으로 연결이 바뀌는 것은 사랑하는 엄마와 헤어지는 슬픔 한가운데 있는 그녀를 두려움에 떨게 했다. 이제 그녀의 시스템은 다음번에 있을 관계적 상실을 기대하는 방식으로 제약되었고, 이것은 그녀가 매달리고, 울고, 가끔은 분노하도록 만들었다. 그녀가 나를 바라보았을 때, 그녀는 자신이 그렇듯이 내가 이 순간에 그녀를 수용해 줄 수 있는지를 알아채야만 했다. 만약, 그녀가 내 얼굴을 보았을 때 내가 그녀를 결함이 있거나 바뀌어야 한다고 생각하고 있다는 느낌을 받았다면, 우리의 연결은 뿌리 내리지 못했을 것이다. 대신에 그녀는 **바로 지금**(right now) 그녀에 대한 나의 환영과 개방을 볼 수 있었고, 그녀는 이번에는 다른 것 같다는 희망을 가지기 시작했을 것이다. 초기 경험의 중요성을 생각했을 때 그녀의 체계가 이 관계를 안정되고 지속적인 것으로 **기대하기**(expect) 시작하기 위해서는 시간이 필요할 것이다. 그러나 나를 만날 때마다 동일한 수용을 경험하게 된다면 그녀의 가장 중심적인 암묵적 구조 안에서 변화가 일어날 수 있을 것이다.

이러한 제약에 더해서, 나는 Julia가 좀 더 안전하게 느끼고, 덜 집착하고, 그들의 사랑을 덜 거부했으면 하는 부모의 다급함 또한 느낄 수 있었다. 하지만 그 다급함을 우리의 놀이치료에 가져왔다면 Julia는 그것을 느꼈을 것이고, 아마도 의식 수준에서 자신을 보호하기 위해 굳어 버렸을 것이다. 이러한 자율신경계의 처리에 대해서는 나중에 더 이야기하게 될 것이다. 우리에게 변해야 한다고 말하는 다른 사람의 불안은 뭔가 잘못되었다는 의미를 전달한다. 그리고 그러한 느껴지는 감각은 우리의 신경계를 활성화시킨다. 대신에, 만약 우리의 시스템이 보호적인 지혜(protective wisdom)의 안내에 따라 환경에 적응해 왔다는 것을 다른 사람들이 이해하고 있다고 느낀다면, 우리의 신체는 더 큰 개방을 위한 여유를 갖게 될 것이다. Julia와 함께 있을 때면 상실에 대한 기대로 불안해 하는 것이 당연하다는 것을 쉽게 느낄 수 있었다. 따라서 나는 그녀의 시스템이 자신의 방식을 찾아가는 능력을 신뢰하면서 다급함에서 벗어날 수 있었다. 우리의 연결이 증가되면서 그녀의 제약은 자신만의 속도로 변화할 수 있었고, 그녀의 뇌와 몸은 더 큰 통합을 향하는 길을 찾기 시작했다. 나는 암묵적 기초가 변화되면서 그녀의 행동이 변화하기 시작했을 뿐 아니라 그녀가 안전감을 더 많이 느끼기 시작했다는 것을 확신했다. 우리가 서로 연결되고 안전하다고 느끼면 집착은 사라진다(Panksepp & Biven, 2012).

암묵적 기억 그리고 변화의 핵심 과정

출생 이전부터 마지막 숨을 쉴 때까지 우리의 뇌와 마음이 어떻게 만들어져 가는가를 이해하는 것이 **대인관계 신경생물학**(interpersonal neurobiology: IPNB; Schore, 2012; Siegel, 2012)의 핵심이다. 대인관계 신경생물학은 안전한 관계 속에서 어떻게 변화가 이루어지는가를 설명해 주는 과학적 기반의 패러다임이다. 이 패러다임은 사람들 사이에서 무슨 일이 일어나는지에 집중한다. 또한 모든 연령대의 내담자들이 본질적으로 통합을 추구하는 뇌의 안내에 따라 건강, 안녕(well-being), 따뜻한 관계를 향해 가는 동안 치료사가 현존하는 것이 얼마나 강력한 힘을 갖는지 알려 준다. 우리와 내담자 사이에서 일어나는 마이크로 초 단위의 상호작용 안에는 내담자가 그들의 체화된 고통과 공포의 기억에 틈을 내주도록 허용하는—변화로 가기 위한 가장 필수적인 단계—시스템과 우리 자신의 시스템이 서로 공명할 수 있는 가능성이 있다. 바로 그때, 우리가 원 경험(original experience) 때에는 충족되지 못했던 그들의 욕구를 충족시켜 줄 수 있다면, 비록 외현적 기억은 변하지 않는다 하더라도, 오래된 암묵적 기억을 둘러싸고 있는 회로가 새로운 에너지와 정보를 받아들이기 위해 열릴 수 있으며 이것은 그 기억에 대한 느껴지는 감각을 변화시킬 것이다(Ecker, Ticic, Hulley, & Neimeyer, 2012).

암묵적 기억과 행동의 관계

이러한 변화의 핵심적인 패턴을 본격적으로 탐색해 보자. 첫 번째 질문은 아마도 '새로운 경험과 행동의 패턴으로 옮겨 가기 위해서, 놀이치료 중인 내담자 안에서는 실제로 무엇이 변화해야 하는가'일 것이다. 행동을 통해 자기 자신을 드러내고자 애쓰는 것(Julia의 경우 집착하기와 분노)은 우리의 삶을 통해 축적된 암묵적 패턴에 뿌리를 두고 있다. 암묵적 기억은 체화된 기억이며, 우리의 모든 경험의 부분으로서 부호화되는 신체감각, 정서의 흐름, 행동적 충동, 지각, 그리고 감각조각들로 구성되어 있다(Badenoch, 2011). 우리의 뇌가 처음으로 세상과 만날 때 변연계와 신피질의 뉴런은 거의 분화되어 있지 않다. 이것은 이들 뉴런이 서로 연결되어 있지 않다는 뜻이다. 생애 초기의 관계 경험은 이러한 연결을 만들어 내야 하고 계속 유지할 수 있는 패턴을 만들어 내야 한다. 우리는 분명 유전적이고 후생학적인 소인과 기질을 가지고 태어났으며, 그 다음에는 관계적 세상을 만나게 된다. 생후 첫 12~18개월 동안 우리가 만들어 내는 기억은 암묵적인 것뿐이다(Siegel, 2012). 이것은 변연계에 자리 잡고 있으며 우리의 일차 정서를 관장하는 피질하 영역뿐 아니라 내장 및 심장 뇌로부터 입력을 받는다(Panksepp & Biven, 2012). 이러한 체화된 암묵적 기억이 충분히 반복되면, 우리의 인생이 어떻게 진행될 것인가에 대한 **체화된 예견**

(embodied anticipations)이 된다(Badenoch, 2013).

Julia의 경우, '엄마가 여기 있는 것—엄마가 가 버리는 것'의 패턴이 그녀의 생애 첫 3년 동안 여러 번 반복되었고, 엄마의 병이 심각했기 때문에 그것은 응급상황에 대한 감지와 함께 발생되었다. 모두가 이러한 스트레스 상황에 맞게 대처해야했기 때문에, Julia의 두렵고, 슬픔에 가득 찬 경험에는 지속적인 확인과 이해, 그리고 위로가 빠져 있었다. 외상은 우리에게 일어난 일 때문이 아니라 우리가 그 경험을 통합할 수 있도록 전적으로 연결해 주는 사람이 없었기 때문에 발생한다(Dobbs, 2012). 결과적으로, 이러한 반복적인 상실에 대한 Julia의 암묵적 기억은 모든 관계가 어떤 때는 위험하거나 고통스러울 뿐 아니라, 어떤 때는 멋지고 양육적이며, 상실은 항상 예상치 못하게 일어난다는 체화된 예견을 만들어 갔다.

외현적 기억(과거에 일어난 일에 대한 우리의 서술적 회상으로 시작, 중간, 끝이 있음)과는 다르게 암묵적 기억은 그것이 다시 떠올려질 때(reawakened) 결코 과거에 있었던 사건으로 경험되지 않는다. 대신에 그것은 마치 바로 지금 일어나는 것처럼 우리 몸에 되살아난다. 우리는 지난 몇 주간 일어났던 기분 좋은 일을 떠올려 봄으로써 잠깐 동안 그것을 확인해 볼 수 있다. 우리가 잠시 앉아 그 기억을 떠올려 본다면, 우리는 그 일이 얼마 전에 일어난 것이라는 것을 **알고** 있지만 **우리의 몸**은 그것이 바로 지금 일어나는 것처럼 느낀다는 것을 알아차릴 수 있을 것이다. Julia에게 그녀의 엄마(혹은 누구든)가 뒤돌아서는 느낌은 그녀의 암묵적 기억의 흐름을 활성화시켰을 것이고 상실이 임박한 것처럼 느껴졌을 것이다. 취침 시간에 엄마가 방을 떠나는 것이나 학교에 내려 주는 것과 같은 단순한 일상적 활동들도 초기 삶 동안 그녀의 암묵적 기억 속에 축적되어 온 공포와 슬픔을 불러일으켰을 것이다. Panksepp의 저서(Panksepp & Biven, 2012)에서 볼 수 있듯이, 울며 매달리는 것은 상실의 공포에 대한 자연스럽고 건강한 반응이다.

우리 모두는 모든 경험을 통해 끊임없이 새로운 암묵적 기억을 만들어 내고 있다. 의식적인 주의를 기울여 부호화해야 하는 외현적 기억과는 다르게, 암묵적 기억은 의식적 주의를 기울이지 않아도 우리의 신경계를 파고든다. 이것은 우리가 그저 환경 속에서 살아가는 것만으로 외현적 기억보다 암묵적 기억을 더 많이 만들어 내고 있다는 의미이다. 또한, 비록 우리의 아동 혹은 성인 내담자들이 꽤 안전한 어린 시절을 보냈다 하더라도, 이후의 삶에서 경험하는 외상이나 다른 여러 난관은 일상적인 사건들에 의해 건드려지고 다시 떠올려질 수 있는 암묵적 흐름을 만들어 낼 수 있다.

변화해야 하는 것은 무엇인가-그리고 어떻게 변화가 일어나는가

이 모든 것을 고려해 볼 때, 변화해야 하는 것은 **암묵적 기억 안에 있는 체화된 주관적 감각**인 것처럼 보인다. 왜냐하면 그것이 인식, 감정 그리고 행동들과 함께 현재로 계속 불러일으켜지기 때문이다. 최근까지는 어떻게 이러한 변화가 일어나는지 이해할 수 있는 과학이 없었다. 하지만, 기억 재공고화(reconsolidation)에 대한 연구가 단서를 제공해 주었다(Ecker et al., 2012 참조). 다음의 두 가지 조건하에서 암묵적 기억을 담고 있는 신경망이 새로운 정보에 개방되는 것으로 보인다. 암묵적 기억이 몸 안에 살아 있어야 하고, 그것이 소위 말해 **불일치하는 경험**(disconfirming experience)을 만나야 한다. 즉, 암묵적 기억이 원래의 사건 당시에 필요했지만 누락되었던 체화된 경험과 만나야 한다. 우리가 두려워한다면 우리는 안전과 보호를 필요로 한다. 우리가 굴욕감을 느낀다면 우리는 수용을 갈망한다. 우리가 슬픔에 빠지면 우리 시스템은 위로를 갈망한다.

현재의 순간에 생생하게 살아 있는 것을 목표로 하는 놀이치료 관계의 맥락에서, 이러한 불일치하는 경험은 떠오르는 암묵적 기억을 둘러싸고 있는 순간순간의 관계적 교환에서 드러날 수 있다. Julia와 내가 처음 만난 순간에도 두려움과 안심 모두를 확인하려는 그녀의 눈빛은 그녀의 암묵적 세계가 생생하다는 것을 말해 주고 있었다. 만약 내가 (그녀가 두려워하는 것이 당연하다고 인정해 주는 동시에 차분하고, 안전하며, 일관된 공간을 제공해 주면서) 그녀에게 일관된 존재가 될 수 있다면, 이전의 암묵적 기억들은 안전함이라는 새로운 패턴에 익숙해지기 시작할 때까지 반복해서 불일치를 만나게 될 것이다. 그녀의 변연계와 전전두피질(특히 우반구) 사이의 새로운 신경 경로는 이 새로운 패턴을 유지하려할 것이며, 이 연결이 강화될수록 Julia에게는 몇 가지 능력이 생기기 시작할 것이다. 그것은 반응을 선택하기 전에 충분한 시간 동안 잠시 멈출 수 있는 능력, 자율신경계와 정서의 더 나은 조절능력, 진정작용을 하는 신경전달물질인 GABA(gamma-aminobutyric acid) 흐름이 증가하면서 공포에 대한 느껴지는 감각이 감소하는 것, 다른 사람의 얼굴에서 안심의 메시지를 '읽는' 능력이 증가(Seigel, 2012)하는 것 등이다.

Julia가 4세가 되었을 즈음, 그녀의 엄마의 병이 호전되었을 때에 왜 이러한 일들이 일어나지 않았을지 의문이 들 수 있다. 나는 Julia를 만나기 전과 Julia를 치료하는 동안에 그녀의 부모와 함께 시간을 보냈고, Julia가 힘든 어린 시절을 보낸 것에 대해 부모 모두 얼마나 죄책감과 슬픔을 느꼈는지에 대해 이야기했다. 그들 모두 엄마의 병이 재발할 수도 있다는 점에 대해 여전히 두려움을 느끼고 있었지만, 그럼에도 불구하고 Julia가 지금은 안전하다고 느끼기를 간절히 바랬다. 이 투쟁의 일부는 (비록 Julia가 있을 때 말하지는 않았지만) 끊임없는 공포가 가족 시스템 안에 살아 있고 모두에게 손길을 뻗치고 있다는 데에 있었다. 부모의 신경계에서 펼쳐지는 모든 것은 아이들 또한 경험할 정도로 강력한 공명 시스템을 가지고 있다. 그리고 그것에 대해 더 적게 이야기할수록 아이들은 그것들을 이해하지 못한 채 느껴지는 감각의 패턴만을 더 물려받는다.

더욱이, 일상생활에서 Julia와 엄마는 학교에 갈 때나 잠자리에 들 때 조차 만나고 헤어져야 했고, 이것은 매일매일의 환경 속에서 그녀의 암묵적 기억이 생생하게 살아나도록 했다. 암묵적 기억이 어떻게 작동하는지 이해하지 못했기 때문에, 그녀의 부모들은 Julia의 진짜(realistic) 화—Julia는 아침이면 엄마가 거기에 있는지 정말로 알 수가 없었다—에 점점 화가 나기 시작했다. 그 결과, 그들은 Julia의 안전감이 다시 작동하기 위해 필요로 했던 침착함, 그리고 지속적이며 반복적인 안심을 제공해 줄 수 없었다.

부모 면담에서 우리는 암묵적 기억뿐만 아니라 McKeen 부인의 병이 반복해서 재발함으로 인해 가족 구성원 모두에게 어떤 영향을 미치고 있는지에 대해서도 이야기하였다. 나는 그들이 두려운 미래에 맞서려고 하기보다 그 순간에 머물 수 있도록 마음챙김 훈련을 가르쳐 주었다. 두려운 미래에 대해 걱정하는 것은 앞으로 일어날 수도 있는 일에 대해 우리가 마음의 준비를 할 수 있게 한다. 하지만 이것은 또한 우리를 바로 지금의 삶에 현존하지 못하게 한다. 우리는 또한 약간의 모래놀이도 하였다. 모래놀이는 그들이 의식하고 있지는 못했지만 4년 동안의 긴 싸움을 지나오면서 그들의 몸에 남아 있는 긴장을 풀어내는 데 도움이 되었다. 우리의 암묵적 기억 속에 암호화되어 있는 많은 것이 말로는 표현될 수 없다는 것을 이해하고 나자 그들은 편안하게 모래상자로 다가갔다. 모래를 손으로 만졌을 때 그들은 이 매개체를 통해 진정이 되고 불안감이 빠져나가는 것을 느꼈다. 그들이 느껴지는 공명에 따라 사물(object)을 선택하면서 힘들었던 수년간의 주제가 점진적으로 펼쳐졌고, 우리는 말없이 셋만의 시간을 보냈다. 가끔은 말로 표현되는 이야기가 나오기도 했고, 가끔은 정서의 자연스러운 흐름에 따라 진행되기도 했다. 고통스러운 경험들이 점차 통합되고 안정되면서 그들의 침착함을 유지하는 능력이 회복되었다. 서로 버텨주는(holding) 능력은 곧 그들의 사랑하는 딸에게로 확대되었고, 우리는 점차 Julia를 위한 지지적인 팀이 되어 갔다.

변화를 돕는 최적의 수단으로서의 치유적 놀이

만약 보다 안정되고 충만한 삶을 위해 우리가 변화시켜야 하는 것이 암묵적이고 체화된 기억들에 대한 주관적 느낌이라면, 어떻게 이러한 일이 일어날 수 있는 최적의 조건을 놀이가 제공하는 것일까? 그것은 이러한 기억들 대부분이 말로 표현되지 않은 채 지금 이 순간의 신체적인 느낌, 정서, 행동, 그리고 인식으로써 떠오르기 때문이다. 아동이나 성인이 여러 가지 피규어를 모래 위에 늘어놓는 것은 안전하고 수용적인 관계의 보호 아래에서 놀이치료실로 고통스럽고 두려운 경험들을 가져오는 기회를 갖게 해 준다. 단지 놀잇감들을 바라보는 것만으로도 해결되지 않은 고통스럽거나 두려운 경험이 저장된 (대개는 우반구에 있는) 뇌의 부분들을 건드릴 수 있다—크고 작은 외상적 사건이 일어났지만, 아무도 무슨일이 일어났는지 말해 주러 오지 않았고 위로해 주지 않았던.

안전한 관계가 제공해 주는 지지를 기반으로, 아동 및 성인들은 그동안 보여 주지 않았고 알지 못했던 이야기를 공유하기 위해서 자신의 신체나 놀잇감을 사용하여 자연스럽게 표현하기 시작한다. 암묵적 기억은 대부분 의식 수준 아래에 체화되어 있고 언어로 표현되지 않기 때문에 그것에 다가가기 위해서는 상징이나 행동을 통해 그 기억들이 '말하게(speak)' 할 수 있는 환경을 마련해야 한다. 놀이치료가 어떻게 이러한 변화들을 촉진할 수 있는지를 좀 더 잘 이해하기 위해서 안전감과 놀이의 신경회로에 대한 탐색으로 돌아가 보자.

기본 토대: 안전감

앞에서 보았듯이, Julia에게 가장 먼저 필요한 것은 내가 그녀의 안전한 동반자가 되어 줄 것인지 아닌지를 알아내는 것이었다. Stephen Porges(2011) (Pauls MacLeans, 2011의 연구를 기반으로 함)의 연구는 세 가지의 자율신경계와 안전감의 경험에 있어서 자율신경계의 역할에 대해 설명하고 있다. 전통적으로 자율신경계는 두 개의 가지(branch), 즉 가속 역할을 하는 교감신경계와 감속 역할을 하는 부교감신경계로 구성된다고 생각되었다. 이러한 관점에서 목표는 두 가지 사이의 균형을 유지하는 것이었다. 하지만 Porges의 연구는 자율신경계가 위계적으로 배열된 세 개의 가지로 구성되어 있어서 위험에 대한 '신경지(neuroception)'가 증가하면 생존을 위해 한 가지는 닫히고 다음 가지가 활성화된다고 말한다. **신경지**라는 용어는 Stephen Porges(2003)에 의해 만들어졌으며, 어떻게 자율신경계가 의식적인 자각 없이 우리 몸의 다른 회로들과 함께 위험과 안전을 감지할 수 있는지에 대해 말해 주는 것이다. 자율신경계는 홀로 작동하는 것이 아니라 얼굴을 인식하고, 의도를 평가하고, 빠르게 위협을 판단하고, 신체로부터 변연계로 정서와 관련된 정보들을 전달하는 회로들과 함께 작동한다. 요컨대 이러한 회로들은 우리가 타인과 있을 때나 환경 안에서 얼마나 안전한지에 대해 경고를 해 준다(Adolphs, 2002; Critchley, 2005; Morris, Ohman, & Dolan, 1999; Winston, Strange, O'Doherty, & Dolan, 2002).

사회참여체계

인간의 신경계가 안전을 찾고 유지하기 위해 선호하는 방법은 다른 사람들과의 연결을 통한 것이다(Beckes & Coan, 2011). Porges(2011)는 자율신경계 위계에서 가장 우선적으로 그리고 가장 선호되는 시스템은 **배쪽 미주 부교감신경**(ventral vagal parasympathetic) 혹은 **사회참여체계**라고 말한다. 이것은 우리가 서로 관계를 맺을 수 있게 해 주는 회로—안전애착과 암묵적 기억의 변화 모두에 있어서 중심적인 필요 요소—이다. 이 회로는 심장박동을 느리게 하고(미주 브레이크, the vagal brake), 투쟁-도피-경직 반응을 감소시키며, 스트레스 호르몬인 코르티솔 방출을 감소시킨다(Porges, 2011). 요약하자면, 이것은 교감신경계가 주도하는 상황을 멈추게 한다. 흥미롭게도 이 회로는 또한 염증을 감소시키고 우리를 성장과 회복의 상태로 만든다.

이러한 상태에 있는 사람은 스트레스 상황에서도 다른 사람의 조절을 도와줄 수 있다. 그 주된 이유는 포유류의 진화과정 동안 배쪽 미주신경이 얼굴과 머리 근육을 통제하는 회로에 통합되었기 때문이다. 이 신경 경로는 서로 연결되어 있는 타인과 의사소통하는 비언어적 수단인 시선 응시, 어조, 듣기, 얼굴 표정을 조절한다(Porges, 2011). 침착하게 박동하는 심장과 편안하지만 활기찬 얼굴은, 우리가 참여할 준비가 되었다는 신호를 보낸다. Julia가 처음에 나의 얼굴과 눈을 응시한 것은 이 새로운 관계가 그녀의 내면 세계를 열기 위해 필요한 안전감을 제공할 수 있는지를 알아내기 위한 적응적 방법이었다. 그녀가 의식적으로 이런 생각을 하지는 않았을 것이다. 하지만 복잡계는 항상 더 통합적인 것을 추구한다는 것(이것이 신경생물학적으로 치유를 이해하는 방법이다)을 기억한다면, 그녀의 시스템이 그녀의 초기 외상들을 통합의 흐름에 합류시키기 위한 조건을 찾아보고 있었다는 것을 상상해 볼 수 있다.

위험에 대한 신경지와 교감신경 각성

Julia의 경험은 그녀가 안전과 연결 상태에 접근하는 것을 취약하게 만들었다. 대신, 그녀의 신경계는 그녀의 엄마나 다른 누구든 언제든지 그녀의 시야에서 사라질 수 있다는 위험의 신경지에 쉽게 접근하였다. 그런 순간이면 그녀의 몸은 심장박동수를 증가시키고 보호에 필요한 화학물질을 시스템 안으로 들여오면서 **교감신경계** 활성화 상태로 변화되었다. 그리고 관계적 고통감을 표현하고 도움을 구하기 위해 울고 매달리는 행동이 나타났다(Panksepp & Biven, 2012; Porges, 2011). 생존을 위해, 그녀의 커져 가는 두려움은 부모님과 그녀를 연결시켜 주는 회로를 오프라인으로 만들어서 그녀가 지각된 위협에 집중할 수 있게 했으며, 동시에 새로운 정보를 받아들이기 어렵게 만들었다. 이것은 이제 안전하다고 설명하려는 부모들의 시도가 문자 그대로 들리지 않고 받아들여지지 않는 것을 의미한다. Julia와 Julia 부모의 신경계는 서로 비슷하게 활성화되었기 때문에 Julia가 자신을 진정시켜 주는 배쪽 미주신경 상태로 돌아갈 수 있는 안전기지를 찾기는 불가능했다.

Julia의 부모와 함께 작업하면서 그들은 짜증 섞인 두려움이 아니라 도움을 구하는 Julia의 울음을 알아채기 시작했고, 그녀의 시스템이 필요로 하는 말없는 위로와 연결을 그녀가 원하는 만큼 제공해 줄 수 있게 되었다. Julia가 두려워할 때마다 그녀를 위로해 주자 시간이 지날수록 Julia는 더 빨리 그리고 더 쉽게 진정되고 연결될 수 있었고, 그녀의 뇌는 반복적인 불일치의 경험을 기록하였다. 이러한 방법으로 Julia는 오래된 공포를 통합할 수 있었고, 이제 삶이 달라졌다는 체화된 경험을 갖기 시작했다.

무력감 그리고 등쪽 미주신경 붕괴

자율신경계에는 또한 세 번째 가지가 있다. 긴박한 상황에서, 우리의 신경지가 생명의 위협을 감지하면 무력감을 초래한다. 교감신경계 회로는 부교감신경의 두 번째 가지인 **등쪽 미주신경**(dorsal vagal)을 위해 꺼진다. 이 가지는 심장박동을 극적으로 줄이고 죽은 척하기—해리나 얼어붙는 행동으로 표현될 수 있는 붕괴 상태—위해 다른 신진대사 시스템을 차단한다(Porges, 2011). Julia의 부모는, 드물긴 하지만 그녀가 울고 소리 지르다가 갑자기 조용해지면서 그들이 '멀리 가 버렸다.'고 부르는 상태가 되는 경우가 있다고 말했다. 이 행동은 그들을 당황하고 겁먹게 했고, Julia와 다시 연결하기 위해 그들의 배쪽 미주신경 상태를 사용하는 것이 불가능했다. 우리는 함께, 그러한 순간에 그녀는 어머니로부터 분리되는 암묵적 기억(아마도 그녀가 매우 어렸을 때 부호화되었을 기억)의 견딜 수 없는 고통으로부터 자신을 보호하기 위해 등쪽 상태로 옮겨 갔다는 것을 이해했다. 이러한 새로운 이해를 바탕으로 그들은 그녀가 적응적 필요로 인해 붕괴상태가 되기 훨씬 전에 그녀의 고통에 개입할 수 있게 되었다.

놀이를 통한 지지적 연결: 인내의 창 넓히기

놀이치료실에서 Julia와 나는 서로 공동조절하는 기회를 가졌다. 이때 나의 배쪽 미주신경 상태는 우리가 함께하는 경험의 기준이 되었다. 그녀의 지속적인 투쟁을 설명하는 한 가지 방법은 그녀의 초기 삶의 경험이 그녀에게 강력한 감정에 대한 좁은 **인내의 창**(window of tolerance; Siegel, 2012)을 남겨 주었다는 것이다. 이것은 아주 작은 것처럼 보이는 것—엄마가 오븐에서 요리를 하기 위해 그녀에서 등을 돌리는 것—이 거대한 신체적 · 정서적 연쇄 반응을 초래할 수 있다는 의미이다. 창의 크기는 뇌 변연계(잠재적 위험에 대한 예민성이 집중되어 있는)와 전전두피질 영역(특히 두려움을 가라앉히는 것을 돕는 안와전두피질)의 통합의 정도를 반영한다.

유전적 계획에 의해 뇌의 이 부분들은 24개월경에 통합되기 시작한다. 하지만 태어나서 처음 몇 달 동안에 아기와 양육자 사이의 관계 안에서 이러한 통합의 기초가 발생한다. 만약 엄마의 뇌가 잘 통합되어 있다면(즉, 대부분의 시간 동안에는 엄마가 아기에게 따뜻하게 조율해 주고 반응적이며, 어쩔 수 없이 붕괴가 일어났을 때에는 회복시켜 줄 수 있다면), 아기의 전전두 회로에는 두 살이 끝날 무렵까지 이어지는 자연스러운 통합 경험이 미리 연결되기 시작한다. 수많은 양육자와 반복적인 응급상황의 발생으로 인해 Julia에게는 이것이 일어나지 않았다. 따라서 이 핵심적인 두 영역 간의 연결은 매우 약했고 현재의 경험에서 상실과 버려짐이 떠올려질 때마다 쉽게 무너져내렸다. 놀이치료실에서 단지 함께 놀이함으로써 우리는 조율하고, 반응하고, 공동조절하는 연결을 강화시키는 기회를 갖게 되었고, 이것은 우리의 인내의 창을 확장시켜 주었다.

'단지 놀이하기'와 일곱 가지 정서-동기 시스템

'단지 놀이하기(just playing)' 의 미덕은 연결의 안전함을 유지하는 배쪽 미주신경계 상태를 유지한 채로 교감신경계의 에너지를 끌어모을 수 있다는 것이다. 두려움과 교감신경계 흥분이라는 일반적인 반응 대신에 Julia의 반복된 유기 경험이 놀이에서 발현되었고 적절한 해결 방법을 찾을 때까지 우리의 연결된 관계 내에서 유지되었다. 세 번째 회기까지 그녀의 놀이주제는 이별에 집중되어 있었다. 엄마 곰인형이 새끼를 눈 속에 버려 두는 놀이나, 모래놀이 선반 위에 있는 모든 사냥꾼들이 엄마를 사자에게 데리고 간 다음 엄마를 모래에 묻는 놀이를 하였다. 나는 그녀의 몸 속에서 긴장감이 고조되는 것을 느낄 수 있었다. 내가 조용히 그녀의 경험을 따라 놀이를 반영해 주자 불안감은 우리의 결합된 인내의 창 안에 머무를 수 있을 정도로 잠잠해졌고, 암묵적 기억은 우리의 배쪽 미주신경 연결을 만나 그 안에 머물렀다. 우리의 공명 회로가 안내해 주는 대로, Julia는 나의 자율신경계를 자신을 진정시키는 데 사용할 수 있었고 놀이를 통한 치유를 계속하였다. 그녀는 "우리는 그냥 놀고 있는 거예요, 그렇죠?"라고 말하듯이 자주 나를 올려다보았고, 그녀는 나의 얼굴과 눈에서뿐 아니라 목소리에서도 "그래, 우리는 단지 놀이하고 있는 거란다."라는 동의를 확인할 수 있었다. 이것이 우리가 안전을 소통하는 가장 중요한 비언어적 방법이었다 (Porges, 2011; Schore, 2012).

우리가 연결된 상태에 있었기 때문에 놀이회로는 여전히 작동할 수 있었고, 놀이는 두려움으로 인해 촉발된 교감신경계 활성화 상태와는 다른 방식으로 그녀가 암묵적 기억과 함께하는 수단이 되었다. 놀이의 신경회로를 탐색하기 위해 Jaak Panksepp의 연구(Panksepp & Biven, 2012)로 돌아가 보자. 그는 일곱 개의 중요한 정서-동기 시스템이 중뇌의 진화 역사 깊은 곳에 묻혀 있다고 설명하였다. 그것은 추구(SEEKING), 보살핌/유대(CARE/BONDING), 놀이(PLAY), 욕정(LUST, 청소년기에 나타나기 시작), 분노(RAGE), 공포(FEAR), 공황/슬픔/분리불안(PANIC/GRIEF/SEPARATION DISTRESS)이다. 우리가 주변 사람들과의 연결이 끊어졌다고(disconnected) 느끼면 우리는 고통을 느낄 것이고, 우리가 다시 연결되었다고 느낄 때까지 우리를 매달리게 만들 것이다. 이것은 우리가 필요로 하는 사람이 우리를 떠나는 것을 막기 위한 현명한 적응 전략이다. 우리의 추구(SEEKING) 체계는 안전기지로 돌아가는 방법을 찾기 위해 고통의 신호를 보낸다. 우리의 슬픔으로 가득 찬 얼굴이 누군가를 우리에게 데려오지 않는다면 우리의 공포는 증폭될 것이고, 만약 이것도 필요한 도움을 얻어 내는 데에 충분하지 않다면 성과 없는 추구의 좌절은 분노(RAGE)로 이어질 것이다. 만약 부모들이 이러한 신호들—슬픔, 매달림, 공포, 분노—을 잘못된 행동이 아닌 도움을 요청하는 울부짖음으로 보기 시작한다면, 그들은 그 순간에 아이들에게 다가가서 아이들의 시스템이 갈망하는 불일치의 경험을 제공할 수 있을 것이다.

아이들을 놀이치료에 데려오는 부모 중 상당수가 매일매일 이러한 신호에 맞닥뜨리고 있고 이러한 행동을 변화시켜서 고통이 멈추기를 바란다. 만약 우리가 기저에 있는 연결에 대해 설명하는 대신 행동을 바로잡는 것으로 시작한다면, 개선은 일시적인 것처럼 보일 것이고 연결 단절의 스트레스가 다시 만들어질 때까지 잠시 동안만 지속될 것이다. 그리고 아이들의 시스템은 적응적으로 다시 도움을 청할 것이다. 이러한 확장된 관점은 가족의 삶을 변화시키는 정보가 될 수 있다.

연결, 안전감 그리고 놀이

놀이치료실에서 우리는 화난 아이들의 연결에 대한 욕구를 즉시 충족시켜 줄 자원을 가지고 있다. 일단 관계적 경험이 충족되면, 추구(SEEKING) 체계는 더 이상 안전 기지를 찾기 위해 자원을 쏟지 않고 그 순간 아동의 세계에서 가장 문제가 되는 것이 무엇인지 탐색하기 시작한다. 관계에 대해 느껴지는 감각 안에서, 창조적인 탐험 안에서, 이 작은 꼬마들(성인도 물론)을 돕기 위해 놀이(PLAY) 체계가 켜진다. 만약 놀이치료사가, 우리의 뇌가 항상 통합을 향해 나아간다는 믿음을 가지고 있다면, 우리는 그/그녀가 무엇을 하는지 잘 알고 있다는 확신을 가지고 이 사람들이 발현하는 경험에 대해 느긋하게 반응할 수 있을 것이다. 서로 다른 문화적 배경을 가진 가족들과 함께 작업하는 동안, 우리는 놀이와 관계에 대한 기준이 다를 수 있다는 것을 알아야 하지만, 놀이와 애착의 기저 시스템은 모든 사람에게 유사하다는 것 또한 알아야 한다. 전반적인 기초적 틀은 유지하면서 외부의 차이점들을 존중해야 양 체계의 측면을 모두 활용할 수 있다.

이러한 암묵적 기억이 안점감과 놀이 안으로 체화되는 반복되는 경험은 일관된 현존 및 반영에 대한 Julia의 욕구를 충족시켰고, 향상된 자기조절 능력을 반영하듯이 점차 그녀의 인내의 창을 넓혀 가는 변연계와 전전두피질 사이의 중요한 연결을 만들어 갔다. 동시에, 그녀는 버려졌다고 느꼈을 때 그녀의 원래 경험에서 그녀가 필요로 했던, 곁에 있어 주는 나의 체화된 능력으로 인해 불일치 경험을 쌓고 있었다. 우리는 서로를 내재화하고 있었기 때문에(Badenoch, 2011; Iacoboni, 2009), 그녀 또한 두려움을 느낄 때마다 고요한 상태로 되돌아갈 수 있도록 도와주는 안정된 내면의 동반자로서 나를 받아들일 수 있었다. 그녀는 또한 집에서도 암묵적 기억이 수면 위로 떠오를 때마다 부모의 지지에 의지할 수 있었다. Julia의 암묵적 공포가 점차 변화하면서 안전감이 발현하기 시작했고, 그녀의 천성적인 장난기와 협동적 성향은 그것이 가장 필요로 하는 곳에 나타나기 시작했다. 바로 그녀의 가족과 있을 때.

전 연령대를 위한 놀이의 가치

우리 중 많은 사람이 치유와 학습의 수단으로서 놀이 '특히 아동-주도(child-guided) 놀이'의 사용을 정당화하는 것이 어렵다는 것을 알고 있다. 학교에서 쉬는 시간을 제한하거나 종종 없애는 사회는 놀이의 가치에 귀 기울이지 않는다. 휴식 시간이 우리 아이들의 집중력, 인지, 기억 그리고 관계적 능력을 향상시킨다는 증거에도 불구하고, 학업적 실패에 대한 두려움과 시험 점수 제출 요구는 우리를 가장 바람직하지 못한 결정으로 이끈다(Pellegrini & Bohn, 2005; Ramstetter, Murray, & Garner, 2010; Ridgway, Northrup, Pellegrini, LaRue, & Hightsoe, 2003; Sibley & Etnier, 2003). 유사하게, 치료에 있어서 증거기반 접근과 치료계획을 강조하는 것은 우리를 신경과학이 제안하는 아동-주도놀이로부터 멀어지게 만들 수 있다. 아동-주도 놀이에 따르면, 아이들의 충동에 따르는 관계를 수용하는 것이 암묵적 고통과 두려움에서 생기는 행동을 바꾸는 첩경을 열어 준다(Wipfler, 2006).

아동을 위한 놀이를 '판매'하는 것이 어렵다면, 성인과의 작업에 놀이를 도입하는 것은 얼마나 더 어려울까? 그러나 우리의 놀이회로는 우리 삶의 중심에 남아 있다. 대부분의 놀이 연구가는 놀이가 아동의 신경생물학적 발달에 필요하다는 데에 동의하지만, Brown(Brown & Vaughn, 2009)은 문헌과 임상관찰을 통해 놀이가 성인의 안녕에도 똑같이 중요하다는 결론을 이끌어 냈다. Theresa Kestly(2014)는 최근의 공동 연구에서 다음과 같이 인용했다.

> 유사하게, 하버드 의대에서 진행된 성인 발달 정규 연구에서, Vailant(2002)는 놀이성(playfulness)과 창조성이 은퇴자들의 안녕과 행복을 결정하는 중요 변수 중 하나라고 결론지었다. 하버드 연구에 따르면, 어떻게 놀이하는지 아는 것은 종종 창조적인 것과 겹치며, 이것은 은퇴자들이 '슬픈-병든' 범주 혹은 '행복한-건강한' 범주 중 어느 쪽에 해당되는지 여부를 결정하였다.

이 연구를 염두에 두고 우리는 놀이성을 성인 내담자들과의 작업에 가져오는 것에 대해 탐색해 보고자 한다.

사실, 회로가 선천적이기 때문에 놀이성은 이미 잠재적으로 존재한다. 그러나 이러한 신경 경로들은 생애 초기 경험에 의해 형성되기 시작하며, 만약 그 시기에 놀이가 장려되지 않았다면 우리는 놀이를 어리석고, 심각한 시간의 낭비라고 생각함으로써 아동기의 필수적인 요소를 상실한 것에 대한 고통으로부터 스스로를 보호하려 할 것이다. 우리 사회의 특성과 성공에 대한 몰두 또한 놀이의 유익성을 과소평가하게 할 수 있다. 특정한 유형의 놀이의 가치에 대해 진지한 좌반구식 설명을 한다면 저항을 약간 완화시키고 성인들을 대의에 끌어들일 수 있을지 모른다. 만약 놀이가 내적 세계로 가는 강력한 방법이라는 것을 이해시킬 수 있다면 약간의 실험적인 시도도 괜찮을 것이다.

어른의 놀이를 위한 공간 준비하기

나(Badenoch)는 성인 내담자들을 위해 작은 모형들이 놓인 선반과 기분을 좋게 하는 모래, 많은 미술 도구, 그리고 몇 가지 봉제 동물과 엄청나게 부드러운 담요를 유인물로 제공한다.[3] 이것은 비언어적이고 체화된 방법으로 표현하고 싶어 하는 우반구를 위한 자연스러운 미끼일 뿐 아니라, 붕괴된 애착 체계에 대한 잠재적인 위로 경험을 제공해 준다. 그들의 감각이 피규어와 크레용과 털에 빠져드는 동안, 우리는 어떻게 고통스럽고 두려운 경험들을 암묵적 기억이라는 형태로 우리 몸에 저장해 왔는지에 대해 이야기한다. 이러한 암묵적 기억은 대부분 의식 밖에 있지만 그럼에도 불구하고 우리의 삶—특히 관계를—을 이끄는 틀이 된다. 세부적인 내용은 사람마다 다르지만 우리는 이러한 기억들에 접근하고 치유하는 신경회로와, 이 치유에 이어지는 관계적이고 행동적인 변화들을 탐험한다. 나는 **놀이**(play)라는 단어를 사용하기보다는, 그들을 괴롭히고 있는 느껴지는 감각을 바꿀 수 있는 경험에 함께하자고 이야기한다. 보통 이것만으로도 그림을 그리거나 모래상자를 만들 가능성을 열기에는 충분하며, 이제 무엇이 나타날지 기다리기만 하면 된다. 그곳에서 펼쳐지는 것은 종종 너무나 깊고 놀랄 만큼 정확하기 때문에 어렵지 않게 한 걸음 더 나아갈 수 있다.

Marshall

어떤 사람은 놀이 환경에 바로 적응하고 어떤 사람들은 놀이에 들어가기 위한 자신만의 방법을 찾는 데에 좀 더 시간이 걸린다. 속도 조절과 인내심은 종종 승리를 거둔다. 첫 만남에서 증권 중개인인 Marshall은 내 사무실로 들어와 주변을 둘러보았다. 그리고 선반에

---

3) 여기서 Bonnie Badenoch는 성인과의 작업에 대해 이야기하기 위해 그녀가 치료했던 몇 명의 사람들을 조합하였다.

있는 작은 골동품들이 마치 자신의 할머니 집에 와 있는 듯한 느낌을 들게 한다고 말했다. 이러한 첫인상은 그를 약간 짜증 나게 했고, 특히 소파에 놓인 큰 검은 색 곰인형을 보고 그는 질겁했다. 그는 가능한 한 그것에서 멀리 떨어져 앉았다. 그는 가난과 학대의 역사 그리고 어떤 대가를 치르더라도 재정적 안전을 지속적으로 추구하는 것의 중요성에 대해 이야기해 주었다. 그가 나를 찾아온 이유는 죽음에 대해 생각하게 만드는 침습적인 무의미함 때문이었다. 그는 그것을 쫓기 위해 술을 마셨고 한밤중에 오토바이 위에 있는 자신을 발견하곤 하였다. 음주 운전으로 어린아이를 죽이는 악몽을 꾼 후에야 그는 도움이 필요하다는 것을 알았다. 그는 내가 새로운 신경과학에 대해 익숙하다고 들었기 때문에 나를 찾았고, 내가 뭔가 지적인 조언을 해 줄 수 있을 것이라고 생각했다. 그가 나중에 '내 장난감 가게'라고 부르게 된 곳으로 처음 들어왔을 때의 충격과 불편함을 상상해 보라. 기특하게도, 그는 내가 그의 역사를 듣고 우리가 그의 무의미함을 완화시킬 수 있는 방법을 탐색하기 시작할 만큼 충분히 오래 머물렀다.

나는 놀이로 바로 뛰어들지 말아야 한다는 것을 알았다. 대신에, 나는 그의 훌륭한 삶이 왜 이렇게 만족스럽지 못한지 혼란스러워하는 그의 이야기를 판단 없이 들어주었다. 그는 나에게 충고를 하라고 압박했고, 나는 그렇게 하지 않으면 어떨지 물었다. 그가 "안 될 거 없죠."라고 했을 때, 변화의 신경과학, 암묵적인 기억, 일치하지 않는 경험들을 탐색하기 위한 문이 열렸다. 이러한 이야기는 그의 좌반구가 우리의 과정을 이해하는 것을 도왔고 아마도 그의 지성을 약간 진정시키도록 도왔을 것이다. 실제로도 그런 것 같았는데, 왜냐하면 그는 어린 시절의 경험에 더 많이 접촉하기 시작했기 때문이다.

어느날, 그는 아버지에 대한 어머니의 두려움과, 그가 그 혼돈 속에서 얼마나 외로웠는지에 대해 이야기하면서 검은 곰 인형 쪽으로 손을 뻗어 털을 쓰다듬기 시작했다. 나는 흥분을 가라앉히기 위해 심호흡을 짧게 하였다. 나는 그가 어린 시절에 대한 위안을 찾고 있다고 믿었고 그것을 방해하고 싶지 않았다. 30초쯤 지났을 때, 그는 자신의 손을 슬쩍 보더니 허벅지로 손을 홱 당기며 말했다, "대체 내가 뭘 하고 있는 거지?". 그는 자신의 몸짓에 분명히 겁을 먹었고 약간 혐오스러워했다. 나는 그가 위안을 찾는 것이 허락되지 않는다는 것을 언제 학습했는지 궁금했고, 우리는 좀 더 깊숙한 이야기를 시작했다. 우리의 안전한 관계와 내 사무실의 분위기(좀 더 깊은 욕구를 드러낼 수 있도록 해 주는)는 그의 통합된 두뇌의 관심을 끌었고, 작은 아이가 조용히 나타날 수 있도록 공간을 만들어 주었다.

Marshall은 곰이나 담요를 만지고 싶어하는 충동을 알아차리기 시작했다. 그리고 우리가 더 의식적으로 그러한 위안을 완전히 잃어버린 아이와 마주치기 시작하면서, 그의 놀이의 역사가 발현되기 시작했다. 그는 구조화된 놀이—야구나 다른 스포츠—에 참여해 왔고, 그의 아버지가 그러라고 했기 때문에 어릴 때 체스를 배웠다. 하지만 그는 그저 자유롭게 놀면서 이리저리 뛰어다니거나 특별한 목적 없이 창의적으로 탐험할 기회가 많지 않았다. 지금은, 아이들이 그의 집 근처 공원에서 뛰어다니는 것을 보는 것이 그를 매우 불편하게 했다. 다시 한 번 놀이의 중요성에 관한 신경과학적 정보를 공유함으로써, 그는 자신 안에 있는 작은 소년과 함께 그리고 그를 위해 슬퍼할 수 있었다. 이러한 발산 과정은 모래상자 놀이의 문을 여는 것처럼 보였다. 2년 동안 그는 38번의 모래상자 놀이를 했다. 우리는 말없이 혼돈과 공포에 대한 서사를 공유했고, 그는 점차 놀이 안에서 즐거움을 발견했다. 2년째로 접어들면서 우리는 더 많이 웃었고, 우스꽝스러운 농담을 했고, 눈을 반짝이며 말장난을 했다. 끝이 가까워오자 그는 자신의 손이 어떤 지식이나 허락 없이 큰 곰 몽고메리(이제 그와 이름을 부르는 사이인)를 향해 손을 뻗은 것이 전환점이었다고 말했다. 그는 그가 유치원에 가게 됐을 때 아버지가 자신의 곰 인형과 담요를 어떻게 없애 버렸는지 대해 담담하게 이야기했다. 그는 그날 자신 안에 있는 무언가가 잘못됐으며, 이제는 고쳐졌다고 말했다.

놀이는 방법을 찾는다

Marshall이 놀이를 꺼려 한 것은 그가 겪었던 모든 상실에 대한 적응적인 보호 장치였고, 나는 이것이 대부분의 성인 내담자에게 해당된다는 것을 알았다. 놀이는 생의 어느 단계에서는 자연스러운 것이기 때문에 이 회로를 무뎌지게 하려면 상당한 관계적 상처가 있어야 한다. 일단 우리가 안전, 기회, 호기심 그리고 수용이 풍부한 환경을 구축해 놓으면 놀이는 방법을 찾을 것이다. 우리 스스로 놀이에 대해 편안하다면 그럴 것이다. 만약 우리가 놀이에 대해 편안하지 못하다면 우리의 주저함은 성인 내담자의 주저함과 공명할 것이고, 이것은 내담자로 하여금 치유로 가는 통로를 찾는 동안 열린 문을 잡고 있는 것을 어렵게 만들 것이다. 우리 자신의 놀이 역사를 탐색해 보는 것이 우리의 초기 경험이 어떻게 우리의 회로를 만드는지에 대한 느껴진 감각을 얻는 데 도움이 될 수 있다. 이제 즐거운 표현과 참여를 위한 이 신경 경로를 열어 보자.

우리는 어린아이, 청소년, 성인, 부모, 선생님, 누구든 듣고자 하는 사람에게 이 지혜의 조각을 나눠주기 위해 대인관계 신경생물학과 놀이의 과학에 시간과 에너지를 쓰는 것이 가치 있다는 것을 발견했다. 우리 사회는 자유롭고, 대인관계적으로 참여하는 놀이에 너무나 비호의적으로 성장해 왔으며, 이제는 필수적인 활동이 번창할 수 있는 잠재적인 공간을 계속 만들어 낼 현명한 목소리가 필요하다. 한 가지 추가적인 이점은 우리가 모든 연령대의 내담자들에게 보다 더 현존해 줄 수 있는 능력을 갖게 되었다는 것이다. 왜냐하면 우리는 그들 내면에서 일어나는 일에 대해 더 깊이 느낄 수 있기 때문이다. 신경과학이 아직은 어린아이 단계지만, Jaak Panksepp과 Stephen Porges와 같은 헌신적인 과학자들, 그리고 Daniel Siegel과 Allan Schore 같은 이론가들이 안전감과 놀이의 경로를 밝히는 것뿐 아니라 과학적 이해를 위한 체계를 세우는 데에 십여 년간 헌신해 왔다. 그들은 왜 놀이가 변화를 위한 최적의 환경을 제공하는지 우리가 이해할 수 있는 문을 열였다. 우리가 이러한 치유의 경로를 더욱 분명하게 묘사할 수 있게 되면서, 우리의 시스템은 (우리에게 오는 사람들을 위한 필수적인 관계적인 지원인) 현존, 개방성, 그리고 보살핌에 편안해질 수 있을 것이다.

Kevin

우리가 이 장을 시작했던 방법인 이야기로 마무리해 보자. 내 동료인 Scott은 Kevin에 대해 이야기해 주었다. Kevin은 16세 된 젊은이로 지난 2년간 방화를 저질렀고 겁에 질린 엄마에 의해 Scott의 놀이방으로 끌려왔다. 그녀는 Scott이 반항적인 십대들에게 당황하지 않는 것으로 유명했기 때문에 그를 상담가로 선택했다. Kevin은 그가 한 일이나 어느 것에 대해서도 말하고 싶어 하지 않았다. 하지만 Scott이 청소년의 뇌에서 어떤 역동이 일어나는지, 그리고 그것이 때로 어떻게 청소년들을 힘들게 하는지에 대해 이야기하자 그는 몹시 흥미를 갖기 시작했다. 화려하고 외설스러운 그래피티 창작물로 인해 문제를 일으킨 적이 있는 Kevin은 커다란 종이와 마커를 잡고 자신의 체화된 두뇌를 그리기 시작했다. 흥미롭게도, 그림의 대부분은 불꽃을 포함하고 있었다. 어떤 것은 그의 변연계 가까운 곳에서, 어떤 것은 그의 손과 발에서, 어떤 것은 그의 앞에 있는 알 수 없는 목표물을 향해서 나오고 있었다. 그는 몇 마디 외에는 거의 말을 하지 않았다. 하지만 그의 그림, 얼굴 표정, 몸의 움직임, 그리고 자기와 Scott—자신을 지켜보고 있고, 반영해 주고 있고, 자신이 열심히 작업한 것을 존중해 주는—사이의 공간을 말 없는 내레이션으로 채워나갔다.

Kevin이 가끔 모래상자를 바라본다는 것을 Scott은 알았지만 말하지 않았다. 그러던 어느날 Kevin이 말했다. "있잖아요, 여기 있는 이 장난감들 정말 바보 같아요." 적대적인 입장을 선포하고 나서 그는 일어나 선반에서 불꽃으로 뒤덮인 피규어 하나를 꺼내 모래 위에 올려놓았다. 그들은 함께 침묵 속에서 그의 창조물을 5분간 바라보았다. 그러고 나서

Kevin은 소화기를 꺼내 불타는 사람 옆에 놓은 후 자리에 앉아 말했다. "아, 정말 바보 같네." 그는 다시는 불을 내지 않았다. 명백한 저항 속에서도 놀이는 방법을 찾는다. Scott과 Kevin은 2년 이상 함께 하고 있다. 그들은 아무 말 없이 폭력과, 학대적인 아버지와, 겁먹고 무기력한 어머니와 함께했던 어린 시절의 역사를 지나 왔다. 그 과정 동안 Kevin의 말은 풍자적이고 보호적인 입장을 유지했지만, 그의 몸은 고통과 두려움을 표현하고 치유할 수 있는 방법을 찾았다. 이것이 놀이의 힘이다.

참고문헌

제1장

Alexander, F. (1961). *The scope of psychoanalysis*. New York: Basic Books.

Alink, L. R., Messman, J., van Zeijl, J., Stolk, M. N., Juffer, F., Koot, H. M., et al. (2006). The early childhood aggression curve: Development of physical aggression in 10- to 50-month-old children. *Child Development, 77*(4), 954-966.

Anda, R. F., Felitti, V. J., Walker J., Whitfield, C. L., Bremner, J. D., Perry, B. D., et al. (2006). The enduring effects of abuse and related adverse experiences in childhood: A convergence of evidence from neurobiology and epidemiology. *European Archives of Psychiatry and Clinical Neurosciences, 56*(3), 174-186.

Andershed, H., Kerr, M., Stattin, H., & Levander, S. (2002). Psychopathic traits in non-referred youths: A new assessment tool. In E. Blaauw & L. Sheridan (Eds.), *Psychopaths: Current international perspectives* (pp. 131-158). The Hague: Elsevier.

Anderson, S. M., & Gedo, P. M. (2013). Relational trauma: Using play therapy to treat a disrupted attachment. *Bulletin of the Menniger Clinic, 77*(3), 250-268.

Barfield, S., Dobson, C., Gaskill, R., & Perry, B. D. (2012). Neurosequential model of therapeutics in a therapeutic preschool: Implications for work with children with complex neuropsychiatric problems. *International Journal of Play Therapy, 21*(1), 30-40.

Bendersky, M., Bennett, D., & Lewis, M. (2006). Aggression at age five as a function of prenatal exposure to cocaine, gender and environmental risk. *Journal of Pediatric Psychology, 31*(1), 71-84.

Bonime, W. (1989). *Collaborative psychoanalysis: Anxiety, depression, dreams, and personality change*. Cranbury, NJ: Associated University Presses.

Bratton, S. C., Pronchenko, Y., Ceballos, P. L., Sheely-Moore, A. I., Meany-Whalen, K., & Jones, L. D. (2013). Head Start early mental health intervention: Effects of child-centered play therapy on disruptive behaviors. *International Journal of Play Therapy, 22*(1), 28-42.

Cochran, J. L., Fauth, D. J., Cochran, N. H., Spurgeon, S. L., & Pierce, L. M. (2010). Growing play therapy up: Extending child-centered play therapy to highly aggressive teenage boys. *Person-Centered and Experiential Psychotherapies, 9*(4), 290-301.

Crenshaw, D. A. (2013). A resilience framework for treating severe child trauma. In S. Goldstein & R. B. Brooks (Eds.), *Handbook of resilience in children* (pp. 309-327). New York: Springer.

Crenshaw, D. A., & Alstadt, C. (2011). *A study of adverse childhood experiences in admissions to a residential treatment center*. Unpublished study, Children's Home of Poughkeepsie, Poughkeepsie, NY.

Crenshaw, D. A., & Garbarino, J. (2007). The hidden dimensions: Profound sorrow and buried human potential in violent youth. *Journal of Humanistic Psychology, 47*, 160-174.

Crenshaw, D. A., & Hardy, K. V. (2005). Understanding and treating the aggression of children in out-of-home care. In N. Boyd-Webb (Ed.), *Working with traumatized youth in child welfare* (pp. 171-195). New York: Guilford Press.

Crenshaw, D. A., & Mordock, J. (2005a). *Handbook of play therapy with aggressive children*. New York: Aronson.

Crenshaw, D. A. & Mordock, J. B. (2005b). Lessons learned from "fawns in gorilla suits." *Residential Treatment for Children and Youth, 22*, 33-48.

Crenshaw, D. A., & Mordock, J. (2005c). *Understanding and treating the aggression and violence of children: Fawns in gorilla suits*. New York: Aronson.

Decety, J., Chen, C., Harenski, C., & Kiehl, K. A. (2013). An fMRI study of affective perspective taking in individuals with psychopathy: Imagining another in pain does not evoke empathy. *Frontiers of Human Neurosciences, 7*(1), 489.

Dodge, K. A., & Coie, J. D. (1987). Social-information processing factors in reactive and proactive aggression in children's peer groups. *Journal of Personality and Social Psychology, 53*(6), 1146-1158.

Edwards, E. P., Eiden, R. D., Colder, C., & Leonard, K. E. (2006). The development of aggression in 18- to 48-month-old children of alcoholic parents. *Journal of Abnormal Child Psychology, 34*(3), 409-423.

Freyd, J. J. (2008). Betrayal trauma. In G. Reyes, J. D. Elhai, & J. D. Ford (Eds.), *Encyclopedia of psychological trauma* (p. 76). New York: Wiley.

Freyd, J. J., & Birrell, P. (2013). *Blind to betrayal*. New York: Wiley.

Garbarino, J. (1999). *Lost boys: Why our sons turn violent and how we can save them*. New York: Anchor Books.

Gaskill, R. L., & Perry, B. D. (2014). The neurobiological power of play: Using the neurosequential model of therapeutics to guide play in the healing process. In C. A. Malchiodi & D. A. Crenshaw (Eds.), *Creative arts and play therapy for attachment problems* (pp. 178-194). New York: Guilford Press.

Gobin, R. L., & Freyd, J. J. (2009). Betrayal and revictimization: Preliminary findings. *Psychological Trauma: Theory, Research, Practice, and Policy, 1*(3), 242-257.

Hardy, K. V., & Crenshaw, D. A. (2008). Healing the wounds to the soul camouflaged by rage. In D. A. Crenshaw (Ed.), *Child and adolescent psychotherapy* (pp. 15-30). Lanham, MD: Aronson/Rowman & Littlefield.

Hardy, K. V., & Laszloffy, T. A. (2005). *Teens who hurt: Clinical interventions to break the cycle of adolescent violence*. New York: Guilford Press.

Kagan, J. (1998, March). *How we become who we are*. Paper presented at the Psychotherapy Networker symposium, Washington, DC.

Keown, L. J., & Woodward, L. J. (2006). Preschool boys with pervasive hyperactivity: Early peer functioning and mother-child relationship influences. *Social Development, 15*(1), 23-45.

Kolla, N. J., Malcolm, C., Attard, S., Arenovich, T., Blackwood, N., & Hodgins, S. (2013). Childhood maltreatment and aggressive behavior in violent offenders with psychopathy. *Canadian Journal of Psychiatry, 58*(8), 487-494.

Moss, E., Smolla, N., Guerra, I., Mazzarello, T., Chayer, D., & Berthiaume, C. (2006). Attachment and self-reported internalizing and externalizing behavior problems in a school period. *Canadian Journal of Behavioural Science, 38*(2), 142-157.

Oaklander, V. (2006). *Hidden treasure: A map to the child's inner self*. London: Karnac Books.

Ostrov, J. M., Gentile, D. A., & Crick, N. R. (2006). Media exposure, aggression, and prosocial behavior during early childhood: A longitudinal study. *Social Development, 15*(4), 612-627.

Pihlakoski, L., Sourander, A., Aromaa, M., Rautava, P., Helenius, H., & Silllanpaa, M. (2006). The continuity of psychopathology from early childhood to preadolescence: A predictive cohort study of 3- to 12-year-old children. *European Child and Adolescent Psychiatry, 15*(7), 409-417.

Ray, D. C., Blanco, P. J., Sullivan, J. M., & Holliman, R. (2009). An exploratory study of child-centered play therapy with aggressive children. *International Journal of Play Therapy, 18*(3), 162-175.

Schore, A. N. (2012). *The science of the art of psychotherapy*. New York: Norton.

Stewart, A. L., & Echterling, L. G. (2014). Play and the therapeutic relationship. In C. Schaefer & A. Drewes (Eds.), *The therapeutic powers of play* (2nd ed., pp. 157-170). New York: Wiley.

van der Kolk, B. A. (2005). Developmental trauma disorder. *Psychiatric Annals, 35*, 401-408.

Webb, N. B. (Ed.). (2007). *Play therapy with children in crisis: A casebook for practitioners* (3rd ed.). New York: Guilford Press.

Weinberg, K. M., Tronick, E. Z., Cohn, J. F., & Olson, K. L. (1999). Gender differences in emotional expressivity and self-regulation during infancy. *Developmental Psychology, 35*(1), 175-188.

Zoccolillo, M., Keenan, K., Cote, S., Peruse, D., Wu, H.-X., Boivin, M., et al. (2007). Gender differences in physical aggression: A prospective population-based survey of children before and after 2 years of age. *Developmental Psychology, 43*(1), 13-26.

제2장

Banks, R. (1997). Bullying in schools. *ERIC Digest*, pp. 97-17.

Barboza, G. E., Schiamberg, L. B., Oehmke, J., Korzeniewski, S. J., Post, L. A., & Heraux, C. G. (2009). Individual characteristics and the multiple contexts of adolescent bullying: An ecological perspective. *Journal of Youth and Adolescence, 38*, 101-121.

Bazelon, E. (2013). *Sticks and stones: Defeating the culture of bullying and rediscovering the power of character and empathy*. New York: Random House.

Beaty, L. A., & Alexeyev, E. B. (2008). The problem of school bullies: What the research tells us. *Adolescence, 43*(169), 1-11.

Bradshaw, C. P., Sawyer, A. L., & O'Brennan, L. M. (2009). A social disorganization perspective on bullying-related attitudes and behaviors: The influence of social context. *American Journal of Community Psychology, 43*, 204-220.

Brooks, R., & Goldstein, S. (2001). *Raising resilient children*. Chicago: Contemporary Books.

Bullying Statistics 2010. (2010). Retrieved from *www.bullyingstatistics.org/content/bullying-statistics-2010.html*.

Carlson, L. W., & Cornell, D. G. (2008). Differences between persistent and desistent middle school bullies. *School Psychology International, 29*, 442-450.

Carlyle, K. E., & Steinman, K. L. (2007). Demographic differences in the prevalence, co-occurrence, and correlates of adolescent bullying in school. *Journal of School Health, 77*, 623-629.

Centers for Disease Control and Prevention. (2011, April 22). Bullying among middle and high school students-Massachusetts, 2009. *Morbidity and Mortality Weekly Report, 60*, 165-171.

Christie-Mizell, C. (2003). Bullying: The consequences of interparental discord and child's self-concept. *Family Process, 42*, 237-251.

Dake, J. A., Price, J. H., & Telljohann, S. K. (2003). The nature and extent of bullying at school. *Journal of School Health, 73*, 173-180.

Espelage, D. L., Bosworth, K., & Simon, T. R. (2000). Examining the social context of bullying behaviors in early adolescence. *Journal of Counseling and Development, 78*, 326-333.

Espelage, D. L., & Holt, M. K. (2007). Dating violence and sexual harassment across the bully-victim continuum among middle and high school students. *Journal of Youth and Adolescence, 36*, 799-811.

Fisher, P., Grietmeyer, T., Pollezek, F., & Frey, D. (2006). The unresponsive bystander: Are bystanders more responsive in dangerous emergencies? *European Journal of Social Psychology, 36*, 267-278.

Fitzpatrick, K. M., Dulin, A. J., & Piko, B. F. (2007). Not just pushing and shoving: School bullying among African American adolescents. *Journal of School Health, 77*, 16-22.

Flescher Peskin, M., Tortolero, S. R., & Markham, C. M. (2006). Bullying and victimization among black and Hispanic adolescents. *Adolescence, 41*, 467-484.

Forero, R., McClellan, L., Rissel, C., & Bauman, A. (1999). Bullying behavior and psychosocial health among school students in New South Wales, Australia: Cross-sectional survey. *British Medical Journal, 319*, 344-348.

Georgiou, S. N., & Fanti, K. A. (2010). A transactional model of bullying and victimization. *Social Psychology of Education, 13*, 295-311.

Gini, G., & Pozzoli, T. (2006). The role of masculinity in children's bullying. Retrieved from *www.ingentaconnect.*

com.

Gordon, S. (2013). Six consequences bully-victims experience. Retrieved from ***http://bullying.about.com.***

Harris, S., & Petrie, G. (2002). A study of bullying in the middle school. ***National Association of Secondary School Principals Bulletin, 86***(633), 42-53.

Hazler, R., Carney, J., & Granger, D. (2006). Integrating biological measures into the study of bullying. ***Journal of Counseling and Development, 84***, 298-307.

Holt, M. K., & Espelage, D. L. (2007). Perceived social support among bullies, victims, and bully-vicitms. ***Journal of Youth and Adolescence, 36***, 984-994.

Isolan, L., Salum, G., Osowksi, A., Hartmann, G., & Manfro, G. (2013). Victims and bully-victims but not bullies are groups associated with anxiety symptomatology among Brazilian children and adolescents. ***European Child and Adolescent Psychiatry, 22***, 641-648.

Klein, J. (2012). ***The bully society.*** New York: New York University Press.

Menesini, E., Modena, M., & Tani, F. (2009). Bullying and victimization in adolescence: Concurrent and stable roles and psychological health symptoms. ***Journal of Genetic Psychology, 170***, 115-133.

Mouttapa, M., Valente, T., Gallaher, P., Rohrbach, L. A., & Unger, J. B. (2004). Social network predictors of bullying. ***Adolescence, 39***, 315-335.

Nansel, T. R., Overpeck, M., Pilla, R., Ruan, J., Simons-Morton, B., & Scheidt, P. (2001). Bullying behaviors among U.S. youth: Prevalence and association with psychosocial adjustment. ***Journal of American Medical Association, 285***, 2094-2100.

Natvig, G. K., Albrektsen, G., & Qvarnstrom, U. (2001). School-related stress experience as a risk factor for bullying behavior. ***Journal of Youth and Adolescence, 30***, 561-575.

Pontzer, D. (2010). A theoretical test of bullying behavior: Parenting, personality, and the bully/victim relationship. ***Journal of Family Violence, 25***, 259-273.

Salmivalli, C. (1999). Participant role approach to school bullying: Implications for intervention. ***Journal of Adolescence, 22***, 453-459.

Schwartz, D., Proctor, L., & Chein, D. (2001). ***Peer harassment in school: The plight of the vulnerable and victimized.*** New York: Guilford Press.

Shetgiri, R., Lin, H., Avila, R., & Flores, G. (2012). Parental characteristics associated with bullying perpetration in U.S. children aged 10-17 years. ***American Journal of Public Health, 102***, 2280-2286.

Stelios, G. N. (2008). Parental style and child bullying and victimization at school. ***Social Psychology of Education: An International Journal, 11***, 213-227.

Van Hoof, A., Raajmakers, Q. A., Van Beck, Y., Hale, W. W., III, & Aleva, L. (2008). A multi-mediation model on the relations of bullying victimization, identity, and family with adolescent depressive symptoms. ***Journal of Youth Adolescence, 37***, 772-782.

Vaughn, M. G., Fu, Q., Bender, K., DeLisi, M., Beaver, K. M., Perron, B. E., et al. (2010). Psychiatric correlates of bullying in the United States: Findings from a national sample. Retrieved from ***www.ncbi.nlm.nih.gov/pubmed/20177967.***

Wolke, D., Woods, S., Stanford, K., & Schulz, H. (2001). Bullying and victimization of primary school children in England and Germany: Prevalence and school factors. ***British Journal of Psychology, 92***, 673-696.

Yang, S., Stewart, R., Kim, J., Kim, S., & Shin, I. (2013). Differences in predictor of traditional and cyber-bullying: A 2-year longitudinal study in Korean school children. ***European Child and Adolescent Psychiatry, 22***, 309-318.

제3장

Alicea, S., Pardo, G., Conover, K., Gopalan, G., & McKay, M. (2012). Step-up: Promoting youth mental health and development in inner-city high schools. ***Clinical Social Work Journal, 40***, 175-186.

American Academy of Pediatrics, Committee on School Health. (2004). Policy statement: School-based mental health services. ***Pediatrics, 113***(6), 1839-1845.

American School Counseling Association. (2012). *The ASCA National Model: A framework for school counseling programs* (3rd ed.). Alexandria, VA: Author.

Axline, V. (1969). *Play therapy*. Boston: Houghton-Mifflin.

Berk, L. E. (2003). *Child development* (6th ed.). Boston: A & B.

Blanco, P., & Ray, D. (2011). Play therapy in elementary schools: A best practice for improving academic achievement. *Journal of Counseling and Development, 89*(2), 235-243.

Bratton, S. C. (2010). Meeting the early mental health needs of children though school-based play therapy: A review of outcome research. In A. A. Drewes & C. E. Schaefer (Eds.), *School-based play therapy* (2nd ed., pp. 17-58). Hoboken, NJ: Wiley.

Bratton, S. C., Ceballos, P., & Ferebee, K. (2009). Integration of structured expressive activities within a humanistic group play therapy format for preadolescents. *Journal for Specialists in Group Work, 34*(3), 251-275.

Bratton, S. C., Ceballos, P., & Sheely, A. (2008). Expressive arts in a humanistic approach to play therapy supervision: Facilitating therapist self-awareness. In A. A. Drewes & J. Mullen (Eds.), *Supervision can be playful: Techniques for child and play therapist supervisors* (pp. 211-232). Lanham, MD: Aronson.

Bratton, S. C., Ceballos, P. L., Sheely-Moore, A. I., Meany-Walen, K., Pronchenko, Y., & Jones, L. D. (2013). Head Start early mental health intervention: Effects of child-centered play therapy on disruptive behaviors. *International Journal of Play Therapy, 22*(1), 28-42.

Bratton, S. C., Ray, D. C., Edwards, N. A., & Landreth, G. (2009). Child-centered play therapy(CCPT): Theory, research, and practice. *Person-Centered and Experiential Psychotherapies, 8*(4), 266-281.

Bratton, S. C., Ray, D. C., & Landreth, G. (2008). Play therapy. In A. Gross & M. Hersen (Eds.), *Handbook of clinical psychology: Vol. 2. Children and adolescents* (pp. 577- 625). New York: Wiley.

Bronfenbrenner, U. (1979). *The ecology of human development: Experiments by nature and design*. Cambridge, MA: Harvard University Press.

Ceballos, P., & Bratton, S. C. (2010). Empowering Latino families: A culturally-responsive intervention for low-income immigrant Latino parents and their children identified with academic and behavioral concerns. *Psychology in the Schools, 47*(8), 761-775.

Centers for Disease Control and Prevention. (2011). Suicidal thoughts and behaviors among adults aged ≥18 years—United States, 2008-2009. Retrieved from *www.cdc.gov/mmwr/preview/mmwrhtml/ss6013a1.htm*.

Cochran, J. L., Cochran, N. H., Nordling, W. J., McAdam, A., & Miller, D. T. (2010). Two case studies of child-centered play therapy for children referred with highly disruptive behavior. *International Journal of Play Therapy, 19*, 130-143.

Corey, G. (2005). *Theory and practice of counseling psychotherapy* (7th ed.). Belmont, CA: Thomson.

Draper, K., Ritter, K. B., & Willingham, E. U. (2003). Sand tray group counseling with adolescents. *Journal for Specialists in Group Work, 28*, 244-260.

Ebrahim, C., Steen, R. L., Paradise, L. (2012). Overcoming school counselors' barriers to play therapy. *International Journal of Play Therapy, 21*(4), 202-214.

Eisenberg, D., Golberstein, E., & Hunt, J. B. (2009). Mental health and academic success in college. *B.E. Journal of Economic Analysis and Policy, 9*(1), 1-35.

Erikson, E. (1982). *The life cycle completed*. New York: Norton.

Fall, K., Holden, J., & Marquis, A. (2010). *Theoretical models of counseling and psychotherapy* (2nd ed.). New York: Brunner-Routledge.

Finn, C. A. (2003). Helping students cope with loss: Incorporating art into group counseling. *Journal for Specialists in Group Work, 28*, 155-165.

Flahive, M. W., & Ray, D. (2007). Effects of group sandtray therapy with preadolescents. *Journal for Specialists in Group Work, 32*, 362-382.

Galassi, J. P., & Akos, P. (2007). *Strengths-based school counseling: Promoting student development and achievement*. Mahwah, NJ: Erlbaum.

Garza, Y., & Bratton, S. (2005). School-based child-centered play therapy with Hispanic children: Outcomes and cultural considerations. *International Journal of Play Therapy, 14*, 51-79.

Garza, Y., Kinsworthy, S., & Watts, R. E. (2009). Child-parent relationship training as experienced by Hispanic parents: A phenomenological study. *International Journal of Play Therapy, 18*(4), 217-228.

Gil, E. (1994). *Play in family therapy.* New York: Guilford Press.

Ginott, H. G. (1994). *Group psychotherapy with children: The theory and practice of play therapy.* Northvale, NJ: Jason Aronson.

Gladding, S. T. (2005). *Counseling as an art: The creative arts in counseling.* Alexandria, VA: American Counseling Association.

Hess, R. S., Magnuson, S., & Beeler, L. (2012). *Counseling children and adolescents in schools.* Thousand Oaks, CA: Sage.

Kataoka, S. H., Zhang, L., & Wells, K. B. (2002). Unmet need for mental health care among U.S. children: Variation by ethnicity and insurance status. *American Journal of Psychiatry, 159*(9), 1548-1555.

Knill, P. J., Levine, E. G., & Levine, S. K. (2005). *Principles and practice of expressive arts therapy: Towards a therapeutic aesthetics.* London: Jessica Kingsley.

Landgarten, H. B. (1987). *Family art psychotherapy: A clinical guide and casebook.* New York: Brunner/Mazel.

Landreth, G. L. (1993). Child-centered play therapy. *Elementary School Guidance and Counseling, 38,* 17-29.

Landreth, G. L. (2012). *Play therapy: The art of the relationship* (3rd ed.). New York: Routledge.

Landreth, G. L., Ray, D., & Bratton, S. (2009). Play therapy in elementary schools. *Psychology in the Schools, 46*(3), 281-289.

Langley, A., Santiago, C. D., Rodríguez, A., & Zelaya, J. (2013). Improving implementation of mental health services for trauma in multicultural elementary schools: Stakeholder perspectives on parent and educator engagement. *Journal of Behavioral Health Services and Research, 40*(3), 247-262.

Malchiodi, C. A. (2002). *The soul's palette: Drawing on art's transformative powers for healing and well-being.* Boston: Shambhala.

National Association of School Nurses. (2008). Position statement: Mental health of students. Retrieved from *www.nasn.org/PolicyAdvocacy/PositionPapersandReports/NASNPosition-StatementsFullView/tabid/462/smid/824/ArticleID/36/Default.aspx.*

National Organization of School Psychologists. (2012). Research on the relationship between mental health and academic achievement. Retrieved from *www.nasponline.org/advocacy/Academic-MentalHealthLinks.pdf.*

National Research Council and Institute of Medicine. (2009). Preventing mental, emotional, and behavioral disorders among young people: Progress and possibilities. Retrieved from *www.whyy.org/news/sci20090302Mentalprepub.pdf.*

Oaklander, V. (1988). *Windows to our children.* Highland, NY: Center for Gestalt Development.

Packman, J., & Bratton, S. (2003). A school-based group play/activity therapy intervention with learning disabled preadolescents exhibiting behavior problems. *International Journal of Play Therapy, 12,* 7-29.

Paone, T., Packman, J., Maddux, C., & Rothman, T. (2008). A school-based group activity therapy intervention with at-risk high school students as it relates to their moral reasoning. *International Journal of Play Therapy, 17,* 122-137.

Piaget, J. (1962). *Play, dreams, and imitation in childhood.* New York: Routledge.

Piaget, J. (1977). *The development of thought: Equilibration of cognitive structures.* New York: Viking Press.

Ray, D. C., Blanco, P. J., Sullivan, J. M., & Holliman, R. (2009). An exploratory study of child-centered play therapy with aggressive children. *International Journal of Play Therapy, 18,* 162-175.

Richards, M., & Abbott, R. (2009). Childhood mental health and adult life chances in postwar Britain: Insights from three national birth cohort studies. Retrieved from *www.centreformentalhealth.org.uk/pdfs/life_chances_report.pdf.*

Rogers, C. R. (1961). *On becoming a person: A therapist's view of psychotherapy.* Boston: Houghton Mifflin.

Schaefer, C. E., & DiGeronimo, T. F. (2000). *Ages and stages: A parent's guide to normal childhood development.* New York: Wiley.

Schumann, B. (2005). Effects of child-centered play therapy and curriculum-based smallgroup guidance on the behaviors of children referred for aggression in an elementary school setting (Doctoral dissertation, University of North Texas, 2004). *Dissertation Abstracts International, 65*, 4476.

Sheely-Moore, A., & Bratton, S. (2010). A strengths-based parenting intervention with low- income African American families. Professional School Counseling, 13(3), 175-183.

Sheely-Moore, A., & Ceballos, P. (2011). Empowering Head Start African American and Latino families: Promoting strengths-based parenting characteristics through Child-Parent Relationship Training—an evidence-based group parenting program. *National Head Start Association Dialog: A Research-to-Practice Journal for the Early Intervention Field, 14*, 41-53.

Shen, Y. (2007). Developmental model using Gestalt play versus cognitive-verbal group with Chinese adolescents: Effects on strengths and adjustment enhancement. *Journal of Specialists in Group Work, 32*, 285-305.

Shen, Y. (2008). Reasons for school counselors' use or nonuse of play therapy: An exploratory study. *Journal of Creativity in Mental Health, 3*(1), 30-43.

Shen, Y., & Armstrong, S. A. (2008). Impact of group sandtray therapy on the self-esteem of young adolescent girls. *Journal of Specialists in Group Work, 33*, 118-137.

Slavson, S., & Redl, F. (1944). Levels and applications of group therapy: Some elements in activity group therapy. *American Journal of Orthopsychiatry, 14*, 579-588.

Sprenger, M. (2008). *The developing brain: Birth to age eight*. Thousand Oaks, CA: Corwin Press.

Veach, L. J., & Gladding, S. T. (2007). Using creative group techniques in high schools. *Journal of Specialists in Group Work, 32*(1), 71-81.

Vernon, A. (2009). *Counseling children and adolescents* (4th ed.). Denver, CO: Love.

제4장

American Psychiatric Association. (2013). *Diagnostic and statistical manual of mental disorders* (5th ed.). Arlington, VA: Author.

Amir, N., Strafford, J., Freshman M. S., & Foa, E. B. (1998). Relationship between trauma narratives and trauma pathology. *Journal of Traumatic Stress, 11*, 385-392.

Bloom, S. (2000). Creating sanctuary: Healing from systemic abuses of power. *Therapeutic Communities: International Journal for Therapeutic and Supportive Organizations, 21*(2), 67-91.

Bonime, W. (1989). *Collaborative psychoanalysis: Anxiety, depression, dreams, and personality change*. Teaneck, NJ: Fairleigh Dickinson University Press.

Child Welfare Information Gateway. (2011). Foster Care Statistics 2011. Retrieved April 15, 2013, from *www.childwelfare.gov/pubs/factsheets/foster.pdf#Page=1&view=Fit*.

Cohen, J. A., & Mannarino, A. P. (2004). Treating childhood traumatic grief. *Journal of Clinical Child and Adolescent Psychology, 33*, 819-833.

Cohen, J. A., Mannarino, A. P., & Deblinger, E. (2006). *Treating trauma and traumatic grief in children and adolescents*. New York: Guilford Press.

Cohen, J. A., Mannarino, A. P., & Deblinger, E. (Eds.). (2012). *Trauma-focused CBT for children and adolescents: Treatment applications*. New York: Guilford Press.

Cohen, J. A., Mannarino, A. P., Kleithermes, M., & Murray, L. K. (2012). Trauma-focused CBT for youth with complex trauma. *Child Abuse and Neglect, 36*, 528-541.

Cohen, J. A., Mannarino, A. P., & Murray, L. K. (2011). Trauma-focused CBT for youth who experience ongoing traumas. *Child Abuse and Neglect, 35*, 637-646.

Cohen, J. A., Mannarino, A. P., & Navarro, D. (2012). Residential treatment. In J. A. Cohen, A. P. Mannarino, & E. Deblinger (Eds.), *Trauma-focused CBT for children and adolescents: Treatment applications* (pp. 73-102). New York: Guilford Press.

Courtois, C. A., & Ford, J. D. (Eds.). (2009). *Treating complex traumatic stress disorders: An evidence-based guide*. New York: Guilford Press.

Crenshaw, D. A. (2006). *Evocative strategies in child and adolescent psychotherapy*. Lanham, MD: Aronson.

Crenshaw, D. A. & Alstadt, C. (2011). *A study of the adverse childhood events (ACES) in the last 100 admissions to the Children's Home of Poughkeepsie*. Unpublished study, Children's Home of Poughkeepsie, Poughkeepsie, NY.

Crenshaw, D. A., & Garbarino, J. (2008). The hidden dimensions: Unspeakable sorrow and buried human potential. In D. A. Crenshaw (Ed.), *Child and adolescent psychotherapy: Wounded spirits and healing paths* (pp. 79-91). Lanham, MD: Aronson.

Deblinger, E., Mannarino, A. P., Cohen, J. A., Runyon, M. K., & Steer, R. A. (2011). Trauma-focused cognitive behavioral therapy for children: Impact of the trauma narrative and treatment length. *Depression and Anxiety, 28*(1), 67-75.

Dorsey, S., & Deblinger, E. (2012). Children in foster care. In J. A. Cohen, A. P. Mannarino, & E. Deblinger (Eds.), *Trauma-focused CBT for children and adolescents: Treatment applications* (pp. 49-72). New York: Guilford Press.

Dozier, M., Albus, K., Fisher, P. A., & Sepulveda, S. (2002). Interventions for foster parents: Implications for developmental theory. *Developmental and Psychopathology, 14*(4), 843-860.

Dubner, A. E. & Motta, R. W. (1999). Sexually and physically abused foster care children and posttraumatic stress disorder. *Journal of Consulting and Clinical Psychology, 67*, 367-373.

Felitti, V. J., Anda, R. F., Nordenberg, D., Williamson, D. F., Spitz, A. M., Edwards, V., et al. (1998). Relationship of childhood abuse and household dysfunction to many of the leading causes of death in adults: The Adverse Childhood Experiences (ACE) study. *American Journal of Preventive Medicine, 14*(4), 245-258.

Gaensbauer, T. J. (2011). Embodied simulation, mirror neurons, and the reenactment of trauma. *Neuropsychoanalysis, 13*, 91-107.

Gidron, Y., Duncan, E., Lazar, A., Biderman, A., Tandeter, H., & Shvartztman, P. (2002). Effects of guided written disclosure of stressful experiences on clinic visits and symptoms in frequent clinic attenders. *Family Practice, 19*, 161-166.

Gil, E. (1994). *Play in family therapy*. New York: Guilford Press.

Green, E. J., Crenshaw, D. A., & Kolos, A. C. (2010). Counseling children with preverbal trauma. *International Journal of Play Therapy, 19*(2), 95-105.

Jones Harden, B. (2004). Safety and stability for foster children: A developmental perspective. *Future of Children, 14*(1), 30-47.

Leslie, L. K., Gordon, J. N., Lambros, K., Premji, K., Peoples, J., & Gist, K. (2005). Addressing the developmental and mental health needs of young children in foster care. *Journal of Developmental and Behavioral Pediatrics, 26*(2), 140-151.

National Child Traumatic Stress Network. (2007). Trauma-focused cognitive behavioral therapy (TF-CBT). Retrieved June 24, 2013, from *www.nctsn.org/nctsn_assets/pdfs/promising_practices/TF-CBT_fact_sheet_3-20-07.pdf.*

Pennebaker, J. W., & Susman, J. R. (1988). Disclosure of trauma and psychosomatic processes. *Social Science and Medicine, 26*, 327-332.

Pew Commission on Children in Foster Care. (2003). A child's journey through the child welfare system. Retrieved June 15, 2013, from *http://pewfostercare.org/research/docs/journey. pdf.*

Racusin, R., Maerlender, A. C., Sengupta, A., Isquith, P. K., & Straus, M. B. (2005). Community psychiatric practice: Psychosocial treatment of children in foster care: A review. *Community Mental Health Journal, 41*(2), 199-221.

Schneider, K. M., & Phares, V. (2005). Coping with parental loss because of termination of parental rights. *Child Welfare, 84*, 819-842.

Stahmer, A. C., Leslie, L. K., Hurlburt, M., Barth, R. P., Webb, M. B., Landsverk, J., et al. (2005). Developmental and behavioral needs and service use for young children in child welfare. *Pediatrics, 116*, 891-900.

Terr, L. C. (1991). Childhood trauma: An outline and overview. *American Journal of Psychiatry, 148*, 10-19.

Vig, S., Chinitz, S., & Schulman, L. (2005). Young children in foster care: Multiple vulnerabilities and complex service needs. *Infants and Young Children, 18*(2), 147-160.

Webb, N. B. (Ed.). (2007). *Play therapy with children in crisis: A casebook for practitioners* (3rd ed.). New York: Guilford Press.

제5장

Baggerly, J. N. (2003). Child-centered play therapy with children who are homeless: Perspective and procedures. *International Journal of Play Therapy, 12*, 87-106.

Baggerly, J. N. (2004). The effects of child-centered group play on self-concept, depression, and anxiety of children who are homeless. *International Journal of Play Therapy, 13*, 31-51.

Baggerly, J. N., & Borkowski, T. (2004). Applying the ASCA National Model to elementary school students who are homeless: A case study. *Professional School Counseling, 8*(2), 116-123.

Baggerly, J. N., & Jenkins, W. W. (2009). The effectiveness of child-centered play therapy on developmental and diagnostic factors in children who are homeless. *International Journal of Play Therapy, 18*(1), 45-55.

Barrow, S. M., & Lawinski, T. (2009). Contexts of mother-child separations in homeless families. *Analysis of Social Issues and Public Policy, 9*(1), 157-176.

Buckner, J. C. (2008). Understanding the impact of homelessness on children: Challenges and future research directions. *American Behavioral Scientist, 51*, 721-736.

Buckner, J. C. (2012). Education research on homeless and housed children living in poverty: Comments on Masten, Fantuzzo, Herbers, and Voight. *Educational Researcher, 41*(9), 403-407.

Cackley, A. (2010). *Homelessness: A common vocabulary could help agencies collaborate and collect more consistent data* (Report to congressional requesters [GAO-10-702]). Washington, DC: U.S. Government Accountability Office.

Coleman-Jensen, A. (2013). Food security in the U.S. Retrieved from *www.ers.usda.gov/topics/food-nutrition-assistance/food-security-in-the-us/measurement.aspx*.

Cowal, K., Shinn, M., Weitzman, B., Stojanovic, D., & Labay, I. (2002). Mother-child separations among homeless and housed families receiving public assistance in New York City. *American Journal of Community Psychology, 30*, 711-730.

Cutuli, J. J., Wiik, K. L., Herbers, J. E., Gunnar, M. R., & Masten, A. S. (2010). Cortisol function among early school-aged homeless children. *Psychoneuroendocrinology, 35*, 833-845.

DiBiase, R., & Waddell, S. (1995). Some effects of homelessness on the psychological functioning of preschoolers. *Journal of Abnormal Child Psychology, 23*, 783-792.

Dotson, H. M. (2011). Homeless women, parents, and children: A triangulation approach analyzing factors influencing homelessness and child separation. *Journal of Poverty, 15*, 241-258.

Gewirtz, A. H., DeGarmo, D. S., Plowman, E., August, G., & Realmuto, G. (2009). Parenting, parental mental health, and child functioning in families residing in supportive housing. *American Journal of Orthopsychiatry, 79*(3), 336-347.

Hammer, H., Finkelhor, D., & Sedlak, A. (2002). *Runaway/thrownaway children: National estimates and characteristics*. Washington, DC: U.S. Department of Justice, Office of Justice Programs, Office of Juvenile Justice and Delinquency Prevention.

Harpaz-Rotem, I., Rosenheck, R. A., & Desai, R. (2006). The mental health of children exposed to maternal mental illness and homelessness. *Community Mental Health Journal, 42*(5), 437-448.

Hunter, L. B. (1993). Sibling play therapy with homeless children: An opportunity in the crisis. *Child Welfare League of America, 27*, 65-75.

Johnson, D. L. (2010). *A compendium of psychosocial measures: Assessment of people with serious mental illnesses in the community*. New York: Springer.

Karim, K., Tischler, V., & Gregory, P. (2006). Homeless children and parents: Short-term mental health outcome. *International Journal of Social Psychiatry, 52*(5), 447-458.

Kim, J. (2013). Confronting invisibility: Early childhood pre-service teachers' beliefs toward homeless children. *Early Childhood Education, 41*, 161-169.

Koblinsky, S. A., Gordon, A. L., & Anderson, E. A. (2000). Changes in the social skills and behavior problems of homeless and housed children during the preschool year. *Early Education and Development, 11*(3), 321-338.

Kolos, A. C., Green, E. J., & Crenshaw, D. A. (2009). Conducting filial therapy with homeless parents. *American*

Journal of Orthopsychiatry, 79(3), 366-374.

Landreth, G. L. (2002). *Play therapy: The art of the relationship* (2nd ed.). New York: Brunner-Routledge.

Masten, M. S., Herbers, J. E., Desjardins, D., Cutuli, J. J., McCormick, C. M., Sapienza, J., et al. (2012). Executive function skills and school success in young children experiencing homelessness. *Educational Researcher, 41*, 375-384.

McKinney-Vento Homeless Assistance Act of 1987, 42 USC § 11431 et seq. (2001). Retrieved August 17, 2013, from *www.nationalhomeless.org/publications/facts/McKinney.pdf.*

McQuaid, J. R., Marx, B. P., Rosen, M. I., Bufka, L. F., Tenhula, W., Cook, H., et al. (2012). Mental health assessment in rehabilitation research. *Journal of Rehabilitation Research and Development, 49*(1), 121-137.

Moore, T., & McArthur, M. (2011). Good for kids: Children who have been homeless talk about school. *Australian Journal of Education, 55*, 147-160.

Nabors, L. A., & Weist, M. D. (2002). School mental health services with homeless children. *Journal of School Health, 72*(7), 269.

National Coalition for the Homeless. (2007). Why are people homeless? NCH Fact Sheet #1. Retrieved September 1, 2013, from *www.nationalhomeless/org/publications/facts/Why.pdf.*

National Coalition for the Homeless. (2009). How many people experience homelessness? NCH Fact Sheet #1. Retrieved October 4, 2013, from *www.nationalhomeless.org/factsheets/How_Many.html.*

Park, J. M., Fertig, A. R., & Allison, P. D. (2011). Physical and mental health, cognitive development, and health care use by housing status of low-income young children in 20 American cities: A prospective cohort study. *American Journal of Public Health, 38*, 421-432.

Ray, S. A. (2006). Mother-toddler interactions during child-focused activity in transitional housing. *Occupational Therapy in Health Care, 20*, 81-97.

Rovee-Collier, C., & Gulya, M. (2000). Infant memory: Cues, contexts, categories, and lists. In D. L. Medin (Ed.), *The psychology of learning and motivation* (pp. 1-46). San Diego, CA: Academic Press.

Schmitz, C., Wagner, J., & Menke, E. (2001). The interconnection of childhood poverty and homelessness: Negative impact/points of access. *Families in Society, 82*(1), 69-77.

Schwarz, K. B., Garrett, B., Hampsey, J., & Thompson, D. (2007). High prevalence of overweight and obesity in homeless Baltimore children and their caregivers: A pilot study. *Clinical Nutrition and Obesity, 9*(1), 48.

Thompson, S. J., Pollio, D. E., Eyrich, K., Bradbury, E., & North, C. S. (2004). Successfully exiting homelessness: Experiences of formerly homeless mentally ill individuals. *Evaluation and Program Planning, 27*(4), 423-431.

Tischler, V., Karim, K., Rustall, S., Gregory, P., & Vostanis, P. (2004). A family support service for homeless children and parents: Users' perspectives and characteristics. *Health and Social Care in the Community, 12*(4), 327-335.

Tischler, V., Redemeyer, A., & Vostanis, P. (2007). Mothers experiencing homelessness: Mental health, support, and social care needs. *Health and Social Care in the Community, 15*(3), 246-253.

Vibbert, M., & Bornstein, M. (1989). Specific associations between domain of mother-child interaction and toddler referential language and pretense play. *Infant Behavior and Development, 12*, 163-189.

Vostanis, P., Cumella, S., Briscoe, J., & Oyebode, F. (1996). A survey of psychosocial characteristics of homeless families. *European Journal of Psychiatry, 10*(2), 108-117.

Wachs, T. D. (1987). Specificity of environmental action as manifest in environmental correlates of mastery motivation. *Developmental Psychology, 23*, 782-790.

Zeisemer, C., Marcoux, L., & Manvell, B. (1994). Homeless children: Are they different from other low-income children? *Social Work, 39*(6), 658-668.

제6장

Amato, P. R. (2001). Children of divorce in the 1990s: An update of the Amato and Keith (1991) meta-analysis. *Journal of Family Psychology, 15*, 355-370.

Amato, P. R. (2010). Research on divorce: Continuing trends and new developments. *Journal of Marriage and*

Family, 72, 650–666.

Association of Family and Conciliation Courts. (2010). *Guidelines for court-involved therapy*. Madison, WI: Author.

Barczak, B., Miller, T. W., Veltkamp, L. J., Barczak, S., Hall, C., & Kraus, R. (2010). Transitioning: The impact of divorce on children throughout the life cycle. In T. W. Miller (Ed.), *Handbook of stressful transitions across the lifespan* (pp. 185–215). New York: Springer-Verlag.

Behzad, S. (2011). Sands from our time. In L. Lowenstein (Ed.), *Assessment and treatment activities for children, adolescents, and families: Volume 3. Practitioners share their most effective techniques* (pp. 185–186). Toronto: Champion Press.

Bernstein, B. E., & Hartsell, T. L. (2004). *The portable lawyer for mental health professionals: An A-Z guide to protecting your clients, your practice, and yourself* (2nd ed.). Hoboken, NJ: Wiley.

Cavett, A. (2010). *Structured play-based interventions for engaging children in therapy*. West Conshohocken, PA: Infinity Publishing.

Children's Institute. (n.d.). Daring dinosaurs board game. Available at *childrensinstitute.net*.

Childswork Childsplay. (n.d.). Upside down divorce game. Available at *www.childswork.com/The-Upside-Down-Divorce-Board-Game*.

Cochrane, B. (2009). *My parents are divorced, my elbows have nicknames, and other facts about me*. New York: HarperCollins.

DeLucia-Waack, J. L. (2011). Children of divorce groups. In G. L. Greif & P. H. Ephross (Eds.), *Group work with populations at risk* (pp. 93– 114). New York: Oxford University Press.

Drewes, A. A. (2011). Integrating play therapy theories into practice. In A. A. Drewes, S. C. Bratton, & C. E. Schaefer (Eds.), *Integrative play therapy* (pp. 21–35). New York: Wiley.

Gil, E. (1994). *Play in family therapy*. New York: Guilford Press.

Gil, E., & Shaw, J. A. (2009). Prescriptive play therapy. In K. J. O'Connor & L. D. Braverman (Eds.), *Play therapy theory and practice: Comparing theories and techniques* (2nd ed., pp. 451– 487). New York: Wiley.

Gil, E., & Sobol, B. (2000). Engaging families in therapeutic play. In C. E. Bailey (Ed.), *Children in therapy: Using the family as a resource*. New York: Norton.

Goodyear-Brown, P. (2002). *Digging for buried treasure: 52 prop-based play therapy techniques*. Nashville, TN: Sundog, Ltd.

Goodyear-Brown, P. (2005). *Digging for buried treasure: 52 more prop-based play therapy techniques*. Nashville, TN: Sundog, Ltd.

Kalter, N. (1990). *Growing up with divorce*. New York: Macmillan.

Kelly, J., & Johnston, J. (2001) The alienated child: A reformulation of parental alienation syndrome. *Family and Conciliation Courts Review, 39*(3), 249–266.

Kenney-Noziska, S. G. (2008). *Techniques-techniques-techniques: Play-based activities for children, adolescents, and families*. West Conshohocken, PA: Infinity Publishing.

Kenney-Noziska, S. G., Schaefer, C. E., & Homeyer, L. E. (2012). Beyond directive or nondirective: Moving the conversation forward. *International Journal of Play Therapy, 21*(4), 244–252.

Kurdeck, L. A., & Berg, B. (1987). Children's belief about parental divorce scale: Psychometrics, characteristics, and concurrent validity. *Journal of Consulting and Clinical Psychology, 55*, 712–718.

Lowenstein, L. (2006). *Creative interventions for children of divorce*. Toronto: Champion Press.

Lowenstein, L. (Ed.). (2008). *Assessment and treatment activities for children, adolescents, and families: Practitioners share their most effective techniques*. Toronto: Champion Press.

Lowenstein, L. (2013). *Cory helps kids cope with divorce: Playful therapeutic activities for young children*. Toronto: Champion Press.

Majzub, R. M., & Mansor, S. (2012). Perception and adjustment of adolescents towards divorce. *Social and Behavioral Sciences, 46*, 3530–3534.

Malchiodi, C. A. & Ginns-Gruenberg, D. (2008). Trauma, loss, and bibliotherapy: The healing power of stories. In C. A. Malchiodi (Ed.), *Creative interventions with traumatized children* (pp. 167–185). New York: Guilford Press.

Norcross, J. C. (2005). A primer on psychotherapy integration. In. J. C. Norcross & M. R. Goldfried (Eds.), *Handbook of psychotherapy integration* (2nd ed., pp. 10-23). New York: Oxford University Press.

Pedro-Carroll, J. L. (2010). ***Putting children first: Proven parenting strategies for helping children thrive through divorce.*** New York: Penguin.

Pedro-Carroll, J. L., & Alpert-Gillis, L. J. (1997). Preventive interventions for children of divorce: A developmental model for 5 and 6 year old children. ***Journal of Primary Prevention, 18***, 5-23.

Pedro-Carroll, J. L., & Jones, S. H. (2005). A preventive play intervention to foster children's resilience in the aftermath of divorce. In L. A. Reddy, T. M. Files-Hall, & C. E. Schaefer (Eds.), ***Empirically based play interventions for children*** (pp. 51-75). Washington, DC: American Psychological Association.

Portes, P. R., Smith, T. L., & Brown, J. H. (2000). The Divorce Adjustment Inventory—Revised. ***Journal of Divorce and Remarriage, 33***, 93-109.

Post Sprunk, T. (2010). Boat storm lighthouse. In L. Lowenstein (Ed.), ***Creative family therapy techniques: Play, art, and expressive therapies to engage children in family sessions*** (pp. 12-13). Toronto: Champion Press.

Remley, T. P., & Herlihy, B. (2010). ***Ethical, legal, and professional issues in counseling*** (3rd ed.). Upper Saddle River, NJ: Merrill.

Rosengren, D. B. (2009). ***Building motivational interviewing skills: A practitioner workbook.*** New York: Guilford Press.

Rutter, V. E. (2009). Divorce in research vs. divorce in media. ***Sociology Compass, 3***(4), 707-720.

Schaefer, C. E. (2001). Prescriptive play therapy. ***International Journal of Play Therapy, 10***(2), 57-73.

Schaefer, C. E. (2011). Prescriptive play therapy. In C. E. Schaefer (Ed.), ***Foundations of play therapy*** (2nd ed., pp. 365-378). Hoboken, NJ: Wiley.

Seymour, J. W. (2011). History of psychotherapy integration & related research. In A. A. Drewes, S. C. Bratton, & C. E. Schaefer (Eds.), ***Integrative play therapy*** (pp. 3-19). New York: Wiley.

Stolberg, A. L., & Mahler, J. (1994). Enhancing treatment gains in a school-based intervention for children of divorce through skill training, parental involvement, and transfer procedures. ***Journal of Consulting and Clinical Psychology, 62***, 147-156.

VanFleet, R. (1994). ***Fillial therapy: Strengthening parent-child relationships through play.*** Sarasota, FL: Professional Resource Press.

Wallerstein, J., & Lewis, J. (2004). The unexpected legacy of divorce. ***Psychoanalytic Psychology, 21***, 353-370.

제7장

Adler, A. (1930). ***The problem child.*** New York: Putnam.

Bath, H. (2008). The three pillars of trauma-informed care. ***Reclaiming Children and Youth, 17***(3), 5.

Berberian, M., Bryant L., & Landsburg, M. (2003). ***Interventions with communities affected by mass violence.*** New York: Pearson.

Bloom, S. L., & Farragher, B. (2010). ***Destroying sanctuary: The crisis in human service delivery systems.*** New York: Oxford University Press.

Boden, J. M., Horwood, L. J., & Fergusson, D. M. (2007). Exposure to childhood sexual and physical abuse and subsequent educational achievement outcomes. ***Child Abuse and Neglect, 31***(10), 1101-1114.

Byers, J. (1996). Children of the stones: Art therapy interventions in the West Bank. ***Art Therapy: Journal of the American Art Therapy Association, 13***, 238-243.

Cohen, J. A., Mannarino, A. P., Deblinger, E. (2006). ***Treating trauma and traumatic grief in children and adolescents.*** New York: Guilford Press.

Crenshaw, D., & Mordock, J. (2005). ***A handbook of play therapy with aggressive children.*** Lanham, MD: Rowan & Littlefield.

Dietrich, R. (2008). Evidence-based education: Can we get there from here? ***Association for Behavioral Analysis International, 31***(3). Retrieved December 12, 2012, from *www.abainternational.org/ABA/newsletter/vol313/Detrich.asp.*

Fischer, K. (2012). Neuroscience in the classroom: Making Connections, Section 2. Retrieved June 5, 2012, from *www.Learner.org/neuroscience/text.html?dis=u&num=05&Sec=02*.

Fosha, D. (2000). *The transforming power of affect: A model of accelerated change*. New York: Basic Books.

Gil, E. (2006). *Helping abused and traumatized children: Integrating directive and nondirective approaches*. New York: Guilford Press.

Gil, E. (Ed.). (2010). *Working with children to heal interpersonal trauma: The power of play*. New York: Guilford Press.

Green, E. (2009). Jungian analytical play therapy. In J. O'Connor & L. D. Braverman (Eds.), *Theory and practice: Comparing theories and techniques* (2nd ed., pp. 83-122). Hoboken, NJ: Wiley.

Gross, J., & Haynes, H. (1998). Drawing facilitates children's verbal reports of emotionally laden events. *Journal of Experimental Psychology, 4*, 163-179.

Hodas, G. (2006). Responding to childhood trauma. Retrieved January 15, 2012, from *www.nasmhpd.org/general_files/publications/ntac_pubs/Responding to Childhood Trauma-Hodas.pdf*.

Hughes, R. (2009). Attachment focused treatment for children. In M. Kerman (Ed.), *Clinical pearls of wisdom* (pp. 169-181). New York: Norton.

Langmuir, J., Kirsch, S., & Classen, C. (2012). A pilot study of body-oriented group psychotherapy: Adapting sensorimotor psychotherapy for the group treatment of trauma. *Psychological Trauma: Theory, Research, Practice, and Policy, 4*(2), 214-220.

Levine, P. A., & Klein, M. (2007). *Trauma through a child's eyes: Awakening the ordinary miracle of healing*. Berkeley, CA: North Atlantic Books.

Levine, P. A., & Klein, M. (2012). Establishing safety through self-regulation. In W. Steele & C. Malchiodi (Ed.), *Trauma informed practices with children and adolescents* (pp. 75-97). New York: Routledge/Taylor & Francis.

Magwaza, A., Killian, B., Peterson, I., & Pillay, Y. (1993). The effects of chronic stress on preschool children living in South African townships. *Child Abuse and Neglect, 17*, 795-803.

Mullen, B., Champagne, T., Krishnamurty, S. L., Dickson, D., & Gao, R. (2008). Exploring the safety and therapeutic effects of deep pressure stimulation using a weighted blanket. *Occupational Therapy in Mental Health, 24*, 1.

National Center for Trauma-Informed Care. (2011). What's trauma-informed care? Retrieved June 30, 2011, from *www.samhsa.gov/nctic/trauma.asp*.

Ogden, P., Minton, K., & Pain, C. (2006). *Trauma and the body: A sensorimotor approach to psychotherapy*. New York: Norton.

Olafson, E., & Kenniston, J. (2008). Obtaining information from children in the justice system. *Juvenile and Family Court Journal, 59*(4), 71-89.

Perry, B. (2009). Examining child maltreatment through a neurodevelopmental lens: Clinical applications of the neurosequential model of therapeutics. *Journal of Loss and Trauma, 14*(4), 16.

Pynoos, R., & Eth, S. (1986). Witness to violence: The child interview. Journal of the American Academy of Child Psychiatry, 25, 306-319. Rothschild, B. (2000). *The body remembers: The psychophysiology of trauma and trauma treatment*. New York: Norton.

Saigh, P., & Bremner, J. (1999). *Posttraumatic stress disorder*. Boston: Allyn & Bacon.

Schore, A. (2001). The effects of a secure attachment relationship on right-brain development, affect regulation, and infant mental health. *Infant Mental Health Journal, 22*(1-2), 7-66.

Smith, J. (2012). *Integrative psychotherapy*. Retrieved March 6, 2012, from www.psytx.com/03sessions.html.

Steele, W. (2003a). Helping traumatized children. In S. L. A. Strausner & N. K. Philips (Eds.), *Understanding mass violence: A social work perspective* (pp. 41-56). New York: Allyn & Bacon.

Steele, W. (2003b). Using drawing in short-term trauma resolution. In C. A. Malchiodi (Ed.), *Handbook of art therapy* (pp. 139-151). New York: Guilford Press.

Steele, W., & Kuban, C. (2013). *Working with grieving and traumatized children and adolescents: Discovering what matters most through evidence-based, sensory interventions*. Hoboken, NJ: Wiley.

Steele, W., Kuban, C., & Raider, L. M. (2009). Connections, continuity, dignity, opportunities model: Follow-up of children who completed the I Feel Better Now! Trauma Intervention Program. *School Social Work Journal, 33*(2), 98-111.

Steele W., & Malchiodi, C. A. (2012). *Trauma-informed practices for children and adolescents*. New York: Routledge/Taylor & Francis Group.

Steele, W., & Raider, M. (2009). *Structured sensory interventions for children, adolescents and parents (SITCAP)* (rev. ed.). New York: Edwin Mellen Press.

Steele, W., Raider, M., Delillo-Storey, M., Jacobs, J., & Kuban, C. (2008). Structured sensory therapy (SITCAP-ART) for traumatized adjudicated adolescents in residential treatment. *Residential Treatment for Children and Youth, 25*(2), 167-185.

van der Kolk, B. A. (2006). Clinical implications of neuroscience research in PTSD. *Annals: New York Academy of Sciences, 1*, 1-17.

van der Kolk, B. A., McFarlane, A. C., & Weisaeth, L. (Eds.). (1996). *Traumatic stress: The effects of overwhelming experience on mind, body, and society*. New York: Guilford Press.

Ziegler, D. (2002). *Traumatic experience and the brain: A handbook for understanding and treating those traumatized as children*. Phoenix, AZ: Acacia.

제8장

Boszormenyi-Nagy, I., & Ulrich, D. (1981). Contextual family therapy. In A. Gurman & D. Kniskern (Eds.), *Handbook of family therapy* (pp. 200-238). New York: Brunner/Mazel.

Campbell, J. (1949). *A hero with a thousand faces*. New York: Pantheon Books.

Jung, C. G. (1954). *Collected works of C. G. Jung: Vol. 17. The development of personality* (H. Read, M. Fordham, G. Adler, & W. McGuire, Eds.; R. F. C. Hull, Trans.). London: Routledge & Keagan Paul.

Jung, C. G. (1958). *Collected works of C. G. Jung: Vol. 11. Psychology and religion: West and east*. Princeton, NJ: Princeton University Press.

Jung, C. G. (1968). *Collected works of C. G. Jung: Vol. 12. Psychology and alchemy*. Princeton, NJ: Princeton University Press.

Jung, C. G. (1971). *Psychological types: Collected works, Vol. 6*. Princeton, NJ: Princeton University Press.

Landreth, G. (2002). *Play therapy: The art of the relationship* (2nd ed.). New York: Brunner-Routledge.

Peery, C. (2003). Jungian analytical play therapy. In C. Schaefer (Ed.), *Foundations of play therapy* (3rd ed., pp. 14-54). Hoboken, NJ: Wiley.

제9장

Abidin, R. R. (1995). *Parenting stress index: Professional manual* (3rd ed.). Odessa, FL: Psychological Assessment Resources.

Agans, R., Bangdiwala, S. I., Chang, J. J., Hunter, W. M., Runyan, D. K., & Theodore, A. D. (2005). Epidemiological features of the physical and sexual maltreatment of children in the Carolinas. *Pediatrics, 115*(3), e331-337.

Cavett, A. M., & Drewes, A. A. (2012). Play applications and trauma-specific components. In J. A. Cohen & A. P. Mannarino (Eds.), *Trauma-focused CBT for children and adolescents: Treatment applications* (pp. 124-148). New York: Guilford Press.

Chaffin, M., Silovsky, J. F., Funderburk, B., Valle, L., Brestan, E. V., Balachova, T., et al. (2004). Parent-Child Interaction Therapy with physically abusive parents: Efficacy for reducing future abuse reports. *Journal of Consulting and Clinical Psychology, 72*, 500-510.

Cohen, J. A., Mannarino, A. P., & Deblinger, E. (2006). *Treating trauma and traumatic grief in children and adolescents*. New York: Guilford Press.

Friedrich, W. N. (1997). *Child Sexual Behavior Inventory: Professional manual*. Odessa, FL: Psychological

Assessment Resources.

Friedrich, W. N. (2002). *Psychological assessment of sexually abused children and their families*. Thousand Oaks, CA: Sage.

Gil, E., & Cavanagh-Johnson, T. (1993). *Sexualized children: Assessment and treatment of sexualized children and children who molest*. Ann Arbor, MI: Launch Press.

Goodyear-Brown, P. (2012). Flexibly sequential play therapy (FSPT) with sexually victimized children. In P. Goodyear-Brown (Ed.), *Handbook of child sexual abuse: Identification, assessment, and treatment* (pp. 297-319). Hoboken, NJ: Wiley.

Green, E. J., Crenshaw, D. A., & Kolos, A. C. (2010). Counseling children with preverbal trauma. *International Journal of Play Therapy, 19*, 95-105.

Grotsky, L., Camerer, C., & Damiano, L. (2000). *Group work with sexually abused children*. Thousand Oaks, CA: Sage.

Hewitt, S. (1999). *Assessing allegations of sexual abuse in preschool children: Understanding small voices*. Thousand Oaks, CA: Sage.

Hewitt, S. (2012). Developmentally sensitive assessment methods in child sexual abuse cases. In P. Goodyear-Brown (Ed.), *Handbook of child sexual abuse: Identification, assessment, and treatment* (pp. 121-142). Hoboken, NJ: Wiley.

Kenney-Noziska, S. (2008). *Techniques-techniques-techniques: Play-based activities for children, adolescents, and families*. Concord, MA: Infinity.

Kolko, D. J., Herschell, A. D., Baumann, B. L., & Shaver, M. E. (2009). *Alternatives for families: Cognitive-behavioral therapy for child physical abuse—session guide* (Version 2.4). Pittsburgh, PA: University of Pittsburgh School of Medicine.

Kolko, D. J., & Swenson, C. C. (2002). *Assessing and treating physically abused children and their families: A cognitive-behavioral approach*. Thousand Oaks, CA: Sage.

Milner, J. (1986). *The Child Abuse Potential Inventory: Manual*. Dekalb, IL: Psytec.

Pelcovitz, D. (1999). *Child witnesses to domestic violence*. Presentation sponsored by Four Winds Hospital, Astor Home for Children, and Ulster County Mental Health, Kingston, NY.

Shelby, J. S. (2000). Brief play therapy with traumatized children: A developmental perspective. In H. G. Kaduson & C. E. Schaefer (Eds.), *Short-term play therapy for children* (pp. 169-243). New York: Guilford Press.

Shelby, J. S., & Berk, M. J. (2008). CBT, play therapy, and pedagogy: An argument for synthesis. In A. A. Drewes (Ed.), *Effectively blending play therapy and cognitive behavioral therapy: A convergent approach* (pp. 17-40). New York: Wiley.

U.S. Department of Health and Human Services, Administration for Children and Families, Administration on Children, Youth and Families, Children's Bureau. (2011). Child maltreatment 2011. Retrieved from *www.acf.hhs.gov/sites/default/files/cb/cm11.pdf.*

U.S. Department of Health and Human Services, Administration for Children and Families, Administration on Children, Youth and Families, Children's Bureau. (2012). Child maltreatment 2012. Retrieved from *www.acf.hhs.gov/programs/cb/research-data-technology/statistics-research/child-maltreatment.*

U.S. Department of Justice, Office of Juvenile Justice and Delinquency Prevention. (2009). Children's exposure to violence: A comprehensive national survey (Juvenile Justice Bulletin October 2009). Retrieved from *www.ncjrs.gov/pdffiles1/ojjdp/227744.pdf.*

Van Eys, P., & Truss, A. (2012). Comprehensive and therapeutic assessment of child sexual abuse: A bridge to treatment. In P. Goodyear-Brown (Ed.), *Handbook of child sexual abuse: Identification, assessment, and treatment* (pp. 143-170). Hoboken, NJ: Wiley.

제10장

Anda, R. F., Felitti, V. J., Brenner, J. D., Walker, J. D., Whitfield, C., Perry, B. D., et al. (2006). The enduring effects of abuse and related adverse experiences in childhood: A convergence of evidence from neurobiology and epidemiology. *European Archives of Psychiatry and Clinical Neuroscience, 256*, 174-186.

Baker, L. (2002). *Protecting your child from sexual predators*. New York: St. Martin's Press.

Barbaree, H. E., & Marshall, W. L. (Eds.). (2006). *The juvenile sex offender* (2nd ed.). New York: Guilford Press.

Bratton, S. C., Ray, D., & Rhine, T. (2005). The efficacy of play therapy with children: A meta-analytic review of treatment outcomes. *Professional Psychology: Research and Practice, 36*(4), 376-390.

Caffaro, J. V., & Conn-Caffaro, A. (1998). *Sibling abuse trauma: Assessment and intervention strategies for children, families, and adults*. New York: Haworth Press.

Cichetti, D., & Toth, S. L. (1995). A developmental psychopathology perspective on child abuse and neglect. *Journal of the American Academy of Child and Adolescent Psychiatry, 34*(5), 542-565.

Cloitre, M., Stolbach, B. C., Herman, J. L., van der Kolk, B., Pynoos, R., Wang, J., et al. (2009). A developmental approach to complex PTSD: Childhood and adult cumulative trauma as predictors of symptom complexity. *Journal of Traumatic Stress, 22*(5), 399-408.

Cohen, J. A., Mannarino, A. P., & Deblinger, E. (2006). *Treating trauma and traumatic grief in children and adolescents*. New York: Guilford Press.

Cohen, J. A., Mannarino, A. P., & Deblinger, E. (2012). *Trauma-focused CBT for children and adolescents: Treatment applications*. New York: Guilford Press.

Cook, A., Spinazzola, J., Ford, J. D., Lanktree, C., Blaustein, M., Cloitre, M., et al. (2005). Complex trauma in children and adolescents. *Psychiatric Annals, 35*, 390-398.

Gil, E. (2011). *Helping abused and traumatized children: Integrating directive and nondirective approaches*. New York: Guilford Press.

Gil, E. (2012). Trauma-focused integrated play therapy. In P. Goodyear-Brown (Ed.), *Handbook of child sexual abuse: Identification, assessment, and treatment* (pp. 251-279). New York: Wiley.

Gil, E., & Roizner-Hayes, M. (1996). Assessing family readiness for reunification. In E. Gil (Ed.), *Systemic treatment of families who abuse*. San Francisco: Jossey-Bass.

Goodyear-Brown, P. (2009). *Play therapy with traumatized children: A prescriptive approach*. New York: Wiley.

Herman, J. L. (1997). *Trauma and recovery: The aftermath of violence-from domestic abuse to political terror*. New York: Basic Books.

Jones, L. (1998). The social and family correlates of successful reunification of children in foster care. *Children and Youth Services Review, 20*(4), 305-323.

Kahn, T. J. (2011). *PATHWAYS: A guided workbook for youth beginning treatment* (4th ed.). Brandon VT: Safer Society Press.

Kitzmann, K. M., Gaylord, N. K., Holt, A. R., & Kenny, E. D. (2003). Child witness to domestic violence: A meta-analysis review. *Journal of Consulting and Clinical Psychology, 71*, 339-352.

Ludy-Dobson, C. R., & Perry, B. (2010). The role of healthy relational interactions in buffering the impact of childhood trauma. In E. Gil (Ed.), *Working with children to heal interpersonal trauma: The power of play* (pp. 27-43). New York: Guilford Press.

Osofsky, J. (Ed.). (2013). *Clinical work with traumatized children*. New York: Guilford Press.

Perry, B. D., & Szalavitz, M. (2007). *The boy who was raised as a dog: And other stories from a child psychiatrist's notebook—What traumatized children can teach us about loss, love, and healing*. New York: Basic Books.

Roizner-Hayes, M. (1994). *Therapists' attitudes towards the reunification of incestuous families after treatment*. Unpublished doctoral dissertation, Boston University.

Ryan, E. P., Hunter, J. A., & Murrie, D. (2012). *Juvenile sex offenders: A guide to evaluation and treatment for mental health professionals*. New York: Oxford University Press.

Sheinberg, M., True, F., & Fraenkel, P. (1994). Treating the sexually abused child: A recursive multimodal approach. *Family Process, 33*(3), 263-276.

Terling, T. (1999). The efficacy of family reunification practices: Reentry rates and correlates of reentry for abused and neglected children reunited with their families. *Child Abuse and Neglect, 23*(12), 1359-1370.

Trepper, T., & Barrett, M. J. (1989). *Systemic treatment of incest: A therapeutic handbook*. New York: Brunner/Mazel.

Wiehe, V. (1997). *Sibling abuse: Hidden physical, emotional, and sexual trauma* (2nd ed.). Thousand Oaks, CA: Sage.

제11장

Atwool, N. (2006). Attachment and resilience: Implications for children in care. *Child Care in Practice, 12*(4), 315-330.

Baggerly, J., & Exum, H. A. (2008). Counseling children after natural disasters: Guidance for family therapists. *American Journal of Family Therapy, 36*, 79-93.

Biglan, A., Flay, B., Embry, D., & Sandler, I. (2012). The critical role of nurturing environments on promoting human well-being. *American Psychologist, 67*(4), 257-271.

Calhoun, L. G., & Tedeschi, R. G. (2006). *Handbook of posttraumatic growth: Research and practice*. Mahwah, NJ: Erlbaum.

Catani, C., Jacob, N., Schauer, E., Kohila, M., & Neuner, F. (2008). Family violence, war, and natural disasters: A study of the effect of extreme stress on children's mental health in Sri Lanka. *BMC Psychiatry, 8*(33), 1-10.

Cohrs, J. C., Christie, D. J., White, M. P., & Das, C. (2013). Contributions of positive psychology: Toward global well-being and resilience. *American Psychologist, 68*(7), 590-600.

Dugan, E., Snow, M., & Crowe, S. (2010). Working with children affected by Hurricane Katrina: Two case studies in play therapy. *Child and Adolescent Mental Health, 15*, 52-55.

Echterling, L. G., Presbury, J., & McKee, J. E. (2005). *Crisis intervention: Promoting resilience and resolution in troubled times*. Upper Saddle River, NJ: Merrill/Prentice Hall.

Echterling, L. G., & Stewart, A. L. (in press). Creative crisis intervention techniques with children and families. In C. A. Malchiodi (Ed.), *Creative interventions with traumatized children* (2nd ed.). New York: Guilford Press.

Gulliver, S. B., Zimering, R., Carpenter, G. S., Giardina, A., & Farrar, J. (2014). The psychological consequences of disaster. In P. Ouimette & J. P. Read (Eds.), *Trauma and substance abuse: Causes, consequences, and treatment of comorbid disorders* (2nd ed., pp. 125-141). Washington, DC: American Psychological Association.

Grossmann, K. E., Grossmann, K., & Waters, E. (2006). *Attachment from infancy to adulthood: The major longitudinal studies*. New York: Guilford Press.

Huebner, D. (2005). *What to do when you worry too much: A kid's guide to overcoming anxiety*. Washington, DC: APA Magination Press.

Inter-Agency Standing Committee (IASC). (2007). *IASC guidelines on mental health and psychosocial support in emergency settings*. Geneva: Author.

Jordan, B., Perryman, K., & Anderson, L. (2013). A case for child-centered play therapy with natural disaster and catastrophic event survivors. *International Journal of Play Therapy, 22*(4), 219-230.

Keck, M., & Sakdapolrak, P. (2013). What is social resilience?: Lessons learned and ways forward. *Erdkunde, 67*(1), 5-19.

Kunz, V. (2009). Sport as a post-disaster psychosocial intervention in Bam, Iran. *Sport in Society: Cultures, Commerce, Media, Politics, 12*(9), 1147-1157.

Landreth, G. (2012). *Play therapy: The art of relationship* (3rd ed.). New York: Routledge.

Louv, R. (2011). *The nature principle: Human restoration and the end of nature—deficit disorder*. Chapel Hill, NC: Algonquin Books.

National Child Traumatic Stress Network. (2013). *Psychological first aid: Field operations guide* (2nd ed.). Los Angeles: Author. Retrieved from www.nctsn.org/content/ psychological-first-aid.

National Research Council & Institute of Medicine. (2009). *Preventing mental, emotional, and behavioral disorders among young people: Progress and possibilities* (M. E. O'Connell, T. Boat, & K. E. Warner, Eds.). Washington, DC: National Academies Press.

National Child Traumatic Stress Network—Terrorism and Disaster Branch. (2005). Tips for helping school-age children. Retrieved from *www.nctsnet.org/nctsn_assets/pdfs/pfa/TipsforHelpingSchool-AgeChildren.pdf*.

Norris, F. H., Sherrieb, K., & Pfefferbaum, B. (2011). Community resilience: Concepts, assessment, and implications for intervention. In S. M. Southwick, B. T. Litz, D. Charney, & M. J. Friedman (Eds.), *Resilience and mental health: Challenges across the lifespan* (pp. 149-161). Cambridge, UK: Cambridge University Press.

Pearson, C. M., & Mitroff, I. M. (1993). From crisis prone to crisis prepared: A framework for crisis management. *Academy of Mangagment Perspectives, 7*(1), 48-59.

Pellegrini, A. D., Dupuis, D., & Smith, P. K. (2007). Play in evolution and development. *Developmental Review, 27*(2), 261-276.

Prince-Embury, S., & Saklofske, D. H. (Eds.). (2013). *Resilience in children, adolescents, and adults: Translating research into practice*. New York: Springer.

Reyes, G., & Jacobs, G. (2006). *Handbook of international disaster psychology: Interventions with special needs populations*. Westport, CT: Praeger.

Ronan, K. R., & Johnston, D. M. (2005). *Promoting community resilience in disasters: The role for schools, youth, and families*. New York: Springer.

Schore, A. N. (2001). Effects of a secure attachment relationship on right brain development, affect regulation, and infant mental health. *Infant Mental Health Journal, 22*(1-2), 7-66.

Sroufe, L. A. (2005). Attachment and development: A prospective, longitudinal study from birth to adulthood. *Attachment and Human Development, 7*(4), 349-367.

Sroufe, L. A., Egeland, B., Carlson, E., & Collins, W. A. (2005). *Placing early attachment experiences in developmental context*. In K. E. Grossmann, K. Grossmann, & E. Waters (Eds.), *Attachment from infancy to adulthood: The major longitudinal studies* (pp. 48-70). New York: Guilford Press.

Smith, P. K. (2010). *Understanding children's worlds: Children and play*. Hoboken, NJ: Wiley-Blackwell.

Steele, W. & Kuban, C. (2013). *Working with grieving and traumatized children and adolescents*. Hoboken, NJ: Wiley.

Stewart, A. L., & Echterling, L. G. (2014). Therapeutic relationship. In C. Schaefer & A. Drewes (Eds.), *Therapeutic powers of play* (2nd ed., pp. 157-169). New York: Wiley.

Taylor, A., & Kuo, F. (2006). Is contact with nature important for healthy child development?: State of the evidence. In C. Spencer & M. Blades (Eds.), *Children and their environments: Learning, using and designing spaces* (pp. 124-140). Cambridge, UK: Cambridge University Press.

UNHRC. (2013). The future of Syria: Refugee children in crisis. Retrieved from *http://unhcr.org/FutureOfSyria/index.html*.

Wells, N. M. & Evans, G. W. (2003). Nearby nature: A buffer of life stress among rural children? *Environment and Behavior, 35*(3), 311-330.

Wickrama, K. A., & Wickrama, T. T. (2011). Perceived community participation in tsunami recovery efforts and the mental health of tsunami-affected mothers: Findings from a study in rural Sri Lanka. *International Journal of Social Psychiatry, 57*, 518-527.

Yoshikawa, H., Aber, L., & Beardslee, W. (2012). The effects of poverty on the mental, emotional, and behavioral health of children and youth. *American Psychologist, 67*(4), 272-284.

제12장

Association for Play Therapy. (2013). About play therapy: Overview. Retrieved from *www.a4pt.org/ps.playtherapy.cfm?ID=1158*.

Chandra, A., Lara-Cinisomo, S., Jaycox, L. H., Tanielian, T., Burns, R. M., Ruder, T., et al. (2010). Children on the homefront: The experience of children from military families. *Pediatrics, 125*, 13-22.

Chawla, N., & Solinas-Saunders, M. (2011). Supporting military parent and child adjustment to deployment and separations with filial therapy. *American Journal of Family Therapy, 39*, 179-192.

Department of Defense. (2012). 2011 demographics: Profile of the military community. Military OneSource. Retrieved from *www.militaryonesource.mil/12038/MOS/Reports/2011_Demographics_Report.pdf*.

Drewes, A. (2009). Preface. In A. A. Drewes (Ed.), *Blending play therapy with cognitive behavioral therapy: Evidenced-based and other effective treatments and techniques* (pp. xvii-xx). Hoboken, NJ: Wiley.

Echterling, L. G., Presbury, J., & McKee, J. E. (2005). *Crisis intervention: Promoting resilience and resolution in troubled times*. Upper Saddle River, NJ: Merrill/Prentice Hall.

Echterling, L. G., & Stewart. A. L. (2008). Creative crisis intervention techniques with children and families. In C. A. Malchiodi (Ed.), *Creative interventions with traumatized children* (pp. 189-210). New York: Guilford Press.

Echterling, L. G., & Stewart, A. L. (2010). Pathways to resilience at Virginia Tech. In J. Webber, D. D. Bass, & R. Yep (Eds.), *Terrorism, trauma and tragedies: A counselor's guide to preparing and responding* (3rd ed., pp. 83-88). Washington, DC: American Counseling Association.

Fiorini, J. J. & Mullen, J. A. (2006). *Counseling children and adolescents through grief and loss. Champaign*, IL: Research Press.

Flake, E. M., Davis, B. E., Johnson, P. L., & Middleton, L. S. (2009). The psychosocial effects of deployment on military children. *Journal of Developmental and Behavioral Pediatrics, 30*, 271-278.

Gil, E. (2003a). Art and play therapy with sexually abused children. In C. A. Malchiodi (Ed.), *Handbook of art therapy* (pp. 152-166.). New York: Guilford Press.

Gil, E. (2003b). Family play therapy: "The bear with short nails." In C. E. Schaefer (Ed.), *Foundations of play therapy* (pp. 192-218). Hoboken, NJ: Wiley.

Goldstein, S., & Brooks, R. B. (2013). Why study resilience? In S. Goldstein & R. B. Brooks (Eds.), *Handbook of resilience in children* (2nd ed., pp. 3-14). New York: Springer.

Goodyear-Brown, P. (2010). *Play therapy with traumatized children: A prescriptive approach*. Hoboken, NJ: Wiley.

Hall, L. K. (2008). *Counseling military families*. New York: Routledge.

Horton, D. (2005). Consultation with military children and schools: A proposed model. *Consulting Psychology Journal, 57*, 259-265.

Kelley, M. L., Hock, E., Smith, K. M., Jarvis, M. S., Bonney, J. F., & Gaffney, M. A. (2001). Internalizing and externalizing behavior of children with enlisted Navy mothers experiencing military-induced separation. *Journal of the American Academy of Child and Adolescent Psychiatry, 40*, 464-471.

Knell, S. M. (1993). *Cognitive-behavioral play therapy*. Northvale, NJ: Jason Aronson.

Knell, S. M., & Dasari, M. (2009). CBPT: Implementing and integrating CBPT into clinical practice. In A. A. Drewes (Ed.), *Blending play therapy with cognitive behavioral therapy: Evidenced-based and other effective treatments and techniques* (pp. 117-133). Hoboken, NJ: Wiley.

Landreth, G. L. (2002). *Play therapy: The art of the relationship*. New York: Brunner-Routledge.

Landreth, G. L. & Bratton, S. C. (2006). *Child parent relationship therapy (CRPT): A 10 session filial therapy model*. New York: Routledge.

Lester, P., Peterson, K., Reeves, J., Knauss, L., Glover, D., Mogil, C., et al. (2010). The long war and parental combat: Effects on military children and at-home spouses. *Journal of the American Academy of Child and Adolescent Psychiatry, 49*, 310-320.

Lowe, K. N., Adams, K. S., Browne, B. L., & Hinkle, K. T. (2012). Impact of military deployment on family relationships. *Journal of Family Studies, 18*, 17-27.

Malchiodi, C. A. (2008). *Creative interventions with traumatized children*. New York: Guilford Press.

Morris, A. S., & Age, T. R. (2009). Adjustment among youth in military families: The protective roles of effortful control and maternal social support. *Journal of Applied Developmental Psychology, 30*, 695-707.

O'Connor, K. J., & Ammen, S. (1997). *Play therapy: Treatment planning and interventions*. San Diego, CA: Academic Press.

Paris, R., DeVoe, E. R., Ross, A. M., & Acker, M. L. (2010). When a parent goes to war: Effects of parental deployment on very young children and implications for intervention. *American Journal of Orthopsychiatry, 80*, 610-618.

Peabody, M. A., & Johnson, D. B. (2009). *Same Sky Sharing: A curriculum for children in our military families*. Rochester, NY: Children's Institute.

Pedro-Carroll, J., & Jones, S. H. (2005). A preventive play intervention to foster children's resilience in the aftermath of divorce. In L. A. Reddy, T. M. Files-Hall, & C. E. Schaefer (Eds.), *Empirically based play interventions for children* (pp. 51–75). Washington, DC: American Psychological Association.

Pincus, S. H., House, R., Christensen, J., & Adler, L. E. (2001, Apr/June). The emotional cycle of deployment: A military family perspective. U.S. *Army Medical Department Journal*, pp. 15–23.

Ray, D. (2009). *Child-centered play therapy treatment manual*. Denton, TX: Child and Family Resource Clinic.

Rogers, C. (1951). *Client-centered therapy*. Boston: Houghton Mifflin.

Schaefer, C. E. (2003). Prescriptive play therapy. In C. E. Schaefer (Ed.), *Foundations of play therapy* (pp. 306–320). Hoboken, NJ: Wiley.

Stewart, A. (2013, April). *Supporting the children of military families through play therapy*. Paper presented at the Mid-Atlantic Play Therapy Training Institute, Alexandria, VA.

Stewart, A., Echterling, L., Macauley, C., Hamden, H., Neitzey, N., & Ghannam, G. (2011). Pathways to resilience workshop: Leadership and peer support. *Mine Action Information Journal, 15*, 3.

Tollefson, T. T. (2008). Supporting spouses during a military deployment. *Family and Community Health, 31*, 281–286.

Umhoefer, J. A. (2013). *Supporting military-connected children and families throughout deployment*. Unpublished doctoral dissertation, James Madison University, Harrisonburg, VA.

Unger, M. (n.d.). *What is resilience?* Resilience Research Center Homepage. Retrieved from *http://resilienceproject.org*.

Vygotsky, L. S. (1978). *Mind in society: The development of higher psychological processes*. Cambridge, MA: Harvard University Press.

Waliski, A., Bokony, P., Edlund, C. N., & Kirchner, J. (2012). Counselors called for service: Impact of parental deployment on preschool children. *Family Journal, 20*, 157–163.

Wickman, M., Greenburg, C., & Boren, D. (2010). The relationship of perception of invincibility, demographics, and risk behaviors in adolescents of military parents. *Journal of Pediatric Health Care, 24*, 25–33.

제13장

Attwood, T. (1998). *Asperger's syndrome: A guide for parents and professionals*. London: Jessica Kingsley.

Axline, V. M. (1964). *Dibs: In search of self—personality development in play therapy*. New York: Ballantine Books.

Badenoch, B., & Bogdan, N. (2012). Safety and connection: The neurobiology of play. In L. Gallo-Lopez & L. C. Rubin (Eds.), *Play-based interventions for children and adolescents with autism spectrum disorders* (pp. 3–18). New York: Routledge/Taylor & Francis.

Baron-Cohen, S. (1995). *Mindblindness: An essay on autism and theory of mind*. Cambridge, MA: MIT Press.

Baron-Cohen, S. (2008). *Autism and Asperger syndrome: The facts*. Oxford, UK: Oxford University Press.

Barton, E. E., & Wolery, M. (2008). Teaching pretend play to children with disabilities: A review of the literature. *Topics in Early Childhood Special Education, 28*(2), 109–125.

Bird, G., Silani, G., Brindley, R., White, S., Frith, U., & Singer, T. (2010). Empathic brain responses in insula are modulated by levels of alexithymia but not autism. *Brain, 133*(5), 1515–1525.

Bratton, S. C., Ray D., Rhine T., & Jones, L. (2005). The efficacy of play therapy with children: A meta-analytic review of outcomes. *Professional Psychology: Research and Practice, 36*(4), 376–390.

Bromfield, R. (1989). Psychodynamic play therapy with a high-functioning autistic child. *Psychoanalytic Psychology, 6*(4), 439–453.

Bromfield, R. (2010). *Doing therapy with children and adolescents with Asperger syndrome*. Hoboken, NJ: Wiley.

Cashin, A. (2008). Narrative therapy: A psychotherapeutic approach in the treatment of adolescents with Asperger's disorder. *Journal of Child and Adolescent Psychiatric Nursing, 21*, 48–56.

Crenshaw, D., & Mordock, J. (2005). *Understanding and treating the aggression of children: Fawns in gorilla suits*. Lanham, MD: Aronson.

Devereaux, C. (2012). Moving into relationships: Dance/movement therapy with children with autism. In L. Gallo-Lopez & L. C. Rubin (Eds.), *Play-based interventions for children and adolescents with autism spectrum disorders* (pp. 333-351). New York: Routledge/Taylor & Francis.

Fitzgerald, M., & Bellgrove, M. A. (2006). The overlap between alexithymia and Asperger's syndrome. *Journal of Autism and Developmental Disorders, 36*(4), 573-576.

Gallo-Lopez, L., & Rubin, L. C. (Eds.). (2012). *Play-based interventions for children and adolescents with autism spectrum disorders*. New York: Routledge/Taylor & Francis.

Gilroy, A. (2006). *Art therapy: Research and evidence-based practice*. London: Sage.

Goucher, C. (2012). Art therapy: Connecting and communicating. In L. Gallo-Lopez & L. C. Rubin (Eds.), *Play-based interventions for children and adolescents with autism spectrum disorders* (pp. 295-315). New York: Routledge/Taylor & Francis.

Green, E. (2012). The Narcissus myth, resplendent reflections, and self-healing: A Jungian perspective on counseling a child with Asperger's syndrome. In L. Gallo-Lopez & L. C. Rubin (Eds.), *Play-based interventions for children and adolescents with autism spectrum disorders* (pp. 177-192). New York: Routledge/Taylor & Francis.

Greenspan, S. I., & Wieder, S. (1999). A functional developmental approach to autism spectrum disorders. *Journal of the Association for Persons with Severe Handicaps, 24*(3), 147-161.

Greig, A., & Mackey, T. (2005). Asperger's syndrome and cognitive behaviour therapy: New applications for educational psychologists. *Educational and Child Psychology, 22*, 4-15.

Herrera, G., Alcantud, F., Jordan, R., Blanquer, A., Labajo, G., & De Pablo, C. (2008). Development of symbolic play through the use of virtual reality tools in children with autism spectrum disorders. *Autism, 12*(2), 143-157.

Hess, E. (2012). DIR/Floortime: A developmental/relational play therapy approach for treating children impacted by autism. In L. Gallo-Lopez & L. C. Rubin (Eds.), *Play-based interventions for children and adolescents with autism spectrum disorders* (pp. 231-248). New York: Routledge/Taylor & Francis.

Hull, K. (2009). Computer/video games as a play therapy tool in reducing emotional disturbances in children. *Dissertation Abstracts International: Section B: Sciences and Engineering, 70*(12-B), 2010, 7854.

Hull, K. (2011). *Play therapy and Asperger's syndrome: Helping children and adolescents grow, connect, and heal through the art of play*. Lanham, MD: Aronson.

Hull, K. (2012). *Bridge building: Creating connection and relationship between parents of children/ adolescents on the autism spectrum*. Lynchburg, VA: Liberty University Press.

Hull, K. (2013). *Group therapy techniques with children, adolescents, and adults on the autism spectrum: Growth and connection for all ages*. Lanham, MD: Aronson.

Kenny, M. C., & Winick, C. B. (2000). An integrative approach to play therapy with an autistic girl. International Journal of Play Therapy, 9(1), 11-33.

Kenny-Noziska, S. G., Schaefer, C. E., & Homeyer, L. E. (2012). Beyond directive or nondirective: Moving the conversation forward. *International Journal of Play Therapy, 21*(4), 244-252.

Leblanc, M., & Ritchie, M. (2001). A meta-analysis of play therapy outcomes. *Counselling Psychology Quarterly 14*(2), 149-163.

LeGoff, D. B., & Sherman, M. (2006). Long-term outcome of social skills intervention based on interactive Lego play. *Autism, 10*(4), 317-329.

Lu, L., Peterson, F., LaCroix, L., & Rousseau, C. (2010). Stimulating creative play in children with autism through sand play. *Arts in Psychotherapy, 37*(1), 56-64.

Norton, C. C., & Norton, B. E. (1997). *Reaching children through play therapy: An experiential approach*. Denver, CO: Pendleton Clay.

Owens, G., Granader, Y., Humphrey, A., & Baron-Cohen, S. (2008). Lego® therapy and the social use of language program: An evaluation of two social skills interventions for children with high-functioning autism and Asperger's syndrome. *Journal of Autism and Developmental Disorders, 38*, 1944-1957.

Ray, D. C., Sullivan, J. M., & Carlson, S. E. (2012). Relational intervention: Child-centered play therapy with children on the autism spectrum. In L. Gallo-Lopez & L. C. Rubin (Eds.), *Play-based interventions for children and adolescents with autism spectrum disorders* (pp. 159-175). New York: Routledge/Taylor & Francis.

Richardson, J. F. (2012). The world of the sand tray and the child on the autism spectrum. In L. Gallo-Lopez & L. C. Rubin (Eds.), *Play-based interventions for children and adolescents with autism spectrum disorders* (pp.

209-227). New York: Routledge/Taylor & Francis.

Rubin, L. C. (2007). "Luke, I am your father!" A clinical application of the Star Wars adoption narrative. In L. C. Rubin (Ed.), *Using superheroes in counseling and play therapy* (pp. 213-224). New York: Springer.

Rubin, L. C. (2012). Playing on the autism spectrum. In L. Gallo-Lopez & L. C. Rubin (Eds.), *Play-based interventions for children and adolescents with autism spectrum disorders* (pp. 19-35). New York: Routledge/Taylor & Francis.

Saunders, S. M. (2001). Pretreatment correlates of the therapeutic bond. *Journal of Clinical Psychology, 57*(12), 1339-1352.

Sayers, J. M. (2007). The Incredible Hulk and emotional literacy. In L. C. Rubin (Ed.), *Using superheroes in counseling and play therapy* (pp. 89-101). New York: Springer.

Scanlon, P. (2007). Superheroes are super friends: Developing social skills and emotional reciprocity with autism spectrum clients. In L. C. Rubin (Ed.), *Using superheroes in counseling and play therapy* (pp. 213-224). New York: Springer.

Schaefer, C. E. (2001). Prescriptive play therapy. *International Journal of Play Therapy, 10*(2), 57-73.

Siegel, D. J. (2010). *The mindful therapist.* New York: Norton.

Solomon, M., Ono, M., Timmer, S., & Goodlin-Jones, B. (2008). The effectiveness of parent-child interaction therapy for families of children on the autism spectrum. *Journal of Autism and Developmental Disorders, 38*, 1767-1776.

Solomon, R. (2012). The PLAY project: A trainthe- trainer model of early intervention for children with autism spectrum disorders. In L. Gallo-Lopez & L. C. Rubin (Eds.), *Play-based interventions for children and adolescents with autism spectrum disorders* (pp. 249-269). New York: Routledge/Taylor & Francis.

Tricomi, L. P., & Gallo-Lopez, L. (2012). The ACT project: Enhancing social competence through drama therapy and performance. In L. Gallo-Lopez & L. C. Rubin (Eds.), *Play-based interventions for children and adolescents with autism spectrum disorders* (pp. 271-291). New York: Routledge/Taylor & Francis.

VanFleet, R. (2012). Communication and connection: Filial therapy with families of children with 자폐스펙트럼 장애. In L. Gallo-Lopez & L. C. Rubin (Eds.), *Play-based interventions for children and adolescents with autism spectrum disorders* (pp. 193-208). New York: Routledge/ Taylor & Francis.

제14장

American Psychiatric Association. (2013). *Diagnostic and statistical manual of mental disorders* (5th ed.). Washington, DC: Author.

Antshel, K. M., Faraone, S. V., & Gordon, M. (2012). Cognitive behavioral treatment outcomes in adolescent ADHD. *Journal of Lifelong Learning in Psychiatry, X*(3), 334-345.

Barkley, R. A. (2012). *Executive functions: What they are, how they work, and why they evolved.* New York: Guilford Press.

Barkley, R. A. (2013). *Taking charge of ADHD: The complete authoritative guide for parents.* New York: Guilford Press.

Barzegary, L., & Zamini, S. (2011). The effect of play therapy on children with ADHD. *Procedia—Social and Behavioral Sciences, 30*, 2216-2218.

Bratton, S., Ceballos, P., Sheely-Moore, A., Meany-Walen, K., Pronchenko, Y., & Jones, L. (2013). Head Start early mental health intervention: Effects of child-centered play therapy on disruptive behaviors. *International Journal of Play Therapy, 22*(1), 28-42.

Centers for Disease Control and Prevention. (2011). Attention-deficit/hyperactivity disorder: Data and statistics. Retrieved from *www.cdc.gov/ncbddd/adhd/diagnosis.html.*

Charach A., Dashti, B., Carson, P., Booker, L., Lim, C. G., Lillie, E., et al. (2013). Attention deficit hyperactivity disorder: Effectiveness of treatment in at-risk preschoolers-longterm effectiveness in all ages; and variability in prevalence, diagnosis and treatment. *Academic Pediatrics, 12*(2), 110-116.

Curtis, D. F., Chapman, S., Dempsey, J., & Mire, S. (2013). Classroom changes in ADHD symptoms following clinic based behavior therapy. *Journal of Clinical Psychology in Medical Settings, 20*(1), 114–122.

Frank–Briggs, A. I. (2013). Attention deficit hyperactivity disorder (ADHD). *Journal of Pediatric Neurology, 9*, 291–298.

Goldstein, S. (2002). *Understanding, diagnosing, and treating ADHD through the lifespan*. Plantation, FL: Specialty Press.

Imeraj, L., Antrop, I., Sonuga–Barke, E., Deboutte, D., Deschepper, E., Bal, S., et al. (2013). The impact of instructional context on classroom on task–behavior. *Journal of School Psychology, 51*, 487–498.

Kaduson, H. G. (1993). Self–control game interventions for attention–deficit hyperactivity disorder. *Dissertation Abstracts International, 54*(3–A), 868.

Kaduson, H. G. (2000). Structured short–term play therapy for children with attention–deficit hyperactivity disorder. In H. G. Kaduson & C. E. Schaefer (Eds.), *Short-term play therapy for children* (pp. 105–143). New York: Guilford Press.

Kaduson, H. G. (2001). The slow–motion game. In H. G. Kaduson & C. E. Schaefer (Eds.), *101 more favorite play therapy techniques* (pp. 199–202). Northvale, NJ: Aronson.

Kaduson, H. G. (2006). Short–term play therapy for children with attention–deficit/hyperactivity disorder. In H. G. Kaduson & C. E. Schaefer (Eds.), *Short-term play therapy for children* (2nd ed., pp. 101–142). New York: Guilford Press.

Knell, S. M., & Dasari, M. (2009). CBPT: Implementing and integrating CBPT into clinical practice. In A. Drewes (Eds.), *Blending play therapy with cognitive behavioral therapy: Evidence-based and other effective treatments and techniques* (pp. 321–352). New York: Wiley.

Lucker, J. R. (2007). History of auditory processing disorders in children. In D. Geffner & D. Ross–Swain (Eds.), *Auditory processing disorders: Assessment, management and treatment* (pp. 3–24). San Diego, CA: Plural.

Miranda, A. (2000). Efficacy of cognitive–behavioral therapy in the treatment of children with ADHD, with and without aggressiveness. *Psychology in the Schools, 37*(2), 169–181.

Ray, D., Schottelkorb, A., & Tsai, M. (2007). Play therapy with children exhibiting symptoms of attention deficit hyperactivity disorder. *International Journal of Play Therapy, 16*(2), 95–111.

Schaefer, C. E. (2014). *The therapeutic powers of play*. Northvale, NJ: Aronson.

Schwarz, A., & Cohen, S. (2013). ADHD seen in 11% of U.S. children as diagnoses rise. New York Times. Retrieved from *www.nytimes.com/2013/04/01/health/more- diagnoses-of-hyperactivity-causing-concern.html?_r=0.*

Sonuga–Barke, E. J. S. (2005). Causal models of attention–deficit/hyperactivity disorder: From common simple deficits to multiple developmental pathways. *Biological Psychiatry, 57*, 1231–1238.

Vygotsky, L. S. (1978). *Mind and society: The development of higher psychological processes*. Cambridge, MA: Harvard University Press.

제15장

Addronico, M., Guerney, B., Fiddler, J., & Guerney, L. (1967). The combination of didactic and dynamic elements in filial therapy. *International Journal of Group Psychotherapy, 27*, 10–17.

Alavi, Z., & Calleja, N. G. (2012). Understanding the use of psychotropic medications in the child welfare system: Causes and consequences and proposed solutions. *Child Welfare, 91*(2), 77–94.

Anxiety and Depression Association of America. (2013, October 1). Facts and statistics. Retrieved from *www.adaa.org/about-adaa/pressroom/ facts-statistics*.

Axline, V. (1969). *Play therapy*. New York: Ballantine Books.

Bratton, S., Ray, D., Rhine, T., & Jones, L. (2005). The efficacy of play therapy with children: A meta–analytic review of the outcome research. *Professional Psychology: Research and Practice, 36*, 375–390.

Briggs–Gowen, M. J., Horwitz, S. M., Schwab–Stone, M. E., Leventhal, J. M., & Leaf, P. J. (2000). Mental health in pediatric settings: Distribution of disorders and factors related service use. *Journal of the American Academy of Child and Adolescent Psychiatry, 39*, 841–849.

Carlson, V. J., & Harwood, R. L. (2003). Alternate pathways to competence: Culture and early attachment relationship. In S. M. Johnson & V. E. Whiffen (Eds.), *Attachment processes in couple and family therapy* (pp. 85–99). New York: Guilford Press.

Eardley, D. (1978). *An initial investigation of a didactic version of filial therapy dealing with self-concept increase and problematic behavior decrease*. Unpublished doctoral dissertation, Pennsylvania State University, State College.

Guerney, L. F., & Guerney, B. G. (1987). Integrating child and family therapy. *Psychotherapy, 24*(35), 609–614.

Guerney, B. G., & Stover, L. (1971). *Filial therapy: Final report on NIMH Grant 1826401*. (Available from NIRE/IDEALS, 12500 Blake Road, Silver Spring, MD 20904)

Landreth, G., & Bratton, S. (2006). *Child parent relationship therapy (CPRT): A 10 session filial therapy model*. New York: Routledge.

Loewit-Phillips, P. M., & Goldbas, A. (2013). Psychotropic medications for the nation's youngest children. *International Journal of Childbirth Education, 28*(1), 32–37.

McCabe, P. C. (2009). The use of antidepressant medications in early childhood: Prevalence, efficacy and risk. *Journal of Early Childhood and Infant Psychology, 5*, 13–36.

National Institute of Mental Health. (2013, October 1). Anxiety disorders in children and adolescents (Fact Sheet). Retrieved from *www.nimh.nih.gov/health/publications/anxiety-disorders-in-children-and-adolescents/index.shtml*.

O'Connor, K. J., & Braverman, L. D. (1997). *Play therapy theory and practice: A comparative presentation*. New York: Wiley.

Parpal, M., & Maccoby, E. E. (1985). Maternal responsiveness and subsequent: Child compliance. *Child Development, 56*, 1326–1334.

Sywulak, A. E. (1979). The effect of filial therapy on parental acceptance and child adjustment. *Dissertation Abstracts International, 38*(12), 6180B.

Wolfe, S. M. (2005). *Worst pills: Best pills*. New York: Gallery Books.

Wood, J. J. (2006). Parental intrusiveness and children's separation anxiety in a clinical sample. *Child Psychiatry and Human Development, 37*, 73–87.

Wood, J. J., & Mcleod, B. D. (2008). *Child anxiety disorders: A family-based treatment manual for practitioners*. New York: Norton.

제16장

American Academy of Child and Adolescent Psychiatry. (2011). Normal adolescent development: Parts I and II. Facts for families. Retrieved April 13, 2013, from *www.aacap.org*.

Blanc, A. K., & Bruce, J. (2013). Commentary: Explicit attention to age and gender disparities is key to understanding adolescent experiences and outcomes. *Journal of Research on Adolescence, 23*(1), 191–192.

Blume, J. (1981). *Tiger eyes*. New York: Dell.

Bowlby, J. (1988). *A secure base: Parent-child attachment and healthy human development*. New York: Basic Books.

Clark, C., & Clark, D. (2007). *Disconnected: Parenting teens in a MySpace® world*. Grand Rapids, MI: Baker Books.

Conners, M. E. (2011). Attachment theory: A "secure base" for psychotherapy integration. *Journal of Psychotherapy Integration, 21*, 348– 362.

Ehrlich, K. B., Dykas, M. J., & Cassidy, J. (2012). Tipping points in adolescent adjustment: Predicting social functioning from adolescents' conflict with parents and friends. *Journal of Family Psychology, 26*(5), 776–783.

Erikson, E. H. (1968). *Identity: Youth and crisis*. New York: Norton.

Flaherty, S. C., & Sadler, L. S. (2011). A review of attachment theory in the context of adolescent parenting. *Journal of Pediatric Health Care, 25*, 114–121.

Gallo-Lopez, L., & Schaefer, C. E. (Eds.). (2005). *Play therapy with adolescents*. New York: Aronson.

Highland, K. B., & Tercyak, K. P. (2014). What twin studies of adolescent behavior can teach us about shared environmental and genetic risk. *Journal of Adolescent Health, 54*(1), 1-2.

Kroger, J. (2007). *Identity development: Adolescence through adulthood* (2nd ed.) Thousand Oaks, CA: Sage.

Main, M., Kaplan, N., & Cassidy, J. (1989). Security in infancy, childhood and adulthood: A move to the level of representation. In I. Bretherton & E. Waters (Eds.), *Growing points in attachment theory and research. Monographs of the Society for Research in Child Development, 50,* 66-106.

Oswalt, A. (2013). Early childhood emotional and social development: Identity and self-esteem. Retrieved April 28, 2013, from *www. sevencounties.org*.

Patel, V., Flisher, A., Hetrick, S., & McGorry, P. (2007). Mental health of young people: A global public-health challenge. *Lancet, 369*, 1302-1313.

Raudino, A., Fergusson, D. M., & Horwood, L. J. (2013). The quality of parent/child relationships in adolescence is associated with poor adult psychosocial adjustment. *Journal of Adolescence 36*(2), 331-340.

Romeo, R. D. (2013). The teenage brain: The stress response and the adolescent brain. *Current Directions in Psychological Science, 22*(2), 140-145.

Samuolis, J., Layburn, K., & Schiaffino, M. (2001). Identity development and attachment to parents in college students. *Journal of Youth and Adolescence, 30*, 373-384.

Sentse, M., & Laird, R. D. (2010). Parent-child relationships and dyadic friendships as predictors of behavior problems in early adolescence. *Journal of Clinical Child and Adolescent Psychology, 39*, 873-884.

Van Doorn, M. D., Branje, S. J. T., & Meeus, W. H. J. (2011). Developmental changes in conflict resolution styles in parent-adolescent relationships: A four-wave longitudinal study. *Journal of Youth and Adolescence, 40*, 97-107.

제17장

Adatto, C. (1991). On play and the psychopathology of golf. *Journal of the American Psychoanalytic Association, 12*, 826-841.

American Association for Retired Persons. (1990). Limbo. Washington, DC: Author.

Answers in Motion. (1990). *Thumball*. Mapleshade, NJ: Author.

Bludworth, J. (2014). A successful aging group. In M. S. Corey, G., Corey, & C. Corey (Eds.), *Groups: Process and practice* (9th ed., p. 402). Independence, KY: Cengage Learning.

Brown, S. (2008, May). Play is more than just fun. *TED Talks*. Retrieved from *www.ted.can/talks*.

Brown, S., & Vaughn, C. (2009). *Play: How it shapes the brain, opens imagination, and invigorates the soul*. New York: Penguin.

Chance, P. (1979). *Learning through play: A symposium*. New York: Johnson & Johnson Baby Products.

Dayton, T. (1991). *Drama games*. Deerfield Beach, FL: Health Communications.

Demi. (1991). *The empty pot*. New York: Holt.

Einstein, A. (1964). *The act of creation*. New York: Macmillan.

Elkind, D. (2007). *The power of play: How spontaneous, imaginative activities lead to happier, healthier children*. Cambridge, MA: Da Capo Press.

Enasco. (1994). *Chronic care challenges*. Chattanooga, TN: Author.

Frey, D. E. (1991). *100 inspirational quotations for enhancing self-esteem*. Dayton, OH: Educo Learning Systems.

Frey, D. E. (1993). I brought my own toys today!: Play therapy with adults. In T. Kottman & C. Schaefer (Eds.), *Play therapy in action: A casebook for practitioners* (pp. 589-606). New York: Jason Aronson.

Frey, D. E. (1994). The use of play with adults. In K. O'Conner & C. Schaefer (Eds.), *Handbook of play therapy: Vol. II. Advances and innovations* (pp. 189-205). New York: Wiley.

Frey, D. E., & Carlock, J. (1991). *Practical techniques for enhancing self-esteem. Muncie*, IN: Accelerated Development.

Frey, D. E., & Fitzharris, T. (1999a). Hinged house. In *Chart your course: Using play therapy to enhance emotional intelligence* (p. 84). Dayton, OH: Mandala.

Frey, D. E., & Fitzharris, T. (1999b). Three changes. In *Chart your course: Using play therapy to enhance emotional intelligence* (p. 55). Dayton, OH: Mandala.

Games Partnership. (1989). *Enchanted evening, an*. San Francisco: Author.

Garrett, M. (2013). Beyond play therapy: Using the sandtray as an expressive arts intervention in counselling adult clients. *Asia Pacific Journal of Counselling and Psychotherapy*. Retrieved from *www.tandfonline.com/doi/pdf/10. 1080/21507686.2013.864319*.

George, (2008). *Young @ heart*. Beverly Hills, CA: Searchlight Pictures.

Glasser, W. (2001). *Counseling with choice theory*. New York: Harper.

Hesley, J. W., & Hesley J. G. (2001). *Rent two films and let's talk in the morning: Using popular movies in psychotherapy*. New York: Wiley.

Jung, C. (1981). *The collected works of C. G. Jung: Vol. 9i. The archetypes and the collective unconscious*. Princeton, NJ: Princeton University Press.

Kingsley, J. (1996). *Grief game*. London: Author.

Kristberg, W. (1980). *A quiet strength*. New York: Bantam Books.

L'Abate, L. (2009). *The Praeger handbook of play across the life cycle*. Santa Barbara, CA: ABLCLIO.

Marthaler, D. (1985). *Picture me perfect*. Hollywood, CA: Newcastle Press.

Moonjar.com. (2005). *Conversations to go*. Beverly Hills, CA: Fox Searchlight Pictures.

Myrstad, B. (1988). *Freud toy*. New York: Freud Toy.

New York Times News Service. (1992). Toys 'r' must for boomers. *Dayton Daily News, October 27*, p. 11A.

Nin, A. (1977). *Good reads*. Retrieved from *www.goodreads.com/author/quotes/7190ana_s_nin*.

Oaklander, V. (1978). *Windows to our children*. Moab, UT: Real People Press.

Schaefer, C. (Ed.). (2003). *Play therapy with adults*. New York: Wiley.

Schaefer, C. (2011). *Foundations of play therapy* (2nd ed.). New York: Wiley.

Searkle, Y. (1996). *Grief game*. London: Jessica Kingsley.

Shaw, G. B. (1923). Brainyquote. Retrieved from *www.brainyquote.com/quotes/quotes/g/georgebern120971.html*.

Solomon, G. (Ed.). (1995). *Motion picture prescription: Watch this movie and call me in the morning*. Santa Rosa, CA: Asian Publishing

Stevens, J. (1991). *Awareness: Exploring, experimenting, and experiencing*. Moab, UT: Real People Press.

Striker, S. (1983). Anti-coloring book for adults only. New York: Holt, Rinehart & Winston.

Sutton-Smith, B. (1997). *The ambiguity of play*. Cambridge, MA: Harvard University Press.

Zakich, R. (1983). *Ungame card game*. Anaheim, CA: Ungame Company.

제18장

Allan, J. (1988). *Inscapes of the child's world: Jungian counseling in schools and clinics*. Dallas, TX: Spring.

Association for Play Therapy. (2013, August). Play therapy defined. Retrieved from *www.a4pt.org/ps.playtherapy.cfm?ID=1158*.

Baggerly, J. (2004). The effects of child-centered group play therapy on self-concept, depression, and anxiety of children who are homeless. *International Journal of Play Therapy, 13*, 31-51.

Baggerly, J., & Jenkins, W. (2009). The effectiveness of child-centered play therapy on developmental and diagnostic factors in children who are homeless. *International Journal of Play Therapy, 18*, 45-55.

Bayat, M. (2008). Nondirective play-therapy for children with internalized problems. *Journal of Iranian Psychologists, 4*, 267-276.

Beelmann, A., & Schneider, N. (2003). The effects of psychotherapy with children and adolescents: A review and meta-analysis of German-language research. *Zeitschrift fur Klinische Psychologie und Psychotherapie: Forschung und Praxis, 32*, 129-143.

Blanco, P., & Ray, D. (2011). Play therapy in the schools: A best practice for improving academic achievement. *Journal of Counseling and Development, 89,* 235-242.

Blanco, P., Ray, D., & Holliman, R. (2012). Longterm child centered play therapy and academic achievement of children: A follow-up study. *International Journal of Play Therapy, 21*, 1-13.

Bracken, B., & Lamprecht, S. (2003). Positive self-concept: An equal opportunity construct. *School Psychology Quarterly, 18*, 103-121.

Bratton, S., Ceballos, P., Sheely-Moore, A., Meany-Walen, K., Pronchenko, Y., & Jones, L. (2013). Head Start early mental health intervention: Effects of child-centered play therapy on disruptive behaviors. *International Journal of Play Therapy, 22,* 28-42.

Bratton, S., & Ray, D. (2000). What the research shows about play therapy. *International Journal of Play Therapy, 9,* 47-88.

Bratton, S., Ray, D., Rhine, T., & Jones, L. (2005). The efficacy of play therapy with children: A meta-analytic review of treatment outcome. *Professional Psychology: Research and Practice, 36*(4), 376-390.

Comer, J., Chow, C., Chan, P., Cooper-Vince, C., & Wilson, L. (2013). Psychosocial treatment efficacy for disruptive behavior problems in very young children: A meta-analytic examination. *Journal of the American Academy of Child and Adolescent Psychiatry, 52,* 26-36.

Danger, S., & Landreth, G. (2005). Child-centered group play therapy with children with speech difficulties. *International Journal of Play Therapy, 14,* 81-102.

Dopheide, J. A. (2006). Recognizing and treating depression in children and adolescents. *American Journal of Health-System Pharmacy, 63*, 233-243.

Dougherty, J., & Ray, D. (2007). Differential impact of play therapy on developmental levels of children. *International Journal of Play Therapy, 16*, 2-19.

Elliott, R., Greenberg, L., Watson, J., Timulak, L., & Friere, E. (2013). Research on humanistic-experiential psychotherapies. In M. Lambert (Ed.), *Bergin and Garfield's handbook of psychotherapy and behavior change* (pp. 495-538). Hoboken, NJ: Wiley.

Fabiano, G., & Pelham, W. (2009). Impairment in children. In S. Goldstein & J. Naglieri (Eds.), *Assessing impairment: From theory to practice* (pp. 105-119). New York: Springer.

Fall, M., Navelski, L., & Welch, K. (2002). Outcomes of a play intervention for children identified for special education services. *International Journal of Play Therapy, 11*, 91-106.

Farahzadi, M., Bahramabadi, M., & Mohammadifar, M. (2011). Effectiveness of Gestalt play therapy in decreasing social phobia. *Journal of Iranian Psychologists, 7*, 387-395.

Flahive, M., & Ray, D. (2007). Effect of group sandtray therapy with preadolescents in a school setting. *Journal for Specialists in Group Work, 32,* 362-382.

Garofano-Brown, A. (2010). Child centered play therapy and child development: A single-case analysis. In J. Baggerly, D. Ray, & S. Bratton (Eds.), *Child-centered play therapy research: The evidence base for effective practice* (pp. 231-248). Hoboken, NJ: Wiley.

Garza, Y., & Bratton, S. (2005). School-based child centered play therapy with Hispanic children: Outcomes and cultural considerations. *International Journal of Play Therapy, 14*, 51-80.

Green, E. (2011). Jungian analytical play therapy. In C. Schaefer (Ed.), *Foundations of play therapy* (2nd ed., pp. 61-84). Hoboken, NJ: Wiley.

Guindon, M. (2002). Toward accountability in the use of the self-esteem construct. *Journal of Counseling and Development, 80*, 204-214.

Harvey, S. (2008). An initial look at the outcomes for dynamic play therapy. *International Journal of Play Therapy, 17*, 86-101.

Jalali, S., & Molavi, H. (2011). The effect of play therapy on separation anxiety disorder in children. *Journal of Psychology, 14*, 370-382.

Jones, E., & Landreth, G. (2002). The efficacy of intensive individual play therapy for chronically ill children. *International Journal of Play Therapy, 11*, 117-140.

Knell, S. (1993). *Cognitive-behavioral play therapy*. Northvale, NJ: Aronson.

Knell, S. M., & Dasari, M. (2011). Cognitive-behavioral play therapy. In S. W. Russ & L. N. Niec (Eds.), *Play in clinical practice: Evidence-based approaches* (pp. 236-263). New York: Guilford Press.

Kottman, T. (2003). *Partners in play: An Adlerian approach to play therapy* (2nd ed.). Alexandria, VA: American Counseling Association.

Kottman, T. (2011). Adlerian play therapy. In C. Schaefer (Ed.), *Foundations of play therapy* (2nd ed., pp. 87-104). Hoboken, NJ: Wiley.

LeBlanc, M., & Ritchie, M. (2001). A meta-analysis of play therapy outcomes. *Counseling Psychology Quarterly, 14*, 149-163.

Mahmoudi-Gharaei, J., Bina, M., Yasami, M., Emami, A., & Naderi, F. (2006). Group play therapy effect on Bam earthquake related emotional and behavioral symptoms in preschool children: A before-after trial. *Iranian Journal of Pediatrics, 16*, 137-142.

Moustakas, C. (1997). *Relationship play therapy*. Lanham, MD: Aronson.

Munns, E. (2011). Theraplay: Attachment-enhancing play therapy. In C. Schaefer (Ed.), *Foundations of play therapy* (2nd ed., pp. 275- 296). Hoboken, NJ: Wiley.

Muro, J., Ray, D., Schottelkorb, A., Smith, M., & Blanco, P. (2006). Quantitative analysis of long-term child-centered play therapy. *International Journal of Play Therapy, 15*, 35-58.

Naderi, F., Heidarie, L., Bouron, L., & Asgari, P. (2010). The efficacy of play therapy on ADHD, anxiety and social maturity in 8 to 12 years aged clientele children of Ahwaz Metropolitan Counseling Clinics. *Journal of Applied Sciences, 10*, 189-195.

Oaklander, V. (1988). *Windows to our children*. Highland, NY: Gestalt Journal Press.

Packman, J., & Bratton, S. (2003). A school based play/activity therapy intervention with learning disabled preadolescents exhibiting behavior problems. *International Journal of Play Therapy, 12*(2), 7-29.

Ray, D. C. (2006). Evidence-based play therapy. In C. E. Schaefer & H. G. Kaduson (Eds.), *Contemporary play therapy: Theory, research, and practice* (pp. 136-157). New York: Guilford Press.

Ray, D. (2007). Two counseling interventions to reduce teacher-child relationship stress. *Professional School Counseling, 10*, 428-440.

Ray, D. (2008). Impact of play therapy on parent-child relationship stress at a mental health training setting. *British Journal of Guidance and Counselling, 36*, 165-187.

Ray, D. (2009). *Child centered play therapy treatment manual*. Royal Oak, MI: Self Esteem Shop.

Ray, D. (2011). *Advanced play therapy: Essential conditions, knowledge, and skills for child practice*. New York: Routledge.

Ray, D., Blanco, P., Sullivan, J., & Holliman, R. (2009). An exploratory study of child-centered play therapy with aggressive children. *International Journal of Play Therapy, 18*, 162-175.

Ray, D., Bratton, S., Rhine, T., & Jones, L. (2001). The effectiveness of play therapy: Responding to the critics. *International Journal of Play Therapy, 10*, 85-108.

Ray, D., Henson, R., Schottelkorb, A., Brown, A., & Muro, J. (2008). Impact of short-term and long-term play therapy services on teacher-child relationship stress. *Psychology in the Schools, 45*, 994-1009.

Ray, D., Schottelkorb, A., & Tsai, M. (2007). Play therapy with children exhibiting symptoms of attention deficit hyperactivity disorder. *International Journal of Play Therapy, 16*, 95-111.

Ray, D., Stulmaker, H., Lee, K., & Silverman, W. (2013). Child centered play therapy and impairment: Exploring relationships and constructs. *International Journal of Play Therapy, 22*, 13-27.

Rubin, A., & Bellamy, J. (2012). *Practitioner's guide to using research for evidence-based practice* (2nd ed.). Hoboken, NJ: Wiley.

Schottelkorb, A., Doumas, D., & Garcia, R. (2012). Treatment for childhood refugee trauma: A randomized, controlled trial. *International Journal of Play Therapy, 21*, 57-73.

Schottelkorb, A., & Ray, D. (2009). ADHD symptom reduction in elementary students: A single-case effectiveness design. *Professional School Counseling, 13*, 11-22.

Schumann, B. (2010). Effectiveness of child centered play therapy for children referred for aggression in elementary school. In J. Baggerly, D. Ray, & S. Bratton (Eds.), *Child-centered play therapy research: The evidence base for effective practice* (pp. 193-208). Hoboken, NJ: Wiley.

Scott, T., Burlingame, G., Starling, M., Porter, C., & Lilly, J. (2003). Effects of individual client-centered play therapy on sexually abused children's mood, self-concept, and social competence. *International Journal of Play Therapy, 12,* 7-30.

Shen, Y. (2002). Short-term group play therapy with Chinese earthquake victims: Effects on anxiety, depression, and adjustment. *International Journal of Play Therapy, 11*, 43-63.

Studts, C., & van Zyl, M. (2013). Identification of developmentally appropriate screening items for disruptive behavior problems in preschoolers. *Journal of Abnormal Child Psychology, 41,* 851-863.

Swan, K., & Ray, D. (2014). Effects of child-centered play therapy on irritability and hyperactivity behaviors of children with intellectual disabilities. *Journal of Humanistic Counseling, 53*, 120-133.

Tsai, M., & Ray, D. (2011). Play therapy outcome prediction: An exploratory study at a university-based clinic. *International Journal of Play Therapy, 20*(2), 94-108.

Tyndall-Lind, A., Landreth, G., & Giordano, M. (2001). Intensive group play therapy with child witnesses of domestic violence. *International Journal of Play Therapy, 10*, 53-83.

VanFleet, R. (2011). Filial therapy: Strengthening family relationships with the power of play. In C. Schaefer (Ed.), *Foundations of play therapy* (2nd ed., pp. 153-169). Hoboken, NJ: Wiley.

Weisz, J., Jensen-Doss, A., & Hawley, K. (2005). Youth psychotherapy outcome research: A review and critique of the evidence base. *Annual Review of Psychology, 56*, 337-363.

Weisz, J., Ugueto, A., Cheron, D., & Herren, J. (2013). Evidence-based youth psychotherapy in the mental health ecosystem. *Journal of Clinical Child and Adolescent Psychology, 42*, 274-286.

Weisz, J., Weiss, B., Han, S., Granger, D., & Morton, T. (1995). Effects of psychotherapy with children and adolescents revisited: A meta-analysis of treatment outcome studies. *Psychological Bulletin, 117*, 450-468.

제19장

Anderson, H. (1997). *Conversation, language, and possibilities: A postmodern approach to therapy*. New York: Basic Books.

Aponte, H. J. (1982). The cornerstone of therapy: The person of the therapist. *Family Therapy Networker, 6*, 19-21.

Aponte, H. J. (1994). How personal can training get? *Journal of Marital and Family Therapy, 20*, 3-15.

Aponte, H. J., & Carlsen, J. C. (2009). An instrument for person-of- the-therapist supervision. *Journal of Marital and Family Therapy, 35,* 395-405.

Aponte, H. J. & Kissil, K. (2012). "If I can grapple with this I can truly be of use in the therapy room": Using the therapist's own emotional struggles to facilitate effective therapy. *Journal of Marital and Family Therapy.*

Bager-Charleson, S. (2010). *Reflective practice on counseling and psychotherapy*. London: Sage/Learning Matters.

Beitman, B. D., & Soth, A. M. (2006). Activation of self-observation: A core process among the psychotherapies. *Journal of Psychotherapy Integration, 16*, 873-397.

Brooks, R. (2010). Power of mind-sets: A personal journey to nurture dignity, hope, and resilience to children. In D. A. Crenshaw (Ed.), *Reverence in healing: Honoring strengths without trivializing suffering* (pp. 19-40). Lanham, MD: Aronson.

Brown, S. (2009). *Play: How it shapes the brain, opens the imagination, and invigorates the soul*. New York: Avery/Penguin.

Crenshaw, D. A. (2007). Play therapy with selective mutism: When Melissa speaks, everyone listens. *Play Therapy, 2*(2), 20-21.

Drewes, A. A. (2006). Play-based interventions. *Journal of Early Childhood and Infant Psychology, 2*, 139-156.

Drewes, A. A. (2011a). Integrating play therapy theories into practice. In A. A. Drewes, S. C. Bratton, & C. E. Schaefer (Eds.), *Integrative play therapy* (pp. 21-35). Hoboken, NJ: Wiley.

Drewes, A. A. (2011b). Integrative play therapy. In C. E. Schaefer (Ed.), *Foundations of play therapy* (2nd ed., pp. 349-364). Hoboken, NJ: Wiley.

Drewes, A. A., Bratton, S. C., & Schaefer, C. E. (Eds.). (2011). *Integrative play therapy*. New York: Wiley.

Duncan, B. L., Miller, S. D., Wampold, B. E., & Hubble, M. A. (Eds.). (2010). *The heart and soul of change: Delivering what works in therapy* (2nd ed.). Washington, DC: American Psychological Association Press.

Figley, C. R. (1995). *Compassion fatigue*. New York: Routledge.

Frank, J. D., & Frank, J. B. (1993). *Persuasion and healing* (3rd ed.). Baltimore: Johns Hopkins University Press.

Freud, S. (1914). *Psychopathology of everyday life* (A. A. Brill, Trans.). London: T. Fisher Unwin.

Kazdin, A. E. (2005). Treatment outcomes, common factors, and continued neglect of mechanisms of change. *Clinical Psychology: Science and Practice, 12,* 184-188.

Kazdin, A. E. (2009). Understanding how and why psychotherapy leads to change. *Psychotherapy Research, 19,* 418-428.

Kottler, J. A. (2010). *On being a therapist* (4th ed.). San Francisco: Jossey-Bass.

Norcross, J. C., & Goldfried, M. R. (Eds.). (2005). *Handbook of psychotherapy integration* (2nd ed.). New York: Oxford University Press.

Prochaska, J. O., & Norcross, J. C. (2014). *Systems of psychotherapy: A transtheoretical analysis* (8th ed.). Belmont, CA: Brooks/Cole.

Rober, P. (1999). The therapist's inner conversation in family therapy practice: Some ideas about the self of the therapist, therapeutic impasse, and the process of reflection. *Family Process, 38,* 209-228.

Rober, P. (2005a). Family therapy as a dialogue of living persons: A perspective inspired by Bakhtin, Voloshinov, and Shotter. *Journal of Marital and Family Therapy, 31,* 385-397.

Rober, P. (2005b). The therapist's self in dialogical family therapy: Some ideas about not-knowing and the therapist's inner conversation. *Family Process, 44,* 477-495.

Rogers, C. R. (1957). The necessary and sufficient conditions of therapeutic change. *Journal of Consulting Psychology, 21,* 95-103.

Rogers, C. R. (1980). *A way of being*. New York: Houghton-Mifflin.

Rø nnestad, M. H., & Skovholt, T. M. (2013). *The developing practitioner: Growth and stagnation of therapists and counselors*. New York: Routledge/Taylor & Francis.

Russ, S. W. (2004). *Play in child development and psychotherapy: Toward empirically supported practice*. Mahwah, NJ: Erlbaum.

Schaefer, C. E. (Ed.). (1993). *The therapeutic powers of play*. Northvale, NJ: Aronson.

Schaefer, C. E., & Drewes (Eds.). (2014). *The therapeutic powers of play: 20 core agents of change* (2nd ed.). New York: Wiley.

Schön, D. A. (1983). *The reflective practitioner: How professionals think in action*. New York: Basic Books.

Schön, D. A. (1987). *Educating the reflective practitioner*. San Francisco: Jossey-Bass.

Schore, A. N. (2012). *The science of the art of psychotherapy*. New York: Norton.

Segal, J. (1988). Teachers have enormous power in affecting a child's self-esteem. *Brown University Child Behavior and Development Newsletter, 10,* 1-3.

Seymour, J. W. (2011). History of psychotherapy integration and related research. In A. A. Drewes, S. C. Bratton, & C. E. Schaefer (Eds.), *Integrative play therapy* (pp. 3-19). New York: Wiley.

Shirk, S. R., & Russell, R. L. (1996). *Change processes in child psychotherapy: Revitalizing treatment and research*. New York: Guilford Press.

Siegel, D. J. (2012). *The developing mind: How relationships and the brain interact to shape who we are* (2nd ed.). New York: Guilford Press.

Stern, D. (2004). *The present moment in psychotherapy and everyday life*. New York: Norton.

Whyte, D. (2009, March 27). *The edge of discovery*. Keynote address to the 32nd annual Psychotherapy Networker Symposium, Washington, DC.

제20장

Abramsky, S. (2012). The other America 2012. *Nation, 294*(20), 11-18.

Assistant Secretary for Planning and Evaluation. (2013). 2013 Poverty guidelines. Office of the Assistant Secretary for Planning and Evaluation. Retrieved from *http://aspe.hhs. gov/poverty/13poverty.cfm.*

Axline, V. M. (1969). *Play therapy.* New York: Ballantine Books.

Baggerly, J., & Parker, M. (2005). Child-centered group play therapy with African American boys at the elementary school level. *Journal of Counseling and Development, 83,* 387-396.

Cates, J., Paone, T. R., Packman, J., & Margolis, D. (2006). Effective parent consultation in play therapy. *International Journal of Play Therapy, 15,* 87-100.

Ceballos, P. L., Parikh, S., & Post, P. B. (2012). Examining the relationship between multicultural education, multicultural focus of supervision as related to social justice advocacy attitudes among members of Association for Play Therapy. *International Journal of Play Therapy, 21,* 232-243.

Chang, C. Y., Ritter, K. B., & Hays, D. G. (2005). Multicultural trends and toys in play therapy. *International Journal of Play Therapy, 14,* 69-85.

Chow, J. C.-C., Jaffee, K., & Snowden, L. (2003). Racial/ethnic disparities in the use of mental health services in poverty areas. *American Journal of Public Health, 93,* 792-797.

Cochran, J. (1996). Using play and art therapy to help culturally diverse students overcome barriers to school success. *The School Counselor, 43,* 287-298.

Eberhardt, M. S., & Pamuk, E. R. (2004). The importance of place of residence: Examining health in rural and non-rural areas. *American Journal of Public Health, 94,* 1682-1686.

Garza, Y., & Bratton, S. (2005). School-based child-centered play therapy with Hispanic children: Outcomes and cultural considerations. *International Journal of Play Therapy, 14,* 51-79.

Gil, E. (2005). From sensitivity to competence in working across cultures. In E. Gil & A. A. Drewes (Eds.), *Cultural issues in play therapy* (pp. 3-25). New York: Guilford Press.

Glasper, A. (2010). Achieving a culture of equity and excellence for children in the NHS. *British Journal of Nursing, 19,* 1258-1259.

Greenfield, P. M., & Suzuki, L. K. (1998). Culture and human development: Implications for parenting, education, pediatrics, and mental health. In W. Damon (Series Ed.), I. E. Sigel & K. A. Renninger (Eds.), *Handbook of child psychology: Vol. 4. Child psychology in practice* (5th ed., pp. 1059-1109). New York: Wiley.

Haidt, J., Koller, S. H., & Dias, M. G. (1993). Affect, culture, and morality, or is it wrong to eat your dog? *Journal of Personality and Social Psychology, 65,* 613-628.

Hinds, S. (2005). Play therapy in the African American village. In E. Gil & A. A. Drewes (Eds.), *Cultural issues in play therapy* (pp. 115- 147). New York: Guilford Press.

Hinman, C. (2003). Multicultural considerations in the delivery of play therapy services. *International Journal of Play Therapy, 12,* 107-122.

Kim, U., & Choi. S. (1994). Individualism, collectivism, and child development: A Korean perspective. In P. Greenfield & R. Cocking (Eds.), *Cross-cultural roots of minority child development* (pp. 227-258). Hillsdale, NJ: Erlbaum.

Landreth, G. L. (2008). *Cookies, choices, and kids: A creative approach to discipline.* Denton, TX: University of North Texas, Center for Play Therapy.

Landreth, G. L. (2012). *Play therapy: The art of the relationship* (3rd ed.). New York: Routledge.

Landreth, G., & Bratton, S. (2006). *Child parent relationship therapy (CPRT): A 10-session filial therapy model.* New York: Routledge/Taylor & Francis Group.

Landreth, G. L., & Sweeney, D. (1997). Child-centered play therapy. In K. V. O'Connor & L. Mages (Eds.), *Play therapy theory and practice: A comparative presentation* (pp. 17-43). New York: Wiley

Lederach, J. P. (1995). *Preparing for peace: Conflict transformation across cultures.* Syracuse, NY: Syracuse University Press.

McGuire, D. K., & McGuire, D. E. (2001). *Linking parents to play therapy: A practical guide with applications, interventions, and case studies*. Philadelphia: Brunner-Routledge.

Nemiroff, M. A., & Annunziata, J. (1990). *A child's first book about play therapy*. Washington, DC: American Psychological Association.

O'Connor, K. (2005). Assessing diversity issues in play therapy. *Professional Psychology: Research and Practice, 36*, 566-573.

Post, P., McAllister, M., Sheely, A., Hess, B., & Flowers, C. (2004). Child-centered kinder training for teachers of at-risk pre-school children. *International Journal of Play Therapy, 13*, 53-74.

Ritter, K. B., & Chang, C. Y. (2002). Play therapists' self-perceived multicultural competence and adequacy of training. *International Journal of Play Therapy, 11*, 103-113.

Rogers, C. R. (1951). *Client-centered therapy*. Boston: Houghton Mifflin.

Ryan, S. D., Gomory, T., & Lacasse, J. R. (2002). Who are we?: Examining the results of the Association for Play Therapy Membership Survey. *International Journal for Play Therapy, 11*, 11-41.

Sally R. (2005). Eye on Washington. *Journal of Child and Adolescent Psychiatric Nursing, 18*, 36-37.

Shaw, H., & Magnuson, S. (2006). Enhancing play therapy with parent consultation: A behavioral/ solution-focused approach. In C. E. Schaefer & H. G. Kaduson (Eds.), *Short-term play therapy for children* (2nd ed., pp. 216-241). New York: Guilford Press.

Suarez-Orozco, C., & Suarez-Orozco, M. (2001). *Children of immigration*. Cambridge, MA: Harvard University Press.

Triandis, H. C. (1995). *Individualism and collectivism*. Boulder, CO: Westview Press.

Turney, K., & Kao, G. (2009). Barriers to school involvement: Are immigrant parents disadvantaged? *Journal of Educational Research, 102*, 257-271.

U.S. Census Bureau. (2010). Poverty: 2008 and 2009—American community survey briefs. Retrieved from *www.census.gov/prod/2010pubs/acsbr09-1.pdf*.

U.S. Department of Health and Human Services. (2001). *Mental health: Culture, race, and ethnicity (A supplement to mental health: A report of the Surgeon General)*. Rockville, MD: Author.

U.S. Department of Health and Human Services. (2011). HHS action plan to reduce racial and ethnic health disparities: A nation free of disparities in health and health care. Retrieved from *http://minorityhealth.hhs.gov/npa/files/Plans/HHS/HHS_Plan_complete.pdf*.

VanderGast, T. S., Post, P. B., & Kascsak-Miller, T. (2010). Graduate training in child-parent relationship therapy with a multicultural immersion experience: Giving away the skills. *International Journal of Play Therapy, 19*, 198-208.

Wainryb, C., & Turiel, E. (1995). Diversity in social development: Between or within cultures. In M. Killen & D. Hart (Eds.), *Morality in everyday lives* (pp. 283-313). New York: Cambridge University Press.

제21장

American Association of Marriage and Family Therapy. (2012). *AAMFT code of ethics*. Alexandria, VA: Author.

American Counseling Association. (2005). *ACA code of ethics and standards of practice*. Alexandria, VA: Author.

American Mental Health Counselors. (2010). *Principles for AMHCA code of ethics*. Alexandria, VA: Author.

American Psychological Association. (2010). *Ethical principles of psychologists and code of conduct*. Washington, DC: Author.

Arcelus, J., Mitchell, A. J., Wales, J., & Nielsen, S. (2011). Mortality rates in patients with anorexia nervosa and other eating disorders: A meta-analysis of 36 studies. *Archives of General Psychiatry, 68*, 724-731.

Association for Play Therapy. (2009). *Play therapy best practices*. Fresno, CA: Author.

Barber J. P., Sharpless B. A., Klostermann S., & McCarthy, K. S. (2007). Assessing intervention competence and its relation to therapy outcome: A selected review derived from the outcome literature. *Professional Psychology: Research and Practice, 38*, 493-500.

Beahrs, J. O., & Gutheil, T. G. (2001). Informed consent in psychotherapy. *American Journal of Psychiatry, 158*, 4-10.

Carmichael, K. D. (2006). Legal and ethical issues in play therapy. *International Journal of Play Therapy, 15*(2), 83-99.

Corey, G., Corey, M. S., & Callanan, P. (2011). *Issues and ethics in the helping professions* (8th ed.). Belmont, CA: Brooks/Cole.

Doverspike, W. F. (1999). *Ethical risk management: Guidelines for practice*. Sarasota, FL: Professional Resource Press.

Fairburn, C. G., & Cooper, Z. (2011). Therapist competence, therapy quality, and therapist training. *Behaviour Research and Therapy, 49*(6-7), 373-378.

Fisher, C. B., & Oransky, M. (2008). Informed consent to psychotherapy: Protecting the dignity and respecting the autonomy of patients. *Journal of Clinical Psychology, 64*, 576-588.

Goldberg, R. (1997). Ethical dilemmas in working with children and adolescents. In D. T. Marsh & R. Magee (Eds.), *Ethical and legal issues in professional practice with families* (pp. 97-111). Toronto: Wiley.

Herlihy, B., & Corey, G. (2006). *ACA ethical standards casebook* (6th ed.). Alexandria, VA: American Counseling Association.

Jackson, Y. (1998). Applying APA ethical guidelines to individual play therapy with children. *International Journal of Play Therapy, 7*, 1-15.

Jackson, Y., Puddy, R., & Lazicki-Puddy, T. (2001). Ethical practices reported by play therapists: An outcome study. *International Journal of Play Therapy, 10*, 31-51.

Kitchener, K. S. (1988). Dual role relationships: What makes them so problematic? *Journal of Counseling and Development, 67*, 217-221.

Knoff, H. M. (1988). Clinical supervision, consultation, and counseling: A comparative analysis for supervisors and other educational leaders. *Journal of Curriculum and Supervision, 3*, 240-252.

Koocher, G. P., & Keith-Spiegel, P. (2008). *Ethics in psychology and the mental health professions: Standards and cases* (3rd ed.). New York: Oxford University Press.

Kottman, T. (2011). *Play therapy: Basics and beyond* (2nd ed.). Alexandria, VA: American Counseling Association.

Lawrence, G., & Robinson-Kurpius, S. E. (2000). Legal and ethical issues involved when counseling minors in nonschool settings. *Journal of Counseling and Development, 78*, 130-137.

Mitchell, C. W., Disque, J. G., & Robertson, P. (2002). When parents want to know: Responding to parental demands for confidential information. *Professional School Counseling, 6*, 151-161.

National Association of Social Workers (NASW). (2008). *Code of ethics*. Washington, DC: Author.

Parekh, S. A. (2007). Child consent and the law: An insight and discussion into the law relating to consent and competence. *Child: Care, Health, and Development, 33*, 78-82.

Parsi, K. P., Winslade, W. J., & Coracoran, K. (1995). Does confidentiality have a future?: The computer-based patient record and managed mental health care. *Trends in Health Care Law Ethics, 10*(1-2), 78-82.

Pope, K. S., & Vasquez, M. J. T. (2010). *Ethics in psychotherapy and counseling: A practical guide*. San Francisco: Jossey-Bass.

Seymour, J. W., & Rubin, L. (2006). Principles, principals, and process (P3): A model for play therapy ethics problem solving. *International Journal of Play Therapy, 15*, 101-123.

Smith-Bell, M., & Winslade, W. (1994). Privacy, confidentiality, and privilege in psychotherapeutic relationships. *American Journal of Orthopsychiatry, 64*, 180-183.

Sue, D. W., Arrendondo, P., & McDavis, R. J. (1992). Multicultural counseling competencies and standards: A call to the profession. *Journal of Counseling and Development, 70*, 477-486.

Sweeney, D. (2001). Legal and ethical issues in play therapy. In G. Landreth (Ed.), *Innovations in play therapy: Issues, process, and special populations* (pp. 65-81). New York: Brunner-Routledge.

Thompson-Brenner, H., Satif, D. A., Franko, D. L., & Herzog, D. B. (2012). Clinician reactions to patients with eating disorders: A review of the literature. *Psychiatric Services, 63*, 73-78).

Welfel, E. R. (2010). *Ethics in counseling and psychotherapy: Standards, research and emerging issues* (4th ed.). Pacific Grove, CA: Brooks/Cole.

Wilcoxin, S. A., Remley, T. P., Jr., & Gladding, S. T. (2013). *Ethical, legal, and professional issues in the practice of marriage and family therapy* (5th ed.). Upper Saddle River, NJ: Pearson.

제22장

Adolphs, R. (2002). Trust in the brain. *Nature Neuroscience, 5*, 192-193.

Badenoch, B. (2011). *The brain-savvy therapist's workbook*. New York: Norton.

Badenoch, B. (2013). A transformational learning group: Inviting the implicit. In S. P. Gantt & B. Badenoch (Eds.), *The interpersonal neurobiology of group psychotherapy and group process* (pp. 189-201). London: Karnac.

Beckes, L., & Coan, J. A. (2011). Social baseline theory: The role of social proximity in emotion and economy of action. *Social and Personality Psychology, 5*(12), 976-988.

Brown, S., & Vaughan, C. (2009). *Play: How it shapes the brain, opens the imagination, and invigorates the soul*. New York: Avery.

Critchley, H. D. (2005). Neural mechanisms of autonomic, affective, and cognitive integration. *Comparative Neurology, 493*, 154-166.

Dobbs, D. (2012, December 24). A new focus on the "post" in post-traumatic stress. New York Times. Retrieved from *www.nytimes.com/2012/12/25/science/understanding-the-effects-of-social-environment-on-trauma-victims.html?pagewanted=all&_r=0*.

Ecker, B., Ticic, R., Hulley, L., & Neimeyer, R. A. (2012). *Unlocking the emotional brain: Eliminating symptoms at their roots using memory reconsolidation*. New York: Routledge.

Iacoboni, M. (2009). Imitation, empathy, and mirror neurons. *Annual Review of Psychology, 60*, 653-670.

Kestly, T. (2014). *The interpersonal neurobiology of play: Brain-building interventions for emotional well-being*. New York: Norton.

MacLean, P. D. (1990). *The triune brain in evolution: Role in paleocerebral functions*. New York: Plenum Press.

Morris, J. S., Ohman, A., & Dolan, R. J. (1999). A subcortical pathway to the right amygdala mediating "unseen" fear. *Proceedings of the National Academy of Science, USA, 96*, 1680-1685.

Panksepp, J., & Biven, L. (2012). *The archaeology of mind: Neuroevolutionary origins of human emotions*. New York: Norton.

Pellgrini, A., & Bohn, C. (2005). The role of recess in children's cognitive performance and school adjustment. *Educational Research for Policy and Practice, 34*(1), 13-19.

Porges, S. W. (2003). The polyvagal theory: Phylogenetic contributions to social behavior. *Physiology and Behavior, 79*(3), 503-513.

Porges, S. W. (2011). *The polyvagal theory: Neurophysiological foundations of emotions, attachment, communication, and self-regulation*. New York: Norton.

Ramstetter, C. L., Murray, R., & Garner, A. S. (2010). The crucial role of recess in schools. *Journal of School Health, 80*(11), 517-526.

Ridgway, A., Northrup, J., Pellegrin, A., LaRue, R., & Hightsoe, A. (2003). Effects of recess on the classroom behavior of children with and without attention-deficit hyperactivity disorder. *School Psychology Quarterly, 18*(3), 253-268.

Schore, A. N. (2012). *The science of the art of psychotherapy*. New York: Norton.

Semple, R., Lee, J., Williams, M., & Te자폐스펙트럼 장애ale J. D. (2011). *Mindfulness-based cognitive therapy for anxious children: A manual for treating childhood anxiety*. Oakland, CA: New Harbinger.

Sibley, B., & Etnier, J. (2003). The relationship between physical activity and cognition in children: A meta-analysis. *Pediatric Exercise Science, 15*, 243-256.

Siegel, D. J. (2012). *The developing mind: How relationships and the brain interact to shape who we are* (2nd ed.). New York: Guilford Press.

Vaillant, G. E. (2002). *Aging well*. Boston: Little, Brown.

Winston, J. S., Strange, B. A., O'Doherty, J., & Dolan, R. J. (2002). Automatic and intentional brain responses during evaluation of trustworthiness of faces. *Nature Neuroscience, 5*, 277-283.

Wipfler, P. (2006). *How children's emotions work*. Palo Alto, CA: Hand in Hand.

찾아보기

[인명]

[내용]

▷ 편저자 소개 ◁

David A. Crenshaw

심리학 박사, 미국심리전문가, 국제놀이치료사
뉴욕 포킵시 아동보호시설장이며, 컬럼비아대학교의 초빙교수이다. 미국심리전문가위원회의 임상심리사, 미국심리학회 및 미국심리학회 아동청소년심리 분과 회원, 미국놀이치료협회의 놀이치료 슈퍼바이저이다. 그는 뉴욕놀이치료협회와 허드슨밸리심리협회의 회장을 역임하였으며, 허드슨밸리심리협회에서는 공로상을 받기도 하였다. 또한 국제놀이치료학회지의 편집위원이었고, 존스홉킨스대학교에서 놀이치료를 가르쳤다. 아동치료와 아동외상 및 적응유연성에 관한 많은 논문과 책을 썼으며 놀이치료 콘퍼런스에서 자주 강연을 한다.

Anne L. Stewart

심리학 박사, 국제놀이치료사
제임스매디슨대학교 심리학과 교수로 매주 놀이치료를 실시하고 가르치며 슈퍼비전하고 있다. 그녀는 위기개입, 놀이치료, 슈퍼비전, 애착, 군인가족, 적응유연성 등에 대해 집필하고 있으며 국제 강연을 하고 있다. 또한 버지니아놀이치료협회의 창립자이자 회장이고, 미국놀이치료재단의 의장이며, 국제놀이치료학회지의 편집위원이다. 그녀는 미국놀이치료협회에서 우수치료자상을 수상하였으며, 버지니아고등교육협회에서 우수교원상을 받았다.

▷ 집필자 소개 ◁

Jeffrey S. Ashby, PhD, ABPP, College of Education, Georgia State University, Atlanta, Georgia

Bonnie Badenoch, PhD, LMFT, Nurturing the Heart, Vancouver, Washington

Steven Baron, PsyD, private practice, Bellmore, New York

Helen E. Benedict, PhD, RPT-S, Department of Psychology and Neuroscience, Baylor University, Waco, Texas

Phyllis B. Booth, MA, LPC, LMFT, RPT-S, The Theraplay Institute, Chicago, Illinois

Sue C. Bratton, PhD, LPC, RPT-S, Center for Play Therapy, University of North Texas, Denton, Texas

Stuart Brown, MD, National Institute for Play, Carmel Valley, California

Heather McTaggart Bryan, LPC, RPT, Gil Institute for Trauma Recovery and Education, Fairfax, Virginia

Angela M. Cavett, PhD, LP, RPT-S, Beacon Behavioral Health Services and Training Center, West Fargo, North Dakota

Peggy L. Ceballos, PhD, LPC, RPT-S, Department of Counseling, University of North Carolina at Charlotte, Charlotte, North Carolina

Kathleen McKinney Clark, MA, LPC, private practice, Alpharetta, Georgia

David A. Crenshaw, PhD, ABPP, RPT-S, Children's Home of Poughkeepsie, Poughkeepsie, New York

Greg Czyszczon, EdS, LPC, Harrisonburg Center for Relational Health, Harrisonburg, Virginia

Eric Dafoe, MA, Center for Play Therapy, University of North Texas, Denton, Texas

Lennis G. Echterling, PhD, Department of Graduate Psychology, James Madison University, Harrisonburg, Virginia

Tracie Faa-Thompson, MSW, Turn About Pegasus, Northumberland, United Kingdom

Diane Frey, PhD, RPT-S, Department of Counseling, Wright State University, and private practice, Dayton, Ohio

Brijin Johnson Gardner, MSW, LSCSW, RPT-S, Operation Breakthrough, Parkville, Missouri

Eliana Gil, PhD, LMFT, RPT-S, ATR, Gil Institute for Trauma Recovery and Education, Fairfax, Virginia

Myriam Goldin, LCSW, RPT-S, Gil Institute for Trauma Recovery and Education, Fairfax, Virginia

Louise F. Guerney, PhD, RPT-S, National Institute of Relationship Enhancement, Bethesda, Maryland

Christopher Hill, MS, MA, Clinical and School Psychology Doctoral Program, James Madison University, Harrisonburg, Virginia

Kevin B. Hull, PhD, LPC, Hull and Associates, Lakeland, Florida

Heidi Gerard Kaduson, PhD, RPT-S, Play Therapy Training Institute, Monroe Township, New Jersey

Sueann Kenney-Noziska, MSW, LISW, LCSW, RPT-S, Play Therapy Corner, Las Cruces, New Mexico

Theresa Kestly, PhD, RPT-S, Sandtray Training Institute of New Mexico, Corrales, New Mexico

Elizabeth Konrath, LPC, RPT, Gil Institute for Trauma Recovery and Education, Fairfax, Virginia

Terry Kottman, PhD, LMFT, RPT-S, The Encouragement Zone, Cedar Falls, Iowa

Garry L. Landreth, EdD, LPC, RPT-S, Center for Play Therapy, University of North Texas, Denton, Texas

J. P. Lilly, MS, LSCW, RPT-S, private practice, Provo, Utah

Liana Lowenstein, MSW, RSW, CPT-S, private practice, Toronto, Ontario, Canada

Dianne Koontz Lowman, EdD, Harrisonburg Center for Relational Health, Harrisonburg, Virginia

Lauren E. Maltby, PhD, Department of Psychiatry, Harbor-UCLA Medical Center, Torrance, California

Joyce C. Mills, PhD, RPT-S, The Story Play Center, Scottsdale, Arizona

Claudio Mochi, RP, RPT-S, Association of Play Therapy of Italy, Rome, Italy

John B. Mordock, PhD, ABPP, private practice, Poughkeepsie, New York

Kristie Opiola, MA, Center for Play Therapy, University of North Texas, Denton, Texas

Sarah C. Patton, PsyD, Psychology Service, North Florida/South Georgia Veterans Health System, Gainesville, Florida

Mary Anne Peabody, EdD, LCSW, RPT-S, Social and Behavioral Sciences Program,

Lewiston-Auburn College, University of Southern Maine, Brunswick, Maine

Phyllis Post, PhD, LPC-S, NCSC, RPT-S, Department of Counseling, Special Education, and Child Development, University of North Carolina at Charlotte, Charlotte, North Carolina

Dee C. Ray, PhD, LPC-S, RPT-S, Department of Counseling and Higher Education, University of North Texas, Denton, Texas

Scott Riviere, MS, LPC, RPT-S, Kids Interactive Discovery Zone (K.I.D.Z.), Lake Charles, Louisiana

John W. Seymour, PhD, LMFT, RPT-S, Department of Counseling and Student Personnel, Minnesota State University, Mankato, Mankato, Minnesota

Jennifer Shaw, PsyD, Gil Institute for Trauma Recovery and Education, Fairfax, Virginia

Angela I. Sheely-Moore, PhD, NCC, Department of Counseling and Educational Leadership, Montclair State University, Montclair, New Jersey

Janine Shelby, PhD, RPT-S, Department of Psychiatry, Harbor-UCLA Medical Center, Torrance, California

William Steele, PsyD, MSW, National Institute for Trauma and Loss in Children, Clinton Township, Michigan

Anne L. Stewart, PhD, RPT-S, Department of Graduate Psychology, James Madison University, Harrisonburg, Virginia

Debbie C. Sturm, PhD, LPC, Department of Graduate Psychology, James Madison University, Harrisonburg, Virginia

Kathleen S. Tillman, PhD, Department of Counseling Psychology and Community Services, University of North Dakota, Grand Forks, North Dakota

Jessica Anne Umhoefer, PsyD, NCSP, Department of Graduate Psychology, James Madison University, Harrisonburg, Virginia; Fairfax County Public Schools, Alexandria, Virginia

Risë VanFleet, PhD, RPT-S, CDBC, The Playful Pooch Program, Family Enhancement and Play Therapy Center, Boiling Springs, Pennsylvania

William Whelan, PsyD, Virginia Child and Family Attachment Center, University of Virginia, Charlottesville, Virginia

Marlo L.-R. Winstead, LSCSW, LCSW, RPT-S, Department of Social Work, University of Kansas, Kansas City, Kansas

▷ 역자 소개 ◁

윤진영(Yun Jinyoung)

이화여자대학교 심리학 박사
여성가족부 공인 청소년상담사 1급
한국발달지원학회 공인 놀이심리상담 수련감독자
전 금천아이존센터장
현 세명대학교 교양과정부 교수

최해훈(Choi Haehoon)

이화여자대학교 심리학 박사
한국발달지원학회 공인 놀이심리상담 수련감독자
전 일산백병원 발달증진클리닉 놀이치료실 실장
현 이안아동발달연구소 소장
　가천대학교 특수치료대학원 초빙교수

이순행(Lee Soonhang)

이화여자대학교 심리학 박사
한국심리학회 공인 발달심리전문가
한국발달지원학회 공인 놀이심리상담 수련감독자
한국기독교상담심리학회 수련감독자
전 인간발달복지연구소 부소장
현 이화여자대학교 아동발달센터(구 발달장애아동센터) 심리치료실 연구원

박혜근(Park Hyegeun)

이화여자대학교 심리학 박사
한국심리학회 공인 임상심리전문가
한국발달지원학회 공인 놀이심리상담 수련감독자
전 인간발달복지연구소 부소장
현 이화여자대학교 아동발달센터(구 발달장애아동센터) 심리치료실 실장

최은실(Choi Eunsil)

이화여자대학교 심리학 박사
한국심리학회 공인 발달심리전문가 및 수련감독자
한국발달지원학회 공인 놀이심리상담 수련감독자
전 서울사이버대학교 상담심리학과 교수
현 가톨릭대학교 심리학과 교수

이은지(Lee Eunji)

이화여자대학교 심리학 박사수료
한국발달지원학회 공인 놀이심리상담사 1급
현 이안아동발달연구소 심리놀이영역 연구원

김지연(Kim Jiyoun)

이화여자대학교 심리학 박사
보건복지부 공인 정신보건임상심리사 1급
한국심리학회 공인 발달심리전문가
전 중구아이존센터장
현 아이코리아 아동발달연구원 강사
　서울사이버대학교 강사

놀이치료 2: 임상적 적용편

Play Therapy: A Comprehensive Guide to Theory and Practice

2019년 7월 30일 1판 1쇄 발행
2023년 11월 20일 1판 2쇄 발행

지은이 • David A. Crenshaw · Anne L. Stewart
옮긴이 • 윤진영 · 최해훈 · 이순행 · 박혜근 · 최은실 · 이은지 · 김지연
펴낸이 • 김 진 환

펴낸곳 • (주) 학지사
04031 서울특별시 마포구 양화로 15길 20 마인드월드빌딩 5층

대표전화 • 02) 330-5114 팩스 • 02) 324-2345

등록번호 • 제313-2006-000265호

홈페이지 • http://www.hakjisa.co.kr
인스타그램 • https://www.instagram.com/hakjisabook

ISBN 978-89-997-1858-8 93180

정가 **22,000**원